国家社科基金项目（12BZX040）

鄱阳湖地区理学传衍研究

冯会明 著

POYANGHU DIQU
LIXUE CHUANYAN YANJIU

紧扣鄱阳湖地区理学的传衍展开全面而深入的探讨，通过对鄱阳湖地区理学的交锋互益的考察，揭示和阐明鄱阳湖地区理学的学术特征与贡献。

人民出版社

目　录

导　言

一、鄱阳湖地区的空间界定

鄱阳湖又名彭蠡泽、彭蠡湖、澎湖、彭泽、宫亭湖，是由古代的彭蠡泽自北向南迁徙发育而成。"鄱阳湖盆地与积水的形成是第四纪以来地质环境变迁的产物，……距今 6000—7000 年前发生了新生代第一次海侵，积水成为湖泊，古称彭蠡泽。3400 年前第二次海侵，当时长江自西向东穿湖而过。2000 年前发生第三次海侵，在地质、气象、水文等多重作用下，彭蠡泽向南扩展，湖水越过松门山直抵鄱阳县附近，因而易名鄱阳湖。"① 在距今约 1600 年的南朝，形成了现代鄱阳湖的雏形。"早在南朝时期，地质构造运动造成鄱阳湖平原下沉，枭阳平原下沉，湖水淹没了古之海昏县、枭阳县。于是，有了'沉海昏，起吴城'一说。随着鄱阳湖的湖水扩展，漫过松门山，到达鄱阳，鄱阳湖的名称也由此而来。"②

关于鄱阳湖名称的来由，南宋王象之的《舆地纪胜》中有"湖中有鄱阳山，故名鄱阳湖"的记载，认为是因为湖水涨到了湖中的鄱阳山，故得名为鄱阳湖。清代顾祖禹的《读史方舆纪要》也有相似的记载："鄱阳湖即彭蠡湖。在南昌

---

① 张小谷、高平：《鄱阳湖地区古城镇的历史变迁》，江西人民出版社 2011 年版，第 13 页。

② 张泽兵：《赣鄱水系与赣鄱文化的历史演进》，《鄱阳湖学刊》2011 年第 6 期。

府东北一百五十里，饶州府西四十里，南康府城东五里，九江府东南九十里，周回四百五十里，浸四郡之境。……隋以前，概谓之彭蠡，炀帝时，以鄱阳山所接，兼有鄱阳之称。"①

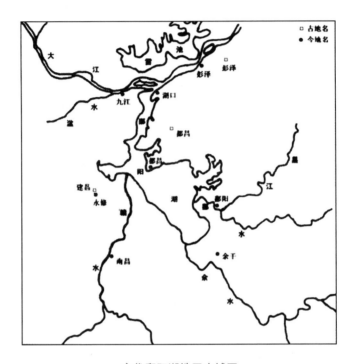

唐代鄱阳湖地区水域图

（采自张小谷、高平：《鄱阳湖地区古城镇的历史变迁》江西人民出版社 2011 年版，第 20 页）

朱熹在《九江彭蠡辨》中描述鄱阳湖道："彭蠡之为泽也，实在大江之南，自今江州湖口县，南跨南康军、饶州之境，以接于隆兴府之北，弥漫数十百里。其源则东自饶、徽、信州、建昌军，南自赣州、南安军，西自袁、筠以至隆兴、分宁诸邑，方数千里之水，皆会而归焉。"②

---

① 顾祖禹撰，贺次君、施和金点校：《读史方舆纪要》卷八三《江西一·山川险要》，中华书局 2005 年版，第 3886 页。

② 朱熹：《晦庵先生朱文公文集》卷七二《九江彭蠡辨》，见朱杰人、严佐之、刘永翔主编：《朱子全书》（修订本）第 24 册，上海古籍出版社、安徽教育出版社 2010 年版，第 3448 页。

现今的鄱阳湖位于长江中下游南岸，江西的北部，地理坐标为东经115°49′～116°46′，北纬28°24′～29°46′。鄱阳湖自东往西接纳了饶河、信江、抚河、赣江、修水五大河流之水，水量充沛，每年流入长江的水量超过黄河、淮河、海河三大河水量的总和，约占长江流域年均径流量的16.3%，是我国第一大淡水湖。

鄱阳湖南北长173千米，东西最宽处74千米，平均宽16.9千米，湖岸线长1200千米，容积约276亿立方米。其形状北窄南宽，形似一个巨大的葫芦，通常以都昌和永修吴城之间的松门山为界，分为南、北两大湖区。北湖区形状狭长，为湖水入江水道，长40千米，宽3千米至5千米，最窄处约2.8千米，是湖水汇入长江的水道区；南湖区是鄱阳湖的主体，水面辽阔，长133千米，最宽处达74千米。

由于江西的地形东、南、西三面环山，北临长江，地势南高北低，周边高中间低，由高到低渐次倾斜，形成"米箕"型地貌。以赣江、抚河、信江、修水和饶河五大河为代表的众多河流以鄱阳湖为中心，构成一个向心水系。包括五大河流域在内的鄱阳湖水系，流域面积16.22万平方公里，占江西全省总面积16.69万平方公里的97.2%，几乎囊括了江西省的全部区域。从这个角度而言，鄱阳湖流域就是整个江西地域。

鄱阳湖地区是江西的北大门，是江西境内经济开发最早、发展最快的区域，湖区县市密布，人口密集，是江西政治、经济、文化的中心区域。

通常把与鄱阳湖直接相连的沿岸各县市即南昌、新建、进贤、余干、鄱阳、都昌、湖口、星子、德安、永修及九江11个县市称为鄱阳湖湖区。

鄱阳湖地区的范围比鄱阳湖区要大得多，鄱阳湖地区的地理空间，通常界定为鄱阳湖周边及其相邻地区。除了湖区11个县市之外，还增加了与其毗邻的14个县市，共计25个县市。"具体为彭泽、湖口、都昌、九江县、星子、瑞昌、德安、永修、鄱阳、乐平、万年、余干、余江、临川、东乡、抚州市、丰城、樟树、高安、安义、进贤、南昌、新建及南昌市、九江市的市

区。"①2009 年 12 月,《鄱阳湖生态经济区规划》得到国务院的正式批复,规划
中鄱阳湖生态经济区的区域范围,比鄱阳湖地区要大得多,"鄱阳湖生态经济
区范围包括南昌、景德镇、鹰潭 3 市,以及九江、新余、抚州、宜春、上饶、
吉安的部分县(市、区),共 38 个县(市、区),国土面积 5.12 万平方公里,
总人口 2033.68 万人。"② 鄱阳湖生态经济区占江西全省面积的 30.7%。

鄱阳湖生态经济区

(来源:江西新闻网,http://jiangxi.jxnews.com.cn/system/2009/12/17/011269530.shtml)

历史上鄱阳湖地区的行政区划也有变化,宋代鄱阳湖地区设有饶州、洪
州、江州、抚州、信州和南康军等 5 州 1 军,其中饶州、信州和南康军位于鄱
阳湖东部,为江南东路所辖;洪州、抚州和江州在鄱阳湖西部,属于江南西路
管辖。元代鄱阳湖地区的饶州路、信州路、铅山州和婺源州隶属于江浙行省,
其他路州隶属于江西行省,这种湖区分属两省(路)管辖的情况在明代才得以

① 程宇昌:《明清时期鄱阳湖地区民间信仰与社会变迁》,江西人民出版社 2014 年版,第 28 页。
② 麻智辉:《鄱阳湖生态经济区研究》,江西人民出版社 2010 年版,第 3 页。

改变，明代将饶州府、广信府改隶江西布政司，从而结束了赣东北分隶江东、江浙的历史，同现今江西省的行政区域基本一致。

二、理学的基本内涵

理学又称道学，亦称义理之学，是以儒家伦理为核心，吸收佛、道思辨方法和宇宙生成模式而建构的哲学化的儒学思想体系，是儒学发展的新阶段。理学以探讨自然和人类社会变化的法则，论证伦理纲常的合理性，寻求治国安邦之道为核心。之所以称为理学，"那完全是根据它的内容而定的。因为它所讨论的对象，是宇宙一切事物的道理。例如宇宙成形的道理，人类生成的道理，怎样做人的道理，怎样治国的道理等；同时又是拿理当做宇宙万有成形的原质的，所以叫做理学。"①

理学有广义和狭义之分。陈来先生认为："广义的理学是宋明占主导地位的儒家思想体系的统称，如'宋明理学'的用法；狭义的理学则专指与陆王'心学'相对立的程朱派'理学'。"②前者泛指宋代以来，以讨论性命天道为中心的全部哲学思潮，包括各种不同的理学流派；后者专指以程颐的"理一元论"为主体，兼采张载的"气"学，由朱熹集其大成，与陆王"心学"相对立的程朱派"理学"。本书所探讨的理学，是专指狭义的程朱理学，以区别于陆王心学。

理学虽有不同的学派，但"他们都提倡儒家的'道德性命'之学，广泛探讨人生的意义和价值，探讨人和自然界的关系以及人在宇宙中的地位，逐渐发展为形而上的天人合一之学，并由此构成了时代的思想洪流，成为宋元明以后的主导思想。"③理学也是经世之学，"其实质在于明道以行道，即以斯道觉斯

---

① 蒋维乔、杨大膺：《宋明理学纲要》，吉林人民出版社 2013 年版，第 8 页。

② 陈来：《朱熹与江西理学·序言》，见吴长庚主编：《朱熹与江西理学》，江西高校出版社 2007 年版，第 1 页。

③ 蒙培元：《理学的演变——从朱熹到王夫子戴震》，福建人民出版社 1998 年第 2 版，第 1 页。

人"①。

理学是儒、释、道三教冲突、融合的产物。张立文先生认为宋明理学之所以产生,是时代的呼唤、社会的需要和文化的选择,并对宋明理学作了精准定义:"概括地说,宋明理学是指在外来印度文化哲学与本土道教文化哲学挑战下,将元典儒学作为滞留于伦理道德层次的心性之学,从形上学本体论层次给以观照,使传统儒学以心性为核心的伦理道德和价值理想(社会理想和人格理想)构建在具有理性力度的形上学体论思维之上,通过诠释心性与本体、伦理与天道的连接以及人与生存世界、意义世界和可能世界的关系,使儒家道德学说获得了形上性和整体性的论述,传统儒学内部的逻辑结构、价值结构、道德结构等经此调整,均获得了新的生命。"②理学是在"批判、吸收和融化玄学、佛学思想的基础上形成的具有理性主义特征的新儒学"③。作为儒学发展的新阶段,理学是继魏晋时期,把儒学玄学化改造之后,又对儒学佛、老化改造后形成的一种充分哲理化的儒学思想体系。"在构筑理学体系时,打出了'道统'的旗帜,并以孔、孟学说统系的继承者自居。为弥补古典儒学思辨性的不足,还以种种方式援佛入儒,援老、庄入儒,藉助佛学精密的理论体系和思辨性较强的老、庄学说,促进儒学的哲理化,以便更有力地为封建纲常进行理论论证。高举'道统'的阳面大旗,又采取'援佛入儒'的阴面手法,决定了理学的特殊风貌。理学是儒学与佛学杂交,易、老、释三玄相混的产物。"④

理学的诞生是对隋、唐以来日渐走向没落的儒学的一种强有力的复兴。"从唐末五代到宋代,是一个儒学式微、动荡不宁的衰世。内忧外患交织,积贫积弱却又人欲横流,道德沦丧,士子们经受了漫长的信仰断裂、心理失范的迷惘和痛苦。"⑤正是在这样的背景下,一批有思想有抱负的学者士大夫,积极回应

① 曾亦、郭晓东:《宋明理学·序言》,南京大学出版社 2009 年版,第 2 页。
② 张立文:《宋明理学研究》(增订版),中国人民大学出版社 2016 年版,第 14 页。
③ 蒙培元:《理学的演变——从朱熹到王夫子戴震》,福建人民出版社 1998 年版,第 1 页。
④ 冯天瑜:《明代理学流变考》,《社会科学战线》1984 年第 2 期。
⑤ 束景南:《朱子大传》,商务印书馆 2003 年版,第 1 页。

佛教和道教的文化挑战，在消化吸收佛、道二教思想的基础上，建立起了一种哲理化的儒学体系，力求解决隋唐以来，极为严重的信仰危机与道德危机等社会现实问题，以重建传统儒家文化的伦理道德秩序、价值理念和精神信仰。

三、鄱阳湖地区堪称"理学渊薮"

江西在历史上是人文昌盛之地，形成了较有底蕴和特色的赣鄱文化。由于地处吴头楚尾，江西文化曾受到吴、楚文化的深刻影响。随着中原文化的不断南下，江西成为中原正统儒学文化的边缘之地，又具有"襟三江而带五湖，控蛮荆而引瓯越"的区位优势，成为各种文化的交融之区，儒家文化在这里中兴，禅佛文化在这里定型，道教文化在这里发源。

江西是理学的"故乡"，既是理学开源之地，又是理学的集大成之地。理学起源于江西，定型于江西，并又以之为起点，传播至全国。江西"因理学家活动时间早、学派多、人数众、地位高、贡献大、影响远而成为宋代理学渊薮"[①]。濂、洛、关、闽各理学流派及其代表学者，都与江西有不解之缘。江西是周敦颐、二程、朱熹、陆九渊、王阳明的学术发源地或直接传道地，是宋明理学传承发展最重要的地区之一。陈来先生在《朱熹与江西理学》的"序言"中，评价江西理学道："比较起来，在南方各地之间，江西的地位格外突出。……与福建、湖南不同，江西理学不仅宋代突出，元代、明代也都很发达；而又与浙江不同，元明以来江西理学、心学皆并行发展。江西的理学大家历代有人。南宋陆象山，与朱子齐名，在历史上是江西之学的代表；元代的吴澄，为元代理学最有成就的学者。明代吴与弼一人开南方理学二门，其弟子胡敬斋与后之罗钦顺，为明代中期以后朱子学的主要代表。……由以上所述可见，若说江西是宋、元、明时代理学发展的最重要的地区，当亦不为过。"[②]

---

① 李江：《理学渊薮的形成：宋代江西理学的昌明》，《江西社会科学》2011 年第 10 期。
② 吴长庚主编：《朱熹与江西理学》，江西高校出版社 2007 年版，第 3 页。

江西理学发源于北宋。欧阳修"皆卓然有见于道之大概，左提右挈"①，被誉为"濂洛前茅"之一。李觏、刘敞、王安石、曾巩等众多江西学者，都出自其门下。他敢于疑古辨伪，自称孔子之后敢于疑古的第一人。欧阳修非常推崇《易》学，著有《易童子问》《易或问》《传易图说》等，他以易理为基础，提出了三续三绝的正统论："故正统之序，上自尧、舜，历夏、商、周、秦、汉而绝，晋得之而又绝，隋、唐得之而又绝。自尧舜以来三绝而复续，惟有绝而有续，然后是非公，予夺当，而正统明。"②他还提出了"理"的概念，并阐发了"天理"与"人理"之关系，认为"天理"是物之常，是自然之势；"人理"则是封建伦理纲常，支配着社会的治乱兴衰。此外，他还提出了"命""情""仁""义""气""五行"和"五常"等概念范畴，认为"人禀天地气，乃物中最灵，性虽有五常，不学无由明③"。但他并没有对理与气、性的关系作进一步的阐述，没有建构起系统的理学体系，因此，只是"濂洛前茅"之一。

王安石认为世界的本原是元气，具体化为金、木、水、火、土五种物质元素，他们的运动变化，生成了宇宙万物。他以"天道"为其学术的最高范畴，其"天道"，既指客观自然之道，又有人道、治道之意。天道、人道是客观的，但必须靠人的作为才能变为现实，提出了"天生人成"的观念。

王安石的政治地位和学术影响巨大，其弟子陆佃评价道："维公之道，形在言行。言为《诗》《书》，行则孔、孟。"④他"以多闻博学为世宗师，当世学者，得出其门下者，自以为荣，一被称与，往往名重天下⑤"。王安石开创了学者探讨道德性命之先河，正如其女婿蔡卞所评价的："安石奋乎百世之下，追尧舜三代，通乎昼夜阴阳所不能测而入于神。初著《杂说》数万言，世谓其言与

① 黄宗羲原著，全祖望补修，陈金生、梁运华点校：《宋元学案》卷三《高平学案》，中华书局1986年版，第134页。

② 欧阳修著，李逸安点校：《欧阳修全集》卷一六《正统论下》，中华书局2001年版，第270页。

③ 欧阳修著，李逸安点校：《欧阳修全集》卷五三《赠学者》，中华书局2001年版，第757页。

④ 陆佃：《陶山集》卷一三《祭丞相荆公文》，景印文渊阁《四库全书》第1117册，台湾商务印书馆1986年版，第164页。

⑤ 王辟之：《渑水燕谈录》卷一〇，中华书局1985年版，第88页。

孟轲相上下。于是天下之士，始原道德之意，窥性命之端。"①从而形成了学者"原道德之意，窥性命之端"新的学风。"自王氏之学兴，士大夫非道德性命不谈，而不知笃厚力行之实，其蔽至于世教为'俗学'。而道学之弊，亦有以中为正位，仁为种性，流为佛老而不自知。"②但经历靖康之耻，王安石的新学在南宋初受到批判，绍兴六年还宣布禁王学。王学被禁之后，二程之学才得以兴盛，正如陆游所谓"绍兴初，程氏之学始盛"③。

南宋时期，江西更是群英荟萃，学派林立。周敦颐、朱熹、吕祖谦、陆九渊等理学宗师同时在江西论学问道，并在此开宗立派，枝繁叶茂，使江西成为理学的殿堂和全国学术的中心。江西"一大批本土理学家的涌现和外埠理学家的进入，使得江西成为真儒过化之地、诸子向往之所，是全国的学术中心，有理学渊薮之美誉"④。

如果说江西是理学的发源地和重要的传播地，那么鄱阳湖地区是理学传衍、发展最核心的区域，堪称理学的"摇篮"和"大本营"。自周敦颐建濂溪书堂，播撒理学的种子，启蒙鄱阳湖理学以来，理学迅速在鄱阳湖地区发展、传播。朱熹知南康军，修复白鹿洞书院，讲学授徒，过化存神，更掀起了这一地区理学传播的高潮，促使了理学在鄱阳湖地区的传播发展。鄱阳湖地区"都是属于朱熹理学的学术场域，共享同一个学术语境并形成统一的学术秩序"⑤。鄱阳湖文化呈现出鲜明的理学特色。宋代在这个区域诞生了王阮、黄灏、李燔、程端蒙、董梦程、柴元裕、饶鲁等一批具有影响的理学家群体，其中李燔、黄灏、张洽是名列《宋史》"道学传"中的朱熹六大弟子其中的三位。《宋元学案》中以江西人为领衔学者的学案有《介轩学案》《双峰学案》等8个，江西学者涉及35个学案，人数达249名，因此，称江西为"理学渊薮"名副其实。

① 晁公武：《昭德先生郡斋读书后志》卷二《子类·王氏〈杂说〉》，《四部丛刊》三编史部，上海书店1985年版。
② 赵秉文：《闲闲老人滏水文集》卷一《性道说教》，中华书局1985年版，第3页。
③ 陆游撰，李剑雄、刘德权点校：《老学庵笔记》卷九，中华书局1979年版，第118页。
④ 李江：《理学渊薮的形成：宋代江西理学的昌明》，《江西社会科学》2011年第10期。
⑤ 吴长庚主编：《朱熹与江西理学》，江西高校出版社2007年版，第98页。

元代是程朱理学传播、普及且上升为官方哲学的时代。程朱理学之所以能在元代取得官方哲学的地位，与程钜夫、熊朋来、吴澄等鄱阳湖地区的理学家们的积极推动密不可分。程钜夫制定了元代的科举程式，以朱熹的《四书集注》作为科举考试的标准答案，从体制层面上，确立了程朱理学的正统地位。熊朋来在福州路儒学教授任上制定的官办儒学章程、制度，规定在小学以朱熹的《小学》作为教材，使程朱学说成为江南官学的基础，对朱子学说在民间的普及影响深远。元代"国之名儒"吴澄则打破了朱陆的学术藩篱，取长避短，不墨守一家，博采诸家之长，兼取朱陆为己所用，成为"和会朱陆"的第一人，大大促进了程朱理学的发展，在元代掀起了鄱阳湖地区理学传播的又一高潮。

明代是鄱阳湖地区理学发展的辉煌时期，在这个区域，涌现出了吴与弼、胡居仁、娄谅、罗伦、张元祯、余祐、夏尚朴、潘润、汪俊、舒芬、李中等一大批理学名家。明初吴与弼、胡居仁分别扛起了崇仁之学和余干之学两面大旗。吴与弼开创的崇仁学派，"实能兼采朱陆之长，而刻苦自立"。其弟子胡居仁、娄谅等开启的"余干之学"，对朱子学说多有发明，成为理学在江西最有力的传播者。明代中期以后，"宋学中坚"罗钦顺如中流砥柱，恪守程朱，论辩王阳明心学，据守江西的理学阵地，使之成为明代理学传承发展的重要区域。

清代虽然是鄱阳湖地区理学的式微时期，在学术、思想、人才等诸领域呈现出逐渐边缘化的态势，但也有被誉为"帝师元老"的朱轼、"为朱子后一人无疑"的汪绂、"皖派经学的开宗者"江永、"陆王之学的殿军"李绂以及邵良杰、汤来贺、宋士宗、李尚珍等理学家群体。在明清鼎革之际，南丰程山谢文洊及程山六君子、星子髻山七隐，他们避居山林，耕读授徒，砥砺风节，企图中兴程朱理学，以挽救世道人心，形成了江右独具特色的遗民群体。

当然，理学在鄱阳湖地区的流传并不均衡，各州军各具特色。"信州、饶州、南康及后来之抚州乃其核心地带，具体来说，信州为朱子学进入江西之门户；饶州为江西朱子学的渊薮；因为朱熹曾主政并开堂白鹿洞，南康则成为江西朱子学之中心；抚州是陆九渊的故乡，但由于陆学中衰，反而在元、明之际成为朱子学的中兴之地；吉安地方文化特色浓郁，故而仅可谓是朱子学同调会聚之所，其朱子学氛围并不浓郁，且后来成为江右王学的渊薮。其他诸如赣州、隆兴、建昌、南安、瑞州等地，因为学术风气相对不盛，理学家虽为数不少，但朱子后学实属零星，并不足以深论其学术流传与传承。"①

总之，理学在江西鄱阳湖地区诞生时间早，形成了诸多学派，培养了大批理学人才，产生了深远的影响，为理学的发展作出了重要贡献。

---

① 周建华：《宋明理学在赣南创始发展和推向新阶段》，《赣南师范学院学报》2002 年第 5 期。

第一章
鄱阳湖地区理学繁荣的原因

　　鄱阳湖地区是理学的诞生、发源地，堪称理学大本营。自周敦颐建濂溪书堂，播撒下理学种子，启蒙鄱阳湖地区理学以来，理学迅速在鄱阳湖地区传播发展。朱熹知南康军，修复白鹿洞书院并讲学于此，更掀起了该地区理学传播的高潮。以后，理学历代传衍不息，使鄱阳湖地区成为理学重要的传播阵地，理学文化也成为鄱阳湖地域文化的基本内核。

　　一个地方的地域文化，蕴涵着我们对这个地域的山川地理、民情风土、人文渊薮的所有想象。

　　自然条件是人类历史的"自然基础"。由于自然地理条件的不同，导致了不同地域之间文化差异。江西有"襟三江而带五湖，控蛮荆而引瓯越"的地理优势，赣江——鄱阳湖黄金水道，使该地区处于连接中原与岭南的南北交通要道和东西交通的十字架构之枢纽。独有的交通地域优势，为鄱阳湖本土文化与中原、湖湘、岭南等其他地域文化的交流、融合提供了便捷的条件，使鄱阳湖地区成为各色文化交融的区域。秀丽的庐山风景，浩渺的鄱阳湖历来深受文人学者的青睐，更是神仙方士和得道高僧们修炼的理想场所，大批高士遗民、先贤往哲纷至沓来，发达的佛教、道教文化，为鄱阳湖地区理学的兴起传播，提供了充沛的营养。

　　隋唐以后，随着经济重心南移，北方人口的大量南迁，鄱阳湖地区成为富庶之区，经济的繁盛为理学萌生、繁荣奠定了坚实的物质基础。科举考试的实行，右文政策的实施，促使了鄱阳湖地区书院教育的发达，形成了浓郁的重视文教的社会风气，大批科举人才源源涌现，成为鄱阳湖理学发展的基石。这一切，都促进了鄱阳湖地区理学的繁荣。

第一节　鄱阳湖地区理学繁荣的经济基础

鄱阳湖地区历来是江西人口繁密，经济富庶之地。早在新石器时代，鄱阳湖滨的万年仙人洞人就已开始栽培水稻和烧制陶器，成为世界稻作文化的起源地，更是江西人文的发祥地。九江瑞昌铜岭铜矿遗址、樟树吴城文化、新干大洋洲商墓的发现，余干黄金埠西周青铜器"应监甗"的出土，都表明鄱阳湖地区有着高度发达的青铜文明。自春秋时期，在鄱阳湖地区设立艾、番两个江西最早的县邑开始，鄱阳湖地区就是江西县治最集中的区域。鄱阳湖地区还是著名的鱼米之乡，在西汉时期，这里的百姓就过着"饭稻羹鱼"的富庶生活。随着北方人口的南移，水利的大量兴修，鄱阳湖地区良好的自然条件，使之成为重要的水稻种植生产区域，成为全国粮食、财赋、茶叶、瓷器等重要物产的供应基地。经济的全面繁盛，为鄱阳湖地区理学的繁荣奠定了坚实的物质基础。

一、鄱阳湖地区是江西设县最早、县治最集中的区域

早在春秋时期，在鄱阳湖地区的西北和东北，就有了艾（今修水县西）和番(今鄱阳县境内）两个县邑，这是江西最早设立的县邑。《左传·哀公二十年》有"吴公子庆忌骤谏吴子，曰：'不改，必亡！'弗听。出居于艾，遂适楚"的记载，① 杜预注："艾，吴邑，豫章有艾县。"据考证，"艾"其地在今江西修水

---

① 陈戍国点校：《四书五经》，岳麓书社 1991 年版，第 1240 页。

县。"艾城，州西百里，地名龙岗坪。"①番即西汉的鄱阳县，早在春秋晚期就
已出现，据《史记》所载：吴王阖闾十一年（前504），"使太子夫差伐楚，取
番。楚恐而去郢徙都。"②"番可能是江西境内开发最早的城邑之一，这里濒临
彭蠡泽、余水，土地肥沃，水运交通便利，因而吴楚会争夺此地而秦亦在此设
县。"③

汉高祖五年（前202），西汉政权在江西设豫章郡，治南昌，下设18县，
即南昌、彭泽、庐陵（今吉安）、鄱阳、历陵（今德安）、余汗（今余干）、柴
桑（今九江）、艾（今修水）、赣、新淦（今新干）、南城、建成（今高安）、宜春、
海昏（今永修）、雩都（今于都）、鄡阳（今都昌东）、南壄（今南康）、安平（今
安福）。上述18县，无疑是江西开发较早，人口较多，经济较为发达的地区。

西汉鄱阳湖地区行政区划图

（采自谭其骧主编：《中国历史地图集》（第二册），中国地图出版社1996年版，第23—24页）

---

① 顾祖禹撰，贺次君、施和金点校：《读史方舆纪要》卷八四《江西二》，中华书局2005年版，
第3908页。

② 司马迁：《史记》卷三一《吴太伯世家第一》，中华书局1963年版，第1467页。

③ 卢星、许智范、温乐平：《江西通史》（第2卷，秦汉卷），江西出版集团、江西人民出版社
2009年版，第6页。

在豫章 18 县中，绝大多数分布在江河湖泊附近，尤其集中在鄱阳湖地区。其中在鄱阳湖地区的有南昌、海昏（永修）、历陵（德安）、柴桑（九江）、彭泽、鄡阳（都昌）、艾（今修水）、南城、鄱阳、余汗（余干）10 县，占总县数 56% 以上。东汉又增设建昌县和永修县，湖区县治总数达到 12 个。县治密布于湖区，说明鄱阳湖地区物产富饶，交通便利，人口密集，是江西经济文化发展较快的地区。

魏晋南北朝时期，江西成为孙吴政权的腹地，是其财赋、人力和物产的供应地，为加强对江西的开发与控制，在此大量增设郡、县，"到东吴晚期，江西全境郡县由东汉末的一郡二十五县，增至六郡五十八县"[1]。其中豫章郡下辖 17 县，鄱阳郡下辖 9 县，庐陵郡下辖 10 县，临川郡下辖 10 县，安成郡下辖 6 县，庐陵南部都尉下辖 6 县，而豫章、鄱阳和临川郡，都属于鄱阳湖地区。

西晋晋惠帝元康元年（291），设置江州，州治豫章，从此，江西有了"州"这个地方最高级别的行政机构，不再隶属它州。两晋时期，江西地区有 7 郡 58 县，在鄱阳湖地区又新增了浔阳郡，统浔阳、柴桑 2 县。

隋朝统一南北之后，为改变民少官多，十羊九牧的现状，对地方行政机构进行了精减，在江西设有 7 郡 24 县，县级机构大大减少。

唐朝建立后，唐高祖时期，在江西设有 7 州 25 县，基本维持了隋代的行政区划，鄱阳湖地区设有洪州、饶州、抚州、江州、袁州、信州等 6 州。安史之乱以后，由于北方战乱频繁，人口大量南迁，洪州"既完且富，行者如归"，鄱阳湖区随北方人口的大量南迁，经济迅速发展。五代以后，经济重心从黄河流域逐渐转移到长江流域，江西经济得到了快速发展，五代时期，鄱阳湖地区新设了湖口、瑞昌、德安、靖安、德兴等县，湖区县数达 16 县，北宋时期又增设星子、新建、进贤、安仁（今余江）4 县，共 20 县，鄱阳湖地区的行政格局基本定型。

---

[1] 周兆望：《江西通史》（第 3 卷，魏晋南北朝卷），江西出版集团、江西人民出版社 2009 年版，第 16 页。

总之，鄱阳湖地区由于其优越的自然条件，一直是江西经济发达，州县密集的地区，是江西政治、经济和文化的中心区域。

二、富庶的经济，奠定了理学繁荣的物质基础

1. 鄱阳湖地区良好的自然条件

鄱阳湖地区地势低平，土壤肥沃，水网密布，气候湿热，雨量充沛。良好的气候、肥沃的土壤，较少的自然灾害，有着发展农业的先天条件，自古以来就是著名的鱼米之乡。

鄱阳湖地区有适宜农业生产的气候条件。它地处亚热带季风气候区，冬夏季风交替显著，四季分明，春秋季短，夏冬季长，春季多雨，夏季炎热，秋季干燥，冬季阴冷，且气候温和，气温适中，年平均气温 16℃ ~ 18℃，日照充足，年平均日照 1894 ~ 2085 小时，雨量充沛，年降雨量 1340 毫米~ 1780 毫米，无霜期长，年无霜期达 255 天，且雨热同期，气候条件适合水稻等粮食作物的生长。鄱阳湖地区土壤肥沃，水网密布，灌溉方便，有种植水稻的优越条件，这里栽培水稻的历史悠久，早在新石器时代的万年仙人洞人就已开始栽培水稻，修水山背文化遗址，出土了不少耕作工具。春秋战国时期，鄱阳湖地区成为典型的鱼米之乡，西汉，豫章郡的百姓就过着"饭稻羹鱼"的生活。唐代以后，鄱阳湖地区逐渐成为全国重要的粮食，特别是水稻的生产基地。

2. 北人南迁带来劳动人口与生产技术

"人多力量大"。人口的多少是中国古代社会衡量一个地区经济发展状况的重要指标。鄱阳湖地区总体安宁，"无边徼警扰，故徙者依焉"[1]，对外来人口有着巨大的吸引力。唐以后，随着经济重心的逐渐南移，特别是从安史之乱到五代十国时期，由于中原连年战乱，北方人口大量南迁，鄱阳湖地区接纳了大

---

[1] 吕南公：《临川王君墓志铭》，见曾枣庄、刘琳主编：《全宋文》(第109册)，上海辞书出版社、安徽教育出版社 2006 年版，第 346 页。

量的北方南下劳动力，使土地、农业生产得到了进一步的开发，为鄱阳湖地区文化的勃兴，社会的繁荣奠定了坚实的基础。

"古者江南不能与中土等。"①与中原地区相比，江西开发相对较晚，魏晋南北朝时期，鄱阳湖地区的开发仍处在草创阶段。隋唐五代以后，鄱阳湖地区才转向纵深开发，需要大量的劳动力。北方人口的大量南迁，是江西经济发展的一大推动力，而鄱阳湖地区又是北方人口南迁最集中的区域。

北方人口大规模进入江西主要有四次。第一次是西晋末年的永嘉南渡，对赣北人口的增长有一定的影响。第二次是安史之乱的爆发，安史之乱对北方造成极大的危害，成为唐朝由盛转衰的分水岭，而江西地处江南，没有受到战火的直接破坏，社会相对安定富足，为躲避战乱，北人纷纷南迁，江西特别是鄱阳湖地区成为北人南迁的理想避乱之地。洪州"当闽越奥区，扼江关重阻，既完且富，行者如归②"。经过安史之乱，"江南地区也普遍上升，其中江西境内增长四分之一，……南方增加的人口中，有相当一部分是来自北方的移民"③。由于人口的激增，洪州、饶州都新增设了县、乡。贞元十六年（800），洪州增设了分宁县。洪州建昌县（今永修），大历年间（766—779），由于"临邑慕之来归者众，户口日增"，于是"分修智乡，遂为新城乡"。据李吉甫《元和郡县志》卷二十九所载，从开元至元和年间，饶州由 20 乡，猛增至 69 乡。安史之乱是唐朝由盛到衰的转折点，但对江西来说，却是经济发展的一个良好契机。之后，唐政府的财政收入逐渐依赖于江南，江西成为唐朝赋税的主要承担地区之一。第三次是在唐末到五代时期，中原连年战乱，而南方相对安定，特别是南唐统治者实行保境安民的政策，使江西免遭兵祸，经济仍然发展。第四次是靖康之乱，北宋灭亡，南宋与金对峙，大批中原人士南迁江西，形成又一次的

---

① 洪迈著，穆公校点：《容斋随笔·四笔》卷五《饶州风俗》，上海古籍出版社 2014 年版，第 276 页。

② 于邵：《送王司议季友赴洪州序》，见李昉等：《文苑英华》卷七二四，景印文渊阁《四库全书》第 1340 册，台湾商务印书馆 1986 年版，第 51 页。

③ 胡焕庸、张善余：《中国人口地理》，华东师范大学出版社 1984 年版，第 36 页。

北人南迁高潮。宋理宗嘉熙三年（1239）董槐知江州兼都督府参谋，是年秋，"流民渡江而来归者十余万"①。董槐发粟赈济，"至者如归焉"。

除了北方人口的南迁外，鄱阳湖地区由于长期的安定，人口的自然繁衍，使人口增长迅速，宋代江西人口总数在江南各省中居于首位。"北宋初年江西总人口数为667776户，到元丰三年（1080）增至1737732户。"②北宋时期，户数由65万增至200余万，净增134万余户。与唐代相比，人口数是唐贞观十三年的10倍，是天宝元年的2倍多，户数是贞观十三年的29倍，是天宝元年的8倍。南宋江西人口继续增长，江西人口在全国各地区之间的对比中显现出明显优势，"从元和以后的前后四百年间的江西户口数量均占全国总数的10%以上，最高的嘉定时期达17.89%"③。在明朝，江西人口仅次于浙江，在全国十三个布政司中居第二位。而鄱阳湖地区的人口增长，又位于江西各地区之前列。人口的急剧增长，也是社会经济发展的重要标志之一。

北方人口的大量南迁，大大增加了鄱阳湖地区的劳动力，为土地开垦、矿产采掘和手工业的发展，提供了充足的劳动力。两宋时期，鄱阳湖区垦田数量进一步扩大，大量山地得以开发。在宋代，耕地面积已居全国之首。据马端临《文献通考·田赋考四·历代田赋之制》记载，宋神宗元丰年间，江南西路垦田数为45046689亩，超过了北方田亩数最多的陕西路，居全国第一位。鄱阳湖地区的隆兴、饶州、抚州等州军，"皆平原大野，产米居多"。同时，他们也带来了北方先进的生产技术。北人南下，无疑加速了鄱阳湖地区社会经济的开发。

伴随着北方人口的大量流入，大批中原文化精英也随之南迁，在鄱阳湖地区汇集了大批南下的士大夫家族，如理学家赵鼎、胡安国、朱震、郭雍、吕本中、焦瑗、赵蕃、辛弃疾等。南下的北方文化精英与本土学者互为师友，相互交流，为中原文化南进与鄱阳湖地域文化的交融成长，提供了难得的机遇。如

① 脱脱：《宋史》卷四一四《董槐传》，中华书局1977年版，第12429页。
② 刘锡涛：《宋代江西农业经济发展概述》，《井冈山师范学院学报》2002年第3期。
③ 许怀林：《江西史稿》，江西高校出版社1993年版，第303页。

陆九渊心学的形成就与河南拱州学者许忻有很密切的关系，许忻曾任吏部员外郎，因得罪秦桧谪居抚州，"举人陆九龄年尚少，忻一见，亟折辈行与深语。至是遂与之俱。……时场屋无道程氏学者，九龄从故编得其说，独委心焉。"[1]随着政治、经济和文化重心的南移，学术中心也向东南转移，南宋一代学术宗师汪应辰、朱熹、陆九渊、吕祖谦等同时在鄱阳湖地区讲学问道，交锋论辩，鄱阳湖地区可谓群英荟萃，俨然成为理学交锋的殿堂，对后世产生深远的影响。可以说，"中原文化南进与江西文化的生成提供了难得的历史机缘，为江西理学的形成与发展提供吸取南北精华的便利条件"[2]。

3. 水利工程的大量兴修

鄱阳湖地区农业的发展，除具有得天独厚的自然条件之外，更得益于水利工程的大量兴修，而充足的劳动人口，又为水利兴修、土地开垦提供了便利的条件。

自唐宋时期开始，鄱阳湖地区大范围修筑湖堤、陂塘等水利设施，有效地保障了农田灌溉，促使了粮食的稳定丰收。唐宪宗元和间，江西观察使韦丹在洪州修筑了长达12里的赣江大堤，抵御了水患。又修陂塘598所，使12000余顷良田得到灌溉。洪州沿赣江两岸江堤，在宋代又进行了两次大规模的修缮，宋仁宗时，赵概知洪州，由于州城西南薄临章江，有泛溢之虞，赵概于是"作石堤二百丈，高五丈，以障其冲，水不为患"[3]。程师孟在仁宗嘉祐元年至嘉祐八年（1056—1063）知洪州期间，"积石为江堤，浚章沟，揭北闸以节水升降，后无水患"[4]。大大减少了洪州的水患。在九江，修筑了甘棠湖、秋水堤、断洪堤等水利工程，据《新唐书·地理志》载，江州浔阳县，"南有甘棠湖，长庆二年（822）刺史李渤筑，立斗门以蓄泄水势。东有秋水堤，大和三

---

① 李心传：《建炎以来系年要录》卷一六〇《绍兴十九年己巳七月辛卯》，中华书局1985年版，第2589页。

② 徐公喜：《宋代江西成为理学之源的历史成因》，《商丘师范学院学报》2006年第6期。

③ 脱脱：《宋史》卷三一八《赵概传》，中华书局1977年版，第10364页。

④ 脱脱：《宋史》卷三三一《程师孟传》，中华书局1977年版，第10661页。

年（829）刺史韦珩筑。西有断洪堤，会昌二年（842）刺史张又新筑，以窒
水害。"都昌县"南一里陈令塘，咸通元年（860）令陈可夫筑，以阻潦水 ①"。
在饶州，先后修筑了李公堤、马公塘，鄱阳县"县东有邵父堤，东北 3 里有李
公堤，建中元年（780）刺史李复筑，以捍江水。东北 4 里有马公塘，北 6 里

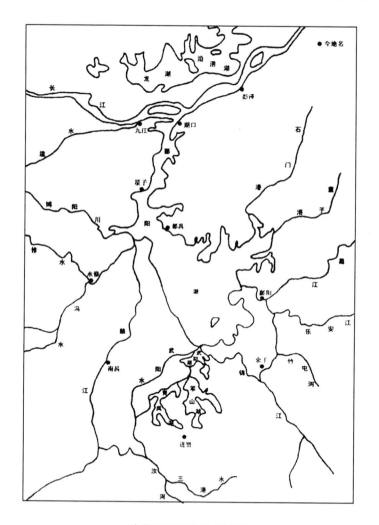

清代鄱阳湖地区水域图

（采自张小谷、高平：《鄱阳湖地区古城镇的变迁》，江西人民出版社 2011 年版，第 20 页）

---

① 欧阳修、宋祁：《新唐书》卷四一《地理五》，中华书局 1975 年版，第 1068 页。

有土湖，皆刺史马植筑。"①这些水利工程的修筑，确保了鄱阳湖畔、饶河两岸农业的丰收。

明朝建立后，朱元璋更是大力奖劝农桑，兴修水利，使鄱阳湖地区的水利建设达到了又一高潮，鄱阳湖区修复了许多旧的圩堤，又修建了大量的新圩堤、陂塘。圩堤上建有沟渠、湖塘，兼具灌溉、防洪、排水、蓄水多种功能。圩堤内所围、所护之田称为圩田。

鄱阳湖地区大规模水利工程的兴修，消除了水患，保证了农田灌溉，使鄱阳湖地区成为江西最重要的水稻种植生产区。

4.鄱阳湖地区是富庶的鱼米之乡

唐宋以后，鄱阳湖地区成为全国著名的粮食产区。水稻品种增多，普遍栽种早稻、晚稻，宋代早稻品种中又新增了占城稻。占城稻属籼稻，是早稻中的新品种，又称早禾，成熟早，耐干旱，在宋真宗时传入鄱阳湖地区。宋真宗大中祥符五年（1012）五月，调运福建引进的占城稻品种，分发给江西等三路为种，"上以江、淮西浙路稍旱即水田不登，乃遣使就福建取占城稻三万斛，分给三路，令择民田之高仰者莳之，盖旱稻也，仍出种法付转运使，揭榜谕民"②。占城稻一经引进，在鄱阳湖地区种植面积迅速扩大，使原不宜种水稻的荒地山岭得以利用，增加了水稻的产量。

宋代鄱阳湖地区部分稻田已开始栽培双季稻。陆九渊在知荆门军时，就比较了江西和荆门两地的水稻种植情况，他说："江东、西田土，较之此间，相去甚远。江东、西无旷土，此间旷土甚多。江东、西田分早晚，早田者种占早禾，晚田者种晚大禾。此间田不分早晚，但分水陆。陆田者，只种麦豆麻粟，或莳蔬栽桑，不复种禾；水田乃种禾。此间陆田，若江东、西，十八九为早田矣。……江东、西陂水，多及高平处，此间则不能。盖其为陂，不能如江东、西之多且善也。"③

---

① 陈荣华、余伯流、施由民等：《江西经济史》，江西人民出版社2004年版，第175页。

② 李焘：《续资治通鉴长编》卷七七《真宗大中祥符五年五月戊辰》，中华书局1985年版。

③ 陆九渊著，钟哲点校：《陆九渊集》卷一六《与章德茂》（三），中华书局1980年版，第205页。

元代鄱阳湖地区开始使用插秧工具秧马，提高了插秧的效率，在种植技术方面，普遍实行了麦稻轮作制。

明代鄱阳湖地区得到进一步的开发，开始围湖造田，称为"围田"。湖区大大小小、星罗棋布的围田，成为鄱阳湖地区的独特景观，大量的围湖造田，大大增加了耕地面积，提高了粮食产量。江西特别是鄱阳湖地区成为一个著名的"产米素饶之区"。

清代鄱阳湖地区因地制宜，推选多种形式的多熟制，如水稻双季连作，稻麦、稻油、稻豆复种制。乾隆以后，普遍栽种双季稻，同时采用烟梗肥田与防治水稻虫害的先进技术，提高了粮食的产量。

江西又是长江下游各省和福建、广东商品粮的主要供应地。如江浙地区，"浙江及江南苏、松等府，地窄人稠，即丰收之年，亦皆仰食于湖广、江西等处"。"苏、松、杭、嘉等府，人稠地狭，产米无多，虽丰年亦仰给于湖广、江西及就近邻省。"① 又如与赣东北相邻的安徽徽州府，由于山多田少，所出米谷，即便是丰年，百姓也只够食用数月，"全赖江西、浙江等处贩运接济"。正如曹聚仁先生在《万里行记》中所说："在农业手工业社会，鄱阳湖盆地显然居于最重要的地位。"②

同时，鄱阳湖地区的九江、南昌、南康、饶州、抚州等府，江河纵横，湖泊众多，历来是渔业经济发达的地区，其中鄱阳湖延袤数百里，有无数中小湖泊及深潭陂池等散布在鄱阳湖平原上，浩瀚的湖面，繁茂的湖草，充裕的饵料，为各类鱼虾洄游生长、产卵繁殖准备了良好的条件，是我国最大的天然淡水鱼库，鄱阳湖地区是典型的"鱼米之乡"。

5. 鄱阳湖地区成为重要的财赋中心

自唐宋直至清代前期，鄱阳湖地区不仅是中国重要的水稻种植、生产基地和传统的粮食产区，也是国家重要的税赋供应地，在全国处于举足轻重的地

---

① 方志远：《明清湘鄂赣地区的人口流动与城乡商品经济》，人民出版社2001年版，第227页。

② 曹聚仁：《万里行记》，福建人民出版社1983年版，第302页。

位。唐代白居易就认为江西是财赋丰盈之地，为"国用所系"。他描述道："江西七郡，列邑数十，土沃人庶，今之奥区。财赋孔殷，国用所系，兹为重寄，宜付长才。"① 北宋江西"其赋粟输于京师，为天下最"，"其部所领八州，其境属于荆闽南粤，方数千里。其田宜秔稌，其赋粟输于京师，为天下最，在江湖之间，东南一都会也。"② 南宋时期，朝廷偏安江南，江西更是财赋的依赖地区，上贡朝廷的粮食占全国首位，三分之一糟米取自江西。宋代吴曾的《能改斋漫录》记载："盖唐自大中以后，诸侯跋扈，四方之米渐不至故耳。惟本朝东南岁漕米六百万石，以此知本朝取米于东南者为多。然以今日计，诸路共六百万石，而江西居三之一，则江西所出为尤多。"③《江西通志》也有类似的记载："天下漕米取于东南，东南之米多取于江西，是宋代江西漕运盖二百万石也。"明清江西负担的赋粮也占全国的 10%—20%，居各省的前三位。《清史稿·食货志·赋役》亦有"计天下财赋，惟江南、浙江、江西为重"④ 的记载。

除粮食之外，鄱阳湖地区还盛产茶叶、柑橘、苎麻、葛麻等经济作物。

鄱阳湖地区是茶叶的重要产地，处于全国绿茶的金三角产区，有得天独厚的自然生态条件，鄱阳湖流域为红壤土质，非常适合茶叶的生产。唐代鄱阳湖畔的浮梁县茶叶产量居全国首位。《元和郡县志》中亦有记载："浮梁武德五年析鄱阳东界置新平县，……每岁出茶七百万驮，税十五余万贯。"⑤

《宋史·食货志》记载了宋代茶叶的主要产地："又民岁输税愿折茶者，谓之折税茶。总为岁课八百六十五万余斤，其出鬻皆就本场。江南则宣、歙、江、池、饶、信、洪、抚、筠、袁十州，广德、兴国、临江、建昌、南康五军。"⑥ 其中鄱阳湖流域就有江、洪、饶、信、筠、抚、袁七州和建昌、临江、

① 白居易：《白居易集》卷五五《除裴堪江西观察使制》，中华书局 1979 年版，第 1156 页。

② 曾巩著，陈杏珍等点校：《曾巩集》卷一九《洪州东门记》，中华书局 1984 年版，第 313 页。

③ 吴曾：《能改斋漫录》卷一三《唐宋运漕米数》，中华书局 1985 年版，第 345 页。

④ 赵尔巽：《清史稿》卷一二一《食货二》，中华书局 1976 年版，第 3527 页。

⑤ 李吉甫：《元和郡县志》卷二九《江南道·饶州·浮梁县》，景印文渊阁《四库全书》第 468 册，台湾商务印书馆 1986 年版，第 467 页。

⑥ 脱脱：《宋史》卷一八三《食货下五》，中华书局 1977 年版，第 4477 页。

南康三军，都是产茶区。明清时期，鄱阳湖地区的茶叶生产仍然保持着强劲的发展势头。《大明会典》所载全国贡芽茶 4120 斤，江西就达 450 斤，占十分之一以上。《大明会典》载："江西四百五十斤。南昌府七十五斤，限六十日；南康府二十五斤，限五十一日；九江府一百二十斤，限五十五日；抚州府二十四斤，限七十三日；饶州府二十七斤，限六十一日。"[1] 鄱阳湖地区五府又占江西的一半以上。茶叶不仅产量大，且品质优良。分宁双井茶，被誉为"草茶第一"，茶中绝品。饶州仙芝、信州小龙凤团茶等，都是当时名茶。"此外，婺源绿茶、洪州的白露茶和罗汉茶、建昌的云居山茶、宜春的稠平茶、铅山的双港茶都是当时茶中绝品。"[2]

鄱阳湖地区又是全国著名的茶叶产销集散地。白居易的《琵琶行》中，就有"商人重利轻别离，前月浮梁买茶去"著名诗句，表明在唐代，鄱阳湖区的浮梁县就是著名的茶叶产地和茶叶集散地，全国近三分之一的茶叶在浮梁县集散行销。"到北宋，十分之三的茶商来自江西，南宋的数据统计则是 26%。"[3] 明清时期铅山县河口镇就是全国著名的茶叶和纸张集散中心，清乾嘉年间，铅山县从事茶叶生产、销售的人员有二三万人，铅山河口镇也由此而成为江西四大名镇之一。

此外，鄱阳湖地区的山地丘陵地带，苎麻种植非常普遍，洪州"贡葛"，袁州"贡纻布"，抚州"贡葛"，吉州"贡纻布、贡葛"，都是知名的土特产品。

鄱阳湖地区也是著名的陶瓷产地。景德镇在汉代就开始冶陶，唐代时期景德镇瓷器就有"假玉器"之称，宋真宗景德元年（1004）正式命名为景德镇，成为中国历史上唯一以皇帝年号命名的地方。景德镇在宋代已成为御用瓷的生产基地，以"白如玉、明如镜、薄如纸、声如磬"四大特色蜚声海内外，所生产的青白瓷代表了宋代制瓷业的最高水平，成为闻名中外的瓷都。

---

[1] 申时行等：《大明会典》卷一一三《礼部岁进》，《续修四库全书》第 791 册，上海古籍出版社 2002 年版，第 146 页。

[2] 黄志繁、杨福林等主编：《赣文化通典》（宋明经济卷），江西人民出版社 2013 年版，第 133 页。

[3] 方进进：《守望鄱阳湖》，江西教育出版社 2013 年版，第 83 页。

鄱阳湖地区还有发达的铜矿开采与铸钱业，是重要的冶铜和铸钱基地。鄱阳湖周边有着丰富的矿藏，尤其以铜矿蕴藏量巨大，早在商朝时期的瑞昌铜岭铜矿是中国已知最早的采铜遗址。铅山场为全国三大铜场之一，宋代德兴布衣张潜总结了胆水浸铜的方法，著有《浸铜要略》一书。铅山场每年浸炼胆铜38万斤。"铅山场为流域内产量最大的铜矿，北宋初年产铜达38万斤。其他产量在万斤以上的有弋阳、庐陵、上饶等。产铅量最大的矿坑也在铅山，乾道初年，产量已达115267斤。"①《太平寰宇记》卷一〇七记载，饶州德兴县，"本饶州乐平之地，有银山，出银及铜。总章二年（669），邓远上列取银之利。（唐高宗）上元二年（675）因置场监，令百姓任便采取，官司什二税之，其场即以邓公为名，隶江西盐铁都院。"②同样，李吉甫《元和郡县志》也记载乐平县，"银山在县东一百四十里，每岁出银十余万两，收税山银七千两"③。

鄱阳湖地区铸钱始于西汉。《史记·吴王濞列传》载："吴有豫章郡铜山，濞则招致天下亡命者盗铸钱，煮海水为盐，以故无赋，国用富饶。"④饶州永平监是重要的铸钱中心，唐贞元元年（785），唐政府就在饶州置永平监，铸造铜钱。《元和郡县志》亦载："鄱阳，永平监置在郭下，每岁铸钱七千。"⑤南唐时年铸钱已达6万贯；宋代以后，永平、永丰两监"当诸路鼓铸之半"。到熙丰年间，铸钱达61万贯，居全国第三位，聚集工人达30余万，永平监因铸币业而被列为朝廷直接管辖。除永平监外，宋代鄱阳湖地域德化县（九江）又有广宁监，年铸币量达30万贯以上，居全国第五。饶州还是当时的铜器制造中心，

---

① 傅蓉蓉：《论北宋前期鄱阳湖经济圈的形成及其文化影响》，《江汉论坛》2009年第9期。

② 乐史撰，王文楚点校：《太平寰宇记》卷一〇七《江南西道五·饶州》，中华书局2007年版，第2146页。

③ 李吉甫：《元和郡县志》卷二九《江南道·饶州·乐平县》，景印文渊阁《四库全书》第468册，台湾商务印书馆1986年版，第467页。

④ 司马迁：《史记》卷一〇六《吴王濞列传》，中华书局1959年版，第2822页。

⑤ 李吉甫：《元和郡县志》卷二九《江南道·饶州·鄱阳县》，景印文渊阁《四库全书》第468册，台湾商务印书馆1986年版，第467页。

铜镜的质量和数量均居全国前列。铜矿采冶与铜钱铸造业的发达，为鄱阳湖地区社会经济增添了活力。

明清时期，鄱阳湖地区手工业全面兴盛，市镇繁荣，商业贸易活跃，明清江南五大手工业中心，其中有制瓷和造纸两大中心位于鄱阳湖地区。翦伯赞先生在《中国史纲要》一书中写道："在这里（江南地区），已经形成为五大手工业的区域，即松江的棉纺织业、苏杭二州的丝织业、芜湖的浆染业、铅山的造纸业和景德镇的制瓷业。"①鄱阳湖地区的景德镇是全国的制瓷业中心，铅山河口镇是全国的造纸业中心。"景德镇和铅山分别属于饶河和信江流域，江南五大手工业区域中，竟然有两处属于鄱地，这说明在明代中国的手工业格局中，鄱地具有举足轻重的地位与影响。"②明清时期，诞生了景德镇、吴城、樟树、河口等江西四大名镇，而这四大名镇都位于鄱阳湖地区。

铅山县河口镇在明清时期曾辉煌一时。河口镇地处信江中游，贯通闽江水系、瓯江水系、钱塘江水系与鄱阳湖水系，是赣、闽、浙、粤、鄂、豫、皖、湘的"八省通衢"，位置优越，因此成为重要的商品集散地和商业重镇，有"买不完的汉口"，"装不完的河口"之说，是纸张和茶叶的集散中心。铅山所产连四纸洁白如玉，细嫩坚韧，永不变色，素有"寿纸千年"的美誉。河口制作的红茶，称为"河红"，有"红茶皇后"之誉。"福建商客带茶货入中原，一条重要的线路就是走建州崇安县山路，北上分水关，越过紫溪岭，进入信州铅山县，再装船由铅山河入信江，至鄱阳湖，出长江而去。"③河口镇由此而成为万里茶道第一镇。

永修县吴城镇地处赣江、修水两江汇入鄱阳湖的江湖入口处，是修水、赣江入鄱阳湖的交通咽喉要道。明万历以后，吴城镇由一个普通的小镇一跃成为赣江下游、鄱阳湖西部的重要城镇。史称吴城"拔起中流，蜿蜒数里，大江环

---

① 翦伯赞：《中国史纲要》（增订本），北京大学出版社 2006 版，第 513 页。

② 傅修延：《生态文明与地域文化视阈中的鄱文化》，《江西社会科学》2008 年第 8 期。

③ 许怀林：《江西通史》（第 5 卷，北宋卷），江西出版集团、江西人民出版社 2009 年版，第 169 页。

其三而民萃族而居，日中为市，商艘趋之"①，被称为"西江巨镇"。修水流域所产的木材、苎麻、茶叶、粮食等大宗农副产品，由于修水水浅滩多，吴城以上仅能航行小船，因此，物资都集并到吴城才能换载大船；同时，吴城又是赣江进入鄱阳湖的咽喉所在，赣江北达长江，转运中原的大批货物都由吴城转大船进入长江。清代晚期，吴城还是江西木材外运的最大集散地，江西木材要在吴城拼扎成木排后再往外销。吴城成为北通两京，南达两广的货物集散中心，是江西各种农副产品、手工业产品进出的主要商埠，有"装不尽的吴城，卸不完的汉口"之誉。吴城镇曾经富商巨贾云集，形成了"一镇六坊八码头九垅十八巷"的商业格局，"茶、木、盐、纸、麻"五大行业各领风骚，各地富商在吴城镇上纷纷兴建同乡会馆，全盛时期有全楚会馆、广东会馆、浙宁会馆等48处之多，如今吉安会馆门前熠熠生辉的"理学名臣"四个大字，还可让人们想象吴城镇昔日的繁华。

鄱阳湖地区丰富的粮食、陶瓷、纸张、夏布、茶叶、竹木、药材等名优特产，四通八达的河流水运，为商业贸易的繁盛提供了得天独厚的条件，逐渐形成了可与徽商、晋商并驾齐驱的"江右帮"，跻身全国三大商帮之列。江右帮最早兴于北宋时期，其行商之迹，几遍天下，有"故作客莫如江右，而江右又莫如抚州"②和"无江西不成买卖"的俗谚。在湖广地区则有"无江西商人不成市"，在云贵川有"滇云地旷人稀，非江右商贾侨居之则不成其地"的说法。③江右商帮的兴起，为江西特别是鄱阳湖地区的经济发展作出了积极的贡献。

总之，鄱阳湖地区在人口、垦田数、粮食与财赋、茶叶、冶铜等方面都曾居于全国前列，成为朝廷倚重的地区。富庶的经济，百姓衣食的富足，为书院文教的兴盛，为理学家的聚徒讲学奠定了坚实的物质基础。

---

① 承霈修，杜友棠、杨兆松纂：同治《新建县志》卷八九《艺文志》，清同治十一年(1872)刻本。
② 王士性撰，吕景琳点校：《广志绎》卷四《江南诸省·江西》，中华书局1981年版，第80页。
③ 王士性撰，吕景琳点校：《广志绎》卷五《西南诸省》，中华书局1981年版，第122页。

第二节　便捷的交通，使鄱阳湖地区成为思想文化的汇聚地

鄱阳湖地区历来就是江西交通发达的区域。"控蛮荆而引瓯越"，区位优势突出，是长江中下游之锁钥和东南腹心地带的枢纽。便捷的交通，方便了学者的往来，使这一区域成为各种思想文化的汇聚地。

一、赣江—鄱阳湖黄金水道成为南北交通的枢纽

鄱阳湖地区"襟三江而带五湖"，水运发达，以鄱阳湖为中心，赣江、抚河、信江、饶河、修水五大河流，穿行于江西的丘陵、平原和山区之间，呈向心状聚拢，形成一个以鄱阳湖为核心架构的水路交通网络。又由鄱阳湖对外与长江航道交汇对接，共同构成东南地区航运交通系统。"由鄱阳湖向北进入长江，上可溯武昌、汉口直至巴蜀，下则安庆、南京、扬州、上海，与长江下游地区密切相连。"[①] 自秦汉以来，"中原连通岭南最便捷的线路就是由长江入鄱阳湖，溯赣江南行至赣南，然后翻越大庾岭由陆路进入粤北。"[②] 自秦开拓南疆，鄱阳湖—赣江航道即全线贯通，特别是隋炀帝开凿了京杭大运河，唐开元初开辟了大庾岭梅关驿道，使赣江—鄱阳湖航道北通洛阳、北京，南接广州，成为名副其实的黄金水道，江西融入了全国的交通网络系统之中，成为广东、福建等省区通达运河的要道和物资运输的主要集散地，有着便利的交通地理优势。

鄱阳湖—赣江航道在江西境内与众多支流相接，构成江西省内水运交通网络，并与四周省份相连。从鄱阳湖沿赣江可通洪州，往南溯抚河而上，可达抚州临川与南丰；沿赣江往南，入另一支流渝水，可西入袁州、新余；溯赣江南

---

① 邵鸿：《导论》，见钟起煌主编《江西通史》，江西出版集团、江西人民出版社2009年版，第6页。
② 方进进：《守望鄱阳湖》，江西教育出版社2013年版，第56页。

上，经吉州境内支流庐水可通安福，经禾水可达永新。过吉州而达赣州，从赣江正源贡水，可通赣县、于都、瑞金而抵石城；从西支章江可达大余、崇义，越过大庾岭与广东相接。从鄱阳湖往东，溯信江而上，可达饶州的鄱阳、余干、安仁三县及信州之贵溪、弋阳、铅山、上饶、玉山四县，翻越武夷山脉和怀玉山脉，可以连通福建、浙江两省。由鄱阳湖至饶州州治鄱阳，溯鄱江、昌江，经乐平、浮梁、德兴东北可至安徽歙州祁门，并连通浙江。赣东北地区"历来以大米、茶叶、瓷器、铜矿等物资为大宗，徽州祁门等县的对外交通，也以这条水道为主要。浮梁的茶叶、景德镇瓷器的输出与扬名于世，全凭昌江这条黄金水道"①。

隋炀帝为沟通南北，以洛阳为中心，开凿了北起涿郡，南达余杭的大运河，连接了海河、黄河、淮河、长江、钱塘江五大水系，将南北连成一片，大运河成为沟通南北的大动脉。从此，大运河—长江—鄱阳湖—赣江—大庾岭—广州这一线路，成为隋唐之后最重要的交通主干线，而鄱阳湖地区正处于南北水陆交通的枢纽。

在大运河—长江—鄱阳湖—赣江—广州这条黄金水道上，大庾岭素有"江广襟喉"之称，是江西与广东的天然屏障，也是连接长江水系和珠江水系最短的陆路通道。唐开元四年（716）十一月，广东韶州曲江人（今广东韶关）张九龄任岭南道按察候补使，他为解决岭南"岭东废路，人苦峻极""以载则曾不容轨，以运则负之以背"的交通落后状况，满足"海外诸国，日以通商，齿革羽毛之殷，鱼盐蜃蛤之利，上足以备府库之用，下足以瞻江淮之求"的需要，上奏玄宗，倡导开辟大庾岭山路，得到了玄宗的支持。他"缘嶝道，披灌丛，相其山谷之宜，革其坂险之故"，开凿了全长300多里，路宽5尺的梅岭驿道。于是"坦坦而方五轨，阗阗而走四通，转输不以告劳，高深为之失险"②，大大便利了岭南与江西的联系。从此，自中原、江淮经梅岭去广州，只

---

① 许怀林：《江西通史》(第5卷，北宋卷)，江西出版集团、江西人民出版社2009年版，第171页。

② 张九龄：《曲江集》卷一六《开大庾岭路序》，景印文渊阁《四库全书》第1066册，台湾商务印书馆1986年版，第186页。

有不足百里的陆路行程，其余都可走水路行船，"自京都沿汴绝淮，由堰道，入漕渠，沿大江度梅岭下真（浈）水，至南海之东、西江者，唯岭道九十里为马上之役，余皆篙工楫人之劳，全家坐而致万里。故之峤南虽三道，下真（浈）水者十七八焉。"① 这在古代无疑是最便捷的南北通道。

宋仁宗嘉祐八年（1063），江西提刑蔡挺与其兄广东转运使蔡抗代表江西和广东两省再次修复拓宽了此路，拓宽后的梅岭古驿道在广东境内宽一丈二尺，江西境内宽八尺，使梅岭山路可通马车。

宋代为了加强赣江—鄱阳湖航道的控制，在江西境内增设了南康军、南安军和临江军，三军的设立，增强了对航道的全线管理，促进了中原与岭南的联系。从此，宋代"海外诸国进口的香药，从广州上岸，沿北江溯流至韶州，经三铺陆运，翻越大庾岭而达大庾县，复由水路，自章水入赣江，经鄱阳湖东下长江到扬州，转入运河而达汴京，这条运输线路，或称为广南货物运输入京的方案，宋朝长期地坚持实施下来"②。

由于大庾岭山路的开凿与拓宽，打开了江西的南大门，江西与广东的联系更加紧密，赣江与大庾岭的水陆联运更加顺畅。赣江—鄱阳湖航道成为沟通南北运输重要的黄金水道。从此，"赣江—鄱阳湖航道完全畅通了，北接长江航运，南联大庾岭驿路，从广州经洪州至扬州，转运河到洛阳，入关至长安的交通干线便全程贯通。"③ 特别是古代中国长期实行广州"一口通商"，广州作为对外贸易的唯一港口，也是重要的财赋供应地，岭南交纳的贡赋、漕粮及海外诸国通商进口的物品都由这条航道运送。唐宋对外贸易的大批货物，也都经这条航道转运。"这条贯通南北的航道，不仅是沟通汴京与广州的干线，也是江西全境交通的中轴，民生百货交流以它为主导，故而行商坐贾的买卖，商税的

---

① 余靖：《武溪集》卷五《韶州真水馆记》，景印文渊阁《四库全书》第1089册，台湾商务印书馆1986年版，第49页。
② 许怀林：《江西史稿》，江西高校出版社1993年版，第244页。
③ 许怀林：《江西史稿》，江西高校出版社1993年版，第147页。

征纳，都以航道沿线城镇为最著。"①正是便捷的水运交通，江西各地的名优特产，如景德镇的陶瓷、铅山的纸张茶叶、宜春的夏布、修水的茶叶、万载的花炮等都源源不断地汇集于此，鄱阳湖成为物流的中心和转运的枢纽，然后顺长江而下扬州，入运河转运北方各地，出现了《滕王阁序》中所谓的"渔舟唱晚，响穷彭蠡之滨"的繁盛景象。

赣江—鄱阳湖黄金水道对古代江西经济文化产生了深刻影响，是唐宋以后江西经济繁盛的重要因素。同时，大量的物资、官宦、士人、商贾与信息在这条干线上源源不断地南北对流，既方便了南北学者的往来，更促进了南北文化的交融，为鄱阳湖地区文化的发展发挥了积极的作用。

二、鄱阳湖又是南宋东西交通十字架构的中心

南宋偏安江南，定都临安，使得鄱阳湖地区第一次临近国家政治中心。但昔日鄱阳湖—赣江航线，难以再沟通南北，"南宋交通阻于淮河，故北宋以来以运河与长江为架构的南北大'十'字交通不复存在；取而代之的是以信州为枢纽的由临安到西南和临安到福建的新的重要交通构架"②。鄱阳湖—赣江航道又成为东西交通干线的枢纽。从都城临安到湖南、广西、四川等州县的联系，主要通过赣东北的信江、鄱阳湖、赣江中段和西边的袁水航运，成为当时贯通东西的主干线路。从临安经衢州陆路至信州玉山，改水路沿信江顺流而下，经上饶、铅山，西航至贵溪、安仁，由余干瑞洪入鄱阳湖，向西南航行到吴城镇，逆赣江而上，经南昌、丰城、清江，再折入赣江支流袁水西去，经新喻、袁州到芦溪，改陆路由萍乡进入湖南境内，再与广西、云南相连，这就是南宋东西相通最便捷的路径。

---

① 许怀林：《江西通史》（第 5 卷，北宋卷），江西出版集团、江西人民出版社 2009 年版，第 166 页。

② 程继红：《在理学与文学的交通线上——论南宋交通新"十"字构架在朱熹理学与稼轩词派传播中的意义》，《江西社会科学》2005 年第 11 期。

临安与岭南州县的联系，也是由信江、鄱阳湖，溯赣江北上至大余，登梅关由陆路至岭南。临安与大后方福建的联系，主要是经由信州的上饶、鹅湖、紫溪，翻过武夷山分水关至福建崇安，经建阳至福州。因此，鄱阳湖成为南宋东西交通的枢纽。

元代在江西境内建立起了完善的驿站系统。据《元史·兵志四》所载，"江西等处行中书省所辖，总计一百五十四处：马站八十五处，马二千一百六十五匹，轿二十五乘。水站六十九处，船五百六十八只。"① 元代江西行省所辖区域内共有154处驿站，其中以马匹作为主要交通工具的马站85处，有马2165匹，轿25乘；以船只作为交通工具的水站69处，有各色船只568艘。元代江西行省的驿站系统，是以行省治所龙兴（今南昌）为中心而建立起来的通往四邻各行省和连贯省内各路州的驿路体系。这154处驿站主要沿鄱阳湖和赣江、抚河、信江、锦江、渝水、章水、贡水等几大河流分布，形成了以行省治所南昌为中心，以章水—赣江—鄱阳湖为纽带，覆盖江西全境的驿站系统，将江西与元大都和周边各地联系起来。

具体而言，向西溯赣江出渝水，袁河过临江、新喻，从萍乡进入湖广行省的醴陵，再西接湘江，再经水路与广西相通，"这是江西联湘抵桂的重要交通线，既是官方的驿路，又是民间货物与客旅交通的重要通道"②。在江西东北，昌江由祁门流经浮梁，在鄱阳与从婺源流经的乐安河汇合后称为鄱江，最终流入鄱阳湖，这是祁门红茶与景德镇瓷器外销的便捷通道，"荒凉秋浦时时酒，仿佛番江夜夜船"③，元代丁复的诗句，描绘了鄱江一派繁忙的景象。这也是江西连接安徽及中原腹地的重要交通干线；从鄱阳湖溯信江而上，向北可沿兰溪入钱塘江，经杭州到江浙腹地，也可由信州经铅山分水关抵达福建。向东沿抚

---

① 脱脱：《元史》卷一〇一《兵志四》，中华书局1977年版，第2593页。

② 王秀丽：《文明的吸纳与历史的延续：元代东南地区商业研究》，澳亚周刊出版有限公司2005年版，第112页。

③ 丁复：《桧亭集》卷八《寄谢子木》，景印文渊阁《四库全书》第1208册，台湾商务印书馆1986年版，第375页。

河，过抚州、建昌，越杉关，可与由邵武下汀州到潮州的驿道连接，这也是江西连接福建与粤东的又一条重要通道。

明清时期，经过鄱阳湖地区有三条"贡道"。即京广贡道，这是联通南北最重要的陆上交通路线；京皖赣贡道从九江经湖口至彭泽，往东北行 40 里至响水矶，与安徽驿道相连接，再到南京，这是鄱阳湖地区经九江来往南京的重要陆上交通线；另一条是信州驿路，以南昌县南浦驿为起点，经进贤驿、抚州东乡驿，过饶州府安仁驿、广信府贵溪驿，最后经草坪铺进入浙江衢州常山县，成为沟通浙江与江西的主要通道。此外，饶州驿路经鄱阳、浮梁至苦竹坑与安徽祁门县驿路相接。袁州驿路则是江西省通往西南的主要通道。

总之，鄱阳湖地区处于南北驿路交通、长江航运和江西境内河道水路的三重交汇区域，形成了一个繁密的交通网络，处于联系中原和岭南地区交通干线的中段，位于南北交通的枢纽，南宋又是东西交通的要冲。鄱阳湖地区与中原文化有着密切的地缘优势，一直是中原正统儒学文化的边缘地域，便捷的交通，方便了南北东西学者的交往，为学者们的切磋论辩、学术交流提供了便利，为本土文化与其他地域文化的交融创造了条件。可以说，"江西交通条件的改善和交通地位的上升，既利于经济的发展，也有利于对外交往，更有利于文化的交流，交通的发达为本土文化与其他地域文化的交融创造了便利的条件。因此交通要素是两宋赣文化繁荣的最主要原因之一。"[①]

第三节　发达的书院和浓郁的文风，
是鄱阳湖理学繁盛的基石

鄱阳湖地区富庶的经济，便捷的交通，为理学的繁荣打下了坚实的物质基

---

① 徐公喜：《宋代江西成为理学之源的历史成因》，《商丘师范学院学报》2006 年第 6 期。

础。而鄱阳湖地区浓郁的崇文风气，富而重教的传统习俗，更促使了文化教育的空前繁荣。"富而重教，在北宋时期已是社会共识。"① 地方官学在鄱阳湖地区普遍兴办，"虽荒服郡县，必有学"②，特别是发达的书院教育，更为鄱阳湖地区理学的繁荣，奠定了深厚稳固的基石。

一、书院教育的发达，是鄱阳湖地区理学繁荣的基石

书院常与名山胜水相伴，一批批宿学鸿儒往往选址名山、清溪、竹林等清幽佳境建造书院，追求天人合一、清逸脱俗的意境。而鄱阳湖地区多名山胜水，无市井之喧，有泉石之胜，是修建书院、聚徒讲学的理想场所。周敦颐当年也正是挚爱庐山山水之胜，才筑建书堂于万山独尊的庐山之麓。

江西特别是鄱阳湖地区的文化名人乐于兴办书院，书院教育蓬勃兴起，有"江西书院甲天下"之说。江西书院以创办早、数量多、规模大、质量高而久负盛名，宋、元、明三代，江西的书院数量均居全国首位，直到清代才被浙江和四川超越。据王炳照先生的《中国古代书院·附录》统计，江西书院在唐末五代有 13 所，宋代 224 所，元代 95 所，明代 287 所，清代 324 所。③ 不仅数量居全国前列，且质量高，影响大。其中庐山白鹿洞书院、铅山鹅湖书院、南昌豫章书院、吉安白鹭洲书院号称为江西四大书院。

白鹿洞书院又是全国四大书院之首，是两宋最有名望的书院，其推行的教育体制和学术感召力，影响深远，尤其是朱熹制定的《白鹿洞书院揭示》，成为南宋以后全国书院的学规教条，被各地书院借鉴和效仿。

南昌豫章作为省城书院，一度成为古代江西的最高学府，清代由巡抚直

---

① 许怀林：《江西通史》（第 6 卷，南宋卷），江西出版集团、江西人民出版社 2009 年版，第 309 页。
② 吕祖谦：《宋文鉴》卷八二《南安军学记》，景印文渊阁《四库全书》第 1350 册，台湾商务印书馆 1986 年版，第 851 页。
③ 参见王炳照：《中国古代书院》附录《各省（区）历代书院统计表》，商务印书馆 1998 年版，第 202 页。

接控制管理，康熙皇帝曾为书院御书"章水文渊"匾额。豫章书院也一直以朱熹《白鹿洞书院揭示》为书院之规条，乾隆七年（1742），时任江西巡抚的陈宏谋制订了著名的《豫章学约》十则，即立志向、明义利、立诚敬、敦实行、培仁心、严克治、重师友、立课程、读经史、正文体。《豫章学约》很快成为省内各书院的准则。豫章书院为传播学术思想、培养理学人才，贡献不菲。

鹅湖书院因朱陆鹅湖之会名噪一时。江万里创办的白鹭洲书院则因培养了刘辰翁、文天祥等仁人志士而名闻天下。

除了上述四大书院之外，鄱阳湖地区较有名望、规模较大的书院还有德安的东佳书堂、奉新华林书院、安义雷塘书院、南昌东湖书院、玉山刘氏义学、贵溪象山书院等知名书院。

江州德安车桥乡的东佳书堂是江西最早的书院。唐昭宗大顺元年（890），由唐代义门陈三世长陈崇创建，他制定了《义门家法三十三条》，规定："立书堂一所于东佳庄。弟侄子姓有赋性聪敏者令修学，稍（稽）有学成者应举。除现置书籍外须令添置。于书生中立一人掌书籍，出入须令照管，不得遗失。"[①] 修建后的东佳书堂有"堂庑数十间，聚书数千卷，田二十顷，以为游学之资"，其藏书"书籍、字帖，时号称天下第一"。丰富的藏书，吸引了四方学子，"别墅建家塾，聚书延四方学者，伏腊皆资焉，江南名士皆肄业于其家"[②]。东佳书堂创建时间比白鹿洞还早50年，一度成为江南的学术交流中心。

宋初八所著名书院中，江西白鹿洞、华林、雷塘三所书院名列其中。华林书院在宋太宗时，由奉新人胡仲尧建于洪州奉新县西南郊的华林山玄秀峰下，筑室百间，《宋史·孝义传》记载，胡仲尧"构学舍于华林山别墅，聚书万卷，大设厨廪，以延四方游学之士"[③]。以优越的读书、食宿条件吸引了四方士子，

---

① 江西教育学院书院史研究室合编：《江州陈氏东佳书堂研究》1989年（内刊），第111页。

② 释文莹：《湘山野录》卷上，景印文渊阁《四库全书》第1037册，台湾商务印书馆1986年版，第238页。

③ 脱脱：《宋史》卷四五六《孝义传》，中华书局1977年版，第13390页。

培养了一批人才，宋真宗为此赐诗称赞胡氏华林书院："一门三刺史，四代五尚书。他族未闻有，联今止见胡。"①

雷塘书院在洪州安义县，是洪文抚创建的洪氏家族式书院，不仅本族子弟优秀者"咸肆业于兹"，且四方来学者也不远千里，"贯鱼而进"。洪氏的义举得到朝廷的褒奖，宋太宗曾手书"义人居"三字以赐。杨亿在《南康军义居洪氏雷塘书院记》中云："先是寻阳陈氏有东佳学堂，豫章胡氏有华林书院，皆聚坟索以延俊髦，……与二家者鼎峙于江东矣。"②将雷塘书院与东佳书堂、华林书院并称为鼎峙江南的三大书院。

洪州东湖书院在嘉定四年（1211）由隆兴府通判丰有俊创办，位于南昌百花洲旁，并由朝廷赐额"东湖书院"，聘请陆九渊的长子陆持之为首任山长，陆持之"教诸生务使人返求自得，以不失其情之本明"，将陆九渊的心学思想在书院贯彻，朱熹弟子黄榦、李燔也曾讲学于东湖书院，饶鲁晚年亦曾掌教东湖书院。

玉山刘氏义学，由刘允迪创办，他曾任江州德安县令，淳熙年间，他"割田立屋，聘知名之士以教族子弟，而乡人之愿学者，亦许造焉"。朱熹在《玉山刘氏义学记》中，高度赞赏其兴学义举道："今士大夫或徒步至三公，然一日得志，则高台深池，撞钟舞女，所以自乐其身者，唯恐日之不足。虽廪有余粟，府有余钱，能毋为州里灾害则足矣。固未暇以及人也。如刘侯者，身虽宠而官未登六品，家虽温而产未能千金，顾其所以用心者乃能如此，是则可谓贤远于人。……古人之所谓学者，岂读书为文，以干禄利而求温饱之云哉！亦曰明理以修身，使其推之可以及夫天下国家而已矣。群居于此者，试以此意求诸《六经》、孔、孟之言，而深思力行之，庶其有以不负刘侯之教也。"③

---

① 转引自王炳照：《中国古代书院》，商务印书馆1998年版，第52页。

② 杨亿：《武夷新集》卷六《南康军建昌县义居洪氏雷塘书院记》，景印文渊阁《四库全书》第1086册，台湾商务印书馆1986年版，第416页。

③ 朱熹：《晦庵先生朱文公文集》卷八〇《玉山刘氏义学记》，见朱杰人、严佐之、刘永翔主编：《朱子全书》第24册，上海古籍出版社、安徽教育出版社2010年版，第3792页。

明代学者王士性对宋明时期江西书院的发展作了如下评述："江右讲学之盛始于朱、陆二先生，鹅湖、白鹿，兴起斯文。本朝则康斋吴先生与弼、敬斋胡先生居仁、东白张先生元祯、一峰罗先生伦，各立门墙，龙翔凤起。最后阳明先生发良知之说，左朱右陆，而先生勋名盛在江右，古今儒者有体有用无能过之，故江右又翕然一以良知为宗，弁髦诸前辈讲解，其在于今，可谓家孔孟而人阳明矣。"①

上述鄱阳湖地区的书院，宣扬了学术，培养了人才，为理学的传承起了不可替代的作用。书院既是一个教学场所，又是学者探讨学术的胜地。"书院教育隆盛，思想领域的气氛活跃，文化水平大有提高，构成南宋时期江西人文事业的主导优势。"②不少书院讲学风气浓郁，学者纷纷以书院为阵地，自由论辩，激烈争鸣，宣扬学派主张，书院成为理学不同学派争鸣的阵地，促进了各派思想融合与发展。众多的书院成为鄱阳湖地区理学传播的殿堂，为理学的传衍提供了厚实的土壤。

二、鄱阳湖地区科举兴盛，人才辈出

书院与科举如同一对孪生兄弟，结下了难解之缘。书院因科举兴而盛，甚至直接为科举服务。鄱阳湖地区空前发达的书院教育，使科举人才大量涌现，培养造就了大批有用之才。

正如黄榦所谓"江西素号人物渊薮"③。欧阳修也赞叹："区区彼江西，其产多材贤。"④朱君毅先生曾对中国历代人物的地理分布进行过统计分析，根据他的研究，"江西在西汉时期人物排在第十四位，东汉第十二位，唐代第十三位，北宋第九位，南宋第三位，明代第三位，清代第十位，民国时期，在1926年

---

① 王士性撰，吕景琳点校：《广志绎》卷四《江南诸省·江西》，中华书局1981年版，第79页。
② 许怀林：《江西通史》(第6卷，南宋卷)，江西出版集团、江西人民出版社2009年版，第3页。
③ 黄榦：《黄勉斋先生文集》卷一《复江西漕杨通老》，中华书局1985年版，第11页。
④ 欧阳修：《欧阳修集》卷一《送吴生(孝宗)南归》，黑龙江人民出版社2005年版，第79页。

以前第九位，20 年代后期则在第九至十三位。也就是说，唐宋以来，特别是南宋至明代，江西已是中国封建社会后期的文化中心地区之一。"①

江西人才的兴盛，与科举考试直接相关。隋朝创立科举制度，把竞争考试引入到官吏选拔之中，广大平民士子获得了参与国家政权的机会。科举对江西士子有强大的吸引力，读书、科举成为改变自身命运的价值追求和美好憧憬。江西士子在科场搏杀，并有不俗的表现。据统计，自唐到清代废除科举，江西共有进士 10506 人，占全国进士 98689 人的 10.7%，其中宋代进士 5145 人，居全国第二位，明代进士 3114 名，居全国第三位，清代进士 1919 人，居全国第五位。同时，全国产生状元 494 人，江西 40 人，占 8.09%，居全国第五位，而宋明两代江西状元共 30 人，仅次于浙江，居第二位。② 江西人任宰相者 28 位，副宰相者 62 位，在"二十四史"中立传的江西人达 500 余人。

尤其是两宋时期，朝廷确立以文治国的右文政策，实行了唯文是取的科举原则，江西士子在读书至上论和官本位思想的影响下，极大地刺激了读书热情，江西的科举考试空前繁盛。据光绪《江西通志》进士名录统计，两宋江西进士有 5442 名，其中北宋 1745 人，南宋 3697 人，江西占北宋进士总数的 9%，南宋占 15.7%，在数量上据绝对优势。其中有一批名垂青史的杰出人物，仅《宋史》"列传"中就有江西籍人物 164 人，其中北宋 81 人，南宋 83 人，列为传主者 84 名。③ 南宋举行的 49 次科举考试中，江西有 5 人为状元，占 49 名状元的 10.2%。一大批杰出的江西人才，进入政治领域，甚至出现了政治中枢赣人化的现象。据《宋史·宰辅表》统计，宋朝宰相共有 133 名，其中江西共有 27 人任正副宰相。他们决策朝政，左右时局，相互提携，造福桑梓。如临川晏殊、王安石，鄱阳洪遵、洪适，余干赵汝愚，都昌江万里等都是家喻户晓、妇孺皆知的著名人物。

明代江西学风最盛。江西是明代科举大省，国家规定的举人录取名额居

---

① 吴永明主编：《人文兴赣：传承·创新·发展》，社会科学文献出版社 2013 年版，第 110 页。
② 参见胡兆量主编：《中国文化地理概述》（第 3 版），北京大学出版社 2009 年版，第 194 页。
③ 陈文华：《江西通史》，江西人民出版社 1999 年版，第 390 页。

全国首位，生员定额也多于他省。建文二年（1400）科举考试录取的110位进士中，不仅状元、榜眼、探花全是江西吉安府人，而且连二甲第一名与第三名也是江西人，在前6名中江西人占了5位。有明一代，江西籍进士共2690人，仅次于南直隶、浙江而居全国第三位。就江西各府而言，"主要分布在吉安（837人）、南昌（623人）、抚州（252人）、饶州（238人）四府，这四府进士占全省进士总数的71.82%。如果加上广信、临江和建昌，共2405人，为89.48%。"① 而南昌、抚州、饶州、广信、建昌都位于鄱阳湖地区。明代江西诞生了黄子澄、杨士奇、金幼孜、解缙、胡广、费宏等大批高官显宦，栋梁之才，出现了"翰林多吉水，朝士半江西"的盛况，江西人才在《明史》列传者达408人。

景泰年间江西泰和籍大学士陈循曾分析了江西科举兴盛的原因，认为："盖因地狭人多，为农则无田，为商则无资。为工则耻卑其门第，是以世代务习经史，父子叔侄兄弟族姻自相为师友，十常二三。……皆望由科举出仕。"② 张瀚在《松窗梦语》中也说："江西三面距山，背沿江、汉，实为吴、楚、闽、越之交，古南昌为都会。地产窄而生齿繁，人无积聚，质俭勤苦而多贫，多设智巧，挟技艺以经营四方，至老死不归，故其人内啬而外侈。……独陶人窑缶之器，为天下利。九江据上流，人趋市利。南、饶、广信，阜裕胜于建、袁，以多行贾。而瑞、临、吉安，尤称富足。"③ 由于人多地少，为了改变生存状况，于是学习经史以应科考成为风气，将科举作为一种生存之道，作为一种体面的脱贫致富之路。"既然科举可以改变一个人、一个家庭、一个家族的命运，而且是进入官场的唯一途径，因此，科举自然就成为读书人的奔竞目标。"④

① 方志远：《明清湘鄂赣地区的人口流动与城乡商品经济》，人民出版社2001年版，第173页。
② 《明英宗实录》卷二六八，"景泰七年七月丙申"。
③ 张瀚著，盛冬铃点校：《松窗梦语》卷四《商贾纪》，中华书局1985年版，第84页。
④ 方志远、谢宏维：《江西通史》（第8卷，明代卷），江西出版集团、江西人民出版社2008年版，第274页。

三、浓郁的崇文风气，为理学的传播营造了良好的社会氛围

由于学校、书院的大量兴办，科举文化的兴盛，使鄱阳湖地区成为一个文化重地，形成了浓郁的崇文重教的社会风气，正如韦庄所形容的"家家生计只琴书，一郡清风似鲁儒"。鄱阳湖地区读书风气之盛，读书人数之多，科举人才之众，也是史无前例的。大批学子通过科场搏杀，获得高官厚禄，在他们榜样作用的推动下，更加营造出了"人知向学""好学从礼"的社会氛围。

宋仁宗时，吴孝宗在《余干县学记》中对鄱阳湖地区的重文风气有过生动的描绘："古者江南不能与中土等，宋受天命，然后七闽、二浙与江之西、东，冠带《诗》《书》，翕然大肆，人才之盛，遂甲于天下。江南既为天下甲，而饶人喜事，又甲于江南。盖饶之为州，壤土肥而养生之物多，其民家富而户羡，蓄百金者不在富人之列。又当宽平无事之际，而天性好善，为父兄者，以其子与弟不文为咎；为母妻者，以其子与夫不学为辱。其美如此。"① 由此可见，鄱阳湖地区不仅经济富庶，且富而重教，普遍形成了求学、尚学、重学的社会风气。在众多的地方志书中，这种记载俯拾皆是。如南昌府"豫章之俗颇同吴中，其君子善居室，小人勤耕稼。……讽诵之声，有若齐鲁，……士知尚儒，民皆务本，……崇名教而修身慎行，绍文献而接武联镳，市井多儒雅之风，田野无靡丽之习。"② 瑞州府"人好经学尚清静……闻人巨公先后辈出……吾筠俗朴而风质，士多醇茂……士游于学，农勤于食，工商之事举不足以动其心，故习俗文而非侈，质而非陋。"③ 抚州府"山川风俗之美，名儒巨公，彬彬辈出，故家遗俗皆知尚气节，畏清议。……晏元献、王文公为之乡人，故其人乐读书而好

---

① 洪迈著，穆公校点：《容斋随笔·四笔》卷五《饶州风俗》，上海古籍出版社 2015 年版，第276 页。

② 谢旻：(雍正十年)《江西通志》卷二六《风俗》，景印文渊阁《四库全书》第 513 册，台湾商务印书馆 1986 年版，第 832 页。

③ 谢旻：(雍正十年)《江西通志》卷二六《风俗》，景印文渊阁《四库全书》第 513 册，台湾商务印书馆 1986 年版，第 834 页。

文词。"① 饶州府"有邹鲁遗风……多俊秀喜儒，以名节相高……其人喜儒，故其俗不鄙……士如东汉诸君子……多茂美好学。"②

可见，鄱阳湖地区有浓郁的"业儒之风"，习惯以耕读传家，有令人称羡的读书风气，甚至将小孩儿放置于大吊篮中，悬挂在树梢之上，以"绝其视听"，专心读书，真正形成了"万般皆下品，唯有读书高"的社会风气。

事实上，鄱阳湖地区的百姓把读书科举作为一种生存之道，作为一种体面的脱贫致富之路。鄱阳湖的士子热衷于读书的另一个现实原因就是为摆脱贫困现状。正如袁采在《袁氏世范》中所说："士大夫之子弟，苟无世禄可守，无常产可依，而欲为仰事俯育之计，莫如为儒。其才质之美，能习进士业者，上可以取科第，致富贵；次可以开门教授，以受束修之奉；其不能习进士业者，上可以事笔札，代笺简之役，次可以习点读，为童蒙之师。"③ 众多学而优则仕，考取功名的进士、举人们的骄人回报，对州县乡邻更是极大的示范与鼓舞，更加激发民众以学为荣，读书发家的愿望，从而形成浓郁的读书重教的社会风俗。因此，鄱阳湖地区"良好的文化生态环境，有利于本土学者的迅速成长、脱颖而出，也对外埠学者产生了巨大的吸引力"④。

第四节　佛、道文化的兴盛为鄱阳湖理学提供了思想的沃土

理学是哲学化的儒学，是以儒学为内核，站在儒学的立场上吸收佛教与道教的思辨精神而建立起来的，是儒学之用与佛、道思想相结合的产物。理学借鉴了佛、道的传教谱系，创立了儒学的道统；又借鉴佛、老的禁欲思想，提出

---

① 谢旻：(雍正十年)《江西通志》卷二六《风俗》，景印文渊阁《四库全书》第513册，台湾商务印书馆1986年版，第838页。
② 谢旻：(雍正十年)《江西通志》卷二六《风俗》，景印文渊阁《四库全书》第513册，台湾商务印书馆1986年版，第843页。
③ 袁采：《袁氏世范》卷二《子弟当习儒》，中华书局1985年版，第40页。
④ 李江：《理学渊薮的形成：宋代江西理学的昌明》，《江西社会科学》2011年第10期。

了存天理，灭人欲的道德主张。孙以楷先生认为："宋代理学之所以能够独尊于中国封建社会后期，其主要原因在于它保留了儒学热心研究政治，重视人伦道德教育及践履的现实感性特点，又效法佛、道对天道物理的精深思辨，因而既克服了儒学的庸浅，又摈弃了佛、道的空寂，构造了中国古代哲学的本体论。"[1]

鄱阳湖地区理学的兴盛，也深受该地区佛、道教文化的影响。"儒学的理学和心学分别肇始于庐山的莲花峰和贵溪的象山；佛教净土宗的祖庭为庐山东林寺，禅宗的洪州宗为佛教中国化过程中的巍巍丰碑；道教的净明派（许真君崇拜）兴起于南昌西山，天师道虽创立于四川，但从第四代起一直扎根于贵溪龙虎山。"[2]鄱阳湖地区丰富的佛教与道教文化资源，为理学的兴盛提供了思想的沃土。

自古名山多僧、道。鄱阳湖畔的庐山是悠久的儒、释、道文化圣地。传说西周时，匡俗在此学道求仙，多次拒绝周武王的征聘，最终得道成仙，人们于是把他求仙的地方称为匡山或匡庐，又称为"神仙之庐"，这就是庐山名号的来由。

"苍润高逸，秀出东南"的庐山，以"雄、奇、险、秀"闻名于世，素有"匡庐奇秀甲天下"之誉。其得天独厚的自然与人文环境，自古以来就深受学者文人的青睐，其自然灵气吸引着中国的文人墨客，使之成为历代骚人墨客隐遁卧游、谈禅说法的仙家胜境。陶渊明、李白、白居易、苏轼等都曾登临过庐山，留下了吟咏庐山的名篇佳作，庐山堪称中国人文主义化育的土壤。

庐山又是宗教名山，是隐逸之士、高僧名道的向往之所，宗教文化在庐山极为重要，且有一山容六教的胸襟与气度，故有"一山藏六教，走遍天下找不到"之赞誉。

唐代实行三教并存的宗教政策，儒、释、道在各自发展的同时，又在斗争

---

①　孙以楷：《朱熹与道家》，《文史哲》1992 年第 1 期。

②　傅修延：《生态文明与地域文化视阈中的鄱文化》，《江西社会科学》2008 年第 8 期。

中相互渗透，相互融合，相互吸收，由对立演化为合流。韩愈力排禅佛，认为"不塞其流，不止不行"，主张"人其人，火其书，庐其居。明先王之道以道之"①。李翱则援佛入儒，开宋明理学之先声。

五代、北宋以后，"古典经学的衰微没落，给佛教和道教的复兴繁盛提供了广大的文化空间；中原沦陷、山河破碎的惊天巨变，又使士大夫们转向佛教和道教的天国寻求精神的慰藉和麻醉，给佛教和道教的"滋长泛滥"提供了广大的心理空间。在儒、佛、道三大文化形态由对立、碰撞到吸收、融合的过程中，孕育出了五光十色的理学体系和士大夫们千奇百怪的文化心理。他们有的以佛、道作为立身处世的精神支柱，稳定失去平衡的儒家灵魂，也有的以佛、道作为安邦经世的治术，疗救世风日下的封建衰世。"②宋代士大夫与佛、道的关系是密切且和谐的，赵普就赞扬宋太宗"以尧舜之道治世，以如来之行修心"的原则是"圣智高远，动悟真理，固非臣下所及"③。宋真宗认为佛教与孔孟"迹异而道同"，儒、佛、道可以并行不悖而各尽其妙，提倡"三教并隆"。宋孝宗著《原道辨》，主张"以佛修心，以道养生，以儒治世"④，成为不少士大夫人生的最高信念和处世准则。

因此，在宋代，儒学与佛、道彼此靠拢，相互渗透，佛、道的哲学思辨性对中国的士大夫有很深的吸引力，可以说，佛禅与道教为理学的发源提供了理论借鉴和思想沃土。

一、鄱阳湖地区佛教的兴盛及对理学的影响

江西是禅宗的腹地，佛教文化非常发达。据慧皎《高僧传》所载，西域沙

---

① 韩愈著，马其昶校注：《韩昌黎文集校注》卷一《原道》，上海古籍出版社2014年版，第20页。
② 束景南：《朱子大传》，商务印书馆2003年版，第53页。
③ 李焘：《续资治通鉴长编》第二四卷《太宗太平兴国八年冬十月甲申》，中华书局1979年版，第554页。
④ 曾枣庄、刘琳主编：《全宋文》（第236册）卷五二七九《宋孝宗七四》，上海辞书出版社、安徽教育出版社2006年版，第297页。

门安世高在东汉灵帝末年，进入江西，弘扬佛法，并在豫章城东建造了江西的第一座寺庙——东寺，佛教从此开始传入江西。

庐山是名闻天下的佛教圣地，高僧云集，佛寺林立，有所谓"庐阜招提三百所"之说。晁补之的《题庐山》云："南康南麓江州北，五百僧房缀蜜牌。尽是庐山佳绝处，不知何处合题诗？"①描绘了庐山佛寺林立的盛景，庐山因而有了"南方佛国"之称。

东晋孝武帝太元三年（378），慧永从山西太行到此修行，江州刺史陶范深感慧永佛法精深，资助他建立西林寺，西林寺成为庐山开山第一丛林。五年之后，拟去广东罗浮山的慧远，途经庐山，为其风光所吸引，在此建龙泉精舍隐居，后在桓伊的资助下，创建东林寺。慧远深谙释、儒、道三家文化，吸引了慧静、慧安、刘遗民、雷次宗等大批高僧及学者名士，创立白莲社，倡导弥陀净土，以同修净业，共期西方净土世界为宗旨，开"中国佛教化、佛教中国化"之先河。慧远被尊为净土宗的始祖，东林寺成为净土宗的祖庭。唐宪宗元和十一年（816），东林寺有殿堂三百一十余间，占地三百多亩，弟子达三千之众，一时"众僧云集，四海同归"，成为南方的佛教中心。

慧远的八宝弟子、高僧昙诜在庐山之巅，如琴湖畔创立的大林寺，素有"匡庐第一境"之美称，与东林寺、西林寺合称庐山三大寺院，成为庐山佛教文化传播的重要场所。禅宗五祖弘忍居大林寺十年，聚徒讲习，有神秀、慧能、慧安、道明等一批高僧弟子。此外，庐山还创建了归宗寺、海会寺、秀峰寺、万杉寺、栖贤寺等"五大丛林"。唐、宋时期的庐山，"钟声长鸣，香烟缭绕"，佛禅昌盛一时，"僧屋五百住庐峰"，"宋时三百六十寺"等吟咏，反映了当时庐山寺庙林立、高僧辈出的盛况。

因此，唐朝有"求官去长安，求佛到江西"之说②。

---

① 晁补之：《济北晁先生鸡肋集》卷二一，上海商务印馆缩印《四部丛刊初编》本，第128页。
② 曹国庆：《文化探步》，文物出版社2010年版，第197页。

禅宗在江西一度风靡天下，鄱阳湖地区是南禅的主要根据地之一。南禅自六祖慧能以下，发展为南岳和青原两大法系。怀让的南岳法系，其弟子以马祖道一最为著名，马祖道一在鄱阳湖一带宣扬佛法，后定居于建昌石门山，创立洪州禅，提出"道不用修，但莫污染"，"平常心是道"的主张[①]，倡导任心直行，不重经教，自然超越的修行理论。"洪州禅尊重一切人自性和人格，直接明快的传法方式，简便易行的修持方法，奠定了中国禅'自然适间'的思想基调"[②]，从而将禅宗世俗化和通俗化。他的弟子怀海，在奉新百丈山整顿禅门戒律，创立《禅门规式》，又称《百丈清规》，要求僧众"诸恶莫做，众善奉行"，建立"普请制度"，要求人人参与劳动，自食其力，主张一日不做则一日不食，形成了一套严格的寺院制度，被奉为"天下清规"。

南禅七祖行思在吉安青原山净居寺开创了青原法系，传扬慧能的顿悟禅法。南禅"五家七宗"中，其中"三家五宗"源于江西，传布天下。曹洞宗、临济宗、沩仰宗、杨岐宗、黄龙宗其本山就在江西，以庐山、鄱阳湖地区为主要传播阵地，禅宗的中国化，最终在江西得以完成。

鄱阳湖地区形成了众多的佛教圣地。庐山东林寺是净土宗发源地，青原山净居寺是南禅青原法系的发源地，宜丰洞山普利寺、宜黄曹山曹山寺则是曹洞宗发源地，宜春仰山仰山寺是沩仰宗的发源地，萍乡杨岐山普通寺是杨岐宗的发源地，修水黄龙山则是黄龙宗发源地，靖安宝峰寺是马祖道一的道场，洪州禅的发源地，奉新百丈山百丈寺则是《天下清规》的诞生地，永修云居山真如寺是曹洞宗的圣地，开山一千多年来，为曹洞宗的延绵发展起了重要作用，在海内外享有盛誉。

众所周知，理学的形成，深受佛教特别是禅宗的影响。吕思勉先生在《理学纲要》中，分析了理学与佛学的关系，他说："理学者，佛学之反动，而亦

---

① 道元著，顾宏义译注：《景德传灯录译注（一）》卷六《南岳怀让禅师法嗣》，上海书店出版社 2010 年版，第 383 页。

② 陈金凤：《江西通史》（4 卷，隋唐五代卷），江西出版集团、江西人民出版社 2008 年版，第 302 页。

兼采佛学之长，以调和中国之旧哲学与佛学者也。"① 冯友兰先生也认为"理学就是佛教逻辑的推演"②。两宋时期，很多理学大家都潜移默化地受到佛教的影响，不少人还有过"出入于佛老"的经历。周敦颐、张载、程颐、程颢、朱熹等理学家们在广泛吸收佛禅思想的基础上，发展、改造了传统儒学，从而创立了宋代理学。禅宗主张佛就在人的心中，只要明心见性，人人都可成佛，这一理论对理学的兴起有着深远的影响，特别是孕育了从张九成到陆九渊自悟本心的心学。

因此，"禅侣云集于江西，士人与僧众频繁交往，思想在交流中相互辩难，相互借鉴，相互渗透。不少学者吸收佛学的思想，充实儒学的内容，发掘义理，增强其活力。禅宗倡导'佛性本自具足，三宝不假外求'的理论，与儒学修身养性、正心诚意的传统说教，相互发明，彼此呼应。儒、佛、道三教合流的速度加快，儒学发展的新阶段到来了。宋学、理学应运而生，都在江西蓬勃扩散开来。"③

可见，鄱阳湖地区丰富的禅佛文化，为理学在鄱阳湖地区的兴起、传播，提供了丰富的思想营养。

二、鄱阳湖地区道教文化对理学的影响

道教作为中国土生土长的宗教，自东汉末年就已传入江西。江西道教源远流长，高道辈出，教派迭起，是道教的主要发源地与重要的传播地，在中国道教史上占有重要地位。

鄱阳湖地区有道教形成和发展的肥沃土壤，其风景幽静的名山大川是神仙方士和黄老道家们修道的理想场所。在东汉道教形成之前，鄱阳湖地区就有很多神仙道士的传说，传说黄帝的乐师伶伦，就曾隐居洪州西山洪崖，在此截竹

---

① 吕思勉：《吕学纲要》，《吕思勉全集》（第16册），上海古籍出版社2016年版，第269页。
② 冯友兰：《中国哲学史》，北京大学出版社1996年版，第229页。
③ 方进进：《守望鄱阳湖》，江西教育出版社2013年版，第116页。

为器，成为中国音乐之祖，伶伦修行之地，还存有洪崖丹井等遗存。

东汉时期，第一代天师张道陵云游天下，在永元二年（90），来到贵溪云锦山，在此炼九天神丹，"丹成而龙虎现"，于是改云锦山为龙虎山。随后入四川，其子张衡、孙张鲁在蜀地建立了天师道政权。该政权被曹操所灭后，第四代天师张盛又回到龙虎山，并定居于此，继承祖业，开创了天师道龙虎宗。自此之后，历代天师世世定居于龙虎山，龙虎山成为天师道的大本营，堪称"道教的耶路撒冷"。龙虎山也是道教的第三十二福地。

龙虎山上清宫是张天师奉祀香火之地，唐赐额"真仙观"，宋大中祥符年间改称"上清观"。宋徽宗政和三年（1113），改为"上清正一宫"。上清宫建筑之美，规格之高，"实为海内琳宫之冠"①。宋哲宗时，龙虎山天师道成为与阁皂山灵宝派、茅山上清派鼎足而立的三大教派。天师道以"虚心正身，崇俭爱民，以保天下"之说和养生祛病之术，受到最高统治者的尊崇与扶植，张天师频频奉召入觐，得到朝廷封诰赏赐。宋理宗时，张天师由一教之主，发展成为统领龙虎山、阁皂山和茅山"三山符箓"的符箓派领袖，掌管江南道教。元代，更被封为"正一教主"。明代初期，龙虎山天师道发展到鼎盛时期，掌管天下道教，以龙虎山天师道为代表的江西道教从此成为全国道教的中心。

除龙虎山天师道之外，在鄱阳湖地区影响深远的还有许逊的净明道。晋代许逊率领吴猛等11位弟子，在洪州西山修道，号为西山十二真君，他从兰公谌母处得孝道、孝悌二王的净明道法，在此设坛传教，宣扬净明忠孝之道。许逊仙逝后，后人在其旧居建"许仙祠"，继续传承净明道。南北朝时期，"许仙祠"改为"游帷观"。唐高宗时期，道士胡慧超重振西山道教，撰写《晋洪州西山十二真君传》和《许逊修行传》，以游帷观为中心的许逊仙道传闻和灵宝净明宗旨，得以推广流传。宋真宗大中祥符三年（1010），宋真宗赐名游帷观为"玉隆观"。宋徽宗政和六年（1116），又升观为宫，号为"玉隆万寿宫"，

---

① 娄近垣：《龙虎山志》卷一二《艺文》，见《道教文献》第1册，台北丹青图书有限公司1983年版，第268页。

尊许逊为"神功妙济真君"。在宋代正式形成净明道,尊许逊为祖师。净明道以传播儒家的净明、忠孝而著称于世,主张修道修性要以孝悌为本。净明派作为儒家化的道教,影响深远,在鄱阳湖一带吸引了众多的信徒。

东晋末年葛巢甫创立灵宝派,以樟树阁皂山为祖山,奉葛玄为祖师,因信奉《灵宝经》《度人经》而得名。灵宝派擅长斋醮祭炼,有完备的斋醮体系,强调"劝善惩恶""济世度人",不仅仅追求个人的得道成仙,更要济世安民。宋代,阁皂山灵宝派走向鼎盛,宋哲宗绍圣四年(1097)敕令龙虎山、阁皂山、茅山为经箓三山,形成了三山鼎立的局面。

鄱阳湖地区不仅道教教派林立,还有众多的洞天福地,吸引无数的名流高道。峰峦叠翠、清静绝欲的庐山,自古就是仙家隐居的理想之地。南朝宋大明五年(461),陆修静来到庐山,爱恋匡庐山水之胜,在此构筑简寂观,传道授徒达7年之久,倡导"释、道同尊"之说。他搜藏道卷1200余卷,编撰《三洞经书目录》,奠定了《道藏》基础。相传吕洞宾也曾在此修炼成仙,后人将其修炼之洞取名为"仙人洞"。唐代在庐山山南,有简寂观、寻真观、白鹤观等知名道观,在庐山山北有太平宫、广福观、三圣宫等道教宫观,而山上以白云观、玄妙观最为兴盛。唐玄宗开元十九年(731)在庐山建九天使者庙,并御赐"九天使者之殿"匾额。南唐改称通玄府,北宋太平兴国年间,更名"太平兴国观",徽宗宣和六年(1124),升格为宫。太平兴国宫建筑气派非凡,广占田产,道士众多,"其时道流常三数千人,崇轩华构,弥山架壑,毁而复新,其所糜费,不可胜纪。其田散在旁县,有三十六区。"[1]南宋初,庐山太平兴国宫道士刘烈,号虚谷子,善撰述,有文名,曾与朱熹等往来论《易》。明代庐山高道辈出,朱元璋进攻陈友谅时,据说得到了道士周颠的帮助,在他的谋划下,朱元璋鄱阳湖一战大获全胜,奠定了统一江南的基础,朱元璋建立明朝后,曾专程来庐山寻访周颠,封庐山为"庐岳",亲撰《周颠仙人传》,立碑纪念,现今庐山还存有御碑亭。

---

① 吴宗慈:《庐山志》卷二《山川胜迹》,江西人民出版社1996年版,第95页。

唐代，江西道教从庐山、麻姑山、龙虎山、西山，扩展到阁皂山、玉笥山、葛仙山等地。

抚州南城的麻姑山，是江南名山，唐初道士邓紫阳在麻姑山开创道教北帝派。邓紫阳本名邓思瓘，抚州临川人，他早年隐居麻姑山修炼。"后因省亲，路获神剑佩之，性颇刚毅，自负济世之才，每憩溪壑之间，颂天蓬咒不辍，遂感北帝，遣神人授以剑法。"①北帝派授"天蓬咒""北帝箓"等经箓，崇拜北帝（紫微大帝），以擅长辟邪禳祸，治制六天鬼神而著称。邓紫阳道法精深，名闻一时，唐玄宗时为之立庙，于是道士争相讲道，麻姑山成为江南一带道教胜地。

宋代，龙虎山、玉笥山、阁皂山、麻姑山是江西道教的中心，鄱阳湖地区又繁衍出净明、神霄、天心等新道派，最后各派融合、汇归于天师道正一派。王文卿，临川人，在两宋之际，创立神霄派，尊九天雷祖大帝或九天应元雷声普化天尊为最高神，以传"五雷正法"而得名。神霄派通过召役五雷神兵以祈雨求晴，主张"内炼成丹，外用成法"，将道教的义理与符箓法术融为一体，曾盛行于江南地区，王文卿被宋徽宗赐号"冲虚通妙先生"。天心正法派由北宋临川人饶洞天创立，以崇仁华盖山为祖庭，以传天心正法得名。饶洞天得《天心经正法》，啸命风雷，役神使鬼，救人利物，有弟子数百人。②

道教文化源远流长，道家倡导清心寡欲，清静无为，顺其自然，出天地，超万物，长生不老，无意混迹官场，不屑争权夺利，一方面满足了广大民众乞助神灵，解脱苦难，寻求慰藉，入世救度的愿望；另一方面，其恬淡的人生追求对士大夫学子们也很容易产生心灵的共鸣。

南宋最高统治者扶持道教，期望借道教的祈福禳灾法术来"佐国济民"，安定社会。宋真宗明确表示崇道是为了保国安民，并设立祠禄官制度，在各路设置一批重点宫观，以侍从诸臣退职者提领，号称"祠禄"。祠禄官不需要到

① 赵道一编：《历世真仙体道通鉴》卷三二《邓紫阳》，见李一氓《道藏》第5册，文物出版社、上海书店、天津古籍出版社1988年版，第284页。
② 参见卿希泰：《天心正法派初探》，《世界宗教研究》1999年第3期。

宫观视事，但可以领取俸禄，以此安顿衰老和善处异议者。江州的太平兴国宫、洪州玉隆万寿宫、建昌仙都观，都是设有祠禄官的重点宫观。

道教特别是内丹派，在理论上对道、心、性、命等命题探讨极多，形成了深刻完善的理论体系，对理学思想的建构产生了很大影响。宋代理学家钻研老氏之学和玄学，汲取了道教精致的宇宙本体论，利用道教有无、无极、太极、动静、虚实等哲学概念，折中、融合道家思想，构建起了理学思想体系。周敦颐"援道入儒"，把道家"以图解易"的宇宙生成图式、探求人之心身如何与自然保持平衡的理论引入儒学，引"道"为"理"作为思想体系的本体，并从中引出安国治民的方法论。"宋明理学对道家、道教的吸收，是以'修其本而胜之'为信念，移植道家解决问题的起点、思路……又作了改造，从而既用于丰富儒学的宇宙论、天人合一、心性论，也用它发展儒学的体用合一论和功夫境界论。这样做的结果，提升了儒学的哲理思辨水平，充实了儒学思想体系。"[1]

正是鄱阳湖地区丰富的道教资源，为理学在该地区的兴起开源、传承发展，创造了有利的条件，使其成为程朱理学思想传衍的一片沃土。

---

① 孔令宏：《宋明理学的纳道入儒与儒学的新发展》，《河北学刊》2008年第1期。

第二章
宋代鄱阳湖地区理学的兴起

"道学宗主"周敦颐在江州庐山之麓建濂溪书堂，在此讲学授徒，播撒下理学的种子，启蒙了鄱阳湖地区的理学。朱熹知南康军，修复白鹿洞书院，并亲任洞主，制定《白鹿洞书院揭示》，37 位江西学子前来南康向朱熹问学，培养了王阮、黄灏、李燔、程端蒙等众多的江西弟子，在离任南康前，又进行了巡游庐山的十日朝圣之旅，在鄱阳湖地区卷起了强劲的朱学旋风，掀起了这一地区理学传播的高潮，使庐山跻身于理学名山之列，有了与武夷山齐名的理学至尊地位。

第一节　宋代鄱阳湖地区的行政区划

一、宋代的地方行政区划

宋代为加强中央对地方的控制，在地方行政区划的设置上，参照唐代划分"道"的办法，在州之上设有"路"。宋太宗至道三年（997），全国州县划分为十五路，江西地区属江南路；宋仁宗天圣八年（1030），扩为十八路，其中江南路分为江南东路和江南西路，江西地区分属江南西路和江南东路所辖。

各路设有四司：转运司，其长官为转运使，简称"漕臣"，主管一路财政兼监察地方官吏；提点刑狱司，长官为提点刑狱公事，简称"宪臣"，主管司法兼监察；安抚司，长官为安抚使，简称"帅臣"，主管军事；提举常平司，其长官为提举常平，简称"仓臣"，主管常平仓救济、农田水利；除安抚司外，统称为监司，他们相互制约又相互配合，共同对所辖州县监督管理。

在路之下，有府、州、军、监等二级行政区划。府一般在首都、陪都设置。州依据经济实力及地理位置等分为辅、雄、望、紧、上、中、下七级。军、监分为辖县和不辖县二级，辖县者与州同级，不辖县者与县同级，一般设在边境重镇、交通要道及战略要地。在一些矿冶、铸钱、盐池等经济要地则设监，专管某一经济方面事务，其级别与州相同。

府、州、军之下的三级区划是县和不领县的军、监等。

宋代在江西地区共设 9 州 4 军 68 县。其中北宋时期江南西路管 9 个州军，江南东路管 4 个州军；南宋时期，原属于江南东路的江州划归江南西路管辖，江南西路管 10 个州军，江南东路管 3 个州军。据刘锡涛先生的考证："在北宋元丰年间，江西地区包括有属江南东路的婺源县、江州、饶州、信州、南康军；属江南西路的洪州、虔州、吉州、袁州、抚州、筠州、南安军、临江军、建昌军等范围。南宋嘉定元年（1208）江西地区包括有属江南东路的婺源县、饶州、信州、南康军；属江南西路的江州、洪州、瑞州、袁州、吉州、抚州、赣州、临江军、南安军、建昌军。"[①]

南宋在北宋诸县基础上，建昌军新增了新城县(今抚州黎川县）和广昌县，抚州增加了乐安县。

二、南康军、临江军和南安军三军的增设

与五代南唐相比，北宋在江西境内新增南安军、临江军和南康军 3 军，新置 16 县。

---

① 刘锡涛：《宋代江西文化地理研究》，陕西师范大学 2001 年博士学位论文，第 6 页。

宋太宗太平兴国七年（982），新设南康军，治星子县，辖星子、都昌和建昌（今永修县）3县。据乐史《太平寰宇记》所载："南康军理星子县。本江州星子镇，以落星为名。皇朝太平兴国三年，以地当要津，改镇为星子县，至七年，以县置南康军，领星子县，仍割江州之都昌、洪州之建昌等县以属焉。"[①]南康军前踞鄱阳湖，背负庐山，历来有"南国咽喉，西江锁钥"之称。星子镇位于庐山的东南麓，鄱阳湖西北岸，隔湖与都昌相望，是鄱阳湖狭长颈部"负山襟湖"的要地。五代杨吴大和年间(929—935)，设星子镇，隶属江州浔阳县。太平兴国三年（978），时任司农寺丞掌星子镇市征的孔宜奏请朝廷："星子当江湖之会，商贾所集，请建为军。"[②]得到了朝廷的批准，于是"诏以为县，就命宜知县事，后以为南康军"[③]。

在星子置县仅四年后，又设置南康军，再次提高了它的行政级别，扩大了它的管辖区域，目的是为了加强对鄱阳湖及赣江与修水下游地区的控制，更好地掌控赣江—鄱阳湖这条黄金水道的下游出入口。"南康军下辖星子、都昌、建昌（永修）三县，等级同下州。都昌县位于鄱阳湖东岸，于太平兴国七年由江州割来；建昌县在星子南边，同年由洪州割来。鄱阳湖北端的两岸三县统合为一个州级行政区，完全控扼住了进出江西的航运交通，成为'南国咽喉，西江锁钥……为江右之门户'的形胜要地，其政治、经济、军事诸方面的意义均极紧要。"[④]

南安军，军治在大庾县，辖大庾、上犹、南康3县，淳化元年（990）设立，控制赣江航道与大庾岭梅关古驿道水陆联运的交接地区，将岭南与岭北通道的咽喉地区都置于南安军的有效管控之下。

临江军在淳化三年（992）设立，军治在清江（今樟树市），辖清江、新

---

① 乐史撰，王文楚点校：《太平寰宇记》卷一一一《江南西道九·南康军》，中华书局 2007 年版，第 2261 页。

② 脱脱：《宋史》卷四三一《儒林一·孔宜传》，中华书局 1977 年版，第 12814 页。

③ 脱脱：《宋史》卷四三一《儒林一·孔宜传》，中华书局 1977 年版，第 12814 页。

④ 许怀林：《江西通史》（第 5 卷，北宋卷），江西出版集团、江西人民出版社 2008 年版，第 9 页。

喻、新淦 3 县。临江军位于赣江中游，是江西的腹心地带，袁水在此汇入赣江，是赣中地区水陆交通枢纽和物资集散地之一，对漕运安全关系极大。绍兴三十年（1160），侍御史汪澈就说："江西岁以筠、袁二州民苗米，令赴临江军输纳。"①临江军的设立，不仅能有效地控制赣江中游航运，而且有利于江西西部袁州、筠州的粮食、财赋的安全转输。

南康军、临江军和南安军三军的设立，是在鄱阳湖—赣江这条重要的黄金航道的北、中、南三段各设一个政治军事据点，将整个航道严密地管控起来，以保障赣江—鄱阳湖航道这条交通大动脉的安全，加强对该区域的有效控制。

三、宋代鄱阳湖地区的空间区域

宋代在鄱阳湖地区主要设有 5 州 1 军，即饶州、洪州、江州、抚州、信州和南康军。其中饶州、信州和南康军位于鄱阳湖东部，为江南东路所辖；洪州、抚州和江州在鄱阳湖西部，属于江南西路管辖。这 5 州 1 军所辖行政区域大致相当于鄱阳湖地区的地理区域。

宋代鄱阳湖地区各州、军具体管辖情况如下：

饶州：下辖鄱阳县、余干县、浮梁县、乐平县（今乐平市）、德兴县（今德兴市）、安仁县（今余江县）6 县，面积 15947 平方千米，州治在鄱阳县。

信州：下辖上饶县、玉山县、弋阳县、贵溪县（今贵溪市）、铅山县、永丰县（今广丰区）6 县，面积 12698 平方千米，州治在上饶县。

南康军：下辖星子县、都昌县、建昌县（今永修县）3 县，面积 540 平方千米，军治在星子县。

上述 2 州 1 军归属江南东路管辖。

洪州：下辖南昌县、新建县、奉新县、丰城县（今丰城市）、分宁县（今

---

① 刘琳、刁忠民、舒大刚、尹波等校点：《宋会要辑稿·食货九》，上海古籍出版社 2014 年版，第 6179 页。

修水县)、武宁县、靖安县、进贤县8县，面积22169平方千米，州治在南昌县。南宋孝宗元年，升洪州为隆兴府。

　　江州：下辖德化县（今九江县）、德安县、瑞昌县（今瑞昌市）、湖口县、彭泽县5县，面积6270平方千米，州治在德化县。

　　抚州：辖临川县、崇仁县、宜黄县、金溪县4县，面积10419平方千米，州治在临川县。

　　上述3州归江南西路管辖。

　　这也是本章所要探讨的鄱阳湖地区的主要空间区域。

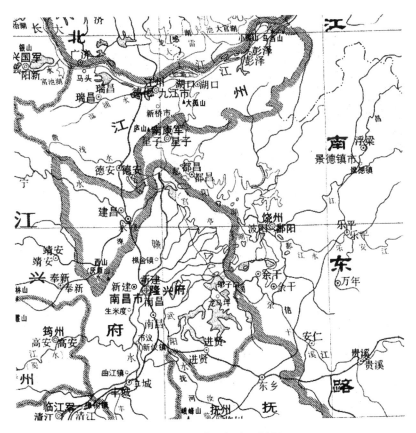

南宋鄱阳湖地区行政区划图

（采自谭其骧主编：《中国历史地图集》（第六册），中国地图出版社1996年版，第61页）

第二节　鄱阳湖地区理学之缘自周敦颐始

宋代鄱阳湖地区是中原与岭南交通干线的中段区域，位于南北交通的枢纽中心。南宋时期，更处于连接南北和沟通东西的四方枢纽和交通要冲，这种地缘优势，为鄱阳湖地区理学的萌生和发展提供了优越的条件。

宋代鄱阳湖地区理学之缘自周敦颐始。

一、周敦颐与江西的理学情缘

周敦颐（1017—1073），字茂叔，号濂溪，湖南道州营道（今湖南道县）人。周敦颐是理学的先驱，是宋代理学的开山祖师，被誉为"道学宗主"。他著《太极图说》和《通书》，以儒家思想为主体，吸取佛、老的思辨精神，"明天理之根源，究万物之始终"[1]，建构了一个以"无极"为本原的宇宙生成体系，阐发了"太极""无极""诚"等宇宙本体论的基本范畴，开创了儒家研究宇宙生成之先河。他提倡"主静""无欲"，宣扬"君君、臣臣、父父、子子、兄兄、弟弟、夫夫、妇妇、万物各得其理，然后和"[2]。把宇宙生成论和人生论结合起来，完善了儒家伦理哲学的理论本体化。因此，黄宗羲在《宋儒学案》中评述道："孔、孟而后，汉儒止有传经之学，性道微言之绝久矣。元公崛起，二程嗣之，又复横渠诸大儒辈出，圣学大昌。故安定、徂徕卓乎有儒者之矩范，然仅可谓有开之必先。若论阐发心性义理之精微，端数元公之破暗也。"[3] 认为周敦颐有"破暗"之功，是理学的开山祖师。

---

① 脱脱：《宋史》卷四二七《周敦颐传》，中华书局1977年版，第12712页。

② 周敦颐撰，陈克明点校：《周敦颐集》卷二《通书·礼乐第十三》，中华书局1990年版，第24页。

③ 黄宗羲原著，全祖望补修，陈金生、梁运华点校：《宋元学案》卷一一《濂溪学案上》，中华书局1986年版，第482页。

周敦颐虽然是湖南道县人，但他与江西有着极为密切的情缘，其一生主要活动和重要思想的形成均在江西。周敦颐曾四仕江西，前后长达23年，熙宁四年（1071），周敦颐知南康军，为庐山幽静的山水所吸引，在庐山莲花峰下、濂溪之上建濂溪书堂，讲学授徒，开启了理学与书院结合之风气，成为鄱阳湖地区理学传播的第一人，并终老于江州，其一生与江西有难解之缘。

周敦颐24岁任洪州分宁（今修水）县主簿，次年，即庆历元年（1041）正式到任，这是他第一次来到江西。在分宁任上，显示了他的才能，"有狱久不决，敦颐至，一讯立辨。邑人惊曰：'老吏不如也。'"① 不久，调袁州芦溪镇代理市征局事务。他到芦溪后，公事之余，喜欢与当地学子讲学探讨，度正《年谱》也说："袁之进士，来讲学于公斋者甚众。"②

四年之后，周敦颐任南安军司理参军。南安军军治在大庾（今大余县），下辖南康、大庾、上犹三县，为下州。宋代司理参军作为知州的佐官，主要掌讼狱勘鞫之事，是负责直接办案的官员。他在南安军两年，"却作了两件对他一生有重大意义的事。一是抵制王逵的滥刑好杀，树立了好的官声；二是收授了程颢、程颐两员弟子，取得了理学开山的资格。"③

庆历六年（1046），程颢、程颐的父亲程珦任南安军通判，与周敦颐交往后，"视其气貌非常人，与语，知其为学知道，因与为友，使二子颢、颐往受业焉"④。程珦钦佩周敦颐"胸怀洒落，如光风霁月"的高迈情怀和独立自造的卓异学识，对其人品和学识都十分欣赏，两人于是成为莫逆之交，并让他的两个儿子程颢、程颐拜周敦颐为师。当时，程颢15岁，程颐14岁，周敦颐28岁。在周敦颐的悉心教育和培养下，二程开始步入了理学殿堂，最终成为一代宗师。全祖望在《濂溪学案序录》中说："濂溪之门，二程子少尝游焉。"⑤

---

① 脱脱：《宋史》卷四二七《周敦颐传》，中华书局1977年版，第12711页。
② 周敦颐：《周濂溪集》卷一〇《年谱》，中华书局1985年版，第188页。
③ 梁绍辉：《周敦颐评传》，南京大学出版社1994年版，第42页。
④ 脱脱：《宋史》卷四二七《周敦颐传》，中华书局1977年版，第12712页。
⑤ 黄宗羲原著，全祖望补修，陈金生、梁运华点校：《宋元学案》卷一一《濂溪学案上》，中华书局1986年版，第480页。

程颐在《明道先生行状》亦载："先生为学，自十五六时，闻汝南周茂叔论道，遂厌科举之业，慨然有求道之志。"① 周敦颐不但是二程兄弟少时的受业之师，更是他们的精神导师，"敦颐每令寻孔、颜乐处，所乐何事，二程之学源流乎此矣。"② 在周敦颐的教诲下，二程立下了求道之志，成为二程理学思想的发蒙者，他们遵照周敦颐的教导，寻找颜子所乐何事，追求一种更高的修养境界，二程"洛学"的形成，实肇基于周敦颐的南安之教。

后来，人们在二程问学周敦颐的南安，建濂溪书院加以纪念。宋理宗景定四年（1263），南安知府饶应龙上疏，以"南安为道学发源之地"，"道学之源，实肇于此"，请求宋理宗赐额"道源书院"匾额。清代宋荦在《重建濂溪书院记》中也说："宋儒用理学相倡导，各有师承，而书院乃立。顾书院之盛，惟西江最；而亲莅其地，以率先斯道者，要以濂溪周子为首。自周子出，始有程、朱之徒，递相授受，而教行天下后世。……周子尝官分宁簿，继理南安，既又任虔州，改令南昌，迁南康守，是西江实周子过化存神地，而虔州又兴国令程公始命二子从游，以开伊洛之先者也。"③

宋仁宗至和元年（1054），38 岁的周敦颐由桂阳令改任洪州南昌令。这是他第二次进入江西。他的到来，让"士民欢喜，奸豪为之畏服，不独以得罪为忧，又以污善政为耻"。而"县人喜曰：'是能辨分宁狱者，吾无冤矣！'"④

仁宗嘉祐六年（1061），周敦颐以国子监博士通判虔州，第三次来到江西。宋时通判是仅次于知州的要职，"职掌倅贰郡政，凡兵民、钱谷、户口、赋役、狱讼听断之事，可否裁决，与守臣通签书施行。所部官有善否及职事修废，得刺举以闻。"⑤ 虔州即今天赣州，管辖赣南 10 县，是个地域广阔、人口众多的大州，也是一个难治之地。周敦颐自开封进入江西，道经江州（今九江）时，

---

① 程颢、程颐：《二程集》卷一一《明道先生行状》，中华书局 1981 年版，第 638 页。

② 脱脱：《宋史》卷四二七《周敦颐传》，中华书局 1977 年版，第 12712 页。

③ 魏瀛修，鲁琪光、钟音鸿等纂：同治《赣州府志》卷二六《书院》，同治十二年刻本。

④ 黄宗羲原著，全祖望补修，陈金生、梁运华点校：《宋元学案》卷一一《濂溪学案上》，中华书局 1986 年版，第 481 页。

⑤ 脱脱：《宋史》卷一六七《职官七》，中华书局 1977 年版，第 3974 页。

爱上了庐山幽静优美的风景，欣然有卜居之意，于是他购地建屋，筑室于莲花峰下，屋前有溪，水清绀寒，如其老家之濂溪，遂称其屋为濂溪书堂。度正《濂溪先生年谱》记述道："道出江州，爱庐山之胜，有卜居之志，因筑书堂于其麓。堂前有溪，发源莲花峰下，洁清绀寒，下合于湓江。先生濯缨而乐之，遂寓名以濂溪，谓友人潘兴嗣曰：'此濂溪者，异时与子相依其上，歌咏先王之道足矣。'"①

到任虔州后，治平元年（1064）冬天，因虔州发生大火，调任永州。治平二年（1065）三月他绕道江州，再游庐山，在濂溪书堂住了一段时间后，才到永州上任。熙宁三年（1070），54 岁的周敦颐以虞部郎中任广南东路提点刑狱，走上了他一生仕途的顶点，但不久就病倒。又听说母亲在镇江的坟墓被洪水冲毁，熙宁四年（1071），55 岁的周敦颐上表朝廷，请调知南康军。

南康是等同下州的一个军，辖星子、建昌、都昌三县，属江南东路。南康军地贫人稀，人口只有 26948 多户，平均每县仅 8982 户，经济实力不强，"土瘠民贫，赋税、讼狱不能当大郡十一"，但是它枕山面湖，地当要津，有十分重要的战略地位，还有"山川形胜甲于诸郡"的优美风景。

周敦颐于熙宁四年（1071）八月，到达南康军治所在的星子县，这是他第四次进入江西。十二月，把他母亲郑太君自润州改葬于德化县庐阜清泉社三起山，即他构筑的濂溪书堂附近，这年冬天，周敦颐以体弱多病为由，请求致仕，结束了他 31 年的仕宦生涯，回到濂溪书堂，开始了为期两年的退隐生活。度正《年谱》记述道："先生酷爱庐阜，曾筑书堂其麓，至是定居焉。"②熙宁六年（1073）六月七日，周敦颐病逝于南康，享年 57 岁。其生前好友，南丰人潘兴嗣应其子周寿、周焘兄弟之请，撰写了《濂溪先生墓志铭》，嘉定十三年（1220），赐谥"元公"。

---

① 周敦颐：《周濂溪集》卷一〇《年谱》，中华书局 1990 年版，第 192 页。

② 周敦颐：《周濂溪集》卷一〇《年谱》，中华书局 1990 年版，第 195 页。

二、九江濂溪书堂

虽然周敦颐早在嘉祐六年（1061）就已筑书堂于庐山之麓，但直到熙宁四年（1071）冬，他才定居于此，并榜其书堂曰"濂溪"，开始在此讲学授徒，濂溪书堂由此而来。

"周敦颐逝世后，后人将濂溪书堂改为濂溪祠，以纪念周敦颐。嘉定以后改为濂溪书院，历元明清诸朝而皆盛极一时。后来书院移至城内世德坊，而原址被山洪冲毁而被遗弃。于是，二百多年的岁月风雨，致使先哲遗踪湮灭无闻。"①

今九江一中的前身就是宋代的濂溪书院。据丁仙玉先生《濂溪书堂古址考》一文的考证，濂溪书堂旧址就在现今九江城南十里大道旁华封桥边的华封寺。朱熹在《江州濂溪书堂记》中也有相应记载："而老于庐山之下，因取故里之号，以名其川曰濂溪，而筑书堂于其上。今其遗墟在九江郡治之南十里，而其荒莽不治则有年矣。"②明代弘治年间，江西按察司金事王启在呈给江西都御史林公俊请周敦颐的后裔一人来守墓的公文内，也记载了濂溪书堂和濂溪墓的方位："宋儒周元公先生世家道州，因过浔阳，爱其山水之胜，遂筑书堂于庐山之阜，今在本府德化县十里许。至于其没，又葬栗树岭下，仅去书堂五里许。"③据杨雪骋、郑晓江两先生的实地考察，认为"华封桥下的河叫'濂溪港'，这极有可能就是濂溪"④。

周敦颐一生喜好山水，讲求清静，既有道家超尘出世之风，更兼文人觅胜寻幽之好，于是定居庐山，他的《题濂溪书堂》记述了他最为得意的晚年生活："庐山我久爱，买田山之阴。田间有清水，清泚出山心。山心无尘土，白石磷磷沉。潺湲来数里，到此始澄深。有龙不可测，岸木寒森森。书堂构其

---

① 杨雪骋、郑晓江：《周敦颐在江西若干史迹考》，《江西教育学院学报》2002年第1期。

② 周敦颐：《周濂溪集》卷一一《江州濂溪书堂记》，中华书局1990年版，第212页。

③ 周文英：《周敦颐全书》，江西教育出版社1993年版，第358页。

④ 杨雪骋、郑晓江：《周敦颐在江西若干史迹考》，《江西教育学院学报》2002年第1期。

上，隐几看云岑；倚梧或欹枕，风月盈冲襟。或吟或冥默，或酒或鸣琴。数十黄卷轴，贤圣谈无音。窗前即畴圃，圃外桑麻林；芋蔬可卒岁，绢布足衣衾。饱暖大富贵，康宁无价金。吾乐盖亦足，名濂朝暮箴。元子与周子，相邀岁月寻。"① 诗中描述了他向往的诗书琴瑟、田园风光的隐居生活。

周敦颐享年 57 岁，但其中 23 年是在江西度过的。"他虽然为官政绩不显，但善谈名理，深于《易》学，对宋代学术贡献至伟，在江西影响至深。周敦颐作为理学的开创者，不仅开一代思潮，而且开一代学风，上承儒释道，下启关洛闽，是理学发展史上至为重要的环节。"②

三、周敦颐的理学思想

周敦颐深于《易》学，善谈名理，尽管有道学宗主的显赫名声，但传世著作并不多，其留传于世的《太极图说》《通书》《太极图》及诗、书、题记总共 6248 字。《四库全书总目》在《周元公集提要》中也说："周子之学，以主静为宗，平生精粹尽于《太极图说》《通书》之中，词章非所留意，故当时未有文集。"③

庆历六年（1046），周敦颐作《太极图说》，以"明天理之根源，究万物之始终"，用儒家的《易》理，来阐明道家《太极图》的意蕴，并提出了"太极""无极"等一系列理学范畴和命题。在《太极图说》中他从万物生生不息、变化无穷的基点上，阐明"立人之道曰仁与义"和圣人必须坚持中正仁义的道理，建立了以诚为核心的心性论和将理气与心性相结合的思想体系，从而确立了他"道学宗主"的开山地位。

周敦颐的学术贡献主要有三大方面："一是援佛道入儒，形成'立太极'的宇宙论，其学术精髓集中体现于《太极图》《太极图说》，为后儒开辟出新的学术路径……二是发掘前人所未阐发的儒学深刻内涵，创造性地发明心性、天

---

① 周敦颐著，陈克明点校：《周敦颐集》卷三《濂溪书堂》，中华书局 1990 年版，第 60 页。

② 李江：《理学渊薮的形成：宋代江西理学的昌明》，《江西社会科学》2011 年第 10 期。

③ 永瑢等：《四库全书总目》卷一五三《周元公集提要》，中华书局 1965 年版，第 1323 页。

道等学说，为后儒开列出新的学术命题……三是提出'立人极'的道德理想和成圣标准。"①

在宇宙论上，周敦颐的《太极图》开创性地勾画了无极而太极、太极而阴阳、阴阳而五行、五行而万物的宇宙万物生成的基本模式，把宇宙的最高本体推到了"太极"之前的"无极"，以"无极"作为最高的哲学范畴，形成了"无极而太极"，"太极动而生阳，静而生阴"的宇宙生成新命题，在哲学史上具有首创之功。"他在《易传》的基础上吸收了道家关于有形出自无形的思想，把宇宙的本原上推到太极以前的遥远过去，丰富和发展了我国古代的宇宙学说。"②为宋代以后的理学家提供"无极""太极"等宇宙本体论的基本范畴。"周敦颐把宇宙看作一个由自身的不断运动而逐渐演化的过程，不仅有着鲜明的朴素唯物主义色彩，而且闪耀着古代朴素辩证法思想的光辉。"③

周敦颐还建构了庞大、缜密的修养工夫论体系。他作《通书》四十章，建立了以"诚"为核心的心性论和修养工夫论。他说："诚，五常之本，百行之源也。"④强调"诚者，圣人之本"⑤，认为"圣，诚而已矣"⑥。他把"诚"看作是伦理道德和一切意识的本源，从"诚"中引出了人类普遍的道德规范，"诚"是纯粹至善的，认为"圣人之道，仁义中正而已"⑦。圣人的一切都可用一"诚"字来概括。因此，黄宗羲认为"周子之学，以诚为本"⑧。而要做到"诚"就要主静、无欲、通达、明理。"《通书》除了'纪纲道体之精微'以外，其重心却在'决道义、文辞、禄利之取舍，以振起俗学之卑陋'，从而建立起一套以'诚'

---

① 李江：《理学渊薮的形成：宋代江西理学的昌明》，《江西社会科学》2011 年第 10 期。

② 梁绍辉：《周敦颐评传》，南京大学出版社 1994 年版，第 128 页。

③ 梁绍辉：《周敦颐评传》，南京大学出版社 1994 年版，第 163 页。

④ 周敦颐：《周濂溪集》卷五《通书·诚下第二》，中华书局 1990 年版，第 79 页。

⑤ 周敦颐：《周濂溪集》卷五《通书·诚上第一》，中华书局 1990 年版，第 74 页。

⑥ 周敦颐：《周濂溪集》卷五《通书·诚下第二》，中华书局 1990 年版，第 79 页。

⑦ 周敦颐：《周濂溪集》卷五《通书·道第六》，中华书局 1990 年版，第 90 页。

⑧ 黄宗羲原著，全祖望补修，陈金生、梁运华点校：《宋元学案》卷一二《濂溪学案下》，中华书局 1986 年版，第 523 页。

为中心的工夫论体系。"① 周敦颐确立了君子修身与治国的基本纲领。

周敦颐把"诚"视为修养的最高境界。《通书·志学第十》中就有"圣希天，贤希圣，士希贤"② 的表述，主张不同层次的人可以确立不同的修养目标，而立志是修养的起点，多思则是致圣的基本功夫。"周敦颐的诚是一种自然属性，是宇宙的本然特点，人只有通过长期的修养才可以获得。因此，立诚是周敦颐修养论的一个极为重要的命题。"③

周敦颐认为，要达到诚的境界，就要做到静与无欲，必须静才能诚，提出了主静无欲的修养方法。他在《太极图说》中将"主静"二字注说为"无欲故静"。要做到静，就要无欲，无欲则静。主静成为周敦颐修养方法的核心。

"周敦颐所主之静有两个特点。一、静是内心无欲而自然形成的心境，而不是任何外来力量强制所成的表面现象。二、静不是目的，而是一种达到目的的手段。"④ 但周敦颐的"无欲"并不是必须灭绝人的所有欲望，并不像佛家一样无一切欲，而是指没有与成圣成贤相对立的不当之欲，指的是有损社会的个人私欲，是对个人欲望的一种引导和控制。

周敦颐在当时儒、佛、道日趋合流的形势下，糅合儒、佛、道三家思想，援佛、道入儒，将《老子》的"无极"、《易传》的"太极"、《中庸》的"诚"以及阴阳五行学说等思想进行熔铸改造，而建构起了他的理学思想基本框架。"他的最高哲学范畴'太极'来源于《易传》，最高精神境界'诚'来源于《中庸》，他的《太极图》原是道教的修炼图，'无极而太极'的命题，来源于老子的'有生于无'，'无欲''主静'说源于佛教的禁欲主义和道教的'清净'说，《爱莲说》更显示了他的佛学因缘。"⑤ 周敦颐特别"援道入儒"，将道家探讨宇宙万物本原、探求人的身心与自然如何保持平衡的理论引入儒家，并引申出修

① 曾亦、郭晓东：《宋明理学》，南京大学出版社 2009 年版，第 10 页。
② 周敦颐：《周濂溪集》卷五《通书·志学第十》，中华书局 1990 年版，第 95 页。
③ 梁绍辉：《周敦颐评传》，南京大学出版社 1994 年版，第 272 页。
④ 梁绍辉：《周敦颐评传》，南京大学出版社 1994 年版，第 299 页。
⑤ 石训、姚瀛艇、刘象彬等：《北宋哲学史》（上卷），河南人民出版社 1987 年版，第 17 页。

己治民的方法论，这是周敦颐理学的显著特点。

四、周敦颐"道学宗主"地位的确立

周敦颐学不由名师，官不过知府，著作仅仅六千余言，其生前的政治、学术地位并不高，但是他却在道学的传道谱系中被奉为开山之祖，在《宋史·道学传》中被列为道学之首。周敦颐为何能获得如此高的地位呢？

首先，他高尚的人品、良好的修养和纯正的学术赢得了黄庭坚、苏轼等同时代学人的尊敬。黄庭坚评价他说："舂陵周茂叔，人品甚高，胸怀洒落，如光风霁月。好读书，雅意林壑，初不为人窘束世故。……茂叔短于取名而惠于求志，薄于徼福而厚于得民，菲于奉身而燕及茕嫠，陋于希世而尚友千古。闻茂叔之余风，犹足以律贪。"[1]

其次，得益于胡宏、张栻等湖湘学者的推崇。首先推崇周敦颐学术的是湖湘学者，南宋初年，胡宏对他始加尊崇，胡宏在《通书序略》中对周敦颐的学术进行了系统的评述，称誉有多："今周子启程氏兄弟以不传之妙，一回万古之光明，如日丽天，将为百世之利泽，如水行地。其功盖在孔、孟之间矣。人见其书之约也，而不知其道之大也；见其文之质也，而不知其义之精也；见其言之淡也，而不知其味之长也。……人有真能立伊尹之志、修颜子之学者，然后知《通书》之言包括至大，而圣门之事业无穷矣。故此一卷书，皆发端以示人者，宜其度越诸子，直以《诗》《书》《易》《春秋》《语》《孟》同流行乎天下。"[2] 胡宏把周敦颐称为周子，与孔子、孟子并列，将他的《通书》与"五经"并论。张栻在所作《通书后跋》中，亦评价周敦颐道："惟先生生乎千有余载之后，超然独得乎大《易》之传。所谓《太极图》乃其纲领也。推明动静之一源，以见生化之不穷，天命流行之体，无乎不在。文理密察，本末该贯，非阐

---

① 黄庭坚：《濂溪词并序》，《周子全书》卷一九，商务印书馆 1937 年版，第 371 页。
② 胡宏：《通书序略》，见周敦颐著，陈克明点校：《周敦颐集》附录二，中华书局 1990 年版，第 110 页。

微极幽，莫能识其旨归也。"① 并称周敦颐为"道学宗主"。因此，"经过道学家们的推崇，周濂溪的地位逐渐抬高，到南宋宁宗时，被赐谥'元'，理宗时更是从祀孔子庙庭，从而确立了其道学开山的地位"②。

周敦颐理学宗主地位的确立，更得益于朱熹对其学术思想的推崇与阐发。朱熹对周敦颐倍加推崇，认为他得圣人不传之学，首开道学之门。"而先生出焉，不由师传，默契道体，建图属书，根极领要。当时见而知之有程氏者，遂扩大而推明之，使夫天理之微，人伦之著，事物之众，鬼神之幽，莫不洞然毕贯于一。而周公、孔子、孟氏之传，焕然复明于当世。"③ 朱熹评价周敦颐"奋乎百世之下，乃始探圣贤之奥，疏观造化之原，而独心得之。立象著书，阐发幽秘，词义虽约，而天人性命之微，修己治人之要，莫不毕举"④。认为周敦颐发圣学之蕴，有大功于斯世。朱熹评价道："及先生出，始发明之，以传于程氏，而其流遂及于天下，天下之学者于是始知圣贤之所以相传之实，乃出于此，而有以用其力焉。此先生之教，所以继往圣，开来学，而大有功于斯世也。"⑤ 周敦颐"上接洙泗千岁之统，下启河洛百世之传"，其学术贡献可谓有三："一是'阐夫太极阴阳五行之奥，而天下之为中正仁义者，得以知其所自来'；二是'言圣学之有要，而下学者，知胜私复礼之可以驯致于上达'；三是'明天下之有本，而言治者，知诚心端身之可以举而措之于天下'。"⑥

---

① 张栻：《通书后跋》，见周敦颐著，陈克明点校：《周敦颐集》附录二，中华书局 1990 年版，第 112 页。

② 曾亦、郭晓东：《宋明理学》，南京大学出版社 2009 年版，第 1 页。

③ 朱熹：《晦庵先生朱文公文集》卷七八《江州重建濂溪先生书堂记》，见朱杰人、严佐之、刘永翔主编：《朱子全书》（修订本）第 24 册，上海古籍出版社、安徽教育出版社 2010 年版，第 3740 页。

④ 朱熹：《晦庵先生朱文公文集》卷七八《袁州州学三先生祠记》，见朱杰人、严佐之、刘永翔主编：《朱子全书》（修订本）第 24 册，上海古籍出版社、安徽教育出版社 2010 年版，第 3743 页。

⑤ 朱熹：《晦庵先生朱文公文集》卷七八《隆兴府学濂溪先生祠记》，见朱杰人、严佐之、刘永翔主编：《朱子全书》（修订本）第 24 册，上海古籍出版社、安徽教育出版社 2010 年版，第 3748 页。

⑥ 束景南：《朱子大传》，商务印书馆 2003 年版，第 572 页。

第三，周敦颐地位的确立，在于他建构起了本体论思想体系及所阐发的"太极""无极""诚"等基本范畴，为宋明理学奠定了基础，确立了理学思想建构的基本理路。朱熹就把周敦颐的"太极"学说概括为"天地人物万善致观的表德"，并在《太极图说》的影响下，形成了朱熹理学思想的三大原则：一是无极、太极同一，因太极无形有理，亦即无极，都指宇宙本体之理；二是理气相即，道器相即，因道是无形之理，器是气的表现，互相不能分离，互相运动作用，建立了朱熹的宇宙生化论和认识论体系；三是理一而分殊，一理散为万物，万殊归为一理。

周敦颐"在整个道学中的开山地位是绝非偶然的，其《太极图说》与《通书》二篇，不仅在关于本体的理论方面对于后来的道学有开创之功，而且在工夫理论方面也深深地影响到后来的道学"。因为，"在宋代道学兴起以前，儒家学者所讨论的道德修养功夫从来是一种已发功夫，然而，正是从道学家开始，才意识到未发功夫的存在与重要性。从这个意义上讲，在濂溪那里多少带有未发功夫意味的诚身无欲功夫对于整个道学来说，实在是具有开创之功，这也是濂溪学术备受道学推崇的另一个原因。"① 由周敦颐开始了对未发功夫的探讨。

黄榦也高度评价周敦颐在承袭道统的重要地位，认为"濂溪周先生，不由师传，洞见道体，推无极太极以明阴阳五行之本，人物化生，万事纷扰，则定之以中正仁义，而人极立焉。盖与《河图》《洛书》相为表里，周子以授伊洛二程子，程子所言道德性命，皆自此出，而微词奥义，学者未之达也。新安朱先生禀资高明，厉志刚毅，深潜默识，笃信力行'体用一源，显微无间'之旨，超然独悟，而又条画演绎，以示后学，周、程之道，至是而始著矣。"②

南宋嘉定七年（1214），魏了翁在为周敦颐请谥的奏疏中说："敦颐独奋乎百世之下，乃始探造化之至赜，建图著书，阐发幽秘，即斯人日用常行之际，示学者穷理尽性之归，使诵其遗言者殆得以晓然于洙泗之正传，而知世之所谓

---

① 曾亦、郭晓东：《宋明理学》，南京大学出版社 2009 年版，第 15 页。
② 黄榦：《黄勉斋先生文集》卷五《鄂州州学四贤堂记》，中华书局 1985 年版，第 110 页。

学盖有不足于学者。于是河南程颢、程颐亲得其传，而圣学益以大振。虽三人于时皆不及大用，而嗣往圣，开来哲，发天理，正人心，使孔、孟绝学独盛于本朝而超出百代，功用所系，治理所关，诚为不小。"①认为周敦颐的贡献在于嗣往圣，开来哲，发天理，正人心，有重要的理论贡献和治乱所关的现实作用。因此，宁宗嘉定十三年（1220）赐谥"元"。

《宋史》周敦颐本传也高度评价其学术、人品，认为他大有功于学者。"博学力行，著《太极图》，明天理之根源，究万物之终始。……又著《通书》四十篇，发明太极之蕴。序者谓'其言约而道大，文质而义精，得孔、孟之本源，大有功于学者也'。"②

黄百家在《濂溪学案》按语中，评价周敦颐有破暗之功。他说："孔、孟而后，汉儒止有传经之学，性道微言之绝久矣。元公崛起，二程嗣之，又复横渠诸大儒辈出，圣学大昌。故安定、徂徕卓乎有儒者之矩范，然仅可谓有开之必先。若论阐发心性义理之精微，端数元公之破暗也。"③"破暗"一词，点出了他在理学史上划时代的贡献。

朱熹知南康军后，在军学立濂溪祠，刻濂溪先生像，并将《太极图说》刻于石上，将《通书》付梓印行，讲授《太极图说解》等，当得到周敦颐曾孙周直卿所赠周敦颐《爱莲说》墨本后，又作《书濂溪先生〈爱莲说〉后》以记其事，使周敦颐的学说在江西发扬光大。因此钱穆先生认为是"但至朱子，乃始推尊濂溪，奉为理学开山，确认濂溪之学乃二程所自出"④。

经朱熹等人的推崇，南宋以后，在江西讲周子之学的濂溪书院和奉祀周子的濂溪祠相继大兴。景定四年（1263），饶应龙以南安为周子教诲二程之地，"道学之传，实肇于此"，奏请理宗皇帝颁赐了"道源书院"匾额。此外，还有

---

① 陈邦瞻：《宋史纪事本末》卷八〇《道学荣黜》，中华书局 1977 年版，第 879 页。

② 脱脱：《宋史》卷四二七《道学传一·周敦颐传》，中华书局 1977 年版，第 12712 页。

③ 黄宗羲原著，全祖望补修，陈金生、梁运华点校：《宋元学案》卷一一《濂溪学案上》，中华书局 1986 年版，第 482 页。

④ 钱穆：《朱子新学案》第一册《朱子学提纲》，九州出版社 2011 年版，第 21 页。

江州濂溪书堂、赣州濂溪书院、南康濂溪祠、万安濂溪书院，江州濂溪祠等15处与周敦颐相关的纪念场所，也从一个侧面表明周敦颐在江西及鄱阳湖地区的重要影响。

第三节　朱熹知南康，鄱阳湖地区理学传播中心地位的确立

"东周出孔丘，南宋有朱熹"，这是当代著名历史学家蔡尚思先生为武夷山朱熹纪念馆的题词。钱穆先生则评价朱熹为理学的集大成者。他说："在中国历史上，前古有孔子，近古有朱子，此两人，皆在中国学术思想史及中国文化史上发出莫大声光，留下莫大影响。旷观全史，恐无第三人堪与伦比。"认为"朱子崛起南宋，不仅能集北宋以来理学之大成，并亦可谓其乃集孔子以下学术思想之大成"[1]。

明代高攀龙也认为朱熹是孔子之后的唯一学术继承人，他说："孔子之学，惟朱子为得其宗，传之万世而无弊。孔子集群圣之大成，朱子集诸儒之大成，圣人复起，不易斯言。"[2]朱熹在继承孔、孟思想的基础上，吸收佛、道精神，集宋代理学家思想之大成，以二程学说为中心，借鉴并改造了周敦颐的宇宙图式，吸收了张载的气学主张，采纳了邵雍的象数易学，建立起以天理为核心，以探求宇宙本原的"理气论"，探讨人性本质的"心性论"，认知事物的"格致论"，兴利除弊的"通变论"为主要内容，以格物致知的认知观，正心诚意的道德观和修齐治平的人生观为价值理念的宏大的思想体系。

朱熹把"理"作为其哲学的最高范畴。理是先天地而有，且永恒不灭，至高无上的，是产生宇宙万物的本原和根柢。他说："未有天地之先，毕竟也只是理。有此理，便有此天地；若无此理，便亦无天地，无人无物，都无该载

---

[1]　钱穆：《朱子新学案》第一册《朱子学提纲》，九州出版社2011年版，第1页。

[2]　高攀龙：《高子遗书》卷三《晦庵先生》，景印文渊阁《四库全书》第1292册，台湾商务印书馆1986年版，第378页。

了！有理，便有气流行，发育万物。"① 理气相互冲突、融合，产生天地万物，但理是根本，气是材料。

"在人生哲学上，朱熹提出了心性论。对人的本性进行研究，把性分为人性和物性，人性又分为天地之性和气质之性。把心分为道心和人心。又提出情、诚、才、心统性情等哲学概念，以此来阐述存天理，灭人欲的思想。"②

在认识论上，朱熹提出了格物致知的认识论。通过格物、穷理，体认和认识事物的本原，通过持敬去欲，使天理复明，通过知行相须，实现理论与实践的统一。

朱熹的另一大贡献是建立起了北宋以来的传道谱系，确立了道统。黄榦在《朱子行状》中称颂朱子，"绍道统，立人极，为万世宗师"③。

儒家的道统说最早是由韩愈提出的，他认为儒家道统"尧以是传之舜，舜以是传之禹，禹以是传之汤，汤以是传之文、武、周公，文、武、周公传之孔子，孔子传之孟轲，轲之死，不得其传焉"④。并且表示，中断的道"使其道由愈而粗传，虽灭死万万无恨"⑤。

而朱熹建立了北宋以来的传道谱系，认为他和周敦颐、二程、张载直接继承了由孟轲中断的道统。他在《伊洛渊源录》中，以周、程、张、邵为传道正统，在传道谱系中，抛开了韩愈。黄榦高度评价朱熹的道统贡献："窃闻道之正统，待人而后传。自周以来，任传道之责、得统之正者，不过数人，而能使斯道章章较著者，一、二人而止耳。由孔子而后，曾子、子思继其微，至孟子而始著。由孟子而后，周、程、张子继其绝，至先生而始著。盖千有余年之

---

① 黎靖德编，王星贤点校：《朱子语类》卷一《理气上》，中华书局 1986 年版，第 1 页。
② 林克敏编：《朱熹》，福建人民出版社 2005 年版，第 24 页。
③ 黄榦：《黄勉斋先生文集》卷八《朝奉大夫文华阁待制赠宝谟阁直学士通议大夫谥文朱先生行状》，中华书局 1985 年版，第 182 页。
④ 韩愈著，马其昶校注，马茂元整理：《韩昌黎文集校注》卷一《原道》，上海古籍出版社 2014 年版，第 20 页。
⑤ 韩愈著，马其昶校注，马茂元整理：《韩昌黎文集校注》卷三《与孟尚书书》，上海古籍出版社 2014 年版，第 241 页。

间，孔、孟之徒所以推明是道者，既以煨尽残缺，离析穿凿，而微言几绝矣。周、程、张子崛起于斯文湮塞之余，人心蠹坏之后，扶持植立，厥功伟然。未及百年，蹉驳尤甚。先生出，而自周以来圣贤相传之道，一旦豁然如大明中天、昭晰呈露。"① 朱熹的重要学术贡献是"重新阐述了北宋以来的道统之传，这个传道谱系最关键的就在于把朱子加到里面去了。至此，宋代道统说正式完成。"②

一、朱熹知南康军

淳熙五年（1178）秋，在右相史浩的举荐下，朱熹被朝廷任命为南康军知军。淳熙六年（1179）一月二十五日，朱熹离开崇安，三月三十日到任南康。朱熹在南康军知军任上，修复白鹿洞书院，制定了《白鹿洞书院揭示》，在此授徒讲学，使庐山、鄱阳湖地区成为理学文化的高扬之地，确立了鄱阳湖地区理学传播的中心地位。

南康军设于太平兴国七年（982），领星子、都昌，建昌 3 县，其地处交通咽喉，有"南国咽喉，西江锁钥"之称。南康军虽前踞鄱阳湖，背负庐山，地势雄险，风景秀丽，却是一个十年九旱，地瘠民贫，粮食缺乏的贫困之地。"本军地瘠民贫，虽号熟年，不免仰食上流诸郡。"③

朱熹到任后，采取了宽民力、敦风俗、砥士风等举措。他尤其重视当地的风俗教化，颁布了《知南康榜文》《知南康牒文》，挖掘南康军的历史文化、先贤事迹，作为敦风厚俗的生动素材。他在《知南康榜文》中说："本军背负羌庐，前据彭蠡，地势雄秀，甲于东南。禹迹所经，太史所游，有圣贤之遗风。

---

① 黄榦：《黄勉斋先生文集》卷八《朝奉大夫文华阁待制赠宝谟阁直学士通议大夫谥文朱先生行状》，中华书局 1985 年版，第 187 页。

② 曾亦、郭晓东：《宋明理学》，南京大学出版社 2009 年版，第 202 页。

③ 朱熹：《晦庵先生朱文公文集》卷二六《与江东陈帅书》，见朱杰人、严佐之、刘永翔主编：《朱子全书》（修订本）第 21 册，上海古籍出版社、安徽教育出版社 2010 年版，第 1165 页。

下逮东晋，陶氏则长沙、靖节祖孙相望；爰及圣朝，刘氏则屯田、秘丞父子相继。皆有德业，著在丹青，宜其风声气俗犹有存者。"①期望以南康军的前贤事迹，作为美风俗、重教化、砥士气的精神力量，"使后生子弟咸知修其孝悌忠信之行，入以事其父兄，出以事其长上，敦厚亲族，和睦乡邻，有无相通，患难相恤，庶几风俗之美不愧古人，有以仰副圣天子敦厚风俗之意"②。

作为砥士风的一个重要举措，他整顿复兴了南康军军学。"砥士气就是提倡忠义气节，以讲道德修身的'圣学'振厉士气，大抑士人不顾廉耻奔竞趋利之风。"③在学宫讲堂之东，为道学宗主周敦颐建"濂溪祠"，以二程配享；又建陶渊明、刘涣、刘恕、李公择、陈了翁等"五贤祠"于学宫之西。还在濂溪祠中挂起了周敦颐的画像，并亲自作了《奉安濂溪先生祠文》，高度评价周敦颐："惟先生道学渊懿，得传于天，上继孔、颜，下启程氏，使当世学者得见圣贤千载之上，如闻其声，如睹其容，授受服行，措诸事业，传诸永久而不失其正，其功烈之盛，盖自孟氏以来，未始有也。"④对周敦颐的壮节高风，表达了高山仰止之意。朱熹又请湖湘学大师张栻作《南康军新立濂溪祠记》，在祠记中，张栻认为周敦颐有功于圣门而流泽于后世。他说道："惟先生崛起千载之后，独得微旨于残编断简之中，推本太极，以及乎阴阳五行之流布，人物之所以生化，于是知人之为至灵，而性之为至善，万理有其宗，万物循其则，举而措之，则可见先生之所以为治者，皆非私知之所出，孔孟之意于以复明。至于二程先生，则又推而极之。凡圣人之所以教人与学者之所以用工，本末始终，精析该备。于是五伯功利之习无以乱其正，异端空虚之说无以申其诬，求道者

---

① 朱熹：《晦庵先生朱文公文集》卷九九《知南康榜文》，见朱杰人、严佐之、刘永翔主编：《朱子全书》（修订本）第25册，上海古籍出版社、安徽教育出版社2010年版，第4580页。

② 朱熹：《晦庵先生朱文公文集》卷九九《知南康榜文》，见朱杰人、严佐之、刘永翔主编：《朱子全书》（修订本）第25册，上海古籍出版社、安徽教育出版社2010年版，第4580页。

③ 束景南：《朱子大传》，商务印书馆2003年版，第426页。

④ 朱熹：《晦庵先生朱文公文集》卷八六《奉安濂溪先生祠文》，见朱杰人、严佐之、刘永翔主编：《朱子全书》（修订本）第24册，上海古籍出版社、安徽教育出版社2010年版，第4038页。

有其序，而言治者有所本。其有功于圣门而流泽于后世，顾不大矣哉！"①

因为周敦颐的缘故，庐山成为朱熹眼中理学的圣山，他复兴南康军学，使之成为朱熹"为传播其理学思想所打造的第一个传播平台"②。军学由"教授总司教条，每日讲书，次日覆，三八出题，四九日纳课，择精勤者书考以示劝，无籍者给食，有籍者以次差补职事，其不率教者，则有规请贤父老，勉其子弟，努力从事于学，尚庶几以见其成焉。"③他自己也常同学官讲论经旨，每隔四五天就到军学中亲自讲授《大学章句》《论语集注》，还重新校订印刻了《太极通书》给诸生，向士子宣传、灌输周敦颐的理学思想。

朱熹在南康，"以立濂溪祠于学官，揭开庐山理学传播的序幕，到率众赴九江濂溪书院朝圣为落幕，完成了理学在庐山旅行的循环"④。

二、复兴白鹿洞书院，制定《白鹿洞书院揭示》

朱熹知南康军，在整顿士习学风上的最大成就，是修复了白鹿洞书院，制定了著名的《白鹿洞书院揭示》，从而确立了庐山、白鹿洞书院在鄱阳湖地区理学传播的中心地位。

白鹿洞书院位于九江星子县北9公里，庐山五老峰南麓的后屏山之阳。该地三面秀峰环抱，北有后屏山，西枕左翼山，东连卓尔山，三山汇合成一个圆形，将一块平地围在其中，贯道溪横穿而过，该地"无市井之喧，有山泉之胜"，是一处山川环合、草木秀润的"闲逸讲学之区"和隐遁读书、静心著述的人间幽境。

唐德宗贞元元年（785），洛阳人李渤与其仲兄李涉来到庐山五老峰下，筑

① 张栻著，邓洪波点校：《张栻集》（二）《南轩先生文集》卷一〇《南康军新立濂溪祠记》，岳麓书社2010年版，第582页。
② 吴长庚主编：《朱熹与江西理学》，江西高校出版社2007年版，第107页。
③ 朱熹：《晦庵先生朱文公别集》卷九《招学者入郡学榜》，见朱杰人、严佐之、刘永翔主编：《朱子全书》（修订本）第25册，上海古籍出版社、安徽教育出版社2010年版，第5002页。
④ 吴长庚主编：《朱熹与江西理学》，江西高校出版社2007年版，第107页。

草堂隐居读书，研究学问。据说李渤养了一只善通人性的白鹿，与之终日相伴，访朋问友，如要购置文房四宝，只需将钱袋挂于鹿角，白鹿便会前往十多里外的星子如数买回，附近百姓惊叹其为神鹿，称李渤为"白鹿先生"，其读书所居之处为"白鹿洞"。白鹿洞其实并不是一个洞，只因此地青山回合，貌如洞状而称为白鹿洞。穆宗长庆元年（821），李渤任江州刺史，就在他当年读书隐居之地，建筑台榭，引流植木，使白鹿洞成为名胜之地。朱熹《白鹿洞赋》引陈舜俞《庐山记》云："唐李渤字濬之，与兄涉偕隐白鹿洞，后为江州刺史，乃即洞创台榭，环以流水，杂植花木，为一时之胜。"① 白居易曾作《再过江州题别遗爱草堂兼赠李十使君》，其中以"君家白鹿洞，闻道亦生苔"相赠李渤。此后，高贤雅士亦纷纷来白鹿洞读书论学，颜真卿之孙颜翠曾率弟子三十余人，授经讲学于此，白鹿洞成为唐代一个读书讲学的名胜之地。

南唐升元四年（940）十二月，南唐烈祖李昪在此设立庐山国学，又称"白鹿国庠""白鹿国学"，以国子监九经李善道、国子助教朱弼主持学务，职掌教授，"是时建学馆于白鹿洞，置田供给诸生，以李善道为洞主，掌其教，号曰'庐山国学'"②。庐山国学成为一所与当时南京国子监齐名的官办学府，培养了如李中、刘钧、江为、伍乔等一批人才。《白鹿洞志》云："四方之士受业而归，出为世用，名绩彰显者甚众。"

北宋初重建后，正式命名为白鹿洞书院。白鹿洞书院与应天府书院、岳麓书院、嵩阳书院并称为宋代四大书院。"至本朝太平兴国二年，知江州周述言庐山白鹿洞学徒尝数十百人，望赐《九经》书，使之肆习。诏从其请，俾国子监给以印本，仍传送之。六年，又以洞主明起为蔡州褒信县主簿。七年，始置南康军，遂属郡境。至祥符初，直史馆孙冕请以为归老之地。及卒，还葬其所，其子比部郎中琛，复置学馆十间，书'白鹿洞之书堂'六字揭于楣间，以

---

① 朱熹：《晦庵先生朱文公文集》卷一《白鹿洞赋》，见朱杰人、严佐之、刘永翔主编：《朱子全书》（修订本）第 20 册，上海古籍出版社、安徽教育出版社 2010 年版，第 220 页。

② 吴任臣：《十国春秋》卷一五《南唐一·烈祖本纪》，中华书局 1983 年版，第 197 页。

教子弟。四方之士愿就学者，亦给其食。当涂郭祥正实为之记。后经兵乱，屋宇不存，其记文、石刻遂徙置郡城天庆观。"①可见，白鹿洞书院在北宋初，一直从事教学活动，但随着洞主明起的离任而渐渐衰败，1054 年，因兵燹战乱，书院毁于战火，从此荒废百余年。

淳熙六年（1179）十月十五日，朱熹在行视陂塘时，经樵夫指点，在李家山的杂草榛莽中，找到了白鹿洞书院的废址。于是他决定举南康全军之力，将白鹿洞书院修复。在其弟子刘清之、杨方赞襄下，由军学教授杨大法和星子县令王仲杰负责修复事宜，到淳熙七年三月，白鹿洞书院修复完成。修复后的白鹿洞书院位于五老峰下，周围青山环绕，苍松翠竹，郁郁葱葱，贯道溪宛如银带，横贯而过，环境幽静，建有彝伦堂、学舍二十余间。朱熹亲手书写了"鹿豕与游，物我相忘之地；泉峰交映，智仁独得之天"的对联悬挂于彝伦堂，还增置建昌东源庄田为学田，作为书院办学、赡养学员之资，招收了生员 20 人，朱熹自兼洞主，到九月又任命学录杨日新为书院堂长。

朱熹重建书院的目的是振励士风，以儒学反对佛老，宣扬理学。他在《申修白鹿洞书院状》中说明了修复白鹿洞书院的缘由："窃惟庐山山水之胜甲于东南，老、佛之居以百十数，中间虽有废坏，今日鲜不兴葺。独此一洞，乃前贤旧隐儒学精舍，又蒙圣朝恩赐褒显，所以惠养一方之士，德意甚厚。顾乃废坏不修至于如此，长民之吏，不得不任其责。"②认为在佛寺、道观遍布的庐山，只此一处儒学旧馆，既是前朝名贤，又蒙太宗皇帝给赐经书，理应修复，以显敦化育才之旨意，续先贤之风声。

朱熹又请吕祖谦为白鹿洞书院作记，想借重吕祖谦的名望和地位，提高白鹿洞书院的地位和影响力。吕祖谦的《鹿洞书院记》中，表述了朱熹修复书院的真正缘由："中兴五十年，释、老之宫圮于寇戎者，斧斤之声相闻，各复其

---

① 朱熹：《晦庵先生朱文公文集》卷九九《白鹿洞牒》，见朱杰人、严佐之、刘永翔主编：《朱子全书》（修订本）第 25 册，上海古籍出版社、安徽教育出版社 2010 年版，第 4584 页。
② 朱熹：《晦庵先生朱文公文集》卷二〇《申修白鹿洞书院状》，见朱杰人、严佐之、刘永翔主编：《朱子全书》（修订本）第 21 册，上海古籍出版社、安徽教育出版社 2010 年版，第 905 页。

初。独此地委于榛莽，过者太息，庸非吾徒之耻哉！"①可见，朱熹修复书院是为了在庐山复兴儒学以对抗佛、道，改变民风、敦励士习。

为提高白鹿洞书院声望，朱熹还奏请朝廷依岳麓书院例，以白鹿洞书院隶属南康军学，并请孝宗赐以"白鹿洞书院"名额，请求国子监将高宗赵构御书石经及印版本《九经疏》《论语》《孟子》等书赐给书院，使复兴后的白鹿洞书院得到当今皇上的"钦定"。他还向各路广求藏书，如派专人往金陵向江东帅陈俊卿和时任江西提举的陆游求书。

朱熹还自任洞主，他的《白鹿讲会次卜丈韵》云："宫墙芜没几经年，只有寒烟锁涧泉。结屋幸容追旧观，题名未许续遗编。青云白石聊同趣，霁月光风更别传。珍重个中无限乐，诸郎莫苦羡腾骞。"②表明书院要继承孔孟之道，学习理学先贤，读书其乐无穷，勉励学员要不怕艰苦，期待其学业有成，突飞猛进。

三月十八日，朱熹以《中庸章句或问》开讲了书院的第一课。以后，朱熹居官之余，常到书院与诸生讲学论辩，对"诸生质疑问难，诲诱不倦。退则相与徜徉泉石间，竟日乃反。"③光绪《漳州府志》卷二四《宦绩》也记载道："公先守南康，每五日一诣学，为诸生讲说，郡有贤德者，礼以为师。"朱熹在讲学策问之中，有着十分鲜明的传播周、程理学真传的宗旨，加强诸生的道统意识。

朱熹最有影响的是为白鹿洞书院制定了学规，即著名的《白鹿洞书院揭示》：

> 父子有亲，君臣有义，夫妇有别，长幼有序，朋友有信。
>
> 右五教之目。尧舜使契为司徒，敬敷五教，即此是也。学者学此而已，而其所以学之之序，亦有五焉，其别如左：

---

① 吕祖谦：《鹿洞书院记》，见李梦阳等编《白鹿洞书院古志五种》（下）卷九，中华书局1995年版，第885页。

② 朱熹：《晦庵先生朱文公文集》卷七《白鹿讲会次卜丈韵》，见朱杰人、严佐之、刘永翔主编：《朱子全书》（修订本）第20册，上海古籍出版社、安徽教育出版社2010年版，第474页。

③ 黄榦：《黄勉斋先生文集》卷八《朝奉大夫文华阁待制赠宝谟阁直学士通议大夫谥文朱先生行状》，中华书局1985年版，第164页。

博学之，审问之，谨思之，明辨之，笃行之。

右为学之序。学、问、思、辨，四者所以穷理也。若夫笃行之事，则自修身以至于处事接物，亦各有要，其别如左：

言忠信，行笃敬，惩忿窒欲，迁善改过。

右修身之要。

正其义不谋其利，明其道不计其功。

右处事之要。

己所不欲，勿施于人。行有不得，反求诸己。

右接物之要。①

朱熹在学规中，明确地把"五教之目"作为书院教育的总方针，还制定了为学、修身、待人、接物、处事的基本准则。朱熹主张"学以明人伦为本"，"以德行为先"，把儒家纲常伦理教育作为书院教学的主要内容，将学子的品行修养放在首位，针对官学"务记览，为辞章，钓声名，取利禄"的流弊，书院重视人格教育，要培养学子讲明义理，修养身性，而不能沦为忘本逐末、怀利去义的嗜利之徒。在教学方法上，提出了"博学之，审问之，谨思之，明辨之，笃行之"的"为学之序"；以"惩忿窒欲，迁善改过"作为修身要领；将"己所不欲，勿施于人"作为"接物之要"等等，使之成为生活处事、待人接物的基本准绳。在教学中，注重克己为人、问难论辩、学思并举、知行并重等教育原则和教学方法。《白鹿洞书院揭示》"体现了传统儒家文化的神髓，使它后来成了中国封建社会后期学校的通行教育性准绳和法规"②。《白鹿洞书院揭示》在宋理宗之后，被其他书院克隆，高悬门楣，奉为圭臬，成为全国统一的书院学规，对后世产生了巨大的影响。

朱熹复兴白鹿洞书院，目的是要复兴儒学以对抗佛、道，通过弘扬儒学来改变民风，转变士习，并把书院作为传播周、程理学宗旨的阵地，作为传承朱

---

① 朱熹：《晦庵先生朱文公文集》卷七四《白鹿洞书院揭示》，见朱杰人、严佐之、刘永翔主编：《朱子全书》（修订本）第 24 册，上海古籍出版社、安徽教育出版社 2010 年版，第 3586 页。

② 束景南：《朱子大传》，商务印书馆 2003 年版，第 438 页。

熹理学思想的重要载体，"白鹿洞书院作为朱熹理学传播中心地位的确立，与《揭示》所具有的纲领性传播特征密切相关"①。

白鹿洞书院也因朱熹的修复与讲学名声显赫，被誉"海内书院第一"②。白鹿洞书院具有强大的吸引力，各地的学子们像朝圣一样来到南康，形成了强劲的朱学旋风。"一时文风士习之盛，济济焉，彬彬焉。"③

白鹿洞书院不仅吸引了众多学子前来求学，还引起了当时其他学派领袖的关注并前来讲学，扩大了书院的影响。除吕祖谦应朱熹之请作《鹿洞书院记》，阐述朱熹修复书院的主旨之外，陆九渊又应邀到书院作了"君子喻于义，小人喻于利"的演讲，从而"强化了白鹿洞书院作为理学传播中心的开放性地位"④。

淳熙八年（1181）二月，陆九渊来到南康，请朱熹为其兄陆九龄书写墓志铭。二月二十日，应朱熹"得一言以警学者"之请求，陆九渊在白鹿洞书院登堂升席，讲说了《论语·里仁》篇中的"君子喻于义，小人喻于利"一章，慷慨激昂，大谈义利之辨。此次讲学取得了巨大的成功，使朱熹及诸生被其真切恳至之言语所感动，莫不竦然心动，至有流涕者。朱熹还请陆九渊书写了《讲义》，刻碑立于白鹿洞书院。

朱熹在南康热衷于同当代理学大家进行学术交游，热衷于探讨和宣传他的理学思想。淳熙七年十一月，隆兴府学教授黄灏把《语孟要义》在隆兴府学刻印，他欣然为其作《书〈语孟要义〉序后》，云："豫章郡文学南康黄某商伯见而悦之，既以刻于其学，又虑乎读者疑于详略之不同也，属熹书于前序之左，且更定其故号'精义'者曰'要义'云。"⑤

① 吴长庚主编：《朱熹与江西理学》，江西高校出版社 2007 年版，第 109 页。
② 潘耒：《游庐山记》，见王锡祺辑《小方壶斋舆地丛钞》第 4 册，杭州古籍书店 1985 年版，第 276 页。
③ 胡俨：《重建白鹿洞书院记》，见李梦阳等编：《白鹿洞书院古志五种》（上）卷六，中华书局 1995 年版，第 92 页。
④ 吴长庚主编：《朱熹与江西理学》，江西高校出版社 2007 年版，第 110 页。
⑤ 朱熹：《晦庵先生朱文公文集》卷八一《书语孟要义序后》，见朱杰人、严佐之、刘永翔主编：《朱子全书》（修订本）第 24 册，上海古籍出版社、安徽教育出版社 2010 年版，第 3849 页。

朱熹为白鹿洞书院倾注了大量的心血，就在他离职南康就任提举浙东常平茶盐公事时，特意给下任知军钱闻诗留下 30 万钱，委托其修建白鹿洞书院礼圣殿。吴宗慈的《庐山志》卷二《山川胜迹》亦载："礼圣殿，朱文公遗钱属钱闻诗建，后废。"

嘉定十年（1217），朱熹第三子朱在以大理正知南康军，又一次增建前贤祠、东斋，扩建了进入白鹿洞书院的道路，将原有破旧的礼殿、直舍、门墉，修缮一新，经这次大修后，"其规模闳壮，皆它郡学所不及。于康庐绝特之观甚称，于诸生讲肄之所甚宜，宣圣朝崇尚之风，成前人教育之美。"①

白鹿洞书院在朱熹去世后，仍然作为朱子后学传播理学的基地而发挥作用。他的门人、女婿黄榦就曾"入庐山，访其友李燔、陈宓，相与盘旋玉渊、三峡间，俯仰其师旧迹，讲乾、坤二卦于白鹿书院，山南北之士皆来集。"②黄榦在白鹿洞书院讲授《易》经，吸引了庐山南北及江西众多学子，为理学在朱子去世后在江西的传播，并渐成独尊之势，立下汗马功劳。

朱熹的弟子中，也有几位成为白鹿洞书院的山长，如吴唐卿、李燔、胡泳、黄义勇、陈文蔚、张洽等，以他们人格魅力和渊博的学识吸引了四方学子，将白鹿洞书院作为宣讲程朱理学的重要讲堂，使程朱理学在庐山、鄱阳湖地区薪火相传，并且使白鹿洞书院、庐山跻身于理学名山之列，有了与武夷山同等的理学至尊地位。

三、朱熹庐山朝圣之旅，壮大了理学的学派声势

淳熙八年（1181），"忽于三月二十五日，准尚书省札子，奉圣旨，除臣提举江南西路常平茶盐公事"③。朱熹在知南康军两年之后，调任提举江南西路

---

① 黄榦：《黄勉斋先生文集》卷五《南康军新修白鹿书院记》，中华书局 1985 年版，第 111 页。
② 脱脱：《宋史》卷四三〇《道学四·黄榦传》，中华书局 1977 年版，第 12782 页。
③ 朱熹：《晦庵先生朱文公文集》卷一六《缴纳南康军任满合奏禀事件状》，见朱杰人、严佐之、刘永翔主编：《朱子全书》（修订本）第 20 册，上海古籍出版社、安徽教育出版社 2010 年版，第 748 页。

常平茶盐公事。朱熹在离任南康前，进行了一次规模宏大的巡游庐山的十日朝圣之旅，"这次活动在今天看来仍有浩大的声势，是一次真正上的'理学旅行'"①。朱熹"在弟子诸生的簇拥下沿山南而行，登黄云观，度三峡，窥玉渊，憩西涧，饮西原，宿卧龙，过开先，游归宗，浴汤泉，观康王谷水帘"②。然后转向山北，过佛手岩，游览东林、西林二寺，四月六日抵达了这次朝圣之旅的终点——濂溪书堂，叩拜了濂溪先生书堂遗像，宣讲了《太极图说》，最后东渡湖口而归。

这是一支颇为壮观的朝圣队伍，同行的有"刘清之、张扬卿、王阮、周颐、林用中、赵希汉、陈祖永、祁真卿、吴兼善、许子春、胡荨、王光朝、余隅、陈士直、黄榦、张彦先、僧志南和一批诸生"③。朱熹的《山北纪行十二章》记述了这次壮观的旅行。"予以闰月二十七日罢郡，是夕出城，宿罗汉。二十八日，宿白鹿。二十九日，登黄云观，度（渡）三峡，窥玉渊，憩西涧，饮西原，宿卧龙。四月一日，过开先，宿归宗。二日浴汤泉，入康王谷，观水帘，宿景德观。三日，与清江刘清之子澄、永嘉张扬卿清叟、浔阳王阮南卿、周颐龟父、长乐林用中择之、洛阳赵希汉南纪、会稽陈祖永庆长、武当祁真卿师忠、温陵吴兼善仲达、庐陵许子春景阳、新安胡荨尹仲、建安王朝春卿、长乐余隅占之、陈士直彦忠、黄榦季直、临淮张彦先致远、会稽僧志南明老俱行。……五日下山，至东、西林，两寺相去不百步，一溪清驶，横贯其间，皆自方丈前廊庑下过，他处所无有也。……六日拜濂溪先生书堂遗像，子澄请为诸生说《太极图》义，先生之曾孙正卿、彦卿、玄孙涛为设食于光风霁月之亭。……七日薛洪持志、王仲杰之子携酒自南康来，饮罢，……予与王、余、陈、黄，东度湖口而归。"④

---

① 吴长庚主编：《朱熹与江西理学》，江西高校出版社 2007 年版，第 111 页。

② 束景南：《朱子大传》，商务印书馆 2003 年版，第 488 页。

③ 束景南：《朱子大传》，商务印书馆 2003 年版，第 488 页。

④ 朱熹：《晦庵先生朱文公文集》卷七《山北纪行十二章》，见朱杰人、严佐之、刘永翔主编：《朱子全书》（修订本）第 20 册，上海古籍出版社、安徽教育出版社 2010 年版，第 492 页。

到达濂溪书堂后，朱熹作《山北纪行十二章》，倾吐了对周敦颐的无限崇敬之情："北度石塘桥，西访濂溪宅。乔木无遗株，虚堂唯四壁。竦瞻德容晬，跪荐寒流碧。幸矣有斯人，浑沦再开辟。平生劳仰止，今日登此堂。愿以图象意，质之巾几旁。先生寂无言，贱子涕泗滂。神听傥不遗，惠我思无疆。"① 并且率领弟子朝拜了濂溪书堂中周敦颐的遗像，周敦颐的曾孙周正卿、周彦卿、玄孙周焘在光风霁月亭设宴款待他们，朱熹在濂溪书堂，慷慨激昂地宣讲了周敦颐的《太极图说》，结束了这次声势浩大的朝圣之旅。

朱熹这次声势浩大的庐山朝圣之行，使朱熹学说像旋风一般扫过庐山、鄱阳湖一带，在这里掀起了强劲的理学旋风，以白鹿洞书院为中心的鄱阳湖、庐山成为理学文化的高扬之地，并以此为中心，使理学在江西广泛传播。

四、鄱阳湖地区理学传播中心地位的确立

朱熹知南康军的两年，是他的理学思想在江西广泛传播的两年，他在南康与江西学子、与陆九渊心学交流互辩，促进了朱学的成熟，培养了众多的江西弟子，为程朱理学在庐山、鄱阳湖地区以及江西的传播，产生了重要的影响。"在南康卷起了强大的朱学旋风，从江西士林中间横扫而过……形成很大的学派声势。"② 四方学者争先恐后地来到庐山，"闽、浙、皖的学子像朝圣似的纷纷负笈担簦到南康"。据束景南先生的考证，当时江西学子来向朱熹问学的弟子有37人，其中丰城盛温如、于去非，临江刘清之，德安王阮、蔡念成，都昌彭方，星子陈秠、陈和成、陈胜私、杨伯起、叶永卿、吴唐卿，南康黄灏、曹简南、熊世卿，建昌周谟（舜弼）、余宗杰（伯秀）、李辉（晦叔），九江祁直卿、周正卿、周彦卿、周焘、周颐，余干曹建（立之），鄱阳程端蒙，宜春彭师范、彭师绎，清江柳公度，南城包显道、包详道，玉山刘允迪，铅山余大

---

① 朱熹：《晦庵先生朱文公文集》卷七《山北纪行十二章》，见朱杰人、严佐之、刘永翔主编：《朱子全书》（修订本）第 20 册，上海古籍出版社、安徽教育出版社 2010 年版，第 492 页。

② 束景南：《朱子大传》，商务印书馆 2003 年版，第 485 页。

雅。①连陆九渊的弟子曹建、包扬、包约、万人杰、刘尧夫也都转投朱熹门下。从而，掀起了鄱阳湖地区的理学高潮，确立了庐山理学传播的中心地位。

朱熹还借着讲学、游山、诗词酬唱，以及在庐山的题字刻石、造亭筑台来扩大自己的影响，使理学在鄱阳湖地区得以迅速传播。

在庐山，还留有朱熹题名的数处摩崖石刻。如在栖贤玉渊潭石，有《题栖贤摩崖》，其曰："新安朱某奉陪高州苏史君、阆中钱别驾、签书杨子美，博士杨元范，星子王之才、武宁杨子直、邯郸段仲衡、濂溪周师温，因游卧龙，遂至玉渊三峡，门人丁克、王翰、甥魏愉、幼子在从。淳熙己亥四月上休日。"②此题刻留于孝宗淳熙六年（1179）四月，是朱熹刚到南康军任职之初所题。

淳熙六年五月，朱熹与门人程正思等游览五老峰，有《题叠石庵》题刻："晦翁与程正思、丁复之、黄直卿俱来，览观江山之胜，乐忘归。时淳熙己亥重午日，翁子在、甥魏愉侍行。"③

落星寺也有淳熙七年朱熹《题落星寺张于湖题字后》石刻。其曰："朱某奉处士叔父同、王南卿、俞子寿、吴唐卿、李秉文、陈胜私、赵南纪及表侄俞洁己、甥魏愉、季子在俱来，观故张紫薇安国题字，为之太息。淳熙庚子十月十三日也。"④

朱熹除为官南康之外，还行旅往来，取道江西，授徒讲学，过化存神。朱熹在鄱阳湖地区讲学过的书院就有多所。乾道三年（1167），朱熹访张栻途经丰城，曾在龙光书院讲学，撰写了《龙光书院心广堂记》；他还讲学于九江濂溪书院，余干东山书院，玉山怀玉书院、草堂书院，德兴银峰书院等处；此

①　参见束景南：《朱子大传》，商务印书馆 2003 年版，第 485 页。

②　朱熹：《晦庵先生朱文公别集》卷七《题栖贤摩崖》，见朱杰人、严佐之、刘永翔主编：《朱子全书》（修订本）第 26 册，上海古籍出版社、安徽教育出版社 2010 年版，第 4985 页。

③　朱熹：《晦庵先生朱文公别集》卷七《题叠石庵》，见朱杰人、严佐之、刘永翔主编：《朱子全书》（修订本）第 26 册，上海古籍出版社、安徽教育出版社 2010 年版，第 4985 页。

④　朱熹：《晦庵先生朱文公别集》卷七《题落星寺张于湖题字后》，见朱杰人、严佐之、刘永翔主编：《朱子全书》（修订本）第 26 册，上海古籍出版社、安徽教育出版社 2010 年版，第 4984 页。

外，因朱熹讲学之后，后人建为书院的有婺源晦庵书院、丰城盛家洲书院、铅山鹅湖书院等。

朱熹通过频繁讲学，壮大了他的弟子门人队伍，在以南康军为中心的鄱阳湖地区，形成了以朱熹弟子为核心的江西朱学学派，使朱熹在江西奠定了足以同陆学相抗衡的学派基础，产生了颇具规模和声势的鄱阳湖理学家群体，促进了程朱理学思想的传播。

通常，依据从学方式的不同，朱熹门人弟子可以分为师承者、问学从游者和私淑弟子及其后续弟子等不同的身份。高令印先生曾对 514 名朱子门人的籍贯分布做过统计，其中福建籍 175 人，浙江籍 75 人，江西籍 81 人。① 而据江西青年学者邓庆平先生的统计，江西籍的朱子门人有 86 人，这些"朱子门人，构成了南宋后期一个最为庞大复杂的学术群体，在朱子学形成、发展、传播过程中扮演了非常重要的角色"②。

一些杰出的朱熹门人弟子，在鄱阳湖地区开宗立派，自成体系。南宋之后，鄱阳湖地区的理学学派主要有三：一是以"江右理学巨子"饶鲁为代表的"双峰学派"，该派"专意圣贤之学，以致知力行为本"；一是以董梦程领衔的"介轩学派"；一是以汤千、汤巾、汤中等安仁三汤为代表的"存斋晦静息庵学派"。他们在鄱阳湖地区传播朱子理学，且"以接续朱学道统为己任，使朱学在江西得到蓬勃发展，朱子之学在江西大行"③。

---

① 参见高令印、高秀华：《朱子学通论》，厦门大学出版社 2007 年版，第 95 页。

② 邓庆平：《朱子门人群体特征概述》，《中国哲学史》2012 年第 1 期。

③ 周茶仙、胡荣明：《宋元明江西朱子后学群体研究》，江西人民出版社 2013 年版，第 24 页。

第三章
宋代鄱阳湖地区理学的传衍

形似一个巨大葫芦的鄱阳湖呈南北走向，纵贯于江西北部。习惯上以都昌和吴城之间的松门山为界，分为南、北两大湖区。宋代北鄱阳湖地区主要包括江州和南康军两个州军，其中江州辖有湖口、德化（今九江县）、德安、瑞昌（今瑞昌市）、彭泽5县；南康军则有星子、都昌、建昌（今永修县）3县。南宋时期，北鄱阳湖地区因为朱熹的到来，理学风气在短时间内空前高涨，形成了理学传播的优势带。

据束景南先生考证，追随朱熹的37位江西弟子中，属于德安、星子、都昌等北鄱阳湖地区的就有21位。其中江州有德安王阮、蔡念成，德化祁直卿、周正卿、周彦卿、周焘、周颐，属于南康军的有星子县陈秠、陈秬、陈克己、杨伯起、叶永卿、吴唐卿、周得之，建昌县有李燔、周谟、余宋杰，都昌县有彭方、黄灏、曹彦约、熊兆。此外，程继红先生考证，北鄱阳湖的朱熹弟子中，还有星子李深子，都昌曹兴宗、曹彦纯、彭蠡、彭方、冯椅，建昌胡泳、吕炎、吕熠、吕炳、吕焘、吕焕等12人。

北鄱阳湖弟子中，又以都昌黄灏和建昌李燔最为出色，他们与黄榦、蔡元定比肩，名列《宋史·道学传》，成为名列《道学传》的六名朱熹弟子之一。在名列《道学传》的六名朱熹弟子中，李燔，张洽、黄灏，是江西人，黄榦、陈淳、李方子是福建人，江西人占有一半，也足以说明“江西实为朱熹理学传播的最重要地区"①。而江西三人中，张洽是清江人（今樟树市人），黄灏、李燔都属北鄱阳湖地区。

宋代南鄱阳湖地区主要包括洪州、饶州、抚州、信州等4个州。

饶州是宋代理学传衍的中心区域，有程端蒙、董铢、赵汝靓、饶鲁、柴元裕、董梦程等一批朱熹门生及再传弟子，创立了介轩学派、双峰学派等理学学派，形成了一批家族式的理学家群体，如柴中行、柴中立、柴中守为代表的"余干三柴"和以汤千、汤巾、汤中为代表的"安仁三汤"。

宋代的婺源虽隶属徽州，但它属鄱阳湖水系而非新安江水系，境内的山峦河流，与江西乐平、浮梁、德兴连为一体，在某种程度上，也可认为是鄱阳湖地区的一个组成部分。婺源是朱熹故里，朱熹两次回归婺源省墓讲学，有了程洵、滕璘、滕珙、李季札、汪清卿等一批门生弟子。

信州是朱熹进出福建的必经之地，也是闽学走出崇山峻岭，向外辐射的一个中转站，"朱学、陆学和浙学也在这里绞成一股文化学术的旋涡"②，几乎成了南宋的文化另一个中心。信州有陈文蔚、余大雅、余大猷、赵蕃、徐子融等一批朱熹一传弟子。抚州虽是陆九渊的家乡，但也有黄义勇、黄义刚、甘节等一批抚州学子，从学于朱熹，成为抚州的第一代朱门弟子。他们的学术虽各有侧重，但都推崇朱熹，以传播朱子学说为己任，通过著书立说，讲学授徒，扩大了程朱理学的影响，使鄱阳湖地区成为宋代理学传衍的中心。

南宋鄱阳湖地区朱熹一传弟子分布一览表

州、军	县名（人数）	弟子姓名
江州 （7）	德安（2）	王阮、蔡念成
	德化（5）	祁直卿、周正卿、周彦卿、周焘、周颐

① 吴长庚主编：《朱熹与江西理学》，江西高校出版社2007年版，第117页。

② 束景南：《朱子大传》，商务印书馆2003年版，第553页。

续表

州、军	县名（人数）	弟子姓名
南康军（30）	星子（8）	陈秠、陈秬、陈克己、杨伯起、叶永卿、吴唐卿、周得之、李深子
	建昌（13）	李燔、周谟、余宋杰、李煇、胡泳、吕炎、吕熠、吕炳、吕焘、吕焕、符叙、李烨、刘贲
	都昌（9）	彭方、黄灏、曹彦约、熊兆、曹兴宗、曹彦纯、彭蠡、彭方、冯椅
饶州（10）	德兴（2）	王过、董铢
	余干（6）	赵汝靓、赵崇宪、赵崇度、曹建、柴元裕、柴中行（私淑）
	鄱阳（2）	程端蒙、程珙
信州（6）	铅山（1）	徐昭然
	上饶（3）	陈文蔚、余大雅、余大猷
	玉山（2）	赵蕃、刘允迪
洪州（2）	南昌（2）	刘埽之、刘孟容
抚州（4）	临川（3）	黄义勇、黄义刚、甘节
	金溪（1）	刘尧夫
建昌军（4）	南城（4）	包扬、包约、包逊、包恢
徽州	婺源（5）	程洵、李季札、滕珙、滕璘、汪清卿
合计	68 人	

由上表可见，南宋鄱阳湖地区朱熹一传弟子的人数，以南康军最多，占鄱阳湖地区朱子门人的 45%。这主要是由于朱熹任知南康军，讲学白鹿洞书院的便利条件，南康军学子可以就近师从于朱熹。而饶州的朱子门生，则主要来自东山书院，朱熹曾应赵汝愚之请，讲学余干东山书院，因此有了赵氏家族这一批朱子门人。婺源的朱子门人则主要是在朱熹两次回归婺源省亲扫墓时师从于朱熹，成为其弟子的。信州的朱门子弟，则是由于信州是朱熹出入福建的必经之地，是朱熹政治的候命区和社交的交游区，同时，信州到福建武夷求学也较为方便，再加上朱陆鹅湖之会的影响，使信州学子陈文蔚、余大雅等师从于朱熹。抚州本（包括建昌军）是陆学的大本营，抚州的朱熹弟子主要是朱陆鹅湖之会和南康之会，随从陆九渊而接触了解了朱熹学说，随后弃陆从朱，改易

师门，成为朱熹弟子，如包扬、包约、包逊、包恢等。

第一节　江州理学的传衍

一、江州的历史沿革与士风民情

江州就是今天的九江市，有浔阳、柴桑、溢城、德化等古称，地处江西的北大门。江州最早出现是在西晋，晋惠帝元康元年（291），设立江州，"因江水之名而置江州"。江州的设立，使江西境内第一次有"州"这一地方最高行政机构，但当时江州的范围比今天大得多，管辖了原属扬州的豫章、鄱阳、庐陵、临川、南康、建安、晋安和属于荆州的武昌、桂阳、安成十郡，江州的治所在豫章（今南昌市）。

晋惠帝永兴元年（304），割庐江之浔阳、武昌之柴桑二县设立浔阳郡，郡治在浔阳。隋朝灭陈统一南北后，精减地方机构，606年，废州设郡，实行郡县二级制，废江州而设九江郡。唐初武德四年（621）废郡复州，九江郡改称江州，领溢城、浔阳、彭泽3县。白居易《琵琶行》中"江州司马青衫湿"的名句，让江州为世人所熟知。唐玄宗开元二十一年（733）设江南西道，江州隶属于江南西道，下辖浔阳、彭泽、都昌3县。南宋初期，江州辖德化、德安、瑞昌、湖口、彭泽5县，隶属江南西路。

江州"南面庐山，北背大江，左挟彭蠡，右傍通川；陆通五岭，势据三江，襟带上流，乃西江重镇"①。江州因地处长江与鄱阳湖的江、湖交汇处，襟江带湖，背倚庐山，历来位置显要，被誉为"天下江山眉目"的兵家必争之地。江州又处赣、湘、鄂、皖四省交界之地，水陆交通便捷，经济富庶。唐代符载曾

---

① 冯曾修、李汛纂：（嘉靖六年）《九江府志》卷一《舆地志》，上海古籍书店影印1962年版，第6页。

评价江州"寻阳，古郡也，地方千里，江涵九派，缗钱粟帛，动盈万数。加以四方士庶，旦夕环至，驾车乘舟，叠毂联樯。"①

人才关乎山川。受独特的山川环境的影响，江州民风淳朴，任侠尚气，地方志书对江州各县的士习民风有着生动的描述：江州"山高水澄，秀甲他郡，土沃人阜，名闻四方。家崇孝弟之风，门尚敦睦之义。"②江州百姓，民风勤劳淳朴，讲究礼让，"民尚朴质，崇兴礼让。士习诗书，农勤稼穑。"且读书风俗浓郁，"其讲读之声络绎巷陌，而衣冠之族竞以儒素相高"。德安县更是唐代"义门陈氏"所在地，"自唐义门陈氏以来，代传孝弟，民风感化。俗尚农业，罕事工、商。民俗朴实，服饰古野"③。瑞昌县"士尚气"，彭泽县"山峻土沃，俗尚文仪，儒风相续，民习经商，妇人事纺织"。

在以水运为主的古代中国，江州襟江带湖的交通优势，使之成为文人墨客、名商巨贾聚集之地。王象之《舆地纪胜》卷三〇载，江州"自陶、谢洎十八贤以还，儒风绵绵，相继不绝，……高人闲士，蝉联不绝"④。在南唐时期，就设立了庐山国学，一度成为南方文化教育中心。江州更被誉为"真儒过化之地"，周敦颐、朱熹等理学大家讲学于此，诞生了李燔、黄灏、王阮、蔡念成、周正卿、周彦卿等一大批朱门弟子，他们把程朱理学在江州进一步传承、发展。

二、德安朱熹弟子王阮的理学思想

王阮（1140—1208），字南卿，因居义丰山，故号义丰，自称玉局先生，江州德安人。王阮自少好学，性格刚正，崇尚气节。其家世显赫，曾祖王韶是

① 符载：《江州录事参军厅壁记》，见董诰等编：《全唐文》卷六八九，中华书局1983年版，第7057页。
② 达春布修，黄凤楼、欧阳春纂：同治《九江府志》卷八《风俗》，同治十三年（1874）刻本。
③ 达春布修，黄凤楼、欧阳春纂：同治《九江府志》卷八《风俗》，同治十三年（1874）刻本。
④ 王象之：《舆地纪胜》卷三〇《江南西路·江州》（惧盈斋刻本），江苏广陵古籍刻印社1991年版，第349页。

北宋著名的军事家，深得神宗赏识，取得了熙河之战的胜利，收复了熙、河、洮、岷、叠、宕六州，拓边二千余里。因此，王阮"少好学，尚气节。常自称将种，辞辩奋发，四座莫能屈。"① 自幼立志高远，"顾其平生大志，欲裨国论，扶王室，扫清中原，以光祖阀"②。

隆兴元年（1163）王阮参加进士考试。在礼部试策中，他分析比较了定都临安与建康在战与守的利弊，提议移都建康，以图进取。他在试策中写道："临安蟠幽宅阻，面湖背海，膏腴沃野，足以休养生聚，其地利于休息。建康东南重镇，控制长江呼吸之间，上下千里，足以虎视吴、楚，应接梁、宋，其地利于进取。"且"夫战者以地为本，湖山回环，孰与乎龙盘虎踞之雄？胥潮奔猛，孰与乎长江之险？"他的远见卓识，被主考范成大赞叹为"是人杰也③"！吴愈也高度评价他的试策，认为"自其省闱三策，辞严而义伟，已不肯为举子之文矣。厥后论边事，则晁、贾其伦也。为记铭，则韩、柳其亚也。"④进士及第后，王阮历经高宗、孝宗、光宗、宁宗四朝，为官清廉，政绩不俗。

隆兴二年（1164）至乾道三年（1167），王阮任南康军都昌县主簿。在主簿任上，他"以廉声闻"，过着清贫的生活。王阮在《和陶诗六首》中，描述了遭受水灾后的窘境："大水入室，无所容其躯，妻孥嗷嗷，至绝烟火。"⑤ 于是产生了像陶渊明一样归隐故里的想法。他在诗中感叹道："羁旅憔悴之态，如雪堂之在岭外，而渊明之弃彭泽也。由是宦情日薄，而归意日浓矣。"⑥

乾道七年（1171）王阮任永州教授，因其赈济有功而减三年磨勘。次年

---

① 脱脱：《宋史》卷三九五《王阮传》，中华书局 1977 年版，第 12053 页。
② 吴愈：《义丰集序》，见王阮著，朱瑞熙、孙家骅校注：《义丰文集校注》，华东师范大学出版社 2006 年版，第 1 页。
③ 脱脱：《宋史》卷三九五《王阮传》，中华书局 1977 年版，第 12053 页。
④ 吴愈：《义丰集序》，见王阮著，朱瑞熙、孙家骅校注《义丰文集校注》，华东师范大学出版社 2006 年版，第 1 页。
⑤ 王阮著，朱瑞熙、孙家骅校注：《义丰文集校注》，华东师范大学出版社 2006 年版，第 14 页。
⑥ 王阮著，朱瑞熙、孙家骅校注：《义丰文集校注》，华东师范大学出版社 2006 年版，第 14 页。

春，王阮专程到长沙谒见了张栻。《宋史·王阮传》载："尝谒袁州太守张栻。"张栻教导他道："当今道在武夷，子盍往求之。"指示王阮去武夷向朱熹求学。受张栻的指导启示，王阮后来到福建考亭拜师于朱熹，成为朱子门人。朱熹对王阮的才情大加赞赏："熹与语，大说之。"[1]且惋惜其才华得到不施展，"朱熹尝惜其才气术略过人，而留滞不偶"[2]。《四库全书总目》在《义丰集提要》也记载道："阮少谒朱子于考亭。朱子知南康时，阮又从游，故集中有唱酬之作。"[3]

淳熙六年（1179），王阮任新昌县令（今江西宜丰县）。到任后，他作《新昌书座右屏一首》："私罪不可有，公罪不可无。退作陶渊明，进学何易于。但愿列循吏，宁甘为鄙夫。祸福置不问，吾民其少苏。"[4]悬挂于座右以自警，时刻提醒自己要做一个勤政爱民、不谋私利的循官良吏，要一心为百姓苍生，置个人"祸福"于度外。

淳熙七年（1180）秋，朱熹知南康军，王阮又来到南康与朱熹相见问学。清人郑际唐《义丰文集题记》中说："朱子主白鹿洞，阮尝从游。"[5]

朱熹在庐山落星寺有《题落星寺张于湖题字后》的摩崖石刻，也记录了王阮从游的情形："朱某奉处士叔父同、王南卿、俞子寿、吴唐卿、李秉文、陈胜私、赵南纪及表侄俞洁己、甥魏愉、季子在具来，观故张紫薇安国题字，为之太息。"[6]也证明了王阮从游朱熹的事实。

淳熙八年（1181），朱熹离任南康军，王阮与弟子诸生一道陪同朱熹游览了庐山名胜，举行了一场声势浩大的庐山朝圣之旅。行游结束到达九江时，王阮又作《送晦翁十首》，送别朱熹："'精微'原不在河汾，《原道》辞雄亦浅闻。

①　脱脱：《宋史》卷三九五《王阮传》，中华书局 1977 年版，第 12053 页。

②　脱脱：《宋史》卷三九五《王阮传》，中华书局 1977 年版，第 12055 页。

③　永瑢等：《四库全书总目》卷一五七《义丰集提要》，中华书局 1965 年版，第 1374 页。

④　王阮著，朱瑞熙、孙家骅校注：《义丰文集校注》，华东师范大学出版社 2006 年版，第 28 页。

⑤　王阮著，朱瑞熙、孙家骅校注：《义丰文集校注》，华东师范大学出版社 2006 年版，第 191 页。

⑥　朱熹：《晦庵先生朱文公别集》卷七《题落星寺张于湖题字后》，见朱杰人、严佐之、刘永翔主编：《朱子全书》第 26 册，上海古籍出版社、安徽教育出版社 2010 年版，第 4984 页。

自得'正心诚意'论，始知天未丧斯文。"① 诗中王阮对从朱熹所学的学术精髓"正心诚意"等进行了高度的概括。"武夷山下孤高节，五老亭中抚字心。出处本来无二致，讵分钟鼎与山林。"② 赞叹了朱熹的孤高之节。"忌口年来积渐除，君王方信是真儒。稍移全活一州手，再使江西十郡苏。"③ 歌颂了朱熹知南康军赈灾、清除积欠等不俗的政绩。"白鹿堂中巧铸颜，天留一派在庐山。它时沂水春风里，笑我于中独自顽。"④ 表达了对朱熹修复白鹿洞书院，讲学传道，在庐山播撒下了理学种子的感激之情。"糟粕从来空自忙，筌蹄今幸得师志。明年重即韩门去，拈出胸中一瓣香。""平生自谓此心刚，不信离樽可断肠。今日江边两行泪，更无情绪折垂杨。"⑤ 表达了对受教于朱熹的无比荣幸和与恩师离别的无限眷念。

庆元四年（1198），王阮任濠州知州，他积极备战，使金人不敢南犯，"请复曹玮方田，修种世衡射法，日讲守备，与边民亲访北境事宜。终阮在濠，金不敢南侵"⑥。

王阮人品高尚，不阿权贵。"生平以风节自励，权贵每欲罗致之，不肯轻投一刺。"⑦ 开禧元年（1205），王阮改知抚州，"韩侂胄宿闻阮名，特命入奏，将诱以美官，夜遣密客诣阮，阮不答，私谓所亲曰：'吾闻公卿择士，士亦择公卿。刘歆、柳宗元失身匪人，为万世笑。今政自韩氏出，吾肯出其门哉？'

---

① 王阮著，朱瑞熙、孙家骅校注：《送晦翁十首》其一，《义丰文集校注》，华东师范大学出版社 2006 年版，第 19 页。

② 王阮著，朱瑞熙、孙家骅校注：《送晦翁十首》其三，《义丰文集校注》，华东师范大学出版社 2006 年版，第 19 页。

③ 王阮著，朱瑞熙、孙家骅校注：《送晦翁十首》其七，《义丰文集校注》，华东师范大学出版社 2006 年版，第 19 页。

④ 王阮著，朱瑞熙、孙家骅校注：《送晦翁十首》其八，《义丰文集校注》，华东师范大学出版社 2006 年版，第 19 页。

⑤ 王阮著，朱瑞熙、孙家骅校注：《送晦翁十首》其十，《义丰文集校注》，华东师范大学出版社 2006 年版，第 19 页。

⑥ 脱脱：《宋史》卷三九五《王阮传》，中华书局 1977 年版，第 12054 页。

⑦ 郑际唐：《义丰文集题记》，见王阮著，朱瑞熙、孙家骅校注：《义丰文集校注》，华东师范大学出版社 2006 年版，第 191 页。

陛对毕，拂衣出关。侂胄闻之大怒，批旨予祠。"① 韩侂胄曾以高官美爵相诱，但王阮不为所动，显示了他刚正不阿的秉性和凛然的气节，不肯屈身权臣，保持自己的冰雪之操，得罪了权臣韩侂胄，而落职奉祠。开禧二年（1206），他归隐庐山，"尽弃人间事，从容觞咏而已"②。嘉定元年（1208）卒。著有《义丰集》传世，"先生所为文，无一字无来处，盖其多识前言往行以蓄其德，而又深于忧患，才老而气定，故流于既溢之余，崭然出人意表"③。

三、"学行精粹，学者倚为斯文桢干"的蔡念成

德安朱熹弟子还有蔡念成。

蔡念成，字元思，号东涧。他幼而好学，淳熙七年（1180），朱熹任知南康，讲学白鹿洞时，他从学于朱熹。虞集的《瑞昌县蔡氏义学记》，记载了蔡念成的学履经历："自朱文公讲学白鹿洞，环匡庐山之麓，士君子闻风而起者多矣，其在德安，则有蔡元思；其在瑞昌，则有周舜弼与其从弟亨仲、孙子仿；在都昌，则有彭仪之，皆卓然为高第弟子，而元思事文公最久，辨疑问答，必悟彻实践而后已。文公殁，心丧三年。又以事文公者事黄直卿，而卒业焉。"④ 蔡念成除在白鹿洞问学于朱熹之外，他还在绍熙二年（1191）四月，朱熹守漳州时，与郑可学、周谟、陈易闻等一道，到漳州向朱熹问学求教。庆元五年（1199），蔡念成又到建阳考亭沧洲精舍，第三次向朱子问学。朱熹去世后，他为恩师的去世痛苦不已，"文公殁，心丧三年"，后又以朱熹高弟黄榦为师，成为勉斋学派的重要成员。

蔡念成学博而精，行谊明粹，其为人和治学，受到同门学者的高度尊崇，

---

① 脱脱：《宋史》卷三九五《王阮传》，中华书局 1977 年版，第 12055 页。
② 脱脱：《宋史》卷三九五《王阮传》，中华书局 1977 年版，第 12055 页。
③ 吴愈：《义丰集序》，见王阮著，朱瑞熙、孙家骅校注：《义丰文集校注》，华东师范大学出版社 2006 年版，第 1 页。
④ 虞集著，王颋点校：《虞集全集》，天津古籍出版社 2007 年版，第 649 页。

评价蔡念成"学行精粹，学者倚为斯文桢干"①。据福建《延平府志》所载，嘉定二年（1209），陈宓为延平知府，因为延平"为杨时、罗从彦、李侗、朱熹四贤讲学之乡"，于是在九峰山仿白鹿洞书院创建延平书院，祀杨时、罗从彦、李侗、朱熹等"延平四贤"，请李燔制定学规，礼聘蔡念成为延平书院山长，他在山长任上，以孔孟之道兴学，让弦诵之声响彻朝夕，使延平一郡儒风绵绵，"庶几有邹鲁之盛"，对后世颇有影响。

蔡念成"隐居求志，乐道不仕"②，以传承朱子理学为己任，无意仕进，晚年在江州德安敷阳之金山建水阁而居，在家乡创办"义学"，讲学授徒于此，开德安一代儒风，使程朱理学在德安流传不绝。"吾故知文公之为教，元思、舜弼之流风遗俗之犹有存者。"③同时，他以淡泊坚笃、不为利欲所惑的高尚品德，给乡邻树立了榜样，"而乡都州闾之间，父兄子弟相与服行其化，庶几邹、鲁之盛矣"④。

朱熹去世后，蔡念成与周舜弼、李燔等人一道，在庐山、鄱阳湖一带，以类似于学术沙龙的方式，举行每季一集的"季集"讲会，轮流主持，在同道之间往复问难，互相驳辩，相告以善，以此发扬师训，传道授业，坚持了30年。"晚与同门数人，每季月一集，以相切磋，如此者三十年，州闾服行其化。"⑤黄榦的《周舜弼墓志铭》更详细地记载了这种"季集"讲会活动："先生殁，学徒解散，斩斩守旧闻，漫无讲习，微言不绝如线。独康庐间，有李敬子燔、余国秀宋杰、蔡元思念成、胡伯量泳兄弟帅其徒数十人，惟先生书是读，季一集，迭主之。至期集主者之家，往复问难，相告以善，有过规正之，岁月

---

① 郝玉麟监修、谢道全等编撰：《福建通志》卷三一《名宦三》，景印文渊阁《四库全书》第528册，台湾商务印书馆1986年版，第506页。

② 黄宗羲原著，全祖望补修，陈金生、梁运华点校：《宋元学案》卷六九《沧洲诸儒学案上》，中华书局1986年版，第2311页。

③ 虞集著，王颋点校：《虞集全集》，天津古籍出版社2007年版，第649页。

④ 虞集著，王颋点校：《虞集全集》，天津古籍出版社2007年版，第649页。

⑤ 黄宗羲原著，全祖望补修，陈金生、梁运华点校：《宋元学案》卷六九《沧洲诸儒学案上》，中华书局1986年版，第2312页。

浸久不少怠。……嘉定丙子自汉阳道过其里，集中来会者十七八人，皆佳士也。何其盛者！"① 从黄榦的记述中，可以看出，自朱子去世后，朱子学术已"微言不绝如线"，武夷山随着朱熹的离世，学者四散，已不存在像这样依旧固守朱子理学的学者群体了，只有在庐山、鄱阳湖一带，理学家群体还充满活力，还在传扬朱子的学术，庐山似乎取代武夷山，成为全国理学新的中心。

第二节　南康军——南宋理学传衍的中心

南宋时期的南康军管辖星子、都昌、建昌 3 县。"如果说朱子学在福建的传播中心为武夷山，在湖南为岳麓，在江西则为南康军庐山白鹿洞。"② 南康军是南宋朱子理学在江西传播的中心。

南康军设置于北宋太平兴国七年（982），因其位置险要，背负庐山，前踞鄱阳湖，历来为兵家必争之地，有"南国咽喉，西江锁钥"，"江右之喉襟，闽广之要冲"之称。南康军"控五岭而压三吴，汇岷江而潴彭泽"的特殊位置③，使之成为管控鄱阳湖与长江入口的重要通道。

南康军有水运交通的便利，"使轺藩舶贾舟旅之往来于是者，舳舻桓相冲"。但是民贫地瘠，人烟稀少，"故地偏而民稀，赋役不当大郡十一"④。由于周敦颐、朱熹两位理学大师都曾任知南康军，南康士子有向理学大师求教学习的便捷条件。先儒过化之地，得风气之先，南康府"民习耕桑，士习诗礼，好

① 黄榦：《勉斋集》卷三八《周舜弼墓志铭》，景印文渊阁《四库全书》第 1168 册，台湾商务印书馆 1986 年版，第 456 页。
② 周茶仙、胡荣明：《试论宋元明初江西朱子学发展的若干特性》，《上饶师范学院学报》2012 年第 2 期。
③ 李贤：《大明一统志》卷五三《南康府》，三秦出版社 1990 年版，第 3308 页。
④ 刘昭文：正德《南康府志》卷八《文类》，《天一阁藏明代方志选刊》第 34 册，上海古籍书店 1982 年版。

勤谨,尚俭,素称为周朱过化之地"①。学风浓郁,一大批朱熹门生弟子,活跃于此,一时成为南宋理学传衍的中心之一。

一、黄灏、曹彦约等都昌"朱门四友"

都昌原为枭阳之地,枭阳早在汉高祖六年(前201)就已设置,是豫章18县之一,后因鄱阳湖的南移,被湖水淹没,枭阳县在南朝宋武帝永初二年(421)被废。唐武德五年(622),复置都昌县,因此有"沉枭阳,浮都昌"之说。都昌位置险要,地处"五水汇一湖"的要冲,拥有鄱阳湖三分之一的水域,山水清秀、风光旖旎,苏轼的《过都昌》描绘了都昌"灯火楼台一万家"的盛景:"鄱阳湖上都昌县,灯火楼台一万家。水隔南山人不渡,春风吹老碧桃花。"②同治十一年《都昌县志》亦记载:"都邑汇彭蠡之奇观,钟南山之秀色,前朝名辈林立,为人文渊薮。而北控浔江,东连饶郡,水陆冲要。所以志其险隘形势者,不特修文教也,抑具备武略焉。"

都昌更是周敦颐、朱熹两位理学大师的过化之地。吴澄为都昌先贤祠所作《都昌县学先贤祠记》云:"二子(周敦颐、朱熹)熙宁、淳熙间俱守南康郡。南康,偏垒也。传道二大贤尝过化焉。都昌,南康属县也。畴昔仁风之所披拂,教雨之所沾濡,流芳遗润,世犹未泯。"③由于周敦颐、朱熹的教化之功,使都昌士子"登著述之堂,搜理学之薮",特别是朱熹知南康军,讲学白鹿洞书院,都昌学子纷纷前来求学,如虞集《南康路都昌县重修宣圣庙学记》所载:"而南康之为郡也,蕞尔湖山之间,甫及百年,周子、朱子为之守,其化民之速,入人之深,岂他郡之所可及哉!且都昌之为邑,俗尤淳厚,黄灏、彭凤、

---

① 盛元等:(同治十一年)《南康府志》卷四《风俗》,《中国方志丛书》(华中地方·第88号),成文出版社有限公司1970年版,第84页。

② 苏轼著,王文诰辑注:《苏轼诗集》,中华书局1982年版,第2666页。

③ 吴澄:《都昌县学先贤祠记》,见李修生主编《全元文》第15册,江苏古籍出版社1999年版,第147页。

冯椅、曹兴宗四君子者，实从朱子游。讲学之懿，修行之笃，传诸其家以及其乡之人者，尽宋之季年，衣冠相望，犹有可考者。"①虞集所列黄灏、彭蠡、冯椅、曹彦约四人，是都昌朱熹的一传弟子，被称为都昌"朱门四友"。吴澄的《都昌县学先贤祠记》中，最早提出了"朱门四友"之说："乡贤旧亦无祠，若朱门四友，西坡黄氏、梅坡彭氏、厚斋冯氏、昌谷曹氏，萃祠于明伦堂之东翼室。"②

1. 治学专崇朱子的黄灏

黄灏（？—1207），字商伯，一字景夷，号西坡，原籍都昌，占籍星子县。其父黄唐发，字尧叟，曾知吉安永丰县，在任"勤慎爱民，情操如一"，"廉正通达，均有政声"。

黄灏自幼敏悟强记，读书过目不忘，早年求学于荆山僧舍，后入太学，绍兴三十年（1160）进士。他有很好的行政才能，取得了不俗的政绩。他任知德化县，在任上，"以兴学校，崇政化为本"③。他在德化兴办县学，修葺濂溪书堂，以兴学化民为己任。光宗即位后，任太常寺簿，掌管朝中礼仪，针对当时礼教废缺的状况，他请求取政和冠昏丧葬仪及司马光、高闶等书参订新礼，颁行天下。后出知常州、提举浙西常平，当时，浙西一带遭遇大灾，秀州、海盐百姓，"代桑柘，毁庐屋，莩殣盈野"，甚至人争相食。黄灏积极赈济，并上书光宗，获旨停征夏税，黄灏为保灾民，不待报行又停征秋苗，被韩侂胄弹劾其专擅，谪居筠州（今高安市）。

庆元党禁中，他被打入"伪学"党籍，谪贬乡居，他幅巾深衣，骑驴匡山间，有如隐者。不久，朝廷起用他为信州知州、广西转运判官、广东提点刑狱等职，皆告老不赴。著有《西坡集》四十卷，惜其书岁久已佚。

黄灏最突出的成就，是传播了程朱理学，是理学传播的功臣，被誉为都昌

① 虞集著，王颋点校：《虞集全集》，天津古籍出版社 2007 年版，第 623 页。
② 吴澄：《都昌县学先贤祠记》，见李修生主编《全元文》第 15 册，江苏古籍出版社 1999 年版，第 146 页。
③ 脱脱：《宋史》卷四三〇《道学四·黄灏传》，中华书局 1977 年版，第 12791 页。

"朱门四友"之首。孝宗淳熙年间，黄灏任隆兴府学（今南昌市）教授，他在府学增设斋舍，访贤礼士，训勉诸生，尤其积极传扬程朱理学，在府学建周敦颐祠，并请朱熹作祠记。又在府学刻印了张载的《横渠集》、朱熹之父朱松的《韦斋集》及朱熹《语孟要义》，朱熹为之作《书〈语孟要义〉序后》，他在隆兴府教授任上，为理学的传播贡献不菲。

朱熹知南康军讲学白鹿洞时，黄灏虽已中进士多年，仍以都昌学子的身份向朱熹执弟子礼，入于朱熹门下，质疑问难，相交默契。"朱熹守南康，灏执弟子礼，质疑问难。"[1] 黄灏在学术上，"治学专崇朱子"。他与师友讲学，遇有疑义，即驰书请教朱熹，并说："不敢轻为人师。"朱熹回答道："以所知者语人，可也。"他还通过书信往返，虚心向朱熹问学，现存《晦庵先生朱文公文集》中《与（答）黄商伯书》达三十五通之多，在书信中两人就丧服制度、阴阳五行、大学句义、中庸章句及性即气等问题进行深入探讨、释疑。在《朱子语类》中，也有黄灏所记关于丧服、理气、戒惧、阴阳方位的语录五条。

黄灏与朱熹是亦师亦友的关系，黄灏视朱熹为恩师，对其尊敬有加；朱熹不仅视黄灏为门生，更视为挚友，多称黄灏为"友"或"兄"。如"老兄许来，固愿少矣""乃欲老兄深察于公私名实之间"等，对其才华学养评价很高。朱熹还为黄灏的黄氏宗祠题写了"亲义理"匾额，黄家后裔加柱联"圣学千年统，家传三字符"以配，题匾现存都昌大沙镇黄家山村。

黄灏"性行端饬，以孝友称"[2]。庆元党禁开始后，不少朱门子弟为免受打击，变换门庭，另投他师，甚至朱熹病故，也不敢前往吊唁。而黄灏虽谪贬乡居，却不顾党禁森严，不避嫌疑，不远千里前往吊唁："文公没，党禁方厉，先生单车往赴，徘徊不忍去者久之。"[3] 表达了对恩师朱子的崇敬。黄榦

① 脱脱：《宋史》卷四三○《道学四·黄灏传》，中华书局 1977 年版，第 12792 页。
② 黄宗羲原著，全祖望补修，陈金生、梁运华点校：《宋元学案》卷六九《沧洲诸儒学案上》，中华书局 1986 年版，第 2275 页。
③ 黄宗羲原著，全祖望补修，陈金生、梁运华点校：《宋元学案》卷六九《沧洲诸儒学案上》，中华书局 1986 年版，第 2275 页。

对黄灏的品德、学识和政绩十分敬佩，他在为黄灏的《西坡文集》所作序中，对黄灏高度评价道："予始识西坡黄君，见其神清气勇，襟怀卓荦，而知其姿禀之异；见其从师学问而恐不及，而知其趋向之正；见其临民多惠政，立朝多壮节，而知其事业之伟。……伪禁方严，学者更名他师，至有师殁不吊者。君谪居，不远千里，哭泣奔赴。投闲十年，人不能堪，君泊如也。有本者如是。"①

黄灏去世后，被谥"文简"，被作为朱熹六大门人之一，名列《宋史》"道学传"，并从祀白鹿洞书院宗儒祠，后又配飨紫阳祠。

2. 冯椅及其《厚斋易学》

冯椅（1140—1231），字仪之，一作奇之，号厚斋。冯氏是都昌最有名望的理学世家之一。冯椅生性聪敏，酷爱读书，博学多通，尤精于经术。光宗绍熙四年（1193）中进士，先授德兴县尉，宁宗嘉定二年（1209）任官江西转运司干办，两年之后，摄上高令，任上他听讼断狱公平，且以教化为先，从而使上高风俗为之大变，又捐金修复了上高浮虹桥，撰写了《上高浮虹桥记》。后任国子监祭酒等职。他弃官回归故里后，授学授徒，曾应黄灏之请，在都昌清化乡费里湖的石潭精舍（今南峰镇读书畈）执教讲学，传播朱子学说，培养理学人才，使都昌"尽宋之季年，衣冠相望，犹有可考者"。冯椅为理学在都昌的传承发展，作出了积极的贡献。

淳熙年间，当朱熹知南康军，讲学白鹿洞时，冯椅仰慕朱熹，执经书前往白鹿洞书院，向其执弟子礼，虔诚地向朱熹问学。尽管两人年龄差异不小，但朱熹感其诚，对他"以友待之"。朱熹离任南康后，两人之间仍然书信不断，往返切磋学问，领悟经义，交流学术，探讨治学之道，深得朱熹赏识。在《晦庵先生朱文公文集》中，存有朱熹《答冯奇之》书信两通，教导冯椅为学之道。朱熹在信中说："细读来示，备详别后进学不倦之意。世间万事须臾变灭，不

---

① 庄仲方编：《南宋文范》，见任继愈主编：《中华传世文选》，吉林人民出版社1998年版，第697页。

足置胸中。惟有致知力行、修身俟死为究竟法耳。"①《朱子语类》卷八亦有类似记载，朱熹教导他，"看得道理熟后，只除了这道理是真实法外，见世间万事，颠倒迷妄，耽嗜恋著，无一不是戏剧，真不堪着眼也"②。受朱熹的教导，冯椅一生淡泊名利，严谨治学，成为当时江西名儒之一。

冯椅勤于著述，著作等身，著有《太极图》《孟子图》《尚书辑说》《论语辑说》《厚斋易学》《丧礼小学》《西铭辑说》《孝经章句》《孔子弟子传》《读史记》《冯氏诗文志录》等二百多卷，只可惜其书大多散佚，仅《厚斋易学》五十卷得以传世，被《四库全书》收录。

冯椅在《易》学研究上成就不凡，进一步发展传承了程、朱的《易》学思想。所著《厚斋易学》分为辑注、辑传和外传三部分，"辑注止解象象；辑传则尊象象为经，而退十翼为传；外传则以十翼为经，各附先儒之说而断以已意"③。在该书中，冯椅博采众长，将宋以来的《易》学研究成果，条分缕析地进行了详细的介绍，其中也有很多自己的《易》学观点。"冯椅此作，补充并发展了宋以来程颐、朱熹等人对《易》学研究的成果，使王安石、张弼等人已失传的《易》学全义得以延续。"④ 因此，《厚斋易学》受到了宋元以后《易》学研究者的重视。"盖宋元之际，甚重其书，今标书亦不传，则此书弥可宝贵矣。"⑤"从《厚斋易学》所辑诸家文字及冯椅本人的按语看，冯椅的易学属于义理派。由于他所辑两宋易学的详备，《厚斋易学》可以被看作是对两宋义理派易学的一次总结。"⑥

---

① 朱熹：《晦庵先生朱文公续集》卷八《答冯奇之》，见朱杰人、严佐之、刘永翔主编：《朱子全书》（修订本）第 25 册，上海古籍出版社、安徽教育出版社 2010 年版，第 4788 页。
② 黎靖德编、王星贤点校：《朱子语类》卷八《总论为学之方》，中华书局 1986 年版，第 147 页。
③ 冯椅：《〈厚斋易学〉提要》，景印文渊阁《四库全书》第 16 册，台湾商务印书馆 1986 年版，第 2 页。
④ 冯青：《朱熹门人冯椅小传辑补》，《古籍整理研究学刊》2011 年第 2 期。
⑤ 冯椅：《〈厚斋易学〉提要》，景印文渊阁《四库全书》第 16 册，台湾商务印书馆 1986 年版，第 2 页。
⑥ 王铁：《宋代易学》，上海古籍出版社 2005 年版，第 227 页。

冯椅去世后，曹彦约为其作《亲友冯仪之运干挽章三首》，其中云："有学关时用，无心与物驰。已称黄发老，犹似彩衣时。世道空机阱，襟期自坦夷。只今风月夜，犹足想清规。子也吾尝友，天乎独异渠。仕无通籍禄，家有厚斋书。讲说来匡鼎，风骚藉子虚。争荣森窦桂，训不负菑畬。"①对其品行和才华给予了高度的评价。冯椅后被从祀于白鹿洞书院宗儒祠和都昌县乡贤祠。

冯椅教子有方，对其四子冯去非、冯去辨、冯去疾、冯去弱，授之儒经，传之以忠孝，使他们个个学有专长，且品德高尚，不阿权贵，成为乡里表率。

长子冯去非（1170—1265），字可迁，号深居，理宗淳祐元年（1241）进士，曾任淮东转运司干办、宗学教谕等职。冯去非品性刚正，不阿权贵，在淮东转运司干办时，"治仪真，欧阳修东园在焉，使者黄涛欲以为佛寺，时已许荐，去非力争不得，宁不受使者荐，谒告而去"②。当时，"奸臣丁大全极力拉拢，许以高官，冯去非不为所动，严词拒绝：'今归吾庐山，不复仕矣！'"③最终归隐乡间，在县治东门冯家巷建"去非学舍"，授徒讲学，研究学术，著有《深居易象通义》《洪范补传》《洪范经传集注》等。同时，吟诗作词，与鄱阳姜夔、张辑为诗友，互相酬唱。冯去非去世后，道璨作《哭冯深居常簿》："文富家安有，名高实若何？身前身后事，令我起悲歌。"诗中"对冯去非富有才华而不得重用，深感不平④"。冯去非后从祀于都昌乡贤祠，《宋史》卷四二五有其传。

冯椅的次子冯去辨（1175—？），字可讷，号前山，淳祐四年（1244）进士，官至侍郎。

其第三子冯去疾（1185—？），字可久，号磊翁，嘉定十三年（1220）进士及第，入直徽猷阁，曾任温州府学教授，升知兴国军，淳祐八年（1248）任提举江西常平茶盐公事。在任期间，在临川创办临汝书院，聘请知名学者程若庸

① 曹彦约：《昌谷集》卷一《亲友冯仪之运干挽章三首》，景印文渊阁《四库全书》第1167册，台湾商务印书馆1986年版，第8页。
② 脱脱：《宋史》卷四二五《冯去非传》，中华书局1977年版，第12677页。
③ 都昌县政协文史委编：《都昌文史资料》第8辑《都昌历史名人专辑》2008年内部刊，第54页。
④ 黎清：《宋代江西文学家族研究》，中山大学出版社2013年版，第215页。

为山长，一时间，临汝书院学子云集，培养了程钜夫、吴澄等众多影响深远的学者，为理学在宋元之际的传播发展，起了积极作用。

其第四子冯去弱，宋理宗宝庆二年（1226）征辟入仕，后官至知宁国府。

冯椅及其四子，品德高尚，理学精深，才华笃实，在都昌树立了"弟子择师习其学，师择弟子传其学"的典范，正是他们在政绩学业的不俗表现，《宋元学案补遗》卷二八特立"冯氏家学"条以记述其事迹学说。

3. 与黄榦相提并论的朱门弟子曹彦约

都昌曹氏家族源出谯国曹氏，为都昌名门望族，世代业儒。"自龟山后十有二世，皆以经行称于乡。"① 曹兴宗及其子彦纯、彦约都是在白鹿洞书院受学于朱熹，成为朱子门人。曹氏父子是朱熹理学在都昌的又一重要传承者，尤以曹彦约学术成就和影响最大。

曹兴宗，字伯起，都昌清化乡人。绍兴二十四年（1154）进士，历官崇阳县尉，岳州司理参军等职，为官政绩卓著，"所至政声籍甚"。后回乡讲学，教授都昌子弟。虞集在《南康路都昌县重修宣圣庙学记》中称誉曹兴宗等人"讲学之懿，修行之笃，传诸其家以及其乡之人者，尽宋之季年，衣冠相望，犹有可考者"②。被赠以光禄大夫。

曹彦约（1157—1228），字简甫，号昌谷。"公少迈爽"，思辨敏捷，才禀素高。朱熹知南康时，曹彦约到白鹿洞书院师从于朱熹。"初事朱子于白鹿书院。又十四年，复见于岳麓书院。"③ 他的学履经历，魏了翁为其所作《墓志铭》也有类似记载："朱文公守南康，兄弟亲炙之，为白鹿洞书院诸生。后十四年，见文公于长沙，又述所知行而请益焉。其师友渊源盖如此。是以理明行修，出入中外垂三十年。人以其进退为时重轻。考诸近世名卿，而观公之所成就，信

---

① 魏了翁：《鹤山集》卷八七《宝章阁学士通议大夫致仕赠宣奉大夫曹公墓志铭》，景印文渊阁《四库全书》第 1173 册，台湾商务印书馆 1986 年版，第 321 页。

② 虞集著，王颋点校：《虞集全集》，天津古籍出版社 2007 年版，第 623 页。

③ 黄宗羲原著，全祖望补修，陈金生、梁运华点校：《宋元学案》第六九卷《沧洲诸儒学案上》，中华书局 1986 年版，第 2269 页。

乎公之所谓才者矣。"①

曹彦约是南宋著名的政治家、军事家，以政绩卓著闻名于当世。孝宗淳熙八年（1181），18 岁的他进士及第，任官建平县尉（今安徽郎溪），从此步入政坛，48 年间，历仕孝宗、光宗、宁宗、理宗四朝，任职于江西、湖南、湖北、四川、安徽、福建等地，在任时，他关心民瘼，救荒赈灾，显示出杰出的政治才华。"其后历仕州郡，却敌平寇，独卓有实用。故《宋史》本传称其可以建立事功。"②

曹彦约更具卓越的军事才能和独到的军事谋略。他任权知汉阳军事时，金兵攻破枣阳军、信阳军，"重兵围安陆，游骑闯汉川"，形势十分危急。但曹彦约临危不乱，泰然处之，"公授观方略，俾渔者拒守南河"③。他登高一呼，招募乡勇，积极驰援，增强水陆防御力量，指挥将士偷袭金营，焚其战船，斩其先锋，最终大败金兵，使汉阳转危为安。曹彦约也因守御有功，开禧三年（1207）三月，进秩二等，升为汉阳军知军。

嘉定二年（1209），曹彦约升任湖南转运判官，后改任利州（今四川广元）转运判官兼利州知州。时值利州饥荒，粮食奇缺，曹彦约积极赈济，采取了"减价遣籴，勤分免役，通商蠲税"的救灾措施，使"民赖以济"，让百姓顺利渡过了灾荒。同时，针对四川边境将帅，兵权不统一，相互制约、相互推诿、效益低下的状况，积极建言建策，作《病夫议》上奏朝廷，认为："古之临边，求一贤者而尽付之兵权，兵权正则事体重，兵权专则号令一。今庙堂之上，患士大夫不奉行诏令，恶士大夫不恪守忠实，故虽信而用之，又以人参之，虽以事权付之，又从中驭以系维之，致使知事者不敢任事，畏事者常至失事，卒有缓急，各持己见，兵权财计，互相归咎。昔秦、陇之俗，以知兵善战闻天下，

---

① 魏了翁：《鹤山集》卷八七《宝章阁学士通议大夫致仕赠宣奉大夫曹公墓志铭》，景印文渊阁《四库全书》第 1173 册，台湾商务印书馆 1986 年版，第 326 页。
② 永瑢等：《四库全书总目》卷一六一《〈昌谷集〉提要》，中华书局 1965 年版，第 1385 页。
③ 魏了翁：《鹤山集》卷八七《宝章阁学士通议大夫致仕赠宣奉大夫曹公墓志铭》，景印文渊阁《四库全书》第 1173 册，台湾商务印书馆 1986 年版，第 322 页。

自吴氏世袭以来，握兵者志在于怙势，不在于尊上；用兵者志在于诛货，不在于息民。本原一坏，百病间出。"① 主张任将用人要"求一贤者而尽付之兵权"，做到用人不疑，责权统一，而不应"虽信而用之，又以人参之；虽以事权付之，又从中驭以维系之"，导致权力分散，处处牵制，一旦有事，又相互推诿。还要加强对士兵的忠义教育，要"择知书者以为教导"，教之以忠孝礼义，"至于忠义之兵，又须有德者以为统率，择知书者以为教导，如古人所谓教民而用之也。今议不出此，乃欲幸胜以为功，苟安以求免，误天下者，必此人也。"② 从中可见他军事上的卓识远见和对国家的一片忠心。

宋理宗即位后，宝庆元年（1225），曹彦约升为兵部侍郎，步入朝廷后，他不畏权贵、忠直敢言。他在面圣入对时，就劝理宗讲正学，防近习，做到"倚忠直如耆龟，去邪佞如蟊贼。言而可行，虽讦必赏；言而不切，虽狂必恕"③。在任经筵讲学时，"亦能殚心启沃"，教导理宗要"谨定省以侍长乐，开王社以笃天伦，孝友之行，宜足以取信于天下"。认为"守法者，人臣之职也，施恩者，人主之柄也"。要消除朝廷面临的内忧外患的严峻局面，其要略在五："夷狄盗贼之患，惟在处置得宜。一曰守道，二曰固本，三曰通财，四曰稽众，五曰爱民。"④ 他的经筵讲义后来汇编为《经幄管见》七卷。"敷陈祖训，规箴时政"，可以"旁证经史而归之于法诫"。当他辞免宝章阁学士知常德府奉祠归乡之时，还给理宗呈上遗表："望陛下精勤务学，恭俭修身，屈己以求直言，不恶其讦，守信以御外侮，不邀其功，塞炎荒迁谪之门，绝馈遗往来之路，疾奸贪以宽民力，进恬退以厚士风。"⑤ 劝谏帝王讲学治道，进忠直远邪佞，体现

---

① 脱脱：《宋史》卷四一〇《曹彦约传》，中华书局 1977 年版，第 12342 页。
② 脱脱：《宋史》卷四一〇《曹彦约传》，中华书局 1977 年版，第 12342 页。
③ 黄宗羲原著，全祖望补修，陈金生、梁运华点校：《宋元学案》卷六九《沧洲诸儒学案上》，中华书局 1986 年版，第 2272 页。
④ 黄宗羲原著，全祖望补修，陈金生、梁运华点校：《宋元学案》卷六九《沧洲诸儒学案上》，中华书局 1986 年版，第 2272 页。
⑤ 黄宗羲原著，全祖望补修，陈金生、梁运华点校：《宋元学案》卷六九《沧洲诸儒学案上》，中华书局 1986 年版，第 2272 页。

了他一片公忠体国的赤胆忠心。1128 年，曹彦约病逝后，谥号"文简"，并从祀白鹿洞书院宗儒祠。

曹彦约学术渊博，著有《舆地纲目》十五卷、《昌谷类稿》六十卷、《经幄管见》七卷。《四库全书》收录其《昌谷集》二十二卷。四库馆臣在《〈昌谷集〉提要》中，对曹彦约给予很高的评价："其间奏议，大都通达政体，可见施行。所论兵事利害，尤确凿有识，不同于摭拾游谈。其应诏陈言二封事，乃庆元、宝庆间先后所上，于当日苟且玩愒之弊，反复致意，切中窾要，亦可征其鲠直之概。惟俪词韵语，稍伤质朴，然不事修饰，而自能词达理明，要非学有原本者不能也。"①

曹彦约历官孝宗、光宗、宁宗、理宗四朝，无论任职地方，或是主政中央，都能体恤民情，多谋善断，政绩显著，《宋史》本传称他："可与建立事功。"② 黄榦评价他为"豪杰之士"。黄宗羲认为在朱门弟子中，曹彦约可与黄榦相提并论，"盖论学统，以勉斋为第一；论经济大略，有以自见，以先生为第一"③。朱门弟子中，从继承学统、传承学术而论，黄榦为第一；而以经济大略，远见卓识而论，曹彦约可列第一。魏了翁在曹彦约去世后，为其作《宝章阁学士通议大夫致仕赠宣奉大夫曹公墓志铭》，称赞他："公以孝友著于家，以忠信得乎朋友，以岂弟行诸郡国，以忠忱格于君父。呜呼！公之所谓才，非公不足以当之。"④

曹彦纯，字粹甫，曹彦约之兄。据《乾隆江西通志》载，他与弟曹彦约同时受业朱熹之门。

---

① 曹彦约：《〈昌谷集〉提要》，景印文渊阁《四库全书》第 1167 册，台湾商务印书馆 1986 年版，第 1 页。
② 脱脱：《宋史》卷四一〇《曹彦约传》，中华书局 1977 年版，第 12349 页。
③ 黄宗羲原著，全祖望补修，陈金生、梁运华点校：《宋元学案》卷六九《沧洲诸儒学案上》，中华书局 1986 年版，第 2273 页。
④ 魏了翁：《鹤山集》卷八七《宝章阁学士通议大夫致仕赠宣奉大夫曹公墓志铭》，景印文渊阁《四库全书》第 1173 册，台湾商务印书馆 1986 年版，第 321 页。

4.彭蠡、彭寻等"都昌三彭"

彭蠡也是都昌"朱门四友"之一，他与彭寻、彭方又被称为"都昌三彭"。他们在都昌讲学授徒，传承程朱薪火，继承理学传统，为都昌的文化教育贡献不菲。"都昌三彭"中，又以彭蠡最为著名。

彭蠡（1146—1200），字师范，号梅坡。据曹彦约《梅坡先生彭公墓志铭》载："先生讳蠡，字师范，避大川名，改讳凤，以小字行。"[①] 从小受到良好的家教，其父彭立道，字昶年，读书注重内功，不求闻达，也不慕功名。"事亲色养备致，居丧遵从古礼，庐墓三年不移，人叹其孝"，成为都昌学问孝行的典范。

彭蠡"早以道鸣"，其"学问不诱而好，不习而惯，不师资而明辨。年十六七而户外之屦满矣。以声律试有司，未尝专技。诸经传疏，无不通彻。又读诸子百氏，得其膏馥。评议古今治乱，如指诸掌。然后习朝廷典故，商略时事，胸中勃勃无所发越。"[②] 不仅学问高深，且能言善辩，口若悬河："先生弱冠策励，为有用之学。于简编得隽，自信甚笃，广座议论，旁若无人。"[③] 南宋淳熙四年（1177）因"审究吕律"，以声律得领乡荐。

朱熹知南康军时，彭蠡与兄长彭寻、其子彭方慕名而来，师事朱熹。彭蠡曾"袖出疑义就质，辨析甚精"[④]。"晦庵朱公熹为南康守，入学讲说，自《中庸大学章句》之外，又出《太极讲义》一编以示学者，学者了《章句》未暇，无论《太极》。先生一见释然，不烦审订。明日抽出疑义问难往复，晦庵称善甚久。方修白鹿洞书院，以先生为经谕。"[⑤] 他的学问和才华，深得朱熹赏识，朱熹特聘其

---

① 曹彦约：《昌谷集》卷二〇《梅坡先生彭公墓志铭》，景印文渊阁《四库全书》第 1167 册，台湾商务印书馆 1986 年版，第 245 页。

② 曹彦约：《昌谷集》卷二〇《梅坡先生彭公墓志铭》，景印文渊阁《四库全书》第 1167 册，台湾商务印书馆 1986 年版，第 246 页。

③ 曹彦约：《昌谷集》卷二〇《梅坡先生彭公墓志铭》，景印文渊阁《四库全书》第 1167 册，台湾商务印书馆 1986 年版，第 247 页。

④ 吴宗慈著，胡迎建等校注：《庐山志》（上）纲之五《历代人物》，江西人民出版社 1996 年版，第 592 页。

⑤ 曹彦约：《昌谷集》卷二〇《梅坡先生彭公墓志铭》，景印文渊阁《四库全书》第 1167 册，台湾商务印书馆 1986 年版，第 246 页。

为经谕，专门讲解《四书》和《西铭》，彭蠡"被朱熹特聘为书院经谕，协助朱熹及白鹿洞书院教师讲解有关经书。朱熹在他身上开创了学生兼先生的先例，故朱熹称之为'吾友彭师范胜士'。"①彭蠡与朱熹亦师亦友，经常一道或泛舟鄱湖，或畅游匡庐，学问辩难，诗歌唱酬。朱熹调离南康后，不少学子转而向彭蠡问学。"晦庵既去，而乡之后生子弟闻晦庵之学者，往往于先生求之。"②曹彦约少年时，也曾从学于他五年，"某年十二岁学《春秋》，从先生读三传，由属对以至识音韵，自讲《论语》以至举子业，在先生左右终始五年。先生严毅明达，诸生不敢仰视，独于某侍侧，乃复假借言色。"③朱熹离任南康后，依旧对彭蠡念念不忘。当好友甘叔怀游庐山时，朱熹还专门致书甘叔怀，委托他道："吾友彭师范胜士，在隔江都昌，可为一访，致鄙意"④，可见情谊之深。

彭蠡后官常州府教授，致仕后，筑室家乡之梅坡，讲学授徒，江淮学者千里迢迢，师事于他，称为"梅坡先生"。"先生筑室梅坡，授徒肄业，江淮之士来者云集。规矩森立，屹不可犯。"⑤彭蠡又建"盛多园"精舍于都昌县清化乡黄湖里石潭坂，并约请"朱门四友"中的黄灏、冯椅、曹彦约讲学其中，"讲求道学性命之蕴"，名噪一时，影响广泛。

彭蠡才思敏捷，能文善诗，才华出众，"为文平易详复，不见斧凿，及别白利害，驰骋贯穿，屈其座人，无不披靡。为诗虽祖少陵，雅不好依仿，自出机轴，与古人相上下，对客饮酒，立成篇咏。"⑥著有《皇极辨》诸书。

---

① 袁晓宏：《朱熹庐山史迹考》，江西人民出版社 2014 年版，第 111 页。

② 曹彦约：《昌谷集》卷二〇《梅坡先生彭公墓志铭》，景印文渊阁《四库全书》第 1167 册，台湾商务印书馆 1986 年版，第 247 页。

③ 曹彦约：《昌谷集》卷二〇《梅坡先生彭公墓志铭》，景印文渊阁《四库全书》第 1167 册，台湾商务印书馆 1986 年版，第 248 页。

④ 吴宗慈著，胡迎建等校注：《庐山志》（上）纲之五《历代人物》，江西人民出版社 1996 年版，第 592 页。

⑤ 曹彦约：《昌谷集》卷二〇《梅坡先生彭公墓志铭》，景印文渊阁《四库全书》第 1167 册，台湾商务印书馆 1986 年版，第 247 页。

⑥ 曹彦约：《昌谷集》卷二〇《梅坡先生彭公墓志铭》，景印文渊阁《四库全书》第 1167 册，台湾商务印书馆 1986 年版，第 245 页。

彭蠡为朱熹理学在都昌的传播，立下了汗马功劳，他去世后，明代配享白鹿洞书院的宗儒祠，清代又从祀紫阳祠。

其子彭方，字季正，又字季直，号强斋，也曾肄业白鹿洞，亲受朱熹教诲，"朱子守南康时，方随父受业焉"。绍熙四年（1193）进士，先后任池州教授、扬州教授、景陵知县、广东经略安抚司干办、歙县知县、袁州知州、国子监祭酒兼侍讲、兵部右侍郎、吏部尚书等职。他虽身居要位，但为官清廉，一生谨慎，爱养民力，所任多有惠政。著有《经华续业》和《强斋集》，卒后谥"文定"，从祀于白鹿洞书院宗儒祠。

彭蠡长兄彭寻，字师绎，号东园。自幼得益于父亲教诲，颇善辞令，淳熙元年（1174），以文笔与德行领乡荐。朱熹知南康时，与弟彭蠡一道，同学于白鹿洞书院，成为朱熹弟子。据雍正十年《江西通志》卷九十一所载："彭寻，字师绎，都昌人。淮宁府学教授，南图之孙，有文行，乡里称曰东园先生。嘉定间特奏名。"嘉定元年（1208），特奏名进士，可惜英年早逝。

都昌"朱门四友"，得到朱熹的亲自教诲，又与朱熹亦师亦友，他们积极传承朱熹的学说，是都昌理学传播的先行者。正如《都昌县志》所谓"如彭、冯之学行，传程、朱之薪火"。他们形成了一个庞大的都昌理学传播网络，为理学在都昌的传承与发扬作出了贡献。

二、江万里：程朱理学思想的传播与践行者

除"朱门四友"之外，都昌朱门后学还有江万里，他师事朱熹门人林夔孙，是朱熹的再传弟子。林夔孙字子武，号蒙谷，福建古田人，是朱熹在白鹿洞书院讲学时的弟子，以后一直追随朱熹左右，"党禁起，学者更事他师，惟夔孙从熹讲论不辍"，是一位具有高风亮节、学术人品俱优的朱熹理学嫡系传人。

江万里（1198—1275），字子远，号古心，都昌人。"先生少神隽，有锋颖，

连举于乡。"①他虽出生在庆元党禁之时，但"父师窃窃传习朱氏"②，自小跟随父亲江煜接触、学习了程朱理学，18岁时就学于庐山白鹿洞书院，师从林夔孙，专治《周易》，24岁肄业后，游学隆兴府东湖书院，所交多考亭门人，可谓得朱子理学之真传。25岁到临安入太学上舍，文声颇佳，连太子赵昀也对他十分赏识，"理宗在潜邸，尝书其姓名几研间"③。理宗宝庆二年（1226），29岁的江万里进士及第，授官池州教授，从此步入仕途，江万里为官40余年，历官91任，具有杰出的政治才能。

江万里秉性峭直，恪尽职守。他以"君子只知有是非，不知有利害"作为自己为官处事的准则。无论任职地方，还是为官中央，都廉洁自守，洁身自好，他曾赋诗明志："去国离家路八千，平生不受半文钱。苍天鉴我无私意，莫使妖禽夜叫冤。"他还作《舟中遇风吟》："万里为官彻底清，舟中行止甚分明。平生若有亏心事，一任碧波深处沉。"他的人品气节成为后人争相效法的楷模。他"器望清竣，论议风采，倾动一时，帝眷注尤厚"④。度宗即位后，召同知枢密院事，又兼权参知政事，与贾似道同朝。"万里始虽俯仰容默，为似道用，然性峭直，临事不能无言。似道常恶其轻发，故每入不能久在位。似道以去要君，帝初即位，呼为师相，至涕泣拜留之。万里以身掖帝云：'自古无此君臣礼，陛下不可拜，似道不可复言去。'"⑤咸淳九年（1273），江万里出任湖南安抚使知潭州，与弟子文天祥相会。文天祥素来仰慕江万里，比之为范仲淹、司马光。江万里则"素奇天祥志节"，"语及国事，愀然曰：吾老矣，观天

①　黄宗羲：《宋元学案》卷七〇《沧洲诸儒学案下·文忠江古心先生万里》，中华书局1986年版，第2334页。

②　刘辰翁：《须溪集》卷三《鹭洲书院江文忠公祠堂记》，景印文渊阁《四库全书》第1186册，台湾商务印书馆1986年版，第463页。

③　黄宗羲原著，全祖望补修，陈金生、梁运华点校：《宋元学案》卷七〇《沧洲诸儒学案下·文忠江古心先生万里》，中华书局1986年版，第2334页。

④　黄宗羲原著，全祖望补修，陈金生、梁运华点校：《宋元学案》卷七〇《沧洲诸儒学案下·文忠江古心先生万里》，中华书局1986年版，第2334页。

⑤　脱脱：《宋史》卷四一八《江万里传》，中华书局1977年版，第12524页。

时人事当有变，吾阅人多矣，世事之责，其在君乎？君当勉之。"①对文天祥寄予厚望。

江万里是著名的仁人志士，咸淳十年（1274），元军攻陷襄、樊，大举渡江南侵，江万里在饶州"凿池芝山后圃，扁其亭曰'止水'，人莫谕其意"②。德祐元年（1275）饶州城破之日，江万里执门人陈伟器手，曰："大势不可支，余虽不在位，当与国为存亡。"当"饶州城破，军士执其弟万顷，索金银不得，支解之。先生竟赴止水死。左右及子镐相继投沼中，积尸如叠。"③江万里携子江镐及左右投止水以身殉国，"止水尸叠如山"，无比壮烈！"事闻，赠太傅、益国公。后加赠太师，谥文忠。"④江万里以身殉国，舍生取义，满门忠烈，"兄宰相，弟尚书，联璧文章天下少；父成仁，子取义，一门忠孝世间稀"的楹联，正是江万里家族的真实写照，也是对程朱理学仁、义、忠、节的最好诠释。江万里是程朱理学的忠实传播者，更是程朱理学的实践者。

江万里也是个著名的教育家。他与朱熹一样，热衷于创办书院，申明义理，砥砺名节，培育英才。他创办了吉州白鹭洲书院、南昌宗濂书院、南安周程书院等三所著名的书院，培养了一大批学子，对南宋末年的书院教育作出过巨大的贡献。

淳祐元年（1241）江万里知吉州兼提举江西常平茶盐公事，他见赣江边上的白鹭洲，独立于赣江中心，两水平分，景色宜人，无市井之喧，是读书的理想之所，于是效仿白鹿洞，创建书院，以李白"二水中分白鹭洲"的名句，取名为"白鹭洲书院"，并亲手抄录《白鹿洞书院揭示》作为白鹭洲书院的学规，在书院建六君子祠，祭祠周敦颐、二程、邵雍、张载、朱熹等六位理学大家，聘请欧阳守道为首任山长，且亲自到书院讲学，训导学生："先生亲为诸生讲

---

① 脱脱：《宋史》卷四一八《文天祥传》，中华书局1977年版，第12534页。
② 脱脱：《宋史》卷四一八《江万里传》，中华书局1977年版，第12524页。
③ 脱脱：《宋史》卷四一八《江万里传》，中华书局1977年版，第12524页。
④ 黄宗羲原著，全祖望补修，陈金生、梁运华点校：《宋元学案》卷七〇《沧洲诸儒学案下·文忠江古心先生万里》，中华书局1986年版，第2334页。

说，载色载笑，从容水竹间，忘其为太守。古贤侯盖有意于成就后进者，使之亲己如此。此所谓犹父兄之于子弟。"①一时间，学者云集，庐陵文风大振，白鹭洲书院成为江西四大书院之一。15 年后，白鹭洲书院弟子文天祥高中状元，同榜进士 35 人，名震朝野，宋理宗御笔赐额"白鹭洲书院"。白鹭洲书院培养了文天祥、刘辰翁、邓光荐等一批铁骨铮铮、饱读诗书的爱国贤才，放射出"江右风骨"的耀眼光芒，为庐陵文化的"文章节义之邦"增色不少。江万里也深感欣慰，"尝叹平生志气之乐，惟鹭洲一事"②。

淳祐二年（1242），江万里任江西转运判官兼权知隆兴府，又在府治南昌德胜门外的龙沙冈倡建宗濂书院，并请理宗御笔，再赐"宗濂精舍"匾额。宗濂书院主祀周敦颐，并以张载、程颢、程颐、朱熹配享。他又嘱托南安知军林寿在其军治大余县学之东，修建周程书院，后改名"道源书院"。宋理宗再次为书院赐额。

江万里是朱熹的再传弟子，是程朱理学重要的传承者，更是程朱理学的践行者，他创办的白鹭洲书院、宗濂书院和周程书院，成为传播程朱理学、培育人才的重要基地。正如刘辰翁在《鹭洲书院江文忠公祠堂记》所评价的："自鹭洲兴，而后斯人宿于义理；自鹭洲兴，而后言义理者畅。又不惟文字而已，而后学者知矫其质习，存其气象，又不惟气象而已。而后立身名节，一以先生台谏为风采，推论人才长育之。自斯文一变而至欧公，再变而至先生。而先生又以身徇宇宙，与之终始，虽康之山，番之水，同光而共洁。而其道隐然增鹭洲之重，与欧公而并。"③ 姚公骞先生也曾以"事业铸千秋，白鹿导前迎白鹭；忠贞搏万里，丹楹启后育丹心"的联语，概括出江万里的不朽功绩。

---

① 欧阳守道：《巽斋文集》卷一四《白鹭洲书院山长厅记》，景印文渊阁《四库全书》第 1183 册，台湾商务印书馆 1986 年版，第 622 页。
② 刘辰翁：《须溪集》卷三《鹭洲书院江文忠公祠堂记》，景印文渊阁《四库全书》第 1186 册，台湾商务印书馆 1986 年版，第 464 页。
③ 刘辰翁：《须溪集》卷三《鹭洲书院江文忠公祠堂记》，景印文渊阁《四库全书》第 1186 册，台湾商务印书馆 1986 年版，第 464 页。

三、星子的朱熹弟子

星子县是南康军军治所在地，背倚庐山，前濒鄱阳湖，是"当江湖之会"的形势之地。五代时期，在庐山之南设立星子镇，因落星墩如星星浮于鄱阳湖水面，故名星子。北宋太平兴国三年（978），升星子镇为星子县。星子县湖山竞秀，风光奇秀，为众多鸿儒墨客的过化之地，崇学重教之风浓郁。特别是朱熹知南康军时，星子不少士子纷纷前来，受教于朱熹，其中著名的有杨伯起、陈克己、叶永卿、吴唐卿、周得之、李深子、陈秬、陈秖等人。

杨伯起，其生卒年月无考，在朱熹任南康军时，从学于朱熹。朱熹的《跋徐诚叟赠杨伯起诗》云："来南康，得杨君伯起于众人中，意其渊源之有自也。一日，出此卷示熹，三复恍然，思复见先生而不可得，掩卷太息久之。"[1]可见他是朱熹在南康时收的弟子。朱熹中进士之后，曾到江山拜谒求教于程颐的再传弟子徐诚叟（存），徐诚叟告之以"克己归仁，知言养气"之说，朱熹以为是"不易之论"。

朱熹与杨伯起交情甚密，师生感情深厚，朱熹离任南康后，两人还书信往来不断，在给《杨伯起》的书信中，朱熹还回忆道："白鹿旧游恍然梦寐，但闻五老峰下新泉三叠，颇为奇胜，计此生无由得至其下，尝托黄商伯、陈和成摹画以来，摩挲素墨，徒以慨叹也。"[2]朱熹追忆昔日在庐山、白鹿洞交游的时光，还历历在目，恍然若梦。还谈到以前没有发现的三叠泉瀑布，不能目睹它的风采，而留下遗憾，只好让黄灏、陈和成摹画而来观赏。三叠泉在庐山之南的九叠谷内，亦谓三级泉，或谓之水帘泉。这个堪称为庐山第一奇观的胜景，一直养在深闺人未识，在朱熹离任南康后才被樵夫发现，所以朱熹无缘目睹其风采。

---

① 朱熹：《晦庵先生朱文公文集》卷八一《跋徐诚叟赠杨伯起诗》，见朱杰人、严佐之、刘永翔主编：《朱子全书》（修订本）第 24 册，上海古籍出版社、安徽教育出版社 2010 年版，第 3847 页。

② 朱熹：《晦庵先生朱文公别集》卷六《杨伯起》，见朱杰人、严佐之、刘永翔主编：《朱子全书》（修订本）第 25 册，上海古籍出版社、安徽教育出版社 2010 年版，第 4965 页。

朱熹还在信中，对杨伯起的学业进行指导，说："江德之甚好说《易》，曾与讲论否？且看程先生传亦佳，某谬说不足观，然欲观之，须破开肚肠，洗却五辛查滓，乃能信得及耳。"① 在信中，朱熹还深情地说："将来官满，复归庐阜耶。"说明朱熹与杨伯起的交情至密。

陈克己，名屹，字胜私。陈荣捷先生的《朱子门人》仅注明为南康军（故治今江西星子县）人。程继红先生也认为他"事迹无考"。朱熹在淳熙六年八月九日给刘子澄的信中有云："四君书意，拳拳于此，甚幸甚幸！各以鄙意报之，不知能中其意否？或下语未当，幸为说破，勿令误人也。陈君克己来见，云在建昌邂逅，亦不易得。"② 说明陈克己曾在建昌邂逅朱子，在淳熙六年八月，又专门来面见朱子，与朱熹多有往来。

此外，朱熹《晦庵集》卷二六《与王枢使札子》亦云："熹素愚昧，不晓物情，加以闲散日久，尤不谙悉吏事。至此将及一年，凡所施为，虽不敢竭愚忠，而所见乖谬，动失民和，四方士友贻书见责者，积于几阁不知其几，而前件陈克己者尤其详尽，其间历数谬政，无一可者，迹其所闻，皆有实状。……窃以为此非奸民猾吏流言飞文之书，乃出于相爱慕来问学之口，尤足取信，故敢冒昧缴连陈献。"③ 此札子是朱熹在南康任上所撰，从"乃出于相爱慕来问学之口"可知，陈克己应是当时前来问学的弟子之一。

朱熹《晦庵集》中关于陈克己的记载甚多，其中卷七《戏赠胜私老友》："槐花黄尽不关渠，老向功名意自疏。乞得山田三百亩，青灯彻夜课《农书》。"④诗中朱熹还自注："胜私先侍讲尝著《农书》三卷。"可知其父北宋末或南宋初曾任官"侍讲"，著有《农书》三卷。对陈克己称为"老友"，且"戏赠"，说

---

① 朱熹·《晦庵先生朱文公别集》卷六《杨伯起》，见朱杰人、严佐之、刘永翔主编：《朱子全书》（修订本）第 25 册，上海古籍出版社、安徽教育出版社 2010 年版，第 4965 页。

② 彭国忠：《朱熹佚书二通考》，《古籍整理研究学刊》2006 年第 2 期。

③ 朱熹：《晦庵先生朱文公文集》卷二六《与王枢使札子》，见朱杰人、严佐之、刘永翔主编：《朱子全书》（修订本）第 21 册，上海古籍出版社、安徽教育出版社 2010 年版，第 1154 页。

④ 朱熹：《晦庵先生朱文公文集》卷七《戏赠胜私老友》，见朱杰人、严佐之、刘永翔主编：《朱子全书》（修订本）第 20 册，上海古籍出版社、安徽教育出版社 2010 年版，第 482 页。

明两人关系密切，亦师亦友。同样，在《代胜私下一转语》亦云："碓下泉鸣溜决渠，屋头桑树绿扶疏。朱虚正自知田事，马服何妨读父书。"① 在《晦庵集》卷九《诗送碧崖甘叔怀游庐阜兼简白鹿山长吴兄唐卿及诸耆旧三首》中，朱熹于诗后又注称："诸人已致书者，此不复及。此外更有陈胜私在九叠屏下田舍，彭师范在隔江都昌县界中，皆胜士也。"② 也表明陈胜私当时隐居在庐山九叠屏下，过着农耕生活。

星子弟子还有叶永卿、吴唐卿、周得之、李深子等。万斯同《儒林宗派》卷十皆列为朱子门人。《晦庵集别集》卷六有朱熹答他们的书信："每念畴昔相与登临，游从之乐，未尝不发于梦寐，然亦恨当时所以相磋者，犹有所未尽也。"③ 朱熹在南康时，他们从游朱熹，关系融洽。且朱熹离任后，仍然关注着白鹿洞书院的发展。他在信中写道："白鹿买田闻已就绪，吴丈又许买牛，此尤永远之利也。诸事更赖众贤左右维持之，其必有济矣。""白鹿田已就绪，甚善！又闻今侯能枉驾临之，尤幸！伯起、廷彦为况如何？闻永卿诸公亦尝入山观书，遐想山林之胜，它处真未易得，令人怅然兴怀也。但闻或者乃欲画某形象置之其间，令人骇然！不知谁实为此？向欲作李宾客、李九经及三先生祠于其间，以未有大成殿，遂不敢议。今乃遽然如此，于义殊不安。而诸人所以相期者，乃复如是之浅，尤非区区之所望也。幸以此示诸人亟为毁撤为佳，不然须别作区处也。"④ 对诸生欲将朱熹画像置于书院的想法，进行制止。

---

① 朱熹：《晦庵先生朱文公文集》卷七《代胜私下一转语》，见朱杰人、严佐之、刘永翔主编：《朱子全书》（修订本）第 20 册，上海古籍出版社、安徽教育出版社 2010 年版，第 482 页。

② 朱熹：《晦庵先生朱文公文集》卷九《诗送碧崖甘叔怀游庐阜兼简白鹿山长吴兄唐卿及诸耆旧三首》，见朱杰人、严佐之、刘永翔主编：《朱子全书》（修订本）第 20 册，上海古籍出版社、安徽教育出版社 2010 年版，第 536 页。

③ 朱熹：《晦庵先生朱文公别集》卷六《与叶永卿吴唐卿周得之李深子》，见朱杰人、严佐之、刘永翔主编：《朱子全书》（修订本）第 25 册，上海古籍出版社、安徽教育出版社 2010 年版，第 4967 页。

④ 朱熹：《晦庵先生朱文公别集》卷六《与叶永卿吴唐卿周得之李深子》，见朱杰人、严佐之、刘永翔主编：《朱子全书》（修订本）第 25 册，上海古籍出版社、安徽教育出版社 2010 年版，第 4966 页。

同时，朱熹在学业上，对他们进行指导："永卿所喻可欲之说恐不然。但以《诗》所谓'天生蒸民，有物有则。民之秉彝，好是懿德'者观之，则知欲恶之正，固有不易之定理矣。彼以所当恶者为所当欲，岂其性情之本然者哉？《孟子集注》近方修得一过，未及再看。更俟少定，写得别本，即附去。然大凡读书，且徐读正文，虚心涵泳，切己省察，亦当自见大体意味，其间曲折却续，求之未晚也。"①

此外，陈柜、陈秠亦是朱熹弟子。乾隆《江西通志》、同治《南康府志》但言师事文公，但未说从学时间。束景南先生认为他们也应是朱熹任职南康时的弟子。

四、以李燔为代表的建昌朱熹弟子

建昌即今九江永修县，西汉初设海昏县，是豫章18县之一，南朝宋元嘉二年（425），"废海昏，移建昌居焉"，改称建昌县。1914年，因与四川建昌县同名，改为永修，寓有"泮临修水，永蒙其利"之意。当朱熹知南康军时，李燔、周谟、符叙、余宋杰、李辉、胡泳、刘贲等建昌弟子求学于朱熹，成为朱熹在建昌的第一代弟子。建昌朱门弟子中，以李燔最为著名。

李燔（1163—1232），字敬子，号弘斋。李燔幼年丧父，由舅舅抚养成人。淳熙六年（1179），朱熹任知南康军时，17岁的李燔来到南康，受教于朱熹，成为朱门弟子。绍熙元年（1190），28岁的李燔中进士，授岳州教授。上任前，他又专程到福建建阳，问学于朱熹。朱熹告之以曾子"致远固以毅，而任重贵乎弘也"之语，勉励李燔坚定志向和信念。李燔牢记师训，以"弘"名为斋，自号"弘斋"以自警。"中绍熙元年进士第，授岳州教授，未上，往建阳从朱熹学。熹告以曾子弘毅之语，且曰：'致远固以毅，而任重贵乎弘也。'燔退，

---

① 朱熹：《晦庵先生朱文公别集》卷六《与叶永卿吴唐卿周得之李深子》，见朱杰人、严佐之、刘永翔主编：《朱子全书》(修订本)，第25册，上海古籍出版社、安徽教育出版社2010年版，第4967页。

以'弘'名其斋而自儆焉。"①

李燔在岳州教授任上，以古法教导学生，学生既学古文六艺，又练习弓马骑射，文武兼修。其弟子赵葵、赵范等人正是在他的教导下，成为南宋难得的文武双全的卓越将帅。

后改任襄阳府学教授，上任之前，李燔又一次赴建阳求学于朱熹。朱熹对他也倍加器重："凡诸生未达者先令访燔，俟有所发，乃从熹折衷，诸生畏服。"②李燔成了朱熹的助教，凡新来弟子，先让他们从学李燔，有所启发后，才能受教于朱熹。朱熹曾高度评价李燔："燔交友有益，而进学可畏，且直谅朴实，处事不苟，它日任斯道者必燔也。"③认为李燔为人爽直朴实，处事一丝不苟，交友有益，今后能继承师道、承担理学道统重任的非李燔莫属。李燔确实也没有辜负朱熹的厚望。1200 年，朱熹去世后，李燔不顾朝廷党禁高压，率领众学子赴丧吊唁，缅怀恩师。"文公没，率同门会葬。时学禁方严，不为少怵。"④

宁宗开禧元年（1205），诏访遗逸，九江太守多次推荐李燔，召赴都堂审察，但李燔坚辞不就。在南康庐山一带宣讲朱子学说，靠自己的人格感召力，凝聚余宋杰、蔡念成、胡泳等朱门学子，惟朱子之书是读，并轮流主持，每季一集，举行季集讲会，互相砥砺，相互问难，探究学问，使南康在朱熹去世后，大有取代武夷山之趋势，成为朱熹理学的聚会讲学中心，很多学子"不远千里而聚首执简"。

宁宗嘉定十年（1217），朱熹之子朱在任知南康军，继续修复白鹿洞书院，建前贤祠，聘请李燔为白鹿洞书院山长，主持书院教席。李燔到任后，宣讲理学，一时间，"学者云集，讲学之盛，他郡无与比"⑤，使白鹿洞书院再现昔日的辉煌。次年四五月间，黄榦、胡泳、陈宓等人也来到白鹿洞，一起讲学《乾》

---

① 脱脱：《宋史》卷四三〇《道学四·李燔传》，中华书局 1977 年版，第 12783 页。
② 脱脱：《宋史》卷四三〇《道学四·李燔传》，中华书局 1977 年版，第 12783 页。
③ 脱脱：《宋史》卷四三〇《道学四·李燔传》，中华书局 1977 年版，第 12783 页。
④ 黄宗羲原著，全祖望补修，陈金生、梁运华点校：《宋元学案》卷六九《沧洲诸儒学案上》，中华书局 1986 年版，第 2258 页。
⑤ 脱脱：《宋史》卷四三〇《道学四·李燔传》，中华书局 1977 年版，第 12783 页。

《坤》二卦，吸引了远近众多的学子前来听讲。李燔为朱熹理学在庐山鄱阳湖一带的传播，起着至关重要的作用。

李燔也有很好的行政才能，经江西帅李珏、漕运使王补之的推荐，李燔任江西运司干办公事，在任上，他能革除弊政，造福百姓。时值洞庭湖"草寇"作乱，帅、漕议平之，主张进行剿杀。李燔认为"寇非吾民耶？岂必皆恶？然其如是，诚以吾有司贪刻者激之，及将校之邀功者逼成之耳。反是而行之，则皆民矣。"① 认为这些所谓"草寇"，大都是穷苦百姓，是因贪官污吏、苛捐重税所逼，走投无路，才被迫铤而走险，聚众为盗的。如以好言劝慰，即可招安而避免杀戮，并自告奋勇，前去招抚，果获成功，众皆帖服。又请修得洪州的赣江江堤，消除了洪州连年的水患，从此使赣江两旁，田皆沃壤。

1224—1225 年，由于曹彦约的举荐，李燔为潭州通判，时"真文忠德秀为长沙帅，一府之事，咸谘先生"②。后来朝廷又任命他为隆兴府通判、大理司直等职，李燔以史弥远当权，朝无正臣，天下无道，三纲已绝，全都推辞不就。时"史弥远当国，废皇子竑。李燔感叹'三纲绝矣！'遂不复出。"③1226 年，李燔在南康知军曹豳的支持下，扩建白石山房，又创建修江书院，讲学授徒，率领南康的学子，继续传播程朱理学思想。

李燔一生品行高洁，反对汲汲于名利，蔡念成称赞他的人品"心事如秋月"④。他常说："凡人不必待仕宦有位为职事，方为功业，但随力到处有以及物，即功业矣。"他生活俭朴，认为"仕宦至卿相，不可失寒素体"。且以身作则，"故燔处贫贱患难若平素，不为动，被服布素，虽贵不易"⑤。理宗绍定五

---

① 脱脱：《宋史》卷四三〇《道学四·李燔传》，中华书局 1977 年版，第 12783 页。

② 黄宗羲原著，全祖望补修，陈金生、梁运华点校：《宋元学案》卷六九《沧洲诸儒学案上》，中华书局 1986 年版，第 2259 页。

③ 黄宗羲原著，全祖望补修，陈金生、梁运华点校：《宋元学案》卷六九《沧洲诸儒学案上》，中华书局 1986 年版，第 2259 页。

④ 黄宗羲原著，全祖望补修，陈金生、梁运华点校：《宋元学案》卷六九《沧洲诸儒学案上》，中华书局 1986 年版，第 2259 页。

⑤ 脱脱：《宋史》卷四三〇《道学四·李燔传》，中华书局 1977 年版，第 12784 页。

年（1232），李心传对宋理宗谈起当代高士，赞誉李燔为海内一人。他说："燔乃朱熹高弟，经术行义亚黄榦，当今海内一人而已。"黄宗羲在《宋元学案》中也将李燔列为南方理学耆老、沧洲大儒第一。《宋史》高度评价李燔："居家讲道，学者宗之，与黄榦并称曰'黄、李'。"①将他与黄榦并称"理学黄李"。李燔去世后，赠直华文阁学士，谥号"文定"，配祀白鹿洞书院三贤祠和南昌名宦祠。

李燔培养魏了翁、赵葵、饶鲁等著名弟子。

魏了翁（1178—1237），字华父，号鹤山，邛州蒲江人。他于庆元五年（1199）高中探花。1205年他在都城临安求学于李燔，得朱子真传，使之后来成为著名的理学家，与真德秀齐名，并称"真、魏"。庆元七年，他为生父丁忧期间，"筑室白鹤山下，以所闻于辅广、李燔者开门授徒，士争负笈从之。由是蜀人尽知义理之学。"②由魏了翁把理学传到了四川。嘉定三年（1210），他创办鹤山书院，传播义理之学，以朱子白鹿洞书院学规的"博学、审问、谨思、明辨、笃行"为治学准则，各地慕名来求学者络绎不绝，一时"湖、湘、江、浙之士，不远千里负书从学"③。各地学者云集，形成声势浩大的鹤山学派。魏了翁还为程朱理学正统地位的取得立下了汗马功劳，他奏请朝廷为周敦颐、程颢、程颐请谥，使理学由民间传授，转为逐步被统治者所接受并最终成为官方思想，为理学取得独尊地位奠定了基础。

赵葵（1186—1266），字南仲，衡山人。在李燔任岳州教授时，从学于李燔，学习"有用之学"，成为文武双全的将才，他曾经在唐、邓二州俘斩金兵近2万人，绍定四年（1231），又平定了李全的叛乱，任枢密使兼参知政事、右丞相兼枢密使等职，督视江西湖北军马，封信国公、鲁国公，成为朝廷柱石，倚重他长达二十年。

另一知名弟子就是饶鲁，后文将专门叙述。

---

① 脱脱：《宋史》卷四三〇《道学四·李燔传》，中华书局1977年版，第12784页。
② 脱脱：《宋史》卷四三七《魏了翁传》，中华书局1977年版，第12966页。
③ 脱脱：《宋史》卷四三七《魏了翁传》，中华书局1977年版，第12968页。

五、周谟及其季集讲会

周谟（1141—1202），字舜弼，祖籍浙江会稽，后迁建昌（今永修县）。周谟少警敏嗜学，禀赋强毅，勇于为善，两次被举乡荐。"君资强毅，果于为善，有不善立改。其接物温然，少警敏嗜学，两预乡荐。"①淳熙间，朱熹守南康时，与其弟周仲亨、侄子周仿三人同学于白鹿洞书院，接受朱熹的教诲，尽弃从前所学。在书院求学期间，非常刻苦，昼抄夜诵，精思笃行。"文公晦庵先生守南康，君抠衣登门，尽弃其学而学焉。昼抄夜诵，精思笃行。"朱熹离任南康之后，他又不远千里，跋山涉水赴福建武夷求学于朱熹。"南康抵武夷且千里，有重冈复岭之阻，先生从学不息。"绍熙二年（1191）朱熹守漳州时，他再一次不顾崇山峻岭之阻，追随朱熹到漳州问学："先生守临漳，去武夷又千余里，其地为闽广之交瘴疠之乡，君又往求卒业。"因此，"与子（朱熹）交最厚"。朱熹也对周谟这种勤奋好学的态度表示欣赏，说他"讲学益勤，持守不懈，深慰所望。当此岁寒，不易其操，尤不易得也。"②

此后，周谟通过书信往还，虚心向朱熹问学请教，在《晦庵集》卷五〇中，就存有七通朱熹《答周舜弼书》，耐心地对其解惑答疑，指示为学之方。

朱熹鼓励周谟，在学问上要"务实"，要就实做工夫，要在日用间实下持敬工夫。"临行所说务实一事，途中曾致思否？观之今日学者不能进步，病痛全在此处。但就实做工夫，自然有得，未须遽责效验也。仁字想别后所见尤亲切，或有议论，因来不妨见寄。"③期望他改正学业上不实之弊病，就日用间实下持敬工夫。"只是不曾实持得敬，不曾实穷得理，不曾实信得性善，不曾实求得放心，而乃缘文生义，虚费说词，其说愈长，其失愈远。此是莫大之

---

① 黄榦：《勉斋集》卷三八《周舜弼墓志铭》，景印文渊阁《四库全书》第1168册，台湾商务印书馆1986年版，第455页。

② 黄榦：《勉斋集》卷三八《周舜弼墓志铭》，景印文渊阁《四库全书》第1168册，台湾商务印书馆1986年版，第455页。

③ 朱熹：《晦庵先生朱文公文集》卷五〇《答周舜弼》，见朱杰人、严佐之、刘永翔主编：《朱子全书》（修订本）第22册，上海古籍出版社、安徽教育出版社2010年版，第2332页。

病。……曾子一段，文意虽说得行，然似亦未是真见。似此等处，且须虚心涵泳，未要生说。却且就日用间实下持敬工夫，求取放心，然后却看自家本性元是善与不善，自家与尧舜元是同与不同，若信得及，意思自然开明，持守亦不费力矣。""示喻为学之意，大概不过如此。更在日用之间实用其力，念念相续，勿令间断。"① 此外，朱熹还解答了他对"仁"认识的困惑："所论'仁'字殊未亲切，而语意丛杂，尤觉有病。须知所谓心之德者，即程先生谷种之说。所谓爱之理者，则正所谓仁是未发之爱，爱是已发之仁耳。只以此意推之，更不须外边添入道理，反混杂得无分晓处。……舜弼讲论多是不切己而止于文字上捏合，所以无意味，不得力。须更就此斡转，方有实地工夫也。"②

朱熹在信中，鼓励周谟要对学问有持敬之心，做好持敬、穷理二事。"彼中朋友用功为学次第如何？便中喻及。向时每说持敬、穷理二事，今日所见，亦只是如此。但觉得先后缓急之序愈分明亲切，直是先要于持守上着力，方有进步处也。《孟子》说性善及求放心处，最宜深玩之。"③"所谕敬字工夫于应事处用力为难，此亦常理。但看圣贤说'行笃敬'、'执事敬'，则敬字本不为默然无为时设，须向难处力加持守，庶几动静如一耳。克己亦别无巧法，譬如孤军猝遇强敌，只得尽力舍死向前而已，尚何问哉？"④ 可见，朱熹对周谟的学业倾注了大量的心血。周谟也对他的恩师充满敬佩与感激："立身行己，一以圣贤为师，朱门号为高第。"⑤ 当朱熹去世后，他不顾党禁方严，戴星徒走，带领建昌朱门弟子，前往武夷会葬朱熹，表达对朱熹的敬意："先生殁，伪禁方严。

---

① 朱熹：《晦庵先生朱文公文集》卷五〇《答周舜弼》，见朱杰人、严佐之、刘永翔主编：《朱子全书》（修订本）第 22 册，上海古籍出版社、安徽教育出版社 2010 年版，第 2335 页。

② 朱熹：《晦庵先生朱文公文集》卷五〇《答周舜弼》，见朱杰人、严佐之、刘永翔主编：《朱子全书》（修订本）第 22 册，上海古籍出版社、安徽教育出版社 2010 年版，第 2333 页。

③ 朱熹：《晦庵先生朱文公文集》卷五〇《答周舜弼》，见朱杰人、严佐之、刘永翔主编：《朱子全书》（修订本）第 22 册，上海古籍出版社、安徽教育出版社 2010 年版，第 2332 页。

④ 朱熹：《晦庵先生朱文公文集》卷五〇《答周舜弼》，见朱杰人、严佐之、刘永翔主编：《朱子全书》（修订本）第 22 册，上海古籍出版社、安徽教育出版社 2010 年版，第 2335 页。

⑤ 李国强、傅伯言主编：《赣文化通志》，江西教育出版社 2004 年版，第 562 页。

君冒隆寒，戴星徒走，偕乡人受业者往会葬。"①

　　周谟更不负朱熹厚望，他学成之后，回到南康，与余锜、吕焘等一道，在星子县城共创修江书院，讲学授徒，积极传播朱熹理学。特别是在朱熹去世后，伪学之禁森严，朱门弟子四散，但周谟仍然不改初衷，继续在庐山一带讲授理学，传播朱子学说，同李燔他们一道，发起季集即讲会活动，唯朱熹之书是读，每季一集，轮流主持，往复问难，交流学问，相告以善。"先生以孔、孟、周、程之学诲后进，海内之士从之者，郡有人焉。先生殁，学徒解散，靳守旧闻，漫无讲习，微言不绝如线。独康庐间有李敬子燔、余国秀宋杰、蔡元思念成、胡伯量泳兄弟师其徒数十人，惟先生书是读，季一集，迭主之。至期集主者之家，往复问难，相告以善，有过规正之，岁月浸久不少怠。"②使庐山成为朱熹理学的传播中心。

　　周谟是庐山朱熹季集活动的倡导者。正如黄榦在《周舜弼墓志铭》中，借周谟之子周晔所言："自先生守南康，吾乡之士始知学。自吾父入闽，士始不远千里从学。吾乡之为季集，亦吾父发之。"黄榦高度评价了周谟的学行和贡献："舜弼之学行，修诸身，行于家，又取信于乡人，使吾师之道讲习不辍。今吾病且老，不能遂卜居之志，将季集之约。归语其乡人使行之，斯文之不至湮晦，非舜弼之力欤！"并为其墓铭曰："庐阜兮苍苍，彭蠡兮汤汤。地灵兮钟秀，物产兮多良。诸儒兮励志，吾道兮有光。夫君兮始倡，没世兮不忘。"③周谟为朱子理学在庐山鄱阳湖的继续传播，立下汗马功劳。

　　此外，建昌朱熹弟子还有余宋杰、李辉、刘贲等人，据乾隆《江西通志》卷九一载，他们与周谟等一道，同学于朱子之门，并有时名，却不求仕进，以讲学授徒为业，他们共同构成了建昌理学传播的中坚力量。

---

①　黄榦：《勉斋集》卷三八《周舜弼墓志铭》，景印文渊阁《四库全书》第1168册，台湾商务印书馆1986年版，第455页。

②　黄榦：《勉斋集》卷三八《周舜弼墓志铭》，景印文渊阁《四库全书》第1168册，台湾商务印书馆1986年版，第456页。

③　黄榦：《勉斋集》卷三八《周舜弼墓志铭》，景印文渊阁《四库全书》第1168册，台湾商务印书馆1986年版，第456页。

建昌的朱熹弟子中，还有吕熠、吕炎、吕炳、吕焘、吕焕兄弟五人。"老大吕熠，字德艺；老二吕炎，字德明；老三吕炳，字德文；老四吕焘，字德昭，号月波；老五吕焕，字德远。朱熹守南康，兄弟五人同拜朱熹门下。世人称'五吕先生'，素有'朱门五贤一家'之誉。"① 据同治《南康府志》和同治《建昌县志》所载，他们五兄弟在朱熹知南康时，同游朱子之门，求学于朱熹。学成隐居不仕，"道德闻望，为时所重"。吕焘、吕焕兄弟在庆元五年，尽管此时朱熹已受党禁迫害，很多生徒避祸远离，但兄弟俩却义无反顾，再次来到福建考亭从学朱熹。朱熹在给冯椅的信中，讲到此事，略感慰藉："近与诸人皆已归，只有建昌二吕在此，早晚讲论，粗有条理，足慰岑寂也。"② 吕焘、吕焕兄弟在庆元党禁的高压下，在朱熹"衰病耗昏，朋友星散"之际，仍然不离不弃，求学朱熹，给朱熹凄凉寂寞的最后晚年，带来一丝安慰，也足见吕氏兄弟的人品学行。后来，吕焘与余锜、周谟等在星子县城建修江书院，传授朱熹理学。为纪念五吕兄弟，乡人在他们去世后，建五吕先生祠祀之。明代吕炎、吕焘还配享白鹿洞书院的宗儒祠，清朝又从祀于紫阳祠。

胡泳（1138—?），曾名梧，字伯量，建昌人。他曾在白鹿洞书院从学于朱熹，得朱熹学术真传，为文公之高弟子，学者尊之为"洞源先生"。"文公之高弟子也。不乐仕进，学者翕然尊之，称为洞源先生。著有《四书衍说》。"③ 隆兴元年进士及第，曾授朝散郎、峡州（今湖北宜昌）太守等职。但他不乐仕进，唯以讲学为念，是嘉定年间庐山季集讲会的重要成员。

宋宁宗嘉定十一年（1218），陈宓知任南康军，由于黄榦的推荐，胡泳被礼聘为白鹿洞书院堂长，与陈宓、李燔、罗思、张琚等一批学者，在白鹿洞讲授朱子学。嘉定十五年（1222）秋，"与李仁广、夏昌宇、夏昌辰及白鹿洞

---

① 袁晓宏：《朱熹庐山史迹考》，江西人民出版社 2014 年版，第 113 页。

② 朱熹：《晦庵先生朱文公别集》卷六《冯仪之》，见朱杰人、严佐之、刘永翔主编：《朱子全书》（修订本）第 25 册，上海古籍出版社、安徽教育出版社 2010 年版，第 4968 页。

③ 黄宗羲原著，全祖望补修，陈金生、梁运华点校：《宋元学案》卷六九《沧洲诸儒学案上》，中华书局 1986 年版，第 2292 页。

中士友七十八人会讲于白鹿洞书院，并举酒枕流亭，作《枕流桥题志》，此题志仍见于白鹿洞书院枕流桥西侧岩石上"①。胡泳担任白鹿洞书院堂长达九年之久，名师硕儒纷纷前来讲学，使白鹿洞书院学子云集，再次兴盛。胡泳去世后，葬归宗寺西云岭。明代从祀于白鹿洞书院的宗儒祠，清代从祀于紫阳祠。

第三节　饶州的理学家群体

一、饶州的风土民情

饶州地处江西的东北部，鄱阳湖的东岸，是江西通往安徽、浙江和福建的人文交会之区。从饶州州治鄱阳出发，经乐安河可达乐平、德兴，并抵达朱熹的故里婺源。从鄱阳经景德镇、浮梁、祁门可至休宁，下至屯溪、富阳并可抵临安。尤其南宋时期，饶州毗邻首都临安，北方寓贤大量进入，使饶州成为文化名区。

饶州号称"饶为沃野"，素以"富饶之州"而得名。在以山地为主的江西，饶州是一片十分难得的广袤平原，有"镕银撷茗之利"，素称富庶之地。唐代诗人章孝标《送张使君（蒙）赴饶州》中描绘了饶州的富庶美景："饶阳因富得州名，不独农桑别有营。日暖提筐依茗树，天阴把酒入银坑。江寒鱼动枪旗影，山晚云和鼓角声。太守能诗兼爱静，西楼见月几篇成？"②饶州地域广阔，物产丰饶，是著名的鱼米之乡，在汉代，百姓就过着"饭稻羹鱼"的富足生活，历来是重要的粮食输出区，茶叶、银矿、林业都很发达。宋太宗时，知州范正辞就以"东南诸郡，饶实繁盛"③之语评价饶州。

---

① 袁晓宏：《朱熹庐山史迹考》，江西人民出版社 2014 年版，第 112 页。

② 章孝标：《送张使君赴饶州》，见王启兴主编《校编全唐诗》，湖北人民出版社 2001 年版，第 2664 页。

③ 脱脱：《宋史》卷三〇四《范正辞传》，中华书局 1977 年版，第 12053 页。

早在春秋时期，在此就设有"番"邑，是江西境内最早设立的县邑之一，《史记·吴太伯世家》中有"（阖闾）十一年，吴王使太子夫差伐楚，取番"① 的记载。建安十五年（210）孙吴分豫章郡设鄱阳郡，辖鄱阳、乐安、徐汗、历陵、葛阳、上饶等九县，郡治鄱阳县。隋开皇九年（589）灭陈统一南北后，废郡设州，改鄱阳郡为饶州，辖鄱阳、余干、弋阳三县。宋代的饶州，下辖鄱阳、乐平、余干、德兴、安仁（今余江）、浮梁六县，州治鄱阳县。

"鄱阳为郡，文物之盛，甲于江东。"②饶州不仅经济富庶，且文教兴盛。饶州"其人喜儒，故其俗不鄙。荐士德兴为最。有陶唐之遗风。"③"鄱当楚尾吴首，背山环水，气候多阴，民无悍戾之性，其音清越，其习以礼，信相敦闿，教至肃，为七邑冠。农务稼穑，市务居积，工艺杂异，乡人不作淫巧，族无贵贱皆知诗书，训子诵读之声络绎巷陌。"④

饶州历来有重视文教的传统，读书风气浓郁。宋仁宗嘉祐年间，王安石的舅舅抚州进士吴孝宗在《余干县学记》里，就形象地描绘了饶州："古者江南不能与中土等，宋受天命，然后七闽、二浙、与江之西东，冠带诗书，翕然大肆，人才之盛，遂甲于天下。江南既为天下甲，而饶人喜事又甲于江南。盖饶之为州，壤土肥而养生之物多，其民家富而户羡，蓄百金者不在富人之列，又当宽平无事之际，而天性好善，为父兄者，以其子与弟不文为咎；为母妻者，以其子与夫不学为辱。其美如此。"⑤饶州富而重教，形成了浓郁的崇文风俗，重视子弟读书，因此，有饶州出神童之说。"饶州自元丰末朱天锡以神童得官，俚俗争慕之。小儿不问如何，粗能念书，自五六岁即以次教之五经。以竹篮坐之木杪，绝其视听。教者预为价，终一经偿钱若干。昼夜苦之，中间此科久

---

① 司马迁：《史记》卷三一《吴太伯世家》，中华书局 1959 年版，第 1467 页。

② 张世南：《游宦纪闻》卷一，中华书局 1985 年版，第 1 页。

③ 祝穆撰，祝洙增订，施和金点校：《方舆胜览》卷一八《饶州》，中华书局 2003 年版，第 323 页。

④ 王克生修，王用佐等纂：康熙《鄱阳县志》，卷二《舆地志下·风俗》，清康熙二十三年（1684）刻本。

⑤ 洪迈著，穆公校点：《容斋四笔》卷五《饶州风俗》，上海古籍出版社 2014 年版，第 276 页。

废，政和后稍复，于是亦有偶中者，流俗因言饶州出神童。"①

由于整个社会的重文之风，因而饶州境内书院众多："南宋江西境内，书院数量最多的是饶州，其后依次是信州、吉州、抚州、瑞州、洪州等，在各县之中，饶州德兴县最突出，竟有 12 所，超过多数州军的合计数。"②

饶州历来就是名人辈出的地方，这里诞生了江西的第一个人杰——西汉长沙王吴芮。唐代大历年间，鄱阳人吉中孚号为"大历十才子"之一。宋代更是饶州人文的勃兴时期，《宋史》列传中，饶州有 45 人，其中鄱阳 19 人，余干 7 人，浮梁 4 人，乐平 9 人，德兴 4 人，安仁 2 人。以洪适、洪遵、洪迈为代表的"鄱阳三洪"更是名震朝野。

饶州还是鄱阳湖地区理学传衍的中心。余干赵汝愚是宋代唯一的宗室宰相，也是朱熹重要的盟友和理学的政治靠山。饶州有程端蒙、董铢、王过、程珙等一批朱熹门生，有柴中行、柴中立、柴中守为代表的"余干三柴"，有被誉为"江右理学巨子"的饶鲁等一批朱子后学。其中不乏开宗立派的人物，饶鲁开创了"双峰学派"，董梦程开创了"介轩学派"，安仁汤千、汤巾、汤中等安仁三汤创立了"存斋晦静息庵学派"等，在《宋元学案》中，以江西朱子后学为领衔学者的六大学案中，饶州就有介轩学案、双峰学案、存斋晦静息庵学案三个，独居其半，也足以说明饶州理学传衍的中心地位。

二、德兴董梦程及其介轩学派

德兴是宋代铜、银的重要产地，现今的德兴铜矿仍然是亚洲最大的铜矿。但德兴真正独立建县时间并不很长。唐高宗上元二年（675），置邓公场，隶江西盐铁都院。五代南唐升元二年（938），取"山川之宝，惟德乃兴"之意，改邓公场置德兴县，从此正式设县，宋代隶属于饶州。德兴"泊水西流，实源彭

① 叶梦得：《避暑录话》卷上，中华书局 1985 年版，第 37 页。
② 许怀林：《江西通史》（第 6 卷，南宋卷），江西出版集团、江西人民出版社 2009 年版，第 324 页。

蠡；少华左峙，可亚匡庐。东距浙，北距新安，三省交牙，四塞为境，朝代有更，兵燹罕被。民俗朴茂，简出重迁，聚族而居，往往来自唐宋间。"①

德兴有重视文教的传统，是有名的诗书之邦。北宋政和初，汪藻应德兴县令黄诚之请，撰写德兴《谯楼记》，其中有云："大江之东，岁以士荐之于京师者，其州十而饶为最，环饶之境，岁以士荐者，其县六，而德为最，虽其好学使然，抑山川有以相之。"②清同治十一《德兴县志》亦记载："德兴山峭川驶，都人、士大夫大抵务实行而黜浮躁，故人文于宋极盛。汪学士云：'士大夫虽在万里外，亦知其为诗书之邦。'"③

德兴因邻近朱熹故里婺源，朱熹两次返乡，不少德兴学子，纷纷前往婺源向朱熹问学。程端蒙、董铢、王过、程珙等成为德兴朱熹的第一代弟子。朱熹二传弟子董梦程创立的介轩学派，是南宋后期一个颇具特色的理学流派，对宋元的学风产生了重要影响。

介轩学派在《宋元学案》中又称"鄱阳之学"，活跃于南宋饶州的德兴、鄱阳、乐平等县市及徽州婺源、休宁等地。

介轩学派师承朱熹的第一代弟子董铢、程端蒙、黄榦，以董梦程为学派的领衔学者。据《宋元学案》卷八九《介轩学案》所载，成员有董鼎、胡方平、许月卿、董真卿、范启、程若庸、胡一桂、江凯、程荣秀、马端临等36人。他们师承朱子，同倡朱子学术，以德兴、鄱阳、婺源等赣东北地区为中心，发展成为一个颇具影响的地域性理学流派。介轩学派笃信朱子之学，致力于朱熹理学的传播；在学术上侧重于《四书》学，尤其重视《易》学研究；在学风上，注重脚踏实地的训诂注释；同时，讲求经世之学，崇尚气节，注重操守和道德践履，对宋元学风产生了一定影响。

---

① 何遂东主编：《德兴县志》卷三〇《文存·明万历丁酉序》，光明日报出版社1993年版，第1043页。

② 姜炳火主编：《聚远楼文化》第1辑，百花洲文艺出版社2006年版，第87页。

③ 孟庆云修，杨重雅纂：《德兴县志》卷一《地理志·风俗·士习》，《中国方志丛书》（华中地方·第259号），成文出版社有限公司1970年版，第226页。

　　介轩学派虽然规模不大，但也人才济济，著述宏富，在鄱阳湖及江西东北部形成了朱子学的聚会讲学中心，扩大了理学的传播范围，是宋明理学发展史上的一个重要环节。全祖望在《介轩学案·序录》中对该学派作了一个精准的概述："勉斋之传，尚有自鄱阳流入新安者，董介轩一派也。鄱阳之学，始于程蒙斋、董盘涧、王拙斋，而多卒业于董氏。然自许山屋外，渐流为训诂之学矣。"①

　　1. 介轩学派的师承

　　介轩学派师承于朱熹的第一代弟子董铢、程端蒙、黄榦。

　　朱熹虽然长期生活在福建，但始终没有忘却故土，曾两次回故乡婺源省亲扫墓，探亲访友，讲学授徒。朱熹曾到德兴延福坊的银峰书院讲学，程端蒙、董铢得以进入朱门，从而在鄱阳湖的东北部诞生了第一代朱学弟子，他们成为介轩学派重要的学术渊源。其领衔学者董梦程，就是"盘涧先生铢之从子也。初学于盘涧与程正思，其后学于勉斋。"②

　　董铢(1153—1214)，字叔重，称盘涧先生，德兴人。《宋元学案》所载："董铢，学于朱子。登嘉定进士，授迪功郎、婺州金华尉。黄勉斋志其墓。……从子梦程传其学。"③《江西通志》亦云："董铢……游朱子之门，凡来学者晦翁必命铢与辨难，然后折衷，所著有《性理注解》《易注》，卒，黄勉斋志其墓。"④

　　黄榦在应董铢之子董浚所请而作的《董县尉墓志铭》中对董铢的家世、学术有详细的介绍："榦尝从游于晦庵先生，今四十年矣，相与始终周旋最久且厚者，惟叔重。……叔重讳铢，世为德兴望族……天资警敏，励志于学，自其

---

①　黄宗羲原著，全祖望补修，陈金生、梁运华点校：《宋元学案》卷八九《介轩学案》，中华书局1986年版，第2970页。

②　黄宗羲原著，全祖望补修，陈金生、梁运华点校：《宋元学案》卷八九《介轩学案》，中华书局1986年版，第2971页。

③　黄宗羲原著，全祖望补修，陈金生、梁运华点校：《宋元学案》卷六九《沧洲诸儒学案上》，中华书局1986年版，第2280页。

④　曾国藩、刘坤一监修，刘绎、赵之谦等纂：光绪七年《江西通志》卷一六一《列传·饶州府》，台湾华文书局1967年版，第3349页。

少年已为乡间所称道……既冠，从乡之儒先程公洵游，公语以晦庵先生所以教人者，叔重尽弃所学，取《大学》《中庸》《语》《孟》诸书，日夜玩习，裹粮入闽，抠趋函丈，不惮劳苦，先生亦爱其勤且敏，不倦以教之。"①

董铢开始从学于乡先生程洵，20 岁以后多次到武夷山向朱熹问学，与黄榦同师朱子，志笃学勤，深得朱熹学术真谛。朱熹"尝语之曰：'更宜深察圣贤义利之训，反求诸身，推类穷根，渐次销伏，使日用之间全在义理上立脚，方是讲学之地。'又曰'日用工夫更于收拾持守中，就思虑萌处察其孰是天理，孰是人欲，取此舍彼，以致敬义夹持之功。'……观其告叔重之语，精切恳到如此，非爱之深，望之至耶？则叔重为人亦可知矣。"②

绍熙五年（1194）闰十月二十日，宁宗以"朱熹迂阔"，御笔内批"已除卿宫观"，在朝仅 46 天的帝王师被罢侍讲，逐出御前经筵。同年十二月，朱熹回到考亭居所，题名为沧洲精舍，继续讲学授徒，即"命叔重长其事"，让董铢作为他的助手，"凡来学者晦翁必命铢与辨难，然后折衷"，很有代师执教的意味，在众多弟子中起了唱帅引领的作用。

庆元三年十二月，韩侂胄把赵汝愚、留正、朱熹等 59 人打入"伪学逆党籍"，庆元四年（1198）五月，又下诏严禁伪学，兴起了"庆元党禁"。"庆元党禁"开始后，不少朱熹的门徒畏祸回避，为免受牵连打击，纷纷托辞归去。"及党议之兴，士之清修者，深入山林以避祸，而贪荣畏罪者，至易衣巾，携妓女于湖山都市之间以自别。虽文公之门人故交，尝过其门，凛不敢入。"③在大难来临之际，朱子门生表现各不相同，"伪学之禁方严，有平日从学而不通书问者，有讳言其学而更名他师者，有变节改行，狂歌痛饮挑达市肆以自污者，有昔尝亲厚恨不荐己而反挤之者，至其深相爱者亦勉以散遣生徒为远害

---

① 黄榦：《勉斋集》卷三八《董县尉墓志铭》，景印文渊阁《四库全书》第 1168 册，台湾商务印书馆 1986 年版，第 454 页。

② 黄榦：《勉斋集》卷三八《董县尉墓志铭》，景印文渊阁《四库全书》第 1168 册，台湾商务印书馆 1986 年版，第 454 页。

③ 叶绍翁撰，沈锡麟、冯惠民点校：《四朝闻见录》丁集，中华书局 1989 年版，第 149 页。

计，诸生虽从学，亦有为之摇动，欲托辞以告归者。叔重正色责之，喻以理义，然后诸生翕然以定。非其见之明，守之刚能若是乎？"①疾风知劲草，患难见真情，在这种严峻的形势下，董铢对那些"为远害思归者"正色责之，喻以理义，使诸生亦翕然以定。

朱熹对董铢也非常赏识，曾给他改字为"叔重"，并推辞多家请求，专门为董铢之父作墓志，且说："但此间辞人之多，幸且勿广为佳"，显示对他的恩宠。董铢与黄榦生同年，学同师，二人关系密切。"榦于先丈同师同庚，相与最亲且厚……先丈从师力学，人所共知。"②

董铢嘉定元年（1208）中进士，授迪功郎、任婺州金华尉等职，他在《易》学、《四书》学和《尚书》学等方面很有造诣，著有《性理注》《解易注》和《四书注》，还与程端蒙合编《董程二先生学则》，后来，他在德兴九都建盘涧书院，讲学授徒，传播朱子学说，董梦程、董琮、程正则等为其弟子。

介轩学派的另一个学术源头是程端蒙。

程端蒙（1142—1191），字正思，号蒙斋，德兴人。最初以江介为师，淳熙三年（1176）朱熹回婺源省墓时，从学于朱熹。他是鄱阳之学流入新安的第一人，"新安为朱子之学者不乏人，而以程蒙斋为首。蒙斋之后，山屋以节著，双湖以经术显，其后文献蒸蒸矣。"③

淳熙七年，程端蒙乡贡补太学生，"对策不合，罢归"。对于程端蒙的罢归，《江西通志》卷一六一《列传·饶州府》有更详细的记载："程端蒙……朱子门人，自名其斋曰：'求放心'，朱子为之铭。淳熙七年，领乡贡，补太学生，时禁洛学，持书上谏议大夫王自然，责其疏斥正学。及对苏、程、王氏策问，主司意在阴诋朱子。正思奋笔曰：'继孔孟之传，排异端，辟邪说，道统

---

① 黄榦：《勉斋集》卷三八《董县尉墓志铭》，景印文渊阁《四库全书》第 1168 册，台湾商务印书馆 1986 年版，第 454 页。

② 黄榦：《黄勉斋先生文集》卷四《答董叔重之子书》，中华书局 1985 年版，第 80 页。

③ 黄宗羲原著，全祖望补修，陈金生、梁运华点校：《宋元学案》卷六九《沧洲诸儒学案上》，中华书局 1986 年版，第 2279 页。

所传，不归之二程，又其谁哉！'自知所对不合时好，投笔径去，自是遂不复应举。所著有《性理字训》《毓蒙明训》《学则》等书，既卒，朱子为墓表。"①从这段记载中，也可以反映出程端蒙不屈权势、恪守师道的可贵品德。

朱熹在《程君正思墓表》中评价他"任道勇而用志专，必能卒究精微之蕴，广斯道之传"。认为他"天资端悫，自幼已知自好，稍长即能博求师友，以自开益，遂以词艺名。荐书既乃见予于婺源，闻诸老先生所以教人之大旨，退即慨然发愤，以求道修身为己任，讨论探索，功力兼人，虽其精微或未究极，而其固守力行之功，则已过人远矣。"②对其早卒，"失声流涕""为之痛惜"。

程端蒙编著有《性理字训》。该书"根据《四书》以及朱熹的《四书集注》，从中提炼出命、性、心、情、才、志、仁、义、礼、智、道、德、诚、信、忠、恕、中、和、敬、一、孝、悌、天理、人欲、义利、善、恶、公、私等三十个范畴，通俗疏释。释句多为四字一句，并和以声，便于儿童读时琅琅上口，容易记忆。为童蒙学习理学的基本教材。"③如曰："天理流行，赋予万物，是之谓命。人所禀受，莫非至善，是之谓性。主于吾身，统乎性情，是之谓心。感物而动，斯性之欲，是之谓情。为性之质，刚柔、强弱、善恶分焉，是之谓才。心之所之，趋向期必，皆由是焉，是之谓志。"

《性理字训》对朱熹理学义理进行了精致的解释，对理学的一些重要范畴如命、心、性、情等进行了诠释，使之通俗易懂，更容易被初学者接受。朱熹评价道："《小学》字训甚佳，言语不多，却是一部大《尔雅》也。"④《性理字训》成为理学入门工具书，对理学的普及与传播，起了积极的作用。

他还与董铢共同编著了《董程二先生学则》，对读书人的行为举止作了详

① 曾国藩、刘坤一监修，刘绎、赵之谦等纂：光绪七年《江西通志》卷一六一《列传·饶州府》，台湾华文书局1967年版，第3346页。
② 朱熹：《晦庵先生朱文公文集》卷九〇《程君正思墓表》，见朱杰人、严佐之、刘永翔主编：《朱子全书》（修订本）第24册，上海古籍出版社、安徽教育出版社2010年版，第4185页。
③ 张岱年主编：《孔子百科辞典》，上海辞书出版社2010年版，第596页。
④ 朱熹：《晦庵先生朱文公文集》卷五〇《答程正思》，见朱杰人、严佐之、刘永翔主编：《朱子全书》（修订本）第22册，上海古籍出版社、安徽教育出版社2010年版，第2330页。

细具体的要求:"居处必恭。步立必正。视听必端。言语必谨。容貌必庄。衣冠必整。饮食必节。出入必省。读书必专一。写字必楷敬。入席必整齐。相呼必以齿。"这是理学生活化、日常化、行为化的一个准则。朱熹在《跋董程二先生学则》中评价道:"鄱阳程端蒙与其友生董铢共为此书,将以教其乡人子弟而作新之,盖有古人小学之遗意。余以为凡为庠塾之师者,能以是而率其徒,则所谓成人有德,小子有造者,将复见于今日矣。于以助成后王降德之意,岂不美哉!"①

饶鲁在任白鹿洞书院山长时,把《董程二先生学则》与《白鹿洞书院揭示》同揭于书院。认为二者"一则举其学问之宏纲大目,而使人知所用力;一则定为群居日用之常仪,而使人有所持循,即大、小学之遗法也。学者诚能从事于此,则本末相须,内外交养,而入道之方备矣。"②

董铢、程端蒙与王过并称为"德兴三贤",他们同为朱子门生,深受朱熹学术的影响。"德邑接壤婺源,子朱子遗泽虽百代未艾也,程端蒙、董盘涧、王拙斋三先生,非朱门高弟子乎!虽朱子不废地而学,而理学之福泽,正文昌阴骘之本也。"③ 他们在本地授徒讲学,程端蒙在十都开创了"求放心斋",在十二都游弈坞开创了"蒙斋书院",对朱子学在德兴的传播与普及,起了积极作用,成为介轩学派重要的学术源头。

介轩学派的另一个重要学术渊源是黄榦。

黄榦(1152—1221),字直卿,号勉斋,福建闽县人。他是朱熹的女婿,也是朱熹第一传人,以得朱子之遗命自任,以阐扬传播朱学为己任,有朱门"颜、曾"之誉。其弟子何基创"北山学派",饶鲁创"双峰学派",董梦程创"介轩学派"。正如黄百家所案:"勉斋榦得朱子之正统,其门人一传于金华何北山基……又于江右传饶双峰鲁,其后遂有吴草庐澄,上接朱子之经学,可谓

---

① 朱熹:《晦庵先生朱文公文集》八二《跋董程二先生学则》,见朱杰人、严佐之、刘永翔主编:《朱子全书》(修订本)第 24 册,上海古籍出版社、安徽教育出版社 2010 年版,第 3879 页。
② 张伯行:《学规类编》卷一,中华书局 1959 年版。
③ 何连东主编:《德兴县志》卷三〇《文存·文昌祠记》,光明日报出版社 1993 年版,第 1037 页。

盛矣。"① 而且"勉斋之传，尚有自鄱阳流入新安者，董介轩一派也"②。

黄榦是朱子理学在江西传播的关键人物。他曾"入庐山，访其友李燔、陈宓，相与盘旋玉渊、三峡间，俯仰其师旧迹，讲《乾》、《坤》二卦于白鹿书院，山南北之士皆来集"③。他在白鹿洞书院讲《乾》、《坤》二卦，吸引了江西众多学子，为理学在鄱阳湖地区的传播，并渐成独尊之势，立下汗马功劳。

黄榦与董铢"同师同庚，相与最亲且厚"，有这层亲密关系和便利条件，董梦程得以黄榦为师。"初学于盘涧与程正思，其后学于勉斋。"董梦程从学黄榦，得理学真传，特别是得到黄榦的《易》学真传。《元史·儒学传一》亦云："初，饶州德兴沈贵珤受《易》于董梦程，梦程受朱熹之《易》于黄榦。而一桂之父方平及梦程学。"④ 也可以确证董梦程所传之《易》学，其直接来源于黄榦。

2. 介轩学派的组成与结构分析

董梦程是介轩学派的创始人，也是《介轩学案》的领衔学者，是朱子理学在德兴及周边婺源、鄱阳县市传播的一个重要转折点，成为新安理学的源头之一。

董梦程，德兴海口村人，是董铢之从子，学者称"介轩先生"，创立的"介轩学派"，又称"鄱阳之学"。

《宋元学案》载："董梦程，字万里，号介轩，鄱阳人，盘涧先生铢之从子也。初学于盘涧与程正思，其后学于勉斋。南宋开禧元年（1205）进士、朝散郎、钦州判。"⑤ 著有《诗经通释》《大尔雅通释》《书经通释》等。

---

① 黄宗羲原著，全祖望补修，陈金生、梁运华点校：《宋元学案》卷八三《双峰学案》，中华书局 1986 年版，第 2812 页。

② 黄宗羲原著，全祖望补修，陈金生、梁运华点校：《宋元学案》卷八九《介轩学案》，中华书局 1986 年版，第 2971 页。

③ 脱脱：《宋史》卷四三〇《道学四·黄榦传》，中华书局 1977 年版，第 12782 页。

④ 宋濂：《元史》卷一八九《儒学一·胡一桂传》，中华书局 1976 年版，第 4322 页。

⑤ 黄宗羲原著，全祖望补修，陈金生、梁运华点校：《宋元学案》卷八九《介轩学案》，中华书局 1986 年版，第 2971 页。

海口村距德兴县城 35 公里，江西李宅水、安徽乐安江、浙江体泉水三江在此交汇，号称"三江归一口"，故称为海口。唐代吏部侍郎董申迁居于此，以北斗七星星象仿长安城格局建筑海口村，从此董氏在海口繁衍生息。人以地旺，地以人兴，海口凭借便捷的水路交通，成为德兴一个重要的贸易中心，董氏家族也因经商而致富，但致富发家后的董氏家族，特别注重对家族子弟的教育。

德兴北接婺源，两地交通极为便利，盘水自婺源绕考水村而过，直通德兴海口，方便了两地学子交流问学。因此，当朱熹回故乡婺源时，德兴士子董铢等就求学于朱熹，而介轩学派中，婺源学者也有多人。

董梦程出生于理学世家，家规严格，德兴《海口董氏宗谱》中就有《家规十则》："出入居处必有相与交游之人，当择端庄之士，识达大体，尚廉耻崇礼义者。"他与董琮、程正则、余季芳、曹泾等人同学于朱熹高弟董铢、程正思，后又以黄榦为师，得朱学真传，是朱熹二传弟子。董梦程与余季芳及其弟子们同倡朱子学术，使德兴海口成为理学昌盛之乡，产生了董梦程、董鼎、董琮、董真卿、董古山为代表的董氏家族，他们师承朱子，父子相传，成为朱子学流传的一个重要区域，也是新安朱子学这一流派的重要来源之一。

介轩学派规模虽然不大，但也有众多的弟子，《宋元学案》卷八十九《介轩学案》所列就有董鼎、胡方平、许月卿、董真卿、范启、程若庸、胡一桂、江凯、程荣秀等 36 人。

从学缘、师承关系来看，介轩学派渊源于朱子门生董铢、程正思和黄榦。董梦程、董琮、程正则、余季芳、朱洪范、曹泾是朱熹的二传弟子，他们构成了介轩学派的第一代宗师。其弟子有董鼎、沈贵珤、胡方平、许月卿等，再传弟子有胡一桂、程若庸；胡一桂再传董真卿。学脉清晰可循，源远流长。

董梦程的门生有沈贵珤、胡方平、许月卿和族弟董鼎。程正则传程时登；余季芳传子余芑舒和门生王希旦；朱洪范传胡斗元；曹泾传子曹希文和弟子马端临。因此，沈贵珤、胡方平、许月卿、董鼎、程时登、余芑舒、王希旦、胡斗元、曹希文、马端临等 10 人可以称为介轩学派的一传弟子。

沈贵瑶又传弟子范启、程若庸，胡方平也曾以沈为师；胡方平传子胡一桂；许月卿传江凯、程荣秀；董鼎传子董真卿；程时登传许瑶；余芑舒传子余济；胡斗元传子胡炳文。因此，范启、程若庸、胡一桂、江凯、程荣秀、董真卿、许瑶、余济、胡炳文等9人是介轩学派的二传弟子。

董真卿传子董僎；余济传子余仲敬；胡炳文传弟子程仲文、陈廷玉、王偁。因此，董僎、余仲敬、程仲文、陈廷玉、王偁5人是介轩学派的三传弟子。王偁再传张以忠；张以忠再传郑四表；郑四表再传赵谦。赵谦为介轩六传。介轩学派可以明确师承的有六代弟子。

从传承方式来看，介轩学派除了传统的师徒授受外，家学传承也是一种主要的形式，表现出明显的家学特色。其中父子相传是家学传承最主要和最便捷的方式，如胡方平传子胡一桂，胡斗元传子胡炳文，余芑舒传子余济等；其次是伯、叔侄相传，如董铢传董梦程；有的是翁婿相传，如许月卿传江凯，江凯既是许月卿的门生，又是他的女婿。

以地缘结构分析，介轩学派主要分布在德兴、婺源、乐平、浮梁、鄱阳等今赣东北地区和与之相邻的安徽休宁等地。其中德兴人最多，有董梦程、董琼、程正则、余季芳、沈贵瑶、余芑舒、余济、余仲敬、王希旦、董鼎、董真卿、陈廷玉、董僎13人，再加上《沧洲诸儒学案》的董铢、董琼，占42%；其次是婺源人，有胡方平、胡一桂、胡斗元、胡炳文、许月卿、江凯、王偁7人，占19%；还有属于休宁的有曹泾、曹希文、程荣秀；属于乐平的程时登、马端临；浙江天台的郑四表；浙江余姚的赵谦；地方不详的范启、许瑶、程仲文等人。

介轩学派致力于朱子理学思想的阐发，著述宏富，成果丰硕，代表著作有：董梦程的《诗经通释》《书经通释》《大尔雅通释》，董鼎的《书传辑录纂注》，程时登的《周易启蒙辑录》，王希旦的《易通解》，胡一桂的《易本义附录纂疏》，马端临的《文献通考》，胡炳文的《周易本义通释》《四书通》，董真卿的《周易会通》，等等。不少著作收录于《四库全书》，如董鼎的《书传辑录纂注》《孝经大义》，胡炳文的《易本义通释》《四书通》《纯正蒙求》《云峰集》，胡一桂的《易本义附录纂疏》《十七史纂古今通要》，马端临的《文献通考》等。

3. 介轩学派的学术特点与学术贡献

介轩学派师承朱子，笃信朱学，排斥"异说"，处处维护着朱子理学的权威与纯洁。他们重视朱子理学的普及，以书院为阵地，讲学授徒，扩大了朱子学的传播范围，普及了朱子学术；在学术上侧重《四书》学，同时，还重视《易》学研究；在学风上，转变为脚踏实地的训诂注释。同时，注重经世之学，讲求经世致用，崇尚气节操守和道德践履，宋元之际，很多学者自觉抵制元政府的征召，甘于寂寞，淡泊自处，远离仕途。

介轩学派注重气节追求。张立文先生认为理学家"是当时的社会脊梁和社会良知的担当者，是时代精神和价值理想的创造者"①。这在介轩学派的学者身上有很好的体现，他们承袭了理学家的气节追求。尤袤曾概括出理学家的品德："临财不苟得，所谓廉介；安贫守道，所谓恬退；择言顾行，所谓践履；行己有耻，所谓名节。"②注重名节，廉介恬退，安贫守道，这些品德在介轩学者身上也有充分的体现。如介轩弟子许月卿、马端临就是以气节闻名的学者。

许月卿（1216—1285），字太空，又字宋士，自号泉田子，晚号山屋，时人称为"山屋先生"，婺源人。15岁时，从学于董梦程，成为朱熹的四传弟子，19岁时，又从学于魏了翁，得朱子学之正传，"遂有志当世事"。26岁时，"以《易》学魁江东"。他师从两位理学大家，嫡传朱子刚毅之气，为学处世讲究风节，对他以后思想及人格的塑造，产生了深远的影响。许月卿致力于阐发朱子学隐含未发之蕴，他以《易》学中的乾实坤虚之理来阐发朱子学的敬、诚之义，被誉为"精当之论"。他十分推崇朱熹，曾说："忽生朱晦庵，追千万世前，示千万世后，如日月当天。呜呼！新安生若人，不知再生若人是何年。"③

许月卿在为婺源朱塘晦翁祠撰写的碑文中，对朱子学说给予高度评价，更表达了要用朱子的道德性命之学指导自己的日用常行，躬履践行，而不是为哗

---

①　张立文：《宋明理学研究·序》，人民出版社2002年版，第3页。

②　陈邦瞻：《宋史纪事本末》，上海古籍出版社1994年版，第869页。

③　许月卿：《先天集》卷一《新安》，《四部丛刊续编》本，商务印书馆1934年版。

众取宠的愿望。他说："立志以定其本，居敬以持其志，穷理以致其知，反躬以践其实。虽地之相远，世之相后，如会一堂。况世若此，其未远；居若此，其近哉。虽然为己为人，界限之大者也。汉唐之儒，以闻道之难，而学无本。近世之儒，以闻道之易，而学无实。窃道德性命之说，以为哗众取宠之资，俗日以益薄，治日以益卑，职此之故欤。嘉定以来，士大夫专以朱氏之学为仕途捷径。"①

许月卿在理宗淳祐四年（1244）中进士，任濠州司户参军、临安府学教授。他性格耿直，不畏权贵，公平公正，被称为"铁符"。宋亡之后，他秉承了理学家的气节，衰服三年，坚贞不屈，誓不仕元。当元军攻下钱塘后，"先生深居一室，但书'范粲寝所乘车'数字，五年不言而卒。"②他以三国范粲寝于乘车，足不踏地，谢绝司马师征聘的事迹激励自己。元代文学家揭傒斯评价他"以文章气节闻天下"。绝食殉国的抗元英雄谢枋得也以许月卿为榜样，谢枋得曾书其门曰："要看今日谢枋得，便是当年许月卿。"③黄宗羲在《宋元学案》中，高度评价许月卿的风节道："新安之学，自山屋一变而为风节，盖朱子平日刚毅之气凛不可犯，则知斯之为嫡传也。……东汉之风节，一变至道，其有见于此乎！"④许月卿有《百官箴》《先天集》传世，《宋史翼》卷三十四有其传。江万里对其《百官箴》高度赞赏："确乎有经世之实，人主当置一通于座右。"⑤

许月卿以朱子理学精神指导自己的实践，重视个人的人格操守，坚守理学

---

① 许月卿：《先天集》卷九《婺源朱塘晦翁祠碑》，《四部丛刊续编》本，商务印书馆1934年版。
② 黄宗羲原著，全祖望补修，陈金生、梁运华点校：《宋元学案》卷八九《介轩学案》，中华书局1986年版，第2974页。
③ 许月卿：《先天集》附录下《宋运干山屋先生行状》，《四部丛刊续编》本，商务印书馆1934年版。
④ 黄宗羲原著，全祖望补修，陈金生、梁运华点校：《宋元学案》卷八九《介轩学案》，中华书局1986年版，第2974页。
⑤ 许月卿：《先天集》附录下《宋运干山屋先生行状》，《四部丛刊续编》本，商务印书馆1934年版。

家的风节，绝不仕元。他的女婿江恺亦仿效其风节，誓不仕元。

马端临（1254—1323），字贵与，号竹洲，乐平人，世称竹洲先生。其父为南宋咸淳间右丞相马廷鸾。马端临以休宁曹泾为师，学习朱子学，宋亡后不求仕进，拒绝了其父亲好友、吏部尚书留梦炎的多次举荐，隐居家乡讲学，后任乐平慈湖书院山长、衢州柯山书院山长，著《文献通考》，主张经世致用，讲求学以致用。

介轩学者在宋亡之后，大都能保持气节，安贫乐道，甘受寂寞，隐居不仕，以风节相砥砺，抵抗元朝的征召，不屑于科举和功名，致力于治学讲学，保持了理学家的风骨气节。

介轩学派注重注释训诂之学，普及理学义理。他们兴办书院，普及朱子学术，扩大了朱子学在该地区的传播。程端蒙在德兴十都开创了"求放心斋"，在十二都游弈坞兴办了"蒙斋书院"；董铢在九都开设"盘涧书院"；胡一桂在婺源建湖山书院，培育后学。胡斗元笃志讲学，一生不举不仕，"从之游者，踉迹如归"，弟子达百余人；胡炳文任信州道一书院、婺源明经书院山长。他们通过书院讲学授徒，培养了一批后起之秀，普及传播了朱子学术，使赣东北"虽十室之村，不废诵读"，起到了文化下移的作用。

同时，他们热衷于对朱子学术的注疏解释，逐渐"流为训诂之学"。还重视理学普及读物的编写，编纂了一系列的理学初级读本，以启蒙幼学，普及理学教育。如胡炳文编写了《纯正蒙求》，集古代嘉言善行，各以四字属对成文，并分别注明出处，使初学者通俗易懂，更易步入朱学门庭。"所载皆有裨幼学之事……养蒙之教，取其显明易晓，不贵以淹博相高。此书循讽吟哦，以资感发。与朱子《小学》外篇足相表里，固未可以浅近废也。"①

介轩学派注重《四书》学。介轩学派在学术上"潜心朱子之学，上溯伊洛，以达洙泗渊源，靡不推究"②，特别推崇朱子的《四书集注》，他们"热衷于对《四

---

① 永瑢等：《四库全书总目》卷一三六《纯正蒙求》，中华书局1965年版，第1153页。
② 黄宗羲原著，全祖望补修，陈金生、梁运华点校：《宋元学案》卷八九《介轩学案·山长胡云峰先生炳文》，中华书局1986年版，第2986页。

书》《五经》之学的清理、规范、整顿与衍义，使之能够合于朱子，这在一些由宋入元的理学家那里表现得比较明显"①。胡炳文就是研究《四书》学的典型代表。"先生笃志家学，潜心朱子之学。"黄百家说："云峰于朱子所注《四书》用力尤深。"著有《四书通》《春秋集解》《书集解》等著作。在著述中，他"悉取纂疏集成之，戾于朱子者删去之，有所发挥者，则附己说于其后"②，使之能够合乎于朱子的本义。

介轩学派还特别重视《易》学研究，认为"宇宙间皆自然之易，易皆自然之天"，产生了一批《易》学研究名家。董梦程就以研究《易》学而闻名，所传授的主要是《易》学。此外，婺源考水明经胡氏，子孙世代以《易》学传家，"一门十余叶缃素相传"。胡师夔，号易简居士，"通《五经》，尤精于《易》，撰《易传史纂》"③，其学一传于朱子从孙朱小翁，再传其子胡斗元，三传其孙胡炳文，他们都是以治《易》而闻名的学者。

介轩学派生活在朱子故里，尊崇朱子，强调"读朱子之书，服朱子之教，秉朱子之礼"④，是朱子学术的忠诚卫道者。学术上笃信朱子之学，坚执师说，视朱学为圣学，不敢越雷池一步。这种对朱子的顶礼膜拜，也导致朱子学陷于僵化。但不可否认，"他们做了大量的理学义理普及与文献整理工作。理学义理普及工作即是通过对于理学关键词的解读注释，从而使理学的义理通俗化"⑤。介轩学派普及了朱子学术，扩大了程朱理学的传播范围，对新安朱子学的形成壮大产生了重要影响。

德兴的朱熹弟子还有程珙、汪德辅等人。

程珙，字仲璧，号柳湖。《宋元学案·沧洲诸儒学案》所载："蒙斋先生之

---

① 刘成群：《元代新安理学从"唯朱是宗"到"和会朱陆"的转向》，《学术探索》2010 年第 3 期。
② 黄宗羲原著，全祖望补修，陈金生、梁运华点校：《宋元学案》卷八九《介轩学案》，中华书局 1986 年版，第 2987 页。
③ 弘治《徽州府志》卷九《人物三·隐逸》，《天一阁藏明代方志选刊》本，上海古籍书店1964 年影印版。
④ 转引自周晓光：《新安理学》，安徽人民出版社 2005 年版，第 10 页。
⑤ 刘成群：《元代新安理学从"唯朱是宗"到"和会朱陆"的转向》，《学术探索》2010 年第 3 期。

从曾孙也。亦登文公之门，著有《易说》。"①

清同治十一年《德兴县志》对程珙的学行有更详细的记载："程珙，字仲璧，德兴人，正思之从曾孙也。愤时宗异学而晦翁反见疏黜，叹曰：'吾何以苟禄为哉？'遂日从正思讲学，凡所得于晦翁者，悉以指之。绍熙间晦翁有《玉山讲义》，仲璧深叩仁义体用之旨，饶、信间闻而从者益众。明年伪学禁严，仲璧自持，遇有辩难，寓书晦翁，务求真是，晦翁卒，为位哭，朔望必奠居之。东有湖数亩，岸柳数十株，清阴掩映，仲璧爱之，建阁其侧，日与同志肄业习静。学者称为柳湖先生。"②庆元间，他曾在家乡十都建柳湖书院，其创办时间，比董铢、王过还早，且影响不小，饶州、信州的学子"从者益众"。又曾建来阳宾馆，礼请胡炳文等主讲，延名士肄业其中，为德兴理学的传播贡献不小。

三、程朱理学在余干县的传衍

余干县位于鄱阳湖东南岸，信江下游，地势平坦，江河密布，有"梦里水乡"之誉。这里土地肥沃，草盛鱼肥，是江南殷富之地，典型的"鱼米之乡"。

余干之民崇尚道德，讲求信义，"有邹鲁遗风"。余干更是理学之乡，诞生了众多的理学名家，赵汝愚、赵汝靓、曹建、饶鲁、柴元裕、刘伯正、柴中行等是余干理学的典型代表，他们兴办书院，宣扬理学，培养人才，教化百姓，培育了余干县的学脉文风。

余干县是理学在鄱阳湖地区传播的主阵地，也是由宋到元理学输出的起点，而书院在余干理学传播过程中起了重要作用。如果以书院为参照，那么，理学在余干的传播，经历了东山书院、松冈书舍、南溪书院以及石洞书院等四

---

① 黄宗羲原著，全祖望补修，陈金生、梁运华点校：《宋元学案》卷六九《沧洲诸儒学案上》，中华书局1986年版，第2283页。

② 孟庆云修，杨重雅纂：同治十一年《德兴县志》卷八《人物志·理学》，《中国方志丛书》本，成文出版有限公司1970年版，第961页。

个不同的传播阶段。

理学最早传入余干，得益于赵汝愚及其东山书院。南宋唯一的宗室宰相赵汝愚与朱熹交往密切，是朱熹政治和学术的同盟者。赵汝愚与族弟赵汝靓在余干兴建东山书院，邀请朱熹前来讲学，东山书院成为理学在余干传播的学术起点和发展的第一个平台。赵汝靓、赵崇宪、赵崇度、赵必愿、赵良淳五人为朱熹门人或朱子后学弟子，赵汝愚家族四世六人荣登《宋元学案》。

随后柴元裕建松冈书舍，培养了柴中行、柴中立、柴中守"余干三柴"等一批本土理学人才。柴元裕"潜心义理，苦志不渝"，终生不仕，"毅然以师道自任"。柴元裕之侄柴中行，与弟柴中立、柴中守讲学南溪书院。南溪书院是鄱阳湖地区理学传播的重要平台，培养了著名弟子饶鲁。

饶鲁被誉为"江右理学巨子"，是鄱阳湖地区理学传播的关键人物。他尽弃举子业，以传播朱子学术为己任。"专意圣贤之学，以致知力行为本……时理学大明，师儒攸属，四方聘讲无虚日，作朋来馆以居学者。"①饶鲁先后主持了石洞书院、白鹿洞书院讲席，培养了程若庸这位优秀弟子，程若庸在江西的弟子有程钜夫和吴澄，他们成为入元以后最重要的理学家。如《宋元学案》黄百家所案："勉斋斡得朱子之正统，其门人一传于金华何北山基……又于江右传饶双峰鲁，其后遂有吴草庐澄，上接朱子之经学，可谓盛矣。"②

1. 东山书院：理学传入余干的学术起点

余干东山书院是赵汝愚和从弟赵汝靓于 1178 年所建。

谢枋得的《东山书院记》所载："笃行先生赵公及其子忠定、从弟汝靓有东山书院，风云堂乃笃行、忠定兄弟教子孙之所，题则文公笔也。"③雍正十年《江西通志》卷二二亦载："东山书院旧在余干县羊角峰侧，宋赵汝愚暨从弟汝

---

① 黄宗羲原著，全祖望补修，陈金生、梁运华点校：《宋元学案》卷八三《双峰学案》，中华书局 1986 年版，第 2812 页。

② 黄宗羲原著，全祖望补修，陈金生、梁运华点校：《宋元学案》卷八三《双峰学案》，中华书局 1986 年版，第 2812 页。

③ 谢枋得：《叠山集》卷三《东山书院记》，景印文渊阁《四库全书》第 1184 册，台湾商务印书馆 1986 年版，第 878 页。

靓建。汝愚子崇宪师事朱子，于此讲学。汝愚卒，朱子来吊，复馆焉。后为胥吏所据，邑人李荣庭鬻产赎之，谢枋得记。"①《江西通志》卷四一《古迹》又载："朱晦庵尝寓其中，注《离骚经》。"

清同治十年《万年县志》收录的赵崇宪为柴元裕所作《松冈书舍记》，也有关于东山书院的记载："乡校之兴大有功于世教。先严中丞忠定公闻晦庵朱先生与胡宪、刘勉之、刘子翚三君子得道统正，爰构书院于本邑东山，延居讲学，愚与从叔靓师事之。柴君元裕字益之，与予渊联秦晋，亦来就学。潜心义理，苦志不渝。"②也再次印证了赵汝愚创建东山书院，并请朱熹前来讲学的事实，赵汝靓、赵崇宪及柴元裕等在这里师从朱熹，接受了朱子学说，从而使朱熹理学在余干得以流传。

赵汝愚（1140—1196），字子直，号东山。他是南宋孝宗、光宗、宁宗三朝举足轻重的人物，在光宗传位于宁宗的"绍熙内禅"中，他定策扶危，成功地实现了皇权的平稳交接，也因定策之功而成为两宋唯一的宗室宰相。他执政后，荐引朱熹为宁宗侍讲，引进大批理学之士进入朝廷，革新政治，但在与韩侂胄的权力之争中，引发了"庆元党禁"，遭受打击，含冤而逝。但他"计定一时，功垂万世"，是"宋之公族"中"以术业自现"的杰出代表。

赵汝愚自小就以儒家修齐治平为己任，期望能名垂青史，经常自勉道："丈夫得汗青一幅纸，始不负此生。"他"常以司马光、富弼、韩琦、范仲淹自期"③。乾道二年（1166），廷试为进士第一，但时任右相的洪适对孝宗说，近年来宗室子弟甚好学，科举多高中，汝愚魁天下，可谓瞻前无邻。然"本朝故事，科举先寒畯，有官人退居第二"。孝宗于是姑循故事，将汝愚退居第二，签书宁国军节度判官，开始了他的政治生涯。

① 谢旻等监修：雍正十年《江西通志》卷二二《书院》，景印文渊阁《四库全书》第513册，台湾商务印书馆1986年版，第719页。
② 项珂修、刘馥桂等纂：同治十年《万年县志》卷九《艺文·松冈书舍记》，清同治十年（1871）刻本。
③ 脱脱：《宋史》卷三九二《赵汝愚传》，中华书局1977年版，第11982页。

淳熙九年（1182）和绍熙元年（1190），赵汝愚两次任知福州兼福建安抚使，把朱熹作为他为政福州最重要的智囊，对他言听计从，朱熹也将赵汝愚视为道学可以附依的政治靠山，想借重赵汝愚扩大其学说的影响。在福州，朱熹为赵汝愚福建盐法改革等事出谋划策。

孝宗禅位光宗后，绍熙二年（1191），赵汝愚从四川被召回京，拜为吏部尚书。朱熹更对他寄予厚望，在《与赵尚书书》中言道："窃闻荣被追诏，入长天官，夫以尚书望实之隆，宜在庙堂参断国论之日久矣。……有识传闻，交相庆贺，盖不独为门下之私喜也。"①期望赵汝愚能"博求人才，以身裨益"。绍熙四年三月，赵汝愚拜官同知枢密院事，掌握兵权，步入执政之列。绍熙五年（1194）六月初九，孝宗病逝，但光宗在其皇后的挑使下，公然拒绝主持其父的丧礼，使得国丧无人！一时间京城流言四起："时中外讹言汹汹，或言某将辄奔赴，或言某某辈私聚哭，朝士有潜遁者。近幸富人，竟匿重器，都人皇皇。"②宰相留正为避祸"擅去相位"，五更天"肩舆出城"，溜之大吉。在这危急关头，赵汝愚从赵宋王朝的最高利益出发，决定请高宗吴皇后作主，让光宗内禅，扶立宁宗继位，实现了皇权的顺利交接，史称"绍熙内禅"。

宁宗即位后，赵汝愚因定策之功，升任枢密使，一个月后又拜为右相。赵汝愚以宗室和执政的双重身份主持大局，开始了同道学家集团全面合作，他荐举朱熹为焕章阁待制兼宁宗侍讲。

但韩侂胄认为他功高赏薄，而怨恨汝愚，从而埋下了韩赵之争的隐患。韩侂胄借内批先后罢免了彭龟年、陈傅良、朱熹等道学家集团官员。又接受京镗"彼宗姓，诬以谋危社稷，则一网无遗"③的建议，指使李沐上奏汝愚"以同姓居相位，非祖宗典故，方太上圣体不康之时，欲行周公故事。倚虚声，植

---

① 朱熹：《晦庵先生朱文公文集》卷二九《与赵尚书书》，见朱杰人、严佐之、刘永翔主编：《朱子全书》（修订本）第 21 册，上海古籍出版社、安徽教育出版社 2010 年版，第 1257 页。

② 罗大经撰，王瑞来点校：《鹤林玉露》卷四《绍熙内禅》，中华书局 1983 年版，第 63 页。

③ 脱脱：《宋史》卷三九二《赵汝愚传》，中华书局 1977 年版，第 11988 页。

私党，以定策自居，专功自恣。"①赵汝愚于是被罢右相。赵汝愚被罢相后，韩
侂胄仍不罢休，指使监察御史胡纮上奏："汝愚唱引伪徒，谋为不轨，乘龙授
鼎，假梦为符。"将其贬为宁远军节度副使，安置永州。庆元二年（1196）正月，
在赵汝愚途经衡州时，指使衡州郡守钱鍪对其百端羞辱，使汝愚暴卒于衡州，
年仅 57 岁。

韩侂胄"以汝愚之门及朱熹之徒多知名士，不便于己，欲尽去之，谓不可
一一诬以罪，则设为伪学之目以摈之"②。于是禁以伪学取士，借学术打击排除
异己。庆元三年十二月，把赵汝愚、朱熹等 59 人打入"伪学逆党籍"，赵汝愚
为"伪学罪首"，名列第一。庆元四年（1198），又诏令严禁伪学，兴起了"庆
元党禁"，旨在清除依附于赵汝愚一派的官员。

韩赵之争最终以赵汝愚的全面失败而告结束，直到嘉泰二年（1202），朝
廷下诏"驰学禁"，才追复了赵汝愚、朱熹等人的官职，1208 年韩侂胄被诛后，
朝廷为赵汝愚平反昭雪，赐谥"忠定"，赠太师，追封沂国公。宋理宗时，追
封福王，配享宁宗庙廷。

对赵汝愚的含冤去世，朱熹无限悲痛，亲撰《祭赵丞相文》："惟公天赋中
和，家传忠孝。爱君忧国，恳恳不忘。进秉机枢，适逢变故。禀承慈训，援立
圣明。计定一时，功垂万世。"③对其一生给予了很高的评价。

赵汝愚与从弟赵汝靓于 1178 年在县城东山岭的羊角峰创办了东山书院，
请朱熹到书院讲学，赵汝靓、赵崇宪皆师事朱熹。大儒的到来，使东山书院名
声大振，成为理学名儒游学和教化弟子之重要场所。"大贤过化传薪渊艾，曹、
柴、饶、胡诸公后先辉映。理学名里甲于江右，迄今俗尚礼教，士砺廉隅，前
贤遗泽数百年固未艾也。"④

①　周密撰，高心露、高虎子校点：《齐东野语》卷三《绍熙内禅》，齐鲁书社 2007 年版，第 29 页。
②　脱脱：《宋史》卷三九四《胡纮传》，中华书局 1977 年版，第 12024 页。
③　朱熹：《晦庵先生朱文公文集》卷八七《祭赵丞相文》，见朱杰人、严佐之、刘永翔主编：《朱子全书》（修订本）第 24 册，上海古籍出版社、安徽教育出版社 2010 年版，第 4091 页。
④　冯兰森《序》，见区作霖、冯兰森修，曾福善纂：同治《余干县志》，清同治十一年（1872）刻本。

赵汝愚长子赵崇宪为朱熹弟子。赵崇宪（1160—1219），字履常，淳熙十一年（1184）进士，历任监饶州赡军酒库、抚州军事推官、提举江西常平兼权隆兴府、直秘阁知静江府、后任直华文阁致仕。任职地方时，赵崇宪致力于理学的传播，文教的兴复，"其在郡国，以劝学毓材为首务，于九江则新濂溪祠，又为书堂以处学者，求周氏后之幼慧者三人廪而教之。豫章东湖近岁昉立书院，公至增葺其未备，又为选堂长，益生员，置书史，丰廪给，如所以经纪濂溪者，所至讲求公私利疚，汲汲如理家事。"①

赵汝愚次子赵崇度亦为朱子门生。赵崇度（1175—1230），字履节，号节斋。他16岁时，从学于朱熹，朱熹对他非常器重，传授他《大学》，告诫他"古今兴怀存亡之故，尽在此书中，汝其熟复之"。后历任承务郎、信州通判、桂阳知军、提举福建市舶、提举湖南常平等职，以朝散大夫致仕。他虽出身于相门，贵为宗室子弟，却天性孝笃，品德高贵，"无一点膏粱气"。"公虽生长相门，家世本儒生，守礼法又尝亲近有道，故能摆落豪习，平居自励如玉雪，不忍稍点污，以纯孝闻。"②著有《磐湖集》十卷和《左氏常谈》《史髓》《节斋闻记》等著作，惜今皆不传，真德秀为其作《提举吏部赵公墓志铭》。

赵汝愚之孙赵必愿亦得家传之学。曹彦约称其："出自相门，能传家学。"袁甫在制词中称道他："属时多事，尝摄宰掾，著声称矣，就俾为真，益昌家学，以称朕意。"③他曾从学于黄榦，但据《明一统志》所载，赵必愿"嘉定中进士，知崇安县，历知全、常、处、泉、台、婺等州，其所行一循汝愚之政，累迁至权户部尚书，后以华文阁学士知福州。必愿才周器博，心平量广，而又早闻家庭忠孝之训，故所立卓然可称。"④更多的是载其政绩，对其学术少有记述。

① 真德秀：《西山文集》卷四四《赵华文墓志铭》，景印文渊阁《四库全书》第1174册，台湾商务印书馆1986年版，第701页。
② 黎清：《宋代江西文学家族研究》，中山大学出版社2013年版，第96页。
③ 袁甫：《蒙斋集》卷八《赵必愿除右司制》，景印文渊阁《四库全书》第1175册，台湾商务印书馆1986年版，第424页。
④ 李贤等撰：《明一统志》卷五〇《饶州府》，景印文渊阁《四库全书》第473册，台湾商务印书馆1986年版，第49页。

赵汝愚曾孙赵良淳从学于饶鲁。赵良淳，字景程，"少学于其乡饶双峰，知立身大节。及仕，所至以干治称。……改知分宁剧邑，俗尚哗讦，先生治之，不用刑戮，不任胥吏，取民之敦孝者，尊礼之，其桀骜者，乃绳以法，俗为少革。秩满，知安吉州时，元兵垂至……及兵围城，率众城守。元将范文虎遣使招降，先生焚书斩其使。卒为吴国定所卖，先降。先生自缢死，其妻雍氏同缢于郡治之集芳轩。"① 赵良淳继承了赵氏家族的忠孝和理学的忠刚义烈传统。

可见，赵汝愚将朱子学视为家学，流传不坠凡四世，四世有六人荣登《宋元学案》，有五人成为朱熹及朱子后学弟子。

"赵汝愚于政治上对朱熹多有暗助，而朱熹在学术上对赵氏家族则亦教益颇丰，而学术关系便应从东山书院开始形成。东山书院的讲学，也成为他在余干传播其学术的起点，东山书院故也同时成为余干理学兴发的第一个平台。"②

2. 柴中行、柴中立、柴中守"余干三柴"的理学思想

东山书院作为余干理学传播的第一个平台，而柴元裕既是这个平台的受益者，又是余干理学重要的传播者。他创办松冈书舍，讲学授徒，对理学在余干的传播厥功甚伟。

柴元裕（1128—1211），字益之，号强恕，余干人（今为万年县人）。朱熹在余干东山书院讲学时，"柴君与予'渊联秦晋'，元裕往学"。柴元裕与赵汝靓、赵崇宪等在东山书院师从于朱熹，一道学习程朱理学。他"潜心义理，苦志不渝。求得程颐书，潜抄默诵，日以继夜，同堂敬服之。嗣乃著述经传，教授生徒。"③ 柴元裕博闻强识，"通《五经》，尤精于《易》，其学术以穷理尽性为本。所著《春秋》《尚书》《论语解》《易系辞》《中庸》《大学说》《宋名臣传题》。"④ 去世后，汤汉为其作《柴元裕墓志》。

---

① 黄宗羲原著，全祖望补修，陈金生、梁运华点校：《宋元学案》卷八三《双峰学案》，中华书局 1986 年版，第 2812 页。

② 吴长庚主编：《朱熹与江西理学》，江西高校出版社 2007 年版，第 125 页。

③ 项珂修，刘馥桂等纂：《万年县志》卷九《艺文·松冈书舍记》，清同治十年（1871）刻本。

④ 黄宗羲原著，全祖望补修，陈金生、梁运华点校：《宋元学案》卷七九《丘刘诸儒学案》，中华书局 1986 年版，第 2640 页。）

柴元裕隐居丘园，终生不仕，"闻吾乡曹子卒，毅然以师道自任，构就书舍"①。在余干聚徒讲学，以传承理学为己任。淳熙末年，他在家乡建松冈书舍，因"环馆皆松也"故名，匾其斋曰"强恕"，"因自勉以勉人也"，门人称为"强恕先生"。松冈书舍"其学规仿白鹿洞书院"。书院建成后，"四方从学者众，汤伯纪汉、饶伯舆鲁、李纯甫伯玉皆其门人。"②柴中行、汤汉、饶鲁、李伯玉等人都曾求学于他："如汤汉、饶鲁、李伯玉、暨从子中行、中立诸君子以道学鸣者，多出其门。"③培养了柴中行、饶鲁等一大批本土的理学人才，松冈书舍成为余干理学传播的又一重要平台。

松冈书舍培养的弟子中，柴中行是著名的代表，其学术影响甚至超过柴元裕。

柴中行（1175—1237），字与之，号南溪，是柴元裕之侄，为朱熹再传弟子。程钜夫作《南溪书院记》亦曰："公讳中行，字与之，宋名儒巨卿也，学于强恕先生元裕。"

柴中行性格刚毅，铁骨铮铮。他于绍熙元年（1190）中进士，授抚州军事推官，正当韩侂胄禁理学，斥之为"伪学"，转运使考校官吏，要先声明自己非伪学之徒。柴中行却说："自幼习读程氏《易传》，如以为伪，不愿考校。"显示出他一身正气，不阿权势的不屈傲骨，"士论壮之"，被称誉为有骨气之人！后调任江州教授、广西转运司干官时，帅将欲荐之，他却正色道："身为人师，而称人为恩主、恩师，心窃耻之，毋污我！"④

柴中行还是个能吏，有很强的政治才干，历任太学博士、太常主簿、知光州、西京转运使兼提刑、江东转运使、湖南提刑、吏部郎官、崇政殿说书、秘阁修撰等职。他很有政治眼光，嘉定初，任太学博士时，向宁宗分析了当时官

---

① 项珂修，刘馥桂等纂：《万年县志》卷九《艺文·松冈书舍记》，清同治十年（1871）刻本。
② 黄宗羲原著，全祖望补修，陈金生、梁运华点校：《宋元学案》卷七九《丘刘诸儒学案》，中华书局1986年版，第2640页。
③ 项珂修，刘馥桂等纂：《万年县志》卷九《艺文·松冈书舍记》，清同治十年（1871）刻本。
④ 黄宗羲原著，全祖望补修，陈金生、梁运华点校：《宋元学案》卷七九《丘刘诸儒学案》，中华书局1986年版，第2638页。

场的恶习，是主威夺而国势轻，士大夫寡廉鲜耻，少有骨鲠之臣，权臣用事，包苴成风，认为关键要整治大臣，消除私谒得官，掩饰欺蒙之弊。出知光州时，他严保伍，精阅习，增屯田，政绩不俗。在入朝为崇政殿说书时，又极论"往年以道学为伪学者，欲加远窜，杜绝言语，使忠义士箝口结舌，天下之气岂堪沮坏如此"①。

柴中行以理学闻名，告老还乡后，与弟柴中立、柴中守讲学于家乡南溪书院，因称南溪先生。从游者有汤汉、饶鲁等数百人。后来，汤汉又建环溪书院于饶州安仁（今江西余江）之汤源，礼聘柴中行讲学其中。汤氏兄弟之学，并出于柴中行。柴中行著有《易系集传》《书集传》《诗讲义》《论语童蒙说》等，去世后谥"献肃"。

"南溪书院是南鄱阳湖地区的理学传播基地。这个基地不仅是余干三柴的学术成长标志，更是朱子学传播过程中的重要一环。"②

入元以后，柴氏裔孙柴公辅、柴仲晦等捐田五百亩，重建南溪书院。程钜夫在《南溪书院记》中，记述道："大德三年，鄱阳柴氏捐田五百亩。因其先献肃公南溪先生读书之所，建书院以祀公，教乡族子弟俊秀者。太守廉简上其事，行省以闻于朝。延祐元年命下，得置官属，察子弟如制。"③南溪书院的重建，对于入元以后，朱子学说在余干县及周边地区的进一步传播，有着突出的贡献，是余干理学由宋到元输出的起点，特别是培养出著名弟子饶鲁。

3. 江右理学巨子饶鲁

饶鲁（1193—1264），字伯舆，又字仲元，号双峰，余干人。饶鲁被誉为"江右理学巨子"，是鄱阳湖地区理学传播的关键人物，也是《双峰学案》的领衔学者。黄百家案："勉斋榦得朱子之正统，其门人一传于金华何北山基，以递传于干鲁斋伯、金仁山履祥、许白云谦，又于江右传饶双峰鲁，其后遂有吴

---

① 黄宗羲原著，全祖望补修，陈金生、梁运华点校：《宋元学案》卷七九《丘刘诸儒学案》，中华书局 1986 年版，第 2638 页。

② 吴长庚主编：《朱熹与江西理学》，江西高校出版社 2007 年版，第 126 页。

③ 项珂修，刘馥桂等纂：《万年县志》卷九《艺文·南溪书院记》，清同治十年（1871）刻本。

草庐澄，上接朱子之经学，可谓盛矣。"① 可见，《宋元学案》已把饶鲁定位为上接黄榦，下启吴澄的理学大家。饶鲁著述丰富，"所著有《五经讲义》《语孟纪闻》《春秋节传》《学庸纂述》《太极三图》《庸学十二图》《西铭图》《近思录注》"②。

饶鲁自幼时即有志于学，稍长，从学于柴元裕和柴中行，后又从学于黄榦、李燔，是黄榦在江西的正宗门人，与方暹、张元简、赵师恕一道成为黄门四杰之一。黄榦曾问他："《论语》首论时习，习是如何用功?"饶鲁回答道："当兼二义，绎之以思虑，熟之以践履。"意思是说要深思探究真理，再认真去实践它，要以致知力行为本。黄榦因此非常器重他。

在黄榦、李燔等人的教导下，饶鲁获得了朱学真瑞，作为朱熹的再传弟子，他的理学思想总体上是属于朱学范畴，在本体论上，认为宇宙的本原是道、太极。他在《饶双峰讲义》中讲道："气之所流行，即理之所流行也。""而有是气，必具是理，是气之所充塞，即理之所充塞也。"③ 把理作为气之主体，同时，气与理又相即不二，这就直接承袭了朱子的理气论；在人性论上，饶鲁认为"天地之气以为形，天地之理以为性"，人性本是善的，但由于"本然之性寓于气质之性中"的缘故，造成了善与不善的区别，因此，在人性论上与朱熹的观点也是高度一致的。

但饶鲁并没有株守朱学门户，对于朱学的态度是不拘守章句，就像朱子对待程学一样，是"共派而分流，异出而同归"。在学术上打破门派之见，"饶鲁虽在本体论、人性论上继承了程朱理学，但饶鲁不拘泥朱学，特别是在理学的方法论上，并不是沿着朱熹格物穷理的路线，而更多地吸收了陆九渊的明心论"④。对于如何克制私欲、泯灭小我以恢复大我之本性，就与朱熹的见解不

① 黄宗羲原著，全祖望补修，陈金生、梁运华点校：《宋元学案》卷八三《双峰学案》，中华书局 1986 年版，第 2812 页。
② 黄宗羲原著，全祖望补修，陈金生、梁运华点校：《宋元学案》卷八三《双峰学案》，中华书局 1986 年版，第 2812 页。
③ 王朝璩辑：《饶双峰讲义》卷一〇，《四库未收书辑刊》，北京出版社 2000 年版。
④ 徐永文：《南宋赣东北朱子后学初探》，《上饶师范学院学报》2007 年第 4 期。

同，而是吸取了陆九渊"心学"的成分，特别重视"心"的作用。他认为"仁"即"心"，对"心"表现出了相当的重视，其弟子吴中得其真传，把心分成天地之心、圣人之心、亚圣大贤之心和众人之心四等，认为："简在帝心，天地之心也；从心所欲不逾矩，圣人之心也；其心三月不违仁，亚圣大贤之心也；饱食终日，无所用心，众人之心也。"① 认为心之能存在与否在于"诚"，即涵养自省的功夫。强调修养要自识本心，要"诚"就必须"敬"，所谓"须是敬，方看得道理出"，敬就是戒惧、慎独、笃恭。这就与陆九渊"先立乎其大者"的为学方法相近了。同时，饶鲁又提倡为学之道在于静坐。特别是对初学者，可以用静坐的方法来"收心"，使本来之善性得到发挥。"问明道教人'且静坐'是如何？"曰："亦为初学而言，盖他从纷扰中来，此心不定如野马然，如何便做得工夫？故教他静坐，待此心宁后却做工夫，此亦非教他终只静坐，故下'且'字。"② 这种学习方法与陆九渊教人"终日静坐，以存本心，无用许多辨说劳攘"的方法非常接近。

饶鲁其学以"持守涵养为主，学问思辨为先，而笃行终之"。强调"为学之方，其大略有四：一曰立志，二曰居敬，三曰穷理，四曰反身③"。主张读书要由下学而上达，不能只停留在字面上，溺心于章句训诂，必须领会其旨意。"圣人作经之意，是上面一层事，其言语则是下面一层事。所以谓之'意在言表'。若读书而能求其意，则由辞以通理，而可上达。若但溺心于章句训诂之间，不能玩其意之所以然，则是徒事于语言文字而已，决不能通其理也。"④ 因为"其未上达时，与天隔几重在。及其既已上达，则吾心既天，天即吾心"。

因此，《元史》评价他说："余干饶鲁之学，本出于朱熹，而其为说，多与

---

① 黄宗羲原著，全祖望补修，陈金生、梁运华点校：《宋元学案》卷八三《双峰学案》，中华书局 1986 年版，第 2815 页。

② 黄宗羲原著，全祖望补修，陈金生、梁运华点校：《宋元学案》卷八三《双峰学案》，中华书局 1986 年版，第 2813 页。

③ 王朝璩辑：《饶双峰讲义》卷一五《附录》，《四库未收书辑刊》，北京出版社 2000 年版。

④ 程端礼：《程氏家塾读书分年日程》卷三，黄山书社 1992 年版，第 155 页。

熹牴牾。"①《宋元学案》亦认为"双峰盖亦不尽同于朱子者"②。侯外庐先生也指出，饶鲁的朱学中，"夹杂有陆学的东西"③。

总体而言，饶鲁虽出于朱门，在理气观、人性论等方面师承朱子，但在方法论上，又吸取了陆学的精华，呈现出和合朱、陆的趋势。饶鲁这种和合朱、陆的思想影响了他的弟子，如其高足程若庸就主张要认识天理就须从"心"入手，他说："心不外乎此理，理不外乎此心。""心"成为人认识天理的必要前提。将"理"与"心"连接，体现了理心合一的理念。

饶鲁尽弃举子业，专意圣贤之学，以承传朱学为己任，无意仕途。但由于饶鲁的学问声望，由于其深厚的理学造诣，超凡的学识，很多官员如中书舍人赵汝腾、御史董槐、左司谏汤中、提刑蔡杭等都向朝廷举荐，但都被他婉绝，而是专门从事学问，教授乡里，成为有名的乡先生。赵汝愚的曾孙赵良淳"少学于其乡先生饶鲁，知立身大节"。

随着伪学之禁解除，理学日益受到重视，四面八方的士子纷纷向饶鲁求学，他在余干箬源建"朋来馆"以居学者，后又在双峰建"石洞书院"以讲学，"时理学大明，师儒攸属，四方聘讲无虚日，作朋来馆以居学者。又作石洞书院，前有两峰，因号双峰。"④

理宗宝祐二年（1254）二月，饶鲁以布衣任饶州州学教授，诏"饶州布衣饶鲁，不事科举，一意经学，补迪功郎、饶州教授"⑤。地方官学也从而成为了传播朱熹理学的阵地。

饶鲁又先后主持了白鹿书院、九江濂溪书堂、南昌东湖书院、高安西涧书院、临川临汝书院的讲席，成为鄱阳湖地区传播朱子理学的重要人物。

---

① 宋濂：《元史》卷一八九《儒学传·胡一桂传》，中华书局 1976 年版，第 4322 页。
② 黄宗羲原著，全祖望补修，陈金生、梁运华点校：《宋元学案》卷八三《双峰学案》，中华书局 1986 年版，第 2812 页。
③ 侯外庐、邱汉生、张岂之主编：《宋明理学史》，人民出版社 1997 年版，第 731 页。
④ 黄宗羲原著，全祖望补修，陈金生、梁运华点校：《宋元学案》卷八三《双峰学案》，中华书局 1986 年版，第 2812 页。
⑤ 脱脱：《宋史》卷四四《理宗本纪》（四），中华书局 1977 年版，第 851 页。

宝祐六年（1258），他在掌教白鹿洞书院时，把程端蒙、董铢的《董程二先生学则》与朱熹的《白鹿洞书院揭示》同揭于白鹿洞书院，并《跋》之曰："《白鹿洞教条》乃文公朱先生所集圣贤之成训，而《学则》者，乡先生程、董二公之所为，文公尝有取焉者也。今合二者而并揭之。一则举其学问之宏纲大目，而使人之知所用力；一则定为群居日用之常仪，而使人之有所持循，即大、小学之遗法也。学者诚能从事于此，则本末相须，内外交养，而入道之方备矣。"[1]

饶鲁培养了优秀弟子休宁人程若庸。此外，他的弟子还有江万里之舅陈大猷，余干的史泳、赵良淳，庐陵罗椅，武宁冷应凯，乐平吴中，祁门的汪华，新昌罗天酉、蔡汝揆，浮梁吴迁等。

程若庸，字逢原，安徽休宁人。"从双峰及沈毅斋贵珤得朱子之学，淳祐间，聘湖州安定书院山长。冯去疾创临汝书院于抚州，复聘为山长。咸淳间，登进士，授武夷书院山长，累主师席，其从游者最盛，称徽庵先生。所著有《性理字训讲义》《太极洪范图说》。陈定宇极称其《字训》。"[2] 程若庸强调讲学必"以圣人为师"，他在《斛峰书院讲义》中把学问分为四等："其一等曰圣贤之学，其二等曰仁义名节之学，其三等曰辞章之学，其四等曰科举之学。"[3] 此外，还有"剽窃架漏而不入等者"。"若夫圣贤之学无他，始由此以为士，终即此以为圣；始由此以修身，终即此以平天下。……创书院而不讲明此道，与无书院等尔。"认为创办书院就是要培养圣贤之才，如果不讲圣贤之道，书院之设也就没有任何意义。程若庸的弟子有新安范奕、吴锡畴，在江西则有程钜夫和吴澄，他们成为入元以来最重要的理学家。

饶鲁在学术上的另一成就，就是他对吴澄的草庐学派有开启之功。侯外庐

---

[1] 程端礼：《程氏家塾读书分年日程》卷三，黄山书社 1992 年版，第 5 页。

[2] 黄宗羲原著，全祖望补修，陈金生、梁运华点校：《宋元学案》卷八三《双峰学案》，中华书局 1986 年版，第 2817 页。

[3] 黄宗羲原著，全祖望补修，陈金生、梁运华点校：《宋元学案》卷八三《双峰学案》，中华书局 1986 年版，第 2820 页。

先生指出："在饶鲁之后，其学传至吴澄。吴澄在和会朱陆中，比起饶鲁来说，走得更远一些，以至有宗陆背朱之嫌。"①

总之，饶鲁在由宋到元理学输出的过程中，起了关键的作用。"元代的理学实为江西人的理学，而江西的理学，又实为余干人的理学。……余干实际上已成为由宋到元理学输出的起点站，而这个站台的调度者便是饶鲁。"②

4. 安仁"三汤"由朱入陆的理学思想

宋末元初朱子理学在鄱阳湖地区传播的一支重要力量是安仁(今江西余江)"汤氏三先生"。汤氏三先生即汤千、汤巾、汤中三兄弟，因汤千号"存斋"，汤巾号"晦静"，汤中号"息庵"，因此，《宋元学案》将汤氏三兄弟创立的学派称为"存斋晦静息庵学派"。《宋元学案》中将"安仁三汤"写作"鄱阳三汤"，可能是由于安仁县一直隶属于鄱阳郡的缘故。该派弟子甚多，著名的有汤汉、徐霖、王应麟、危复之、谢枋得、徐直方、曾子良、程绍开、吴澄、胡一桂、李天勇、饶宗鲁、胡志仁、饶敬仲等。

汤氏是饶州安仁崇义乡望族，书香盈庭，素有家学渊源，一门之内，薪火相传。同时还是科举世家，仅两宋中进士者就达 10 余人。汤千、汤巾、汤中三兄弟皆以理学名天下，故又被尊为"理学之家"。其父汤有严，字德威，于"古学无不通"。三兄弟"自其少时，博参圣贤言论，以为指归，精思力践，不进不已"③。汤千兄弟一直跟随父亲学习，尽得家学之传。

从学缘来看，三汤皆师从柴中行和真德秀，柴中行自称为朱熹的私淑弟子，真德秀师从李燔，是朱熹的二传弟子，因此三汤为朱熹三传弟子。"鄱阳汤氏三先生，导源于南溪，传宗于西山。而晦静由朱而入陆，传之东涧（汤汉）；晦静又传之径畈（徐霖）。杨（简）、袁（燮）之后，陆学之一盛也。"④ 三

---

① 侯外庐、邱汉生、张岂之主编：《宋明理学史》，人民出版社 1997 年版，第 721 页。

② 吴长庚主编：《朱熹与江西理学》，江西高校出版社 2007 年版，第 129 页。

③ 黄宗羲原著，全祖望补修，陈金生、梁运华点校：《宋元学案》卷八四《存斋晦静息庵学案》，中华书局 1986 年版，第 2842 页。

④ 黄宗羲原著，全祖望补修，陈金生、梁运华点校：《宋元学案》卷八四《存斋晦静息庵学案》，中华书局 1986 年版，第 2841 页。

汤之学导源于柴中行，继而又师事西山学派创始人真德秀。真德秀，建宁浦城人，"西山之望直继晦翁"，称为"正学大宗者"。韩国李退溪甚至称誉他为"朱门以后第一人"。汤氏三兄弟同宗朱学，讲学授徒，形成了自己的思想体系。他们在传承朱子理学的同时，又接受陆九渊"心学"的影响，出入朱、陆之间，融会朱、陆而自成一家。

三汤内部学术思想也不尽相同。全祖望对三汤之学的学术渊源及其发展演变，进行了梳理。他说："三汤子之学，并出于柴宪敏公中行，固朱学也。其后又并事真文忠公，亦朱学。及晚年，息、存二老仍主朱学，称大、小汤，而晦静别主陆学。东涧之学，肩随三从父而出，师友皆同，而晚亦独得于晦静。是时朱、陆二家之学并行，而汤氏一门四魁儒，中分朱、陆，各得其二。"①认为三汤导源于柴中行、真德秀，源出于朱学，在学术上以朱学为宗，通过阐明朱子学说，传承并光大了程、朱学术。三汤之中，汤千、汤中一直恪守朱学，而汤巾则兼收博采，在朱学的基础上，吸收陆学的营养，由朱入陆，并传其学于从子汤汉。汤巾、汤汉学兼宗朱、陆，开和会朱、陆之先河，且汤汉"补两家之未备，是会同朱陆之最先者"②。因此，全祖望称："陆文安公弟子，在江南西道中最大者，有鄱阳汤氏。"③

汤千（1171—1226），字升伯，号存斋。自幼聪颖好学，触类旁通，有神童之誉。父亲汤德威博通古学，以学行表率于乡里。汤千尽得家学之传，少时求学于柴中行门下，饱读经书，听讲先朝名臣言行，羡慕其为人，立下成圣成贤之志。后又师事真德秀。汤千性格恬静，德宇粹然，精思而践行，是"用心于内，而求践其实"的学者，其清纯的境界，被真德秀誉为"君似天空明月秋"。他与真德秀究论"洙泗、伊洛之源流，与朱、陆氏之所以同异，融会贯通，卓

①　黄宗羲原著，全祖望补修，陈金生、梁运华点校：《宋元学案》卷八四《存斋晦静息庵学案》，中华书局 1986 年版，第 2842 页。

②　黄宗羲原著，全祖望补修，陈金生、梁运华点校：《宋元学案》卷八四《存斋晦静息庵学案》，中华书局 1986 年版，第 2843 页。

③　全祖望：《全祖望集汇校集注·鲒埼亭集》，上海古籍出版社 2000 年版，第 642 页。

然自有见处"①。他探究朱、陆之异同，并不持门户之见，而是兼取所长，融会贯通。

汤千在庆元二年（1196）中进士，授黄州黄陂尉，后又任金华主簿，武昌军节度推官，南剑州、嘉兴府教授等职，改通直郎、知湖州武康县，未上任就去世，年仅55岁。汤千虽然为官四方，政务繁忙，但讲学不断，在任南剑、嘉兴府学教授时，常与诸生讲论道义，孜孜不倦。"虽吏胥、市人子有可教者，亦收置黉序，亲授经史。"②其为官廉洁，性格直率，却不善逢迎上司，虽然政绩卓著，却难得其赏识，于是弃官归故里归隐讲学，以著述为乐。一生著述颇丰，有《泮宫讲义》二卷、《史汉杂考》二卷、《记闻》十卷、《存斋文集》二十卷、《楮币罪言》一卷等著作传世。

汤巾，字仲能，号晦静，人称晦静先生，是汤千之弟。嘉定七年（1214）进士，任繁昌主簿，真德秀作《送汤仲能之官繁昌序》，勉励他"仲能勇于为善者也，余故以昔之所闻于父老者告焉……然居官临人，要必以二者为本。盖一毫不自尽，不足以言忠；一念不相续，不足以言诚。己未忠而觊人之我从，己未诚而责物之应我，天下无是道也。"③因性情刚直且有学识，宋理宗绍定六年（1233），江东提刑袁甫慕名而来，礼聘汤巾为白鹿洞书院山长，主持白鹿洞讲席。汤巾在白鹿洞宣讲理学，天下学子纷纷慕名而来，使书院生徒日众，弦歌不绝。理宗淳祐三年（1243）授宣教郎，主成都玉局观事，擢右司谏，遇事敢言。杜范称其"负敢言之气，不苟同于流俗者也"④。但因朝野腐败，汤巾无意于政坛，于是弃官归隐，潜心研究朱、陆学术，成为一代理学

① 黄宗羲原著，全祖望补修，陈金生、梁运华点校：《宋元学案》卷八四《存斋晦静息庵学案》，中华书局1986年版，第2842页。
② 黄宗羲原著，全祖望补修，陈金生、梁运华点校：《宋元学案》卷八四《存斋晦静息庵学案》，中华书局1986年版，第2842页。
③ 真德秀：《西山文集》卷二七《送汤仲能之官繁昌序》，景印文渊阁《四库全书》第1174册，台湾商务印书馆1986年版，第423页。
④ 杜范：《清献集》卷一二《签书直前奏札壬寅第二札》，景印文渊阁《四库全书》第1175册，台湾商务印书馆1986年版，第712页。

大家。三汤之中，汤巾的学术影响较大。汤巾致力于朱熹的道问学，又醉心于陆九渊的尊德性，其学说先是和会朱、陆，继而由朱入陆，晚年致力于陆学研究与传扬，《宋元学案》因此将其列为"金溪续传"，《袁清容集》亦言"晦静始会同朱、陆之说"，成为会同朱、陆学说的开山者。其重要门人有徐霖和从子汤汉。

徐霖（1214—1261），字景说，西安人，学者称径畈先生。曾任著作郎、国史编修等职，他有志圣贤之道，"当咸淳之际，开讲尤大有名"。衢州太守游钧置学田筑精舍，礼聘其讲学，远近求学者竟达三千人，南宋著名的抗元志士谢叠山就是其门人。徐霖师承汤巾，转入陆学，有会和朱、陆的倾向，但同时仍然坚持朱熹读书求理的笃实工夫，而非专门"静坐"禅悟的修炼者。著有《太极图说遗稿》《春山文集》等。徐霖传学术于信州上饶徐直方，徐直方交好于程绍开，为程绍开的学术同调。

汤中，字季庸，号息庵，是汤千之弟。自幼聪明睿智，少小之时就闻名乡里。与兄汤千并称"大、小汤"。宝庆二年（1226）进士，历任校书郎、起居郎、除右文殿修撰、湖北转运副使、袁州知州、建州知州等职，以焕章阁待制致仕。汤中能文能武，为朝野称羡。著有《大易论说》，可惜该书早佚，对他思想的了解有限。

汤汉（1202—1272），字伯纪，号东涧。自幼聪颖，思维敏捷，过目不忘。师从族叔汤巾，传承了汤巾和会朱、陆的思想，成为朱、陆学说的研究大家，也得到柴中行、真德秀等人的赞誉，真德秀知潭州时，罗致汤汉为宾客。

汤汉在理宗淳祐四年（1244）中进士，授上饶县主簿。汤汉学则穷理，任官讲义节，其学行气节，受到很多人的赞誉，江东提刑赵汝腾就称誉汤汉为"文章钜手"，"今海内知名士也，岂得史之州县哉"！① 多次向朝廷举荐。上饶状元徐元杰也在荐言中，说汤汉"家学相先，文价蚤定，其所交游者皆前辈老

---

① 黄宗羲原著，全祖望补修，陈金生、梁运华点校：《宋元学案》卷八四《存斋晦静息庵学案》，中华书局 1986 年版，第 2842 页。

师宿儒也。不惟著述具有法度，至于操履亦有矩仪。近世名贤率尊尚之，或奖荐之。奏名别头，大对天陛，昌言无隐，犯时忌而不顾。"①后来，汤汉任信州府学教授兼象山书院山长，主讲朱、陆之说，又在故里安仁汤源建环溪书院，请柴中行讲学其中，一时间，书院名声远播，学子云集。

淳祐十二年（1252）汤汉迁国史实录院校勘兼太学博士。他借水灾之机，上章进谏理宗，要"立心以公，持心以敬"，而不当"怀私恩，隆私亲，信私人，有私令，殖私财"。要求皇帝讲求义理，修身正心。景定元年（1260），面对蒙哥汗大举南侵的威胁，他趁轮对之机，献策于理宗："今日扶危救乱，无复他策，在乎人主清心无欲，尽用天下之财力以治兵；大臣公心无我，尽用天下之人才以强本，庶几尚有以亡为存之理耳。"②

度宗即位后，汤汉迁起居郎兼侍读。他请求度宗，"愿陛下持一敬心以正百度，政事必出于朝廷，而预防于多门；人才必由于明扬，而深杜于邪径"③。后出知宁国府，历刑部侍郎，知福州兼福建安抚使，知太平州，累迁权工部尚书，以端明殿学士致仕。他为官 28 载，"介洁有守，恬于进取"，④ 正直敢谏，素有政声。1272 年病逝，享年 71 岁，谥"文清"，追赠饶国公，入祀安仁乡贤祠。编著有《东涧集》七十卷、《陶靖节诗注》四卷、《妙绝古今》等著作。

汤汉为学不株守一家，不仅精通朱学，而且博采众长，于陆学、吕学也多有研究，成为兼通朱学、陆学、吕学的学者。他曾作《西山读书记纲目》，认为"性命者，义理之源，故以为编之首；性之发为情，而心则统乎性情者也，故性之次曰心，曰情者，此三者一编之纲领也。其目则曰仁、义、礼、智、信者，天命之性也；父子、君臣、夫妇、长幼、朋友者，率性之道也。故五常之

① 徐元杰：《梅野集》卷六《应诏荐士状》，景印文渊阁《四库全书》第 1181 册，台湾商务印书馆 1986 年版，第 675 页。
② 黄宗羲原著，全祖望补修，陈金生、梁运华点校：《宋元学案》卷八四《存斋晦静息庵学案》，中华书局 1986 年版，第 2843 页。
③ 脱脱：《宋史》卷四三八《儒林八·汤汉传》，中华书局 1977 年版，第 12978 页。
④ 脱脱：《宋史》卷四三八《儒林八·汤汉传》，中华书局 1977 年版，第 12979 页。

次，五典继之。"袁桷曾评论道："自武夷之说行，其门人衿重自秘，皆株守拱立，不能亲有所明辨。独勉斋黄公奋然卫道，以其同焉者析之，曲焉者直之，使后之人无以议。汤文清公后出，复以昔之所深疑者充廓之，是则武夷之忠臣矣。"① 他与王应麟"言关洛、建上、江西之异同，永嘉制度，沙随《古易》，蔡氏《图书经纬》，西蜀史学，通贯精微，剖析幽眇"②。他编的《妙绝古今》被奉为作文圭臬，可与真德秀的《文章正宗》相提并论。

"汤巾、汤汉开创了宋元之际和会朱、陆学术潮流的先河，其学术地位是应该高度评价的。"③

与汤巾、汤汉学术同道者还有程绍开。

程绍开（1223—1280），字及甫，号月岩，信州贵溪人。曾以布衣掌教贵溪象山书院。程绍开的学术观点与汤巾、汤汉相似，"尝筑道一书院，以合朱、陆两家之说"④。吴澄与程绍开相交甚密，曾自称为其弟子。《宋元学案》把吴澄列入为月岩门人。全祖望说："幼清从学于双峰，固朱学也，其后亦兼主陆学。盖草庐又师程氏绍开，程氏尝筑道一书院，思和会两家。然草庐之著书，则终近乎朱。"⑤

汤巾再传弟子中，还有著名的抗元志士谢枋得。

谢枋得（1226—1289），字君直，号叠山，信州弋阳人。其祖籍浙江绍兴，是谢灵运之三十世孙，因高祖父谢通灵任弋阳县令，从而定居弋阳。他师从徐霖，为汤巾的再传弟子。

谢枋得自幼心怀大志，以忠义自任，为人豪爽，疾恶如仇，与人论古今治

① 袁桷：《清容居士集》卷四九《跋宜春夏君与上饶陈先生文蔚讲经书问》，景印文渊阁《四库全书》第1203册，台湾商务印书馆1986年版，第649页。
② 袁桷：《延祐四明志》，《宋元方志丛刊》本，中华书局1990年版，第6188页。
③ 胡青：《宋元之际江西理学界和会朱陆之思潮》，《江西教育学院学报》1995年第5期。
④ 黄宗羲原著，全祖望补修，陈金生、梁运华点校：《宋元学案》卷八四《存斋晦静息庵学案》，中华书局1986年版，第2849页。
⑤ 黄宗羲原著，全祖望补修，陈金生、梁运华点校：《宋元学案》卷九二《草庐学案》，中华书局1986年版，第3036页。

乱国家事，必掀髯抵几跳跃自奋，其师徐霖形容他"如惊鹤摩霄，不可笼絷"。宝祐四年（1256）与文天祥同科进士。1258 年，面对蒙古骑兵的南侵，为保卫家园，他变卖家产，毁家纾难，在家乡组织了两千多人的民间武装，抗元名将赵葵为其义举感动，荐举他为礼兵部架阁。1275 年 9 月，被任命为江东提刑兼江西招谕使、信州知府等职，守卫饶州和信州。他请求加封辛弃疾，谥号"忠敏"，以激励民众斗志，亲率义军血战安仁，再战铅山。当元军占领南宋都城临安后，谢太后下达降元诏令，令南宋各地文武官员放弃抵抗，归顺元廷。谢枋得虽然接到诏书，但坚决拒绝降元。他说："君臣以义合者也，合则就，不合则去。"他终不肯降元，易服改名，逃往福建武夷山中。

谢枋得胸怀大志，以程朱理学的圣贤理论来指导自己的行动，更用自身的言行来承当"程朱之事"。他说："儒者常谈所谓为天地立心，为生民立极，为去圣继绝学，为万世开太平，正在我辈人承当，不可使天下后世谓程朱之事皆大言无当也。"[①] 在宋亡之后，他先后五次拒绝了元朝的征聘，坚持民族气节，不图富贵荣华，宁做宋朝的遗民，也不做蒙元的高官。他在《上程雪楼御史书》中，表明自己是"宋室孤臣，只欠一死"，以要为母守孝为由，拒绝了元政府的征聘。他给降元宰相留梦炎写下了著名的《却聘书》，以司马迁的"人固有一死，或重于泰山，或轻于鸿毛"表明自己的心志，"今吾年六十余矣，所欠一死耳"！表示"若逼我降元，我必慷慨赴死，决不失志"。后被福建行省参政魏天佑强行押至大都，临行前，他作《魏参政执拘投北，行有期，死有日，诗别二子及良友》诗以言志，以龚胜、伯夷激励自己，保持节操，表明生为宋朝之臣，死为大宋之鬼，此去将以死报国，决不作不忠不义之人的决心："雪压松柏愈青青，扶植纲常在此行。天下久无龚胜洁，人间何独伯夷清。义高便觉生堪舍，礼重方知死甚轻。南八男儿终不屈，皇天

---

① 谢枋得：《叠山集》卷二《与李养吾书》，景印文渊阁《四库全书》第 1184 册，台湾商务印书馆 1986 年版，第 864 页。

上帝眼分明。"①最后，在大都绝食殉国，体现了理学家高尚的道德人格，以实际行动，实现了孟子所倡导的"富贵不能淫，贫贱不能移，威武不能屈"大丈夫精神和"宁为玉碎，不为瓦全"的坚贞气节。在《和曹东谷韵》中，谢枋得高唱："万古纲常担上肩，脊梁铁硬对皇天。人生芳秽有千载，世上荣枯无百年。此日识公知有道，何时与我咏游仙。不为苏武即龚胜，万一因行拜杜鹃。"②表达了铁肩担道义的担当意识。胡一桂对谢枋得的人品大加赞叹，称誉他："抱三光五岳之正气，负三纲五常之重任。涉世于强仕之年，秉操于立朝之日。……斯文倚之为命脉，衣冠赖之以纲维。义夫节妇，得所标表以益坚；乱臣贼子，有所观望而羞愧。道德之兴废，关系于先生之一身，而把握扶持之责，其重而匪轻也。"③明代大学士李奎在《褒崇忠节奏疏》中也称其"忠肝义胆与金石同坚，高名峻节与文天祥相表里"。他号叠山，文天祥号文山，其忠贞不屈的精神，与文天祥一道被视为中国爱国主义的两座高山。

谢枋得在继承程朱理学家道德气节的同时，对陆九渊的性命道德之说亦加尊崇。他说："学孔、孟者，必自读《四书》始。意之诚，家国天下与吾心为一；诚之至，天地人物与吾性为一。"④又曾与李养吾言道："人可回天地之心，天地不能夺人之心。大丈夫行事，论是非不论利害，论逆顺不论成败，论万世不论一生。志之所在，气亦随之，气之所在，天地鬼神亦随之。"⑤谢枋得既崇信陆学反求吾心的原则，但也讲究朱子读书穷理的为学功夫。

① 谢枋得：《叠山集》卷一《魏参政执拘投北，行有期，死有日，诗别二子及良友》，景印文渊阁《四库全书》第1184册，台湾商务印书馆1986年版，第850页。
② 谢枋得：《叠山集》卷一《和曹东谷韵》，景印文渊阁《四库全书》第1184册，台湾商务印书馆1986年版，第850页。
③ 胡一桂：《上谢叠山先生书》，见李修生主编《全元文》（第13集）卷四五七，江苏古籍出版社1999年版，第235页。
④ 谢枋得：《叠山集》卷三《东山书院记》，景印文渊阁《四库全书》第1184册，台湾商务印书馆1986年版，第879页。
⑤ 谢枋得：《叠山集》卷二《与李养吾书》，景印文渊阁《四库全书》第1184册，台湾商务印书馆1986年版，第864页。

第四节　理学在婺源的传衍

婺源是朱熹故里，明代王袆在《重建文公家庙记》中说："徽之婺源，文公先生子朱子父母之邦也。"①

婺源建县于唐开元二十八年（740），宋代婺源虽属徽州，但境内的山峦河流，与江西乐平、浮梁、德兴连为一体，山水交融，婺源之水通过乐安河流入鄱阳湖，境内属鄱阳湖水系而非新安江水系，因此从这个角度来讲，婺源也可作为鄱阳湖地区的一部分。

一、朱熹两次回归故里婺源

"朱氏其先吴郡，中徙歙之黄墩。"② 据民国二十年《新安月潭朱氏族谱》卷首《婺源始祖世袭图》所载："唐广明间，因巢乱，避地歙之黄墩。天祐中，以刺史陶雅之命领兵三千戍婺源，民赖以安，因家焉。"唐僖宗广明元年（880），姑苏富豪朱瓌，又名古僚，字舜臣，为避黄巢之乱，迁居歙县黄墩，唐昭宗天祐间（904—907）朱古僚为婺源镇将，奉徽州刺史陶雅之命，领兵三千戍防婺源，于是举家移居婺源，后来任制置茶院之官。朱古僚为婺源朱氏的始祖，"新安之有朱氏自此始，茶院之派自此基然也"③。从此，朱氏在婺源生息繁衍。北宋末年，朱古僚的第八世孙朱松，在政和八年（1118）以"同上舍"出身，授迪功郎，任福建政和县尉。于是朱松带着父亲朱森等一家8口来到福建，12年后，朱熹出生，成为婺源朱氏的第九世孙。咸淳五年（1269），宋度宗为婺

---

① 王袆：《王忠文集》卷九《重建文公家庙记》，景印文渊阁《四库全书》第1226册，台湾商务印书馆1986年版，第186页。
② 戴铣：《朱子实纪》卷一《世系源流》，明正德八年（1513）刻本。
③ 朱恒元纂修：《续修紫阳堂朱氏家乘》卷一《朱氏源流考》，清光绪二十一年（1895年）木活字印本。

源朱子祠赐额"文公阙里",婺源作为朱熹故里,得到了最高统治者的认可。

朱熹情系桑梓,不忘父母之邦,对故乡有着十分浓郁的亲情,曾两次回到婺源故里。

绍兴二十年(1150)春,21岁的朱熹以新科进士的身份,衣锦还乡,回到故里婺源,祭扫祖墓,认祖归宗。在亲朋好友的帮助下,赎回了典卖多年的百亩祖田,寻访了连同、汤村、官坑、镇卜、王桥、小港六处先祖葬地,作了封识。还去谒告了朱氏家庙,凭吊了故宅中的虹井,游览了父亲朱松曾读书其中的紫阳山,到歙县拜见了外祖父祝确,遍访婺源亲友。

朱熹这次归婺源,就有亲友子弟向他问学,朱熹以少年得志的新科进士的名望同这些后生学子谈诗论文,论道讲学,把自己的影响首次带到了婺源,在婺源故里有了程洵等最早的一批门人弟子。程洵是程鼎之子,朱熹表弟,字允夫,喜工诗文,程洵向朱熹请教诗文,朱熹开导程洵:"《三百篇》性情之本,《离骚》辞赋之宗,学诗而不本之于此,是亦浅矣。然学者所急,亦不在此。学者之要务,反求诸己而已。《语》《孟》二书,精之熟之,求所以见圣贤用意处,佩服而力持之可也。"[1]朱熹还作了三首诗相赠程洵:

> 外家人物有吾子,我乃平生见未尝。文字只今多可喜,江湖他日莫相忘。
>
> 故家归来云树长,向来辛苦梦家乡。行藏正尔未坚决,又见春风登俊良。
>
> 我忆当年诸老翁,经纶事业久参同。只今零落三星晓,未厌栖迟一亩宫。[2]

淳熙三年(1176)三月十二日,朱熹二次回婺源故里。此时,47岁的他已经是一个名满天下的理学大师,在蔡元定的陪同下,再次回到故乡婺源,受到了地方官员、亲朋好友、门生故旧的热情接待。《年谱》云:"蔡元定从。既至,邑宰张汉率诸生请讲书于学,辞。复请撰《藏书阁记》,许之。而以程氏《遗书》《外书》《文集》《经说》,司马氏《书仪》、高氏《送终礼》、吕氏《乡

---

[1] 王懋竑:《朱子年谱》卷一,景印文渊阁《四库全书》第447册,台湾商务印书馆1986年版,第225页。

[2] 程敏政:《新安文献志》甲卷五六《赠内弟程允夫》,景印文渊阁《四库全书》第1375册,台湾商务印书馆1986年版,第751页。

仪乡约》等书留学中。乡人子弟日执经请问，随其资禀，诲诱不倦，又作《茶院朱氏谱序》，至六月初旬乃归。"①

朱熹把带来的程氏《遗书》《外书》《文集》《经说》、司马氏《书仪》、高氏《送终礼》、吕氏《乡仪乡约》等一批书籍赠给了婺源县学，并且撰写了《徽州婺源县学藏书阁记》："道之在天下，其实原于天命之性，而行于君臣、父子、兄弟、夫妇、朋友之间；其文则出于圣人之手，而存于《易》《书》《诗》《礼》《乐》《春秋》，孔、孟氏之籍，本末相须，人言相发，皆不可以一日而废焉者也。盖天理民彝，自然之物，则其大伦大法之所在，固有不依文字而立者。然古之圣人欲明是道于天下而垂之万世，则其精微曲折之际，非托于文字亦不能以自传也。故自伏羲以降，列圣继作，至于孔子，然后所以垂世立教之具粲然大备。天下后世之人，自非生知之圣，则必由是以穷其理，然后知有所至而力行以终之。……然自秦汉以来，士之所求乎书者，类以记诵剽掠为功，而不及乎穷理修身之要；其过之者则遂绝学捐书，而相与驰骛乎荒虚浮诞之域。盖二者之蔽不同，而于古人之意，则胥失之矣。"②认为人要通过读书才能认识天理，强调了读书穷理的道问学工夫，也隐含着对"绝学捐书"的陆学的批评。

朱熹这次回婺源，讲学于汪清卿之家。"日与乡人讲学于汪氏之敬斋，至六月乃去。"从三月至六月，学徒蜂拥而至，除了程洵等原有弟子外，又有滕璘、滕琪兄弟，程先、程永奇父子，以及吴泉、李季札、程端蒙、董铢、董景房、汪清卿、张珍卿、程珙等一批士子前来拜师问学。《宋元学案补遗》引汪佑在《紫阳书院建迁源流记》中所记云："朱子自闽归徽，省墓星源（婺源），绍兴庚午一至，淳熙丙申再至。其时思返故庐，迟留数月。教泽所振兴起，执

---

① 王懋竑：《朱子年谱》卷二，景印文渊阁《四库全书》第447册，台湾商务印书馆1986年版，第280页。

② 朱熹：《晦庵先生朱文公文集》卷七八《徽州婺源县学藏书阁记》，见朱杰人、严佐之、刘永翔主编：《朱子全书》（修订本）第24册，上海古籍出版社、安徽教育出版社2010年版，第3734页。

弟子礼者三十人。"①朱熹两次回归婺源先后收弟子三十余人。在婺源,朱熹以一个理学大师的威望,用自己尊德性、道问学的"顿进新功"来塑造这些新收弟子。"先生受业者甚众,今论定高弟子十二人。"后被《紫阳书院志》立传的12名优异弟子中,婺源有程洵、滕璘、滕珙、李季札、汪清卿等人。

"朱熹这次婺源之行真正把朱学之风吹入了皖南,从而在皖中形成了一个以新安弟子为核心的朱学学派支脉。"②

婺源作为朱子故里,有着良好的朱学基础,婺源人对朱熹及其学说有一种天然的亲和力。正如胡炳文所说:"我辈居文公乡,熟文公书,自是本分中事。今能使舟车所至,人力所通者,皆家传而人习,斯道一大幸也。"③《婺源县志》卷三《风俗》亦说:"自唐、宋以来,卓行炳文,固不乏人,然未有以理学鸣于世者。至朱子得河洛之心传,以居敬穷理启迪乡人,由是学士争自濯磨以冀闻道。"④

程洵、滕璘、滕珙、李季札、汪清卿等都是婺源朱熹的著名弟子。

二、程洵:婺源首批朱门弟子

程洵(1135—1196),原字钦国,后更字允夫,号克庵,婺源人。他是朱熹内弟,"好学而敏于文",少年喜读河南程氏和四川眉山苏氏之书,感觉读之"心开目明,恍然若与数先生坐于卷中,而亲闻声咳也"⑤。因而沉迷于诗文之中。绍兴二十年春,朱熹第一次回婺源时,就由程洵全程陪同,互相交流

①　王梓材、冯云濠撰,沈芝盈、梁运华点校:《宋元学案补遗》卷六九《紫阳书院建迁源流记》,中华书局 2012 年版,第 169 页。

②　束景南:《朱子大传》,商务印书馆 2003 年版,第 387 页。

③　胡炳文:《云峰集》卷一《答定宇陈先生枺并辞求遗逸诏》,景印文渊阁《四库全书》第 1199 册,台湾商务印书馆 1986 年版,第 742 页。

④　江峰青撰:民国十四年刊本《婺源县志》卷三《风俗》,《中国方志丛书》(华中地方·第 239 号),台湾成文出版社 1987 年版,第 10 页。

⑤　程曈辑撰,王国良、张健点校:《新安学系录》卷七《程克庵》,黄山书社 2006 年版,第 134 页。

学问。"自元和后，苏氏有戏伊川程氏之语，门人怨怒，力排苏氏，由是学者党分川洛朔。"但程洵却始终在苏、程之间徘徊，"初慕苏氏之议论，复谓程、苏之道同"，欲"合苏、程为一家"。朱熹劝导程洵道："学者所急，亦不在此。学者之要务，反求诸己而已。《语》《孟》二书，精之熟之，求所以见圣贤用意处，佩服而力持之可也。"①认为为学之要务，在于反求诸己的心性道德修养，而不在于诗文词章。而反求诸己，别无其他捷径，只有熟读精思《论语》《孟子》，才可以探本溯源，求得圣贤本意，持之以恒，就能达到圣贤的地位。最终程洵被朱熹说服，认同了朱熹的看法，转而致力于孔、孟和濂洛之书，且"欲尽弃举业，一意学问，以求进于圣贤之域，贫不果也"②。

当他任庐陵录参时，与新任主官不谐，主官参他为朱熹同党。"吉州知录程洵，亦是伪学之流。"程洵得知后，反以能与朱熹同道为荣。"先生与晦庵书曰：'某滥得美名，恐为师门之辱。'"丝毫不顾处境的险恶。朱熹也为他感到欣慰，答曰："今日方见吾弟行止分明。"③当时宰相周必大亦敬佩其学行，折节与之友。

程洵后讲学于婺源，"士友云集，登其门者，如出文公之门"④。为理学在婺源的传播作出了很大贡献。程洵曾以"道问学"为斋名，朱熹更名为"尊德性斋"。他著有《尊德性斋集》，朱熹称赞该书："意格超迈，程度精当，虽诸老先生犹抚手降叹。"周必大为该书作序，评价该书"议论平正，辞气和粹"。程洵病故后，朱熹为之恸哭，亲撰祭文曰："中外兄弟，盖无几人，有如允夫，尤号同志。学与时背，仕皆不逢，犹计暮年，更相勉励，卒其旧业，以毕余生。何意允夫，而遽止此。"⑤对他的去世深表痛惜。

---

① 王懋竑：《朱子年谱》卷一，景印文渊阁《四库全书》第447册，台湾商务印书馆1986年版，第225页。

② 程瞳辑撰，王国良、张健点校：《新安学系录》卷七《程克庵》，黄山书社2006年版，第134页。

③ 黄宗羲原著，全祖望补修，陈金生、梁运华点校：《宋元学案》卷六九《沧洲诸儒学案》，中华书局1986年版，第2269页。

④ 程瞳辑撰，王国良、张健点校：《新安学系录》卷七《程克庵》，黄山书社2006年版，第135页。

⑤ 程瞳辑撰，王国良、张健点校：《新安学系录》卷七《程克庵》，黄山书社2006年版，第137页。

三、滕璘、滕珙兄弟："惟先生兄弟之传得其宗"

滕璘（1150—1229），字德粹，号溪斋，婺源东溪人。自少嗜学，"他自少喜读书，在蜀得官书数千卷以归，及家居，益求生平所未见，搜览不怠"[1]。淳熙三年（1176），朱熹第二次回婺源省亲，住在县城西郊汪清卿家，应邀在汪清卿的敬斋为学子讲学，滕璘与其弟滕珙慕名前往，拜朱熹为师，经常就《大学》《中庸》等问题向朱熹"质疑问难"，"得《大学中庸章句》而熟复焉"，成为朱熹门人。朱熹归闽后，一旦有所思所惑，就去信向朱熹请教。朱熹视滕璘为"乡里后起之秀"，对他宠爱有加，悉心指导，朱子的文集收录了朱熹给滕璘的回信达十二通之多。朱熹教导他要改正"贪多欲速"的毛病，指示他为学之要："足下诚若有志，则愿暂置于彼而致精于此，取其一书，自首而尾，日之所玩不使过一、二章，心念躬行，若不知复有他书者。如是终篇，而后更受业焉，则渐涵之久，心定理明，而将有以自得之矣。《论语》一书，圣门亲切之训，程氏之所以教，尤以为先。足下不以愚言为不信，则愿自此书始。"[2]在朱熹的教诲下，滕璘苦读《论语》，并作《论语说》。"朱子见而善之，既而语之曰：'学以变化气质为功，而不在于多立说'。"滕璘谨记师言，"懁然不敢轻论著"[3]。

淳熙八年（1181）滕璘中进士，授官鄞县尉，后调鄂州教授，改除四川制置司干官。

滕璘性格刚强，不屈权贵。党禁之际，畏避者固有其人，而奋勇向前者亦不少，有宁绝仕途，不屈于权威者，滕璘就是其中之一。"韩侂胄当国，或劝先生一见，可得掌政。先生曰：'彼以伪学诬一世儒宗，以邪党锢天下善士，顾可干进乎？'""庙堂欲处之班列，终不肯为韩屈，径从铨曹注庆元签判及主

---

① 陆心源辑撰：《宋史翼》卷二五，中华书局 1991 年版，第 265 页。

② 朱熹：《晦庵先生朱文公文集》卷四九《与滕德粹》，见朱杰人、严佐之、刘永翔主编：《朱子全书》（修订本）第 22 册，上海古籍出版社、安徽教育出版社 2010 年版，第 2273 页。

③ 陆心源辑撰：《宋史翼》卷二五，中华书局 1991 年版，第 265 页。

管官告院，以病奉祠。"① 他不愿意屈事权臣韩侂胄，宁可受其迫害，也不与韩侂胄为伍，显示出高尚的节操。

后知嵊县，适逢大旱，粮食歉收，滕璘大力推行荒政，积极赈济灾民，百姓最终得以渡过灾荒。世人评价他，"慈祥之政，惠及田里。廉洁之操，推重缙绅"②。后出任浙江四明签判，到四明之后，又向朱熹请教为政四明之方，朱熹回信道："大抵守官且以廉勤爱民为先，其它事难预论。幸四明多贤士，可以从游，不惟可以咨决所疑，至于为学修身，亦皆可以取益。熹所识者杨敬仲（简）、吕子约（监米仓），所闻者沈国正（焕）、袁和叔（燮），到彼皆可从游。"③教导他要"亲仁择善，为讲学修身之助"。后起通判隆兴府，历浙东、福建帅司参议官，以朝奉大夫致仕。著有《溪斋类稿》三十卷。

滕璘去世后，真德秀为他撰写了《朝奉大夫赐金鱼袋致仕滕公墓志铭》，盛赞"子朱子于潭溪之上，留止四旬，问辨弥笃。盖公于师友渊源所渐如此，故终身践行，不离名教之域。"④ 清代陆心源《宋史翼》亦评价滕璘："其为政务宽厚爱民，两为帅幕，皆以诚实不欺事其长，所议多悦从。"⑤ 正如他生平自述所言："居家孝悌，居乡善良，居官廉洁，少年勤学，晚年静退，斯足矣！"

滕琪，字德章，号蒙斋，滕璘之弟。他自幼受家学熏陶，读书不专以场屋计，而笃志力行。奉父亲之命，与兄滕璘修书请教于朱熹，真德秀在为滕璘所作墓志铭云："乾道、淳熙间，朱子倡道南方，海内学士至者云集，新安滕公德粹时甚少，与弟德章奉其尊君之命，以书自通而谒教焉。"朱熹赞赏他们"今足下既知程氏之学不异乎孔孟之传而读其书矣，又知科举之夺志，佛、老之殊归，皆不

---

① 黄宗羲原著，全祖望补修，陈金生、梁运华点校：《宋元学案》卷六九《沧洲诸儒学案》，中华书局 1986 年版，第 2292 页。

② 程曈辑撰，王国良、张健点校：《新安学系录》卷七《滕溪斋》，黄山书社 2006 年版，第 142 页。

③ 朱熹：《晦庵先生朱文公文集》卷四九《答滕德粹》，见朱杰人、严佐之、刘永翔主编：《朱子全书》（修订本）第 22 册，上海古籍出版社、安徽教育出版社 2010 年版，第 2278 页。

④ 真德秀：《西山文集》卷四六《朝奉大夫赐金鱼袋致仕滕公墓志铭》，景印文渊阁《四库全书》第 1174 册，台湾商务印书馆 1986 年版，第 730 页。

⑤ 陆心源辑撰：《宋史翼》卷二五，中华书局 1991 年版，第 265 页。

足事，则亦循是而定取舍焉耳，复何疑而问于仆耶?"① 并教之以为学之要，认为学问别无他巧，只要持之以恒，讲诵精熟就可。弱冠后，滕珙入太学，又求学于吕祖谦。学成回来后，"群居讲学，涉猎经史，所闻于前言往行之美亦既多矣。"一时学者云集。朱熹致信给他，教导教学心得，"知教授里门，来学得众，甚善。大抵今日后生辈以科举为急，不暇听人说好话，此是大病。须先与说破此病，令其安心俟命，然后可教告以收拾身心，计论义理，次第当有进耳。"②

滕珙在淳熙十四年（1187）中进士，授旌德县主簿，为政甚有治绩，声名闻于州县间。后任合肥县令，《江南通志》亦载："先生令合肥，有仁政。"

滕珙"性廉静，意薄进取"。许月卿评价他道："嘉定以来，士大夫专以朱氏之学为仕途捷径。二滕公当是时，退然如未尝升紫阳之堂者，人为之箟尔，莫或顾之也。"许月卿认为："昔乡正受学于子朱子者，几三十人，惟先生兄弟之传得其宗，故愈久而愈著。"③

滕珙著有《蒙斋集》，"为文以义理为主，不事绮靡"。他曾辑编了《经济文衡》一书，将朱子语录、文集分类编次为前、后、续三集，共七十五卷。四库馆臣评价该书道："《前集》皆论学，《后集》皆论古，《续集》则兼二集所遗而补之。每一论必先著其缘起，次标其立论之意，条分缕析，条理秩然。视他家所编经世大训之类，或简而不详，或繁而少绪者，迥乎不同。似非亲炙之士，学有渊源者，不辨恂说，当有所据也。惟是朱子生平学问大端，具见于此。"④

四、婺源理学的开拓者：李绉、李季札父子

李绉（1116—1193），字参仲，婺源人。他曾筑室钟山隐居，世称"钟山先生"。李绉曾求学于尹和靖弟子吕广问、吕和问，在他们那里接触到了"伊

---

① 程瞳辑撰，王国良、张健点校：《新安学系录》卷七《滕溪斋》，黄山书社 2006 年版，第 142 页。
② 程瞳辑撰，王国良、张健点校：《新安学系录》卷七《滕蒙斋》，黄山书社 2006 年版，第 148 页。
③ 程瞳辑撰，王国良、张健点校：《新安学系录》卷七《滕蒙斋》，黄山书社 2006 年版，第 149 页。
④ 永瑢等：《四库全书总目》卷九二《经济文衡提要》，中华书局 1965 年版，第 785 页。

洛致知笃敬之学",开始研读理学,"是婺源道学派的开拓者"①。有《论语解义》《西铭解义》和《山窗业书》等著作传世。朱熹两次回婺源,都与李缯有过交往。

李缯一生绝意科举,未入官场,以讲学著述为业。他讲学钟山书院,凡有来学者,李缯"随其资诱之,循循不倦",婺源不少士子师事于他。李缯是程洵的启蒙老师,程氏深受其影响。程洵在为李缯所作《钟山先生行状》中云:"初,先生之少也尝从洵先君子学;后,洵复受业先生之门。"他主张人要有礼义廉耻四维,四维张,则"其心康,其身昌",否则"其心荒,其身灭"。学者最重要的是要"知耻"。在为学工夫上,他强调一个"敬"字。他说:"敬者,心之闲辔也。心有不敬焉,则驰矣。敬而不已则明,明则诚。故学者致心之道,敬为要。"②

李缯颇有文采,对一些学者"文章不足学"的论调进行了批评,认为:"文者所以载道,言之不文,行之不远。而世儒或以文为不足学,非也。"他有不少词作传世,如《晓步》:"晓步闲随蛱蝶行,村南村北雨新晴。山花野草自幽意,布谷一声春水生。"描绘了早晨随着飞舞的蝴蝶悠闲地漫步,所见的是村南村北一片雨后新晴的清新景象。山花野草都散发着清幽的诗意,清脆的布谷鸟叫声预告着初春的来临。时人评价他的"词采自然,如风行水上,如浮云游太空中,姿态横生,可喜可愕"。朱熹也称道李缯之文"笔力奔放,而法度谨严,学者所难及也"③。

淳熙三年(1176),朱熹第二次回婺源时,李季札师事于朱熹,成为朱门弟子。李季札字季子,号明斋,生卒年月不详。为婺源乡贤李缯之子,素有家学渊源。

据方彦寿先生考证,"庆元元年(1195),又从学于考亭"④。

---

① [日]中岛乐章著,郭万平、高飞译:《明代乡村纠纷与秩序——以徽州文书为中心》,江苏人民出版社2012年版,第59页。

② 周晓光:《新安理学》,安徽人民出版社2005年版,第67页。

③ 程洵:《钟山先生李公(缯)行状》,见程敏政编:《新安文献志》卷八七,景印文渊阁《四库全书》第1376册,台湾商务印书馆1986年版,第429页。

④ 方彦寿:《朱熹书院门人考》,华东师范大学出版社2000年版,第138页。

李季札著述甚丰,著有《明斋蛙见录》《仁说》《肤说》《近思续录》《字训续录》《家塾记闻》《会遇集》等。但存世的仅有《新安文献志》卷三三《录所闻晦庵先生语》,《朱子语类》卷十六也有部分是由李季札所记。

汪清卿,字湛仲。他早年有志圣贤之学,以"敬"名其斋。淳熙三年朱熹归婺源省墓时,汪清卿以朱熹为师。朱熹在婺源的两个多月里,就住在汪清卿家,在其"敬斋"讲学。朱熹知南康军时,汪清卿还到南康拜访朱熹,淳熙七年三月十五日,朱熹陪同其堂叔朱棣和汪清卿、程正思等人登游落星石并题字。朱熹将自己所作的《敬斋箴》手书赠给了他。

婺源的朱子后学还有许月卿、胡方平、胡一桂父子、胡炳文等人,他们成为介轩学派的重要代表。

作为婺源最早的一批朱门弟子,他们是婺源朱子理学的早期传人。朱熹去世后,他们继续以研习传播朱子理学为己任,精研性命义理之学。他们呈现出很明显的学术特征:一是重视朱熹的《四书》章句之学,致力于《四书》的研究和阐释;二是受朱熹注重《易》学的影响,很多学者都醉心于《易》学研究,并且形成家学传统;三是作为朱熹故里的学子,推崇朱子,致力于传承光大朱子理学,致力于朱子学说的普及。他们学宗朱子,在朱熹故里"致力于儒学与朱子学的传承、捍卫以及弘扬"①。

第五节　宋代信州理学的传衍

一、宋代信州的地缘优势

信州设立于 758 年,因"信美所称"而得名。宋代信州下辖上饶、玉山、弋阳、贵溪、铅山、永丰(今广丰)6 县。信州地处赣东北,信江贯境而过,

---

① 解光宇:《朱子徽州弟子及其思想研究》,《朱子学刊》2009 年第 1 辑。

通达鄱阳湖，是"江右名郡""东南一繁会之区"。信州土地平旷，城市繁华，经济富庶，"市井阗溢，货贿流衍"①。且"士尚弦歌，农知力穑，人无纨绮之好，俗黜华靡之习，风习质朴，尤为近古。鹅湖、象山为朱、陆讲学地，历代以来，理学辈出。"②明嘉靖礼部尚书汪俊在《广信府志》序中，也说信州"入宋，文学间出，南渡以来，遂为要区，人知敦本积学，儒风日盛"③。因此，"弦诵之声，昼夜不绝"④。

信州物产丰美，历来为国家粮食基地，郡内"灵山连延秀拔森耸，与怀玉诸峰巉然相映带。其物产丰美，土壤平衍，故北来之渡江者，爱而多寓焉。"⑤宋代信州聚集了一大批外来的文化精英。叶适在《徐斯远文集序》中云："初渡江时，上饶号称贤俊所聚，义理之宅，如汉许下，晋会稽焉。"⑥刘后村《赵庭原诗序》称信州是"过江文献所聚"之地。危素的《广信文献录序》，描述上饶的文脉渊源道："信，东南大郡也。其山奇拔，其水清写，其钟而为人，有文章，尚节概。自唐吴武陵父子及校书王贞白启其端绪，至于宋室南迁，中原故家，多侨寓于此，而士习益盛。由金书枢密院事张公叔夜，直秘阁知同州郑骧以来，皆能仗节死义，尤足为是邦之重矣。"⑦

南宋时期的信州处于江南东路的最南端，位置更为重要，是面向南宋中心

① 谢旻等监修：雍正十年《江西通志》卷二六《风俗·广信府》，景印文渊阁《四库全书》第513册，台湾商务印书馆1986年版，第841页。
② 蒋继洙：《重修广信府志序》，见蒋继洙、李树藩等纂：同治十二年《广信府志》，《中国方志丛书》（华中地区·第106号），成文出版社有限公司1987年版，第1页。
③ 蒋继洙、李树藩等纂：同治十二年《广信府志·汪俊原序》，《中国方志丛书》（华中地区第106号），成文出版社有限公司1987年版，第21页。
④ 谢旻等监修：雍正十年《江西通志》卷二六《风俗·广信府》，景印文渊阁《四库全书》第513册，台湾商务印书馆1986年版，第841页。
⑤ 韩元吉：《南涧甲乙稿》卷一五《两贤堂记》，景印文渊阁《四库全书》第1165册，台湾商务印书馆1986年版，第226页。
⑥ 叶适撰：《水心集》卷一二《徐斯远文集序》，景印文渊阁《四库全书》第1164册，台湾商务印书馆1986年版，第242页。
⑦ 危素：《广信文献录序》，见李修生主编：《全元文》（第48册）卷一四七一《危素》四，凤凰出版社2004年版，第227页。

的腹地，位于都城临安到西南诸省的东西交通要冲之地，又是南去福建大后方的丁字路口，"牙闽控粤襟淮面浙"。其中铅山是由赣入闽的门户，玉山是由赣入浙的门户，德兴、婺源则是皖赣交流的门户，特殊的地缘优势，使之成为本地文化与外来文化交融的"要区"，也成为文人学者半仕半隐的绝佳场所。洪迈在《稼轩记》中，亦记载了信州优越的位置："国家行在武林，广信最密迩畿辅。东舟西车，蜂午错出，势处便近，士大夫乐寄焉。"因此，辛弃疾、韩元吉、曾几、吕本中等一批寓贤都选择在上饶居住。

信州也是朱熹进出福建的必经之地。他每次进出临安，都要经崇安，过分水关，到铅山、上饶，再取道玉山到达浙江。汪伟的《南岩文公祠记》亦有"吾信为闽之门户，文公游仕四方，必道出焉，故信之山水最为所赏爱"的记载①。李光地的《广信钟灵书院记》亦云："朱子趋朝，往来必由信州取道，故玉山之讲，鹅湖之会，道脉攸系，迹在此邦。"②在《重修怀玉书院记》中也有类似记载："子朱子生长建州，趋朝归山，则信州其孔道也。是故玉山之会，鹅湖之争，倾动一时。"③朱熹出闽途经信州达14次之多，信州铅山"鹅湖之会"更扩大了他在江西士子的影响。因此，信州是朱熹理学走出崇山峻岭，也是江西士子前往福建师事朱子的必经之地，成为理学向外辐射的一个中转站，更是朱熹政治上的候命区、学术上的论争区、社交中的交游区和思想上的过化区。

"南宋时期信州东西交通孔道的地位，对朱子理学的传播具有尤为特殊重要的意义。在某种程度上可以说，信州是朱熹理学由地方性学说——闽学向全国性统治学说转变过程中不可或缺的重要地域。"④信州几乎成了南宋文化的另

---

① 汪伟：《南岩文公祠记》，见谢旻等监修：（雍正十年）《江西通志》卷一三一《艺文（十）》，景印文渊阁《四库全书》第517册，台湾商务印书馆1986年版，第661页。

② 李光地：《榕村集》卷一四《广信钟灵书院记》，景印文渊阁《四库全书》第1324册，台湾商务印书馆1986年版，第728页。

③ 李光地：《榕村集》卷一四《重修怀玉书院记》，景印文渊阁《四库全书》第1324册，台湾商务印书馆1986年版，第727页。

④ 宋三平、张涛：《论两宋江西地区的交通及其影响》，《南昌大学学报》2009年第6期。

一个中心，"朱学、陆学和浙学也在这里绞成一股文化学术的旋涡"①。

二、信州理学的传衍

南宋时期"信州学术基本上以理学为倾向"②。

南宋初期，玉山状元汪应辰的状元文化效应，大大地刺激了信州学子的求学热情，也促使了当地文化水平的提升。汪应辰是朱熹的从表叔，多次举荐朱熹入朝为官，助他踏入仕途之门，是朱熹仕途的领路人。在学术上，汪应辰与朱熹有过多次的思想交锋，隆兴元年（1163）二人进行了儒、释邪正之辨；乾道四年（1168），二人又就苏学邪正往返论辩；乾道七年（1171）又围绕《东铭》《西铭》，朱、汪再次展开论战。朱熹在与汪应辰的论辩中，促进了他早期理学思想的形成和建构。关于两人的学术交锋，将另辟章节详述。

上饶王时敏对理学在本土的传播，贡献不小。上饶县田墩乡的王时敏，字德修，是尹焞的弟子，他"学有源流，兼该体用"，曾与吕祖谦交游，又与朱熹友善。淳熙十五年（1188）三月，朱熹以江西提刑的身份入都奏事，三十日到上饶，王时敏登门拜访，与朱熹围绕"主一"问题进行了论辩，陈文蔚记下了两人相谈的一幕："王德修相见。先生问德修：'和靖大概接引学者话头如何？'德修曰：'先生只云在力行。'曰：'力行以前，更有甚功夫？'德修曰：'尊其所闻，行其所知。'曰：'须是知得，方始行得。'德修曰："自'吾十有五而志于学'，以至'从心所欲不逾矩'，皆是说行。"曰："便是先知了，然后志学。"③王时敏认为一味讲主一、精一，结果"中"也就不存；一味讲知，也就无行，主张知之后，更要力行，进行道德的践履工夫。

王时敏讲学于家乡，教授乡里，培植后进，维持斯文，大有贡献。去世后

① 束景南：《朱子大传》，商务印书馆2003年版，第553页。
② 程继红：《带湖与瓢泉——辛弃疾在信州日常生活研究》，齐鲁书社2006年版，第5页。
③ 黎靖德编，王星贤点校：《朱子语类》卷一〇一《程子门人》，中华书局1986年版，第2577页。

葬于湖潭。绍熙五年（1194）十一月朱熹曾专门凭吊了王时敏墓，并作《挽王德修》哭祭："不到湖潭二十年，湖潭依旧故山川。聊将杯酒奠青草，风雨萧萧忆昔贤。"① 王时敏去世后被从祀于信州府、县乡贤祠。

由于朱熹在信州的影响力，信州本地士子多前往武夷，归依朱熹门下，信州朱熹的第一代弟子有上饶陈文蔚、余大雅、余大猷，玉山赵蕃和铅山徐子融等，此外汪逵、段钧、赵成父、欧阳国瑞及汪应辰之子汪伯时、汪季路等都与朱熹有过交游。他们在信州以传播朱子学说为己任，自甘淡泊、克己内省，以"理"作为立世处事的价值尺度，在信州的田园山丘中体验并践履着理学的精神。

1."俱得朱子旨趣"的朱熹晚年得意门生陈文蔚

陈文蔚（1153—1239），字才卿，号克斋，南宋信州上饶县上泸人，学者称克斋先生，是南宋著名的教育家、散文家和诗人。上泸陈氏是由德安义门陈氏迁徙而来。陈文蔚是普通的农家之子，他在《戊寅老人生旦》中提到："吾家本是田家子，其先世世居田里。儿因逐食浪飘蓬，欲归无以供甘旨。"② 其父陈邦献，字叔举，号竹林居士，以耕读传家，在辛勤耕作的同时，饱读诗书，中年谢场屋，专课子孙，品行高尚，赢得乡人的爱戴。"居后植竹数千个，自号竹林居士。婆娑丘园，无世间念"③。其母周氏，自幼也识文断字，素有贤声，为其子取名文蔚，亦寓有文墨生辉之意。

陈文蔚是朱熹的一传弟子，也是朱熹晚年非常得意的门生，人称："朱子门人在豫章者，虽信多贤士，然未有过先生者也。"④ 亲炙朱子多年，他的很多见解与朱熹相契合。"从学朱子，洙泗渊流，多深造而自得之。著书立言，俱

---

① 王恩溥、邢德裕等修，李树藩等纂：同治《上饶县志》卷一九《人物·乡贤》，清同治十二年（1873）刻本。

② 陈文蔚：《克斋集》卷一五《戊寅老人生旦》，景印文渊阁《四库全书》第1171册，台湾商务印书馆1986年版，第112页。

③ 陈文蔚：《克斋集》卷一二《先君竹林居士圹记》，景印文渊阁《四库全书》第1171册，台湾商务印书馆1986年版，第97页。

④ 陈文蔚：《陈克斋集》卷首，张伯行《陈克斋集原序》，中华书局1985年版，第1页。

得朱子旨趣。"①

陈文蔚自幼从父学，淳熙十一年（1184），受上饶同乡士子余大雅（正叔）的影响，开始接触朱子学术，并与余大雅一道，前往福建崇安武夷精舍，正式拜师于朱熹门下。对于自己拜师朱熹的经过，他在《克斋集》中有详细的记载，他说："始予与公其生同乡，予自为儿已闻公誉，第未知其有为学之志，暨其壮岁，声气既同，不期自合，遂相与同游于朱夫子之门。甲辰之秋，同往同归。在道一月，切磋讲究，剖心露诚，纤悉无隐。"②朱熹见到文蔚，与之交谈后，对他非常欣赏，厚爱有加，"朱子见其好读书，每叹以为难得"③。朱熹教导他们为学要勇于实做，勇于笃行："大抵为学，须是自家发愤振作，鼓勇做去；直是要到一日须见一日之效，一月须见一月之效。诸公若要做，便从今日做去；不然，便截从今日断，不要务为说话，徒无益也。"④此后十多年中，陈文蔚通过书信往返，向朱熹问学不断，"与朱子往复书甚多，皆以工夫精进相规切"。在《克斋集》中，还保存有《请问朱先生书》《通晦庵先生书》《通朱先生书》《拜朱先生书》等向朱熹问学求教的九通书信，在《通晦庵先生书问大学诚意章》就记载道："曾以《大学诚意章》请问，蒙尊谕已失其书，谨再录拜呈，乞赐明以见教。文蔚向来未得章句，看于此章，尝以意通之，谓自欺者。"⑤朱熹对他循循善诱，悉心开导，师生感情至深。

陈文蔚对朱子思想进行了发挥，他的很多见解得到了朱熹的肯定和称赞，他论《中庸》"戒惧"和"慎独"之见解，以及对《大学》"诚意"说的阐述，甚得朱熹旨趣，深得朱熹赞赏。朱熹注释《仪礼》时，由于陈文蔚不在身旁，不由感慨道"失贤者助也"。只能与他书信往来，探讨仪礼问题。

淳熙十五年（1188），朱熹以江西提刑的身份入都奏事，停留玉山，讲学

---

① 蒋继洙、李树藩等撰：同治十二年《广信府志》卷九《人物·理学》，《中国方志丛书》（华中地方·第106号），成文出版社有限公司1987年版，第796页。

② 陈文蔚：《陈克斋集》卷四《祭余正叔》，中华书局1985年版，第67页。

③ 陈文蔚：《陈克斋集》卷首，张伯行《陈克斋集原序》，中华书局1985年版，第1页。

④ 黎靖德编，王星贤点校：《朱子语类》卷一一三《训门人一》，中华书局1986年版，第2750页。

⑤ 陈文蔚：《陈克斋集》卷一《通晦庵先生书问大学诚意章》，中华书局1985年版，第8页。

于此，陈文蔚前往玉山亲聆教诲。《克斋集》记载了这次聆听教诲的情形："先生辞免，俟旨，宿留玉山道中。忽散其生徒，毅然而至。文蔚时侍先生侧，先生喜其徙义之勇，挈之偕至玉山，留止余月，教诏甚详。"①在朱熹的悉心教诲下，陈文蔚全面接受了朱子学说。庆元元年（1195）四月十八日，他再次向朱熹求教："文蔚窃自惟念荷先生已十余年，所恨资质凡陋，不能勇于进学以变化气质，有负提耳者甚多。""今若稍从容顺适，自此以后，或可冀其少进，更望先生终教之，文蔚誓当力行以不负大惠。"②

庆元三年（1197）冬和庆元四年春，陈文蔚受聘于朱熹家塾，教其孙儿读书，故得朱子指授最详。"丁巳之冬，戊午之春，招之使来，授业诸孙，因获终岁，侍教谆谆。冬暮告归，拜于席下，期以己未，复到精舍。"③此时正是党禁开始，朱熹遭受打击之际，他不畏强权，表现出对朱子一如继往的尊崇。他的品行和举止，受到了后人的赞誉。四库馆臣在《克斋集提要》中评价他是真正的儒者，与后来的依门傍户之人有本质的不同："又尝馆于朱子家者。当理宗之时，朱子之学大行，故所著之书得闻于朝廷，朝廷亦遂命以官也。然文蔚实亦笃信谨守，传其师说。……其文则皆明白淳实，有朱子之遗。《讲义》九条，剖析义利之辨，亦为谆切。均不愧儒者之言，与后来依门傍户者，固迥乎殊矣。"④

庆元六年（1200），朱熹去世后，陈文蔚悲痛万分，亲作《祭朱先生文》："往省未果，讣告忽临，仰天长号，涕泗满襟。嗟我小子，业犹未卒，天夺老师，云胡甚疾。有信无征，有疑无质，既失依归，莫明统一。……呜呼先生！仪刑永别，念昔暂违，今焉永诀。历历在耳，言犹未绝。薄奠诉情，岂知予切！"⑤其丧师之痛的悲伤欲绝，难以言表。他在《朱先生叙述》中，对朱熹一生给予了高度的评价，对其教诲终身不忘："先生气质刚毅，进道勇决，涵泳

---

① 陈文蔚：《陈克斋集》卷三《书徐子融遗事寄赵昌甫赵许志铭》，中华书局1985年版，第42页。
② 陈文蔚：《陈克斋集》卷二《四月十八日拜朱先生书》，中华书局1985年版，第21页。
③ 陈文蔚：《陈克斋集》卷四《祭朱先生》，中华书局1985年版，第68页。
④ 永瑢等：《四库全书总目》卷一六二《克斋集提要》，中华书局1965年版，第1389页。
⑤ 陈文蔚：《陈克斋集》卷四《祭朱先生》，中华书局1985年版，第69页。

充养，纯熟深固。文蔚尝窃窥之，虽夙兴夜寐，终日应接，条理益精明，未尝有厌弃事物之意。虽曰禀赋之异，实亦繇学力之充也。以成就后进为己任，登门之士甚众，稍有意趣，百端诱掖，惟恐不至，各随所长，以成德达材，庶几善类浸多，斯道有托。"①

陈文蔚在继承朱熹理学思想的基础上，又进行了发挥。其学以求诚为本，以仁义为宗，以学问思辨为反躬力践之地。"其学以求诚为本，以躬行实践为事。"②他发扬了朱子"仁即心"的思想，认为"圣门求学，无非求仁"③。他在《白鹿洞书院讲义》中，也强调"孔门之教，无非以仁，群弟子之学于孔门，无非求仁"④。"不知仁而为学，是为学而不知本也。"同时，又对朱子"仁说"有所发挥，在求仁的同时，也注重求心。陈文蔚曾讲学于景德镇双溪书院，并订立《双溪书院揭示》，他说："为学之道，无如收放心以讲明义理。端庄专一，整齐严肃，所以收放心。亲师取友，切磋琢磨，所以讲明义理。苟身居一室之内，心驰万里之外，虽日亲方册，口诵圣言，亦欺人耳！于己实何益哉！"⑤将求放心作为为学之道的根本，认为求仁归根到底就是求心，这样，"他就把朱子的仁说与象山的本心说结合起来了"⑥。

同时，陈文蔚把朱熹的格物穷理工夫纳入求心、明心的工夫之中，主张在博文的同时，又强调约礼。陈文蔚认为朱子的格物穷理，多就自身的心性情上说，他说："格物工夫，朱子多就心性情说者，盖为察之于身，尤为亲切。吾身万物之理皆备，自一身推之，万物之理莫不皆然。非谓只察之于身，而不复推之于物也。"⑦他在《祭朱先生文》中，也强调朱子"致知力行，曰无二理。

---

① 陈文蔚：《陈克斋集》卷三《朱先生叙述》，中华书局 1985 年版，第 41 页。

② 黄宗羲原著，全祖望补修，陈金生、梁运华点校：《宋元学案》卷六九《沧洲诸儒学案上·迪功陈克斋先生文蔚》，中华书局 1986 年版，第 2320 页。

③ 陈文蔚：《陈克斋集》卷三《求仁斋记》，中华书局 1985 年版，第 41 页。

④ 陈文蔚：《陈克斋集》卷三《白鹿洞书院讲义》，中华书局 1985 年版，第 57 页。

⑤ 陈文蔚：《陈克斋集》卷三《双溪书院揭示》，中华书局 1985 年版，第 43 页。

⑥ 王伟民：《陈文蔚、徐元杰和会朱陆的倾向》，《江西社会科学》1994 年第 10 期。

⑦ 陈文蔚：《陈克斋集》卷一《答傅子澄》，中华书局 1985 年版，第 3 页。

章分句析，其功切己。谁谓博文，而不约礼。"① 要做到博与约的统一。

同样，他在《龙山书院讲义》中，也力主朱熹的格物致知之说。他说："大学之书，极其功效而言，必至于齐家、治国、平天下。而至精至要，不外乎致知、格物而已。……幸从事于古人为己之学，格物致知、正心修身，志在天下则不私于一己。"②

陈文蔚尤其重视力行，认为修身之道关键在于力行。他对朱子所倡导的"博学之，审问之，谨思之，明辨之，笃行之"的"为学之序"，尤其重视笃行、力行，"是五者穷理力行之目"。他又说："学、问、思、辨乃穷理之事。为其穷理，故能力行，修身之道功夫实在于此。盖不穷理则无以知其事之当然，不力行则无以遂其志之决然。虽欲修身，不可得矣。然力行，又以穷理为先。穷理之目有四，而力行则一言而足。盖修身，穷理之功为多，而力行则行其所知而已。故修身非穷理力行有所不能，忠孝非修身有所不能，以是而应事接物未有不尽其情矣。大学修身、齐家、治国、平天下必本于致知格物其以是欤。"③

陈文蔚性格恬淡，安贫乐道，一生以著书讲学为念。正如他诗中所云："水饮已忘三月味，囊中真乏一钱储。屡空本是我家事，赢得闲身且著书。"④他并不热衷于科举，"文蔚自惟蹇钝，科举岂敢有望，但以亲老在堂，不得不勉应之耳"。为遂父母之意愿，参加过科举，也曾中进士。端平二年（1235），因其所著《尚书类编》有裨于治道，有助于教化，朝廷诏补为迪功郎。《宋史》卷四十二《理宗纪二》亦载："三月乙未，诏太学生陈均编《宋长编纲目》、进士陈文蔚著《尚书解》，并补迪功郎。"但他并没有步入仕途，而是以著述讲学为事，同郡后学张时雨评价文蔚："隐居丘园，累聘不起，以斯文自任，乡邦

---

① 陈文蔚：《陈克斋集》卷四《祭朱先生》，中华书局 1985 年版，第 69 页。
② 陈文蔚：《克斋集》卷八《龙山书院讲义》，景印文渊阁《四库全书》第 1171 册，台湾商务印书馆 1986 年版，第 61 页。
③ 陈文蔚：《克斋集》卷七《克斋揭示》，景印文渊阁《四库全书》第 1171 册，台湾商务印书馆 1986 年版，第 50 页。
④ 黄宗羲原著，全祖望补修，陈金生、梁运华点校：《宋元学案》卷六九《沧洲诸儒学案上·迪功陈克斋先生文蔚》，中华书局 1986 年版，第 2320 页。

尊仰之。"① 陈文蔚著有《易本义大旨》《原画》《原辞》《四象数说》《先天图说》《河图洛书说》等。其《克斋集》十七卷为《四库全书》所收录，四库馆臣在其《克斋集》提要中，评价他"诗虽不工，而文章则淳厚精确，不愧有道之言"②。

陈文蔚潜心学术，聚徒讲学，认为讲学之功，意义巨大。他说："其大者则取讲学之功、道统之继，辨异端似是之非，发前圣未明之蕴，扶人极，立世教，有功于万世者。"③ 因此，他归隐田园，一生致力于朱子思想的学习、研究和传播，是朱子去世后最重要的传人之一。他曾效仿朱熹讲学授徒，先后在饶州州学、信州州学、袁州州学、宜春南轩书院、丰城龙山书院、景德镇双溪书院、庐山白鹿洞书院等处主持讲席，留下了《克斋讲义》《信州州学讲义》《龙山书院讲义》《袁州州学讲义》《南轩书院讲义》等众多讲义，制定了《双溪书院揭示》《克斋揭示》等书院的规章教条，从中可见他丰富的教育理论和教育思想。他在长期的教育实践中，将朱熹的教育思想进一步传承和发扬。

陈文蔚十分注重道德教育，认为教育的核心就是明人伦，知礼义，主张崇儒重道。他说："欲正人心，则莫若崇儒重道，教学明伦，使为士者，知所趋向而明礼义。"④ 强调修身为天下之大本，他说："盖自天子至于庶人，壹是以修身为本，其本既立，推于国家天下。"

而其方法步骤就是朱熹在《白鹿洞书院揭示》中的"学、问、思、辨、行"等为学之序。他在《南轩书院讲义》中，将这一理论发挥得更为透彻："学者诚能以致知为力行之本，以力行尽致知之实，交用其力，无敢偏废，则达德以全，达道以行，中庸在我矣！"⑤

---

① 陈文蔚：《陈克斋集》卷首《纪述》，中华书局 1985 年版，第 2 页。

② 永瑢等：《四库全书总目》卷一六二《克斋集提要》，中华书局 1965 年版，第 1389 页。

③ 陈文蔚：《克斋集》卷一〇《铅山西湖群贤堂记》，景印文渊阁《四库全书》第 1171 册，台湾商务印书馆 1986 年版，第 79 页。

④ 陈文蔚：《克斋集》卷一〇《铅山西湖群贤堂记》，景印文渊阁《四库全书》第 1171 册，台湾商务印书馆 1986 年版，第 78 页。

⑤ 陈文蔚：《克斋集》卷八《龙山书院讲义》，景印文渊阁《四库全书》第 1171 册，台湾商务印书馆 1986 年版，第 64 页。

南宋绍定元年（1228）陈文蔚到铅山鹅湖讲学，提出了"为学之道，自当尊敬先生，凡有疑问，皆须诚心听受"的教学主张，以阐述朱学、护卫师门为己任。"所作《州学修礼器记》，亦推尊朱子仪式而损益焉。"① 他深得铅山百姓敬仰，绍定三年（1230）铅山知县章谦亨立群贤堂，将陈文蔚从祀其中。其弟子徐元杰作《群贤堂赞》："世重文蔚，隐于丘园。聚徒讲学，尚论群贤。俯仰鹅湖，追随泗源。只领俎豆，独属吾铅。"②

陈文蔚曾居家建克斋讲学，来学甚众，他订立《克斋揭示》，以示来学之朋友子弟，使知立身之大节，修为之次第。

《克斋揭示》共三条，第一条就是"入则孝，出则弟"。他认为"人之立身，莫先于孝弟，盖孝弟为人之本。人所以戴天立地而异于物者，以其亲亲长长而有是良心故也。苟以失其良心，而不孝不弟，则无以为人矣。"③ 孝悌是人的良心之体现，也是人之所以为人的基本前提。

在家能够孝悌，在朝廷就能忠于君主，顺从长官，就可以移孝作忠。他说："事父孝，故忠可移于君；事兄弟，故顺可移于长；居家理，故治可移于官。"陈文蔚认为："有父子然后有君臣。父子、君臣，人伦之首。故为人臣子者，事父必以孝，事君必以忠。然则不孝则不能忠。忠孝虽二事，事君之忠实自事父之孝移之耳。为僚而顺其长，居官而治其事，又非自外得，即事兄居家者推之也。盖长官者，君命之使长我者也。官事者，君付之使我任其责者也。为僚而不顺其长，居官而不理其事，皆事君不忠也。事君不忠，皆源于事父不孝也，忠孝立身之大节，于此二者一有缺焉，则不足以立身。"④ 因此，忠孝为立身之大节，居家则可孝以侍亲，立朝则忠以事君，顺以事长。

揭示第二条为"居处恭，执事敬，与人忠"。认为恭、敬、忠这三者是修

① 陆心源辑撰：《宋史翼》卷二五，中华书局 1991 年版，第 264 页。
② 转引自王立斌，刘东昌：《鹅湖书院》，湖南大学出版社 2013 年版，第 26 页。
③ 陈文蔚：《克斋集》卷七《克斋揭示》，景印文渊阁《四库全书》第 1171 册，台湾商务印书馆 1986 年版，第 50 页。
④ 陈文蔚：《克斋集》卷七《克斋揭示》，景印文渊阁《四库全书》第 1171 册，台湾商务印书馆 1986 年版，第 50 页。

身应事，待人接物的基本要领。他解释道："是三者修身、应事、接物之要。人之处世，忠孝固其大节，然不能不应事，不能不接物。临事贵乎不忽，待人贵乎尽己。应事接物各得其道，则于事无失，于物无忤。要之，二者又自修身以始。盖人能修身则大而忠孝皆由此出，而应事、接物特其余耳。故居处恭是所当先，而圣人谓'是三者，虽之夷狄，不可弃也。'学者岂可以斯须不念哉。"①

揭示第三条为"博学之，审问之，谨思之，明辨之，笃行之"。这五者是穷理力行之目，但五者之中，他最重力行，为学、修身的最终立足点就体现在力行之中。

陈文蔚在宁宗嘉泰四年（1204）前后，入主白鹿洞书院讲席，进一步发明师训，"辨义利"之别，"论求仁"之方，"辞和而字切"，使学子听后，"辄有兴起"，并以此为阵地，将其师朱熹未竟的事业，发扬光大。《克斋集》中收录有《白鹿洞讲义》二则。一则为义利之辨，他说："《孟子》之书，惟辨义利。……今世之人，非不知义利之辨，惟私心之胜，则义不暇计。有国则曰何以利吾国，有家则曰何以利吾家，有身则曰何以利吾身。凡有所事无非为利。一事之成败，一物之得丧，惟利是计，止知利己遑恤害物。"②义利仁义是人们处世之道，无论是待人还是治国，"怀利以相接，然不亡者，未之有也……怀仁以相接，然而不王者，未之有也"。因此，他期望学者，明辨义利，"学于此者，读其学，淬其心，切磋讲论，无非天理人欲之辩，何者为天理，何者为人欲，毫厘之间，必有区别"。主张"存义去利"，甚至是"舍生交义"。另一则言仁，他认为："盖孔门之所讲者，仁而已矣；不知仁而为学，是为学不知本也；终讲学而不知其本，是犹水之无源也。"③他说："孟子曰'仁，人心也。'不知为学

---

① 陈文蔚：《克斋集》卷七《克斋揭示》，景印文渊阁《四库全书》第 1171 册，台湾商务印书馆 1986 年版，第 50 页。

② 陈文蔚：《克斋集》卷八《白鹿洞讲义》，景印文渊阁《四库全书》第 1171 册，台湾商务印书馆 1986 年版，第 66 页。

③ 陈文蔚：《克斋集》卷八《白鹿洞讲义》，景印文渊阁《四库全书》第 1171 册，台湾商务印书馆 1986 年版，第 67 页。

之本，是失其本心。人有一心而已，失其本心，何以为人?"[①]告诫诸生，为学之本就是求仁，就是发现自己的本性仁心。

对此，张伯行在《陈克斋集序》中，评价道："先生杜门养志，屡聘不起，间以诗文自娱。晚年为部使者聘入白鹿洞书院，发明师训，辞和而旨切，学者闻之，辄有所兴起。"《万姓统谱》卷一八称其"著书立言，得其师旨趣，高风雅操，为乡邦所共仰"。

陈文蔚有着隐逸情怀，终身未仕，俯仰林泉，对名利得失，随顺自然，淡然处之，甘于穷困，但追求高洁，追求精神的超越，追求安闲与知足之乐，"贫"且有"节"。

他生平所喜竹与梅，他在《赠说相道人》中有道："我生本是山泽癯，只爱竹林痴读书"，是个"独爱山林闲"的"书痴"，晚年寓所多植竹，人多称其"竹林翁"。

他性格冷峻内敛，闲居山林，以讲学授徒，交游吟咏为事。与信州名贤，如章泉赵蕃、涧泉韩淲等交往密切，经常一道在信州游名山赏秀水，彼此唱和，诗酒风流，"唱酬之诗，频来狎至"，他在为赵蕃所作的诔文中为其盖棺论定，高度评价赵蕃："不知章泉者，知擅一世之诗豪；心知章泉者，叹风节之孤高。"陈文蔚与韩淲也经常诗歌酬唱，如韩淲就有《二十五日文蔚携酒饵，夜同访郑教授》诗："携酒问吾党，有诗当岁穷。城头数疏更，窗外飞过鸿。悠悠澹澹里，忽忽茫茫空。我尔且一杯，古今多三公。"将陈文蔚视为志同道合的"吾党"，可见关系非同一般。

陈文蔚也是一个著名的诗人，傅璇琮等编选的《全宋诗》中，收录其诗303首，其中咏物诗有37首，尤其咏梅诗最多。陈文蔚特别喜欢梅花，他的《见梅》："晓鸡残月更离桯，只见梅花不忍行。水郭山村谁是伴，惟伊与我共孤清。"[②]《和止叔

① 陈文蔚：《克斋集》卷八《白鹿洞讲义》，景印文渊阁《四库全书》第1171册，台湾商务印书馆1986年版，第67页。

② 陈文蔚：《克斋集》卷一六《见梅》，景印文渊阁《四库全书》第1171册，台湾商务印书馆1986年版，第123页。

咏梅一绝》："儿童剪伐未须施，竹外横斜一两枝。冷艳更开深雪里，此花应不冀人知。"①借梅花表达其不卑不亢、清癯高雅的高标逸韵和超凡脱俗、与世无争、甘心寂寞的淡趣闲情，表达自己宁愿寄情山水之中，在平淡中追寻本我的情怀。他还留下了"凌霜傲雪"这一典故，"岁披草棘访槎牙，为爱凌霜傲雪花。不学春花娇女面，朱簾翠幙几重遮。"②时近岁末，分开草丛荆棘，寻找即将开放的梅花，只为了喜欢这种傲视寒雪的梅花，喜欢梅花那洁净修长、清高孤傲、潇洒脱俗的风姿。

作为朱熹晚年的得意门生，陈文蔚终生不仕，归隐田园，潜心学术，聚徒讲学，与徐子融、吴伯丰、李敬子等同道之人，勇于求道，致力传道，相互唱和，使豫章之学因之而不孤，上饶状元徐元杰就是他著名的弟子。

他们在信州一带积极传扬朱子学说，推动了信州士子接受朱子学说，信州因而成为理学之乡，对朱子理学在信州传播起了重要作用。

在传播朱子学的过程中，也历经重重困难。他曾感叹道："呜呼！甚矣！传学之难也。道晦千五百年，世之儒者，鲜克有志，有志而业不终，岂不痛可恨哉！"③

陈文蔚去世后，被祀于郡、县乡贤祠，葬于上饶县五十八都（今黄沙岭乡），明万历四十三年（1615）铅山县以其在鹅湖"讲习讨论，久而弥坚，与考亭、正叔当在师友间"，又将其祀于群贤堂。遗憾的是，《宋史》并没有为陈文蔚立传，其事散见于嘉靖《广信府志》卷一六、《考亭渊源录》卷一〇、《宋史翼》卷二五、《宋元学案》卷六九《小传》等处，学界对他的研究成果相当有限，对信州这位乡贤的生平与思想还有待于进一步挖掘和传扬。

2.上饶状元徐元杰的理学思想

徐元杰（1196—1245），字仁伯，号梅野，信州上饶人。他"幼颖悟，诵

---

① 傅璇琮等主编：《全宋诗》，北京大学出版社 1991 年版，第 31924 页。
② 陈文蔚：《克斋集》卷一六《十二月廿三日举故事访黄冈梅》，景印文渊阁《四库全书》第 1171 册，台湾商务印书馆 1986 年版，第 132 页。
③ 陈文蔚：《陈克斋集》卷四，《祭余正叔》，中华书局 1985 年版，第 67 页。

书日数千言"，陈文蔚讲学鹅湖时，前往拜师求学，成为陈文蔚的弟子，后又师从真德秀，得理学真谛。绍定五年（1232），他参加进士考试，理宗以帝王之学发问，他在对策中写道："盖民者，国之命脉也；兵者，国之精神也；士大夫者，又国之医师砭剂也。为人上者，当使命脉坚强，精神运动，常致谨夫医师砭剂之用，以为元气调养之方，则立国之势，自隐然有安靖和平之功用矣。"① 认为帝王之学，本原在于一心。向理宗提出"固民心""肃军心""正士大夫之心"三大正心治国之策，而三策之中又以"正君心"为本。他认为欲求帝王之治，当求帝王之道；欲求帝王之道，当求帝王之心。他论述道："今陛下所慕者，帝王之道；所鉴者，汉唐之言；所取者，祖宗贻谋之善，则其所谓正军民之心者，要莫先于正士大夫之心，而其所以正士大夫之心者，又不过先正陛下之心而已。"② 这篇策论，深深地打动了理宗，被理宗钦定为状元，授签书镇东军（绍兴）判官厅公事。淳祐元年（1241）差知南剑州（福建南平），虽然政务冗繁，但他还是每月一次亲赴延平书院讲学答问，劝诱子弟。对乡民的诉讼，他多宣讲义理，启迪乡民，化解纠纷。淳祐四年（1244），丞相史嵩之丁父忧，有诏复起，他上书反对，请求"陛下爱惜民彝，为大臣爱惜名节"，理宗迫于徐元杰的忠诚与胆识，最终取消了史嵩之起复之命。淳祐五年（1245）徐元杰为太常少卿，兼国子祭酒，权中书舍人。当年六月初一，因得罪权相史嵩之而壮年暴亡，赐谥"忠愍"。有《梅野集》十二卷传世。

徐元杰在学说上继承了其师陈文蔚"求心""求仁"的思想。他说："盖求道莫切于求心，求心莫切于求仁。仁为心之全德。故曰仁，人心也。合而言之，道也。"③ 求心也就是求道，认为"学有得于心，故悦，此是心与道一"。同时，他主张学习不仅要通过书本，更要在事物上体验，"大凡善学，非但读书也，动息于事物上体验。先凝固吾之道体，而后于应酬处靖夷此

---

① 邓洪波、龚抗云编著：《中国状元殿试卷大全》（上册），上海教育出版社2006年版，第310页。
② 邓洪波、龚抗云编著：《中国状元殿试卷大全》（上册），上海教育出版社2006年版，第312页。
③ 徐元杰：《梅野集》卷一《经筵讲义》，景印文渊阁《四库全书》第1181册，台湾商务印书馆1986年版，第602页。

心。"① 这些观点，类似于陆象山"发明本心"的工夫论。

他认为人人都有善性，人之善性都是相同的，"人性皆善，贤愚同一"。但在现实之中，之所以有善和不善之别，原因就在于人的"觉"与"不觉"的差异。人如果能明觉自己之善性，就能致力于为善，如果不能明觉善性，就不会为善。他说："人无有不善，而气禀之殊分。所以有善有不善者，特觉与不觉尔。"② 主张为学要"先立其大者"，先要明晓自己本然之善，能体认自己的善性，就可以心胸豁然，不为外物所扰。然后再加以学问之功，就可以"立其大者"。他说："既明本然之善，豁然太虚，湛然止水，外物不得而动其心，益加学力，而求造义理精微之极。先立乎其大者，则小者不能夺。故曰修其天爵而人爵从之。"③ 因此，在尊德性与道问学的先后问题上，主张以尊德性为先，偏向于陆学主张。

他还别出心裁，在对待博文与约礼的关系上，不再把博文当成约礼的条件，而是把博文与约礼分开，将其视为各自平行独立的两件事。他说："博文者，致知格物之学；约礼者，克己复礼之仁也。"④"这就解决了在博文约礼、道问学与尊德性关系上喋喋不休的争论。"⑤

3. 余大雅与信州理学的传播

余大雅（1138—1189），字正叔，信州上饶人。

淳熙六年（1179），朱熹任知南康军，在信州铅山观音寺崇寿精舍候命，余大雅前来问学，首次与朱熹相识，成为朱熹弟子。《朱子语类》载："大雅谒

---

① 徐元杰：《梅野集》卷九《回何宰劄》，景印文渊阁《四库全书》第1181册，台湾商务印书馆1986年版，第742页。

② 徐元杰：《梅野集》卷一○《明善堂记》，景印文渊阁《四库全书》第1181册，台湾商务印书馆1986年版，第745页。

③ 徐元杰：《梅野集》卷一○《明善堂记》，景印文渊阁《四库全书》第1181册，台湾商务印书馆1986年版，第745页。

④ 徐元杰：《梅野集》卷一《经筵讲义》，景印文渊阁《四库全书》第1181册，台湾商务印书馆1986年版，第606页。

⑤ 王伟民：《陈文蔚、徐元杰和会朱陆的倾向》，《江西社会科学》1994年第10期。

先生于铅山观音寺，纳赘拜谒。先生问所学，大雅因质所见。"①朱熹教导他要克服"悬空"之弊，在"吾身日用常行之间"用力，体验圣贤之道。"先生曰：圣人语言甚实。且即吾身日用常行之间可见。……只看《论语》一书，何尝有悬空说底话？只为汉儒一向寻求训诂，更不看圣人意思，所以二程先生不得不发明道理，开示学者，使激昂向上，求圣人用心处，故放得稍高。不期今日学者，乃舍近求远，处下窥高，一向悬空说了，扛得两脚都不着地，其为害反甚于向者之未知寻求道理，依旧只在大路上行。今之学者却求捷径，遂至钻山入水。"②余大雅被朱子的一番教诲深深打动，自此之后，他一直向朱熹问学。据日本学者田中谦二先生所考，大雅谒朱子凡五六次，有数次即在武夷精舍。同样，朱熹在与友人的书信中，也有他就学武夷精舍的记载，如《答王德修》中就有"正叔之来，既获闻所以相予之意甚厚，又得其所闻于左右者一二"③。在《答陈才卿书（三）》中亦云："正叔在此，无日不讲说，终是葛藤不断也。"④ 都可证明余大雅曾从学朱熹于武夷精舍。陈文蔚《余正叔墓碣》云："己酉秋九月，予往省先生，值正叔将归，语别武夷溪上，未两月而讣闻矣，实十一月乙丑也。"⑤

他好学勤奋，虚心求教，《朱子语类》中就有数条他问学朱子的记载："余正叔尝于先生前论仁。"⑥"或问《论语》言仁处。"⑦"正叔见先生，言明心、定心等说。"⑧ 他的很多看法与观点与朱熹相契合，朱熹对他非常赏识。《宋元学案》谓其"深得求放心之旨，熹深契之"。他从朱熹那里学习到了克己工夫，

---

① 黎靖德编，王星贤点校：《朱子语类》卷一一三《训门人一》，中华书局 1986 年版，第 2748 页。

② 黎靖德编，王星贤点校：《朱子语类》卷一一三《训门人一》，中华书局 1986 年版，第 2748 页。

③ 朱熹：《晦庵先生朱文公文集》卷五五《答王德修》，见朱杰人、严佐之、刘永翔主编：《朱子全书》（修订本）第 23 册，上海古籍出版社、安徽教育出版社 2010 年版，第 2631 页。

④ 朱熹：《晦庵先生朱文公文集》卷五九《答陈才卿书（三）》，见朱杰人、严佐之、刘永翔主编：《朱子全书》（修订本）第 23 册，上海古籍出版社、安徽教育出版社 2010 年版，第 2846 页。

⑤ 陈文蔚：《陈克斋集》卷四，《余正叔墓碣》，中华书局 1985 年版，第 73 页。

⑥ 黎靖德编，王星贤点校：《朱子语类》卷六《性理三》，中华书局 1986 年版，第 117 页。

⑦ 黎靖德编，王星贤点校：《朱子语类》卷六《性理三》，中华书局 1986 年版，第 112 页。

⑧ 黎靖德编，王星贤点校：《朱子语类》卷一六《大学三》，中华书局 1986 年版，第 349 页。

他曾呈诗朱熹，表达了学后的心得："三见先生道愈尊，言提切切始能安。如今决破本根说，不作从前料想看。有物有常须自尽，中伦中虑觉犹难。愿言克己工夫熟，要得周旋事仰钻。"①

余大雅病逝后，朱熹极其悲痛与惋惜，感叹道："正叔遽至于此，令人痛伤。人生虚浮，朝不保夕，深可警惧。真当勇猛精进，庶几不虚作一世人也。"②

余大雅在上饶积极传播朱子学说，影响了上饶的一批士子。正是由于他的介绍，陈文蔚才决定投身朱熹门下。淳熙十一年（1184），余大雅携陈文蔚同赴武夷，向朱熹问学。陈文蔚的《余正叔墓碣》云："闻晦翁先生讲道闽中，毅然登门。……弟大猷从其所帅，相继而往。文蔚亦因正叔，拜先生于紫阳书堂。"③并评价余大雅道："呜呼！公性和粹，公量宏远，孳孳讲学，未见其止，方幸紫阳之业有嗣，而后学之望有归，孰谓遽止于此耶！"④对余大雅极力传承朱子学非常赞赏和敬佩。

其弟余大猷，字方叔，亦从学于朱熹，《朱子语类》中记载了他向朱子求教的情况，如"方叔问'忠恕一理'，却似说个'中和'一般"⑤。"方叔问《本义》何专以卜筮为主？"⑥"余正叔谓'无私欲是仁'。方叔曰：'与天地万物为一体是仁'。"⑦

在《晦庵先生朱文公文集》中，有《答余方叔》书，对其所求教的仁义礼智信存在于有生气的事物中，没有了生气生命，是否也具有仁义礼智信这一疑问，朱熹进行了解惑："大猷窃谓仁义礼智信元是一本，而仁为统体。故天下

① 黎靖德编，王星贤点校：《朱子语类》卷一一三《训门人》，中华书局 1986 年版，第 2749 页。
② 朱熹撰：《晦庵先生朱文公文集》卷五九《答陈才卿书（十六）》，见朱杰人、严佐之、刘永翔主编：《朱子全书》（修订本）第 23 册，上海古籍出版社、安徽教育出版社 2010 年版，第 2851 页。
③ 陈文蔚：《陈克斋集》卷四《余正叔墓碣》，中华书局 1985 年版，第 72 页。
④ 陈文蔚：《陈克斋集》卷四，《祭余正叔》，中华书局 1985 年版，第 68 页。
⑤ 黎靖德编，王星贤点校：《朱子语类》卷二七《论语（九）》，中华书局 1986 年版，第 699 页。
⑥ 黎靖德编，王星贤点校：《朱子语类》卷六七《易（三）》，中华书局 1986 年版，第 1654 页。
⑦ 黎靖德编，王星贤点校：《朱子语类》卷六《性理（三）》，中华书局 1986 年版，第 117 页。

之物有生气，则五者自然完具，无生气，则五者一不存焉，只是说及本然之性。先生以为枯槁之物亦皆有性有气。"① 余大猷认为仁义礼智信等"五常"之性，只存在于有生命的事物中，事物没有了生命，是否就不存在"五常"之性? 其问题的"实质是枯槁之物有无本然之性。他曾以此质之朱熹。"朱熹给予耐心的启发，认为枯槁有性。但"余方叔认为朱熹所说的枯槁有性只是肯定了枯槁有气质之性，并未回答关于枯槁有无本然之性的问题"②。朱熹在《答徐子融》中，对余大猷的看法进行了纠正和批评，他说："又谓'枯槁之物只有气质之性，而无本然之性'，此语尤可笑。若果如此，则是物只有一性，而人却有两性矣。此语非常丑差，盖由不知气质之性只是此性堕在气质之中，故随气质而自为一性，正周子所谓各一其性者。"③ 因为"是虽其分之殊，而其理则未尝不同，但以其分之殊，则其理之在是者不能不异。故人为最灵而备有五常之性，禽兽则昏而不能备。草木枯槁，则又并与其知觉而亡焉。但其所以为是物之理，则未尝不具耳。若如所论才无生气便无此理，则是天下乃有无性之物，而理之在天下乃有空缺不满之处也。而可乎?"④ 朱熹认为，无论人和动物还是植物，无论是有生气或是枯槁，无不具有仁义礼智信"五常"之性，其物虽殊，其理则一。此后，余大猷恪守师训，学业大有进步，朱熹肯定他："方叔看得道理尽自稳实。"⑤

4.老成有守的徐昭然

徐昭然，字子融，号潜斋，江西铅山人。他是铅山名士，为人志气刚决，

---

① 朱熹:《晦庵先生朱文公文集》卷五九《答余方叔》，见朱杰人、严佐之、刘永翔主编:《朱子全书》(修订本)第23册，上海古籍出版社、安徽教育出版社2010年版，第2854页。

② 陈来:《朱子哲学研究》，华东师范大学出版社2000年版，第137页。

③ 朱熹:《晦庵先生朱文公文集》卷五八《答徐子融(三)》，见朱杰人、严佐之、刘永翔主编:《朱子全书》(修订本)第23册，上海古籍出版社、安徽教育出版社2010年版，第2768页。

④ 朱熹:《晦庵先生朱文公文集》卷五九《答余方叔》，见朱杰人、严佐之、刘永翔主编:《朱子全书》(修订本)第23册，上海古籍出版社、安徽教育出版社2010年版，第2854页。

⑤ 朱熹:《晦庵先生朱文公文集》卷五九《答余方叔》，见朱杰人、严佐之、刘永翔主编:《朱子全书》(修订本)第23册，上海古籍出版社、安徽教育出版社2010年版，第2847页。

早年出游方外，喜好佛、老之学。后在当地讲学授徒，颇有声名，他言谈奇诡，不落俗套，特立独行，每次夜访陈文蔚，总要随身携带灯剑杖笠，灯名曰"访贤灯"，剑名为"斩奸剑"。

徐昭然首次问学朱熹，是在淳熙十五年（1188）三月。当时，朱熹被任命为江西提刑，由福建启程入都城临安奏事，十八日，道经铅山永平，徐昭然前来问学。陈文蔚的《书徐子融遗事寄赵昌甫赵许志铭》记载了这次问学的情形："潜斋为人志气刚决。始游方外，为佛、老之学，归而闭门教学。闻晦庵朱先生讲道于建之五夫，欲从而就正，未果行。一日，先生有朝命，道过铅山，因见于永平驿。语不合，拂衣而去，人谓其不复来矣。先生辞免俟旨，宿留玉山道中。忽散其生徒，毅然而至。文蔚时侍先生侧，先生喜其徙义之勇，挈之。偕之玉山，留止月余，教诏甚详。自此，凡一再登门，闻先生之绪论为多。"①首次见面问学时，朱熹欲用"主一"说来治他的禅病，但两人一言不合，徐昭然拂袖而去。但是时隔不久，他细思朱熹之语，幡然感悟，于是遣散生徒，在铅山至玉山的古道上以弟子礼迎候朱熹，恭随朱熹到玉山，受教一个多月才离去。"未见先生，有静坐之课，既见先生，闻主一之论，益加粹密。"②朱熹对徐子融的教诲开导，是从转变其性格入手。朱熹称其志趣刚决，所见痛快直截，"所论浩气，甚善甚善。大率子融志气刚决，故所见亦如此，痛快直截，无支离缠绕之弊。更愿益加详审，专就平实亲切处推究体认，久当有以自信，不为高谈虚见所移夺也。"③虽然他的志趣操守非他人所及，但没有向里思量，缺少了潜心默究的精微之功，见识有限。朱熹说："子融志趣操守非他人所及。但苦从初心不向里，故虽稠人广坐，闭目合眼，而实有衿能异众之心。非不读书讲义，而未尝潜心默究，剖析精微，但据一时所见粗浅意思，便立议论。"④

① 陈文蔚：《陈克斋集》卷三《书徐子融遗事寄赵昌甫赵许志铭》，中华书局1985年版，第42页。
② 陈文蔚：《陈克斋集》卷三《书徐子融遗事寄赵昌甫赵许志铭》，中华书局1985年版，第42页。
③ 朱熹：《晦庵先生朱文公文集》卷五八《答徐子融》，见朱杰人、严佐之、刘永翔主编：《朱子全书》（修订本）第23册，上海古籍出版社、安徽教育出版社2010年版，第2766页。
④ 朱熹：《晦庵先生朱文公文集》卷五八《答徐子融》，见朱杰人、严佐之、刘永翔主编：《朱子全书》（修订本）第23册，上海古籍出版社、安徽教育出版社2010年版，第2766页。

而是要他"果然向里思量，分别详细"。

朱熹对徐子融的人品和学说还是非常赏识的，认为他老成有守，甚至欲请他来教育他的儿孙们。他在给蔡季通的信中说："铅山徐子融，老成有守。尝作《小学》。欲延之家塾，为诸子师范。"①

嘉定元年（1208）前后，徐子融在朱、吕、二陆四贤论辩的鹅湖寺旁，首设"四贤像"，"斩艾蓬蒿"，修葺茅屋，创立鹅湖精舍，聚徒讲学，传播朱子学说和儒家思想，这是鹅湖书院讲学的开始。清代学者张瑞槎有诗云："从之游者徐子融，斩艾蓬蒿葺茅屋。"清光绪《铅山乡土志》亦载："徐昭然，从朱子于鹅湖讲学。"20年之后，陈文蔚也来到鹅湖，鹅湖讲学由此而兴盛。

5.赵蕃、韩元吉等"信上三君子"同朱熹的交游及对理学的传承

南宋在信州活跃着几位知名学者，如赵蕃、韩元吉、徐文卿，被称为"信上三君子"，虽然他们都以文学见长，但与朱熹也有交游交往。

赵蕃（1143—1229），字昌父，号章泉。其先河南郑州人，曾祖父赵旸在建炎初年，"以秘书少监出提点坑冶，寓信州之玉山"②，去世后葬于玉山章泉，于是子孙定居于玉山，赵蕃也以"章泉"为号。

赵蕃以恩补为州文学一职，调浮梁尉、连江主簿，皆不赴任。后任泰和县主簿和湖南辰州司理参军等职。在任泰和主簿时，受知杨万里，他生活清苦，自题其斋为"思隐堂"，有陶靖节遗风。杨万里过泰和，有《题泰和主簿赵昌父思隐堂》诗："西昌主簿如禅僧，日餐秋菊嚼春冰。西昌官舍如佛屋，一物也无惟有竹。俸钱三月不曾支，竹阴过午未晨炊。大儿叫怒小儿啼，乃翁对竹方哦诗。诗人与竹一样瘦，诗句与竹一样秀。故山苍玉摇绿云，月梢风叶最闲身。对渠未要先思隐，且与西昌作好春。"③赞赏他安于清贫，赋咏自娱、刻苦

① 黄宗羲原著，全祖望补修，陈金生、梁运华点校：《宋元学案》卷六九《沧洲诸儒学案上》，中华书局1986年版，第2317页。
② 脱脱：《宋史》卷四四五《赵蕃传》，中华书局1977年版，第13146页。
③ 傅璇琮等主编：《全宋诗》（四二），北京大学出版社1998年版，第26266页。

自励的精神。

赵蕃少年时求学于临江（今江西樟树市）刘清之。"先生少从静春先生刘氏学，至静春守衡，欲从之卒业，乃求为衡之安仁酒库监。甫至，静春以非罪去官，先生即丐祠从之归。"①当刘清之任官衡州时，他也请求调任衡州安仁县赡军酒库，以方便就近求教刘清之。但当他到达衡州时，刘清之却已罢官，赵蕃于是请求祠禄，随从刘清之归临江，其如此珍重书生情谊！真德秀不由感叹道："蕃于师友之际如此，肯负国乎！"②

赵蕃初识朱熹，据束景南先生考证约在淳熙二年（1175），赵蕃《淳熙稿》卷十六有《读朱先生云谷诗》，其中有云："昔在龙门胜，只今云谷居。吾州端不远，曷日从篮舆？"表达了对朱熹心存崇敬，期待与之从游之念。但直到年过 50，才得以真正问学于朱子。"然先生时以学道未成为惧，年且五十，更从朱子请益。"③《宋史·赵蕃传》亦云："蕃年五十，犹问学于朱熹。"二人相契颇深，"蕃赋性宽平，与人乐易而刚介不可夺"④。朱熹评价他"昌父志操、文词皆非流辈所及"。对其人品颇为佩服，但觉得他对义理之本探索不够，期待他"欲其刊落枝叶，就日用间深察义理之本然，庶几有所据依以造实地，不但为骚人墨客而已。今渠所志虽不止此，然犹觉有偏重之意，切己处却全未有所安也。"⑤朱熹提醒赵蕃要避免落入"巧于言语"的邪径，而"多从实处做工夫"。他说："尤是文士巧于言语，为人所说，易入邪径。"⑥《朱子语类》亦有他问学

① 黄宗羲原著，全祖望补修，陈金生、梁运华点校：《宋元学案》卷五九《清江学案》，中华书局 1986 年版，第 1945 页。

② 脱脱：《宋史》卷四四五《赵蕃传》，中华书局 1977 年版，第 13146 页。

③ 黄宗羲原著，全祖望补修，陈金生、梁运华点校：《宋元学案》卷五九《清江学案》，中华书局 1986 年版，第 1946 页。

④ 脱脱：《宋史》卷四四五《赵蕃传》，中华书局 1977 年版，第 13146 页。

⑤ 朱熹：《晦庵先生朱文公文集》卷五四《答徐斯远》，见朱杰人、严佐之、刘永翔主编：《朱子全书》（修订本）第 23 册，上海古籍出版社、安徽教育出版社 2010 年版，第 2579 页。

⑥ 朱熹：《晦庵先生朱文公文集》卷五四《答赵昌莆》，见朱杰人、严佐之、刘永翔主编：《朱子全书》（修订本）第 23 册，上海古籍出版社、安徽教育出版社 2010 年版，第 2580 页。

的记载："赵昌父云：'学者只缘断续处多'。曰：'只要学一个不断续'。"①针对赵蕃所说的"某平生自觉血气弱，日用工夫多只拣易底事做。或尚论人物，亦只取其与己力量相近者学之，自觉难处进步不得也。"朱熹希望他克服惰性，提高心性修养，注重"养气"工夫。他说："某平生不会懒，虽甚病，然亦一心欲向前做事，自是懒不得。今人所以懒，示必是真个怯弱，自是先有畏事之心。才见一事，便料其难而不为。缘先有个畏缩之心，所以习成怯弱而不能有所为也。"②

赵蕃后来在信州传播发展理学，由于他的学术名望，门人负笈从学者益多，"户外之屦常满"。但他不以师道自居，"则勉以师友之源流"③，教导后生学子了解理学发展的脉络。刘宰在《章泉赵先生墓表》中，评议南宋初期学术传承渊源时说道："诸老先生师友渊源，有以系学者之望，天下学者，翕然而景从之，闽、湘、江、浙师道并建。凡异时孔、孟之所传，周、程、张、邵之所讲，思之益精，语之益详，炳然斯文，万世攸赖。比年天不慭遗，诸老沦谢，文献之家，典刑之彦，岿然独存，犹有以系学者之望者，章泉先生一人而已。故先生退然不敢以师道自任，而天下学者，凡有一介之善，片文只字之长，皆裹粮负笈，就正函丈。"④对赵蕃"能续诸老先生之后，为学者所归"的作用地位进行肯定。

赵蕃更以文学见长，是江西诗派的殿军，与韩元吉之子韩淲并称为"上饶二泉"，朱熹评价其文"昌父较恳恻"⑤。有《乾道稿》一卷、《淳熙稿》二十卷、《章泉稿》五卷传世。

韩元吉是"信上三君子"的元老前辈，也是当时信州文坛的盟主。

---

① 黎靖德编，王星贤点校：《朱子语类》卷五九《孟子九》，中华书局 1986 年版，第 1416 页。
② 黎德靖编、王星贤点校：《朱子语类》卷一二○《训门人》，中华书局 1986 年版，第 2890 页。
③ 黄宗羲原著，全祖望补修，陈金生、梁运华点校：《宋元学案》卷五九《清江学案》，中华书局 1986 年版，第 1946 页。
④ 刘宰：《章泉赵先生墓表》，转引自于北山著《杨万里年谱》，上海古籍出版社 2006 年版，第 244 页。
⑤ 黎靖德编，王星贤点校：《朱子语类》卷一四○《论文下》，中华书局 1986 年版，第 3332 页。

  韩元吉（1118—1187），字无咎，号南涧，河南开封人。他出身中原文献世家，"师尹焞，与朱熹友善。又得吕祖谦为婿，师友渊源，儒林推重。"① 高宗绍兴八年（1138），韩元吉投于程颐高弟尹焞门下，绍兴二十三年（1153）秋，韩元吉任信州幕僚，来到信州上饶后，对信州山水、风土情有独钟。乾道五年（1169），韩元吉母亲去世，他忧居上饶三年，潜心学问，与上饶湖潭学者王时敏等多有交往。后任吏部尚书、龙图阁学士等职，淳熙七年致仕，归老于上饶南涧（南涧是上饶市信江河南岸，位于上饶卫校和上饶地区人民医院之间的一条小河之名），自号南涧翁，开始了晚年的信州闲居生活。

  韩元吉以其德高望重而成为信州文人群体的实际领袖，是当时上饶文坛的盟主。词选家黄升称赞他："文献、政事、文学，为一代冠冕。"② 姜特立也评价他："逸轨高标不可扳，风流人物晋唐还。胸襟磊落尘埃外，尊酒淋漓笔砚间。……六义湮沦吾道东，敢将见处与人同。后生不遇东坡老，前辈今无南涧翁。"③ 将韩元吉与苏轼相提并论。《四库全书总目》在《南涧甲乙稿提要》中称赞云："元吉本文献世家，据其《跋尹焞手迹》自称门人，则距程子仅再传，又与朱子最善，尝举以自代，其状今载集中，故其学问渊源颇为醇正。……诗体文格，均有欧、苏之遗，不在南宋诸人下，而湮没不传，殆不可解。"④ 从文学而言，他是南宋中兴词人群体的重要代表。

  在绍兴二十九年（1159），朱熹与韩元吉就已相识，韩元吉时任建州建安县令，朱熹则居五夫里，奉亲讲学，两人一同奉诏赴临安行在，但朱熹以疾辞。韩元吉后来为此作诗："前年恨君不肯来，今年惜君不肯住。朝廷多事四十年，愚智由来各千虑。君来正值求言日，三策直前真谏疏。诋诃百事推圣

---

① 陈思编，陈世隆补：《两宋名贤小集》卷一六〇《南涧小集》，景印文渊阁《四库全书》第1363册，台湾商务印书馆1986年版，第372页。

② 黄升：《中兴以来绝妙词选》卷三，《四部丛刊》本。

③ 姜特立：《梅山续稿》卷二《闻常伯韩公下世感赋》，景印文渊阁《四库全书》第1170册，台湾商务印书馆1986年版，第23页。

④ 永瑢等：《四库全书总目》卷一六〇《南涧甲乙稿提要》，中华书局1965年版，第1383页。

学，请复国仇施一怒。天高听远语不酬，袖手翩然寻故步。我知君是谏诤才，主上聪明得无误。"[1] 韩元吉是吕祖谦的岳父，吕祖谦又是朱熹的好友，因此，朱熹与韩元吉关系密切，乾道六年（1170）朱熹甚至写信向韩元吉借贷，但被韩以"某穷悴，止江东有少俸，连遭二女子，且置得数亩饭米，去岁了两处葬事"[2] 而婉拒。淳熙三年（1176），韩元吉曾举荐朱熹以自代。认为"朱熹气质端方，议论通亮，安贫守道，力学能文。虽累有召命，而熹以禄不及亲，未肯出仕。方今奔竞成俗，熹之廉退，所宜奖擢。臣实不如，举以自代。"[3] 后朝廷又召朱熹为秘书省校书郎，朱熹又力辞，并致书韩元吉称"二十年来自甘退藏，以求己志"。对于朱熹自甘退藏、屡次辞官不就的做法，韩元吉提出批评，认为这样有违儒家的入世精神。他致书朱熹道："至谓无用于世，非复士大夫流，不知元晦平日所学何事？愿深考圣贤用心处，不应如此忿激，恐取怒于人也。"[4] 鼓励朱熹应该勇于担当道学家的外王事业。淳熙九年（1182），朱熹从临安归福建武夷，途经上饶，就住在韩元吉家。第二天，韩元吉邀请了上饶诗人徐安国一道陪朱熹游上饶南岩一滴泉，辛弃疾得到消息后，载酒具肴，倏然而至，赶来相会，一起诗酒娱乐，这便是上饶文化史上著名的南岩之会。淳熙十一年（1184）朱熹的武夷精舍落成，韩元吉又为之作记。朱熹对韩元吉的才华很是欣赏，评价他的诗词："韩无咎文做著尽和平，有中原之旧，无南方啁哳之音。"[5]

在信州与朱熹交往密切的还有徐文卿。徐文卿，字斯远，号樟丘，玉山人。方回《瀛奎律髓》卷二十三《雨后到南山村家》注评云："樟丘徐文卿，字斯远，信州玉山人，嘉定四年进士。与赵昌父、韩仲止声名伯仲。"[6] 后人

---

① 韩元吉：《南涧甲乙稿》卷二《送朱元晦》，中华书局 1985 年版，第 33 页。

② 韩元吉：《南涧甲乙稿》卷一三《答朱元晦》，中华书局 1985 年版，第 251 页。

③ 韩元吉：《南涧甲乙稿》卷九《举朱熹自代状》，中华书局 1985 年版，第 169 页。

④ 韩元吉：《南涧甲乙稿》卷一三《答朱元晦》，中华书局 1985 年版，第 252 页。

⑤ 黎靖德编，王星贤点校：《朱子语类》卷一三九《论文上》，中华书局 1986 年版，第 3316 页。

⑥ 方回选评，纪昀刊误，诸伟奇，胡益民点校：《瀛奎律髓》卷二三《雨后到南山村家》，黄山书社 1994 年版，第 594 页。

把赵蕃、韩元吉、徐文卿称为"信上三君子"。叶适对他很是赏识，在《徐斯远文集序》中赞赏道："斯远有物外不移之好，负山林沉痼之疾，而师友问学，小心抑畏，异乡名闻之士，未尝不遐叹，长想千里而同席也……风流几泯，论议将绝，斯远与赵昌父、韩仲止，扶植遗绪，固穷一节，难合而易忤，视荣利如土梗，以文达志，为后生法。凡此，皆强于善者之所宜知也。"① 他也是与上饶二泉齐名的诗人。庆元元年（1195），刘宰校文上饶，评价徐斯远："徐斯远尚友好学，安贫守道，不愧古人。顷岁校文上饶，惟以亲得此人为喜。"②

徐斯远与朱熹初识于淳熙九年（1182），三衢大会之后，朱熹在弟子簇拥下来到玉山，凭吊汪应辰的遗迹，徐斯远、赵昌父等人杖履相从，得与朱熹相识。以后常到武夷，向朱熹问学讨论。赵蕃《淳熙稿》卷七有《留别徐斯远将赴朱晦庵之约三首》，也记载了他问学朱熹的事实。朱熹评价徐斯远道："斯远诗文虽小，毕竟清。"③ 又说："徐斯远与汝谈，比诸人较好。斯远乃程克俊之甥，亦是有源流。"赵蕃的《斯远生日》称他"文得南涧赏，经从晦翁传。味有陆子同，誉由同辈宣。"④ 庆元三年（1197），徐斯远还赠朱熹玉山怀玉砚，朱熹因此作《怀玉砚铭》："我辑坠简，大法以存。孰执其宝，使与斯文？点染之余，往寿逋客。墨尔毫端，毋俾玄白。"并附记曰："怀玉南溪近出此石，徐斯远以予方讨《礼》篇，持以为赠。"⑤

绍熙五年（1194）八月底，朱熹被任命为焕章阁待制兼侍讲，在信州待命，他应信州教授林德久所请，为新修复的州学大成殿作记。又在玉山县立起了他

---

① 叶适：《水心集》卷一二《徐斯远文集序》，景印文渊阁《四库全书》第 1164 册，台湾商务印书馆 1986 年版，第 242 页。

② 刘宰：《漫塘文集》卷六《回艾节干庆长》，景印文渊阁《四库全书》第 1170 册，台湾商务印书馆 1986 年版，第 360 页。

③ 黎靖德编，王星贤点校：《朱子语类》卷一四〇《论文下》，中华书局 1986 年版，第 3332 页。

④ 赵蕃：《淳熙稿》卷三《斯远生日》，中华书局 1985 年版，第 52 页。

⑤ 朱熹：《晦庵先生朱文公文集》卷八五《怀玉砚铭》，见朱杰人、严佐之、刘永翔主编：《朱子全书》（修订本）第 24 册，上海古籍出版社、安徽教育出版社 2010 年版，第 3996 页。

为抗金死节的张叔夜、郑骧写的《旌忠愍节庙碑》。当年闰十月二十六日，他罢经筵侍讲，携弟子归闽途中，应玉山县令司马迈之请，在县庠为诸生讲学，留下了著名的《玉山讲义》，对自己的理学体系，进行了一次最精约明晰的梳理与概括。他在讲义中写道："古之学者为己，今之学者为人……须是格物致知、诚意正心、修身而推之，以至于齐家治国，可以平治天下，方是正当学问。"①反复强调应当实做力行，"就日用间便着实下功夫"。王懋竑《朱子年谱》称："此乃先生晚年亲切之训，读者宜深味之。"

从朱熹的《玉山讲义》，可以归纳其理学体系的六大精髓：一是性即理。二是仁包四性。性虽可分为仁义礼智信"五常"之性，但仁可包含其他四性，性即仁。三是仁体义用。仁存于心，义形于外，未发为仁体，已发为义用。四是性一气殊。性皆善，但因气禀不同，因而有天地之性与气质之性的区别。五是存天理灭人欲。去除物欲，才能恢复被物欲所蔽的善性，才能存天理，复善性。六是尊德性，道问学。要做到尊德性与道问学的统一，做到"尊德性以全其大，道问学以尽其小"。"他的《玉山讲义》，完全把抽象的理气性命的玄理探讨变成了一个'勇猛著力'的实行实做的迫切现实问题，正反映了他晚年的一种由博返约、由知到行的思想动态，无怪他的弟子们都把这篇讲义奉为'晚年亲切之训'了。"②

正是由于朱熹在信州的过化之功，使信州成为理学传播的前沿阵地，成为朱熹理学向外辐射的一个中转站。正如戴表元在《稼轩书院兴造记》中所说："当其时，广信衣冠文献之聚，既名闻四方，而徽国朱文公诸贤实来，稼轩相从游甚厚。于是鹅湖东兴，象麓西起，学者隐然视是邦为洙泗阙里矣。"③"洙泗阙里"正是信州理学地位的精准评价。

---

① 朱熹：《晦庵先生朱文公文集》卷七四《玉山讲义》，见朱杰人、严佐之、刘永翔主编：《朱子全书》（修订本）第24册，上海古籍出版社、安徽教育出版社2010年版，第3588页。
② 束景南：《朱子大传》，商务印书馆2003年版，第993页。
③ 戴表元：《剡源戴先生文集》卷一《稼轩书院兴造记》，《四部丛刊》影印明万历间刻本。

第六节　程朱理学在抚州的传衍

一、抚州的民风士习

抚州也是南宋理学传播的中心之一。

抚州，古名临川，抚河流经全境，山川信美，地势平坦，抚河冲积形成的赣抚平原是江西最大的平原，历来就是富庶之地，人民过着饭稻羹鱼的富足生活："抚于江西为富州，其田多上腴，有陂池川泽之利，民饱稻鱼，乐业而易治。"①曾巩在《拟岘台记》中，也曾描述了他家乡的富庶景象："其民乐于耕桑以自足，故牛马牧于山谷者不收，五谷之积于郊野者不垣，而晏然不知桴鼓之警，发召之役也。"②"故作客莫如江右，而江右又莫如抚州。"同时，抚州文化发达，为人文荟萃之区，"于江西号士乡"，"其俗风流儒雅，乐读书而好文词"③。以才子之乡闻名于世。"临川之民，秀而能文，刚而不屈，故前辈名公，彬彬辈出，惟临川为盛。"④周必大在《抚州登科题序》中说，抚州"非特地大人庶，冠冕一路，而文物盛多，亦异他邦"⑤。已不是比屋弦歌、士人众多的层次，而是名家辈出的境界。"抚州古名郡，至本朝尤号人物渊薮。德业如晏元献，文章如王荆公、曾南丰，儒学行谊如陆象山兄弟一门之盛。其余彬彬辈出，几不容偻指。"⑥

---

① 谢谔：《竹友集》卷八《狄守祠堂记》，景印文渊阁《四库全书》第 1122 册，台湾商务印书馆 1986 年版，第 603 页。

② 金锋主编：《唐宋八大家集》第 4 册《曾巩集》，九州出版社 2003 年版，第 408 页。

③ 王象之：《舆地纪胜》卷二九《江南西路·抚州》（惧盈斋刻本），江苏广陵古籍刻印社 1991 年版，第 341 页。

④ 黄榦：《黄勉斋先生文集》卷七《临川劝谕文》，中华书局 1985 年版，第 151 页。

⑤ 周必大：《文忠集》五四《抚州登科题序》，景印文渊阁《四库全书》第 1147 册，台湾商务印书馆 1986 年版，第 574 页。

⑥ 黄震：《黄氏日抄》卷八八《抚州重建教授厅记》，《景印文渊阁四库全书》第 708 本，台湾商务印书馆 1986 年版，第 933 页。

抚州金溪又是陆九渊的家乡，陆氏兄弟的学术名望影响深远，心学有着深厚的土壤，抚州士子多从陆学，可谓是陆学大本营。但也有一批抚州学子，从学于朱熹，抚州第一代朱门弟子有黄义勇、黄义刚、甘节等人。特别是朱熹知南康军后，朱学流风激荡，冲击着抚州这个陆学老巢，包显道、包详道、包敏道兄弟接连来到武夷精舍，由陆学转入朱门，受学于朱熹。南宋以后，陆学中衰，朱子学在此蔚然独行，抚州成为朱子学的中兴之地。

二、行谊志节，卓然为一时之冠的黄义勇

黄义勇，字去私，临川人。宋端仪《考亭渊源录》卷十一载其事迹云："从文公游，而卒业于黄榦之门。著《屯田议》，执亲丧，敦行古礼。陈宓官南康军，辟为白鹿书院堂长。行谊志节，卓然为一时之冠。"① 黄义勇于淳熙十五年（1188）前后，到武夷精舍从学于朱熹。在《朱子语类》卷十四中，有其向朱熹问学的两条记录。"黄去私问知止至能得。"曰："工夫全在知止。若能知止，则自能如此。""知止至能得，譬如吃饭，只管吃去，自会饱。"又"问知止至能得。"曰："如人饮酒，终日只是吃酒，但酒力到时，一杯深如一杯。"② 当庆元党禁之际，朱门零落，但黄义勇、黄义刚兄弟仍然侍奉在朱子身边，不离不弃，因此，黄勉斋尝叹道："向来问学之士，凋落殆尽，江西则甘吉甫、黄去私兄弟、张元德，不过数人尔。"③ 其弟弟黄义刚，也与他一道师事于朱熹，"弟义刚，字毅然，事文公最久，议论尤有根据。尝叙所闻曰《先师德言》。"④

嘉定元年至四年（1208—1211），黄榦任知抚州临川县，黄义勇又与其二

---

① 宋端仪、薛应旂：《考亭渊源录》，《四库全书存目丛书》第 88 册，齐鲁书社 1997 年版，第702 页。

② 黎靖德编，王星贤点校：《朱子语类》卷一四《大学一》，中华书局 1986 年版，第 281 页。

③ 黄宗羲原著，全祖望补修，陈金生、梁运华点校：《宋元学案》卷六九《沧洲诸儒学案上》，中华书局 1986 年版，第 2321 页。

④ 黄宗羲原著，全祖望补修，陈金生、梁运华点校：《宋元学案》卷六九《沧洲诸儒学案上》，中华书局 1986 年版，第 2321 页。

弟黄义明一起从学于黄榦。黄义明，字景亮，号儆斋。据光绪《抚州府志》所载：其"师勉斋，孝友慈祥，待人如一，……尝语学者曰：'体认使识趣真，提撕使志气强，涵容使精神聚。'是可观所学矣。自号儆斋，有《诗文讲义》。"①黄义明还著有《临川县学勉斋祠记》一文，详细地记载了黄榦在临川的政绩，对黄榦在临川的评价甚高。

嘉定十一年（1218），莆田人陈宓知南康军，效法朱熹，多有惠政，修二贤祠以崇正学，礼聘黄义勇为白鹿洞书院堂长。黄义勇"从文公游而卒业于黄榦之门。陈宓知南康，辟为白鹿书院堂长。"他在白鹿洞书院，"行谊志节，卓然为一时之冠"②。

三、抚州朱熹弟子甘节

甘节，字吉甫，临川人，生卒年月不详。大约在1193年前后，从学于朱熹，成为其高足。庆元三年（1197）他致书朱熹问曾点"乐此终身"之意。他问朱子："《论语集注》中说曾点处，有'乐此终身'一句，不知如何？"甘节对曾点"乐此终身"，无心事为，但又何来"尧舜气象"，以及曾点的行为与佛、老有何区别存在着疑惑，因此求教于朱熹。朱熹回答道："观舜居深山之中，伊尹耕于有莘之野，岂不是乐此以终身？后来事业亦偶然耳。若先有一毫安排等待之心，便成病痛矣。注中若无此句，即此一转语全无收拾，答它圣人问头不着，只如禅家擎拳竖拂之意矣。"③朱熹向他解释，在《论语集注》中说曾点"乐此终身"，其本意有二：一是在于强调曾点之胸襟，毫无有意为国之心，了无私欲，因此能自适其乐；二是要通过"乐此终身"这句话明确曾点是以此为

---

① 许应鑅等：《抚州府志》卷五九《文苑传》，清光绪二年（1876）刊本。

② 宋端仪、薛应旂：《考亭渊源录》，《四库全书存目丛书》第88册，齐鲁书社1997年版，第702页。

③ 朱熹：《晦庵先生朱文公文集》卷六二《答甘吉甫》，见朱杰人、严佐之、刘永翔主编：《朱子全书》（修订本）第23册，上海古籍出版社、安徽教育出版社2010年版，第2991页。

志，所乐之"此"即是道，也就是天理。从而把曾点和佛禅区别开来。但朱熹的解释说服力并不强，人们还是容易把曾点视为遗世独立之隐士，同佛、老之徒的逍遥忘世、只求个人快活画上等号。

庆元党禁之际，朱熹门徒有畏祸回避，托辞去归者。但甘节不顾形势之危急，依旧从学于朱熹，对其不离不弃。正如黄榦所云："向来从学之士，凋落殆尽……江西则甘吉父、黄去私、张元德。江东则李敬子、胡伯量、蔡元思……大约不过此数人而已。"[1]对甘节的人品大加赞赏，视之为朱熹之道的重要传人。他在《复甘吉甫》中就说道："榦老矣，诸兄正好着力，庶师道之有传也。"[2]甘节也不负重托，回到临川后，讲学授徒，传播朱熹理学，使临川成为朱熹去世后的朱子学聚会讲学中心之一。

第七节　宋代鄱阳湖地区理学传衍的特点

宋代鄱阳湖地区，处于连接中原和岭南的交通干线，位于南北交通的枢纽和东西交通的要冲。这种地缘优势，为鄱阳湖地区理学的萌生、发展和传播提供了优越的条件。而"一大批本土理学家的涌现和外埠理学家的进入，使得江西成为真儒过化之地、诸子向往之所，是全国的学术中心，有理学渊薮之美誉"[3]。特别是周敦颐、朱熹等理学大师的讲学倡导，过化存神，以及黄榦、李燔、黄灏等众多弟子的不懈努力，促进了理学在鄱阳湖地区的传播发展，使鄱阳湖地域文化打上了深深的理学烙印。

宋代鄱阳湖地区理学的传衍，呈现出鲜明的特色：在学术主旨上，笃信朱学，恪守师训，又兼容陆学；在传承方式上，除师徒授受之外，家族、家学传承为其特色；在传播载体上，书院特别是白鹿洞书院成为理学传播的主阵地；

---

[1]　黄榦：《黄勉斋先生文集》卷四《复李贯之兵部书》，中华书局1985年版，第72页。

[2]　黄榦：《黄勉斋先生文集》卷三《复甘吉甫》，中华书局1985年版，第50页。

[3]　李江：《理学渊薮的形成：宋代江西理学的昌明》，《江西社会科学》2011年第10期。

在品德个性上，笃行仁义，安贫乐道，文节俱高，彰显了宋代鄱阳湖理学文化的刚正义烈。

一、笃信朱学，兼融陆学的学术特色

鄱阳湖地区的朱子后学恪守师训，笃信朱学，处处维护着朱子理学的权威与纯洁，"致力于儒学与朱子学的传承、捍卫以及弘扬"①。尤其是朱熹故里婺源的弟子们，更加推崇朱子，以生活在朱子故里为荣，对朱子顶礼膜拜。许月卿就说："忽生朱晦庵，追千万世前，示千万世后，如日月当天。呜呼！新安生若人，不知再生若人是何年。"②他们在情感上服膺朱子，视朱学为圣学，学术上坚执师说，笃信程朱理学，强调"读朱子之书，服朱子之教，秉朱子之礼"③，是朱子学术的忠诚卫道者，以研习传播朱子理学为己任。许月卿在《婺源朱塘晦翁祠碑》中，高度评价朱子学说："立志以定其本，居敬以持其志，穷理以致其知，反躬以践其实。虽地之相远，世之相后，如会一堂。……窃道德性命之说，以为哗众取宠之资，俗日以益薄，治日以益卑，职此之故欤。嘉定以来，士大夫专以朱氏之学为仕途捷径。"④表明要以朱子的道德性命之学指导自己的日用常行，躬行履践，而不仅是哗众取宠，成为求仕之阶。他们致力于传承光大朱子理学，热衷于对朱子学术的注疏解释，热衷于编写理学通俗读物，重视朱子理学的普及。但在学理上很少超越和突破，逐渐"流为训诂之学"。

鄱阳湖地区的理学家们在尊崇朱学的同时，又不恪守门户，对其他学派持宽容、接纳的态度，具有兼收并蓄的文化融合性。由于鄱阳湖地区的抚州金溪是陆九渊的故乡，信州贵溪又是象山讲学的场所，堪称陆学大本营。鄱阳湖地

---

① 解光宇：《朱子徽州弟子及其思想研究》，《朱子学刊》2009年第1辑。
② 许月卿：《先天集》卷一《新安》，《四部丛刊续编》本，商务印书馆1934年版。
③ 转引自周晓光：《新安理学》，安徽人民出版社2005年版，第10页。
④ 许月卿：《先天集》卷九《婺源朱塘晦翁祠碑》，《四部丛刊续编》本，商务印书馆1934年版。

区既广泛流传着朱学，陆学也有深厚的传播土壤。朱、陆两家交流活跃，理学和心学在此相互接近，相互吸收，相互交融。玉山学派、双峰学派、鄱阳三汤之学，都显示出了朱、陆融合的学术特征，不少鄱阳湖地区的朱门弟子，吸收陆学思想，开启了和会朱、陆之路。

饶鲁既不株守朱学门户，也不拘泥章句，在学术上吸收陆学思想。"饶鲁虽在本体论、人性论上继承了程朱理学，但饶鲁不拘泥朱学，特别是在理学的方法论上，并不是沿着朱熹格物穷理的路线，而更多地吸收了陆九渊的明心论。"①他对于如何克制私欲、泯灭小我以恢复大我之本性，就吸取了陆九渊"心学"的成分，认为"仁"即"心"，特别重视"心"的作用。《元史》评价道："余干饶鲁之学，本出于朱熹，而其为说，多与熹牴牾。"②《宋元学案》亦认为"双峰盖亦不尽同于朱子者"③。侯外庐先生也指出，饶鲁的朱学中，"夹杂有陆学的东西"④。

安仁汤氏三兄弟讲学授徒，同宗朱学，汤千、汤中一直恪守朱子，而汤巾则兼收博采，在接受传播朱子理学的同时，又受陆九渊"心学"的影响，出入朱、陆之间，吸收陆学营养，由朱入陆，融会朱、陆而自成一家，并传其学于从子汤汉。汤巾、汤汉学兼宗朱、陆，开和会朱、陆之先河，且汤汉"补两家之未备，是会同朱陆之最先者"⑤。陆门弟子程绍开，其学术观点与汤巾、汤汉相似，"尝筑道一书院，以合朱、陆两家之说"⑥。程绍开在道一书院中，实行朱子、陆子同祀并尊。

---

① 徐永文：《南宋赣东北朱子后学初探》，《上饶师范学院学报》2007 年第 4 期。
② 宋濂：《元史》卷一八九《儒学传·胡一桂传》，中华书局 1976 年版，第 4322 页。
③ 黄宗羲原著，全祖望补修，陈金生、梁运华点校：《宋元学案》卷八三《双峰学案》，中华书局 1986 年版，第 2812 页。
④ 侯外庐、邱汉生、张岂之主编：《宋明理学史》，人民出版社 1997 年第 2 版，第 731 页。
⑤ 黄宗羲原著，全祖望补修，陈金生、梁运华点校：《宋元学案》卷八四《存斋晦静息庵学案》，中华书局 1986 年版，第 2843 页。
⑥ 黄宗羲原著，全祖望补修，陈金生、梁运华点校：《宋元学案》卷八四《存斋晦静息庵学案》，中华书局 1986 年版，第 2849 页。

因此，鄱阳湖地区的理学家们，其学术主旨，是在恪守师训，笃信朱学的同时，又兼融陆学。

二、师徒授受，家族相传的传承方式

从传承方式来看，鄱阳湖地区的理学除了传统的师徒授受之外，家族、家学传承更是主要方式，呈现出明显的家学特色，诞生了不少数代相传的理学世家。

余干赵汝愚家族就是典型代表。赵汝愚与朱熹关系密切，交谊深厚，他与族弟赵汝靓在余干县城兴建东山书院，邀请朱熹讲学其中。赵汝靓与赵汝愚之子赵崇宪、赵崇度皆师自于朱熹，接受了朱熹的理学思想。此后，其孙赵必愿和曾孙赵良淳也都成为朱熹门人或朱子后学弟子。赵汝愚将朱子理学视为家学，流传不坠凡四世。赵汝愚家族四世六人荣登《宋元学案》。

婺源考水明经胡氏，子孙世代以《易》学传家，"一门十余叶缃素相传"。胡师夔，"通五经，尤精于《易》，撰《易传史纂》"①，其学一传于朱子从孙朱小翁，再传其子胡斗元，三传其孙胡炳文。考水明经胡氏，都是以治《易》而闻名的学者，具有深厚的家学底蕴。

都昌曹氏是都昌名门望族，世代业儒。"自龟山后十有二世，皆以经行称于乡。"②曹兴宗及其子曹彦纯、曹彦约都是在白鹿洞书院受学于朱熹，成为朱熹门人，传承朱熹理学。彭蠡在朱熹知南康军时，与兄长彭寻、其子彭方慕名而来，师事朱熹。学成后，在都昌讲学授徒，传承程朱薪火，被称为"都昌三彭"。

在家学传承中，父子相传是最常见和最普遍的方式。鄱阳湖地区理学传承中，很多都是父子相传的。如介轩学派中，婺源胡方平传子胡一桂，胡斗元传

---

① 弘治《徽州府志》卷九《人物三·隐逸》，《天一阁藏明代方志选刊》本，上海古籍书店影印1964年版。

② 魏了翁：《鹤山集》卷八七《宝章阁学士通议大夫致仕赠宣奉大夫曹公墓志铭》，景印文渊阁《四库全书》第1173册，台湾商务印书馆1986年版，第321页。

子胡炳文，余芑舒传子余济，被称为婺源道学开拓者的李缯、李季札，也是父子学术相传。

都昌理学家冯椅教子有方，对其四子冯去非、冯去辨、冯去弱、冯去疾，传之以忠孝，授之朱学，使他们个个学有专长，在学业上表现不俗，《宋元学案补遗》特立“冯氏家学”。

同时，兄弟相传也是鄱阳湖地区理学传承的一种普遍形式。建昌吕熠、吕炎、吕炳、吕焘、吕焕兄弟五人皆为朱熹弟子，称为建昌“五吕先生”。“老大吕熠，字德艺；老二吕炎，字德明；老三吕炳，字德文；老四吕焘，字德昭，号月波；老五吕焕，字德远。朱熹守南康，兄弟五人同拜朱熹门下。世人称‘五吕先生’，素有‘朱门五贤一家’之誉。”① 他们相互勉励，商榷学问，学成后，隐居不仕，以“道德闻望，为时所重”。吕焘、吕焕兄弟不顾党禁森严，在庆元五年，义无反顾地再次到福建考亭问学于朱熹。

婺源有滕璘、滕珙兄弟，他们自幼受家学熏陶，笃志力行，奉父亲之命，兄弟二人一道修书请教于朱熹，成为朱门弟子。

在余干县，柴中行、柴中立、柴中守兄弟三人，一道就学于柴元裕创建的松冈书舍，“潜心义理，苦志不渝”。学成之后，又讲学于南溪书院，毅然以师道自任，被誉为“余干三柴”，成为余干重要的理学名家。在安仁（今余江县），汤千（号存斋）、汤巾（号晦静）、汤中（号息庵）三兄弟为代表的“安仁三汤”，创立了“存斋晦静息庵学派”。

此外，在家学传承中，也有如董铢传董梦程的伯侄相传，许月卿传江凯的翁婿相传等传承方式。

三、创办书院，书院成为重要的传播载体

鄱阳湖地区的理学家们，热衷于创办书院，讲学授徒，书院成为理学传播

① 袁晓宏：《朱熹庐山史迹考》，江西人民出版社 2014 年版，第 113 页。

的主要阵地，也是培养学派人才和与其他学派论辩的重要场所。白鹿洞书院，更是理学传播的中心。通过书院，传播、普及了朱子学说，扩大了程朱理学的影响。

介轩学派的程端蒙在德兴十都开创了"求放心斋"，在十二都游弈坞兴办了"蒙斋书院"；董铢在九都开设"盘涧书院"；胡一桂在婺源建湖山书院，胡炳文讲学于信州道一书院、婺源明经书院……他们通过书院讲学授徒，培养了一批批后起之秀，普及传播了朱子学术，使赣东北"虽十室之村，不废诵读"。

江万里是个著名的教育家，他与朱熹一样，热衷于创办书院，申明义理，砥砺名节，培育英才。他创建了吉州白鹭洲书院、隆兴府宗濂书院、南安周程书院等三所著名的书院，并都获得了皇帝的赐额。淳祐元年（1241）江万里任知吉州时，创办了白鹭洲书院；淳祐二年（1242），任江西转运判官兼权知隆兴府，又建宗濂书院，还嘱托南安知军林寿在其军治大余县学之东，修建周程书院，后改名"道源书院"，三所书院，成为传播程朱学说、培养理学人才的重要场所。

都昌冯去非在县治东门冯家巷建"去非学舍"，冯去疾在临川创办临汝书院，聘请知名学者程若庸为山长，授徒讲学，研究学术，培养后学人才。

余干柴中行告老还乡后，创建南溪书院，与弟柴中立、柴中守讲学其中，从游者有汤汉、饶鲁等数百人。

信州陈文蔚讲学于双溪书院、龙山书院、南轩书院等处，徐子融在朱陆四贤论辩的鹅湖寺旁，首设"四贤像"，斩艾蓬蒿，修葺茅屋，创建鹅湖精舍，聚徒讲学，成为鹅湖书院讲学的开始。南宋绍定元年（1228），陈文蔚也讲学于鹅湖，推动了信州士子接受朱子学说。

朱熹复兴后的庐山白鹿洞书院，是鄱阳湖地区理学传播的高地。在朱熹离任南康及朱熹去世后，李燔、胡泳、黄义勇、陈文蔚、林夔孙、张洽等朱熹弟子继任白鹿洞书院山长，固守白鹿洞书院这一宣讲程朱理学的重要讲堂，以他们人格魅力和渊博的学识吸引了四方学子，使程朱理学在庐山、鄱阳湖地区薪火相传。

宁宗嘉泰四年（1204），李燔被郡守礼聘为白鹿书院堂长，讲学于此，一时间"学者云集，讲学之盛，它郡无与比"①。宁宗嘉定十年（1217），朱熹之子朱在继任南康知军，再次修复白鹿洞书院，聘请李燔为白鹿洞书院山长，主持书院教席。次年四、五月间，黄榦、胡泳、陈宓等人也来到白鹿洞，黄榦"入庐山，访其友李燔、陈宓，相与盘旋玉渊、三峡间，俯仰其师旧迹，讲乾、坤二卦于白鹿书院，山南北之士皆来集"②。黄榦等人在此讲授《易》学，吸引了庐山南北的众多学子。

朱熹去世后，白鹿洞生徒四散。黄榦致信建昌胡泳，期望他能"屈意往白鹿，且以吾道为念，收拾得十数人，使此道不至湮晦，最急务也"。胡泳于是毅然带着生徒，来到白鹿洞，担任白鹿洞书院堂长达九年之久，名师硕儒纷纷前来讲学，使白鹿洞书院再次学子云集。他还以白鹿洞书院为中心，胡泳与李燔、蔡念成、周舜弼等人一道在庐山发起了类似学术沙龙的"季集"讲学活动，每季一集，轮流主持，在同道之间往复问难，互相驳辩，相告以善，以此发扬师训。从而使庐山在朱熹去世后，俨然取代武夷，成为了理学的重镇。

抚州黄义勇也曾任白鹿洞书院堂长。黄义勇"从文公游而卒业于黄榦之门。陈宓知南康，辟为白鹿书院堂长。"他在白鹿洞书院，"行谊志节，卓然为一时之冠"③。

陈文蔚晚年亦入主白鹿洞书院，发明师训，"辨义利"之别，"论求仁"之方，"辞和而字切"，使学子听后，"辄有兴起"，并以此为阵地，将朱熹理学思想发扬光大。

宋理宗绍定六年（1233），江东提刑袁甫礼聘汤巾为白鹿洞书院山长，主持白鹿洞讲席。汤巾在白鹿洞宣讲理学，天下学子纷纷慕名而来，使书院生徒日众，弦歌不绝。

---

① 脱脱：《宋史》卷四三〇《道学四·李燔传》，中华书局 1977 年版，第 12783 页。

② 脱脱：《宋史》卷四三〇《道学四·黄榦传》，中华书局 1977 年版，第 12782 页。

③ 宋端仪、薛应旂：《考亭渊源录》，《四库全书存目丛书》第 88 册，齐鲁书社 1997 年版，第 702 页。

理宗宝祐六年（1258），南康知军方岳又聘请饶鲁为白鹿洞书院堂长，饶鲁在掌教白鹿洞书院时，将董铢、程端蒙的《董程二先生学则》与朱熹的《白鹿洞书院揭示》同揭于白鹿洞书院，并《跋》之曰："一则举其学问之宏纲大目，而使人之知所用力；一则定为群居日用之常仪，而使人之有所持循，即大、小学之遗法也。学者诚能从事于此，则本末相须，内外交养，而入道之方备矣。"①

可见，白鹿洞书院一直是鄱阳湖地区理学传播的重要高地。

四、安贫乐道，刚正义烈的品德个性

鄱阳湖地区的理学家们，熟读圣贤之书，以圣贤为榜样，主张学以为己，崇尚道德，笃信仁义，将人格修养视为人生的第一要义。他们践行程朱理学的圣贤理论和道德仁义，甘受寂寞，以克己安贫为实地，不醉心于科场成败，不汲汲于功名追求，往往隐居不仕，致力于修身讲学，保持了理学家的风骨气节，成为时代的脊梁和社会良知的担当者，展示了安贫乐道，刚正义烈的品德个性，彰显了文章节义的鲜明特色。

李燔一生品行高洁，反对汲汲于名利，蔡念成称赞其人品"心事如秋月"②。李燔常说："凡人不必待仕宦有位为职事，方为功业，但随力到处有以及物，即功业矣。"③他生活俭朴，认为"仕宦至卿相，不可失寒素体"④。且身体力行，"故燔处贫贱患难若平素，不为动，被服布素，虽贵不易"⑤，被视为海内第一人。

江万里秉性峭直，恪尽职守。他以"君子只知有是非，不知有利害"作为自己为官处世的准则，正直敢言，不阿谀奉承。

① 程端礼：《程氏家塾读书分年日程》卷三，黄山书社1992年版，第5页。
② 黄宗羲原著，全祖望补修，陈金生、梁运华点校：《宋元学案》卷六九《沧洲诸儒学案上》，中华书局1986年版，第2259页。
③ 脱脱：《宋史》卷四三〇《道学四·李燔传》，中华书局1977年版，第12784页。
④ 脱脱：《宋史》卷四三〇《道学四·李燔传》，中华书局1977年版，第12784页。
⑤ 脱脱：《宋史》卷四三〇《道学四·李燔传》，中华书局1977年版，第12784页。

不少鄱阳湖地区的理学家不屈于权贵，宁绝于仕途，也要保持自己独立的人格。婺源滕璘，时"韩侂胄当国，或劝先生一见，可得掌政。先生曰：'彼以伪学诬一世儒宗，以邪党锢天下善士，顾可干进乎？'"①滕璘宁可受其迫害，也不屈事于韩侂胄，显示出高尚的节操。王阮人品高洁，不阿权贵。"生平以风节自励，权贵每欲罗致之，不肯轻投一刺。"②韩侂胄曾以高官厚禄相诱，但王阮不为所动，不肯屈身权臣，保持了自己的冰雪之操。

受理学精神的熏陶，鄱阳湖地区的理学家们最重气节。"文章、道德、气节"成为他们人生的不懈追求，不断涌现出文节俱高的刚介之士。

疾风知劲草，患难见真情。在庆元党禁兴起，朱熹理学遭受打击之际，不少朱门子弟为免受牵连，变换门庭，纷纷托辞归去。"及党议之兴，士之清修者，深入山林以避祸，而贪荣畏罪者，至易衣巾，携妓女于湖山都市之间以自别。虽文公之门人故交，尝过其门，凛不敢入。"③黄榦描绘了党禁开始之后，朱熹弟子们的不同反应："伪学之禁方严，有平日从学而不通书问者，有讳言其学而更名他师者，有变节改行，狂歌痛饮挑达市肆以自污者，有昔尝亲厚恨不荐己而反挤之者，至其深相爱者亦勉以散遣生徒为远害计，诸生虽从学，亦有为之摇动，欲托辞以告归者。"④在这严峻时刻，德兴人董铢"正色责之，喻以理义，然后诸生翕然以定"。

鄱阳湖地区的绝大多数弟子，对朱子的尊崇不因时局的变化而改变，依然孜孜以求，不弃不舍，奋勇向前。抚州甘节、黄义勇不顾形势危急，依旧从学于朱熹。

朱熹去世后，李燔、黄灏等不顾朝廷党禁高压，率领众学子赴丧吊唁，缅

---

① 黄宗羲原著，全祖望补修，陈金生、梁运华点校：《宋元学案》卷六九《沧洲诸儒学案》，中华书局 1986 年版，第 2292 页。

② 郑际唐：《义丰文集题记》，见王阮著，朱瑞熙、孙家骅校注：《义丰文集校注》，华东师范大学出版社 2006 年版，第 191 页。

③ 叶绍翁撰，沈锡麟、冯惠民点校：《四朝闻见录》丁集，中华书局 1989 年版，第 149 页。

④ 黄榦：《勉斋集》卷三八《董县尉墓志铭》，景印文渊阁《四库全书》第 1168 册，台湾商务印书馆 1986 年版，第 454 页。

怀恩师。"文公没,率同门会葬。时学禁方严,不为少怵。"①黄灏虽谪贬乡居,也不避嫌疑,不远千里前往吊唁,"文公没,党禁方厉,先生单车往赴,徘徊不忍去者久之"②。

特别是在宋元兴亡鼎革、存亡绝续之际,鄱阳湖地区的理学家们高标民族大义,以风节相砥砺,做到临大节而不可夺,涌现出了江万里、许月卿、谢枋得等一大批文节俱高的朱门子弟。

江万里在饶州,"凿池芝山后圃,扁其亭曰'止水'"③,意为生命至此为止。德祐元年(1275),饶州城破之日,江万里携子江镐及左右投止水以身殉国。"先生竟赴止水死。左右及子镐相继投沼中,积尸如叠。"④江万里以身殉国,舍生取义,是对程朱理学仁、义、忠、节的最好诠释。

赵汝愚曾孙赵良淳及其妻子也以身殉国。"及兵围城,率众城守。元将范文虎遣使招降,先生焚书斩其使。卒为吴国定所卖,先降。先生自缢死,其妻雍氏同缢于郡治之集芳轩。"⑤赵良淳继承了赵氏家族的忠孝家风,彰显了鄱阳湖地区理学文化刚正义烈的内核。

宋亡之后,他们保持气节,安贫乐道,甘受寂寞,隐居不仕,以风节相砥砺,抵抗元朝的征召,宁做南宋的遗民,也决不做蒙元的高官,或是慷慨赴死,或是绝食殉国,保持了理学家的风骨气节。

许月卿在宋亡之后,衰服三年,誓不仕元。"先生深居一室,但书'范粲寝所乘车'数字。"⑥以三国范粲寝于乘车,足不踏地,谢绝司马师征聘的事迹

① 黄宗羲原著,全祖望补修,陈金生、梁运华点校:《宋元学案》卷六九《沧洲诸儒学案上》,中华书局1986年版,第2258页。
② 黄宗羲原著,全祖望补修,陈金生、梁运华点校:《宋元学案》卷六九《沧洲诸儒学案上》,中华书局1986年版,第2275页。
③ 脱脱:《宋史》卷四一八《江万里传》,中华书局1977年版,第12524页。
④ 脱脱:《宋史》卷四一八《江万里传》,中华书局1977年版,第12524页。
⑤ 黄宗羲原著,全祖望补修,陈金生、梁运华点校:《宋元学案》卷八三《双峰学案》,中华书局1986年版,第2812页。
⑥ 黄宗羲原著,全祖望补修,陈金生、梁运华点校:《宋元学案》卷八九《介轩学案》,中华书局1986年版,第2974页。

激励自己,"五年不言而卒"。揭傒斯评价许月卿"以文章气节闻天下"。谢枋得也以许月卿为榜样,曾书其门曰:"要看今日谢枋得,便是当年许月卿。"①

谢枋得一生追求成圣成贤,以程朱理学的圣贤理论要求自己,更用自身的言行来承当"程朱之事"。他说:"儒者常谈所谓为天地立心,为生民立极,为去圣继绝学,为万世开太平,正在我辈人承当,不可使天下后世谓程朱之事皆大言无当也。"②他有着"万古纲常担上肩,脊梁铁硬对皇天"③的担当! 在宋亡之后,他五次拒绝了元朝的征聘,保持了民族气节,宁做大宋的遗民,也决不做蒙元的高官。他被福建行省参政魏天佑强行押至大都后,在大都绝食殉国,体现了理学家高尚的道德人格和宁为玉碎,不为瓦全的凛然正气。

① 许月卿:《先天集》附录下《宋运干山屋先生行状》,《四部丛刊续编》本,商务印书馆 1934 年版。

② 谢枋得:《叠山集》卷二《与李养吾书》,景印文渊阁《四库全书》第 1184 册,台湾商务印书馆 1986 年版,第 864 页。

③ 谢枋得:《叠山集》卷一《和曹东谷韵》,景印文渊阁《四库全书》第 1184 册,台湾商务印书馆 1986 年版,第 850 页。

第四章
元代鄱阳湖地区理学的传承与发展

    元代是程朱理学传播、普及并上升为官方哲学的时代，实现了程朱理学的官学化。元仁宗皇庆二年（1313），"延祐开科，遂以朱子之书，为取士之规程，终元之世，莫之改易焉"①。元政府实行开科取士，规定从《四书》《五经》中命题，以朱熹的《四书集注》作为标准答案，从此，程朱理学成为科举考试命题和士子应试的准绳，取得了官方哲学的地位。"是故元之儒者，服膺朱子之学，笃信谨守，言行相顾，无后世高谈性命，阳儒阴释之习。"②

    程朱理学之所以能成为官方哲学，与程钜夫、吴澄等鄱阳湖地区理学家的积极推动密不可分，正是他们把理学带入元朝，使程朱理学在元朝圣传不绝。

    宋元之际，鄱阳湖畔的余干县是理学传播的重要阵地，也是由宋到元理学输出的起点。被誉为"江右理学巨子"的饶鲁，是理学传播的关键人物。《宋元学案》黄百家案："勉斋榦得朱子之正统，其门人一传于金华何北山基……又于江右传饶双峰鲁，其后遂有吴草庐澄，上接朱子之经学，可谓盛矣。"③饶鲁培养了著名弟子程若庸，而程若庸又培养了程钜夫和吴澄，他们成为入元以

---

① 柯劭忞等撰，余大钧标点：《新元史》卷二三四《儒林传一》，吉林人民出版社 1995 年版，第 3386 页。

② 柯劭忞等撰，余大钧标点：《新元史》卷二三四《儒林传一》，吉林人民出版社 1995 年版，第 3386 页。

③ 黄宗羲原著，全祖望补修，陈金生、梁运华点校：《宋元学案》卷八三《双峰学案》，中华书局 1986 年版，第 2812 页。

来最重要的理学家。"从某种意义上来看，元代人的理学实为江西人的理学；而江西人的理学，又实为余干人的理学。由此我们反观朱子理学在南鄱阳湖的传播，其影响之深远，意义之重大，皆因余干实际上已经成为由宋到元理学输出的起点站，而这个站台的调度者便是饶鲁。"①

　　元代鄱阳湖地区的理学家们，致力于传承程朱学说，探寻朱学本旨，并阐扬朱学未尽之蕴。他们在传承程朱理学，坚守师说的同时，又不株守一隅，积极吸纳其他学派的思想。如吴澄，他虽是朱门弟子，但不固封于朱学，认为陆学中也有圣学不可或缺的成分，主张朱、陆互为补充，表现出调和与融合朱、陆的倾向。他们徘徊在朱学与陆学之间，共同探索着振衰起废的途径。

　　元代理学是由宋代理学向明代理学过渡的中间环节，对明代心学也起了直接孕育的作用。"作为思想文化发展史中不可或缺的一环，元代理学具有务实的特点，是以朱学为主导，同时出现朱、陆合流的趋向，程朱理学成为占统治地位的官学，而陆学衰微。"②元代理学上述特点的形成，鄱阳湖地区的学者起了重要作用。

第一节　元代鄱阳湖地区的行政区划

一、江西行省的设立

　　元世祖至元十四年（1277），设立江西等处行中书省，简称江西行省。行省治所在隆兴（今南昌市），辖境包括今江西省大部、湖南省部分、广东及福建省大部分。今南昌、九江、宜春、新余、萍乡、吉安、抚州和赣州市隶属江西行省，而饶州、信州、铅山、婺源隶属于江浙行省。

---

① 吴长庚主编：《朱熹与江西理学》，江西高校出版社 2007 年版，第 129 页。

② 朱汉民：《中国学术史》（宋元卷），江西教育出版社 2001 年版，第 713 页。

元代的地方行政区划，"显得零乱复杂，缺乏秦、汉、隋、唐统一王朝整齐划一的二级制或三级制①"。元代在行省下设路、府、州、县四等。根据人口的多少、土地的广狭，分为上、中、下三等。

"江西地区，当时境内设有行省、路、州、县，没有府一级地方行政区；有些是行省、直隶州两级管理，有些为行省、路、州或县三级管理，有些则是行省、路、州、县四级管理。"②江西境内辖区几经调整，到元代中期以后，才基本稳定下来，江西地区分属十三路、二个省直隶州和一个路属州。十三路为龙兴、江州、南康、抚州、建昌、饶州、信州、瑞州、临江、袁州、吉安、赣州、南安。二个直隶州为铅山州和南丰州，一个路属州即婺源州。其中赣东北的饶州路、信州路、铅山州和婺源州隶属于江浙行省，其他路州隶属于江西行省。路下辖州、县，一些户口多，实力强的县升为州，级别与县同。除宁都州辖龙南、安远两县，会昌州辖瑞金县外，各州无辖县，元代增设了永宁县（今宁冈县），江西共有 69 个州、县。③

二、元代鄱阳湖地区的行政区划

元代属于鄱阳湖地区有龙兴路、抚州路、建昌路、江州路、饶州路、信州路。各路的行政建制如下：

龙兴路，路治为今南昌市，属上路，辖龙兴录事司和 6 县 2 州。6 县为南昌县、新建县、进贤县、奉新县、靖安县、武宁县，2 州为富州（今丰城市）、宁州（今武宁县）。

抚州路，路治为今抚州市，属上路，领抚州录事司和临川县、崇仁县、金溪县、宜黄县、乐安县 5 县。

建昌路，路治为今南城县，属下路，领建昌录事司和南城县、新城县（今

① 张金铣：《元代地方行政制度研究·前言》，安徽大学出版社 2001 年版，第 2 页。
② 吴小红：《江西通史》（第 7 卷，元代卷），江西出版集团、江西人民出版社 2008 年版，第 11 页。
③ 参见方进进：《守望鄱阳湖》，江西教育出版社 2013 年版，第 41 页。

210

黎川县）、广昌县 3 县。

江州路，路治为今九江市，属下路，领江州录事司和德化县、瑞昌县、彭泽县、湖口县、德安县 5 县。

南康路，路治为星子县，属下路，领南康录事司和星子县、都昌县，建昌州（今永修县）3 县。

饶州路，路治为今鄱阳县，属上路，领饶州录事司和鄱阳县、德兴县、安仁县 3 县及余干州、乐平州、浮梁州 3 州。

信州路，路治为今信州区，属上路，领信州录事司和上饶县、玉山县、弋阳县、贵溪县、永丰县 5 县。

元代鄱阳湖地区行政区划图

（采自谭其骧主编：《中国历史地图集》（第七册），中国地图出版社 1996 年版，第 30—31 页）

三、元代鄱阳湖地区文教继续发展

江西行省在江南三省中，地位弱于江浙行省而高于湖广行省。元代的鄱阳湖地区是江南三省中经济较为发达的地区。元军南占攻宋，基本上以招抚为主，鄱阳湖地区的多数路州几乎没经抵抗而归顺元廷，纳入元朝版图之中，从而免受了战争的摧残，因此，朝代的更变，宋元的战争并没有对上述地区造成太大的破坏。加上北方外来人口的陆续迁入，而外来人口主要集中在鄱阳湖沿岸、赣江中下游所在的平原地区。从而使赣江中下游和鄱阳湖地区成为元代经济和文教活动最为兴盛的地区之一，也是元代财赋的倚重之区。

鄱阳湖地区在元代仍然保持着联络东西、沟通南北的交通优势。元代在江西建立起了发达完善的驿站系统，在江西境内共设有驿站112处，其中马站66处，水站46处。而驿站主要沿鄱阳湖和赣江、抚河、信江、锦江、渝水、章江等几大河流分布设立，形成了以龙兴为中心，以赣江—鄱阳湖为纽带，覆盖江西全境的驿站系统，不仅连通省内各州县，还通往四邻各行省，将江西与大都和全国各地紧密联系起来。而最繁忙的驿站是赣江—鄱阳湖沿线驿站，其次是经车盘、铅山、沙溪、草萍等站连通福建和浙江的驿站，这些繁密的驿站，承担着省内联通和省际交流的重任。

鄱阳湖地区在元代也是文化昌盛和科举人才辈出之地。在元代，"江南文化从总体来看，是延续了两宋以来的发展趋势，成为宋、明文化之间的自然过渡，而非逆转"[1]。教育也得到继续发展，特别是南宋后期以来地位日渐上升的程朱理学，在元朝被定为官学，影响进一步扩大。同时，除了各州县基本普及的州学、县学外，鄱阳湖地区的书院在元代继续繁荣，元代江西的书院数量甚至还多于江浙，很多书院因先贤"过化"或"经行"而设，与州县官学相比，书院更加强调学术渊源，是程朱理学的主要传播阵地，书院的繁荣也使该地域文教更加兴盛。

---

[1] 吴小红：《江西通史》（第7卷，元代卷），江西出版集团、江西人民出版社2008年版，第5页。

在元代江南三大行省中，江西文教可与江浙媲美而明显优于湖广。王明荪在《人杰地灵——历代学风的地理分布》中说："元代学风之分布，大体上仍是南盛于北，这是宋代渐已形成的趋势。南方江西学风很盛，经学仍是源于福建，以吉水、庐陵、安福、德兴、鄱阳等最盛。史学上元则不如宋，而地理学颇为发达，江西史学学风是源于安徽和福建。子学则以崇仁、临川为盛。文学在元代中期较盛，是承宋代学风，仍以庐陵、临川、安福、吉水为盛。"[①]

文教的兴盛，促使了江西在科举考试中人才辈出。在元代，江西共举行了14次乡试，每年全省乡贡名额共31个，占总额的10.3%，少于江浙的44个而略多于湖广的28个，但当时江西地区的饶州、信州和婺源州、铅山州的乡贡名额是占用江浙行省的。这也从一个侧面反映了各行省的人口数量和文化水平。江西文教兴盛，应举士子众多，"来应试者每举不暇数千人，远者千里"。在1314年江西首次乡试时，由江西行省参知政事敬俨礼请抚州吴澄和金陵杨刚中为主考官，"得人为多"。1315年全国首科录取进士56人，江西就有11人，占总额的19.6%，其中左榜40人，江西人占10人，占总额的25%。整个元代，江西地区共有进士137名，其中龙兴路32名，吉安路29名，抚州路17名，信州路14名，饶州路12名，建昌路8名。就江西十三路进士人数而言，龙兴、吉安最多，抚州、信州、饶州其次，建昌、临江又次，江州、袁州、瑞州、南康、赣州相对较少，也基本上反映了各路州的文化状况，而属于鄱阳湖地区就有83名，占总数的60.6%，因此，鄱阳湖地区无疑是元代江西文教和科举人才最兴盛的地区。

第二节　元代程朱理学官方哲学地位的确立

程朱理学在元代成为官方哲学，"而真正对士子具有导向作用，使之风行

---

① 　王明荪：《人杰地灵——历代学风的地理分布》，见林庆彰主编：《中国人的思想历程》，黄山书社2012年版，第291页。

天下的是将程朱理学与科举考试和士子的仕宦前程紧密联系。在确定科举考试以程朱理学为宗的过程中，建昌南城人程钜夫发挥了重要作用。"①

程钜夫（1249—1318），名文海，号雪楼，江西南城人。"钜夫初名文海，以字行，建昌人。雪楼者，鄂州有白雪楼，钜夫尝以名其寓。"② 其父亲程翔卿曾任官建昌路总管，家世虽不显赫，但受到了良好的教育。他5岁入小学，即通大义。12岁从仲父程岩卿受业，表现出极高的天赋，"对客赋诗作文，应声而成，人服其敏"。17岁开始了游学生活，先在胡自明的胡氏家塾学习两年，19岁时游学临川，在当时享有盛名的临汝书院求学，得到了饶鲁弟子程若庸的亲自教诲。

临汝书院的创办者冯去疾，是被称为"都昌朱门四友"之一的朱熹门人冯椅的第三子，为朱熹再传弟子。淳祐八年（1248），冯去疾提举江南西路常平茶盐公事，"至官之日，以其先师徽国文公朱先生尝除是官而不及赴，乃于抚州城外之西南营高爽地，创临汝书院，专祠文公，为学者讲道之所"。"以朱子常临是邦，故立书院祀之"。书院规模宏大，"书院成，位置分画率仿太学，故其屋室规制非他书院比"③。临汝书院崇祀朱熹，并聘请程若庸为书院山长。"程若庸，字逢原，休宁人，从双峰及沈毅斋贵瑶得朱子之学……冯去疾创临汝书院于抚州，复聘为山长。"④ 一时间，临汝书院成为抚州地区最著名的书院，吴澄曾描述了临汝书院给他留下的深刻印象："有宿儒揭领于上，有时彦曳裾于下，肩相摩，踵相接，而谈道义、论文章者彬彬也。昼之来集者如市，夜之留止者如家。"⑤

程若庸是饶鲁的得意门生，为朱熹三传弟子，也是新安理学的重要代表，

---

① 吴小红：《江西通史》（第7卷，元代卷），江西出版集团、江西人民出版社2008年版，第221页。

② 永瑢等：《四库全书总目》卷一六六《雪楼集提要》，中华书局1965年版，第1433页。

③ 吴澄：《临汝书院重修尊经阁记》，见李修生主编：《全元文》第15册，江苏古籍出版社1999年版，第147页。

④ 黄宗羲原著，全祖望补修，陈金生、梁运华点校：《宋元学案》卷八三《双峰学案》，中华书局1986年版，第2817页。

⑤ 吴澄：《送临汝书院山长黄孟安序》，李修生主编：《全元文》第14册，江苏古籍出版社1999年版，第224页。

他的身上有着深深的尊朱烙印，"盖宋末元初讲学者门户最严，而新安诸儒于授受源流辨别尤甚"①。程钜夫在学术上也深受其师的影响。

咸淳六年（1270），程钜夫参加省试，虽未中举，但其三篇策论受到了当时名士李珏的赞誉，认为其策论"皆欲为国家措置大事，他日必非常人"。至元十三年（1276），蒙古军队南下，程钜夫的叔父程飞卿以建昌降元，程钜夫以"质子"身份入大都，授官宣武将军，开始了他的仕宦生涯。程钜夫幸运地得到了元世祖忽必烈的宠遇，成为忽必烈所重用的第一个南人。"帝谓近臣曰：'朕观此人相貌，已应贵显；听其言论，诚聪明有识者也。可置之翰林。'"且对程钜夫说："自今国家政事得失，及朝臣邪正，宜皆为朕言之。"②当御史台以他是南人且年少，反对他任御史中丞时，忽必烈大怒，训斥道："汝未用南人，何以知南人不可用？自今省部台院，必参用南人。"③程钜夫"一生曾先后得到世祖、成宗、武宗、仁宗四位皇帝的倚重，官至翰林学士承旨，是元朝信任、重用的少数南方籍官员之一。"④他任职四十余年，去世后，追封楚国公，谥"文宪"。揭傒斯为其撰《程公行状》，危素撰写了《大元敕赐故翰林学士承旨赠光禄大夫大司徒柱国追封楚国公谥文宪程公神道铭碑》，《元史》《新元史》皆有其传。

一、程钜夫江南求贤

程钜夫凭着忽必烈对他的信任，请求搜访遗逸，求贤江南。至元二十三年（1286），程钜夫向元世祖建议："兴建国学，乞遣使江南搜访遗逸，御史台、按察司并宜参用南北之人。"⑤这几条建议都被元世祖采纳，"帝嘉纳之"。由于"江南归附十年，盗贼迄今未清"⑥。忽必烈下求贤之旨，程钜夫趁机连续上了

---

① 永瑢等：《四库全书总目》卷四《易本义附录纂疏提要》，中华书局 1965 年版，第 22 页。
② 宋濂：《元史》卷一七二《程钜夫传》，中华书局 1976 年版，第 4015 页。
③ 宋濂：《元史》卷一七二《程钜夫传》，中华书局 1976 年版，第 4016 页。
④ 陈海银：《程钜夫生平行事考略》，《现代语文》2010 年第 9 期。
⑤ 宋濂：《元史》卷一七二《程钜夫传》，中华书局 1976 年版，第 4016 页。
⑥ 陈邦瞻：《元史纪事本末》卷一《江南群盗之平》，中华书局 1955 年版，第 2 页。

《好人》《公选》等奏议，认为"治天下者必尽天下之才……国家既已混一江南，南北人才所宜参用，而环视中外何廖廖也？……江南非无士也，亦非陛下不喜士也，是群臣负陛下也。"①

程钜夫在忽必烈的支持下，以侍御史行御史台事的身份到江南求贤。"以侍御史求贤于江南，有宋遗老网罗殆尽。"②最终为元廷罗致了赵孟頫、叶李等二十多位名士。据《元史·程钜夫传》载："帝素闻赵孟頫、叶李名，钜夫当临行，帝密谕必致此二人。钜夫又荐赵孟頫、余恁、万一鹗、张伯淳、胡梦魁、曾晞颜、孔洙、曾冲子、凌时中、包铸等二十余人，帝皆擢置台宪及文学之职。"③他举荐的著名学者赵孟頫，元人把他与刘因相提并论，赵孟頫也感激程钜夫的知遇之恩，"故终身以师事之"④。他还举荐了大儒吴澄，《元史》吴澄本传云："侍御史程钜夫奉诏求贤江南，起澄至京师。未几，以母老辞归。"⑤吴澄虽然在京时间很短，但由于这次被举荐至京师而声望鹊起，南北文人争先师之。《元史》载："钜夫请置澄所著书于国子监，以资学者。朝廷命有司即其家录上。……行省橡元明善以文学自负，尝问澄《易》《诗》《春秋》奥义。叹曰：'与吴先生言，如探渊海。'遂执弟子礼终其身。"⑥

谢枋得《叠山集》有《上程雪楼御史书》，书中描述了这次征召的一些细节："小儿传到郡县公文，乃知皇帝欲求至诚无伪、以公灭私、明达治体、可胜大任之才。执事荐士凡三十，贱姓名亦砧其中。执事将降旨，降郡县以礼聘召，有愿应诏者，以资币厚遣，乘传上京。"⑦程钜夫的江南荐贤，在江南地方产生

---

① 程钜夫：《好人》，见陈得芝：《元代奏议集录》，浙江古籍出版社 1998 年版，第 221 页。

② 黄宗羲原著，全祖望补修，陈金生、梁运华点校：《宋元学案》卷八三《双峰学案》，中华书局 1986 年版，第 2827 页。

③ 宋濂：《元史》卷一七二《程钜夫传》，中华书局 1976 年版，第 4016 页。

④ 黄宗羲原著，全祖望补修，陈金生、梁运华点校：《宋元学案》卷八三《双峰学案》，中华书局 1986 年版，第 2827 页。

⑤ 宋濂：《元史》卷一七一《吴澄传》，中华书局 1976 年版，第 4011 页。

⑥ 宋濂：《元史》卷一七一《吴澄传》，中华书局 1976 年版，第 4011 页。

⑦ 谢枋得：《叠山集》卷二《上程雪楼御史书》，景印文渊阁《四库全书》第 1184 册，台湾商务印书馆 1986 年版，第 856 页。

了很大的影响。

虽然程钜夫的江南求贤，"不过是元政府拢络南方民心，稳定江南政局的一种手段，但导致了大批南方文人的北上……发展为仁宗延祐年间的儒治局面"①。因此，尽管谢枋得以为母亲守孝为由拒绝了征聘，但在《上程雪楼御史书》中，还是高度肯定了程钜夫的荐贤之举："扬善者顺天，荐贤者报国，执事为君谋亦忠矣。"②

二、程钜夫制定科举程式，程朱理学官方哲学地位的确立

在朱熹弟子及其续传弟子的大力传播下，元代不少儒士推崇程朱理学，元朝政府也褒奖程朱理学。

仁宗皇庆元年（1312），元廷决定恢复科举考试，以期"经明行修，庶得真儒之用；风移俗易，益臻至治之隆"。并且诏令程钜夫与平章政事李孟、参知政事许师敬等一道制定科举之法。程钜夫建言："经学当主程颐、朱熹传注，文章宜革唐、宋宿弊。"③程钜夫时任翰林学士承旨，他建议以朱熹的《贡举私议》为蓝本，并主张"经学当主程颐、朱熹传注"，得到了元仁宗的支持，并令其起草科举诏书。

皇庆二年（1313）十一月，由程钜夫起草的《行科举诏》颁行天下。规定了科举考试的程式："蒙古、色目人，第一场经问五条，《大学》《论语》《孟子》《中庸》内设问，用朱氏《章句集注》。其义理精明，文辞典雅者中选。""汉人、南人，第一场明经、经疑二问，《大学》《论语》《孟子》《中庸》内出题，并用朱氏《章句集注》，复发己意结之，限三百字以上。经义一道，各治一经。《诗》以朱氏为主，《尚书》以蔡氏为主，《周易》以程氏、朱氏为

---

①　王树林：《程钜夫江南求贤所荐文人考》，《信阳师范学院学报》（哲社版）1996 年第 2 期。

②　谢枋得：《叠山集》卷二《上程雪楼御史书》，景印文渊阁《四库全书》第 1184 册，台湾商务印书馆 1986 年版，第 856 页。

③　宋濂：《元史》卷一七二《程钜夫传》，中华书局 1976 年版，第 4017 页。

主。"① 元代实行四等人制，在科举考试中，也实行了左右两榜制，"右榜进士为蒙古人、色目人；左榜为汉人和南人。蒙古、色目人第一场考经问五条，在《大学》《论语》《孟子》《中庸》内出题，以朱熹的《四书章句集注》为准；第二场考策问一道，以时务出题，要求五百字以上。"②"汉人、南人考三场，依次为经疑贰问，限 300 字以上；经义一道，限 500 字以上；古赋诏诰章表一道，策一道，限 1000 字以上。"③ 程钜夫将自己对程朱理学的推崇，贯彻到了《行科举诏》中，从此，朱熹的《四书集注》成为科场法定的教科书，成为士子必读的科目，程朱理学因此成为占统治地位的官方意识形态，并且在以后数百年的科举考试中，皆被沿袭。程朱理学遂成为中国封建社会后期的官方哲学长达六百多年之久。

虞集描述了程朱理学成为官方哲学之后社会风气的转变，他说："而自京师通都大府至于海表穷乡下邑，莫不建学立师，授圣贤之书以教乎其人，群经四书之说，自朱子折衷论定，学者传之。我国家尊信其学，而讲诵授受，必以是为则，而天下之学，皆朱子之书。书之所行，教之所行也；教之所行，道之所行也。"④ 从而出现了天下之学皆朱子之学的一枝独秀的局面。

与此同时，元政府还决定"以宋儒周敦颐、程颢、颢弟颐、张载、邵雍、司马光、朱熹、张栻、吕祖谦及故中书左丞许衡从祀孔子庙庭"⑤。这样，由于程钜夫、吴澄等人的积极倡议，程朱理学终于获得了元代最高统治者的认可，登上了"国是"的宝座，成为元代社会占支配地位的统治思想，以程朱理学作为取士标准也被明清两代继承，影响长达六百多年。

"程朱理学成为元代占统治地位的官学，固然与江汉先生赵复将朱学北传，

---

① 宋濂：《元史》卷八一《选举一》，中华书局 1976 年版，第 2019 页。

② 吴小红：《江西通史》（第 7 卷，元代卷），江西出版集团、江西人民出版社 2008 年版，第 149 页。

③ 黄时鉴点校：《通制条格》卷五《学令·科举》，浙江古籍出版社 1986 年版，第 77 页。

④ 虞集：《道园学古录》卷三六《考亭书院重建文公祠堂记》，景印文渊阁《四库全书》第 1207 册，台湾商务印书馆 1986 年版，第 515 页。

⑤ 宋濂：《元史》卷二四《仁宗本纪》，中华书局 1976 年版，第 557 页。

许衡、姚枢、郝经等儒官受其影响，在国子学中以朱学为尊，并以之影响元朝上层有关，但是，真正对士子具有导向作用，使之风行天下的是将程朱理学与科举考试和士子的仕宦前程紧密联系。在确定科举考试以程朱理学为宗的过程中，建昌南城人程钜夫发挥了重要作用……他是从上层对科举制度施加影响，从而将程朱理学定为国是。"①

事实上，元代科举实行的时间短，录取的名额也很少。"元代大约举行了17次乡试、16次会试和殿试。共录取进士1200人左右。"②科举制度在元代的官员选拔体系中，其地位远逊于南宋。姚燧论及元代的选官用人体制时说："大凡今仕惟三途：一由宿卫，一由儒，一由吏。由宿卫者言出中禁，中书奉行制敕而已，十之一；由儒者则校官及品者，提举、教授出中书，未及者则正、录而下出行省、宣慰，十分之一之半；由吏者省台院、中外庶司、郡县，十九有半焉。"③

可见，经由科举出仕的官员只占百分之五左右，而由吏转官才是当时最重要的选官途径。难怪元代会有"一官、二吏、三僧、四道、五医、六工、七匠、八娼、九儒、十丐"之说。正如谢枋得在《谢叠山集》《送方伯载序》中云："今世俗人有十等：一官，二吏，先之者，贵之也；七匠，八娼，九儒，十丐，后之者，贱之也。"④也可以说明元代儒生地位的低下。

三、程钜夫崇尚务实，倡导事功的理学思想

程钜夫是一位理学家，但更是一位杰出的政治家，其政治影响远远超过其

---

① 吴小红：《江西通史》(第7卷，元代卷)，江西出版集团、江西人民出版社2008年版，第221页。

② 姚大力：《元朝科举制度的行废及其社会背景》，南京大学历史系元史研究室编：《元史及北方民族史研究集刊》(《南京大学学报》专辑) 1982年第6期。

③ 姚燧：《牧庵集》卷四《送李茂卿序》，景印文渊阁《四库全书》第1201册，台湾商务印书馆1986年版，第445页。

④ 赵翼著，栾保群、吕宗力点校：《陔余丛考》卷四二《九儒十丐》，河北人民出版社1990年版，776页。

学术成就。程钜夫在学术上崇尚务实，倡导事功，为理学注入了务实之风，且身体力行，取得了不俗的政绩，影响深远，使得"元代理学具有务实的特征"①。作为天子近臣，四朝元老，位居显要 40 多年，深受信任，朝廷典册多出其手。

程钜夫重视政事治绩，力纠理学家高谈性命、流于空疏的弊病，对宋末朱学士大夫谨守朱子矩镬，热衷章句训诂，拱手高谈性命的风气提出了尖锐的批评："数十年来，士大夫以标致自高，以文雅相尚，无意于事功之实，文儒轻介胄，高科厌州县，清流耻钱谷，滔滔晋清谈之风，颓靡坏烂，至于宋之季极矣。"②他提倡事功之实，反对拱手空谈，而要关注百姓日用，认为"议论多而事功少，儒者之通患也"。

他是元代一个具有务实精神的学者型官员，提出了不少切实可行，有利国计民生的建议方略。在至元十九年（1282），他就向元世祖奏陈五事："一曰取会江南仕籍；二曰通南北之选；三曰立考功历；四曰置贪赃籍；五曰给江南官吏俸禄。"③这些建议，都获得了元世祖的肯定，"朝廷多采行之"。且他身体力行，在任职地方时，取得了不俗的政绩。至元三十年（1293），程钜夫任福建闽海道肃政廉访使，他到任后，"兴学明教，吏民畏爱之"④。叶子奇的《草木子》就记载了程钜夫的轶事："程雪楼为闽守，任满归。民有献旗者以百数计。取其中一联云：'闽中有雪方为贵，天下无楼有此高。'"⑤对程钜夫的政绩大加称颂。大德四年，在任江南湖北道肃政廉访使时，"首治行省平章家奴之为民害者，上下肃然"⑥。四库馆臣在《雪楼集提要》中，评价道："钜夫宏才博学，被遇四朝，忠亮鲠直，为时名臣。"⑦其弟子危素在《程钜夫神道碑》中，高度

---

① 朱汉民：《中国学术史·宋元卷》，江西教育出版社 2001 年版，第 713 页。

② 程钜夫：《雪楼集》卷一四《送黄济川序》，景印文渊阁《四库全书》第 1202 册，台湾商务印书馆 1986 年版，第 179 页。

③ 宋濂：《元史》卷一七二《程钜夫传》，中华书局 1976 年版，第 4016 页。

④ 宋濂：《元史》卷一七二《程钜夫传》，中华书局 1976 年版，第 4016 页。

⑤ 叶子奇：《草木子》，中华书局 2006 年版，第 74 页。

⑥ 宋濂：《元史》卷一七二《程钜夫传》，中华书局 1976 年版，第 4017 页。

⑦ 永瑢等：《四库全书总目》卷一六六《雪楼集提要》，中华书局 1965 年版，第 1433 页。

称誉其一生:"公生丁时艰,刻意励学,以研精性理为务,几二十余年。已而运遭革命,入事世皇,宠遇优渥,出入禁闼,献替输忠,一以抚安群黎为第一义。建言兴建国学,搜访遗逸,台宪参用南北之人,科目取经明行修之士。敷陈利病,说议时政,摧抑权奸,责弭灾变,上皆嘉纳之。故能出膺澄清之寄,入居谋谟之职。立纲陈纪,为时名臣。始终一节,表表愈伟。累朝眷遇,迥出等伦。混一以来,朔南之士,一人而已。"①

揭傒斯在其《元故翰林学士承旨光禄大夫知制诰兼修理国史雪楼先生程公行状》中认为天下之人对程钜夫"仰之如青天白日,爱之如和风甘雨"。他又评述道:"公平生潜心圣贤之学,博闻强识,诚一端庄,融会贯通,穷极蕴奥,而复躬践力行,始终不怠。故其措诸事业,发为文章,非他人之所可及也……天下之人仰之如青天白日,爱之如和风甘雨,生荣死哀,其庶几焉。"②

程钜夫虽然对程朱理学的理论创新有限,但他作为元代一位著名的政治家,以平易正大之学,重振文风,振作士气,对程朱理学在元代官方地位的取得,使元代理学圣传不绝,起了重要作用,也使元代理学呈现务实的特点。

四、熊朋来制定儒学章程,扩大了朱子学在民间的影响

如果说程钜夫通过制定科举章程,从体制层面上,确立了程朱理学的官方哲学地位,那么,熊朋来则通过制定江南儒学章程,规定以朱子《小学》为教材,把学子自孩童时代开始就引入朱学,从而扩大了朱子理学在民间的影响。

熊朋来(1246—1323),字与可,丰城人,学者称"天慵先生"。南宋咸淳十年(1274)进士第四名,授宝庆府(今湖南邵阳县)金书判官厅公事,但未及赴任而南宋已亡。宋亡之后,他讲求气节,不肯任职元廷,隐居处州乡里,

---

① 程钜夫:《雪楼集》附录《程钜夫神道碑》,景印文渊阁《四库全书》第1202册,台湾商务印书馆1986年版,第473页。

② 程钜夫:《程钜夫集》附录《元故翰林学士承旨光禄大夫知制诰兼修理国史雪楼先生程公行状》,吉林文史出版社2009年版,第474页。

授徒讲学为生，"隐处州里间，生徒受学者，常百数十人"。熊朋来在处州乡居讲学授徒期间，以朱熹《小学》为教材，作《小学标注》，积极宣讲朱熹理学，"取朱子《小学》书，提其要领以示之，学者家传其书，几遍天下"①，在当时影响很大。

熊朋来是宋末元初著名的音乐家兼经学家，其学问精深，博通群籍，尤精于礼、乐，以教授《周礼》《仪礼》《礼记》"三礼"闻名当世。"朋来之学，诸经中'三礼'尤深，是以当世言礼学者，咸推宗之。"②他对"三礼"及其他诸经的解说，恪守宋儒尤其是程朱理学的观点："朋来之学，恪守宋人。……盖当时老师宿儒相传如是，门户所限，弗敢尺寸踰也。"③此外，无论是天文、地理，还是方技、名物，他也无不精通："其余若天文、地理、方技、名物、度数，靡不精究。"他一生勤于著述，著有《燕京志》《经说》《魏氏乐谱》《九宫大成南北词宫谱》《瑟谱》《小学标注》《家集》等，其"《家集》三十卷，其大者明乎礼乐之事，关于世教"④。《经说》七卷，主要对《易》《诗》《书》《礼》《春秋》五经及音韵、章牒进行注疏解说，"其书发明义理，论颇醇正，于礼经尤疏证明白，在宋学之中亦可谓切实不支矣"⑤。"朋来之学，恪守朱儒，故于古义、古音多所牴牾。然其发明义理，尚为醇正。于'礼经'尤疏证分明，有裨初学。"⑥此外，他又兼通音律，其《瑟谱》六卷，记载了宋末元初鼓瑟之法。

熊朋来更是著名的教育家，其卓越的学术才华，赢得了很多学者官员的尊敬，程钜夫江南求贤，他被举荐到大都，"儒者咸依以为重焉"，纷纷向他问学求教。"朋来和而不肆，介而不狷，与群贤讲论经义无虚日，儒者咸倚以为重焉。"⑦

熊朋来后被江西行省参政李世安、徐琰等举荐为闽海提举儒学官。"朝廷

① 宋濂：《元史》卷一九〇《儒学二·熊朋来传》，中华书局1976年版，第4335页。
② 宋濂：《元史》卷一九〇《儒学二·熊朋来传》，中华书局1976年版，第4335页。
③ 永瑢等：《四库全书总目》卷三三《五经说提要》，中华书局1965年版，第273页。
④ 宋濂：《元史》卷一九〇《儒学二·熊朋来传》，中华书局1976年版，第4336页。
⑤ 永瑢等：《四库全书总目》卷三三《五经说提要》，中华书局1965年版，第273页。
⑥ 李国强、傅伯言主编：《赣文化通志》，江西教育出版社2004年版，第445页。
⑦ 宋濂：《元史》卷一九〇《儒学二·熊朋来传》，中华书局1976年版，第4335页。

以东南儒学之士为福建、庐陵最盛，特起朋来连为两郡教授。"他在任福州路儒学教授期间，"考古篆籀文字，调律吕，协歌诗，以兴雅乐，制器定辞，必则古式，学者化焉"①。通过礼乐教育，施行教化。

熊朋来还主持制定了官办儒学的制度章程，"包括日常学习、朔望会讲、课试之法、书籍管理等各个方面，成为江南儒学共同遵奉的指导性规章。"②其中规定："肄业儒生朔望并须诣学陪拜听讲，如无假故不到者，仰学官检举议罚。……每月课试之法，合照旧例，计其分数，逐月载籍，终岁考其优劣以定殿最。……朔望讲书，除职事合选述讲议登堂讲说外，其诸生并无讲说，今后合预先出题，置立签筒，遍写该讲生员名姓，临时掣签，背讲二次。"③

在章程中规定，15岁以下，设立小学一所，并且对小学师生座次、值日名牌设置、鸣钟次数、作揖礼仪等每个细节都作了具体详尽的规范。"十五岁以下者，设小学一所，教导二员，逐日依小学规式，教导施行。设立小学照依已行事理施行。坐次：师席居中，左右以次设书桌，诸生序齿，两两相对。直日设坐：师席南，两端。钟设于师席右，名牌设于师席左。"④同时，规定小学的教学内容，要以朱熹《小学》为先，"诸生所讲读书，合用朱文公《小学》书为先，次及《孝经》《论语》。早晨合先讲《小学》书，午后随长幼敏钝分授他书。《孝经》合用文公刊误本，《语》《孟》用文公集注，《诗》《书》用文公集传订定传本讲说。"⑤这个学规后来颁行江南三省，成为江南儒学共同遵守的指导性规章。

---

① 宋濂：《元史》卷一九〇《儒学二·熊朋来传》，中华书局1976年版，第4335页。

② 吴小红：《江西通史》（第7卷，元代卷），江西出版集团、江西人民出版社2008年版，第222页。

③ 王颋点校：《庙学典礼》卷五《行台坐下宪司讲究学校便宜》，浙江古籍出版社1992年版，第98—99页。

④ 王颋点校：《庙学典礼》卷五，《行台坐下宪司讲究学校便宜》，浙江古籍出版社1992年版，第100页。

⑤ 王颋点校：《庙学典礼》卷五，《行台坐下宪司讲究学校便宜》，浙江古籍出版社1992年版，第101页。

熊朋来通过制定儒学章程，规定在小学以朱熹修订的《小学》为教材，使朱子理学成为江南官学学子的学术根基，扩大了朱子理学在民间的影响，也使科举考试以程朱理学为本，拥有广泛的群众基础。

熊朋来任职期满后，调任建安（今福建建瓯）主簿，但未赴任，晚年以福清州判官致仕。他退居讲学期间，四方学者纷纷前来问学，"门人归之者日盛，旁近舍皆满，至不能容，朋来恳恳为说经旨文义，老益不倦，得其所指授者，多为闻人"[1]。学者称其为"天慵先生"。

元朝实行科举考试后，熊朋来制定了江西行省乡试的规程。泰定元年（1324），江西首次举行乡试，由于时隔久远，行省官员不能知晓科举考试的礼仪程序，最后由熊朋来制定了乡里保举、递送家状、委任考官、锁院应试、校文录取等考试规程。熊朋来制定的这一套乡试规程，后被其他行省参照采用。熊朋来还以"辈行老成，学术淹贯"被江浙行省、湖广行省延请为乡试考官，参与两省乡试，他严谨无私，取士公平，所选士子，在廷试中入选者占全国的三分之一，"及对大廷，其所选士居天下三分之一焉"[2]。

熊朋来与程钜夫，一个是通过制定儒学章程，以朱子《小学》为小学教材，从而扩大了程朱理学在民间的影响；一个是通过制定科举程式，将朱熹的《四书集注》作为科举取士的标准，在体制层面上确立了程朱理学的官方哲学地位。

第三节　抚州吴澄——"和会朱陆"的第一人

吴澄是元代国之名儒，"毅然有志拔乎流俗，以径造高明之域。宋既内附，隐居山林者三十年，研经籍之微，玩天人之妙。"[3]他以和会朱、陆为其学术特

---

[1]　宋濂：《元史》卷一九〇《儒学二·熊朋来传》，中华书局 1976 年版，第 4335 页。

[2]　宋濂：《元史》卷一九〇《儒学二·熊朋来传》，中华书局 1976 年版，第 4335 页。

[3]　吴澄：《吴文正集》附录，危素《年谱并序》，景印文渊阁《四库全书》第 1197 册，台湾商务印书馆 1986 年版，第 925 页。

点，成为承前启后的节点式的理学大家。

吴澄（1249—1333），字幼清，晚字伯清，学者称草庐先生，抚州崇仁人。吴澄出生于儒学世家，其祖父吴铎精通天文、星历之学，擅长诗赋，待人宽厚，不屑细务。父亲吴枢则是一位谦谦君子，性情温和，精读儒书。吴澄幼年聪颖，"三岁，颖悟日发，教之古诗，随口成诵。五岁，日受千余言，夜读书至旦。……九岁，从群子弟试乡校，每中前列。既长，于经传皆通之，知用力圣贤之学。"①"十岁，始得朱子《大学》等书读之，恍然知为学之要。"②

吴澄 16 岁时，随祖父赴郡参加乡试，遇到临汝书院山长程若庸，于是师从程若庸，从他那里第一次系统地接触了程朱学说，使他如醍醐灌顶，不再致力于科举词章之业，而专务圣贤之学，毅然以圣人之道自任。"年十有六，始知举业之外有所谓圣贤之学者，而吾未之学，于是始厌科举之业。"

一、师事程若庸、程绍开，得朱、陆学术要旨

宋理宗景定五年（1264）秋天，吴澄到临汝书院拜谒程若庸，向其执弟子之礼，正式师事于他，以后经常往来于程氏之门，得朱熹理学之真传。程若庸对吴澄十分欣赏，在给吴澄《私录》的跋语中，对其大加赞叹："若庸来此二十一年，阅人多矣，未见年方逾冠而有此志量，有此工夫，广大精微，无所不究，如昼方旦，何可量也！虽然道无终穷，学无止法，以友天下之善士为未足，尚论古之人。愈广大而愈精微，愈精微而愈广大。岂但不临深以为高已哉！仆虽老，不敢自弃，愿闻切磋语。小儿仔复虽同岁而未知方，幸鞭策而进之。辛未八月二十六日。"③并将其子程仔复及族子程钜夫介绍给吴澄为友。程若庸为饶鲁门生，饶鲁又是黄榦的及门弟子。因此，吴澄成为朱熹的四传弟

---

① 宋濂：《元史》卷一七一《吴澄传》，中华书局 1976 年版，第 4011 页。

② 虞集：《道园学古录》卷四四《故翰林学士资善大夫知制诰同修国史临川先生吴公行状》，《四部备要》本。

③ 吴澄：《临川吴文正公外集》附录程若庸文，明成化二十年（1484）刻本。

子，他也以"绍朱子之统而自任"①。吴澄又与道一书院山长程绍开交往密切，自称其弟子，《宋元学案》也把吴澄列为月岩门人。

程绍开（1212—1280），字及甫，号月岩，贵溪县百丈岭人（今属万年县）。程绍开是南宋末年一个非常有气节的学者，虽然仕途不顺，官品不高，但气节可嘉！他于嘉熙四年（1240）贡于乡，宝祐四年（1256）曾伏阙上万言书，指斥朝政时弊。咸淳九年（1273），时年51岁的他升太学乙科，授从仕郎，任抚州临汝书院教授，后调宁海军节度推官，德祐元年（1275）以承直郎直兵部架阁，当元军进犯之际，他召集当地军民，奋起抗击元兵，捍卫家乡，兵败后归里隐居。

由于程绍开的学术威望和影响，他曾掌教贵溪象山书院。咸淳八年（1272），又在自己的家乡贵溪百丈岭创办道一书院，取《孟子·滕文公上》"世子疑吾言乎？夫道一而已矣"之意。程绍开在学术上反对持门户之见，在道一书院实行朱熹、陆九渊同祀，在书院主讲、传播和会朱、陆两家之说，使书院成为宣传和会朱、陆思想的阵地，吸引了众多的门生弟子。

程绍开是陆九渊的弟子，其学术渊源于陆学，学术思想类似"鄱阳三汤"，尤其受汤巾、汤汉的影响很大。抚州金溪又是陆九渊的故乡，是陆学的发源地，元代的抚州及相邻的饶州等地，也深受陆九渊学说的熏染，心学的影响处处如影随行，挥之不去。程绍开作为陆氏门人，接受了陆学的主张，但又吸收了朱学思想，因此，全祖望说："程氏尝筑道一书院，思和会两家。"②

吴澄家居心学发源地的抚州，又受程绍开的影响，对陆学心往神驰，认为自己与陆九渊，"居之相近，若是其甚也；世之相去，若是其未远也。可不自愧、自惕而自奋与？"③因此，《宋元学案》把吴澄列为"象山私淑"。从个人情

---

① 虞集：《道园学古录》卷四四《故翰林学士资善大夫知制诰同修国史临川先生吴公行状》，《四部备要》本。

② 黄宗羲原著，全祖望补修，陈金生、梁运华点校：《宋元学案》卷九二《草庐学案·序录》，中华书局1986年版，第3036页。

③ 吴澄：《吴文正公集》卷一七《象山先生语录序》，景印文渊阁《四库全书》第1197册，台湾商务印书馆1986年版，第191页。

感而言，吴澄对朱熹、陆九渊的人品、学术都非常崇敬。他称赞朱熹"如景星庆云，泰山乔岳"，是"豪杰之才"。又对陆九渊之学赞叹不已，他说："青田陆先生之学，非可以言传而学之者，非可以言求也。……先生之道如青天白日，先生之语如震雷惊霆，虽百数十年之后，有如亲见亲闻也。"①他称誉象山，"陆子有得于道，壁立万仞"。对于朱、陆二人都给予了高度的评价。

程若庸、程绍开都是他的良师益友，吴澄的两条学术路径都与和会朱、陆的思想密切相关，吴澄的师承之中，就有和会朱、陆的思想渊源。正如全祖望所说："草庐出于双峰，固朱学也，其后亦兼主陆学。盖草庐又师程氏绍开，程氏尝筑道一书院，思和会两家。然草庐之著书，则终近乎朱。"②如果说程若庸传授程朱之学，使吴澄获得"正学真传"，从而打下了坚实的理学基础的话；那么，道一书院程绍开"和会朱、陆"的主张，更让吴澄"深造自得"，从而形成了以和会朱、陆为特色的草庐学说。

咸淳六年（1270），20岁的吴澄参加抚州乡试中举，但次年礼部会试落第，于是归而教授乡里，建构草屋数间，著书讲学其中，题"抱膝梁父吟，浩歌出师表"于其牖，程钜夫为他的茅屋题为"草庐"，故学者称其为"草庐先生"。

1275年，元军攻陷江西后，吴澄与郑松一道隐居乐安布水谷。"招澄居布水谷，乃著《孝经章句》，校定《易》《书》《诗》《春秋》《仪礼》及《大》《小戴记》。"③虽箪食瓢饮，生活艰苦，但每天以论学为事，"研经籍之微，玩天人之妙"。吴澄在此期间，致力于儒家经典的整理研究，著有《孝经章句》，并对《诗》《书》《仪礼》《易》《春秋》和《小戴礼记》《大戴礼记》等经书进行了校定整理，"尽破传注穿凿，以发其蕴，条归记叙，精明简洁，卓然成一家言"④，取得了丰硕的学术成果。

① 吴澄：《吴文正公集》卷一七《象山先生语录序》，景印文渊阁《四库全书》第1197册，台湾商务印书馆1986年版，第191页。
② 黄宗羲原著，全祖望补修，陈金生、梁运华点校：《宋元学案》卷九二《草庐学案·序录》，中华书局1986年版，第3036页。
③ 宋濂：《元史》卷一七一《吴澄传》，中华书局1976年版，第4011页。
④ 宋濂：《元史》卷一七一《吴澄传》，中华书局1976年版，第4014页。

　　至元二十三年（1286），程钜夫奉诏起遗逸于江南，专程来到抚州，礼聘吴澄。次年，38 岁的吴澄被程钜夫"强公出仕"，荐引朝廷："侍御史程钜夫，奉诏求贤江南，起澄至京师。未几，以母老辞归。钜夫请置澄所著书于国子监，以资学者。"①吴澄到大都后，不久就以母老辞归，但元政府接受程钜夫之请，将吴澄所校《易》《诗》《春秋》《仪礼》诸经置于国子监，以教学者。

　　元武宗至大二年（1309）六月，吴澄任国子监丞。他教导国子监的学生做到"刻意研穷，以究乎精微之蕴；反身克治，以践乎进修之实"。②至大四年（1311）三月，吴澄升国子监司业，制定了国子监"教法四章"："一曰经学，二曰行实，三曰文艺，四曰治事，未及行。""经学"主要讲授《诗》《易》《书》《周礼》《仪礼》《大戴礼记》和《春秋三传》，要求诸生在各专一经的同时，融会诸家义理；"行实"则教导诸生在日常行为中孝顺父母，和睦宗亲，友爱兄弟，尊敬长辈；"文艺"则要求诸生熟悉诗赋、古文，能写诗作文；"治事"要求诸生学习礼仪、乐律、选举、食货、算法、水利、吏文、星历等实用知识。同时，吴澄又对国子监生们分析朱、陆学术的异同："朱子于道问学之功居多，而陆子静以尊德性为主。问学不本于德性，则其蔽必偏于言语训释之末，故学必以德性为本，庶几得之。"③结果遭到同僚的嫉恨，以吴澄"尊陆"而横加非议，"议者遂以澄为陆氏之学，非许氏尊信朱子本意"。元仁宗皇庆元年（1312）正月，吴澄告病辞归。上述国子监改革设想，随着他的离去而束之高阁，并没有继续实施。

　　吴澄后又任翰林学士、经筵讲官等职，并修《英宗实录》。顺帝元统元年（1333）病逝后，追封临川郡公，谥"文正"，明宣宗时从祀孔庙。他一生勤于著述，有《五经纂言》《孝经定本》等传世，后人将之合订为《草庐吴文正公全集》，《四库全书》收录其著作九种，共一百八十一卷。

---

① 宋濂：《元史》卷一七一《吴澄传》，中华书局 1976 年版，第 4011 页。
② 虞集：《道园学古录》卷四四《故翰林学士资善大夫知制诰同修国史临川先生吴公行状》，《四部备要》本。
③ 宋濂：《元史》卷一七一《吴澄传》，中华书局 1976 年版，第 4012 页。

二、接武朱熹，慨然以道统自任

吴澄在学术上以朱子为宗，奉朱熹之说为圭臬，致力于探寻朱学本旨，阐扬朱学未尽之蕴，且以圣贤之道自任，立志接武朱熹，跻身于圣贤之列。

宋度宗咸淳三年（1267），19 岁的吴澄著《道统图并叙》，叙述了儒家道统历代承传和发展的脉络，慨然以接武朱熹，承继道统自任。他说："道之大原出于天，神圣继之，尧、舜而上，道之元也；尧、舜而下，其亨也；洙、泗、邹、鲁，其利也；濂、洛、关、闽，其贞也。分而言之，上古则羲、黄其元，尧、舜其亨，禹、汤其利，文、武、周公其贞乎！中古之统：仲尼其元，颜、曾其亨乎，子思其利，孟子其贞乎！近古之统：周子其元，程、张其亨也，朱子其利也，孰为今日之贞乎？未之有也。然则，可以终无所归哉！"[①]吴澄视天为道统之原，尧、舜继之，把道统的发展历程分为上古、中古、近古三个阶段，每一阶段又分为元、亨、利、贞四个时期。两宋理学是儒学发展的"近古"阶段，处于"贞"的最高位置，而吴澄以"贞"自任，表明自己欲跻身于宋代诸儒之列，作为朱子之后道统继承者的愿望，"慨然以道统自任"！他以朱熹之后道统接续者自居，自我标榜为朱子传人，表现出一位青年学子非凡的自信和自负。吴澄不但继承了程朱道统，还完善了程朱道统的传授系统，建构起了完整的道统体系。

吴澄学源于朱熹，为朱熹四传弟子，他的理学思想总体上是属于程朱理学。元代虞集就说："先生之学，程子之学也。"[②]但又不迷信盲从朱学，对于朱熹等往圣前贤之说，要"疑其所可疑，信其所可信；去其所当去，存其所当存"，[③]进一步丰富和发展了朱熹思想。同时，吴澄又认为陆九渊之学出于孟

---

① 宋濂：《元史》卷一七一《吴澄传》，中华书局 1976 年版，第 4013 页。

② 虞集：《道园学古录》卷四四《故翰林学士资善大夫知制诰同修国史临川先生吴公行状》，《四部备要》本。

③ 吴澄：《吴文正集》卷一《孝经叙录》，景印文渊阁《四库全书》第 1197 册，台湾商务印书馆 1986 年版，第 12 页。

子，也是尧、舜以来一以贯之的儒家思想，也是儒学之正统，并非狂禅。因此，吴澄在学术上不株守朱学，而是在朱学的基础上兼宗陆学，认为陆学中也有圣学不可或缺的学问，主张朱、陆会合，互为补充。全祖望既说吴澄"然草庐之著书，则终近乎朱"①。又说吴澄"草庐多右陆"②，呈现出明显的朱、陆合流的学术特征。

三、吴澄对程朱理学的继承与发展

吴澄通过承袭朱熹以理为本的理本论，又扬弃其"理先气后"的主张，同时吸收陆九渊"心外无道""道器不离"的观点，提出了"理气未始相离"的理论，使其本体论更切近于人伦日用。在认识论上，吴澄既继承朱熹即物穷理的观念，又肯定陆九渊"先立乎其大"的重要性，主张将二者结合，通过和会朱、陆，建立起了理论精致的理学思想体系。

吴澄在本体论上接受了朱熹"理者气之理，气者理之气"的理本论思想，但又否定了朱熹"理在气上，理在气先"的说法，且吸收陆九渊"阴阳即道"的观点，对朱熹的"理先气后"说进行了改造，提出了"理气未始相离"的主张。

吴澄认为，宇宙皆本于"一气"。他说："天地之初，混沌洪濛，清浊未判，莽莽荡荡，但一气尔。"认为"自未有天地之前，至既有天地之后，只是阴阳二气而已。本只是一气，分而言之，则曰阴阳。"但吴澄并没有把"气"作为宇宙的本原，而是依旧将"理"和"太极"视为宇宙之本原。他说："气之所以能如此者，何也？以理为之主宰也。理者，非别有一物在气中，只是为气之主宰者即是。无理外之气，亦无气外之理。人得天地之气而成形，有此气即有

---

① 黄宗羲原著，全祖望补修，陈金生、梁运华点校：《宋元学案》卷九二《草庐学案·序录》，中华书局1986年版，第3036页。

② 黄宗羲原著，全祖望补修，陈金生、梁运华点校：《宋元学案》卷九四《师山学案·序录》，中华书局1986年版，第3125页。

此理，所有之理谓之性。"①吴澄认定理是气的主宰者，但理又寓于气中，理气不可分割，"理气未始相离"。吴澄"理在气中""理气未始相离"的理气观，有着重要意义，"它开启了明代理气一元论的先河"②。同时，吴澄的"理气未始相离"论，"强调理在气中，但理不是作为一物在气之中，强调理不是实体，理只是气之条理和规律。这是朱子学内，在理的问题上'去实体化'转向的开始。"③

吴澄一方面认同朱熹以太极为形而上之理，是精神本体的主张，但又作了更多的阐发。吴澄视太极为理，是精神本体，天地生灭，人物销尽统统是由于"太极为之"，提出了"太极者，道也"这一命题。太极虽然是宇宙的本原，但其本身却是一个寂然不动的绝对体，本身是"冲漠无朕，声息泯然"的，常处于"始终一般，无增无减，无分无合"④的状态。"太极本无动静体用也，然言太极，则该动静体用在其中。"⑤吴澄的"太极"不但是宇宙的本原，而且还具有道德属性。张立文先生认为，吴澄的"太极"观，"既倾向于宇宙自然的诸如道、理、天、帝、神、命、太极等本体范畴，又倾向于社会伦理的诸如诚、性、德、仁等范畴。"⑥

在道器关系上，吴澄主张道器不离，二者"合一无间"。他说："先儒云：'道亦器，器亦道'。是道器虽有形而上、形而下之分，然合一无间，未始相离也。"⑦吴澄继承了程朱理学道在器中、道不离日用之常的思想，同时又提出了"道具于心"的命题。他说："心也者，形之主宰，性之郛郭也。……道之为道，

---

① 吴澄：《吴文正集》卷二《答人问性理》，景印文渊阁《四库全书》第1197册，台湾商务印书馆1986年版，第32页。

② 徐远和：《理学与元代社会》，人民出版社1992年版，第113页。

③ 陈来：《诠释与重建：王船山的哲学精神》，北京大学出版社2013年版，第385页。

④ 吴澄：《吴文正集》卷三《答田副使第三书》，景印文渊阁《四库全书》第1197册，台湾商务印书馆1986年版，第55页。

⑤ 黄宗羲原著，全祖望补修，陈金生、梁运华点校：《宋元学案》卷九二《草庐学案》，中华书局1986年版，第3041页。

⑥ 张立文：《道》，中国人民大学出版社1989年版，第273页。

⑦ 吴澄：《吴文正集》卷三《答田副使第三书》，景印文渊阁《四库全书》第1197册，台湾商务印书馆1986年版，第52页。

具于心，岂有外心而求道者哉？"① 认为心是形体之主宰，心是性的郛郭屏障，道是本心所固有，道存在于心中，无心外之道，也不能求道于心外，道与心是统一的。吴澄论道，兼取朱、陆，他吸取朱熹以理言道、道是宇宙本体的思想，而他所说的"道具于心""心与道一"，又继承了陆九渊以心言道、道不外索、心与道一的"心本论"主张。可见，吴澄一定程度上会通了朱熹的理本论与陆九渊的心本论思想。

在心性论上，程、朱主张"性即理"，陆九渊则主张"心即理"，吴澄则提出了"心事不离"的心性观。吴澄的心性论明显带有朱学的色彩，认为人是因理而有性，因气而有形。他说："无理外之气，亦无气外之理。人得天地之气而成形，有此气即有此理，所有之理谓之性。"② 并且认为"程子'性即理也'一语，正是针砭世俗错认性字之非，所以为有大功"③。这与朱熹的观点是一致的。朱熹也说："天地之间，有理有气。理也者，形而上之道也，生物之本也；气也者，形而下之器也，生物之具也。是以人物之生，必察此理然后有性，必禀此气然后有形。"④ 吴澄认为性即天理，无有不善，其不善是由气禀造成的。他说："人得天地之气而成形，有此气即有此理，所有之理谓之性。……性即天理，岂有不善！但人之生也，受气于父之时，既有或清或浊之不同；成质于母之时，又有或美或恶之不同。……惟其气浊而质恶则理在其中者，被其拘碍沦染，而非复其本然矣。此性之所以不能皆善而万不同也。"⑤ 性即天理，其本性皆善，但人之所以有善有恶，是由于受气质的影响而导致的。朱熹也说：

---

① 吴澄：《吴文正集》卷四八《仙城本心楼记》，景印文渊阁《四库全书》第 1197 册，台湾商务印书馆 1986 年版，第 499 页。

② 黄宗羲原著，全祖望补修，陈金生、梁运华点校：《宋元学案》卷九二《草庐学案·草庐精语》，中华书局 1986 年版，第 3038 页。

③ 黄宗羲原著，全祖望补修，陈金生、梁运华点校：《宋元学案》卷九二《草庐学案·草庐精语》，中华书局 1986 年版，第 3039 页。

④ 朱熹：《晦庵先生朱文公文集》卷五八《答黄道夫》，见朱杰人、严佐之、刘永翔主编：《朱子全书》（修订本）第 23 册，上海古籍出版社、安徽教育出版社 2010 年版，第 2755 页。

⑤ 吴澄：《吴文正集》卷二《答人问性理》，景印文渊阁《四库全书》第 1197 册，台湾商务印书馆 1986 年版，第 32 页。

"人之性皆善。然而有生下来善底，有生下来便恶底，此是气禀不同。"①

朱熹认为心是道德意识的主体，心能知觉，能别善恶。且心本身有善有恶，心之善者为性，心之恶者为欲，提出人心、道心之说。"只是这一个心，知觉从耳目之欲上去，便是人心；知觉从义理上去，便是道心。人心则危而易陷，道心则微而难著。"②心有道心和人心之别，心兼有理欲，理善欲恶，因而心有善恶，主张用"天理"来对抗"人欲"，用"道心"来制约"人心"。

吴澄接受了朱熹的心性主张，但他又以心为万物本体，道具于心而不可"心外求道"，这是对朱熹心性理论的发展。陆九渊更重视对"心"的存养，认为性与理不在心之外，而就在心中，心是仁义礼智俱存的实心，要认识天理人性，不必外索，反观内求就可以了，反对朱熹的"道心""人心"之区分。他反问道："心一也，人安有二心？"要求学者"先立乎其大者"，树立道德的主体意识。

吴澄也不像朱熹那样，强调"心统性情"，而是强调"心"的重要，看重"心"的作用，认为舍心而他求，则无所得。他说："夫学亦多术矣……然知其所知，孰统会之？行其所行，孰主宰之？无所统会，非其要也；无所主宰，非其至也。孰为要？孰为至？心是已。天之所以与我，人之所以为人者在是，不是之求而他求焉。"③这和陆九渊的主张又是一致的。但吴澄又将"本心"解释为万理之所根，认为"本心"的内容是"仁"。这就有效地冲淡了"本心"一词的陆学意味。"在对心学之要的理解与说明上，更多地继承了程颐朱熹的主敬传统。"④

吴澄在和会朱、陆之学的基础上，提出了以"心事不离""心理不离"为主要特征的心性修养说，既不同意朱熹将"理"与"心"看作两物的观点，也不认同陆九渊专事于心的心性修养说，从而克服了朱、陆两家在心性修养问题上的偏颇。

---

①　黎靖德编，王星贤点校：《朱子语类》卷四《性理一》，中华书局 1986 年版，第 69 页。

②　黎靖德编，王星贤点校：《朱子语类》卷七八《尚书一》，中华书局 1986 年版，第 2009 页。

③　吴澄：《吴文正集》卷七《王学心字说》，景印文渊阁《四库全书》第 1197 册，台湾商务印书馆 1986 年版，第 94 页。

④　方旭东：《尊德性与道问学：吴澄哲学思想研究》，广西师范大学出版社 2015 年版，第 64 页。

四、会通朱、陆——吴澄理学的最大特色

吴澄折衷朱、陆之学，"对宋末理学家那种一味排斥陆学的偏差也有了一定程度的校正，而且较为自觉地兼取陆学之长，从而促进了理学中心学因素的增长"①。

吴澄学术渊源于朱熹和陆九渊，他学于饶鲁弟子程若庸，是朱熹的四传弟子，又曾师从陆九渊的弟子程绍开，"吴澄得朱熹真传，又谙陆九渊心学之真瑞"②。吴澄之学脉，"兼出新安、金溪之间"，其学说虽由朱学入门，又得到程若庸的指授，自称其学为朱子之学，但不偏执于一家，绝无门户之见，对陆学心通神往，和会朱、陆，兼综其长，成为吴澄理学思想的最大特色。

吴澄以接续朱子为己任，"毅然有志，拔乎流俗，以径造高明之域"。受朱熹思想影响深远，但并不株守朱学门户，对陆九渊的学术思想多元交融，对朱、陆学术进行和会整合。"体现出力求使本心与天理内外合一的和合趋势，已经从朱子理学大厦中发现了向心学转折的突破口。"③

在理气关系上，吴澄沿袭了朱熹的理气论，提出了"理在气中""理气未始相离"的哲学命题，但又吸收了陆九渊的"心本论"思想，提出了"道具于心"的主张。认为道存在于心中，无心外之道，道为宇宙的本体，存于天地间，又为心所固有，因此，只需求诸本心而不必外求，从而将朱熹的理本论与陆九渊的心本论进行了融合。

吴澄的工夫论也兼具朱、陆之长，对朱、陆一直以来的"道问学"与"尊德性"之争，吴澄主张二者并重，而不可偏失。

在道德修养和为学之方上，朱熹提出"道问学"的为学之方，通过读书穷理，格物致知，日积月累，达到豁然贯通；陆九渊则提出"尊德性"的修养方法，关键在"先立乎其大"，要先明本心。朱熹讥陆学为空疏，陆九渊则讥朱

---

① 侯外庐：《宋明理学史》（上），人民出版社1997年版，第758—759页。

② 王素美：《吴澄的理学思想与文学·引言》，人民出版社2005年版，第2页。

③ 张立文、祁润兴：《中国学术通史》（宋元明卷），人民出版社2004年版，第445页。

学为支离，双方存在很大分歧。

吴澄主张以"尊德性"为体，"道问学"为用，提出了"内以主敬以尊德性"，"外以格物而致知"的修养方法，既反对"博展于外而无得于内"，也反对"专求于内而无事于外"，企图调和朱、陆"道问学"与"尊德性"的矛盾。他说："人人则可圣，盖由乎学，以复其性。复性之学，其功有二：知性其先，养性其次。若何而知？格物穷理；若何而养？慎行克己。"①认为只有通过后天的学习才能复其天性，才能成圣成贤。而复性之法则是先格物穷理以知其性，再慎行克己以养其性。要先读书明理，再存心养性。读书是手段而非目的，经典之书是圣人言行的记录，是明理最重要的途径。而天理为本心所固有，通过内心的反思可以得见天理。因为道具于心，不必外求，吴澄很认可陆九渊至简至易的方法。他说："呜呼！道在天地间，今古如一，人人同得，……能反之于身，则知天之与我者，我固有之，不待外求也。扩而充之，不待增益也。先生之教人盖以是。岂不至简至易而切实哉？不求诸我之身，而求诸人之言，此先生之所深悯也。"②

吴澄对《中庸》"尊德性而道问学"解释为"尊德性"是为学的目的，而"道问学"则是所由之途，是为达到目的而采取的方法手段。他认为朱熹与陆九渊两人："朱子于道问学之功居多，而陆子以尊德性为主。问学不本于德性，则其弊必偏于言语训释之末，故学必以德性为本。"③把陆学的"高明简易"与朱学的"笃实邃密"结合起来，要弃朱、陆两家之短，以集两家之长。他在教育弟子时，著《学基》一篇，使知德性之当尊，又著《学统》一篇，使知问学之当道。既要尊德性，又不可无道问学之功。

吴澄认为，朱、陆两家都强调躬行践履、真知实践，朱、陆之教是统一的，朱、陆之争，是由两家门人引起的。他说："夫朱子之教人也，必先之读

---

① 吴澄：《吴文正集》卷五三《率性铭》，景印文渊阁《四库全书》第1197册，台湾商务印书馆1986年版，第532页。

② 吴澄：《吴文正集》卷一七《象山先生语录序》，景印文渊阁《四库全书》第1197册，台湾商务印书馆1986年版，第191页。

③ 黄宗羲原著，全祖望补修，陈金生、梁运华点校：《宋元学案》卷九二《草庐学案》，中华书局1986年版，第3037页。

书讲学；陆子之教人也，必使之真知实践。读书讲学者，固以为真知实践之地；真知实践，亦必自读书讲学而入。二师之为教一也。而二家庸劣之门人，各立标榜，互相诋訾，至于今学者犹惑。"①

吴澄批评朱子后学，"既以世儒记诵词章为俗学矣，而其为学亦未离乎言语文字之末，甚至专守一艺而不复旁通它书，掇拾腐说而不能自遣一辞"②。对一些朱门士子为了举业诵习朱学，将其当作进身求仕的敲门砖，"假为希世宠荣之资"的学风士习提出批评。认为正是这种风气，导致了士大夫的无识、无耻、无守。"无识则不知廉介之可尚；无耻则不知贪黩之可羞；无守则为子孙之计，为妻妾之奉，为饮食衣服之不若人而厌贫羡富，以至苟利忘义也。"③而陆学则重视人内在的道德修养，注重操守、廉耻、气节，以道德规范约束自己。

同时，吴澄也批评"槐堂诸儒"等陆门后学，热衷门户，严立门墙。"今人谈陆子之学，往往以'本心'为学，而问其所以，则未能知陆子之所以为学者何？如是'本心'二字，徒习闻其名而未究竟其实也。夫陆子之学，非可以言传也，况可以名求之哉？……不失其本心，非专离去事物，寂然不动，以固守其心而已。"④认为没有一个陆门后学能真得陆子心法，导致陆氏之学"孤绝而无传"。黄百家也说："盖慈湖之下，大抵尽入于禅，士以不读书为学，源远流分，其所以传陆子者，乃其所以失陆子者也。"⑤吴澄期望陆门后学，在坚持本心论的同时，也要兼取朱学格物致知、笃实的为学工夫，才能使陆学避免谈空说妙而流入禅门。同样，朱门子弟，在坚持笃实的为学工夫的同时，也要兼取

---

① 吴澄：《吴文正集》卷二七《送陈洪范序》，景印文渊阁《四库全书》第 1197 册，台湾商务印书馆 1986 年版，第 290 页。

② 吴澄：《吴文正集》卷四〇《尊德性道问学斋记》，景印文渊阁《四库全书》第 1197 册，台湾商务印书馆 1986 年版，第 422 页。

③ 吴澄：《吴文正集》卷二八《送河北孔君嘉父官满序》，景印文渊阁《四库全书》第 1197 册，台湾商务印书馆 1986 年版，第 299 页。

④ 吴澄：《吴文正集》卷四八《仙城本心楼记》，景印文渊阁《四库全书》，第 1197 册，台湾商务印书馆 1986 年版，第 500 页。

⑤ 黄宗羲原著，全祖望补修，陈金生、梁运华点校：《宋元学案》卷八七《静清学案》，中华书局 1986 年版，第 2913 页。

陆学"简易"的本心论，才可避免朱学的"支离"之病。

总之，吴澄力主"和会朱、陆"，致力于建构兼容朱、陆之长的理学新体系。

五、综其前，启其后——吴澄的理学地位

吴澄是元代学问最渊博的理学家、经学家和教育家，被称为元代国之名儒。其学术宏博深远，著作等身，名震朝野。江西行省掾元明善素以文学自负，当与吴澄问难论辩后，不由感慨道："'与吴先生言，如探渊海。'遂执弟子礼终其身。"[1] 时任中书左丞的许师敬称吴澄为"国之名儒"。他言于帝曰："吴澄，国之名儒，朝之旧德。今请老而归，不忍重劳之，宜有所褒异。"[2] 揭傒斯奉诏所撰的吴澄《神道碑》，开篇即云："皇元受命，天降真儒，北有许衡，南有吴澄。"[3] 把吴澄与许衡并尊为南北学者之宗，因而有了"北许南吴"之称。四库馆臣亦评价道："当时盖以二人为南北学者之宗。然衡之学，主于笃实以化人；澄之学，主于著作以立教。"[4] 将他所著《春秋纂言》《易经纂言》《仪礼逸经传》视为《四库》之"典核"。

泰定三年（1326），张珪上疏朝廷起用吴澄，认为吴澄是天下儒士之冠，"经学之师，当代寡二"，评价吴澄"心正而量远，气充而神和。博考于事物之赜，而达乎圣贤之蕴；致察于践履之微，而极乎神化之妙。正学真传，深造自得，实与末俗盗名欺世者霄壤不同。……经学之师，当代寡二。"[5] 明英宗宣德十年（1435），吴澄从祀孔庙，在诏令中说道："元之正学大儒，许衡、吴澄二人……二人之卒皆谥文正……盖澄问学之功，朱熹以来，莫或过之。"黄百家也认为吴澄的《五经纂言》，非他人所能及。他说："幼清从学于程若庸，为朱

---

[1]　宋濂：《元史》卷一七一《吴澄传》，中华书局 1976 年版，第 4011 页。

[2]　宋濂：《元史》卷一七一《吴澄传》，中华书局 1976 年版，第 4011 页。

[3]　揭傒斯著、李梦生点校：《揭傒斯全集》，上海古籍出版社 1985 年版，第 454 页。

[4]　永瑢等：《四库全书总目》卷一六六《吴文正集提要》，中华书局 1965 年版，第 1428 页。

[5]　虞集撰：《道园学古录》，商务印书馆 1937 年版，第 750 页。

子之四传。考朱子门人多习成说，深通经术者甚少，草庐《五经纂言》，有功经术，接武建阳，非北溪诸人可及也。"① 对其评价甚高。

明代学者韩阳在《吴文正集序》中，赞叹吴澄有功于圣门，有功于来学："迨乎前元，真儒亦罕，惟鲁斋许先生、草庐吴先生焉耳。先生才智过人，默悟斯道，远溯洙泗之流而穷其源，近绍程朱之统而得其要。上焉天文，下焉地理，与夫九经之微辞奥义，以至诸子百家之言，罔不研究，真知实践而各臻其极。有功于圣门，有功于来学。……先生之文，道德性理之文也；先生之学，周邵程朱之学也。孔门千载而下，若先生者曾几何人哉！正所谓麒麟凤凰世不常出，景星庆云世不常现者耶。"②

吴澄的学说以"朱学为本，兼综陆学"，为元代理学的传播和发展作出了重要贡献，并为元代理学昭示了新的方向。但元明以来，也有不少学者对其提出批评。"说他'宗陆背朱'，近乎禅学。在明代，他不仅被指责为'宗陆背朱'，而且又加上'生宋仕元'的'失节'罪名，而遭贬低。而到了清代，吴澄'仕元'的行迹，却被清王朝用作笼络汉族知识分子的典范，并得以进入孔庙。至于吴澄的思想，也被扶正起来，他的一些经纂，被采入《四库》馆中。"③

徐远和先生认为吴澄"始终比较自觉地继承和发挥朱熹的理学思想，不过，他较少门户之见，不是株守一家之言，而是兼取诸家之长，以补朱熹理学之短。……从总体上说，吴澄宗朱兼陆，不私一家，不失大家风范。"④

陈来先生也认为："南方以吴澄为代表的理学流派，传承有自，基础深厚，群体更广，思考也更为细致深入。"⑤ 因此，"晦庵之后，终是草庐"。吴澄和会朱、陆，基本上是站在朱子学的立场上，吸纳心学的因素，代表了元代理学发

---

① 黄宗羲原著，全祖望补修，陈金生、梁运华点校：《宋元学案》卷九二《草庐学案》，中华书局 1986 年版，第 3037 页。

② 韩阳：《原序》，见《吴文正集》附录，景印文渊阁《四库全书》，第 1197 册，台湾商务印书馆 1986 年版，第 924 页。

③ 孙美贞：《吴澄理学思想研究》，中国社会科学院研究生院 2000 年博士论文，第 22 页。

④ 徐远和：《理学与元代社会》，人民出版社 1992 年版，第 124 页。

⑤ 吴长庚主编：《朱熹与江西理学》，江西高校出版社 2007 年版，第 2 页。

展的方向，最终导致明代心学的产生。

总之，吴澄上继孔孟之道，近承程朱之统，并得道统之要，位于道统之列。他的理学思想，成为宋代以程朱理学为主向明代阳明心学转折的过渡环节。"吴澄的心性学说是理学从宋代以朱子理学为主向明代阳明心学转折的过渡环节，是宋、明两代承上启下的转折。综其前，启其后，这便是吴澄在中国理学发展史中的地位。"①

吴澄所开创的草庐学派是元代最有影响的学派之一，人数众多，弟子遍布全国，其门人有虞集、元明善、贡归泰、鲍恂、蓝光、夏友兰、袁明善、黄极及其子黄宝、李本、李栋、朱夏、黎仲基、王彰、王梁、杨准、李心原、皮滔、解观、黄盅、潘音、赵宏毅、王祁、李扩、陈伯柔、黄㫤、危素、包希鲁、熊本、丁俨、许晋孙、饶敬仲、郑真、杜本、王梁、欧阳玄等三十余人，而草庐学派弟子中最有影响的是虞集和元明善。

第四节　揭傒斯、虞集、危素的理学思想

一、揭傒斯——深受理学熏陶的史学大家

揭傒斯是元代兼具诗人、官员、理学家、史学家多重身份的重要人物，在《宋元学案》中，他被列为雪楼门人。

揭傒斯（1274—1344），字曼硕，龙兴富州人（今江西丰城）。自幼年开始，就在父亲揭来成的教诲下，博览经史，贯通百家，而"早有文名"。十五六岁即挟学出游，大德（1297—1307）年间，游历两湖，为时任湖北肃政廉访使的程钜夫所器重赏识，并许嫁表妹。元仁宗延祐元年（1314），40岁的揭傒斯被

---

① 吴小红:《江西通史》（第7卷，元代卷），江西出版集团、江西人民出版社2008年版，第222页。

程钜夫、卢挚举荐于朝，由布衣授翰林国史编修，从此步入官场。时"平章李孟监修国史，读其所撰《功臣列传》，叹曰：'是方可名史笔，若他人直誉吏牍尔。'"他历经仁宗、英宗、元泰定帝、文宗、宁宗、惠宗诸帝，任职朝廷三十多年，"凡三入翰林，朝廷之事，台阁之仪，靡不闲习。集贤学士王约谓：'与俣斯谈治道，大起人意，授之以政，当无施不可。'"①官至翰林侍讲学士。

元文宗继位后，揭俣斯深得文宗赏识，为授经郎，参修《皇朝经世大典》，编撰《宪典》部分。"文宗取其所撰《宪典》读之，顾谓近臣曰：'此岂非《唐律》乎？'"②元惠宗至正二年（1342），揭俣斯升侍讲学士知制诰，同修国史，至正三年（1343），元惠宗诏修辽、金、宋三史，任命中书丞相脱脱为三史都总裁，揭俣斯与铁木儿塔识、太平、张起岩、欧阳玄任三史总裁官。他"毅然以笔削自任，凡政事得失，人才贤否，一律以是非之公，至于物论之不齐，必反复辨论，以求归于至当而后止"③。次年三月，《辽史》修成，受到元惠宗的褒奖，为了早日完成《金史》《宋史》，年逾七十的他，留宿史馆，夜以继日，不幸染寒疾而逝，追封豫章郡公，谥"文安"。

揭俣斯饱读经史，自称"太史氏"，并以"史氏曰"的史论方式评论史事。他长期任国史院编修官，对三史的编修，作了很大的贡献。揭俣斯非常重视国史的编纂和国史的"垂训""鉴戒"作用。他在《宋史论序》中就主张修史要"垂训于将来"④，"使天下后世之为人君为人臣者知所龟镜"⑤。黄溍称赞他"稽古图治，监观后王……发潜阐幽，验诸成败；斟酌典谟，用存劝戒"⑥。为此，他提出了"史意"之说。所谓史意即作史之目的，强调作史之意在于示惩劝，可鉴戒，从而有益于治世。他说："欲求作史之法，须求作史之意。古人作史，

---

① 宋濂：《元史》卷一八一《揭俣斯传》，中华书局1976年版，第4184页。
② 宋濂：《元史》卷一八一《揭俣斯传》，中华书局1976年版，第4184页。
③ 宋濂：《元史》卷一八一《揭俣斯传》，中华书局1976年版，第4186页。
④ 揭俣斯：《揭俣斯全集·文集》卷三《宋史论序》，上海古籍出版社1985年版，第303页。
⑤ 揭俣斯：《揭俣斯全集·文集》卷三《宋史论序》，上海古籍出版社1985年版，第305页。
⑥ 揭俣斯：《揭俣斯全集》附录一《传记》，上海古籍出版社1985年版，第467页。

虽小善必录，小恶必记。不然，何在示惩劝！"①而"今人徒知求作史法，不知求作史意。古人善言虽微必详，恶事虽隐必书，其意主于劝戒耳！"②因此，国史必须善恶必书，书法不隐，秉笔直书！在国史编写中要做到"不为甚高之论，而求中行之实；不务辞藻之富，而求理义之当。执经达权，得《易》随时之义；彰善黜恶，有《春秋》责备之法。所以求当于古人，垂训于将来也。"③欧阳玄在为其撰写的墓志铭中，对揭傒斯的史法作出了公正的评价："嗟公直笔廉列，奖善惩恶义之比。恶书不贷善书亟，寒暑尽夜剿形思。"④

揭傒斯认为一个优秀的史官，应有学问文章、史事、心术"三长"，而以心术为本。"丞相问修史以何为本？"他回答道："以用人为本。有学问文章而不知史事者，不可与；有学问文章知史事而心术不正者，不可与。用人之道，又当以心术为本也。"⑤强调修史以用人为本，而作为一个史学人才，应该具备文章、史事、心术三长，而用人之道，又要以心术为本。

他具有独特的史学眼光，在宋、辽、金"三史正统论"之争中，他既反对"宋统"说，又反对"以金统宋"说，而主张三史各为正统，各立帝纪，谓之三史。后来脱脱采纳了"三国各与正统，各系其年号"的主张。

总之，揭傒斯在长期的修史实践中，形成了丰富的史学思想和修史理论，"揭傒斯是唐代刘知几和清代章学诚两大史学理论家之间的过渡"⑥。

揭傒斯是程钜夫的得意门生，自谓"获出门下，受知最深"⑦。受程钜夫的影响，程朱理学浸透了他做人、为官、修史等各方面。他的史学思想中，深受

---

① 宋濂：《元史》卷一八一《揭傒斯传》，中华书局1976年版，第4186页。

② 揭傒斯：《揭傒斯全集》附录一《传记》，上海古籍出版社1985年版，第470页。

③ 揭傒斯：《揭傒斯全集·文集》卷三《宋史论序》，上海古籍出版社1985年版，第303页。

④ 欧阳玄撰：《欧阳玄集》卷一〇《元翰林侍讲学士中奉大夫知制诰同修国史同知经筵事豫章揭公墓志铭》，岳麓书社2010年版，第162页。

⑤ 宋濂：《元史》卷一八一《揭傒斯传》，中华书局1976年版，第4186页。

⑥ 吴小红：《江西通史》（第7卷，元代卷），江西出版集团、江西人民出版社2008年版，第254页。

⑦ 黄宗羲原著，全祖望补修，陈金生、梁运华点校：《宋元学案》卷八三《双峰学案》，中华书局1986年版，第2830页。

理学的影响。朱熹等理学家主张道德史观，以封建纲常名教、道德伦理作为评价历史人物的标准，他们诠释的道德史观，以"尊圣贤，褒忠义，奖孝悌，重贞节，慎行止，恤黎民为基本内容"①。揭傒斯以此作为修史的基本原则，以纲常名教作为考量历史人物的尺码和评价历史人物的标准，尤其强调"明伦"。他说："夫明伦之说，具在《六经》，其要君君、臣臣、父父、子子而已"；"君不君则天道乖，臣不臣则地道睽，父不父、子不子则人道绝"②。他为众多的孝子节妇、忠臣义士立传、作诗，撰写墓志铭。认为他们的事迹"便当书之太史录，永与后世垂仪型"③。他认为致治之道，在于得人用人。"丞相因问方今致治何先？傒斯曰：'储材为先，养之于位望未隆之时，而用之于周密庶务之后，则无失材废事之患矣。"④他"立朝虽居散地，而急于荐士。扬人之善惟恐不及，而闻吏之贪墨病民者，则尤不曲为之掩覆也。"⑤

他提出士子无论为学亦或为人必须先立志，他在给李孟的书信中说道："夫士，志为上，时次之，位次之。农不以水旱怠其耕，商不以寒暑辍其负贩，故能致千金之产，登百谷于场。况士之致于道者乎！不逢于今，必显于后。有其时，有其位，道行于天下，天也；无其时，无其位，道不行于天下，亦天也。君子无与焉。故士之所患者，志不立，道不明，不敢计其时与位也。"⑥

同时，他也是一个深受"存理节欲"理学精神熏陶的官员，提出为官必须做到公廉、寡欲。他在《送李克俊赴长兴州同知序》中写道："夫今之所谓善政者，亦曰廉而已矣。廉非为政之极，而为政必自廉始。惟廉则欲必寡，欲寡必公，公则不匮。"但又分析了为何廉之难为，廉官稀缺的原因，是因为"禄

① 史卫民：《都市中的游牧民：元代城市生活长卷》，湖南出版社 2006 年版，第 157 页。
② 揭傒斯：《揭傒斯全集·文集》卷六《庐江县学明伦堂记》，上海古籍出版社 1985 年版，第340 页。
③ 揭傒斯：《揭傒斯全集·诗集》卷六《廖母诗》，上海古籍出版社 1985 年版，第 158 页。
④ 宋濂：《元史》卷一八一《揭傒斯传》，中华书局 1976 年版，第 4186 页。
⑤ 宋濂：《元史》卷一八一《揭傒斯传》，中华书局 1976 年版，第 4187 页。
⑥ 揭傒斯：《揭傒斯全集·文集》卷六《上李秦公书》，上海古籍出版社 1985 年版，第 270 页。

薄而任重，内不足以给其妻子，外不足以应其诛求，孰能不为之动哉！"①唯有"重禄"方能"养廉"，提倡"重禄以养廉"。

揭傒斯又是文坛泰斗，能文善诗，以诗文，尤以律诗见长。他与虞集、杨载、范梈并称为"元诗四大家"。"傒斯与虞集、范梈、杨载齐名，其文章叙事严整，语简而当，凡朝廷大典册及碑版之文，多出于其手，一时推为巨制。"②同时，他又"善楷书、行、草，朝廷大典册，及元勋茂德当得铭辞者，必以命焉"。以至"殊方绝域，咸慕其名，得其文者，莫不以为荣"③。

二、"一代文宗"虞集的理学思想

在《草庐学案》所列三十位多门人中，影响最大的当属虞集。他与揭傒斯一道，成为元代"儒林四杰"的"江西双杰"。

虞集（1272—1348），字伯生，祖籍四川，宋亡后，侨居抚州崇仁，是"宋丞相允文五世孙也"。他出身于儒学世家，曾祖父虞刚简为利州提刑，曾与魏了翁、范仲黼、李心传等人，"讲学蜀东门外，得程朱氏微旨，著《易诗书论语说》，以发明其义，蜀人师尊之"。父亲虞汲，曾任黄冈尉，南宋灭亡后，徙居抚州崇仁。在这里，虞汲认识了吴澄，"与吴澄为友，澄称其文清而醇"④。

虞集"三岁即知读书"，但时值战乱，无书可读，由其母亲杨氏，"口授《论语》《孟子》《左氏传》、欧、苏文，闻辄成诵"。虞集的外祖父杨文仲曾任国子监祭酒，是研治《春秋》的大家，"文仲世以《春秋》名家，而族弟参知政事栋明于性理之学"。因此，虞集早年"受业于家"，有很好的家学渊源。迁到崇仁后，虞集师事吴澄，成为吴澄的弟子，"出则以契家子从吴澄游，授受具有

---

① 揭傒斯：《揭傒斯全集·文集》卷三《送李克俊赴长兴州同知序》，上海古籍出版社 1985 年版，第 301 页。

② 永瑢等：《四库全书总目》卷一六七《文安集提要》，中华书局 1965 年版，第 1441 页。

③ 宋濂：《元史》卷一八一《揭傒斯传》，中华书局 1976 年版，第 4187 页。

④ 宋濂：《元史》卷一八一《虞集传》，中华书局 1976 年版，第 4174 页。

源委"①。

虞集任大都路儒学教授，国子监助教时，"即以师道自任"，力主将醉酒失礼的刘生削籍，以维护师道尊严，认为"国学，礼义之所出也，此而不治，何以为教?"②后任集贤殿修撰时，力主兴办学校，尊师重道，以德化天下。他在《论学校事》中说道："师道立则善人多。学校者，士之所受教，以致成德达材者也。今天下学官，猥以资格授，强加之诸生之上，而名之曰师尔，有司弗信之，生徒弗信之，于学校无益也。如此而望师道之立，可乎? 下州小邑之士，无所见闻，父兄所以导其子弟，初无必为学问之实意，师友之游从，亦莫辨其邪正，然则所谓贤材者，非自天降地出，安有可望之理哉! 为今之计，莫若使守令求经明行修成德者，身师尊之，至诚恳恻以求之，其德化之及，庶乎有所观感也。"③元泰定初年，任国子监司业、祭酒等职。文宗即位后，除奎章阁侍书学士。虞集较有政治眼光，利用在皇帝身边的机会，向其讲授儒家、理学的治国之道。"集每承诏有所述作，必以帝王之道、治忽之故，从容讽切，冀有感悟。承顾问及古今政治得失，尤委曲尽言，或随时规谏。"④"有旨采辑本朝典故，仿唐、宋《会要》，修《经世大典》，命集与中书平章政事赵世延同任总裁。"⑤主持修纂了《经世大典》。卒后谥"文靖"，封仁寿郡公，学者称邵庵先生。

虞集为人正直，操守可嘉，他礼贤下士，不附权贵，"山林之士知古学者，必折节下之，接后进，虽少且贱，如敌己。当权门赫奕，未尝有所附丽。集议中书，正言谠论，多见容受，屡以片言解疑误。"他学术渊博，"集学虽博洽，而究极本原，研精探微，心解神契，其经纬弥纶之妙，一寓诸文，蔼然庆历乾淳风烈"⑥。有《道园学古录》五十卷传世。

---

① 宋濂:《元史》卷一八一《虞集传》，中华书局 1976 年版，第 4174 页。
② 宋濂:《元史》卷一八一《虞集传》，中华书局 1976 年版，第 4175 页。
③ 宋濂:《元史》卷一八一《虞集传》，中华书局 1976 年版，第 4176 页。
④ 宋濂:《元史》卷一八一《虞集传》，中华书局 1976 年版，第 4179 页。
⑤ 宋濂:《元史》卷一八一《虞集传》，中华书局 1976 年版，第 4178 页。
⑥ 宋濂:《元史》卷一八一《虞集传》，中华书局 1976 年版，第 4181 页。

虞集师事吴澄，是朱熹五传弟子。他继承师说，在道统和学统上承袭朱熹的主张。他坚持理学道统论，认为"孔子而后，学者传焉，颜子殁，其学不传。曾子以其传授之圣孙子思，而孔子之精微益以明著，孟子得以扩而充之"①。后经一千五百年以至宋，才有"汝南周氏始有以继颜子之绝学，传之程伯淳氏，而正叔氏又深有取于曾子之学以成己而教人，而张子厚氏又多得于孟子者也。颜、曾之学均出于夫子，岂有异哉！"周敦颐、二程、张载四君子，"尊其统而接其传"，而由南宋"朱元晦氏论定诸君子之言而集其成"②。

虞集极力尊崇朱子，在《董泽书院记》中，他说道："周、邵、张、程之说，至朱元晦氏而条理发明，以推致其极，则天之未丧斯文也。"③ 在《庐陵刘桂隐存稿序》中，认为朱子是立德立言的典范。他说："朱子继先圣之绝学，成诸儒之遗言，固不以一艺而成名，而义精理明，德盛仁熟，出诸其口者，无所择而无不当，本治而末修，领挈而裔委，所谓立德立言者，其此之谓乎？学者出乎其后，知所从事而有得焉。"④

虞集还为元代学校的设立、科举的实行、程朱理学官方地位的取得，作出了积极的贡献。他使元代"群经四书之说，自朱子折衷论定，学者传之，我国家尊信其学，而讲诵授受，必以是为则。而天下之学，皆朱学之书；书之所行，教之所行也；教之所行，道之所行也"⑤。程朱理学成为后世学者治本修末的准则。

但虞集在学术上，创新不大。他倡导理性、中和、雅正、世用，有回归传

---

① 虞集：《道园学古录》卷七《鹤山书院记》，景印文渊阁《四库全书》第 1207 册，台湾商务印书馆 1986 年版，第 111 页。

② 虞集：《道园学古录》卷七《鹤山书院记》，景印文渊阁《四库全书》第 1207 册，台湾商务印书馆 1986 年版，第 111 页。

③ 虞集：《道园学古录》卷八《董泽书院记》，景印文渊阁《四库全书》第 1207 册，台湾商务印书馆 1986 年版，第 127 页。

④ 虞集：《道园学古录》卷三三《庐陵刘桂隐存稿序》，景印文渊阁《四库全书》第 1207 册，台湾商务印书馆 1986 年版，第 467 页。

⑤ 虞集：《道园学古录》卷三六《考亭书院重建文公祠堂记》，景印文渊阁《四库全书》第 1207 册，台湾商务印书馆 1986 年版，第 515 页。

统儒学的倾向。在天人关系中，重倡理学家传统的天命论。他说："天也者，理也。"① 而何为理？他认为所谓的理，就是"仁义礼智之所以为德，君臣父子夫妇兄弟朋友之所以为伦者也"。理就是儒家倡导的伦理纲常，理就是万物之主宰。

虞集又是吴澄和会朱、陆学说的坚定捍卫者。虞集认为，朱、陆二人对圣人之道互有发明，有合流的必要，且两家思想在晚年已经有合流的趋势。他依据朱熹《答周叔谨书》中所云："熹近日亦觉向来说话有太支离处，反身以求，正坐自己用功亦未切尔。因此减去文字工夫，觉得闲中气象甚适。"② 认为朱熹生前已经认识到自己"道问学之功多，尊德性之意少"，而得出了朱熹晚年"稍却其文字之支离"，而吸收陆学"反省以求"的结论，以此论证朱、陆合流的必要。

尽管当时朱子之道已大行于天下，人们对陆学多加摒弃，正如他在《思兰亭记》中所云："今朱子之教，衣被四海，广矣大矣。颂其诗，读其书，想像其德容之盛，如将见之。"③ 但虞集能破除门户之见，对陆学也竭力表彰。认为"陆先生之学，前代诸儒盖未之有也"。"陆子静氏超然有得于孟子先立乎其大者之旨，其于斯文，互有发明。"④ 他在至正七年（1347）所作《新建陆文安公祠堂记》中，对陆九渊"发明本心""先立其大者"则"万物森然于方寸之间"的观点，大加赞叹："江西之学兴，有得乎孟氏'先立乎其大者'之一语而恢弘……后之君子，以为先生之道，如青天白日；先生之语，如震雷惊霆。伟哉！确乎真百世之定论乎。"⑤ 对陆九渊"人皆有是心，心皆具是理""心即理也"的主张大加赞扬："窃闻先生之言，以为上下万世之远，东西南北之表，苟有

---

① 虞集：《道园学古录》卷一一《顺菴铭跋》，景印文渊阁《四库全书》第1207册，台湾商务印书馆1986年版，第170页。

② 朱熹：《晦庵先生朱文公文集》卷五四《答周叔谨书》，见朱杰人、严佐之、刘永翔主编：《朱子全书》（修订本）第23册，上海古籍出版社、安徽教育出版社2010年版，第2551页。

③ 虞集：《道园学古录》卷八《思兰亭记》，景印文渊阁《四库全书》第1207册，台湾商务印书馆1986年版，第139页。

④ 虞集：《道园学古录》卷四四《故翰林学士资善大夫知制诰同修国史临川先生吴公行状》，景印文渊阁《四库全书》第1207册，台湾商务印书馆1986年版，第630页。

⑤ 虞集著，王颋点校：《虞集全集》（下册），《新建陆文安公祠堂记》，天津古籍书店出版社2007年版，第803页。

圣人出焉，同此心，同此理也。集尝三复而叹曰：'此心此理之同，岂必圣人哉！虽凡民亦莫不同矣。先生之望于天下万世者，亦欲其人而已矣。'"① 对于陆九渊提出的"知本自立"无需外求的为学主张，虞集感慨道："又闻先生之告学者曰：'故耳自聪，目自明，事父自能孝，事兄自能悌，本无欠缺，不必他求，在乎自立而已。'噫！此谓践形也！此所以可至于人伦之至也。所忧者，纷然他求以间之，而失其时尔。故以为求诸人之言而不得，不若反求诸己之为近也。"陆九渊之言能振聋发聩，让学子幡然醒悟，"闻先生之言，而不恻然以思，豁然以醒，岂非自暴自弃，而至于自贼者乎！"对陆九渊给予了高度的评价，认为他功高日月，学比孔孟："先生之大，日月之明，先生之明，四时之行。"② 因此，"二家门人区区之异同，相胜之浅见，盖无足论也"③。

虞集能文善诗，"著作为有元一代冠冕"。他的诗风如"汉廷老吏"，在诗文上成就斐然，与杨载、范梈、揭傒斯并称为"元诗四大家"。《宋元学案》评价他为文汪洋浩瀚，平实切密，是一代文宗，"先生文章为一代所宗"④。

三、"太音玄酒"危素的理学思想

危素是元、明之际具有承前启后地位的学者。

危素（1303—1372），字太朴，号云林，金溪人。他出生于世代书香之家，少通《五经》，15 岁与同乡葛将、黄冔等游学于吴澄、范梈门下，成为吴澄的高足，是朱熹五传弟子，吴澄对其学问大加赞赏，以同辈之礼礼遇危素。"吴

① 虞集著，王颋点校：《虞集全集》（下册），《新建陆文安公祠堂记》，天津古籍书店出版社 2007 年版，第 803 页。
② 虞集著，王颋点校：《虞集全集》（下册），《新建陆文安公祠堂记》，天津古籍书店出版社 2007 年版，第 803 页。
③ 虞集：《道园学古录》卷四四《故翰林学士资善大夫知制诰同修国史临川先生吴公行状》，景印文渊阁《四库全书》第 1207 册，台湾商务印书馆 1986 年版，第 630 页。
④ 黄宗羲原著，全祖望补修，陈金生、梁运华点校：《宋元学案》卷九二《草庐学案》，中华书局 1986 年版，第 3073 页。

公至恨相见之晚，凡所著书，多与公参订之。虞文靖公集、孙先生辙名德俱尊，其遇之一如吴公。由是公之名震动江右间。"①危素在《临川吴文正公年谱序》中自称吴澄门人，尊其为恩师，称颂吴澄"毅然有志，拔乎流俗，以径造高明之域"，"素，几弱冠，以亲命经座执下，侵寻衰暮，无所发明师训，夙夜畏惕，莫知所云"②。虞集在《云林集序》中称誉其师事范梈、吴澄道："去临川五百里而近，有一人焉，清文厉行，立志自信，曰范君德机者，太朴既得而从之；去临川二百里而远，又有一人焉，经明道立，为人师表，而曰子吴子者，太朴又得而师之矣。"③

危素又是陈苑与"江东四先生"之一的祝蕃的弟子，成为陆九渊的六传。陈苑（1257—1331）字立大，号静明，上饶人。他株守陆学门户，是元代陆学的旗手，危素"数拜先生于家，听以启迪训诱，无所不用其情"④。他又以祝蕃为师，"少辱知先生，先生致察其隐微，恒恐诒于谬戾久之，感其诚恳，请执弟子礼"。祝蕃对危素十分满意，将他视为陆学的接班人，"与之语，或终夕不寐，去辄目送之，以为'兴吾教者，必若人也'"。对他寄以厚望。危素也认为祝蕃是"以其有得陆氏之传也"⑤。同时，危素又经常出入佛、道之门，喜好方外之交，深受佛、道影响。因此，危素既是朱学传人，又是陆学徒裔，他的学术师承是以陆学为主而又师出多门。

"素为人侃直，数有建白，敢于任事。"⑥至正元年（1341）危素被举荐为经筵检讨，后参修宋、辽、金三朝史书，并注释《尔雅》。历任元太常博士、兵部员外郎、礼部尚书、参知政事、翰林学士承旨等职。元亡之际，本欲跳井

---

① 宋濂：《翰林侍讲学士危公新墓碑铭》，见任继愈主编：《中华传世文选》（第8册）程敏政编《明文衡》，吉林人民出版社1998年版，第734页。

② 危素：《危太朴文续集》卷一《临川吴文正公年谱序》，新文丰出版公司1985年版，第500页。

③ 危素：《云林集》卷首《云林集序》，景印文渊阁《四库全书本》，第1226册，台湾商务印书馆1986年版，第756页。

④ 危素：《危太朴文集》卷三《静明书塾记》，新文丰出版公司1985年版，第412页。

⑤ 危素：《危太朴文续集》卷七《上饶祝先生蕃行录》，新文丰出版公司1985年版，第571页。

⑥ 张廷玉：《明史》卷二八五《文苑传》，中华书局1974年版，第7314页。

殉国，"当时事势已不可为，及再入翰林，仅一日而大兵入燕。公曰：'国家遇我至矣，国亡吾敢不死？'趋所居报恩寺，俯身入井，将就沉溺，寺僧大梓与番阳徐彦礼力挽起之，且谓曰：'公毋死，公不禄食四年矣，非居任比。且国史非公莫知，公死，是死国之史也。'已而兵入府藏，垂及史册，公言于镇抚吴勉辇而出之，由是累朝实录无遗缺者，公之力也。"① 危素最终被寺僧"国史非公莫知，公死，是死国史也"的劝告打消了投井殉国的想法，而忍辱负重，苟活降明，以存《元史》，但也落下了"素晚节不终，为世谬笑"② 的评价。

明洪武二年（1369），危素任翰林侍讲学士兼弘文馆学士，与宋濂同修《元史》。洪武五年（1372）贬死和州。宋濂为其作像赞："文继虞、欧之盛，位居廊庙之尊，天下誉之而不为喜，众人毁之而若无闻，此公所以为大雅之君子，传百世而存长者乎。"③

危素学问优长，"公博学，善文辞，至正中独以文鸣天下。凡朝廷制作，皆出自公手。四方欲显白先德者，皆造公门。尤精于书，得片楮只字者，宝秘以为荣。"④ 徐一夔评价他"厥今朝廷之上，以文章致位通显，系天下士子之望者，阁下而已。窃尝观于阁下之文，属辞陈义深厚尔雅，不丰不约，动中矩度，其言的然则实，其态或然而光，其味幽然而永。盖由阁下受业吴文正公，传授既有端绪，若清河范太史，蜀郡虞内翰，又皆身亲炙之。"⑤

危素的诗文被誉为"太音玄酒"。有《危太朴文集》和《危太朴续集》存世。四库馆臣评价他："其人本不足称，而文章则欧、虞、黄、柳之后，屹为大宗。

---

① 宋濂：《翰林侍讲学士危公新墓碑铭》，见任继愈主编：《中华传世文选》（第 8 册）程敏政编《明文衡》，吉林人民出版社 1998 年版，第 738 页。

② 永瑢等：《四库全书总目》卷一六九《说学斋稿提要》，中华书局 1965 年版，第 1466 页。

③ 宋濂：《文宪集》卷三〇《危云林像赞》，景印文渊阁《四库全书》第 1224 册，台湾商务印书馆 1986 年版，第 509 页。

④ 宋濂：《翰林侍讲学士危公新墓碑铭》，见任继愈主编：《中华传世文选》（第 8 册）程敏政编《明文衡》，吉林人民出版社 1998 年版，第 738 页。

⑤ 徐一夔：《始丰稿》卷三《通危大参书》，景印文渊阁《四库全书本》第 1229 册，台湾商务印书馆 1986 年版，第 175 页。

懋竑跋称其文演迤澄泓，视之若平易，而实不可几及。"① 宋濂在其墓志铭中，对危素空有才华却逢乱世的遭遇深表同情，他说："惟公以渊深之学，精纯之文，尝都显要之位，海内仰之如祥云景星，亦可谓有得于天矣。而逢时乱亡，不获大展以死，岂不可哀乎！"②

危素是吴澄的高足，作为朱门弟子，在学术上深受程朱理学的影响。在本体论上，继承了朱熹的太极理论，他说："系太极之混沌兮，为生化之本根；维二气之阖辟兮，畅万物之滋蕃；羌易道之广大兮，备吾身于乾坤。"③ 认为太极是宇宙生化的根本，万物滋生繁衍是因为阴阳二气的阖辟，有明显的朱学特征。但危素同时又倾向于陆学，充分认识到朱、陆后学恪守门户的弊端，他说："昔者朱文公、陆文安公同时并起，以明道树教为己事，辩论异同，朋友之谊。其后，二家门人之卑陋者角立门户若仇雠，陆氏不著书而其学几绝。"④ 对元代朱子后学流弊大加鞭挞："诸子之门，千蹊百折，总之不离词章、训诂、异端三者，波流茅靡，出此入彼。"因此"不足以明体而适用"，不能真正做到"慎独""思诚"，而流于训诂之学，或沦为词章之学，成为应科考取功名的工具，"嘉定以来，国是既章，而东南之学者麻然从之，其设科取士，必以是为宗，其流之弊，往往驰骛（骛）于空言，而汩乱于实学，以至国随以亡"⑤。认为正是由于朱子后学弟子侈谈义理，空疏无用，才导致国破家亡。强调理学要注重实效，讲求事功，要有经世意义，而不是"专守方册""口谈仁义"的"世俗虚华"之学。而对陆学弟子杨简则赞誉他："学于临川陆氏，高明纯一，进道不倦。虽今之学者弃而弗讲，然质诸鬼神而无疑，百世以俟圣人而不惑者，又焉可诬也。"

作为吴澄的弟子，他也像吴澄一样强调"尊德性"，认为"德者，本之吾

---

① 永瑢等：《四库全书总目》卷一六九《说学斋稿提要》，中华书局 1965 年版，第 1466 页。

② 宋濂：《翰林侍讲学士危公新墓碑铭》，见任继愈主编：《中华传世文选》（第 8 册）《明文衡》，吉林人民出版社 1998 年版，第 738 页。

③ 危素：《危太朴文集》卷六《存存斋赋》，新文丰出版公司 1985 年版，第 439 页。

④ 危素：《危太朴文续集》卷七《上饶祝先生行录》，新文丰出版公司 1985 年版，第 571 页。

⑤ 危素：《危太朴文续集》卷一《临川吴文正公年谱序》，新文丰出版公司 1985 年版，第 500 页。

所固有，而非自外至，亦何为而不尚之哉！"①但又与朱熹一样，重视读书，治心修身，要征诸方册。在读书时，主张用朱子为学之方："读书必由小学、大学循序而进，讲明修身齐家之道，当见诸行事，毋徒事文辞以钓声利。祭祀用朱文公家礼。"②因此，危素主张朱、陆两家要去短聚长，将朱学的笃实工夫与陆学的易简相结合。危素与吴澄有所不同，吴澄是以朱学为主，以陆学的高妙补朱学之支离；而危素则是以陆学为主，以朱学的笃实补陆学之空疏。

危素是元代陆学向明代陆学过渡的重要人物。

第五节　黄泽、陈澔、梁寅的经学思想

元代还有不少江西学者致力于弘扬理学和经学，他们继承了朱学笃实的为学功夫，以朱学方法为本治经。其中鄱阳湖地区就有九江的黄泽、都昌的陈澔、新喻的梁寅等几位治经名家。

一、黄泽的覃思之学

黄泽是与吴澄齐名的大儒，是元代鄱阳湖地区以朱学为本治经的重要一家，尤其精深《易》与《春秋》。

黄泽（1259—1346），字楚望，原籍长安，其父黄仪可，为官九江，后迁居于此，成为九江人氏。

黄泽生有异质，聪明不凡，"慨然以明经学道为志"③，12 岁即通晓经义策论之学。入元以后，以倡明经史，笃志力行为己任。

黄泽好学深思，以覃思苦研见长，将"学而不思则罔"作为治学准则，经

---

① 危素：《危太朴文集》卷五《陈氏尚德堂记》，新文丰出版公司 1985 年版，第 427 页。
② 危素：《危太朴文集》卷五《陈氏尚德堂记》，新文丰出版公司 1985 年版，第 427 页。
③ 宋濂：《元史》卷一八九《儒学一·黄泽传》，中华书局 1976 年版，第 4322 页。

过冥思苦想，才能豁然有得，多次因冥思过度而得病，但病愈之后，还是苦思如旧。"自言每于幽闲寂寞、颠沛流离、疾病无聊之际得之，及其久也，则豁然无不贯通。"① 因此，《元史》本传称："近代覃思之学，推泽为第一。"② 其弟子赵汸在《黄楚望先生行状》中，描述了他的覃思苦研："先生于经学，以积思自悟为主，以自然的当不可移易为则。故其悟也，或得诸幽闲寂寞之余，或得诸颠沛流离之顷，或得诸疾病无聊之日，或得诸道途风雨之中，及其久也，则豁然无不贯通。"③

吴澄曾称誉他"用工深，用意厚"。"吴澄尝观其书，以为平生所见明经士，未有能及之者。"④ 吴澄在《易学滥觞序》中，认为黄泽对《春秋》与《易》的研究，是前无古人，后无来者，他评价道："楚望夫子之注经，其志可谓善矣。《易》欲明象，《春秋》欲明书法，盖将前无古，后无今。"⑤ 至正六年（1346）卒，享年87岁，入《元史·儒林传》。

元成宗大德年间（1297—1307），黄泽因学识渊博，"江西行省相臣闻其名，授江州景星书院山长"⑥。他在书院教学时，"一切经解史义，常能往复辨难，穿穴揭微，得古人所未见"⑦。要求学生学思结合，有所感发。后来，他又任南昌东湖书院山长，"受学者益众"⑧，不少学子不远千里负笈而来，使东湖书院盛极一时。他在教学之余，著作的《思古吟》十章，亦被学生广为传诵。

黄泽一生忧道不忧贫，是严毅清苦，安贫乐道的典范。他家境贫寒，所居

---

① 宋濂：《元史》卷一八九《儒学一·黄泽传》，中华书局1976年版，第4323页。
② 宋濂：《元史》卷一八九《儒学一·黄泽传》，中华书局1976年版，第4324页。
③ 赵汸：《春秋师说》附录《黄楚望先生行状》，景印文渊阁《四库全书》第164册，台湾商务印书馆1986年版，第315页。
④ 宋濂：《元史》卷一八九《儒学一·黄泽传》，中华书局1976年版，第4324页。
⑤ 黄泽：《易学滥觞》卷首《易学滥觞序》，景印文渊阁《四库全书》第24册，台湾商务印书馆1986年版，第2页。
⑥ 宋濂：《元史》卷一八九《儒学一·黄泽传》，中华书局1976年版，第4323页。
⑦ 九江市地方志编纂委员会编：《九江市志》（第四册），凤凰出版社2003年版，第1196页。
⑧ 宋濂：《元史》卷一八九《儒学一·黄泽传》，中华书局1976年版，第4323页。

"陋巷破窗不蔽风雨"①，常以颜回"一箪食、一瓢饮、在陋巷，回也不改其乐"的达儒精神来勉励自己。"泽家甚窭贫，且年老，不复能教授，经岁大侵，家人采木食草根以疗饥，晏然曾不动其意，惟以圣人之心不明，而经学失传，若己有罪为大戚。"② 尽管年老多病，"贫无置锥之地，食指所需，朝不及夕"，遇灾年，家人只能采集食草根充饥，但他忧道不忧贫，"终不为一日降志以谋温饱，唯以圣人之心不明，经学失传若己有罪，用是为戚。盖自昔所闻儒学之士，贫窭空乏以终其身，未有若斯甚者。而先生晏然，曾不少动其意，非有高明卓绝之见，坚苦特立之操，其孰能与于此！"③ 在这种环境下，他还不改初衷，坚持著述，并不以衣食无继而忧愁，却以圣贤之道不倡、经学失传而忧心。宋濂说："楚望先生之志，以六经明晦为己任；其学，以积思自悟，必得圣人之心为本。"④

黄泽是一位博学多识的学者，对诸经、百家皆有研究，"泽于名物度数，考覈精审，而义理一宗程朱。"⑤ 遗著有《思古吟》《十翼举要》《三传义例考》《忘象辨》《丘甲辨》《象略》《笔削本旨》《辨同论》《元年春王正月辨》《诸侯娶女立子通考》《殷周诸侯禘祫考》《经旨举略》《鲁隐公不书即位义》《周庙太庙单祭合食说》《易经滥觞》《春秋指要》《稽古管见》《六经补注》《翼经罪言》《易春秋二经解》《二礼祭祀述略》《礼经复古正言》《经学复古枢要》等，但因"荐经寇乱，故宅为墟，遗书之存者鲜"。

马宗霍先生在《中国经学史》中概述了黄泽的经学成就，认为"泽好覃思，于《易》以明象为先，而其机括则尽在《十翼》，作《十翼举要》《忘象辩》《象略》《辩同论》；于《春秋》以明书法为主，而脉络尽在《左传》，作《三传义例考》《笔

① 赵汸：《春秋师说》附录《黄楚望先生行状》，景印文渊阁《四库全书》第 164 册，台湾商务印书馆 1986 年版，第 314 页。
② 宋濂：《元史》卷一八九《儒学一·黄泽传》，中华书局 1976 年版，第 4325 页。
③ 赵汸：《春秋师说》附录《黄楚望先生行状》，景印文渊阁《四库全书》第 164 册，台湾商务印书馆 1986 年版，第 314 页。
④ 宋濂：《文宪集》卷五《春秋属辞序》，景印文渊阁《四库全书》第 1223 册，台湾商务印书馆 1986 年版，第 314 页。
⑤ 宋濂：《元史》卷一八九《儒学一·黄泽传》，中华书局 1976 年版，第 4323 页。

削本旨》。又惧学者得于创闻，不复致思，乃作《易学滥觞》《春秋指要》，示人以求端用力之方。"①

黄泽一生研究《易》学，自称"泽于《易》《春秋》，自束发即有志"。自17 岁开始"盖探索之劳积四十余年"。他说："泽年十七，始熟复系辞，既又读《左传》，疑于艮之八及诸占法，盖探索之劳积四十余年。""大德三年，于《易》始有所悟。又积十数年，大概得其五、六，由是始具稿。又积十年，乃稍得其节目。然所悟深者，大抵不入稿，而存诸心。"②延祐七年（1320）终于完成了《易学滥觞》一书。他认为自己的《易》学研究，历经了三个阶段："始者之艰难，中焉有得于仿佛而未备，最后则若亲见圣人提耳而面命之。"③四库馆臣也评价黄泽："泽垂老之时，欲注《易》《春秋》二经，恐不能就，故作此书及《春秋指要》，发其大凡。"④黄泽认为《易》在于明象，强调以明象为本的《易》学主张。"要求坚持以象为义理本原，不能舍象求理；二要把握易象的大体，不必过于拘泥于细节；三是虽有不得，但要坚持探求，以期终有破解之日，也就是说，易象可明，但绝非一朝一夕能成。"⑤四库馆臣认为黄泽对于《易》学，"持论皆有依据"。"虽未能勒为全书，而发明古义，体例分明，已括全书之宗要。因其说而推演之，亦足为说《易》之圭臬也。"⑥陈澧也认为"说《易》而以明象自任者，莫如黄楚望。其用力劳且久。"⑦

对于《春秋》，黄泽也倾注大量精力研究，他认为《春秋》在于明书法，《春秋》微言大义，事关伦常。《春秋》书法是维护世教之具，是伦理纲常之本，但在其

---

① 马宗霍：《中国经学史》，台湾商务印书馆 1986 年版，第 130—131 页。

② 黄泽：《易学滥觞》，景印文渊阁《四库全书》第 24 册，台湾商务印书馆 1986 年版，第 3 页。

③ 黄泽：《思古吟十章并序》，载于赵汸：《春秋师说》附录上，景印文渊阁《四库全书》第 164 册，台湾商务印书馆 1986 年版，第 311 页。

④ 永瑢等：《四库全书总目》卷四《易学滥觞提要》，中华书局 1965 年版，第 24 页。

⑤ 金生杨：《黄泽易学探微》，《地方文化研究辑刊》（第 5 辑），四川大学出版社 2012 年版，第 85—103 页。

⑥ 永瑢等：《四库全书总目》卷四《易学滥觞提要》，中华书局 1965 年版，第 24 页。

⑦ 陈澧：《东塾读书记》卷四《易》，上海古籍出版社 2008 年版，第 83 页。

流传过程中，圣人维护世教之本旨都已失传，后之解经者，皆是凭己意臆说。

黄泽治经主张"必积诚研精，有所悟入"，才能"窥见本真"。在经学考释中，综合了汉儒和宋学的治经方法，将汉儒博物考古的名物制度之功与宋儒理明义精的义理之学相融合，加以覃思苦研，深思力索，"于诸经沉潜反复"，以例探求，而重在独得自悟。赵汸说："先生乃欲以近代理明义精之学，用汉儒博物考古之功，加以精思，没身而止。此盖吴公所谓前无古而后无今者也。"①在名物制度上，以汉、唐注疏为本，考核精审；而在义理上，则尊崇程朱之说。他舍弃了宋儒"舍传求经""以意说经""虚辞说经"的弊病，而是以博物考古为先，以复古为志，在深思力索的基础上，融贯群经。他治经力求自悟，不株守成说。"惟有黄泽、吴澄，所资较博，不为朱学所囿。"②他得"《六经》百氏传注疑义千余条，离析辨难，以致其思"，修正了朱子门人所沿袭的成说。因此，"黄泽治经之法的另一重要意义在于，他突破了自宋末以来因循守旧、诵习程朱之说而谨守勿变之习，而主张自出所见"③。

黄泽继承了朱子格物致知的思想。张高评先生认为"黄泽因朱子'致知论'，而有得于'致思之道'"④。"黄氏之疑惑皆针对程朱而发，又确能揭其弊，引人深思，而后人于此也少有能解决者，更值得关注。"⑤

四库馆臣认为"有元一代，经术莫深于黄泽"⑥。钱谦益评价他"有功于圣门，无玷仕籍者"⑦。焦循则认为，其经学成就远在吴澄、许谦之上。他说："以

---

① 赵汸：《春秋师说》附录《黄楚望先生行状》，景印文渊阁《四库全书》第 164 册，台湾商务印书馆 1986 年版，第 323 页。

② 马宗霍：《中国经学史》，商务印书馆 1936 年版，第 130 页。

③ 金生杨：《黄泽易学探微》，《地方文化研究辑刊》（第 5 辑），四川大学出版社 2012 年版，第 85—103 页。

④ 张高评：《春秋书法与左传学史》，上海古籍出版社 2005 年版，第 215 页。

⑤ 金生杨：《黄泽易学探微》，《地方文化研究辑刊》（第 5 辑），四川大学出版社 2012 年版，第 85—103 页。

⑥ 永瑢等：《四库全书总目》卷一六八《东山存稿提要》，中华书局 1965 年版，第 1461 页。

⑦ 钱谦益：《钱牧斋全集》（第六册）《牧斋有学集》卷四九《书赵太史鲁游稿后》，上海古籍出版社 2003 年版，第 1593 页。

黄、赵之经学，远在吴澄、许谦之上"①。陆文虎在《更名说》中，评价黄泽为考亭以后五百年第一人，"考亭以后，若黄楚望之穷经，可谓五百年一人矣"②。

黄泽知名的弟子有赵汸和朱升。

赵汸（1319—1369），字子常，号东山，学者称为东山先生，安徽休宁人，堪称元末徽州"魁儒"。1338年，赵汸"闻九江黄楚望先生杜门著述"，而"往拜之"，开始求学于黄泽，以后"一再登门，乃得授《六经》疑义千余条以归"。《元史·黄泽传》载："门人惟新安赵汸为高第，得其《春秋》之学为多。"③"赵汸生于元末，犹及师事之，其《易》与《春秋》之学皆受之于泽者也。"④赵汸潜心问学，著述宏富，著有《春秋师说》《春秋属辞》《春秋集传》《东山存稿》《周易文诠》《春秋左传补注》等，均被《四库全书》收录。朱升曾对其发出了"前无古人，其道可继先传后"的感慨。

朱升（1299—1370），字允升，休宁人，学者称为枫林先生。因曾向朱元璋提出"高筑墙、广积粮、缓称王"的九字定国之策而闻名于世。朱升早年，"闻资中黄楚望讲道溢浦，偕赵汸子常从游之"⑤，师事于黄泽，"受经，余暇遂得六壬之奥"。

二、都昌陈澔及其《礼记集说》

陈澔（1260—1341），字可大，号云住，又号北山叟，都昌北炎乡人。祖父陈炳，字奋豫，淳祐四年（1244）进士，以治《礼》知名。父亲陈大猷，字文献，号东斋，理宗开庆元年（1259）进士，"历仕从政郎，改惠州判官，著

① 焦循：《雕菰集》卷一五《诗益序》，见王达津主编《清代经部序跋选》，天津古籍出版社1991年版，第107页。
② 黄宗会：《缩斋诗文集》，华东师范大学出版社2009年版，第68页。
③ 宋濂：《元史》卷一八九《儒学一·黄泽传》，中华书局1976年版，第4325页。
④ 永瑢等：《四库全书总目》卷四《易学滥觞提要》，中华书局1965年版，第24页。
⑤ 朱同：《朱学士（升）传》，见程敏政《新安文献志》卷七六，景印文渊阁《四库全书》第1376册，台湾商务印书馆1986年版，第268页。

有《尚书集传会通》。他是饶鲁的弟子，"师事双峰先生十有四年，……所得师门讲论甚多。"曾于开庆年间在都昌创办东斋书院，陈大猷对《诗》《书》《礼》《易》等都有研究，尤精于《礼》，吴澄评价他："可谓善读书，其论《礼》无可疵矣。"南宋爱国丞相江万里就是陈大猷的外甥。

陈澔自幼受教于家父，潜心经术，为朱熹五传弟子。他博学好古，入元后不求闻达，故终生不仕。"宋亡不仕，教授乡里。"至顺年间（1330—1333），陈澔在都昌县创办经归书院讲学，学者称为经归先生。经归之意，意在倡导经学本意的回归与弘扬。至元年间（1335—1340）又主教白鹿洞书院，一时间士子云集，文人蜂至，白鹿洞书院再现兴盛局面。

陈澔尤以治《礼记》见长，著有《礼记集说》十卷。陈澔非常看重《礼记》的作用，认为"前圣继天立极之道，莫大于礼；后圣垂世立教之书，莫先于礼。礼仪三百，威仪三千，孰非精神心术之新寓，故能为天地同其节"①。四库馆臣认为，"其书衍绎旧闻，附以己见，欲以坦明之说取便初学"②。认为历代注释《礼记》者，汉、唐以郑玄、孔颖达为优，但郑、孔之注不如陈注浅显；宋代卫湜的传注虽佳，但卷帙繁富，不如陈之简便。对于初学《礼记》者，陈澔的《礼记集说》可视为学礼之门径，不为无益。"盖自汉以来，治《戴记》者百数十家，惟卫湜《集说》征引极审，颇为学者所推许。澔是书虽袭其名，而用意不侔，博约亦异。"③ 因此，明代胡广修《五经大全》时，其中的《礼经大全》多采陈澔的《礼记集说》为蓝本，成为明、清两代学校的标准教材和科举考试的必备范本。明代余濂在《题请陈澔从祀奏》中，就认为其《礼记集说》的影响颇为深远，"闾阎之诵服，学校之教养，科目之选举，皆不外此"。认为其"扶立世教之功大矣"。

---

① 陈澔：《礼记集说》序，景印文渊阁《四库全书》第 121 册，台湾商务印书馆 1986 年版，第 680 页。
② 陈澔：《礼记集说》卷首《提要》，景印文渊阁《四库全书》第 121 册，台湾商务印书馆 1986 年版，第 679 页。
③ 永瑢等：《四库全书总目》卷二一《云庄礼记集说提要》，中华书局 1965 年版，第 170 页。

在《礼记集说》中，陈澔既承继师说，又不乏自己的真知灼见，力求以直坦明白的解说，使初学者读之即明了其义。"盖欲以坦明之说，使初学读之即了其义，庶几章句通则蕴奥自见，正不必高为议论而卑视训诂之辞也。"①

陈澔去世后，虞集亲题"经归陈先生墓"墓碑。明天顺年间（1457—1464）太常寺少卿刘定之奏请朝廷，请求将陈澔从祀于先圣庙庭。明孝宗弘治十七年（1504），陈澔被从祀白鹿洞书院宗儒祠，清代又从祀白鹿洞书院紫阳祠。

三、"淹贯《五经》"的新喻梁寅

梁寅（1303—1389），字孟敬，新喻人。"世业农，家贫，自力于学，淹贯《五经》、百氏。"②梁寅自小就立志于学，因家贫，"无师指授，皆自点读，穷心力求"，他搜罗群书，广阅经史，精研礼仪之学，"用功益勤锐"，使他博通经史。17岁时就在家乡开馆授徒，20岁，赴南昌谒见前翰林应奉滕玉霄，受其器重，留置学馆检校群书，他得以尽观其所藏古今书史。元文帝至顺三年（1332），他"屡举不第，遂弃去"。他多次参加科试失利后，于是听从母亲教诲，决心放弃功名，继续"授徒豫章"，以著述讲学为生。他读书穷经，"不戚戚于贫贱，不役役于富贵"，放弃功名杂念，潜心学术，从而学问日精。至正七年（1347），他在家乡创办宗濂书院。次年，应郡博士罗罕之请，梁寅被征召为集庆路儒学训导，第二年，即以亲老辞归。元末红巾军起义爆发后，天下大乱，梁寅于是回归故里，隐居讲学授徒。

明洪武元年（1368），"太祖定四方，征天下名儒修述礼乐"。明太祖在统一全国后，下诏征辟天下名儒修撰礼乐，重建礼乐制度，分设礼、律、制度三局，年已65岁的梁寅被征召到礼局，"寅在礼局中，讨论精审，诸儒

---

① 陈澔：《礼记集说》序，景印文渊阁《四库全书》，第121册，台湾商务印书馆1986年版，第680页。

② 张廷玉：《明史》卷二八二《儒林传一·梁寅传》，中华书局1974年版，第7226页。

皆推服"①。在礼局，梁寅以议论精审，笔力雄健，为同僚所佩服。洪武三年（1370）参修的《大明集礼》完成后，又参与了《元史》的编修，《明史》本传载其"称旨，授以礼部主事，以老力辞"。同年八月，梁寅受聘为明代江西首次乡试考官。洪武十年（1377）开始，在家乡创建石门书院讲学，四方求学者慕名而来，络绎不绝。"四方士多从学，称为梁五经，又称为石门先生。"②在石门讲学期间，梁寅培养了不少的弟子，"吴楚之间多名士，皆其门人"，金幼孜、黄子澄、练子宁等就是他的高足弟子。洪武二十二年（1389），87岁时卒于家。

梁寅勤于著述，成果丰硕，著作等身，著有《周易参义》《礼书演义》《周礼考注》《春秋考义》，文集有《石门集》，为《四库全书》收录。四库馆臣评价他："于《易》《书》《诗》《春秋》《周礼》，皆有训释。……持论多有根柢，不同剽掇语录之空谈。"③故时人称其为"梁五经"。

梁寅在学术上继承程朱理学，认为程朱之学"训诂明，义理正"。他也主张纲纪伦常、名分等级是永恒不变之"天理"，且人之本身又"五常备具"，教育的根本就是要"明人伦"，以实现"天德王道"之治。邻县有士子初入官场，向梁寅请教为官之道，他回答道："清、慎、勤，居官三字符也。"④认为清廉、谨慎和勤奋是为官的三大要诀。又问天德、王道之要，梁寅笑言："言忠信，行笃敬，天德也；不伤财，不害民，王道也。"⑤虽然言语平平，但蕴含深刻的道理。

他宗奉程朱，认为"朱子《诗传》独觉夫千载之失而有以正之，至于字义尤必有据，凡有穿凿附会者，悉弃而不取。故曰训诂之必明也。汉儒之释经，于正理或昧。迨程、朱之言既行，驳杂之论乃黜。今之读经者宜一遵程朱，难

---

① 张廷玉：《明史》卷二八二《儒林传一·梁寅传》，中华书局1974年版，第7226页。
② 张廷玉：《明史》卷二八二《儒林传一·梁寅传》，中华书局1974年版，第7226页。
③ 永瑢等：《四库全书总目》卷一六八《石门集提要》，中华书局1965年版，第1463页。
④ 张廷玉：《明史》卷二八二《儒林传一·梁寅传》，中华书局1974年版，第7226页。
⑤ 张廷玉：《明史》卷二八二《儒林传一·梁寅传》，中华书局1974年版，第7226页。

复互异，故曰义理之必正也。"①梁寅在注经时，重在对程朱义理的阐述和通俗化，以适应于初学者。四库馆臣在其《诗演义提要》时也说："是书推演朱子《诗传》之义，故以'演义'为名。前有自序云：'此书为幼学而作，博稽训诂以启其塞，根之义理以达其机，隐也使之显，略也使之详。'今考其书，大抵浅显易见，切近不支。元儒之学，主于笃实，犹胜虚谈高论，横生臆解者也。"②

梁寅的注经讲学，为程朱理学的普及，作出了积极贡献。

第六节　元代婺源的理学家群体

元代抚州以吴澄等大儒为代表，在以朱学为宗的前提下，亦尊崇抚州乡贤陆九渊，因此，在学术上能够兼采陆学，和会朱、陆。而婺源作为朱熹故里，对朱子无限崇仰，唯朱子是尊，许月卿、胡一桂、程复心、胡炳文等婺源的理学家们，在宋末元初朱子之学渐趋晦暗难明之际，力主朱学，努力探寻朱学本旨，同时，严立门墙，驳斥其他学说，致力于维护朱子学的纯洁性。胡一桂、胡炳文，就是以恪守朱学门户而著称的学者。

同时，他们热衷于对朱子学术进行注疏解释，逐渐"流为训诂之学"。还重视理学普及读物的编写，编纂了一系列的理学初级读本，以使初学者更容易步入朱学门庭。通过对理学著作的解读注释，使程朱理学的义理通俗化、普及化。

一、胡炳文的《四书通》和《易本义通释》

胡炳文（1250—1333），字仲虎，号云峰，学者称云峰先生，婺源考水人。他出生于婺源考水明经胡氏，子孙世代以《易》学传家，"一门十余叶缊素相

---

① 梁寅：《诗演义·序》，景印文渊阁《四库全书》第78册，台湾商务印书馆1986年版，第2页。
② 永瑢等：《四库全书总目》卷一六《诗演义提要》，中华书局1965年版，第128页。

传"，有深厚的家学渊源。"先生笃志家学，潜心朱子之学。"其祖父胡师夔，号"易简居士"，曾求学于朱子之门，学通《五经》，尤精于《易》，有《易传史纂》等传世。其父亲"孝善先生"胡斗元，自 14 岁起就师从于朱子从孙朱洪范，深研《易》学。胡炳文秉承家学传统，一生致力于研究、弘扬朱子学说，潜心《四书》及《易》学研究 50 年。黄百家说："云峰于朱子所注《四书》用力尤深。"① 他著有《四书通》《书集解》《春秋集解》《易本义通释》等著作。其中《四书通》二十八卷、《云峰集》十卷、《易本义通释》十二卷均被《四库全书》收录。

至元二十五年（1288），他任江宁府学教谕，后升信州路学录和"道一书院"山长，被尊为一代名儒。至大三年（1310），他在家乡考川，与族侄胡淀、胡澄共同创建明经书院。明经书院规模宏大，有房屋 200 间，胡氏子弟无论贫富，四方学子不管远近，都可以在此读书求学。吴澄曾作《明经书院记》，称赞道："真儒明经之学，复见于朱子之乡，不其伟欤！"②

胡炳文"笃志朱子之学"。"他著《易本义通释》和《四书通》专门阐释朱子思想，目的是删冗从简，去非取是，发明朱子本意，让程朱之学流行于天下。在阐释的过程中，他以朱子注解为根据，广参各家之言。"③ 在《四书通》序中，他写道："《六经》，天地也；《四书》，行天之日月也。"认为《四书》是阐明世界万物的本原之学，朱子《四书集注》是"子朱子平生精力之所萃，而尧、舜、禹、汤、文、武、周、孔、颜、曾、思、孟之心所寄也。其书推之极天地万物之奥，而本之皆彝伦日用之懿也。"但"独惜乎疏其下者，或泛或舛，将使学者何以决择于取舍之际也？④"比如"余干饶鲁之学，本出于朱熹，而

---

① 黄宗羲原著，全祖望补修，陈金生、梁运华点校：《宋元学案》卷八九《介轩学案》，中华书局 1986 年版，第 2987 页。

② 吴澄：《吴文正集》卷三七《明经书院记》，景印文渊阁《四库全书》第 1197 册，台湾商务印书馆 1986 年版，第 395 页。

③ 杨泽：《胡炳文"心外无理"思想初探》，《中国哲学史》2014 年第 4 期。

④ 胡炳文：《四书通序》，见李修生主编：《全元文》第十七册，江苏古籍出版社 2000 版，第 122 页。

其为学，多与熹牴牾，炳文深正其非，作《四书通》"①。认为饶鲁以来的朱学诸儒，众多的注疏各行其说，或杂乱或错误，很多地方与朱熹之说相牴牾，失却了朱子之本义，令学者感到无所适从，因此，他通过注解朱子著作以正本清源。于是他以赵顺孙《四书纂疏》、吴真子《四书集成》为主体，同时博采诸儒之言，汇其同而辨其异，作《四书通》。"凡辞异而理同者，合而一之；辞同而指异者，析而辨之，往往发其未尽之蕴。"②在他所编著的《四书通》中，把凡是与朱子之说不相符合的解释，全部删除；有所发挥但不违背朱子之意的解释则附录于后。"悉取纂疏集成之，戾于朱子者删去之，有所发挥者，则附己说于后"，使之能够合乎于朱子之本义。四库馆臣认为《四书通》，"虽坚持门户，未免偏主一家，……用心亦勤且密矣，《章句集注》所引凡五十四家，今多不甚可考，蔡模集疏间有所注，亦不甚详，是书尚一一载其名字，颇足以资订正。"③

"胡炳文以'宗朱'为其学术宗旨，思想却明显受到陆九渊心学的影响。"在《四书通》中，胡炳文"他用'明明德'统领《大学》，将三纲领合为一纲领，再将'明德'定义为'吾之本心'，从而使整个理论落脚于'本心'之上"④。进而提出"心外无理，理外无事"的观点，将"心、理、事"三者合一，以纠正朱子后学支离与空虚之弊。他在继承朱子理学的基础上，汲取陆九渊心学思想，融会贯通。虽然《四书通》"往往发其未尽之蕴"，体现了胡炳文治《四书》的成就，与胡一桂诸书一样，专主朱学，有太明显的门户之见。

胡炳文亦"以《易》名家，作《周易本义通释》"⑤。与郡人陈直方并称为东南大儒。他在《周易本义通释》序中认为："《易》解凡几百家……惟邵子于先天而明其画，程子于后天而演其辞，朱子《本义》又合邵、程而一之，于是

---

① 宋濂：《元史》卷一八九《儒学传一·胡炳文传》，中华书局1976年版，第4322页。
② 宋濂：《元史》卷一八九《儒学传一·胡炳文传》，中华书局1976年版，第4322页。
③ 永瑢等：《四库全书总目》卷三六《四书通提要》，中华书局1965年版，第299页。
④ 杨泽：《胡炳文"心外无理"思想初探》，《中国哲学史》2014年第4期。
⑤ 宋濂：《元史》卷一八九《儒学传一·胡炳文传》，中华书局1976年版，第4322页。

羲、文、周、孔之画之言皆天也。……予此书融诸家之格言，释《本义》之要旨。"① 他先是叙《周易》之经、传文，再是朱子之注，最后以"通曰"附上自己的解释。"既详朱熹《周易本义》之已解，又发《本义》之未发，而其力排诸家训释，独崇朱子之情更是随文可见。"② 胡炳文在该书中，探究精微，阐明幽奥，对朱子之注多有发挥，有功于朱子。四库馆臣在该书《提要》中，评价道："说者谓非《本义》无以见《易》，非《通释》亦无以见《本义》之旨。主一先生之言，以尽废诸家，虽未免于太狭，然宋儒说《易》，其途至杂，言数者或失之巧，言理或失之凿，求其平正通达，显有门径可循者，终以朱子为得中，则炳文羽翼之功，亦未可没矣。"③

胡炳文对朱子《易》学的传承和发扬贡献不菲。

胡炳文创办明经书院，致力于朱子学说的普及。他注重蒙学教材的编写，他说："蒙学宜择严师，故以师儒之教为先。师虽严，父母溺爱不可也，故父母之教次之。教在父师，学在己，故勤学又次之，然学莫大于明伦。"④ 他的《纯正蒙求》就是为刚入学的儿童编写的启蒙教材。《纯正蒙求》分三卷，每卷120 句，共 360 句，篇幅虽然不长，但内容丰富，集古代嘉言善行，名物典故于一体，各以四字属对成文，并分别注明出处，对少年心志的去恶向善，养成良善的品德，大有裨益。《四库全书》给予了很高的评价："炳文是书，则集古嘉言善行，各以四字属对成文，而自注其出处于下。所载皆有裨幼学之事……上卷叙立教明伦之事，中卷叙立身行己之事，下卷叙待人接物之事。……然童子入塾之初，正取其浅近而易晓。此书词虽弇陋，不及朱子《小学》之详备，而循讽可知足资感发，其于端本正始之道，不可云无所裨也。"认为此书堪与

---

① 黄宗羲原著，全祖望补修，陈金生、梁运华点校：《宋元学案》卷八九《介轩学案》，中华书局 1986 年版，第 2986 页。

② 郭振香：《论胡炳文对朱熹〈周易本义〉的推明与发挥》，《安徽大学学报》2010 年第 2 期。

③ 胡炳文：《周易本义通释》提要，景印文渊阁《四库全书本》第 24 册，台湾商务印书馆 1986 年版，第 305 页。

④ 胡炳文：《纯正蒙求》卷上，景印文渊阁《四库全书本》第 952 册，台湾商务印书馆 1986 年版，第 4 页。

"朱子《小学》外篇足相表里，固未可以浅近废也"①。

《新安学系录》卷十二引吴澄语评价胡炳文道："有功朱子，炳文居多。自晦庵没，学者载其说于四方，更传递授，源远益分。先生晚得其传，精思力践，望其涯涘而直止焉。使其及门较功第学，盖与勉斋、北溪诸贤相后先也。"②

二、胡方平、胡一桂父子的《易》学研究

胡方平，字师鲁，号玉斋，婺源梅田人。他与德兴沈贵珤受《易》学于董梦程，为朱熹四传弟子。

胡方平一生隐居乡里，授徒著述，且"精研《易》旨，沉潜反复二十余年，尝因文公《易本义》及《启蒙》注《通释》一书。又《外易》四卷，考象求卦，明数推占。"③本着"广朱子未尽之意"的主旨，为弘扬朱子《易》学，著《易学启蒙通释》，以阐发朱熹《易学启蒙》之意蕴。他在《自序》中说道："著为《通释》一编，以授儿辈诵习，庶由此进于《本义》之书，非敢为他人设也。先觉之士，幸有以亮其非僭焉。"④胡一桂亦有"先君子惧愚不敏，既为《启蒙通释》以诲之"⑤之语，可见，胡方平当初撰写该书的目的，是为了教导其子辈，将朱子《易》学思想进行解释，使之通俗易懂。

他还在其所著《易余闲记》中言道："朱子言《易》，开卷之初，先有一重

---

① 永瑢等：《四库全书总目》卷一三六《纯正蒙求提要》，中华书局 1965 年版，第 1153 页。

② 程瞳辑撰，王国良、张健点校：《新安学系录》卷一二《胡云峰》，黄山书社 2006 年版，第 234 页。

③ 程敏政：《新安文献志》卷七〇《胡玉斋传》，景印文渊阁《四库全书》第 1376 册，台湾商务印书馆 1986 年版，第 187 页。

④ 转引自谷建：《胡方平生平及著作考订》，见北京大学《儒藏》编纂与研究中心编：《儒家典籍与思想研究》第 5 辑，北京大学出版社 2013 年版，第 183 页。

⑤ 胡一桂：《周易启蒙翼传》卷首《周易启蒙翼传原序》，景印文渊阁《四库全书》第 22 册，台湾商务印书馆 1986 年版，第 200 页。

象数，而后《易》可读。"① 胡方平在《易》学研究史上占有一席之地，有发明朱子《易》学之功。明代杨士奇曾评价道："朱子《易学启蒙》，惟胡方平本最善。"②

胡方平之子胡一桂也是一位精研《易》学的名家。

胡一桂（1247—?），字庭芳，号双湖居士，延祐初卒。他"生而颖悟，好读书，尤精于《易》"③。景定五年（1264），年仅18岁的胡一桂中乡试，但会试落第，于是退而讲学，学者尊为"双湖先生"。他曾先后三次到福建访求名士，求文公余绪，与熊禾在武夷山中讲道论学。

他得家学传承，专治《易》学。《元史》本传云："一桂之学，出于方平，得朱熹氏源委之正。"④ 著有《易本义附录纂疏》《易学启蒙翼传》两部《易》学著作，其治《易》专注朱学，是元代朱子《易》学的忠实维护者，以朱子卫道士自居，"其去取别裁，惟以朱子为宗"。《易本义附录纂疏》以朱熹《周易本义》为宗，取朱熹《语录》《文集》中论及《易》者附之，谓之"附录"；又取诸儒《易》说与朱熹《易本义》相合者纂之，谓之"纂疏"。"胡一桂吸取朱子'四圣易'的划分方法，提出了'四圣易象说'，认为伏羲、文王、周公和孔子四圣，所取之象既有同者，亦有各自所自取者，后圣对前圣既有继承，又有发展。这是胡一桂象学思想的核心。"⑤ 陈栎在《祭胡双湖文》中评价他为"晦翁忠臣"。"晦翁忠臣，先生其一。以儒明经，功孰与匹?"⑥ 成为元代新安理学中严守朱学门户的《易》学代表作。该书流传甚广，影响深远，明初钦定的《五

① 程瞳辑撰，王国良、张健点校：《新安学系录》卷一〇《胡玉斋》，黄山书社2006年版，第197页。

② 杨士奇：《东里续集》卷一六《易学启蒙》，景印文渊阁《四库全书》第1238册，台湾商务印书馆1986年版，第579页。

③ 程瞳辑撰，王国良、张健点校：《新安学系录》卷一一《胡双湖》，黄山书社2006年版，第211页。

④ 宋濂：《元史》卷一八九《儒学传一·胡一桂传》，中华书局1976年版，第4322页。

⑤ 李秋丽：《胡一桂"四圣易象说"探研》，《周易研究》2010年第5期。

⑥ 程瞳辑撰，王国良、张健点校：《新安学系录》卷一一陈定宇《祭文》，黄山书社2006年版，第212页。

经大全》，其中《周易大全》就收录了胡一桂的易学思想。"在思想创新相对不足的元代易学阵营中，胡一桂易学思想占据着重要的位置。"① 他尤其"总结和阐发了宋元以前的象学，对后世象学的研究有很大的启发。若没有胡一桂等人对易象的总结，很难想象会有清儒惠栋、张惠言、焦循等人对易象的考辨。"② 此外，他还著有《诗集传附录纂疏》《十七史纂古今通要》《人伦事鉴》《历代编年》等著作，其中《十七史纂古今通要》和《易本义附录纂疏》《易学启蒙翼传》一道被《四库全书》收录。

此外，程复心为解释、传播朱子《四书》学，使其更加简明、普及化，"凡用工二三十年"，在 1302 年，撰写成《四书章图纂释》一书，列图 750 余幅，对朱子《四书集注》各章"分章析义，各布为图"，以图文并茂的方式对朱子《四书集注》作了独特的诠释，成为图解《四书》的典范，奠定了图解《四书》的基本格局，从而使朱子《四书》进一步简明化、普及化和经典化。

总之，元代婺源的理学家们，他们生活在朱子故里，尊崇朱子，对朱子顶礼膜拜，"读朱子之书，服朱子之教，秉朱子之礼"③。致力于朱子理学思想的解释、阐发和义理普及，固守朱学本旨，捍卫师门成说，同时，排斥异说，致力于维护朱学的权威性和纯洁性。但这种固守，也妨碍了学术的争鸣与创新，有碍于朱子学的发扬光大。

第七节　信州陈苑及"江东四先生"对陆学的坚守

陆学发轫于南宋抚州金溪，而信州贵溪象山为其重要传播阵地。入元之后，在朱学一枝独秀的社会氛围中，陆学虽然衰微，但一直余韵不断，顽强地

---

① 李秋丽：《胡一桂"四圣易象说"探研》，《周易研究》2010 年第 5 期。
② 林忠军：《象数易学发展史》（第二卷），齐鲁书社 1998 年版，第 478 页。
③ 吴翟：《茗洲吴氏家典·序》，转引自周晓光：《新安理学》，安徽人民出版社 2005 年版，第 10 页。

生存传衍，在信州贵溪、上饶及安仁（今余江县）等地隐然独行。信州成为元代陆学主要的传播、复兴之地。以陈苑和祝蕃、李存、吴谦、舒衍等"江东四先生"为代表，形成了静明学派。他们崇奉陆学，恪守陆学门户，以倡明陆学为己任，捍卫陆学阵地，力图中兴陆学，成为元代陆学的旗帜和中坚。正如全祖望所说："径畈殁而陆学衰。石塘胡氏虽由朱而入陆，未能振也。中兴之者，江西有静明，浙东有宝峰。"①此外，还有抚州南丰的刘壎，论学以悟为宗，尊陆九渊为正传，援引朱学以合之，也是元代弘扬陆学的典型代表，明代阳明之学也深受其影响。

一、静明先生陈苑的学术思想

陈苑（1256—1330），字立大，信州上饶人，学者称为"静明先生"。陈苑自小学习儒家学说，"幼业儒，不随时碌碌"。后读陆九渊之书，幡然醒悟，说："此岂不足以致吾知耶？又岂不足以力吾行耶？而他求耶？于是尽求其书及其门人如杨敬仲、傅子渊、袁广微、钱子是、陈和仲、周可象所著经学等书读之，益喜。"②从而确立以倡扬陆学为己任的志向。他曾对弟子说"万物即我，我即万物"③，强调为学之道在于"无多言，心恒虚而口恒实耳"。教导弟子"惟日孜孜究明心"。

陈苑"生平刚方正大，于人情物理，靡不通练。强御无所畏，奸匿无所逃"。但一生不得志，浮沉里巷之间，却"毅然以昌明古道为己任。困苦终其身，而拳拳于学术异同之辨。无千金之产、一命之贵，而有忧天下后世之

---

① 黄宗羲原著，全祖望补修，陈金生、梁运华点校：《宋元学案卷》九三《静明宝峰学案》，中华书局 1986 年版，第 3096 页。

② 黄宗羲原著，全祖望补修，陈金生、梁运华点校：《宋元学案卷》九三《静明宝峰学案》，中华书局 1986 年版，第 3097 页。

③ 李存：《俟庵集》卷二三《曾子翚行状》，景印文渊阁《四库全书》第 1213 册，台湾商务印书馆 1986 年版，第 754 页。

心"①。当时朱学盛行天下，程朱理学成为科举考试的法定教材，学子为求仕进，非朱子之书不读，陆学乃"遗世所尚"。在这种风气下，陈苑依旧倡导陆学，遭致很多人的误解甚至讥笑，"是时，闻先生说者，讥非之，毁短之，又甚者求欲中之，而先生誓以死不悔，一洗训诂支离之习"。但陈苑却矢志不渝，恪守陆学，在他的不懈努力下，"从之游者，由是人始知陆氏学"②。他使陆氏之学在沉寂良久后重新被人们接受，得以传承，并且在元代中期，陆学甚至在江西一度出现了复兴的景象。正如全祖望所言："中兴之者，江西有静明，浙东有宝峰。"③

黄宗羲认为陈苑是豪杰之士，在元代，无人肯道陆学的情形下，"陈静明乃能独得于残编断简之间，兴起斯人，岂非豪杰之士哉"④！认为"元儒如草庐调停朱、陆之间，石塘由朱入陆，师山由陆入朱，若笃信而固守，以嗣槐堂之绪，静明、宝峰而已"⑤。特别是陈苑培养了"江东四先生"等一批陆学弟子，形成了静明学派。

二、江东四先生对陆学的坚守

陈苑的弟子中，以被称为"江东四先生"的祝蕃、李存、吴谦、舒衍最为著名。

祝蕃（1286—1347），字蕃远，信州贵溪人。延祐四年（1317）乡贡进士，仕至饶州路儒学教授、浔州路经历。他从游陈苑最早，在陈苑还不被大家所知

① 黄宗羲原著，全祖望补修，陈金生、梁运华点校：《宋元学案》卷九三《静明宝峰学案》，中华书局1986年版，第3097页。
② 黄宗羲原著，全祖望补修，陈金生、梁运华点校：《宋元学案》卷九三《静明宝峰学案》，中华书局1986年版，第3097页。
③ 黄宗羲原著，全祖望补修，陈金生、梁运华点校：《宋元学案》卷九三《静明宝峰学案》，中华书局1986年版，第3096页。
④ 黄宗羲原著，全祖望补修，陈金生、梁运华点校：《宋元学案》卷九三《静明宝峰学案》，中华书局1986年版，第3097页。
⑤ 黄宗羲原著，全祖望补修，陈金生、梁运华点校：《宋元学案》卷九三《静明宝峰学案》，中华书局1986年版，第3096页。

晓的时候，就拜师于陈苑，对他既尽心又尽礼，所以在"江东四先生"中名望最高。"静明高座四子，首推蕃远。"

祝蕃笃信陆氏本心之学。他说："吾初有闻时，意我俱绝，万理一贯，始信天下归仁之道如此，犹醉梦忽觉，而其乐天涯也。"① 可以看出祝蕃已经觉悟到陆学的真谛。因此，尽力倡导陆学，启迪后学。"凡江西之士有志者，先生即引而登之。"② 并且"购陆氏师友遗书，特抄广传，期以发明此道。朋友知向慕者，援之共进，得一善，跃然如出诸己。"③ 他还重建了贵溪象山讲堂，为贫困且年已 50 的陆九渊元孙陆文美娶妻，"求文安之后而资给之，且为之娶"。为陆学的再次兴起、传播起了非常重要的作用。

尤其值得一提的是，祝蕃的弟子中有危素。危素既是吴澄的门生，又是祝蕃的高足，是陆学的六传弟子，他以陆学为主，以朱学的笃实补陆学之空疏。

李存（1281—1354），字明远，又字仲公，安仁（今余江）人，学者尊为俟庵先生。曾祖父李昌言为宋朝奉郎，祖父为乡贡进士，父李万顷进士及第。李氏世代立志科举，有良好的家学基础。李存著有《俟庵集》三十卷，被《四库全书》收录。

李存早年无所不学，"遍求奇书及阴阳、名法、神仙、浮图百家言"，阴阳、佛、道、医学均有涉及。他通过舒衍的介绍，从学于陈苑，求教学问之道。陈苑回答他："无多言，心恒虚而口恒实耳。"听后深受启发，"于是夙夜省察，始信力行之难，惟日孜孜究明本心"。并反省以前自己学问之非，将以前所著文稿，尽行烧毁，免误天下后世，"以焚其所著书内外十一篇。曰：'无使误天下后世也。'"④ 他认为，圣贤之学不在于口耳句读之间，"圣贤之立言垂

① 危素：《危太朴文续集》卷七《上饶祝先生行录》，新文丰出版公司 1985 年版，第 571 页。
② 黄宗羲原著，全祖望补修，陈金生、梁运华点校：《宋元学案》卷九三《静明宝峰学案》，中华书局 1986 年版，第 3103 页。
③ 黄宗羲原著，全祖望补修，陈金生、梁运华点校：《宋元学案》卷九三《静明宝峰学案》，中华书局 1986 年版，第 3103 页。
④ 黄宗羲原著，全祖望补修，陈金生、梁运华点校：《宋元学案》卷九三《静明宝峰学案》，中华书局 1986 年版，第 3104 页。

训，以先觉觉后觉，此岂口耳句读之事！正学不明，人心日入于偷，甚可惧也。微陈子，吾其终为小人之归矣。"①他强调"理之根夫人心者，亦何尝一日泯绝，而非学则不能以自明。学之不绝如线者，赖遗经，而经之义芜于训诂，近世尤盛"②。他对朱学末流沉迷于口耳句读的支离学问提出了批评，直斥朱学的外求格物，而谨守陆学的内求本心。金溪危素曾问学于他，问："睿心官则思，何思也？"李存答道："思其本无俟于思者尔。"也就是要反思自己与生俱来的德性，只要认识自己本身所具有的德性就行，这就是陆学的发明本心之法。认为"心要苟得其正"，谨守人与生俱来的德性，才是一切学问的根本。

在学术上，李存继承了陆九渊的心性学说，"其论学以省察本心为主"，主张"物虽万，实一理"。那么何为一理？李存认为理就在人心之中，"理之根夫人心者，亦何尝一日泯绝，而非学则不能以自明"③。"此心苟得其正，则所谓《书》者此心之行事，《诗》者此心之咏歌，《易》者此心之变化，《春秋》者此心之是非，《礼》者此心之周旋中节。"④李存还特别强调"我"的作用，他说："天地至大也，而我即天地；万物至多也，而我即万物；鬼神至不可诘也，而我即鬼神；古往今来至长也，而我即古往今来；阴阳寒暑至变也，而我即阴阳寒暑。"⑤把"我"视为一切事物的源头和根本。

李存尤其重视"孝善"二字。认为孝是出自"仁"的本心，而善则是"慈孝之大者"。"孝善"先天地存在人的心中，只要做好存心、养心、求放心的自我修养功夫，就可以体验仁心本性，就可以做到孝与善。

① 黄宗羲原著，全祖望补修，陈金生、梁运华点校：《宋元学案》卷九三《静明宝峰学案》，中华书局 1986 年版，第 3103 页。

② 黄宗羲原著，全祖望补修，陈金生、梁运华点校：《宋元学案》卷九三《静明宝峰学案》，中华书局 1986 年版，第 3105 页。

③ 黄宗羲原著，全祖望补修，陈金生、梁运华点校：《宋元学案》卷九三《静明宝峰学案》，中华书局 1986 年版，第 3105 页。

④ 黄宗羲原著，全祖望补修，陈金生、梁运华点校：《宋元学案》卷九三《静明宝峰学案》，中华书局 1986 年版，第 3106 页。

⑤ 李存：《跋约轩说后》，见李修生主编《全元文》第 33 册，凤凰出版社 2004 年版，第 374 页。

　　吴谦，字尊光，安仁人（今余江人）。他的母亲就是陆九渊的四世孙女，吴谦继承了其外祖父的传统，"先生可谓克绍外家之学者矣"，箪瓢陋巷，以道自安。

　　舒衍，字仲昌，安仁人。早年从学于陈苑，并深受其影响。他认为陈苑所传的陆学才是圣贤之学，并宣称"游于陈先生立大，获闻圣贤之学"。是他将李存引入陈苑之门。他曾对李存说："吾畴昔是子之学，近以祝蕃之言，从陈先生游，而后知子之所学，末屑也。焦心竭神，蔽亦甚矣，若不改图，则将误惑其身。不惟误惑其身，必将误惑于天下后世之人。"①

　　祝蕃、李存、舒衍、吴谦四人，都是卓然特立之士，志同而道合，人号"江东四先生"。他们都是陈苑的弟子，在陈苑的影响下，都推崇陆学，正是由于他们的不懈努力，使"金溪之道，为之一光"。黄宗羲不由感慨道："是故学术之在今古，患其未醇，不患其不传。苟醇矣，虽昏蚀坏烂之久，一人提唱，皭然便如青天白日，所谓此心此理之同也。"②

　　陈苑和"江东四先生"都以倡扬陆学为己任，"同门执友四五人，相与切磋，期以大明正学"。在元代信州地区结成学术群体，致力于研究和弘扬陆学，坚信陆学乃圣贤之道。在他们的不懈努力下，陆学经过长时间的沉寂后，在元代中期信州、饶州、抚州一带又再次兴起，在赣东北地区再度传承，影响甚远。祝蕃在贵溪象山祠举行祭祀仪式时，"远近与舍菜者尝不下百人"。

　　由此可见，宋末元初，在信州理学家群体中，朱门后学饶鲁、汤巾、汤汉等人，不株守朱学门户，汲取朱学与陆学各自的长处和优势，对朱、陆学说进行多元交融和整合，走上了和会朱、陆的道路，"体现出力求使本心与天理内外合一的和合趋势，已经从朱子理学大厦中发现了向心学转折的突破口"③。同

---

① 黄宗羲原著，全祖望补修，陈金生、梁运华点校：《宋元学案》卷九三《静明宝峰学案》，中华书局1986年版，第3106页。

② 黄宗羲原著，全祖望补修，陈金生、梁运华点校：《宋元学案》卷九三《静明宝峰学案》，中华书局1986年版，第3107页。

③ 张立文、祁润兴：《中国学术通史》（宋元明卷），人民出版社2004年版，第445页。

时，以陈苑和"江东四先生"为代表的陆门后学，能坚守陆学阵地，使陆学在
沉静百年之后，在赣东北地区依然传承不绝，并由陆入朱，同样走向朱、陆和
会之路。可以说，信州理学作为元朝理学的重要组成部分，在整个元朝理学体
系中的作用不容小觑。

此外，南丰刘壎也是元代陆学的忠诚卫士，面对南宋之后，朱、陆两派的
门户之争，刘壎首先肯定朱、陆学术本领实同，门户小异。他说："建安朱子、
金溪陆子则角立杰出，号大宗师者也。本领实同，门户小异。故陆学主于超卓
直指本心，而晦翁以近禅为疑；朱学主于著书，由下学以造上达，而象山翁又
以支离。少之门分户别。"①主张朱、陆并称，既不独尊朱，也不专崇陆。

他还分析了南宋之后，陆学衰微，朱学独盛的原因，认为是"顾其学不如
朱学之盛行者，盖先生不寿，文公则高年；先生简易不著书，文公则多述作；
先生门人不大显，朱门则多达官羽翼其教，是以若不逮。而究其实，则天高日
晶，千古独步"②。赞誉陆学是"千古独步"，非朱学所能及。那些"埋头书册，
寻行数墨，尚袭故说，以诋先哲"，对陆学进行批评者，实在是"蚍蜉撼树，
井蛙观天者尔"，且相信"陆氏之学，将大明于世"③。认为陆学在不久的将来，
将大行于天下，竭力为陆九渊争取正统地位。

吕思勉先生认为，元代理学"不过衍紫阳之绪余"④，但在"衍紫阳之绪余"
的同时，鄱阳湖地区的理学也有所创新发展。在元代，鄱阳湖地区的理学家程
钜夫制定了科举程式，使朱熹《四书集注》成为科举考试的官方标准，从体制
层面上，确立了程朱理学的官方哲学地位。他力纠理学家高言空谈、疏于实政

---

① 刘壎：《水云村稿》卷五《朱陆合辙序》，景印文渊阁《四库全书》第 1195 册，台湾商务印书馆 1986 年版，第 375 页。

② 刘壎：《水云村稿》卷七《象山语类题辞》，景印文渊阁《四库全书》第 1195 册，台湾商务印书馆 1986 年版，第 393 页。

③ 刘壎：《水云村稿》卷七《象山语类题辞》，景印文渊阁《四库全书》第 1195 册，台湾商务印书馆 1986 年版，第 393 页。

④ 吕思勉：《理学纲要》，东方出版社 2012 年版，第 28 页。

的流弊，提倡事功之实。无论为官还是讲学、著述，都务求切近日用常行，反对好高骛远和空谈心性，重视政事治绩，把躬行务实看成重中之重，使"元代理学具有务实的特征"①。

熊朋来制定的儒学章程制度，规定在小学采用朱熹修订之《小学》作为教材，使朱学成为江南官学的基础，大大普及了朱子学说，扩大了理学在民间的影响。

吴澄则打破了朱、陆的学术藩篱，和会朱、陆，取长避短，促进了理学的发展，使元代理学出现了"以朱学为主导，同时出现朱、陆合流的趋势"②。以朱熹故里婺源为代表的理学家们，则从心理上服膺朱熹，尊崇朱熹，他们崇仰朱熹的人格，奉行朱熹的理念，传播朱熹的学说。"读朱子之书，服朱子之教，秉朱子之礼。"对朱熹顶礼膜拜，唯朱是崇，致力于朱熹理学思想的解释、阐发和理学义理的普及，通过书院讲学，使朱子理学文化下移。同时，致力于维护朱学的权威性和纯洁性，捍卫师门成说，排斥异说，打上了深深的尊朱烙印。在元代朱学成为主流，陆学衰微的时代大潮下，以信州陈苑及"江东四先生"为代表的陆门后学，依旧苦苦坚守陆学阵地，使赣东北地区陆学传衍不息。

由此可见，鄱阳湖地区理学在元代继续发展，且掀起了理学传衍的一个小高潮，使江西特别是鄱阳湖地区成为理学发展最重要的地区之一。

---

① 朱汉民:《中国学术史》(宋元卷)，江西教育出版社 2001 年版，第 713 页。

② 朱汉民:《中国学术史》(宋元卷)，江西教育出版社 2001 年版，第 713 页。

第五章
明代鄱阳湖地区理学家对程朱理学的捍卫与创新

　　明初统治者为巩固高度集权的君主专制统治，认识到了程朱理学的重要作用，因而，理学受到特别重视，被作为官方哲学而定于一尊，成为全体士人研习的显学。"特别是由于朱元璋和朱熹同姓，因而比元朝更加提倡、推崇朱子学。他们袭用了唐宋以来的科举制度，国家考试仍遵元仁宗时所定条例，以朱子学为主要内容。"① 明太祖即位之初，"首立太学，命许存仁为祭酒。一宗朱氏之学，令学者非《五经》、孔、孟之书不读，非濂、洛、关、闽之学不讲。"② 像汉武帝表彰孔子，独尊儒术一样，明太祖以帝王之尊推崇朱熹。

　　洪武三年（1370），明代首开科考，规定以八股文取士，下令在乡试、会试中，专从《四书》《五经》中命题，以朱熹的《四书集注》为答题依据，经义以程颐、朱熹等经解、注解为标准。规定"剽窃异端邪说，炫奇立异者，文虽工，弗录"，并于洪武十七年（1384）"始定科举之式，命礼部颁行各省，后遂以为永制"③。由于最高统治者的极力提倡，使明初出现了程朱理学一统天下的局面，《四书集注》被奉为金科玉律，"使天下之士，一尊朱氏……非朱氏之

---

① 高令印、陈其芳：《福建朱子学》，福建人民出版社 1986 年版，第 214 页。

② 陈鼎：《东林列传》卷二《高攀龙传》，景印文渊阁《四库全书》第 458 册，台湾商务印书馆 1986 年版，第 199 页。

③ 张廷玉：《明史》卷七〇《选举二》，中华书局 1974 年版，第 1696 页。

言不尊"①。

永乐十三年（1415），明成祖命胡广等采摘宋儒一百二十家著作，编成《性理大全》，并纂修《五经大全》《四书大全》，"合众途于二轨，会万理于一原"，以此控制士子的思想。"三部《大全》的宗旨及对经书的解释均以程朱理学为准则，学校以此施教，士子以此应试，臣民以此修身，而绝对不允许对钦定的理学经典随意阐释或持异议"②，力图使"正学明而异端息，邪说不至于诬民矣"③。三部《大全》的颁行，使程朱理学被奉为"一道德而同风俗"的工具，标志着程朱理学统治地位在明朝的确立和官学化的最终完成。

程朱理学在明初到了炙手可热的程度，"世之治举业者，以《四书》为先务，视《六经》为可缓；以言《诗》《易》，非朱子之《传义》弗敢道也；以言《礼》，非朱子之《家礼》弗敢行也；推是而言，《尚书》《春秋》非朱子所授，则朱子所与也。道德之一，莫逾此时矣……言不合朱子，率鸣鼓而攻之。"④这种程朱一统天下的局面，一直维持到嘉靖初年王学盛行之前。

但随着程朱理学官学化的完成，它也失去了原有的生命力和创新力，开始了工具化和教条化的蜕变，沦为士子求取功名利禄的工具，进入了理学的述朱期。正如黄宗羲所说："有明学术，从前习熟先儒之成说，未尝反身理会，推见至隐，所谓'此亦一述朱，彼亦一述朱'耳。"⑤《明史·儒林传》描述了明初的这种学风："有明诸儒，衍伊、洛之绪言，探性命之奥旨，锱铢或爽，遂起歧趋，袭谬承伪，指归弥远。至专门经训授受源流，则二百七十余年间，未闻以此名家者。经学非汉、唐之精专，性理袭宋、元之糟粕。论者谓科举盛而

---

① 何乔远：《名山藏》（第七册）《儒林记上》，广陵书社 1993 年版，第 5194 页。

② 方志远：《江西通史》（第 8 卷，明代卷），江西出版集团、江西人民出版社 2008 年版，第 325 页。

③ 袁褧：《世纬》卷下《距伪》，景印文渊阁《四库全书》第 717 册，台湾商务印书馆 1986 年版，第 15 页。

④ 朱彝尊：《曝书亭集》卷三五《道传录序》，景印文渊阁《四库全书》第 1318 册，台湾商务印书馆 1986 年版，第 49 页。

⑤ 黄宗羲著，沈芝盈点校：《明儒学案》卷一〇《姚江学案叙录》，中华书局 1985 年版，第 179 页。

儒术微。殆其然乎。"① 他们一依程朱，少有创新。大儒薛瑄就认为："自考亭以还，斯道已大明，无烦著作，直须躬行耳。"② 章懋说得更为直白："经自程、朱后，不必再注，只遵闻行知，于其门人语录，芟繁去芜可也。"③ 认为程、朱已把道理讲得直白透彻，只需"遵闻行知""笃志力学"就可以了，没有必要再进行理论的探讨，从而步入僵化与停滞。侯外庐先生论述了明代前期理学的变化，他说："一方面是程朱理学真正成为统治阶级的统治思想，另一方面就程朱理学的思想来说，却是不景气，走下坡路。"④ 因为"学术思想的弘扬和发展，既需要学者的独立思考、静思笃行，而且需要学者之间的反复论辩和诘难。讲学之风对于学术的发展具有极为重要的意义"，而"明代江西的自由讲学之风，实始于江西吴与弼。"⑤

明中期以后，学术开始分化，出现了程朱理学、心学、经世实学、考据学等不同的学术派别，打破了程朱理学一统天下的局面。但一部分恪守程朱的理学家并未拱手让出阵地，而是积极活动，坚守门户，以道统卫士自居，对周程张朱之说崇信不疑，并对程朱之外的异端思想进行批判与论辩。

江西特别是鄱阳湖地区，是捍卫程朱理学的一个主阵地。明代是鄱阳湖地区理学发展的辉煌时期，在这个区域，涌现出了吴与弼、胡居仁、娄谅、张元祯、余祐、夏尚朴、潘润、罗钦顺、汪俊、舒芬、李中等一大批理学家。吴与弼开创的崇仁学派，"实能兼采朱陆之长，而刻苦自立"⑥。其弟子胡居仁、娄谅等开启的"余干之学"，对朱子学说多有发明，成为理学在江西最有力的传播者。在鄱阳湖地区分别扛起了崇仁之学和余干之学两面大旗。明代中期以

---

① 张廷玉：《明史》卷二八二《儒林传一》，中华书局 1974 年版，第 7222 页。

② 张廷玉：《明史》卷二八二《儒林传一》，中华书局 1974 年版，第 7229 页。

③ 黄宗羲著，沈芝盈点校：《明儒学案》卷四五《诸儒学案上三·文懿章枫山先生懋·语要》，中华书局 1985 年版，第 1075 页。

④ 侯外庐、邱汉生、张岂之主编：《宋明理学史》（下），人民出版社 1997 年第 2 版，第 4 页。

⑤ 方志远：《江西通史》（第 8 卷，明代卷），江西出版集团、江西人民出版社 2008 年版，第 327 页。

⑥ 永瑢等：《四库全书总目》卷一七〇《康斋文集提要》，中华书局 1965 年版，第 1491 页。

后，"宋学中坚"罗钦顺恪守程朱学说，论辩阳明心学，如中流砥柱，据守江西的理学阵地。清人兰鼎元说："有明一代，惟薛敬轩、胡敬斋、罗整庵三人得朱子之正传，今《读书录》《居业录》《困知记》诸书具在，可以正异学之非。"①

第一节　明代鄱阳湖地区的行政区划

至正二十年（1360）五月，胡大海奉朱元璋之命，进军江西，六月占领信州路，改为广信府，从而揭开了朱元璋集团争夺江西的序幕。

洪武九年（1376），明政府设江西承宣布政使司，但习惯还称为江西省，将饶州、信州改隶江西，结束了宋元时期赣东北分隶江东、江浙的历史。至此，江西布政司辖区北起九江，南达安远，西自永宁，东至玉山，与现今江西省的行政区划基本一致。

明代江西布政司下设5道13府，辖1州77县。

其中5道是：南瑞道，辖南昌、瑞州2府；九江道，辖九江、饶州、南康3府；湖东道，辖抚州、建昌、广信三府；湖西道，辖袁州、临江、吉安3府；还有岭北道，下辖南安、赣州2府。

明代江西13府中，属于鄱阳湖地区的有南昌府、饶州府、九江府、南康府、广信府、建昌府、抚州府等7府。

明代鄱阳湖地区行政区划简表

府名	府治所在地	下辖州县
南昌府	南昌县	宁州、南昌县、新建县、进贤县、靖安县、奉新县、武宁县、丰城县 1 州 7 县
九江府	德化县（今九江）	德化县、德安县、彭泽县、湖口县、瑞昌县 5 县
南康府	星子县	星子县、建昌县（今永修县）、都昌县、安义县 4 县

---

① 蓝鼎元撰：《鹿洲全集》（下册）《棉阳学准》卷五《道学源流》，厦门大学出版社 1995 年版，第 518 页。

府名	府治所在地	下辖州县
饶州府	鄱阳县	鄱阳县、余干县、浮梁县、乐平县、德兴县、安仁县（今余江县）、万年县7县
广信府	上饶县	上饶县、玉山县、永丰（今广丰区）、弋阳县、铅山县、贵溪县、兴安县（今横峰县）7县。
建昌府	南城县	南城县、广昌县、南丰县、泸溪县、新城县（今黎川县）等5县。
抚州府	临川县	临川县、宜黄县、崇仁县、乐安县、金溪县、东乡县6县

其他府治管辖情况如下：

临江府：府治为清江县（今樟树市），辖清江县、新淦县（今新干县）、新喻（今新余市）、峡江4县。

袁州府：府治宜春县，辖宜春县、萍乡县、分宜县、万载县4县。

吉安府：府治庐陵县，辖庐陵县、吉水县、泰和县、安福县、永丰县、万安县、龙泉县（今遂川县）、永宁县、永新县9县。

赣州府：府治赣县，下辖赣县、雩都县、信丰县、兴国县、会昌县、安远县、宁都县、瑞金县、龙南县、石城县、定南县、长宁县12县。

南安府：府治大庾县(今大余县)，辖大庾县、南康县、上犹县、崇义县4县。

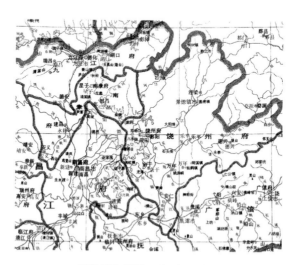

明代鄱阳湖地区行政区划图

（采自谭其骧主编:《中国历史地图集》(第七册)，中国地图出版社1996年版，第64—65页）

明代是江西学术文化的鼎盛时期，科举发达，大批人才涌现。据《明清进士题名碑录索引》的统计，明代共举行科举考试89次，录取进士24898名，其中江西2728名，占10.96%，与南直隶、浙江占据全国三甲。^①特别是建文二年、永乐二年连续二科状元、榜眼和探花均为吉安人，出现了"朝士半江西"的盛况。江西士人在《明史》列传者多达408人，任宰辅者18人。

明代学术的繁盛，从《明儒学案》亦可略见一斑：《明儒学案》列学案16宗，江西有3宗，占18.8%；全书62卷，江西有18.5卷，占29.8%；叙事传主202人，江西为51人，占25.2%；卷首《师说》，标示代表者25位名师，其中崇仁吴与弼、永丰罗伦、泰和罗钦顺等9位，皆江西学者，占36%。比例之重，不言而喻。^②

同样从《明史·儒林传》和《文苑传》中也可反映出明代江西学术的盛况，《明史·儒林传》中一共收录明代知名理学家116人，其中江西最多，达40人，浙江其次，为20人。江西按府统计，吉安府18人，南昌府7人，抚州、广信府各4人，饶州府、赣州府、建昌府各2人，临江府1人。可以说，明代江西是理学家最多的省，真可谓理学家的摇篮，而鄱阳湖地区又是理学人才最为集中的区域。

第二节　吴与弼开创崇仁学派，兼采朱、陆之长

吴与弼是明代前期开宗立派的著名理学家，他开创的崇仁之学，成为《明儒学案》的第一个学案。

吴与弼（1391—1469），字子傅，号康斋，又称聘君，抚州崇仁县莲塘小陂人。崇仁县位于江西省的中东部，自古就有崇教尚学的传统，有"抚郡

---

① 朱保炯、谢沛霖编著：《明清进士题名碑录索引》，上海古籍出版社1980年版。

② 许怀林主编：《江西文化》，安徽教育出版社2004年版，第152页。

望邑"之称,"唐宋以来,科名踵继,理学文章,甲与他邑",是一个典型的"才子之乡"。

吴与弼生于官宦之家,其父吴溥(1362—1426),字德润,号古崖,自幼潜心研究《春秋》,得其微旨。建文二年(1400)中进士,授翰林编修,永乐初迁国子监司业,曾任《永乐大典》副总裁,并参纂《高宗实录》。

吴与弼自幼好学,资禀聪慧,18岁前,一直攻读《诗》《礼》等举子之业,以应科考。但他在19岁时去南京看望父亲,读了《伊洛渊源录》之后,"伏睹道统一脉之传,不觉心醉,而于明道先生猎心之说尤为悚动。……于是思自奋励,窃慕向焉,既而尽焚旧时举子文字,誓必至乎圣贤而后已。"①吴与弼的思想发生了巨大的转变,立志圣贤之道,"慨然有志于道",以传承程朱理学为己任,"遂弃去举子业,谢人事,独处小楼,玩《四书》《五经》,诸儒语录,体贴于身心,不下楼者二年"②。

吴与弼的学术渊源,虽然没有明显的师承,但他非常崇拜朱熹,曾专程去福建拜谒朱子墓,表达愿学之志。"适楚,拜杨文定之墓。壬午春,适闽,问考亭以申愿学之志。"③在他的《日录》中,也多次记载他梦见朱子之类的话。李贽赞其"有孔门陋巷风雩之意"④。黄宗羲也认为"先生上无所传,而闻道最早,身体力验,只在走趋语默之间,出作入息,刻刻不忘,久之自成片断"⑤。

吴与弼"是明代理学的开山人物"⑥。他学宗程朱,又采陆学之长,而自成一体,既取朱学格物致知,读书穷理等下学的渐进功夫,强调躬行践履;又取陆学上达的本心论,主张"寻向上功夫",提倡静中体验。"一切玄远之言,绝

---

① 吴与弼:《康斋集》卷一二《跋伊洛渊源录》,景印文渊阁《四库全书》第1251册,台湾商务印书馆1986年版,第587页。
② 黄宗羲著,沈芝盈点校:《明儒学案》卷一《崇仁学案一》,中华书局1985年版,第16页。
③ 黄宗羲著,沈芝盈点校:《明儒学案》卷一《崇仁学案一》,中华书局1985年版,第16页。
④ 李贽:《续藏书》卷二一《聘君吴公》,中华书局1974年版,第1391页。
⑤ 黄宗羲著,沈芝盈点校:《明儒学案》卷一《崇仁学案一》,中华书局1985年版,第16页。
⑥ 邹建锋:《中国历代吴康斋研究综述(1460—2010)》,《深圳大学学报》(人文社会科学版)2011年第4期。

口不道，学者依之，真有途辙可循。"① 四库馆臣在《康斋集提要》中评价道："与弼之学，实能兼采朱、陆之长，而刻苦自立。其门弟子陈献章得其静观涵养，遂开白沙之宗；胡居仁得其笃志力行，遂启余干之学。有明一代，两派递传，皆自与弼倡之，其功未可以尽没。"② 顾允成则赞叹他如凤凰翱翔于千仞之上，"先生乐道安贫，旷然自足，真如凤凰翔于千仞之上，下视尘世，曾不足过而览焉"③。他开创的崇仁学派，成为南方理学大宗，对理学在明代的传播和发展起到了重要作用。

一、尊崇程朱，"天人只是一理"的本体论

吴与弼学尊程朱，与明初薛瑄等大儒一样，他并不注重天道自然与宇宙本体的研究，其学说以传承为主。黄宗羲认为，"康斋倡道小陂，一禀宋人成说。言心，则以知觉而与理为二，言工夫，则静时存养，动时省察。故必敬义夹持，明诚两进，而后为学问之全功。"④ 在本体论上，吴与弼继承了程朱的"天理论"，主张"万物皆是一个天理"⑤，"宇宙之间，一理而已"⑥。认为"理"是宇宙的本体，万事万物的根源。

吴与弼在坚持程朱理气学说的同时，也有所发挥，他强调"天人只是一理"。从"天人只是一理"出发，进一步演绎出"物我同一于理""心与理一"。认为"心具万理"，提出了"寸心含宇宙，不乐复如何"的心学主张。⑦ 认为

① 黄宗羲著，沈芝盈点校：《明儒学案》卷一《崇仁学案一》，中华书局 1985 年版，第 16 页。
② 永瑢等：《四库全书总目提要》卷一七〇《康斋集提要》，中华书局 1965 年版，第 1491 页。
③ 黄宗羲著，沈芝盈点校：《明儒学案》卷一《崇仁学案一》，中华书局 1985 年版，第 17 页。
④ 黄宗羲著，沈芝盈点校：《明儒学案》卷一《崇仁学案·叙录》，中华书局 1985 年版，第 14 页。
⑤ 程颢、程颐著：《二程遗书·二先生语二上》，上海古籍出版社 1992 年版，第 36 页。
⑥ 朱熹撰：《晦庵先生朱文公文集》卷七〇《谈大纪》，见朱杰人、严佐之、刘永翔主编《朱子全书》（修订本）第 23 册，上海古籍出版社、安徽教育出版社 2010 年版，第 3376 页。
⑦ 吴与弼：《康斋集》卷一《道中作》，景印文渊阁《四库全书》第 1251 册，台湾商务印书馆 1986 年版，第 368 页。

人心可以包涵整个宇宙，他说："夫心，虚灵之府，精明之舍，妙古今而贯穹壤，主宰一身而根抵万事。"① 确立了心的本体地位。认为"理"是"吾心固有"的。他说："五伦各有其理，而理具于吾心，与生俱生。人之所以为人，以其有此理也。必不失乎此心之理，而各尽乎五伦之道，庶无忝于所生。"② 理就存在于心体未发之前的气象之中，只要通过"静观""洗心"的涵养功夫，反省内心，就可以达到对理的认知。他认为心既是一个认识主体，又是一个伦理本体，仁义礼智本具于心中，人世间的伦理道德是天理的体现，人之所以有君臣、父子、夫妇、长幼、朋友五伦，都是上天所赋予的，是天理，不可改变。

蒙培元先生认为吴与弼心体物用观发展了朱熹的心体说，以吾心为主宰，心体成为宇宙的最高主宰，这是对朱熹关于心的体用关系的继承与改造，在朱学中杂入了陆学思想，这也是吴与弼哲学思想的重要特点。

二、敬义夹持，静中存心的工夫进路

吴与弼对程朱思想的创新发展，主要体现在心性论上。他在继承朱熹心性论的同时，大量吸收了陆九渊的心学思想，既取朱学读书致知等下学的渐进功夫，又取陆学上达的本心论。他的心伦理本体论和静中思虑存心的修养论，十分接近陆九渊的心本体论。因此四库馆臣认为吴与弼之学"实能兼采朱、陆之长，而刻苦自立"。

吴与弼把"心"提升为核心的概念，主张"心具万理""心与理一"。而心虽然虚灵莹彻，却受气禀所拘，物欲之蔽而蒙上尘垢，因此要通过浣洗功夫，除去尘垢。他说："夫心虚灵之府，神明之舍，妙古今而贯穹壤，主宰一身而根柢万事，本自莹彻昭融，何垢之有？然气禀拘而耳目口鼻四肢百骸之欲，为

---

① 吴与弼：《康斋集》卷一〇《浣斋记》，景印文渊阁《四库全书》第 1251 册，台湾商务印书馆 1986 年版，第 561 页。
② 吴与弼：《康斋集》卷八《吴节妇传》景印文渊阁《四库全书》第 1251 册，台湾商务印书馆 1986 年版，第 528 页。

垢无穷，不假浣之之功，则神妙不测之体，几何而不化于物哉？"①认为心本来是"莹彻昭融"的，但是被气禀所拘、物欲所蔽而染上了尘垢，必须去除尘垢，焕发人心本身固有的善性和天理。

在修养方法上，吴与弼提出了"反求吾心"的修心方法，通过"反求""洗心""磨镜"等"反求诸身"的功夫，去除气禀之拘、物欲之蔽，达到"心性纯然"的境界。这种反求，不是"直截"和顿悟，而是不断涵养、磨洗的过程，如此长久积功，才能使吾心固有之善性表现出来，从而达到"反求吾心"的目的，有如北禅神秀"时时勤拂拭，莫使惹尘埃"之偈，他所谓"十年磨一镜，渐觉尘境退"，就是这种反求吾心的写照。

吴与弼同时也继承了程朱的修养工夫，把敬义夹持，明诚两进作为"洗心"之要法。他说："敬义夹持，明诚两进，而后为学问之全功。"②将向内的敬内功夫与日常的集义功夫相结合，把诚敬作为修心的基本方法。在《浣斋记》中，他说："于是退而求诸日用之间，从事乎主一无适，及整齐严肃之规，与夫利斧之喻，而日孜孜焉，廉隅辨而器宇宁然。后知敬义夹持，实洗心之要法。等而上之，圣人能事可驯而入。"③

吴与弼强调要诚敬以穷理，主敬以存心。认为"敬"是达到"与理为一"的手段，是涵养心性的要法。他说："大抵圣贤授受，紧要惟一在敬字。人能衣冠整肃，言动端严，以礼自持，则此心自然收敛，虽不读书，亦渐有长进；但读书明理以涵养之，则尤佳耳。苟此心常役于外，四体无所管束，恣为放纵，则虽日夜苦心焦思读书，亦恐昏无所得。"④"敬"的外在表现就是"衣冠整肃，言动端严，以礼自持"，要在容貌举止上严格要求自己。这种诚明两进，

---

① 吴与弼：《康斋集》卷一〇《浣斋记》，景印文渊阁《四库全书》第1251册，台湾商务印书馆1986年版，第561页。

② 黄宗羲著，沈芝盈点校：《明儒学案》卷一《崇仁学案一》，中华书局1985年版，第14页。

③ 吴与弼：《康斋集》卷一〇《浣斋记》，景印文渊阁《四库全书》第1251册，台湾商务印书馆1986年版，第561页。

④ 吴与弼：《康斋集》卷八《与友人书》，景印文渊阁《四库全书》第1251册，台湾商务印书馆1986年版，第520页。

敬义夹持的道德功夫是程朱理学传统的基本法门。

除了主敬存心外，吴与弼还特别强调以"主静"涵养本心。认为只有静中才能涵养得此心澄明，才能使"寸心绝邪思"，通过静坐、枕思、静观来排除外来干扰，将身心安顿于理上，通过静心、养心、安心、放心来涵养和保持元气，寻求真心，达到心中洒然，万物皆春，物我两忘的境界。

吴与弼尤其注重"平旦之气"的静观和"枕上"的夜思冥悟，要求在"静中思绎其理"。他的学问，正如刘宗周所谓"多从五更枕上，汗流泪下得来"，这种"静观""夜思"成为吴与弼理学的鲜明特色。

吴与弼的修养身心和治学方法，多得自于朱学，但也自有体认，其体认又往往偏离朱学，在朱学中杂入陆学思想。他主静穷理的涵养方法已经偏离了朱熹用读书"摄管此心"的轨道，接近于陆九渊的本心说。朱汉民先生认为吴与弼的静观思想，是工夫主体在天地自然和日用生活中对本体存在的刹那间的直觉把握，类似禅学的顿悟，以获得天人合一，心即理的境界。但吴与弼的"静中"冥悟与禅学的顿悟又有不同，他承认"外物"的存在，静悟是为了"识物"，而不是"绝物"。他把这种"识物"方法，说成是"物我两忘，明知理而已"。

吴与弼的工夫论以身心修养为主要目的，而敬与静则是其身心修养的主要方法。

三、躬行践履，以克己安贫为实地的学术特色

吴与弼在躬行践履上用功尤深。他认为不但要读书知性，变化气质，更要身体力行，在日用常行中涵养性情，要历经艰苦环境的磨砺。他说："至于学之之道，大要在涵养性情，而以克己安贫为实地。此正孔、颜寻向上工夫。"①"以克己安贫为实地"成为吴与弼学说的最大特色。

---

① 黄宗羲著，沈芝盈点校：《明儒学案·师说》，中华书局 1985 年版，第 3 页。

　　他认为心性功夫的关键在于日用常行中体验圣贤之道，在生活中做到"贫而乐"。他一生刻苦自励，自甘清贫，躬耕自食，严守操行，做到了贫不移节，安贫乐道，在贫病交加之中守节依旧，独得圣贤之心精。"盖七十年如一日，愤乐相生，可谓独得圣贤之心精者。"①体现了贫中取乐、舍身任道的达儒精神。李贽亦高度称赞其人品："公风格高迈，议论英伟，胸次洒落，师道尊严，善感悟启发人，其学术质任自然，务涵养性情，有孔门陋巷风雩之意。"②认为吴与弼是一个真正除去私欲的"纯儒"。

　　吴与弼认为贫富贵贱，得失荣辱，要一听于天，随分用功。他主张安贫须是禁奢心，要力除闲气，固守清贫，安贫乐道，斯为君子。他教导弟子，"人须于贫贱患难上立得脚"③；"富贵不淫贫贱乐，男儿到此是豪雄"④。他认为人之所以会有诸多烦恼和痛苦，其根源是因为没有达到天人一体、凡圣一体的境界。如果人们能够像圣贤一样，做到一听于天，就会安于天命，自己的烦恼、痛苦也就会随之消散。"窃思圣贤吉凶祸福，一听于天，必不少动于中。吾之所以不能如圣贤，而未免动摇于区区利害之间者，察理不精，躬行不熟故也。"⑤他说："穷通、得丧、死生、忧乐，一听于天，此心须澹然，一毫无动于中，可也。"⑥如此，才可以使心定气清，心中泰然。

　　他按程朱"存天理，灭人欲"的要求，严格反省检点自己，"日夜痛自点检且不暇，岂有工夫点检他人耶？责人密，自治疏矣，可不戒哉！"⑦通过严格的内省，使"外面势利纷华，夺他不得"，他躬耕自食，不求闻达，"性本沉潜，学惟践履，躬耕陇亩，不求闻达"，在"雨中被蓑笠，负耒耜，与诸生并耕……

---

①　黄宗羲著，沈芝盈点校：《明儒学案·师说》，中华书局1985年版，第3页。

②　李贽：《续藏书》卷二一《聘君吴公》，中华书局1974年版，第1391页。

③　吴与弼：《康斋集》卷一一《日录》，景印文渊阁《四库全书》第1251册，台湾商务印书馆1986年版，第574页。

④　黄宗羲著，沈芝盈点校：《明儒学案》卷一《崇仁学案一》，中华书局1985年版，第22页。

⑤　黄宗羲著，沈芝盈点校：《明儒学案》卷一《崇仁学案一》，中华书局1985年版，第19页。

⑥　黄宗羲著，沈芝盈点校：《明儒学案》卷一《崇仁学案一》，中华书局1985年版，第22页。

⑦　黄宗羲著，沈芝盈点校：《明儒学案》卷一《崇仁学案一》，中华书局1985年版，第17页。

归则解犁，饭粝蔬豆共食"，① 做到贫不改节，邹守益称其学为"君子学"。钱穆先生指出："明儒淡于仕进之心，益潜存难消，故吴康斋特为明代理学之冠冕。"② 认为吴与弼是一位真正以道德实践为终身职志，并且努力不懈的人。

总之，吴与弼把道德的培养归结为"洗心"，肯定了主体的理性自觉，具有明显的道德主体观念和自我意识。他把"敬"与"义""心得"和"躬行"作为"洗心"的要法，把解决思想问题和道德实践紧密联系起来，他的"收敛"和"自省"功夫也符合道德自律的特点和要求。

四、变化气质的教育目的论

吴与弼是一位颇有影响的教育家。他教导弟子，"本之以《小学》《四书》，持之以躬行实践，益久益勤，人多感化"③。以朱熹的理学思想为教育的基本内容，循序渐进，而不好高骛远，做到读书与践履的统一。

吴与弼认为，为学之目的无非是存天理去人欲。"君子之心必兢兢于日用常行之间，何者为天理而当存？何者为人欲而当去？"④ 他说："圣贤所言，无非存天理、去人欲。圣贤所行亦然。学圣贤者，舍是何以哉！"⑤

他认为学习的目的就是要在省察克己中变化气质。而读书是变化气质之方，要通过读圣贤书，体会圣人遗言，以充实心中固有的仁义礼智。读书更是一种修心方法，是为了"反求吾心"，保持心的宁静。他说："心是活物，涵养

---

① 黄宗羲著，沈芝盈点校：《明儒学案》卷一《崇仁学案一》，中华书局 1985 年版，第 15 页。
② 韩复智编著：《钱穆先生学术年谱》卷六，中央编译出版社 2012 年版，第 1756 页。
③ 陈述：《荐吴与弼疏》，见《江西通志》卷一一五，景印文渊阁《四库全书》第 517 册，台湾商务印书馆 1986 年版，第 19 页。
④ 吴与弼：《康斋文集》卷一〇《励志斋记》，景印文渊阁《四库全书》第 1251 册，台湾商务印书馆 1986 年版，第 555 页。
⑤ 黄宗羲著，沈芝盈点校：《明儒学案》卷一《崇仁学案一·吴康斋先生语》，中华书局 1985 年版，第 17 页。

不熟，不免摇动，只常常安顿在书上，庶不为外物所胜。"①读圣贤之书可以使烦躁的心归于宁静而不为外物所动，要时刻警惕"非分"欲望和意念的萌生，他说："凡事须断以义，计较利害，便非。"②

他的弟子众多，"从其学者数百人"，有不少知名学者，如胡居仁、陈献章、娄谅、胡九韶、罗伦、谢复、周文、杨杰、饶烈等人，共同形成了明初颇具影响的崇仁学派。其弟子陈献章开启了白沙之学，胡居仁开创了余干之学，且陈献章、胡居仁两人都被从祀孔庙，占明代从祀孔庙学者的一半。

吴与弼为学重求心得，主张述而不作，因此一生"不事著述"，"尝叹笺注之繁，无益有害，故不轻著述"③。故其著作不多，留给后人的只有《康斋集》十二卷和《日录》一卷。

五、吴与弼：壁立千仞的一代人豪

吴与弼的理学思想具有一定的理论价值，他兼采朱、陆之长，和合朱、陆异同，补朱学之弊，开王学之端，实为明代"心学"第一人，成为明代心性之学的开山祖师，对王学的产生，具有"启明"和"发端"之功用，是朱学向王学过渡不可缺少的中间环节。他所开创的崇仁之学，"既不是本来面目的朱学，也不是陆学，而是'兼采朱陆之长'的理学"④。

黄宗羲对吴与弼在明代学术史中的地位，作了客观的评价，他说："椎轮为大辂之始，增冰为积水所成，微康斋，焉得有后时之盛哉！"⑤认为如果没有吴与弼，就不会有明代理学的繁盛和蔚为大观，因此，将《崇仁学案》置于《明

---

① 吴与弼：《康斋集》卷一一《日录》，景印文渊阁《四库全书》第 1251 册，台湾商务印书馆1986 年版，第 575 页。

② 吴与弼：《康斋集》卷一一《日录》，景印文渊阁《四库全书》第 1251 册，台湾商务印书馆1986 年版，第 574 页。

③ 黄宗羲著，沈芝盈点校：《明儒学案》卷一《崇仁学案一》，中华书局 1985 年版，第 15 页。

④ 张运华：《吴与弼的理学思想》，《五邑大学学报》（社会科学版）2013 年第 2 期。

⑤ 黄宗羲著，沈芝盈点校：《明儒学案》卷一《崇仁学案一》，中华书局 1985 年版，第 14 页。

儒学案》之首。称赞他"先生之学，刻苦奋励，多从五更枕上汗流泪下得来。及夫得之而有以自乐，则又不知足之蹈之、手之舞之。盖七十年如一日，愤乐相生，可谓独得圣贤之心精者。至于学之之道，大要在涵养性情，而以克己安贫为实地。此正是孔颜寻向上工夫。故不事著述，而契道真。"① 刘宗周对吴与弼更是极力推尊，谓其"独得圣贤之心精"。梁启超也认为明朝理学的繁盛应该从吴与弼算起。容肇祖先生曾对明初几位大儒进行了比较，认为薛瑄只是宋儒理学之注脚，而吴与弼乃是朱学之谨肃信徒。

吴与弼之学，把对"天理"的遵循转化为个人内心的涵养，提高了人的主体地位，有利于发挥人的主观能动性和创造性。蒙培元先生认为吴与弼"反求诸心""涵养本心"思想，"是明代心学的直接发端者"，"实开明代心学的滥觞"。② 但吴与弼的学说之长并不在于天道自然，而在于讲身心修养，他的学说是"修养功夫论，不是本体论"③。

吴与弼品德高洁，襟怀坦白，学识渊博，是独善其身的典型，其学术人品，受到后人的赞誉。他自律甚严，主张"人生须自重"，具有高洁的人格。明代李贤称赞吴与弼为"儒者之高蹈"。陈献章在成化十八年（1482），赞誉其师吴与弼："闻其论学，多举古人成法，由濂、洛、关、闽以上达洙泗。尊师道，勇担荷，不屈不挠，如立千仞之壁，盖一代之人豪也。"④"其当皇明一代元气之淳乎！始焉知圣人之可学而至也，则因纯公之言而发轫；既而信师道之必尊而立也，则守伊川之法而迪人，此先生所以奋起之勇，担当之力，而自况于豪杰之伦也。"⑤ 顾允成评价吴与弼："先生乐道安贫，旷然自足，真如凤凰翔于千仞之上，下视尘世，曾不足过而览焉。"⑥

吴与弼兼采朱、陆之长，补朱学之弊，开王学之端，在明代理学发展史

---

① 黄宗羲著，沈芝盈点校：《明儒学案·师说》，中华书局 1985 年版，第 3 页。
② 蒙培元：《理学的演变：从朱熹到王夫之戴震》，福建人民出版社 1998 年第 2 版，第 244 页。
③ 张学智：《明代哲学史》，北京大学出版社 2000 年版，第 27 页。
④ 陈献章著，孙通海点校：《陈献章集》卷一《书玉枕山诗话后》，中华书局 1987 年版，第 70 页。
⑤ 陈献章著，孙通海点校：《陈献章集》卷一《祭先师康斋墓文》，中华书局 1987 年版，第 107 页。
⑥ 黄宗羲著，沈芝盈点校：《明儒学案》卷一《崇仁学案一》，中华书局 1985 年版，第 17 页。

上，具有开风气之先的重要贡献。"吴康斋对心学的体悟和践履开启明代心学之澜"①。

第三节　胡居仁主敬存心，开创余干之学

胡居仁（1434—1484），字叔心，号敬斋，江西余干县人。他潜心讲学，绝意仕进，一生"奋志圣贤之学"，是明初诸儒中恪守朱学最醇者，"人以为薛瑄之后，粹然一出于正，居仁一人而已"②，成为明代道学典范而受到晚明学者的尊崇，并在万历十三年（1585）从祀孔庙，成为明代从祀孔庙的四位大儒之一，追谥"文敬"。

一、一生"奋志圣贤之学"

胡居仁一生"奋志圣贤之学"，以继承和光大程朱理学为己任，"在明代正道显晦，异学争鸣之际，毅然以斯道自任"③，与曹端、薛瑄一道，成为明初醇儒。他在宇宙观、理气论等方面承袭并发展了程朱学说。杨柱才先生认为："敬斋的思想属于程朱一系，广泛论说了程朱理学的主要问题，尤其对于理气、心理、主敬、穷理、仁体等问题的论说，有某些独到的见解。"④

胡居仁的学术特点以主忠信为先，以治心养性为本，以主敬为其学术主旨，他重视"为己"之学，强调诚敬、慎独、力行，一生致力于敬。"其进修以力行为实地，其要领以主敬为持循，慕道安贫，日寻孔颜之乐，穷经讲学，

---

① 邹建锋：《中国历代吴康斋研究综述（1460—2010）》，《深圳大学学报》（人文社会科学版）2011 年第 4 期。

② 张廷玉：《明史》卷二八二《儒林传一·胡居仁传》，中华书局 1974 年版，第 7232 页。

③ 胡居仁撰，冯会明点校：《胡居仁文集》，江西人民出版社 2013 年版，第 10 页。

④ 杨柱才：《胡敬斋思想研究》，《中国哲学史》2008 年第 3 期。

深得濂洛之传。"①他将程朱理学家的人格修养理论转变为自己的道德实践，且躬身践履、笃志力行。

受明初整体学术氛围的影响，胡居仁的学术以承袭为主，在理气心性等命题上，传承程朱，创新有限。他与其师吴与弼一样，也不致力于宇宙本体的探讨，对太极、阴阳、理气等宋儒热衷探讨的话题很少再进行研究，而是把程朱理学向着讲求士大夫心性道德、追求完善人格、完善自我心性修养的方向发展，尤其重视"为己"之学，躬行践履、笃志力行成为胡居仁学说的显著特征。

胡居仁崇奉程朱，以程朱学说为依归，但在传承的同时也有所创新和发展。他对程朱理学的丰富和发展，主要在于两大方面："一是更注重心之未发的涵养，其次注重对义理的把握。胡居仁之学重在以敬涵养心体，同时以义理沃润，诚明两进，敬义夹持，这是典型的朱学门径。他的学术规模总体上说比其师广大。"②特别是他把程朱的主敬学说进一步丰富和发扬光大。

在宇宙天道观上，胡居仁在继承朱子理气论的同时，有所引申和发挥。他认为"理"是最高的本体，是至高至尊的，并将理训为"太极"。他说："太极，理也。道理最大，无以复加，故曰太极。凡事到理上便是极了，再改移不得。太是尊大之义，极是至当无以加也。"③"理"是宇宙的最高本体，人和天地万物都是一理之所为。他说："予惟天下古今，一理而已，究其极，天地之所以阖辟，万物之所以生生，幽而鬼神，明而礼乐，显而人事，无非一理之所为。"④仁、义、礼、智、信等"五常"都是一理生化的结果。他说："万物只一理，以其流行不息，赋与万物者谓之命。万物各有禀受，而此理无不全具，谓之性。性中生意粹然，为众善之长谓之仁。裁度断制，处得其宜，乃性之义。仪章品节，天秩灿然不乱，乃性中之礼。分别是非，条理分明，乃性中之智。实有此理，元无虚假，谓之信。见于日用，各有所当行者，谓之道。通天地人

---

① 杨希闵编：《胡文敬公年谱》，北京图书出版社 1999 年版。

② 张学智：《明代哲学史》，北京大学出版社 2000 年版，第 29 页。

③ 胡居仁撰，冯会明点校：《胡居仁文集》，江西人民出版社 2013 年版，第 120 页。

④ 胡居仁撰，冯会明点校：《胡居仁文集》，江西人民出版社 2013 年版，第 188 页。

物，莫不各有当然之理，总谓之道。其所以阖辟天地，终始万物，无穷无尽，谓之太极。"①

对理、气关系，胡居仁认为论先后，则理先而气后。他说："有理而后有气，有是理必有是气，有是气必有是理，二之则不是。然气有尽而理无穷，理无穷则气亦生生不息。"②理是本原，是永恒的，是形而上的本体；气是形而下的派生物。论二者的地位，理是气之主宰，气为理之妙用，二者是主导与从属的关系。但同时又认为"理气相依"且"理与气不相离"。他对朱子"有此理则有此气"表示不同的看法，他说："'有此理则有此气，气乃理之所为'，是反说了。有此气则有此理，理乃气之所为。"③反对有理方有气，气是理派生的观点。

胡居仁对理、气的关系论述不多，且有矛盾之处。他一方面认为理先气后，理、气二者是主导与从属的关系，但又认为二者不可分离，理不离气。胡居仁对理气关系的论说，是"属于朱子学系统，但对于理气关系的具体看法有不同于朱子之处。就强调'理气不相离，动静运化之妙'而言，敬斋比朱子更突出了理气的浑然一体。就主张'气乃理之所为'而言，敬斋则比朱子更明确认定了理先而气后。可见，敬斋的看法存在着某种不一致之处……反映了朱子关于理气的学说到明代前期已经开始出现分化。"④

胡居仁在心、理关系上，提出了"心与理本一"的主张。认为心与理都是宇宙的本体，理无所不在，心亦无所不在，心与理是同一的。他说："盖心具众理，众理悉具于心，心与理一也。"因此，主张"存心穷理，交致其功"，将存心与穷理相提并论，存心也就是保存天理。因为"天地万物之理，即吾心所具者"，"古昔圣贤之学，以存心穷理为要，躬行实践为本"⑤。人们只要涵养此

---

① 胡居仁撰，冯会明点校：《胡居仁文集》，江西人民出版社 2013 年版，第 94 页。

② 胡居仁撰，冯会明点校：《胡居仁文集》，江西人民出版社 2013 年版，第 103 页。

③ 黄宗羲著，沈芝盈点校：《明儒学案》卷二《崇仁学案二》，中华书局 1985 年版，第 35 页。

④ 杨柱才：《胡敬斋思想研究》，《中国哲学史》2008 年第 3 期。

⑤ 胡居仁撰，冯会明点校：《胡居仁文集·胡敬斋先生文集》卷一《奉于先生》，江西人民出版社 2013 年版，第 149 页。

心，则心中之理自明，万物之理自得，他说："吾儒则心与理为一，故心存则理明，心放则理昏。"① 胡居仁把心与理视为一而二，二而一的关系，突出了心之重要性，把"主敬存心"作为工夫本原，将理本论与心本论融合起来，有了调和理学与心学的思想倾向。

二、主敬为其学术主旨

胡居仁对程朱理学的最大创新，集中体现在"主敬"上。他对程朱的"主敬"学说进行了更全面而深刻的阐述。

"主敬"是胡居仁学术的最大亮点，受到他的特别重视。"其学以主忠信为先，以求放心为要。操而勿失，莫大乎敬，因以敬名其斋。"黄宗羲称其"一生得力于敬。"② 胡居仁认为主敬开圣学门庭，是千古为学之要法，涵盖了孔孟为学功夫的全部要领。他说："程朱开圣学门庭，只主敬穷理，便教学者有入处。"③"圣贤工夫虽多，莫切要如敬字。"④ 强调主敬为存养之道，必须贯彻始终，要在容貌、辞气上做工夫，更要做到慎独、力行。

胡居仁把"主敬"视为存心修身之本，是涵养身心的基本功夫。他作《进学铭》，强调道："诚敬既立，本心自存。"⑤ 认为"敬"字包涵了圣贤之学的全部要领。他说："孔子只教人去忠信笃敬上做。"主敬也是程朱学说的入门功夫。"圣学以敬为本者，敬可以去昏惰，正邪僻，除杂乱，立

---

① 胡居仁撰，冯会明点校：《胡居仁文集·居业录》卷一《心性》，江西人民出版社 2013 年版，第 16 页。

② 黄宗羲著，沈芝盈点校：《明儒学案》卷二《崇仁学案二》，中华书局 1985 年版，第 29 页。

③ 胡居仁撰，冯会明点校：《胡居仁文集·居业录》卷二《学问》，江西人民出版社 2013 年版，第 23 页。

④ 胡居仁撰，冯会明点校：《胡居仁文集·居业录》卷二《学问》，江西人民出版社 2013 年版，第 22 页。

⑤ 胡居仁撰，冯会明点校：《胡居仁文集·胡敬斋先生文集》卷三《进学铭》，江西人民出版社 2013 年版，第 193 页。

大本。"① 因为"敬"是一身之主宰，为学之根基。

胡居仁认为"敬"为存养之道，须贯彻始终，不可间断。他告诫弟子："未知之前，先须存养此心，方能致知。……则致知之后，又要存养，方能不失。盖致知之功有时，存养之功不息。"② 强调"未穷理时当主敬以立其本，既穷得理后须以敬守之"。主敬并不是一时的功夫，而是要持之以恒，贯彻始终，不可间断。

胡居仁认为主敬有三大要法，其一是"主一"，做到心有专主；其二要在容貌、辞气上做工夫；其三要慎独、诚敬和力行。"主一"就要做到心有专主，不为外物所扰，不能心猿意马，而要专一专注。他说："主一，主是专主之主，一是一于此而不他适，纯一不杂之一。"③ 还主敬要表现在日常生活的言行、容貌、辞气上，他说："学者持敬，只就衣冠容貌、视听言动上做，便是实学。"认为"坐如尸，立如齐，头容直，目容端，足容重，手容恭，口容止，气容肃，皆敬之目也"④。一个人只有做到外貌庄敬，才能使心不放逸而专一。

可见，胡居仁全面拓展了主敬的内涵，把程朱的主敬学说，进一步丰富和发扬光大。

三、胡居仁对佛、道"异端"的批判

胡居仁是程朱学说的坚定捍卫者，以"明王道""辟异端"为己任，站在卫道的立场上，对佛老二教、陆子心学等异端思想进行了尖锐的批判。他"于异端佛、老之学，尤加深辩详辟，惟恐其或陷溺人心，变乱士习"，"攘斥佛、老，痛抑功利，毫无假借"。他认为"世之愚者，莫如老、佛"，"禅家害道最

---

① 胡居仁撰，冯会明点校：《胡居仁文集·居业录》卷二《学问》，江西人民出版社 2013 年版，第 22 页。

② 胡居仁撰，冯会明点校：《胡居仁文集·居业录》卷二《学问》，江西人民出版社 2013 年版，第 23 页。

③ 胡居仁撰，冯会明点校：《胡居仁文集·居业录》卷二《学问》，江西人民出版社 2013 年版，第 23 页。

④ 黎靖德编，王星贤点校：《朱子语类》卷一二，中华书局 1986 年版，第 212 页。

甚"，强调"二氏"不辟，不足以"明王道"。他对佛、老批判之严厉，在同时代的学者中是少见的，他不仅从社会伦理层面上批判佛、老，而且上升到理论的高度，他批判佛教的"作用为性"，谓其"想象道理，所见非真"，指出禅佛最大错误就是"以作用是性"。他批评释氏存心之法是"空其心，死其心，制其心，作弄其心也"①。

胡居仁认为佛禅有损于圣人之道。由于佛禅有较为精深的教理，且与儒家有很多貌合神似之处，更具隐蔽和欺骗性。他说："与吾道相似莫如禅学。后之学者，误认存心多流于禅，或欲屏绝思虑以求静。"②佛禅又以顿悟速成的便捷，吸引了大批的信徒，一些高明之士，也陷溺其中而不能自拔，因此，对儒家圣人之道的危害最大。他在《归儒峰记》中，分析了佛禅害道最烈的原因，他说："愚尝论之杨、墨、老、佛、庄、列皆名异端，皆能害圣人之道。为害尤甚者，禅也。禅师佛之别名，佛中工夫最捷而精者。昔达摩西来，梁武帝惑而尊之，国随以灭。杨无君，墨无父，老玄虚，庄旷大，列沉默，其害天理则一，然其用力犹缓，灭理未尽。至如禅，其说高妙，易以惑人，工夫快捷，方式易以成就，天地万物，人伦事理，一切归空，天理根株扫荡已尽。"③禅佛简捷易行的工夫，使学者为寻求捷径，放弃了理学家传统的格物致知的长期修养工夫，放弃了对圣人之道的不懈追求，而沉迷于佛禅的顿悟速成之中。禅佛害道最甚，是因为禅佛的功夫与儒家最为相似。他说："禅家害道最甚，是他做工夫与儒家最相似。他坐禅入定工夫与儒家存心工夫相似，他们心空与儒家虚心相似，他们静坐与儒家主静相似，他们快乐与儒家悦乐相似，他性周法界与儒家万物一体相似，他光明寂照与儒家虚灵知觉相似。儒家说从身心上做工夫，他亦专要身心上做工夫，儒家说诚意，他便发诚心，故似是而非，莫过于

---

① 胡居仁撰，冯会明点校：《胡居仁文集·居业录》卷七《老佛》，江西人民出版社2013年版，第85页。

② 张廷玉：《明史》卷二八二《儒林传一·胡居仁传》，中华书局1974年版，第7232页。

③ 胡居仁撰，冯会明点校：《胡居仁文集·胡敬斋先生文集》卷二《归儒峰记》，江西人民出版社2013年版，第188页。

禅家。所以害道尤甚。"① 但"佛教乃出世间法，是唯心的；而理学则是世间法，是唯理的；外貌略似，而内容则迥乎不同"②。这才是儒、佛的本质区别。

胡居仁认为禅佛无益于社会，提出佛教第一无用论。他说："今天下第一无用是老、释，第二无用是俗儒所作诗对与时文。如农工商贾皆有用处，皆有益于世，如农之耕，天下赖其养；工之技，天下赖其器用；商虽末，亦要他通货财。如老释与俗儒，在天下非但无用，又害了人心。"③

同时，禅佛抛弃了本应承担的社会责任，为了一己私利，为个人的所谓修行，抛却了父母家庭，灭绝了天地人伦，是自私自利的。

陈献章虽与他为同门学友，但胡居仁也毫不留情地批评其学说是凌虚驾空，笼统自大，有佛、老之嫌，为异学无疑。"尝言陈献章学近禅悟。"④ 四库馆臣在《居业录提要》中评述道："居仁与陈献章皆出吴与弼之门，而宗旨截然互异。献章之学，上继金溪，下启姚江；居仁则恪守朱子，不踰尺寸，故以'敬'名其斋。而是书之中，辨献章之近禅，不啻再三。"⑤ 不仅指斥陈献章的学说为禅佛，对其学友罗一峰、张廷祥也多次论辩，"罗一峰、张东白皆当时钜公，往复论辩，无所屈"⑥。其卫道志向之坚定，追求学术之纯粹，从中可见一斑。

四、"笃行圣学"的一代醇儒

虽然胡居仁在理论上创新有限，但他将程朱理学向着崇尚道德人格、完善

---

① 胡居仁撰，冯会明点校：《胡居仁文集·居业录》卷七《老佛》，江西人民出版社 2013 年版，第 86 页。

② 蒋维乔、杨大膺：《宋明理学纲要》，吉林人民出版社 2012 年版，第 5 页。

③ 胡居仁撰，冯会明点校：《胡居仁文集·居业录》卷五《古今》，江西人民出版社 2013 年版，第 70 页。

④ 张廷玉：《明史》卷二八二《儒林传一·胡居仁传》，中华书局 1974 年版，第 7232 页。

⑤ 胡居仁：《居业录》提要，景印文渊阁《四库全书》第 714 册，台湾商务印书馆 1986 年版，第 1 页。

⑥ 蔡世远：《蔡序》，见《胡居仁文集》，江西人民出版社 2013 年版，第 10 页。

自我心性的方向发展，且躬行践履，笃志力行。

他持身"严毅清苦，左绳右矩"①，"居仁暗修自守，布衣终其身"②，是修养路径上的敬畏派，时刻按照道学家的标准，严格要求自己和家人。在家出入起居，持敬如处庙堂，"处家庭如在朝堂，临妻子如对宾客，端庄凝重，蹈规履绳"③。他"每日必立课程，详书得失以自考"。"执亲之丧，水浆不入，柴毁骨立，非杖不能起，三年不入寝室。"④

胡居仁主张"学以为己，勿求人知"。他淡泊名利，"与人语，终日不及利禄"，⑤是洁身自好，安贫乐道的典范。不追求物质的享受与奢华，更追求心灵的超脱与道义的愉悦，追求道德人格的完美。"鹑衣箪食，晏如也。曰：'以仁义润身，以牙签润屋，足矣。'""一切势利纷华，举不足以动其心"⑥，"真可谓儒者之高蹈，盛世之逸民矣。"⑦清代蔡文勤把胡居仁视为一代儒宗，他说："敬斋先生一布衣耳，岿然独立，蔚为一代儒宗。"⑧

由于明代程朱学术的官方哲学地位，使胡居仁在理论上很难有更多的创新，其学术影响不能与朱熹、陆九渊比肩。但他笃实的学问，高尚的操守，受到学者的褒誉，余祐认为"其学之醇，道之美，迥然无俦，跻之濂、洛、关、闽之列可也"⑨。四库馆臣将他与明初大儒薛瑄相提并论，认为"盖其人品端谨，学问笃实，与河津薛瑄相类"。明代余干籍理学家张吉把胡居仁视为余干县曹建之后第一人，他说："吾邑自曹无忘先生以后，仅见斯人而已。"⑩正是其学术贡献与人格魅力，使布衣学者胡居仁能与明代大儒薛瑄、陈献章、王阳明并

① 黄宗羲著，沈芝盈点校：《明儒学案》卷二《崇仁学案二》，中华书局1985年版，第29页。
② 张廷玉：《明史》卷二八二《儒林传一·胡居仁传》，中华书局1974年版，第7232页。
③ 焦竑：《国朝献征录》一一四卷《敬斋先生居仁传》，台湾学生书局1965年版，第5021页。
④ 黄宗羲著，沈芝盈点校：《明儒学案》卷二《崇仁学案二》，中华书局1985年版，第29页。
⑤ 张廷玉：《明史》卷二八二《儒林传一·胡居仁传》，中华书局1974年版，第7232页。
⑥ 张吉：《居业录要语序》，见《胡居仁文集》，江西人民出版社2013年版，第6页。
⑦ 焦竑：《国朝献征录》卷一一四《敬斋先生居仁传》，台湾学生书局1965年版，第5022页。
⑧ 杨希闵编：《胡文敬公年谱》，北京图书出版社1999年版。
⑨ 余祐：《居业录序》，见《胡居仁文集》，江西人民出版社2013年版，第8页。
⑩ 张吉：《居业录要语序》，见《胡居仁文集》，江西人民出版社2013年版，第6页。

列，成为从祀孔庙的明代四位大儒之一。

五、道学正宗——胡居仁的《居业录》

胡居仁是一位布衣学者，一生自甘寂寞，绝意仕进，远离官场，布衣终身，困处乡间，在礼吾、南谷书院讲学终其一生，两次短暂地担任庐山白鹿洞书院洞主，可以说是他学术生涯的最高峰。他以躬行践履为主，勤于讲学，严于著述，存世作品有限。除《居业录》外，还有《胡文敬集》三卷，《易像钞》十八卷，均被《四库全书》收录。

《居业录》是胡居仁讲学时留下的语录，也是他精研圣贤经典且"躬修体验"之后的心得结晶，"乃先生平日读书事事之暇，有得于心，笔之以备遗忘者也"①。大多是他讲学时留下的语录，也是他对程朱理学思想的阐发，"寻程朱微言大义，以探孔孟渊源"。全书共 8 卷，1199 条，取《易》"修辞立其诚，所以居业"之义，名《居业录》。《居业录》指示了学者进入圣贤之域的路径，被视为道学正宗，受到众多学者的高度评价。

胡居仁之所以著作此书，其女婿、弟子余祐在《居业录序》中解释道："《居业录》者，先生道明德立，理有契于中而无可告语，事有感于外而无可施行，故笔之于册。""先生之道，本欲施之天下国家，而与斯人相忘于无言之境。奈何卒与时违，未获小试，乃不得已而有是《录》。"②胡居仁虽满腹经纶，但怀才不遇，困处乡间，报国无门，只好借讲学之机，将其治国理政、修身治学的经验设想付诸于笔端。

《居业录》被视为道学正宗，历代学者给予了高度评价。明代杨畏轩在《居业录序》中，称赞该书："其言精确简当，亦粹然出于正者。《读书录》之外，所见惟此耳！廉闻敬斋严毅清苦，力行可畏，其议论实出涵养体验所得，非考

---

① 张吉：《居业录要语序》，见《胡居仁文集》，江西人民出版社 2013 年版，第 6 页。

② 余祐：《居业录序》，见《胡居仁文集》，江西人民出版社 2013 年版，第 7 页。

索探讨致然。"① 四库馆臣在《〈居业录〉提要》中评价道："所著《居业录》，至今称道学正宗。""而是书亦与瑄《读书录》并为学者所推。"② 蔡世远认为《居业录》是学者进入圣贤之域的门径，"世之学者，苟能由是而有得焉，收其心，养其气，于以入圣贤之奥不难矣"③。

六、娄谅、张元祯等余干之学的骨干成员

胡居仁与娄谅、罗伦、张元祯、胡九韶等学者，倡讲程朱学术，在江西余干县、弋阳龟峰共创讲会，聚集门徒，形成了一个以程朱理学为号召的学术圈，史称"余干之学"。余干之学是明代一个重要的理学流派，在理气、心性等命题上，恪守承袭程朱学说，不再致力于对宇宙本体的探讨，理论创新有限。其学以居敬穷理为要，以躬行实践为本，强调主敬存心，重视心的作用。他们重视"为己"之学，把程朱成圣成贤的人格修养理论转变为个人的道德实践，追求道德人格的完美。他们笃志力行，洁身自好，淡泊名利，独善其身，以高尚的人品和道德操守赢得了世人的尊重。

为此，侯外庐先生评价道："明初理学家他们的规言矩行，谨守理学家的做人规范。他们生活于明初，是在朱学统治的历史条件下成长起来的。他们是封建社会的'正人君子'，安于贫贱，刻苦自励，授徒著书，以此终身。他们自觉或不自觉的在格物、致知、正心、诚意、修身、齐家、治国、平天下这个伦理道德的圈子里打转，想望有一个封建社会的'好'天下。他们憨态可掬，迂疏无用，他们不同于口谈仁义，行同狗彘的那些假道学。"④

明万历十二年（1584），都察院右都察使李颐上奏朝廷，请求以胡居仁从

---

① 杨廉：《原刻居业录序》，见《胡居仁文集》，江西人民出版社 2013 年版，第 11 页。

② 胡居仁：《居业录》提要，景印文渊阁《四库全书》第 714 册，台湾商务印书馆 1986 年版，第 1 页。

③ 蔡世远：《蔡序》，见《胡居仁文集》，江西人民出版社 2013 年版，第 10 页。

④ 侯外庐：《宋明理学史》（下），人民出版社 1997 年版，第 50 页。

祀孔庙。他在奏疏中说道："余干故儒胡居仁，其进修以力行为实地，其要领以主敬为持循，慕道安贫，日寻孔颜之乐，穷经讲学，深得濂、洛之传……宋儒自周、程、张、朱而下，我朝理学，薛瑄、胡居仁皆传得其宗圣学正裔。"① 万历十三年（1585），胡居仁被准从祀孔庙，追谥"文敬"，获得了封建时代一个儒家学者的最高礼遇。

娄谅、余祐、张元祯、罗伦、胡九韶都是余干之学的主要学者。

1.胡居仁弟子余祐的理学思想

余祐是胡居仁最得意的弟子。

余祐（1465—1528），字子积，别号"訒斋"，鄱阳人。"年十九，师事居仁，居仁以女妻之。"② 余祐 19 岁时以胡居仁为师，胡居仁对他欣赏有加，并将女儿许配给他。弘治十二年（1499）进士，历任南京刑部主事，因得罪刘瑾而落职，刘瑾被诛后，起为福州知府、山东副使、河南按察使、云南布政使等职。1528 年，朝廷升其为吏部右侍郎，但未离滇而卒。

弘治十七年（1504），他以女婿、门生的双重身份，首次将胡居仁的《居业录》付梓刻印。

余祐之学，墨守其师之说，"先生之学，墨守敬斋"③，在学术上，只是阐述、传承师说。他曾因反对宦官而入狱，"以没入中官货，逮诏狱"，他在狱中作《性书》三卷，"其言程、朱教人，专以诚敬入。学者诚能去其不诚不敬者，不患不至古人。"④ 余祐以诚敬为为学之方，入德之门，以动静相济为为学要领，"其言程、朱教人，拳拳以诚敬为入门，学者岂必多言，惟去其念虑之不诚不敬者，使心地光明笃实，邪僻诡谲之意勿留其间，不患不至于古人矣"⑤。王阳明作《朱子晚年定论》，"谓其学终归于存养"，主朱、陆早异而晚同之说。

---

① 杨希闵编：《胡文敬公年谱》，北京图书出版社 1999 年版。
② 张廷玉：《明史》卷二八二《儒林传一·余祐传》，中华书局 1974 年版，第 7233 页。
③ 黄宗羲著，沈芝盈点校：《明儒学案》卷三《崇仁学案三》，中华书局 1985 年版，第 64 页。
④ 张廷玉：《明史》卷二八二《儒林传一·余祐传》，中华书局 1974 年版，第 7233 页。
⑤ 黄宗羲著，沈芝盈点校：《明儒学案》卷三《崇仁学案三》，中华书局 1985 年版，第 64 页。

余祐加以反驳，认为朱子学问有三变，不能以朱子早年入门功夫谓之晚年定论！他说："文公论心学凡三变：《存斋记》所言，乃少时所见，及见延平，而悟其失。而闻五峰之学于南轩，而其言又一变。最后改定已发未发之论，然后体用不偏，动静交致其力，此其终身定见也。安得执少年未定之见，而反谓之晚年哉？"① 同样，在《明儒学案》中，也有更详细的记载："如《存斋记》所言'心之为物，不可以形体求，不可以闻见得，惟存之之久，则日用之间若有见焉'，此则少年学禅，见得昭昭灵灵意思，乃少年所见。及见延平，尽悟其失；复会南轩，始闻五峰之学，以察识端倪为最初下手处，未免缺却平时涵养一节工夫。《别南轩诗》：'惟应酬酢处，特达见本根。'《答叔京书》尾谓'南轩入处精切'，皆谓此也。后来自悟其失，改定已发未发之论，然后体用不偏，动静交致其力，功夫方得浑全。此其终身定见也，安得以其入门功夫谓之晚年哉！"② 余祐的批驳，在当时很有说服力，让王学之徒无言以对，"其辨出，守仁之徒不能难也"。③ 余祐亦曾就理气关系与罗钦顺辩难，认为气能辅理之美，理不可救气之衰。

娄谅的弟子夏尚朴评价余祐道："敬斋之学，笃信程朱，攘斥异教，有功于吾道甚大，非得执事裒集遗书而表章之，将遂泯灭而无闻矣。是执事有功于敬斋也为不浅。但《性书》之作，兼理气论性，深辟'性即理也'之言，重恐得罪于程朱，得罪于敬斋，不敢以不复也。"④

2.张吉——胡居仁的尊崇者

张吉是明代余干县的一位著名理学家，也是胡居仁的尊崇者。

张吉（1451—1518），字克修，号翼斋，又号默庵，别号古城，江西余干人。

---

① 张廷玉：《明史》卷二八二《儒林传一·余祐传》，中华书局 1974 年版，第 7233 页。
② 黄宗羲著，沈芝盈点校：《明儒学案》卷三《崇仁学案三》，中华书局 1985 年版，第 64 页。
③ 张廷玉：《明史》卷二八二《儒林传一·余祐传》，中华书局 1974 年版，第 7233 页。
④ 夏尚朴：《东岩集》卷四《答余子积书》，景印文渊阁《四库全书》第 1271 册，台湾商务印书馆 1986 年版，第 30 页。

张吉天资聪颖，自幼并无名师传授，"初从乡先生学，见诸生简择经传，以资捷径，谓士当兼治《五经》，今业一经而所遗如此，岂圣人之言亦当有去取耶？遂屏绝人事，穷诸经及宋儒之书，久之见其大意。"① 他认为《五经》皆为圣人之言，主张全面学习而不应该"简择经传，以资捷径"。他曾教导弟子说："不读《五经》，遇事便觉窒碍。"后来慕名前往岭南，求教于陈献章。陈献章对张吉的才华非常欣赏，作诗称赞道："沧溟几万里，山泉未盈尺。到海观会同，乾坤谁眼碧？"② 但张吉并不认可陈献章的学说，对陆学也持否定态度，著有《陆学订疑》，认为"学陆不得，则流于禅释"，而更赞同胡居仁的学说。

明成化十七年（1481），张吉中进士，授工部主事。他"信古好义，耻同流俗，以名节自砥砺"。为官廉正，敢于直言，因弹劾左道李孜省、妖僧继晓，触怒了明武宗，被贬任景东通判。在景东，他"申明礼，治土官长及夷民"，用儒家礼仪教化当地百姓，转变民风士习，当地土官陶氏，欣赏他的才华学术："以《诗》《书》变其俗，土官陶氏，遣子从学，即能以礼自处。"③ 后调任广东肇庆同知，他力持公议，不畏强权，为蒙冤的都御史秦纮纠正冤案。任梧州知府时，宣扬礼仪，以圣贤之道教化百姓士子。后张吉升为广西兵备副使，练兵于府江，讨平了当地一度猖獗的寇贼。正德初，历任山东、广西布政使，当时，武宗宠信的宦官刘瑾专权误国，张吉直言上书，痛说刘瑾等竖宦的祸害已经"上干天谴"，惹恼武宗及刘瑾，被贬为两浙盐运使。直到刘瑾被诛后，张吉才复官为河南、广西参政和贵州左布政使等职，成为明代知名的地方能吏。

张吉对胡居仁非常敬佩，把他视为曹建之后余干第一人，他说："吾邑自曹无忘先生以后，仅见斯人而已。"他认为胡居仁的《居业录》是"清庙之瑟，

---

① 黄宗羲著，沈芝盈点校：《明儒学案》卷四六《诸儒学案上四·布政张古城先生吉》，中华书局 1985 年版，第 1092 页。

② 黄宗羲著，沈芝盈点校：《明儒学案》卷四六《诸儒学案上四·布政张古城先生吉》，中华书局 1985 年版，第 1092 页。

③ 黄宗羲著，沈芝盈点校：《明儒学案》卷四六《诸儒学案上四·布政张古城先生吉》，中华书局 1985 年版，第 1092 页。

不谐俚耳。宜宝藏之以俟知者。"对其早晚披阅,并删节为《居业录要语》,付梓流传,使"夫先生之道,直可垂诸竹帛,以增一代道德之光"①。他曾为胡居仁的儿子胡崇正作《送胡崇正往椽湖北》送别诗,在诗中盛赞胡居仁:"敬斋谋道不谋身,身后孤儿彻髓贫。造化无私天有眼,桃花应笑武陵春。"在余干历史名人中,也往往将他与胡居仁相提并论。余干知县陆凤仪在《改建二贤祠记》中称:"国初自圣祖龙兴,列圣相继垂二百年,道化沦浃,名贤迭生,臣之以理学著者十有五人,而余干居其二,曰敬斋胡先生、古城张先生。"

张吉学说以"持敬以为本,穷理以为要"为特色。四库馆臣评价其学说:"吉当其时犹兢兢守先民矩矱,高明不及王守仁,而笃实则胜之;才赡学富不及李梦阳、何景明,而平正通达则胜之。"② 著有《古城集》六卷,四库馆臣评价该书道:"以刚正之气,发为文章,固不与雕章绘句同日而论矣。"③ 明天启七年(1627),在余干县东山岭建古城祠,以纪念张吉这位余干乡贤。

3. 名儒高足,心学前驱——娄谅及其理学思想

娄谅是余干之学的另一重要代表人物,他是吴与弼的入室弟子,也是胡居仁的同门学友。

娄谅(1422—1491),字克贞,号一斋,江西上饶人。他师从吴与弼,是余干之学的重要传人,堪称明代理学宗师。他被誉为名儒高足,心学前驱。青年王阳明曾问学于娄谅,得其"圣人可学而至"的启迪及程、朱的格物之学,开示了王阳明的为学方向,是阳明心学的"启明"和"发端"。故而黄宗羲在《明儒学案》明言:"则姚江之学,先生(按:娄谅)为发端也。"④ 但因其孙女为第四代宁王宸濠之妃,宸濠之乱后,受其牵连,娄谅著作皆被禁毁,遗文尽数散佚,对其生平、学术了解受限,只有其门人夏尚朴《东岩集》的《娄一斋行实》

---

① 张吉:《原刻居业录要语序》,见《胡居仁文集》,江西人民出版社 2013 年版,第 6 页。
② 永瑢等:《四库全书总目》卷一七一《古城集提要》,中华书局 1965 年版,第 1494 页。
③ 永瑢等:《四库全书总目》卷一七一《古城集提要》,中华书局 1965 年版,第 1494 页。
④ 黄宗羲著,沈芝盈点校:《明儒学案》卷二《崇仁学案二·教谕娄一斋先生谅》,中华书局 1985 年版,第 44 页。

《明史》卷二八三《儒林传二·娄谅传》《明儒学案》卷二《崇仁学案二·教谕娄一斋先生谅》等有简略的记载。今幸得弥足珍贵的清嘉庆十八年（1813）刻本上饶《杏阪娄氏宗谱》，作为娄谅家乘，对其家族渊源始末及娄谅学履生平有较为详实的记载，《杏阪娄氏宗谱》中不少正史不载的珍贵史料，有助于对娄谅的生平学履与学术思想进行较全面清晰的梳理和更深入的研究。

关于《杏阪娄氏宗谱》与娄谅先世在上饶的传衍。

嘉庆十八年（1813）刻本《杏阪娄氏宗谱》，现存四卷六册，珍藏于江西省上饶市信州区沙溪镇青岩村毛阊村民小组，由娄社元收藏。毛阊村古名杏阪、坎石，位于上饶市区以东 20 公里，现有娄氏后裔 1800 余人聚居该村。

《杏阪娄氏宗谱》有重要文献价值的是卷一，分序一、序二两册。序一册有"像赞"八篇、"谱序"十篇和"杏阪娄氏宗祠全图"一幅。其中"像赞"为第五伦所作《汉会稽太守范公像赞》、宋璟的《唐平师德公像赞》、费宏的《一斋公像赞》、杨时乔的《大明布政谦公像赞》等八篇；更为珍贵的是《宗谱》存有"谱序"十篇，且作者大都为名家硕儒，有柳玭在唐乾宁二年（895）所作《谱叙》，明嘉靖三年（1524）王阳明和费宏所作《谱叙》，清嘉庆十七年（1812）杨渭的《娄氏谱序》、娄曦的《谱叙》及娄国梅的《后谱叙》等。

《宗谱》序二册，有历代皇帝对娄氏家族的诰封"敕命"六篇、"序文"二篇、"传、记"十三篇及诗词若干首。其中"敕命"有唐高祖武德四年（621）加封河东节度使娄彦升父母并赐"余庆堂"的敕命，唐玄宗开元七年（719）恩赐娄师德父子的敕命，明宪宗成化九年（1473）敕封南京兵部职方司主事娄性及成化十五年（1479）赐封河南道监察御史娄谦父母、妻子的敕命等。存有柳宗元《送娄图南秀才游淮南将入道序》和白居易《辨柳子厚送秀才娄图南先生入道叙》二篇"序文"。有唐代姚崇所作《师德丞相娄公仪状》，宋代工巩的《宗茂公本叙》，明代夏尚朴的《娄一斋先生行实》《明一斋公纪略》，徐楷的《冰溪娄先生祠记》，清代蒋士铨的《娄妃后序》，伍魅孝的《娄贤妃墓洞香记》及徐谦的《娄南屏先生实传》等"传、记"十三篇；有刘基所作的《余庆堂记》及夏尚朴的《冰溪娄先生墓志铭》等。

虽然家乘宗谱素有借名人作序，以光耀宗族的做法，所存谱序亦真伪难辨，但《杏阪娄氏宗谱》中一些像赞、谱叙却有较高的可信度和文献史料价值。如王阳明的《杏阪娄氏宗谱叙》经考证，已收录吴光等编校的《王阳明全集》(新编本)。① 夏尚朴的《娄一斋先生行实》亦存于《东岩集》卷五，被《四库全书》收录。

其他三卷四册皆谱牒，记载自一世祖会稽太守娄范至清嘉庆第五十世娄氏家族的传衍情形。

《杏阪娄氏宗谱》自唐朝首次修纂后，进行了至少四次重修。《杏阪娄氏宗谱》最早修于唐昭宗乾宁二年（895)，由娄斌纂修，并请柳玭为谱作序。北宋政和间，由进士娄寅亮第一次重修。宋末元初，第三十五世娄子福主持进行了第二次重修，谢枋得作《谱叙》。

宸濠之乱，娄氏系椒房之亲，尽受牵连，家族皆匿姓藏名，隐居异地，《宗谱》幸有娄谅门生夏尚朴代收珍藏，未使泯灭。嘉靖三年（1524)，娄曦会合宗族，重修家乘，王阳明、费宏分别作《谱序》。

清嘉庆年间，由娄国梅、娄东来父子历时十年，于嘉庆十八年完成最后一次重修，此即存世的《杏阪娄氏宗谱》。

"娄氏系出东楼。"② 后去木以娄为姓。汉高祖时，娄敬以定策之功封奉春君，后被奉为娄氏发源近祖。东汉时，娄范任会稽太守，定居会稽之宦塘，娄范被尊为一代始迁之祖。

娄氏在江西上饶开基，从唐初娄曜始。第十四世娄曜在武德三年（620)任上饶尉，有善政，筑居上饶城内北街，从此娄氏在上饶开基。娄曜之子娄璜性喜优游，爱上饶山水之佳，择址于城东40里之地曰杏阪（杏阪又称坎石，今上饶市沙溪镇毛阐村)，置田筑室，定居于此，娄氏从此在杏阪生息繁衍。

上饶娄氏世服儒冠，簪缨不绝。娄璜的两个儿子娄师德、娄师道是娄氏家

---

① 参见王守仁：《杏阪娄氏宗谱叙》，见吴光等编校：《王阳明全集》(新编本)第五册，浙江古籍出版社2011年版，第1901页。

② 白居易：《辨柳子厚送秀才娄图南先生入道叙》，《杏阪娄氏宗谱》卷一，清嘉庆十八年（1813年)刊本。

族中的佼佼者。据《宗谱》载："娄师德字宗仁，既冠，其性朴实，身长八尺，方口博唇。"①唐高宗上元初（674—676），吐蕃寇河源，诏募猛士讨之，师德自奋，戴红抹额应诏，将兵击吐蕃于白水涧，八战八克，迁殿中侍御史。武则天长寿二年（693），任同凤阁鸾台平章事，位居宰相之列。娄师德虽居高位，但深知高处不胜寒，远畏避害，且"器量宽厚，喜怒不形于色"②，留有"唾面自干"的典故。其弟娄师道除代州刺史，将行，师德谓曰："吾备位宰相，汝复为州牧，人所嫉也，将何以自免？"弟曰："自今虽有人唾其面，拭之而已，庶不为兄忧也。"公愀然曰："此所以为吾忧也。人唾汝面，怒汝也；而汝拭之，则逆其意而重怒也。夫唾不拭自干，当笑而受之耳。"③宋璟作《唐平师德公像赞》亦有"吐面自干，量如沧海之纳百川；敌国献俘，威如雷霆之震八埏"之语④。正是娄师德的谦逊敬畏，使其出将入相，得以功名善终。

明代，传至第三十九世娄谅，终成伟器。娄谅出身书香门第，"祖庠生讳德华，字符声，赠御史，祖母黄氏"⑤。娄谅之父娄思显，字明，"忠信孝友，著称乡邦"，成化十五年（1479），以子贵赠文林郎、河南道监察御史。娄思显生三子：长子娄諰、次子娄谅、三子娄谦。但娄氏家族因宸濠之乱的牵连，遭受打击，从此人物凋零。如今，在江西省上饶市水南街劳动路娄家巷 30 号的"理学旧第"就是娄谅的故居。

娄谅"幼有异质，弱冠慨然有志于道"⑥。自小博览群书，笃志"圣学"，他"以道自期，乃所愿学，必曰仲尼"⑦。尝求师于四方，但认为"率举子学，

---

① 姚崇：《师德丞相娄公仪状》，《杏阪娄氏宗谱》卷一，清嘉庆十八年（1813 年）刊本。
② 刘昫等撰：《旧唐书》卷九三《娄师德传》，中华书局 1975 年版，第 2976 页。
③ 姚崇：《师德丞相娄公仪状》，《杏阪娄氏宗谱》卷一，清嘉庆十八年（1813 年）刊本。
④ 宋璟：《唐平师德公像赞》，《杏阪娄氏宗谱》卷一，清嘉庆十八年（1813 年）刊本。
⑤ 夏尚朴：《明一斋公纪略》，《杏阪娄氏宗谱》卷二，清嘉庆十八年（1813 年）刊本。
⑥ 夏尚朴：《东岩集》卷五《娄一斋先生行实》，景印文渊阁《四库全书》第 1271 册，台湾商务印书馆 1986 年版，第 41 页。
⑦ 夏尚朴：《东岩集》卷六《祭娄一斋先生文》，景印文渊阁《四库全书》第 1271 册，台湾商务印书馆 1986 年版，第 52 页。

非身心学"。后来听闻康斋先生吴与弼倡道小陂,讲学崇仁,于是,在正统十三年(1448),26 岁的娄谅,从师于 56 岁的吴与弼门下。

娄谅初到崇仁,吴与弼一见而喜曰:"学者须带性气。老夫聪明性紧,贤友也聪明性紧。"① 娄谅本是豪迈之士,不屑细务,吴与弼有的放矢,教导他做好下学之功,躬行践履。一日,吴与弼与门人一道耕地,召娄谅前去观看,边挥锄边对娄谅说:"学者须亲细务。"娄谅当即领悟,"由是折节向学,在书馆,虽扫除之事必躬自为之,不责备家童"②。娄谅得吴与弼之真传,成为其最得意的入室弟子。"凡康斋不以语门人者,于先生无所不尽。"③ 自此以后,娄谅往来师门者十有余年,经数年潜心修炼,渐渐进入"心身之学"佳境,"濂洛关闽,以羽以翼,先生如此,沉潜有年,寥寥绝学,卒以言传"④。

天顺八年(1464),娄谅中乙榜,授成都府学训导,时年 42 岁。他携抄本《朱子语录》赴任成都,以便舟中翻阅,谓:"吾道尽在此矣。"⑤ 但到任两月后,即谢病而归。归家之后,与弟莲塘先生娄谦整日以读书讲学为事,到晚年,娄谅"声闻已著,前后郡守皆知其贤",且"德学日充,辉光宣著,天下闻风"⑥,由于其学问享誉四方,前来求学的人络绎不绝。娄谅讲学"议论慷慨,善开发人,听者忘倦。贤士大夫有道信者,必造其庐请教,至有终日不忍去者。"⑦

王阳明就是众多求学者之一。娄谅也因王阳明的问学,被誉为名儒高足,

---

① 夏尚朴:《东岩集》卷五《娄一斋先生行实》,景印文渊阁《四库全书》第 1271 册,台湾商务印书馆 1986 年版,第 41 页。

② 夏尚朴:《东岩集》卷一《语录》,景印文渊阁《四库全书》第 1271 册,台湾商务印书馆 1986 年版,第 9 页。

③ 黄宗羲:《明儒学案》卷二《崇仁学案二·教谕娄一斋先生谅》,中华书局 1985 年版,第 43 页。

④ 夏尚朴:《东岩集》卷六《祭娄一斋先生文》,景印文渊阁《四库全书》第 1271 册,台湾商务印书馆 1986 年版,第 52 页。

⑤ 夏尚朴:《东岩集》卷五《娄一斋先生行实》,景印文渊阁《四库全书》第 1271 册,台湾商务印书馆 1986 年版,第 41 页。

⑥ 夏尚朴:《东岩集》卷六《祭娄一斋先生文》,景印文渊阁《四库全书》第 1271 册,台湾商务印书馆 1986 年版,第 52 页。

⑦ 夏尚朴:《东岩集》卷五《娄一斋先生行实》,景印文渊阁《四库全书》第 1271 册,台湾商务印书馆 1986 年版,第 42 页。

心学前驱。弘治二年（1489），王阳明送新婚的夫人诸氏从南昌归浙江余姚，舟至广信，拜谒了 68 岁的娄谅，并从之问学。《明史·王守仁传》对此记载极为简洁："年十七，谒上饶娄谅，与论朱子格物大指。还家，日端坐，讲读《五经》，不苟言笑。"① 王阳明《年谱》亦载："是年先生始慕圣学。先生以诸夫人归，舟至广信，谒娄一斋谅，语宋儒格物之学，谓'圣人必可学而至'，遂深契之。"② 这次问学，娄谅向王阳明传授了程、朱的格物致知之学，但最大的收获是得到了"圣人必可学而至"的启迪，开始有志于圣贤之学。"娄谅告诉王阳明，任何人都可以通过做学问成为圣人，这又燃起了阳明少年时代就有志于通过做学问成为圣人的热情"③，对青年王阳明的影响很大。正是由于娄谅的引导，王阳明才开始走上了追求圣贤之路。"如果没有和娄谅的这次会面，王阳明不会笃志于圣学，也不会开创明代儒学的新篇章。"④ 因此，黄宗羲在《明儒学案》中明言："则姚江之学，先生为发端也。"⑤ 认为王阳明的心学发端于娄谅，至少是受娄谅的启发。

娄谅不仅"启发了青年王阳明的为圣之学的路向"，且指明了"实现这一终极目标的具体路径，即是肯定了通过朱子格物穷理之学可以'学为圣人'"⑥。王阳明于是沿着娄谅指引的方向，"遍求考亭遗书读之"。因此，李绂也说："阳明昔志道，娄公启先鞭。"⑦

娄谅有二子，长子娄性，次子娄忱，均为当时名儒。娄性，字原善，号野亭，成化十七年（1481）进士，历任南京吏部考功司郎中、南京太仆寺卿等

---

① 张廷玉等撰：《明史》卷一九五《王守仁传》，中华书局 1974 年版，第 5168 页。

② 吴光等编校：《王阳明全集》（新编本），浙江古籍出版社 2011 年版，第 1228 页。

③ [日] 冈田武彦著，钱明审校，杨田译：《王阳明大传：知行合一的心学智慧》，重庆出版社 2015 年版，第 101 页。

④ [日] 冈田武彦著，钱明审校，杨田译：《王阳明大传：知行合一的心学智慧》，重庆出版社 2015 年版，第 101 页。

⑤ 黄宗羲著，沈芝盈点校：《明儒学案》卷二《崇仁学案二·教谕娄一斋先生谅》，中华书局 1985 年版，第 44 页。

⑥ 顾鸿安：《阳明学及其传播》，浙江大学出版社 2015 年版，第 168 页。

⑦ 李绂：《过宸濠故居吊娄妃》，《杏阪娄氏宗谱》卷二，清嘉庆十八年（1813 年）刊本。

职。后又主持白鹿洞书院、鹅湖书院。他承续家学，遵从父亲遗愿，仿《贞观政要》，编著《皇明政要》二十卷。

娄忱，字诚善，号冰溪，"卧读高楼十年，足不下楼"，人称"楼上先生"。他饱读经史，从游者甚众。"绍父一斋先生薪传，宗朱子学，往来师门者多杰士。"①

娄性之女娄素珍为宁王宸濠妃，宸濠之乱后，娄氏家族受此牵连，"自宁藩椒房之祸，我族改姓易名，四散他乡"②，娄谅著述也尽数散佚，"仅能指述其著作诸书篇名而已"③。

娄谅曾以著书立说造就后学为事，著作颇丰。有诗文集《写心集》，"先生之学，不事辞章之末，所作诗文，皆摅发胸中之蕴，取其达意而止，名《写心集》"④。成化三年（1467）著有《日录》四十卷，"纪其为学问有所得，辄书数语其上，平正明白，多有补于世教"⑤。《日录》类似其个人的研习笔记，词朴理纯，不苟悦人。

娄谅还对"三礼"有深入的研究，"爰定'三礼'，以诏后世"⑥，著有《三礼订讹》四十卷。在该书中，娄谅把《周礼》视作国家礼制的基础，将《仪礼》视为家庭礼节之书，而《礼记》是前二书的训诂。"以《礼记》为二经之传，分附各篇，如《冠礼》附《冠义》之类。不可附各篇者，各附一经之后。不可附一经者，总附二经之后。"⑦

---

① 徐楷：《冰溪娄先生祠记》，《杏阪娄氏宗谱》卷二，清嘉庆十八年（1813年）刊本。
② 娄国梅：《后谱叙》，《杏阪娄氏宗谱》卷一，清嘉庆十八年（1813年）刊本。
③ 夏尚朴：《明一斋公纪略》，《杏阪娄氏宗谱》卷二，清嘉庆十八年（1813年）刊本。
④ 夏尚朴：《东岩集》卷五《娄一斋先生行实》，景印文渊阁《四库全书》第1271册，台湾商务印书馆1986年版，第42页。
⑤ 夏尚朴：《东岩集》卷五《娄一斋先生行实》，景印文渊阁《四库全书》第1271册，台湾商务印书馆1986年版，第42页。
⑥ 夏尚朴：《东岩集》卷六《祭娄一斋先生文》，景印文渊阁《四库全书》第1271册，台湾商务印书馆1986年版，第52页。
⑦ 夏尚朴：《明一斋公纪略》，《杏阪娄氏宗谱》卷二，清嘉庆十八年（1813年）刊本。

他对"《六经》奥旨，必解其疑，脱落训诂，洞见精微"①。著有《春秋本意》十二篇，不用三传事实，唯用经文训释而其意自见。他说："是非必待三传而后明，是《春秋》为弃书矣。"②

娄谅还著有《诸儒附会》十三篇，以程朱的观点对诸儒进行评价，"以程朱论黜之"，"程朱绪论，必提其要，删述之功，往圣同调。"③但遗憾的是，受宸濠之乱牵连，娄谅"遗文散失无存，独《日录》数册，殷录于先，幸存予家"④。但在夏尚朴的《东岩集》中，并没有《日录》更详细的介绍与记载。

娄谅受业于康斋吴与弼，得河洛之传，承程朱之道，其学以主敬穷理为本。"主敬"成为其学术思想的鲜明特色。他注重"居敬存养"的修养工夫，认为《易》中的"何思何虑"和《孟子》的"勿助勿忘"是"居敬"之要旨，而把收心、放心作为居敬之门。"以收、放心为居敬之门，以何思何虑、勿助勿忘为居敬要指。"⑤这就直接继承了程朱的观点。

其嫡传弟子夏尚朴，浸润门下多年，承续了娄谅的学脉，从夏尚朴身上也可一窥娄谅的主敬思想。夏尚朴得娄谅主敬要旨，认为穷理必须有敬之心，他说："才提起便是天理，才放下便是人欲。"⑥要以敬管束静，先敬后静。他说："不问此心静与不静，只问此心敬与不敬，敬则心自静矣，譬如桶箍，才放下便八散了。"⑦深得娄谅器重的另一门生潘润，也得到娄谅主敬的真传，娄谅教

① 夏尚朴:《东岩集》卷六《祭娄一斋先生文》，景印文渊阁《四库全书》第1271册，台湾商务印书馆1986年版，第52页。
② 张廷玉:《明史》卷二八三《儒林二·娄谅传》，中华书局1974年版，第7263页。
③ 夏尚朴:《东岩集》卷六《祭娄一斋先生文》，景印文渊阁《四库全书》第1271册，台湾商务印书馆1986年版，第52页。
④ 夏尚朴:《东岩集》卷五《娄一斋先生行实》，景印文渊阁《四库全书》第1271册，台湾商务印书馆1986年版，第42页。
⑤ 黄宗羲著，沈芝盈点校:《明儒学案》卷二《崇仁学案二·教谕娄一斋先生谅》，中华书局1985年版，第44页。
⑥ 夏尚朴:《东岩集》卷一《语录》，景印文渊阁《四库全书》第1271册，台湾商务印书馆1986年版，第1页。
⑦ 夏尚朴:《东岩集》卷一《语录》，景印文渊阁《四库全书》第1271册，台湾商务印书馆1986年版，第3页。

导潘润主敬工夫要从日常的容貌言行开始，他说："致礼以治躬，外貌斯须不庄不敬，而慢易之心入之矣。致乐以治心，中心斯须不和不乐，而鄙诈之心入之矣。此礼乐之本，身心之学也。"①在娄谅的教诲下，潘润言动举止，率循矩度，而胸次坦然无纤芥可疑，望之者皆知其为君子。

娄谅在主敬的同时，又强调"主静""静修"，强调"心之妙用"，主张学问的"自然性"，这又充满了陆学的元素。他认为"求理契于心，求日用纯乎一理"。受娄谅影响，夏尚朴也喜谈心性，注重心体的洒脱自在，在功夫论上重顿悟，他说："然尝思之，天下无性外之物，而性无不在日用之间，种种发见，莫非此性之用。"②夏尚朴学宗《中庸》，以天心、天性教人，走入禅宗一路，被时人认为是禅学。

作为娄谅同窗挚友的胡居仁也讥其学近陆九渊，陷入异端之中。胡居仁说："如陈公甫、娄克贞皆是儒者陷入异教去。"批评娄谅："娄克贞说他非陆子之比，陆子不穷理，他却肯穷理。公甫不读书，他勤读书。以愚观之，他亦不是穷理，他读书，只是将圣贤言语来护己见，未尝虚心求圣贤指意，舍己以从之也。"③认为娄谅的格物致知，读书穷理，只是将圣贤言语来护己短而已，其实质是禅佛，是异端。多次劝告娄谅要踏踏实实做实工夫，不能好高骛远，醉心于高妙之域。庄定山的《寄理学一斋先生四首》则有"朱学本不繁，陆学亦非简。先生一笑中，皎月千峰晚"之句，意思娄谅承理学薪传，学兼朱、陆。

娄谅不仅在学术上强调敬，在日常起居中，也处处体现了敬字，规言矩行，谨守理学家的规范，时刻以程朱的圣贤理论指导自己的日用常行，以圣贤的标准严格要求自己。"先生之学，以主敬穷理为主，早起，深衣幅巾，拜于家祠，出御厅事，受家人诸生揖，唯二苍头侍焉。内外肃然，凛若朝廷，虽达官贵人，

---

① 夏尚朴：《东岩集》卷五《教谕潘德夫墓志铭》，景印文渊阁《四库全书》第1271册，台湾商务印书馆1986年版，第46页。

② 夏尚朴：《东岩集》卷四《答余子积书》，景印文渊阁《四库全书》第1271册，台湾商务印书馆1986年版，第31页。

③ 胡居仁撰，冯会明点校：《胡居仁文集》，江西人民出版社2013年版，第89页。

至者必整饬襟裾而入"①，使得"其私人家族生活充满浓厚的官府气息"②。

娄谅虽退老家中，然爱君忧国却很真诚。"每读邸报，见行一善政，用一善人，则喜动颜色。若事有病于政治之大者，必忧形于色，不啻身立其朝，目击其弊。"③他以正风俗为己任，"返乡之后，以矫正邻里风俗为己任"④，事无巨细都会加以晓谕禁戒，"郡邑政令，有不便于民者，必谏止之，有不善，惟恐先生知之，田里赖之稍安。先生既殁，小民困于贪渔者皆思先生之德。"⑤

娄谅去世后，广信府学教授余元默祭之以文曰："先生以刚毅之质，受业康斋之门，明正学，迪正道，为世鸿儒。非惟门生子姓恪遵其教，凡有官于此土者，亦皆有所惮而不敢为恶，是诚大有功于名教也。"⑥对娄谅一生作出中肯的评价。明代内阁首辅费宏在《一斋公像赞》中亦赞誉娄谅："师承康斋，道接朱程，阐发春秋，删订曲经，扶翼圣教，灿若日星。"⑦

4.娄谅弟子夏尚朴的理学思想

夏尚朴（1466—1538），字敬夫，号东岩，江西广丰人。著有《中庸语》《东岩集》。早年师从娄谅，学习其主敬之学，留下了"卓然竖起此心，便有天旋地转气象""才提起便是天理，才放下便是人欲"的著名论断⑧。主张"读书以

---

① 夏尚朴:《东岩集》卷五《娄一斋先生行实》，景印文渊阁《四库全书》第 1271 册，台湾商务印书馆 1986 年版，第 41 页。

② 邹建锋:《朱元璋至王阳明时期（1368—1528）中国行政管理思想研究》，社会科学文献出版社 2014 年版，第 145 页。

③ 夏尚朴:《东岩集》卷五《娄一斋先生行实》，景印文渊阁《四库全书》第 1271 册，台湾商务印书馆 1986 年版，第 42 页。

④ [日] 冈田武彦著，钱明审校，杨田译:《王阳明大传:知行合一的心学智慧》，重庆出版社 2015 年版，第 99 页。

⑤ 夏尚朴:《东岩集》卷五《娄一斋先生行实》，景印文渊阁《四库全书》第 1271 册，台湾商务印书馆 1986 年版，第 42 页。

⑥ 夏尚朴:《东岩集》卷五《娄一斋先生行实》，景印文渊阁《四库全书》第 1271 册，台湾商务印书馆 1986 年版，第 42 页。

⑦ 费宏:《一斋公像赞》，《杏阪娄氏宗谱》卷一，清嘉庆十八年（1813 年）刊本。

⑧ 夏尚朴:《东岩集》卷一《语录》，景印文渊阁《四库全书》第 1271 册，台湾商务印书馆 1986 年版，第 2 页。

求事理,应接事物以求当理"。正德初,赴京参加会试,见刘瑾乱政,慨然道:
"时事如此,尚干进乎?"遂不应试而归。正德六年(1511)中进士,授南京礼
部主事,再迁惠州知府,遭弹劾归家。嘉靖初,复起用为山东提刑副使,后升
南京太仆少卿,与魏校、湛若水等人日相讲习。

他在理气关系上,是朱熹学说的忠实信徒,强调理气相合。他说:"理与
气合,是浩然之气。才与理违,是客气。"①

夏尚朴的时代,正是阳明心学盛行时代,阳明心学大行于世,气势甚至压
倒了程朱理学,受此影响,夏尚朴也喜欢谈心说性。

在理心关系上,夏尚朴有很多论述,主张理在心中,理为心维。他说:
"人之一心,生理具足,与谷种一般。"②心自具生理,心是根本。他生动地
将心比作户枢,不能出于臼外。他说:"心犹户枢,户枢稍出臼外,便推移
不动。此心若出躯壳之外,不在神明之舍,则凡应事接物,无所主矣。"③
因此,他重视养心、唤醒本心,用心来管束天理,以存心养心为存理去欲
的功夫门径。夏尚朴认为天理与人欲此消彼长,"天理人欲,相为消长,
犹持衡之势,此重则彼轻"。存天理就可以遏制人欲对心灵的蒙蔽和污染,
让人心保持澄明的状态。存天理功夫多,心中的人欲自然就少,心灵清
明时候就多。因此,要做到清心寡欲,"多欲则事多,寡欲则事寡,无欲则
无事矣"④。

他提出了"真心""天心"之说。真心就是"发于义理者",是符合义理的
心,就是天人同有的生物之心。他说:"天地以生物为心。人能以济人利物为

---

① 夏尚朴:《东岩集》卷一《语录》,景印文渊阁《四库全书》第 1271 册,台湾商务印书馆
1986 年版,第 4 页。
② 夏尚朴:《东岩集》卷一《语录》,景印文渊阁《四库全书》第 1271 册,台湾商务印书馆
1986 年版,第 12 页。
③ 夏尚朴:《东岩集》卷一《语录》,景印文渊阁《四库全书》第 1271 册,台湾商务印书馆
1986 年版,第 10 页。
④ 夏尚朴:《东岩集》卷一《语录》,景印文渊阁《四库全书》第 1271 册,台湾商务印书馆
1986 年版,第 4 页。

心，则与天地之心相契，宜其受福于天也。"①人心要与天心合一，唤醒人最初的天性善端，让心保持"纤毫不染"的纯粹状态，就可以为善去恶。

他认为心是知觉的门径，强调了心的主观能动性。他说："耳之聪，止于数百步外；目之明，止于数十里外。惟心之思，则入于无间，虽千万里之外与数千万年之上，一举念即在于此，即此是神。"②

夏尚朴在功夫修养上，一方面采纳了周敦颐的主静存心说，主张无欲而静，主静就是要达到"无事""无欲"的境界。"盖中正仁义是理，主静是心。惟其心无欲而静，则此理自然动静周流不息矣。"③在主静存心的同时，又坚持和发挥其师娄谅的主敬之学，主静只是形式，要旨在敬，敬则心静、心安。他说："不问此心静与不静，只问此心敬与不敬，敬则心自静矣。譬如桶箍才放下，便八散了。"④敬就像"桶箍"，不能有丝毫的放松。"敬不是装点外事，乃是吾心之当然有不容不然者。"⑤他的名言"才提起便是天理，才放下便是人欲"⑥，受到不少学者的称赞。要以敬来存心，以敬主静。而存心的方式手段是通过读书来涵养此心，通过读书来求理。他说："读书以求事理，应接事物以求当理。"他批评陈献章的静坐，认为不仅好高骛远，流于空虚，类似禅佛，也不能除去私欲。但他到晚年多习养生，以佛家"无心"为念，又偏离朱子学，流入禅佛之域。

---

① 夏尚朴:《东岩集》卷一《语录》，景印文渊阁《四库全书》第1271册，台湾商务印书馆1986年版，第4页。
② 夏尚朴:《东岩集》卷一《语录》，景印文渊阁《四库全书》第1271册，台湾商务印书馆1986年版，第10页。
③ 夏尚朴:《东岩集》卷一《语录》，景印文渊阁《四库全书》第1271册，台湾商务印书馆1986年版，第4页。
④ 夏尚朴:《东岩集》卷一《语录》，景印文渊阁《四库全书》第1271册，台湾商务印书馆1986年版，第3页。
⑤ 夏尚朴:《东岩集》卷一《语录》，景印文渊阁《四库全书》第1271册，台湾商务印书馆1986年版，第4页。
⑥ 夏尚朴:《东岩集》卷一《语录》，景印文渊阁《四库全书》第1271册，台湾商务印书馆1986年版，第2页。

夏尚朴还强调在日用之间体验天理，践行天理。因为"天下无性外之物，而性无不在日月之间"。日用即道，天理就在日常生活之中，要在日用常行中，体验天理，要"日用间都安在义理上"①。

娄谅的另一弟子是潘润，字德夫，号玉斋，广丰人。他深得娄谅青睐，"诸生中独致重德夫。尝谓'潘生可谓文质彬彬者矣。'至辄留宿语连，日夜不倦"。娄谅教导他"致礼以治躬，外貌斯须不庄不敬，而慢易之心入之矣。致乐以治心，中心斯须不和不乐，而鄙诈之心入之矣。此礼乐之本，身心之学也。"②潘润终身以此为准绳，言动举止，率循矩度，而胸次坦然无纤芥，未尝因贫而废礼。

5."奋志圣贤之学"的罗伦

余干之学的重要学者还有罗伦。

罗伦（1431—1478），字彝正，号一峰，江西永丰人，学者称一峰先生。有《五经疏义》《周易说旨》《一峰集》传世。

罗伦勤奋好学，"家贫樵牧，挟书诵不辍"。14岁即授徒乡里，以资双亲。成化二年（1466）参加科举考试，"廷试，对策万余言。直斥时弊，名震都下。擢进士第一，授翰林修撰。"③成为丙戌科状元，授官翰林院修撰。

罗伦"奋志圣贤之学"，于《礼》《诗》《易》皆有研究。当然，他也不反对科举，曾说："举业非能坏人，人自坏之耳。"④后在永丰金牛山创金牛书院授徒讲学、著书立说，"以金牛山人迹不至，筑室著书其中，四方从学者甚众"⑤。

罗伦一生以圣贤为榜样，立志成圣成贤。他曾说："与其以一善成名，宁

---

① 夏尚朴：《东岩集》卷一《语录》，景印文渊阁《四库全书》第1271册，台湾商务印书馆1986年版，第9页。

② 夏尚朴：《东岩集》卷五《教谕潘德夫墓志铭》，景印文渊阁《四库全书》第1271册，台湾商务印书馆1986年版，第46页。

③ 张廷玉：《明史》卷一七九《罗伦传》，中华书局1974年版，第4747页。

④ 张廷玉：《明史》卷一七九《罗伦传》，中华书局1974年版，第4747页。

⑤ 张廷玉：《明史》卷一七九《罗伦传》，中华书局1974年版，第4750页。

学圣人而未至。"①学成圣人是他毕生的追求，无论在思想上还是在日用常行中都要效法圣贤，规行矩步，以求"无不合乎圣贤已行之成法"。他说："所以为圣贤，不必删述定作，如孔子折衷群圣，以垂宪万世也。不过求之吾心，致慎于动静语默、衣服饮食、五伦日用，以至辞受取舍、仕止久速，无不合乎圣贤已行之成法而已。"②因此，罗伦"刚而正"，品性可"正君善俗"③。《四库全书总目》在《〈一峰集〉提要》中，评价罗伦道："伦刚介绝俗，生平不作合同之语，不为软巽之行，冻馁几于死亡，而无足以动中，庶可谓之无欲。"④

　　他以圣贤为榜样，严于律己，淡泊富贵名利，严守伦理纲常。为维护伦常，罗伦以有违孝道，上书反对起复大学士李贤，在《谏李贤起复书》中，他说："窃谓明人伦，厚风俗，莫先于孝。"又说："夫为人君者，当举先王之礼教其臣；为人臣者，当守先王之礼事其君。"⑤最终因得罪李贤而贬为福建市舶司副提举。罗伦对有违礼教的李贤大加抨击，而对文天祥等忠臣烈士则无比崇敬赞叹！他在《宋文丞相祠堂记》中，大力歌颂"为臣死忠，为子死孝"的行为，认为文天祥之死，"可以动天地，可以感鬼神，可以贯日月，可以浮木石，可以正万世之人心，位万世之天常"⑥。认为圣贤之死与众人的差别在于，"生而必死，圣贤无异于众人也。死而不亡，与天地并久，日月并明，其惟圣贤乎?"⑦圣贤身体虽然死亡，但他的精神，可以死而不亡，与天地长久，与日月并明。

---

① 黄宗羲著，沈芝盈点校：《明儒学案》卷四五《诸儒学案·文毅罗一峰先生伦》，中华书局1985年版，第1074页。

② 黄宗羲著，沈芝盈点校：《明儒学案》卷四五《诸儒学案·文毅罗一峰先生伦》，中华书局1985年版，第1073页。

③ 黄宗羲著，沈芝盈点校：《明儒学案·师说·罗一峰伦》，中华书局1985年版，第6页。

④ 永瑢等：《四库全书总目》卷一七一《〈一峰集〉提要》，中华书局1965年版，第1491页。

⑤ 张廷玉：《明史》卷一七九《罗伦传》，中华书局1974年版，第4748页。

⑥ 罗伦：《一峰文集》卷四《宋文丞相祠堂记》，景印文渊阁《四库全书》第1251册，台湾商务印书馆1986年版，第686页。

⑦ 罗伦：《建昌府重修李泰伯先生墓记》，见《江西通志》卷一三〇《艺文九》，景印文渊阁《四库全书》第517册，台湾商务印书馆1986年版，第607页。

罗伦在家乡，倡行乡约，以圣贤之道，约束家人子弟。《明史》本传载："里居倡行乡约，相率无敢犯。"①他著有《戒族人书》，约束族人子弟，要求"盖未有治国不由齐家，家不齐而求治国，无此理也。何谓齐家？不争田地，不占山林，不尚争斗，不四强梁，不败乡里，不凌宗族，不扰官府，不尚奢侈。弟让其兄，侄让其叔，妇敬其夫，奴恭其主。只要认得一忍字，一让字，便齐得家也。其要在子弟读书与礼让。"②

罗伦在学术"守宋人之途辙，学非白沙之学也，而皭然尘垢之外，所见专而所守固耳。"③他的学术创新有限，在融合朱、陆思想的同时，有很明显的心学倾向，认为道之本在于人心。他说："道之本于人心，见于日用，载之圣贤之经者，固无古今也。"④视心为万物之主宰，也是道德的主体和是非判断的标准，提高了心的主体地位。认为道为太极，为理，而心具此理，所以心为至大。他说："夫天生物也，人为贵焉。人之为贵也，心焉。"⑤虽然心是身之主宰，但心又须通过学才能正。他说："心虽主宰乎是纲，非学则有所惑，纲何从而正？心虽维持乎是目，非学则有所蔽，目何从而举？此学也者，又所以正其心而为正大纲、举万目之根本也。"⑥主张治己先治心。他说："治己必先治心，心者舟之柁也，欲正其舟，而不正其柁，可乎？"⑦

在修养方法上，罗伦主张反身内求，持静涵养，以主静为修养的手段，这

---

① 张廷玉：《明史》卷一七九《罗伦传》，中华书局 1974 年版，第 4750 页。

② 罗伦：《戒族人书》，见王竞成主编：《中国历代名人家书》，国际文化出版公司 2009 年版，第315 页。

③ 黄宗羲著，沈芝盈点校：《明儒学案》卷四五《诸儒学案·文毅罗一峰先生伦》，中华书局1985 年版，第 1072 页。

④ 罗伦：《一峰文集》卷五《明伦堂记》，景印文渊阁《四库全书》第 1251 册，台湾商务印书馆 1986 年版，第 698 页。

⑤ 罗伦：《一峰文集》卷二《送陈公甫先生序》，景印文渊阁《四库全书》第 1251 册，台湾商务印书馆 1986 年版，第 649 页。

⑥ 罗伦：《一峰文集》卷一《廷试策》，景印文渊阁《四库全书》第 1251 册，台湾商务印书馆1986 年版，第 634 页。

⑦ 黄宗羲著，沈芝盈点校：《明儒学案》卷四五《诸儒学案·文毅罗一峰先生伦》，中华书局1985 年版，第 1072 页。

与庄昶、陈献章的方法相近。因此，四库馆臣在《定山集》提要中指出：庄昶"与陈献章、罗伦皆讲主静之学，实开姚江之先"①。罗伦也讲主静，但更强调主敬，罗伦的"静"是实宗程朱的"主敬"之说的。这与陈献章"观书博识，不如静坐"，以静坐作为发明本心的工夫是不同的，既有"反求于心"，径向心上求之意，同时，也重视读书，在日用间应接事物等下达工夫，看重日常的积累与苦修。他主张读圣贤之书，然后反身内求，以明心中固有之理。《明儒学案》谓罗伦之学"持敬为本，以存其虚；防动之流，以守其一。虚则内有主而不出，一则外有防而不入，则物不交于无矣"②。他又主张敬与静结合，他说："人之生也，静感而后动生焉。性，静也，天下之大本也；情，动也，天下之达道也。心统性情，妙动静之主也。敬以居之，养其静而制其动也。"③注重道德践履与修养，并没有步入空疏和玄虚之中。因此，黄宗羲说其"守宋人之途辙"。

罗伦与陈献章不仅学术上非常接近，且两人情谊深厚，"伦与陈献章称石交"④。罗伦在《送陈公甫先生序》中，评价陈献章道："观天人之微，究圣贤之蕴，充道以富，尊德以贵，天下之物，可爱可求，漠然无动于中者。"⑤对陈献章充满赞叹和钦佩。

陈献章亦对罗伦的英年早逝，深为惋惜，他亲至罗伦墓前拜祭，作《告罗一峰墓文》，赞叹罗伦："见贤必亲，闻善必录，遇恶必摧……而平生念虑所存，其大者正君，正朝廷，正三纲，正万民，正四方。"⑥又作《罗伦传》，评

---

① 庄昶：《定山集》提要，景印文渊阁《四库全书》第1254册，台湾商务印书馆1986年版，第145页。

② 黄宗羲著，沈芝盈点校：《明儒学案》卷四五《诸儒学案·文毅罗一峰先生伦》，中华书局1985年版，第1073页。

③ 永瑢等：《四库全书总目》卷一七一《一峰集提要》，中华书局1965年版，第1491页。

④ 永瑢等：《四库全书总目》卷一七一《一峰集提要》，中华书局1965年版，第1491页。

⑤ 罗伦：《一峰文集》卷二《送陈公甫先生序》，景印文渊阁《四库全书》第1251册，台湾商务印书馆1986年版，第649页。

⑥ 陈献章撰，孙通海点校：《陈献章集（上册）》卷一《告罗一峰墓文》，中华书局1987年版，第117页。

价他:"伦之必为君子而不为小人,皎然矣。如伦之才,少贬以徇人,虽欲穷晦其身,宁可得也?以其所学进说于上,世目之以为狂,何足怪也。……伦才大不及志,其青天白日足称云。"①陈献章认为,罗伦不仅是一代文星与气节奇伟的名士,更是一位卓立于世的豪杰之士,其学行可配青天白日。

胡居仁也与罗伦关系密切,两人书信往来不断,探讨学问。胡居仁在《奉罗一峰》信中,讨论了程、朱所传圣人之道的特点,两人工夫进路的差异,认为主敬存心工夫,一怕不真,二怕间断。"程夫子、朱夫子俱传圣人之道。其全体大用,无不同者。然其工夫造极,亦不能无大同小异处。如程子言'涵养须用敬,进学则在致知'。朱子又作《敬斋箴》,又言'主敬以立其本,穷理以进其知,使本立而知益明,知精而本益固。'愚意此圣贤千百世为学之要法。"②只有做到居敬穷理,才有本体工夫。在为学工夫中,首先最怕做得不真,其次则怕工夫间断。要传圣贤之道,须实做圣贤工夫,稍有所偏,便为全体之害。胡居仁特别对罗伦有志于圣人之道,深感欣慰,认为这是"天悯斯道之孤,生此豪杰,共任倡兴之责欤"③。

《明史》评价罗伦"伦为人刚正,严于律己。义所在,毅然必为,于富贵名利泊如也。里居倡行乡约,相率无敢犯。"④四库馆臣在肯定罗伦学术品行的同时,对其个性也有批评:"虽执义过坚,时或失于迂阔,又喜排垒先儒传注成语,少淘汰之功,或失于繁冗,然亦多心得之言,非外强中干者比也。"⑤

6.晓达天下国家事的张元祯

张元祯(1437—1506),字廷祥,别号东白,江西南昌人。他笃好濂、洛、关、闽之书,卓然以斯道自任,但学术上"一禀前人成法"。著有《东白集》二十四卷。

① 陈献章撰,孙通海点校:《陈献章集(上册)》卷一《罗伦传》,中华书局1974年版,第100页。
② 胡居仁撰,冯会明点校:《胡居仁文集》,江西人民出版社2013年版,第141页。
③ 胡居仁撰,冯会明点校:《胡居仁文集》,江西人民出版社2013年版,第140页。
④ 张廷玉:《明史》卷一七九《罗伦传》,中华书局1974年版,第4748页。
⑤ 永瑢等:《四库全书总目》卷一七一《一峰集提要》,中华书局1965年版,第1491页。

他曾家居 20 年，潜心理学，强调心的作用。黄宗羲认为，他所说"是心也，即天理也"，"已发生阳明'心即理也'之蕴"，"寂必有感而遂通者在，不随寂而泯；感必有寂然不动者存，不随感而纷"已先发阳明"未发时惊天动地，已发时寂天寞地"之蕴，称赞他"于此时言学心理为二，动静交致者，别出一头地矣"①。

胡居仁与张元祯关系密切，两人书信不断，在《胡文敬集》中，就存有两人往返书信 10 通。

胡居仁对张元祯寄予厚望，期望他承担起开启圣贤之学的重任。胡居仁说道："今之士习不美，只缘科举功利害之。能脱此累者，又皆过于高妙，沦于空虚。其所以正人心，振士气，其责岂不在吾之廷祥乎？"②要张元祯指示后学步入圣贤之域的门径。认为"今之学者，切实为己者甚少。若非主教者真体实践，以开圣贤门路，指示圣贤工夫，后学如何下手？"他们共同分析了当时士子们的通病："大抵人之为学易偏，苟无真儒为之依归，则高者入于空虚，卑者流于词章功利，是以依乎中庸为难。且好高妙，厌卑近；好奇异，厌平实；喜宽纵，惮绳检，此学者之通病。又有以智计处事以为有才，反流于诈妄者。"③而导致士习不美的根本原因，就是由于科举考试的功利之害。他把功利与异端看作是圣贤之道的两大危害。"窃意圣道之大害有二：功利、异端也。功利之害人虽众，然皆中人也，其失易知，故其害亦浅。老、佛所引陷者，皆中人以上之人，其才高，其说妙，非穷理精者，莫能窥其失。以二氏论之，佛氏之害尤大。"④

与学术的成就相比，张元祯在政治上更有作为，多次担任朝廷要职，晓达国家政事，并任经筵主讲，成为帝王之师。因此章懋说："今日士大夫晓达天下国家事，惟张廷祥。"⑤四库馆臣对张元祯却持否定态度，其《〈东白集〉提要》云："元祯以讲学为事，其在讲筵，请增讲《太极图》《西铭》《通书》。夫帝王

①　黄宗羲著，沈芝盈点校：《明儒学案》卷四五《诸儒学案上三·侍郎张东白先生元祯》，中华书局 1985 年版，第 1085 页。

②　胡居仁撰，冯会明点校：《胡居仁文集》，江西人民出版社 2013 年版，第 147 页。

③　胡居仁撰，冯会明点校：《胡居仁文集》，江西人民出版社 2013 年版，第 144 页。

④　胡居仁撰，冯会明点校：《胡居仁文集》，江西人民出版社 2013 年版，第 163 页。

⑤　章懋：《枫山章先生语录》，商务印书馆 1939 年版，第 22 页。

之学，与儒者异，讵可舍治乱兴亡之戒，而谈理气之本原。史称后辈姗笑其迂阔，殆非无因矣。其诗文朴素无华，亦刻意摹拟宋儒，得其形似也。"①

第四节　明中后期鄱阳湖地区学者对程朱理学的坚守

明代中期以后，除罗钦顺之外，鄱阳湖地区传承程朱理学的学者，也不乏其人，较为著名的有弋阳汪俊、进贤舒芬、吉水李中等。

一、学宗洛闽的汪俊

汪俊（约 1469—1538）字抑之，又字升之，号石潭，学者称为石潭先生，江西弋阳人。弘治六年（1493），汪俊会试第一，授庶吉士，翰林院编修，正德初，参与修撰《孝宗实录》，因不肯附和刘瑾，被调任南京工部员外郎。直到刘瑾被诛后，才官复原职，任翰林院侍读学士。嘉靖元年（1522），任吏部左侍郎，不久，任礼部尚书，后来在议"大礼"中，他力主宋儒之议，反对尊兴献王为皇考，违逆世宗之意，落职罢官。

汪俊行谊修洁，立朝光明，言行正直，文笔精炼。费宏称赞其"文名藉世满乾坤"，著有《濯旧稿》。《明史》本传评价他道："俊行谊修洁，立朝光明端介，学宗洛闽，与王守仁交好，而不同其说。"②

汪俊之学，尊崇程朱，"先生之学，以程朱为的"。他认为阳动阴静、流行而不息，而产生自然万物。他在《濯旧》中写道："阳伸阴屈，发而为春夏，动也；阳屈阴伸，敛而为秋冬，静也。此天地之化，运行而不已也。"③ 因此，

---

① 永瑢等：《四库全书总目》卷一七五《〈东白集〉提要》，中华书局 1965 年版，第 1559 页。

② 张廷玉：《明史》卷一九一《汪俊传》，中华书局 1974 年版，第 5060 页。

③ 黄宗羲著，沈芝盈点校：《明儒学案》卷四八《诸儒学案中二·濯旧》，中华书局 1985 年版，第 1142 页。

他在天道观上，主张"以阳动阴静、流行而不息者为心，而其不易之常体则性也。性虽空无一物，而万化皆从此出。故性体也，心用也，浑然不可分析。以造化言之，天高地下，万物散殊，无处非气之充塞也，天不得不高，地不得不下，物之本乎天者亲上，本乎地者亲下，亘万古而不易，即是理也，亦浑然不可分析也。"① 在心性关系上，认为心是气之主，而性则是心之体。他说："目能视，耳能听，口能言，心能思，皆气也，而心为之主。性则心之体，有不涉于气者。"他尤其推崇程子，认为朱熹在理气关系上，把理气分为二者，也不尽合程子之旨。他说："朱子分理、气两言之，曰'得气以成形，得理以为性'，恐非程、张本旨。"② 对朱熹的理气观提出批评，"乃朱子谓性是心所具之理，若是乎心为车也，性为车所载之物也。歧心性而二之，犹之歧理气而二之也，非程子之旨也。"③ 杨时乔认为他发明道体，可谓独见。

汪俊与王阳明交好，而不认同其学说，认为王阳明言性不分理气，"著说非之"，批评王学"不从穷事物之理，守吾此心，未有能中于理者"④。

隆庆元年（1567）赠少保，谥文庄。王慎中《遵岩集》卷一九有《祭汪石潭公文》。

二、舒芬：以倡明绝学为己任

舒芬（1487—1531），字国裳，号梓溪，南昌进贤人，学者称其"梓溪先生"。正德十二年（1517）状元，任翰林院修撰。他正直敢言，对明武宗微服

---

① 黄宗羲著，沈芝盈点校：《明儒学案》卷四八《诸儒学案中二》，中华书局1985年版，第1141页。
② 黄宗羲著，沈芝盈点校：《明儒学案》卷四八《诸儒学案中二》，中华书局1985年版，第1144页。
③ 黄宗羲著，沈芝盈点校：《明儒学案》卷四八《诸儒学案中二》，中华书局1985年版，第1141页。
④ 黄宗羲著，沈芝盈点校：《明儒学案》卷四八《诸儒学案中二》，中华书局1985年版，第1141页。

出访，巡游无度，多次劝谏，认为"以天子之尊下同庶人，舍大辂衮冕而赢车褒服是御，非所以辨上下，定礼仪"①。他又执意反对武宗南巡，触怒武宗，被罚跪阙下五日，期满复杖三十，几送性命。世宗即位后，才官复原职，但在议"大礼"中，违逆世宗之意，而下狱廷杖，不久因母丧归家，年仅44岁而卒。

他"学贯诸经，兼通天文律历，而尤精于《周礼》。尝曰'《周礼》视《仪礼》《礼记》，犹蜀之视吴、魏也。'"②著有《梓溪文钞》。

舒芬曾与王阳明一起论学，两人关系密切，然而在学说上，他仍尊崇理学，"以倡明绝学为己任"，"以濂溪得斯道之正脉，故于《太极图说》为之绎义"。舒芬操守甚严，"芬丰神玉立，负气峻厉，端居竟日无倦容，夜则计过自讼"③。世人称之为"忠孝状元"，万历中追谥"文节"。

三、李中之学，以存养为要

李中（1478—1542），字子庸，江西吉水人，因居于谷平之里，学者称"谷平先生"。明正德九年（1514）进士，授刑部主事，历官广东佥事、广西左参议、山东巡抚、都察院副御史、总督南京粮储等职。他为学长于考据，"先生受学于杨玉斋之门。玉斋名珠，其学自传注以溯濂、洛，能躬理道，不苟荣势，贫老而无子，横经授徒，未尝见戚容。弟子出其门者，以解释考据为名家，然自谓所学不在是也。"④李中曾讲学于五经书院，著有《谷平日录》《谷平文集》五卷。

李中之学，以存养为要。认为"学只有存养，省察是存养内一件"⑤。王

---

① 张廷玉：《明史》卷一七九《舒芬传》，中华书局1974年版，第4760页。
② 张廷玉：《明史》卷一七九《舒芬传》，中华书局1974年版，第4762页。
③ 张廷玉：《明史》卷一七九《舒芬传》，中华书局1974年版，第4762页。
④ 黄宗羲著，沈芝盈点校：《明儒学案》卷五三《诸儒学案下一》，中华书局1985年版，第1261页。
⑤ 黄宗羲著，沈芝盈点校：《明儒学案》卷五三《诸儒学案下一》，中华书局1985年版，第1261页。

阳明任南赣巡抚时，"檄李中参其军事，预平宸濠"①。因此，他深受王阳明的影响，强调心的作用，主张心即理，理即心，以心为天下之大本。他说："存天理，只是始学者论，语其极，则心即理，理即心，何以言存天理哉？凡言存天理，心尚与理为二。"②认为人得天地之心以为心，故人之心即天地之心。强调"为学要以心为本"，必须存养以"全此心"，而明心、主敬、省察则是存养此心的途径。他说："凡看经传，皆以明此心为务，观一物，处一事，皆有以验此心之所形，则无往而非养心之学矣。心外无物，物外无心，心无内外也，要人自理会。"③主张以敬养心，"涵养须用敬，所以养此心也"。

他又主张"圣人之道，理一而分殊"。他说："儒者之学，理一而分殊，分不患其不殊，所难者理一耳。"④分殊是自然的，所谓"理一"，就是"宇宙只一理"，这一理就是"公"。圣人之教，就是要去除自私之蔽，而廓然大公。罗洪先曾求学于李中，《明史》本传载："门人罗洪先、王龟年、周子恭皆能传其学。"⑤

明代中期以后，虽有上述学者依旧坚守程朱理学阵地，"但是，明中期以后江西传程朱之学者只是承其余绪，虽有罗钦顺独守程朱而稍有变通，但终无重大影响，与心学相比，显得极为微弱"⑥。

---

① 张廷玉：《明史》卷二〇三《李中传》，中华书局 1974 年版，第 5362 页。
② 黄宗羲著，沈芝盈点校：《明儒学案》卷五三《诸儒学案下一·谷平日录》，中华书局 1985 年版，第 1262 页。
③ 黄宗羲著，沈芝盈点校：《明儒学案》卷五三《诸儒学案下一·谷平日录》，中华书局 1985 年版，第 1267 页。
④ 黄宗羲著，沈芝盈点校：《明儒学案》卷五三《诸儒学案下一》，中华书局 1985 年版，第 1261 页。
⑤ 张廷玉：《明史》卷二〇三《李中传》，中华书局 1974 年版，第 5363 页。
⑥ 方志远：《江西通史》（第 8 卷，明代卷），江西出版集团、江西人民出版社 2008 年版，第 359 页。

第五节　明代鄱阳湖地区理学的基本特征

江西尤其是鄱阳湖地区素有"理学渊薮"之称，明代更是该地区理学发展的鼎盛时期。明代鄱阳湖地区理学的传承发展，呈现出鲜明的特色：理学家们尊信程朱，捍卫道统，以求道、卫道为己任；批判佛禅，驳斥老庄，论辩阳明，竭力维护程朱理学的正统地位；在学术上又兼采朱、陆之长，突出"心"的地位，强调主敬存心；在修养上克己安贫、重视为己之学，文节俱高；在学风上倡导学贵践履，实学经世。

一、以求道卫道为己任

明初程朱理学一统天下，"使天下之士，一尊朱氏……非朱氏之言不尊"[①]。进入了理学的述朱期。在这种学术氛围下，鄱阳湖地区的理学家们崇信程朱，奋志圣贤之学，表现出强烈的"求道""卫道"热情。

吴与弼在读了《伊洛渊源录》之后，"伏睹道统一脉之传，不觉心醉，而于明道先生猎心之说，尤为悚动。……于是思自奋励，窃慕向焉，既而尽焚当时举子文字，誓必至乎圣贤而后已。"[②]从此立志圣贤之道，认为"尽圣贤之道，乃学问之大本也"，于是放弃举业，以传承程朱理学为己任。

胡居仁一生"奋志圣贤之学"，在明代"正道显晦，异学争鸣之日……毅然以斯道自任"[③]，成为明初诸儒中恪守朱学最醇者。娄谅的弟子夏尚朴也评价其师娄一斋"先生以刚毅之质，受业康斋之门，明正学，迪正道，为世鸿儒，非惟门生子弟恪遵其教，凡有官于此土者，亦皆有所惮而不敢为恶，是诚大有

---

① 何乔远：《名山藏》（第七册）《儒林记上》，广陵书社 1993 年版，第 5194 页。
② 吴与弼：《康斋集》卷一二《跋伊洛渊源录》，景印文渊阁《四库全书》第 1251 册，台湾商务印书馆 1986 年版，第 587 页。
③ 胡居仁撰，冯会明点校：《胡居仁文集》，江西人民出版社 2013 年版，第 10 页。

功于名教也"①。一峰先生罗伦，为学"守宋人之途辙"，"其学专守宋学，精研经学、义理，与白沙心学相近又不尽相同"。敬佩圣贤豪杰，学成圣贤成为他毕生的追求，并在言行上效法前贤，规行矩步，以求"无不合乎圣贤已行之成法而已"②。张元祯也卓然以斯道自任，笃好濂、洛、关、闽之书。

被称为"紫阳功臣"的罗钦顺，从小立志"为圣人之徒"，"潜心格物致知之学"，一生以求道、卫道为己任，常谓"卫道身微每自珍"。即便在阳明心学大行其道，门徒遍天下，大江南北翕然从之的形势下，他如中流砥柱，依旧笃守程朱，对其学说崇信不疑，对"孔、曾、思、孟之书，周、程、张、朱之说，是崇是信"③。

由此可见，尊信程朱，捍卫道统，恪守圣贤之道，成为明代鄱阳湖地区理学家的共同特征。

二、批判佛、老，捍卫程朱的正统地位

鄱阳湖地区素来禅风鼎盛，是佛禅重要的传播基地。东晋慧远在庐山东林寺宣扬佛法，使之成为净土宗的祖庭。七祖行思，在青原山净居寺光大南禅，高僧云集，南禅"五家七宗"之中，曹洞、沩仰、临济、杨岐、黄龙五宗都与江西鄱阳湖地区结下不解之缘，而且曹洞、黄龙、沩仰、杨岐宗的本山就在江西。

道教在鄱阳湖地区也生根发展，陆修静在庐山简寂观，编《三洞经书目录》。第一代天师张道陵，在东汉末年来到贵溪龙虎山，炼丹修道，自第四代天师张盛开始，龙虎山成为历代天师的世袭领地，堪称道教的"耶路撒冷"。

可以说，佛、道二教在鄱阳湖地区有着深厚的土壤，对该地区的社会文化

---

① 夏尚朴：《东岩集》卷五《娄一斋先生行实》，景印文渊阁《四库全书》第 1271 册，台湾商务印书馆 1986 年版，第 42 页。

② 黄宗羲著，沈芝盈点校：《明儒学案·师说·罗一峰伦》，中华书局 1985 年版，第 6 页。

③ 罗钦顺著，阎韬点校：《困知记》卷下，中华书局 1990 年版，第 25 页。

影响深远。

明代鄱阳湖地区的理学家们，为捍卫程朱学说，致力于对佛、道的批判，认为它们是危及圣学的异端，而对其痛加批驳。

吴与弼曾感叹道："宦官、释氏不除，而欲天下治，难矣！"① 把宦官、佛教的泛滥，看成是明代政治的两大毒瘤，唯有割之而后快。

胡居仁更是一个批判佛、道的勇猛斗士，"先生之辨释氏尤力"。他以"明王道""辟异端"为己任，对佛、道二教进行了猛烈的批判。胡居仁认为禅佛有损圣人之道，他说："杨、墨、老、佛、庄、列，皆名异端，皆能害圣人之道。为害尤甚者，禅也。"因为"禅家害道最甚，是他做功夫与儒家最相似"。佛教顿悟速成的易简工夫，使很多学者，为求捷径，放弃了格物致知的长期修炼，放弃了对圣贤之道的不懈追求，而流入于佛禅的速成顿悟之中。禅佛不仅害人心，且对社会国家也毫无用处。他说："今天下第一无用是老释……如老释与俗儒，在天下非但无用，又害了人心。"② 佛教徒为了自己的一己私利，为了个人所谓的修行圆满，灭绝了天地人伦，不顾苍生百姓，抛却了本应承担的社会责任，其行径背弃天理，其根源就在于一个"私"字。"释氏以自私之心，强包括天地万物，故背逆天地，绝灭人物。"③

胡居仁对道家的"无为""无思"等论调，对其"以虚无为本"的理论，也进行了批判。认为"老氏谈道德，然以虚无玄妙为道德，适足灭其道德"④。"老、庄之说最妄，老氏虽背圣人之道，未敢侮圣人，庄子则侮圣人矣。"⑤

罗钦顺更是"详细讨论佛学的第一个中国学者"。他认为禅佛是危及孔门圣学的一大异端。"异端之说，自古有之，考其为害，莫有过于佛氏者。"⑥ 因

---

① 张廷玉：《明史》卷二八二《儒林传一·吴与弼传》，中华书局 1974 年版，第 7240 页。

② 胡居仁撰，冯会明点校：《胡居仁文集》，江西人民出版社 2013 年版，第 70 页。

③ 胡居仁撰，冯会明点校：《胡居仁文集》，江西人民出版社 2013 年版，第 18 页。

④ 胡居仁撰，冯会明点校：《胡居仁文集》，江西人民出版社 2013 年版，第 81 页。

⑤ 胡居仁撰，冯会明点校：《胡居仁文集》，江西人民出版社 2013 年版，第 86 页。

⑥ 罗钦顺著，阎韬点校：《困知记》续卷上，中华书局 1990 年版，第 46 页。

为"释氏至于废弃人伦，灭绝天理，其贻祸之酷，可胜道哉！"①他对佛禅以心为性，以性为觉，觉外无余事，抛却格物致知功夫等进行了深刻的批判，对佛禅"明心见性""虚无唯灵"及"顿悟说"进行了学理上的剖析。强调儒、佛最根本的区别在于"圣人本天，佛氏本心"。明儒高攀龙称赞罗钦顺道："先生于禅学尤极探讨，发其所以不同之故，自唐以来，排斥佛氏，未有若是之明且悉者。"②黄宗羲也认为罗钦顺的辟佛，有大功于圣门。

三、兼采朱、陆之长，倡导主敬存心

明代鄱阳湖地区的理学家，受当时学术环境的影响，很少致力于宇宙本体论的探讨，因为"自考亭以还，斯道大明，无烦著作，直须躬行耳"③。认为在本体论上，宋代程、朱等大儒已剖析明白，没有再深入探讨的必要，只要"尊而行之"即可。因此，他们在学术上"一禀前人成法"，"守宋人之途辙"，"皆朱子门人之支流余裔，师承有自，矩矱秩然"④。在理气心性等命题上恪守、承袭程朱学说。

在"一禀前人成法"的同时，也有有限的创新。他们在朱学的基础上，吸收了心学的因素，兼采朱、陆之长，融为一体，重视心的作用，尤其强调主敬存心。

在心性论上，吴与弼在继承朱熹心性体用关系的同时，又有所改造，在朱学中杂入了陆学思想，将"心"提升为核心概念。认为"寸心含宇宙，不乐复如何？"⑤他说："夫心，虚灵之府，精明之舍，妙古今而贯穹壤，主宰一身而

---

① 罗钦顺著，阎韬点校：《困知记》卷上，中华书局1990年版，第2页。

② 黄宗羲著，沈芝盈点校：《明儒学案》卷四七《诸儒学案中一·文庄罗整庵先生钦顺》，中华书局1985年版，第1110页。

③ 张廷玉：《明史》卷二八二《儒林传一》，中华书局1974年版，第7229页。

④ 张廷玉：《明史》卷二八二《儒林传一》，中华书局1974年版，第7222页。

⑤ 吴与弼：《康斋集》卷一《道中作》，景印文渊阁《四库全书》第1251册，台湾商务印书馆1986年版，第368页。

根柢万事。"① 确立了心的本体地位，成为明代"心学"第一人。

在修养方法上，提出了"反求吾心"的修心方法。认为"理"是"吾心固有"，只是被气禀所拘，蒙有尘垢，故须通过"反求吾心"的浣洗功夫，去除尘垢，露出心中固有的天理与善性，通过"洗心""磨镜"的"反求内心"功夫，达到"心性纯然"的境界。在存心方法上，吴与弼提出了"主敬存心"和"静中存心"的涵养方法，把"敬义夹持"当作"洗心之要法"，尤其注重"平旦之气"的静观和"枕上"的冥悟夜思。他的学问，正如刘宗周所谓"先生之学，刻苦奋励，多从五更枕上、汗流泪下得来"②。其主静穷理的涵养方法已经偏离了朱熹用读书"摄管此心"的轨道，接近于陆九渊的本心说。

胡居仁提出了"心与理本一"的心理观。他说："盖心具众理，众理悉具于心，心与理一也。"③将心与理都视为宇宙的本体，把理本论与心本论融为一体，主张"存心穷理，交致其功"。胡居仁"一生得力于敬"④，把"主敬存心"作为工夫本原，认为主敬开圣学门庭，是千古为学要法，将程朱的主敬学说从内涵和外延上都得以丰富。

同样，娄谅之学"以主敬躬理为主"⑤，把吴与弼的"洗心""涵养此心"学说，进一步阐发为"以收放心为居敬之门，以何思何虑，勿忘勿助为居敬要旨"⑥。张元祯则有"是心也，即天理也"的著名论断，黄宗羲认为他已先发王阳明"未发时惊天动地，已发时寂天寞地"之蕴。被誉为"宋学中坚"的罗钦顺则"专力于穷理、存心、知性"⑦。

---

① 吴与弼：《康斋集》卷一〇《浣斋记》，景印文渊阁《四库全书》第1251册，台湾商务印书馆1986年版，第561页。

② 黄宗羲著，沈芝盈点校：《明儒学案·师说·吴康斋与弼》，中华书局1985年版，第3页。

③ 胡居仁撰，冯会明点校：《胡居仁文集》卷一《心性》，江西人民出版社2013年版，第15页。

④ 黄宗羲著，沈芝盈点校：《明儒学案》卷二《崇仁学案二》，中华书局1985年版，第29页。

⑤ 夏尚朴：《东岩集》卷五《娄一斋先生行实》，景印文渊阁《四库全书》第1271册，台湾商务印书馆1986年版，第41页。

⑥ 黄宗羲著，沈芝盈点校：《明儒学案》卷二《崇仁学案二》，中华书局1985年版，第44页。

⑦ 张廷玉：《明史》卷二八二《儒林传一》，中华书局1974年版，第7237页。

由于鄱阳湖地区既是朱学传播的重要阵地，又是陆学的大本营，因此，鄱阳湖地区的理学家们有明显的兼综朱、陆的趋向，具有"和会朱、陆"的学术传统。宋元之际，汤汉"补两家之未备，是会同朱陆之最先者"①。而元代吴澄更是集和会朱、陆之大成。明代江西理学家们，在继承、恪守朱学的同时，也吸收了陆学的本心论，以治心养性、主敬存心作为工夫要领，以避免朱学的"支离"之弊。

四、克己安贫，文节俱高

明代鄱阳湖地区的理学家们以圣贤之道，指导自己的日常修行，厉行品德修养，以克己安贫为实地，崇尚道德涵养，追求心灵净化，将人格修养，视为人生第一要义，努力做到"文节俱高"。

他们重视道德践履功夫，安贫守道，穷不改节。强调"为己"之学，重视涵养德性，砥砺节操，经受艰难困苦的磨炼。吴与弼说："至于学之之道，大要在涵养性情，而以克己安贫为实地。"②

他主张要在日常生活中涵养性情，尤其在艰苦的环境中磨炼自己。他生活贫困，躬耕自食，但淡泊自乐，严守操行，"非其义，一介不取"③，做到贫不移志。吴与弼一生"随分、节用、安贫"，"盖七十年如一日，愤乐相生，可谓独得圣贤之心精者"④。在贫病交加之中守节依旧，效法颜子贫中取乐的达儒精神，"誓虽寒饥死，不敢易初心"⑤。李贽称赞吴与弼的人品，"公风格高迈，议论英伟，胸次洒落，师道尊严，善感悟启发人，其学术质任自然，务涵养性

---

① 黄宗羲著，沈芝盈点校：《宋元学案》卷八四《存斋晦静息庵学案》，中华书局 1986 年版，第 2843 页。

② 黄宗羲著，沈芝盈点校：《明儒学案·师说·吴康斋与弼》，中华书局 1985 年版，第 3 页。

③ 张廷玉：《明史》卷二八二《儒林传一》，中华书局 1974 年版，第 7240 页。

④ 黄宗羲著，沈芝盈点校：《明儒学案·师说·吴康斋与弼》，中华书局 1985 年版，第 3 页。

⑤ 黄宗羲著，沈芝盈点校：《明儒学案》卷一《崇仁学案一》，中华书局 1985 年版，第 25 页。

情，有孔门陋巷风雩之意"①。

胡居仁也是"慕道安贫，日寻孔、颜之乐，穷经讲学，深得濂、洛之传"②。虽然"家贫甚，鹑衣箪食，尚不继，或为之虑。胡曰：'身已闻义，屋已闻书，大处足矣，不必琐求。'"③他身穿缀满补丁的衣服，吃着粗劣的饭食，但怡然自得，看淡了物质的贫富，追求的是道德的完美和心灵的愉悦。他决意仕进，淡泊名利，"与人语，终日不及利禄"，"一切势利纷华，举不足以动其心"。不因穷困而废学，不因贫贱而移志，持身"严毅清苦，左绳右矩，每日必立课程，详书得失以自考。虽器物之微，区别精审，没齿不乱。"④时刻以圣贤标准严格要求自己，在贫困中守节依旧，用苦行僧式的修炼，期待成为凡间的圣人。

罗伦严于律己，淡泊富贵名利，其人品为时人推重，赞叹其品行可以"正君善俗"。《明史》也评价他："伦为人刚正，严于律己。义所在，毅然必为，于富贵名利泊如也。"⑤罗钦顺更不愧圣人之徒，立身行世可钦可典，其德行如浑金美玉。他说："有志于道者，必透得富贵功名两关，然后可得而入。"⑥要摒弃有我之私，摆脱富贵贫贱、功名利禄的缠扰，才可步入圣贤之域。

鄱阳湖地区的理学家们明道重义，重义轻利，认为"凡事须断以义，计较利害，便非"，淡化了对功名的追求，不醉心于科场的成败，不皓首穷经，视科举为生命的唯一。他们把程朱理说向着专讲心性修养、追求道德人格的方向发展，以程朱成圣成贤的理论指导自己的道德实践且"尊而行之"。他们笃志力行，淡泊名利，独善其身，以高尚的品德赢得了世人的尊重。

---

① 李贽：《续藏书》卷二一《聘君吴公》，中华书局 1974 年版，第 1391 页。

② 杨希闵编：《胡文敬公年谱》，北京图书出版社 1999 年版。

③ 区作霖、冯兰森修，曾福善纂：同治《余干县志》卷一二《人物志二理学》，清同治十一年（1872）刻本。

④ 黄宗羲著，沈芝盈点校：《明儒学案》卷二《崇仁学案二》，中华书局 1985 年版，第 29 页。

⑤ 张廷玉：《明史》卷一七九《罗伦传》，中华书局 1974 年版，第 4750 页。

⑥ 罗钦顺著，阎韬点校：《困知记》卷上，中华书局 1990 年版，第 12 页。

五、学贵践履、不尚空谈

明代鄱阳湖地区的理学家们，提倡"学贵践履"的经世实学，主张以修己治人之实学，代替明心见性之空言，努力避免空谈义理，将道德性命与经世致用分离开来的理学流弊。

他们虽然不沉迷于科举，不热衷于求仕做官，但位卑不忘忧国，仍然关心社会现实，关注百姓民生。吴与弼为答谢英宗的知遇之恩，作《陈言十事》谢表，提出了"崇圣志、广圣学、隆圣德、子庶民、谨命令、敦教化、清百僚、齐庶政、广言路、君相一德同心"等十项建议，希望皇帝提高道德修养，关爱百姓，澄清吏治，敦行教化，实现王道德治。

胡居仁尽管以布衣终其一生，但对现实政治依然给予了极大的关注，他认为学问要和事功、践履结合起来，否则就是"谈而无用之空言"，提出了"为政者，以修身为本，爱民为重，求贤为急"等不少有现实意义的政治主张。

罗伦在家乡，制定《戒族人书》，倡行乡约，教诫宗族子弟与乡邻："盖未有治国不由齐家，家不齐而求治国无此理也。何谓齐家？不争田地，不占山林，不尚争斗，不四强梁，不败乡里，不凌宗族，不扰官府，不尚奢侈。弟让其兄，侄让其叔，妇敬其夫，奴恭其主。只要认得一忍字，一让字，便齐得家也。其要在子弟读书与礼让。"[①] 对当地教化大有裨益。

张元祯与吴与弼、胡居仁相比，则多次担任朝廷要职，晓达国家政事，并且主讲经筵，成为帝王之师。正如章懋所说："今日士大夫晓达天下国家事，惟张廷祥。"[②] 他不仅是一个理学家，更是一位能臣干吏。

罗钦顺更是一位满怀入世热情和济世抱负的学者，他首次提出了"经世实学"这一理念。主张一切言谈、学说，都应当有益丁国计民生，反对空谈心性、谈玄说虚的学风，提倡"学贵践履"的"实学"，突出现实关怀，留意百姓疾苦，

---

① 罗伦：《戒族人书》，见王竞成主编：《中国历代名人家书》，国际文化出版公司 2009 年版，第 315 页。

② 章懋：《枫山章先生语录》，商务印书馆 1939 年版，第 22 页。

关注人伦日用，从而开创了明清之际的实学思潮。

明代鄱阳湖地区理学之所以呈现上述特征，与明代鄱阳湖地区的地域、文化环境密切相关。

鄱阳湖地区的理学家们受江西独特的政治地理环境等因素的影响，造就了强烈的向心意识，文化的继承性强，忠谨厚道的性格超过了标新立异的欲望，养成了忠顺朝廷，退隐忍让的处世原则。在程朱学术被定为一尊的明代，他们顺从朝廷号召，尊崇程朱，继承有余，创新欠足。

第六章
清代鄱阳湖地区理学的式微

　　顺治九年（1652），江西巡抚蔡士英在向朝廷的奏章中，描述了江西在经历战火后社会凋敝、民生痛苦的惨状："江西自屡经兵燹，元气未复，连年遭水，今岁苦旱，其城郭之圮毁，乡村之草蔓，士民之鹑结，真有不能图绘者。"① 连年的自然灾害更让战后的江西雪上加霜："江民前此死于饥，死于疫，死于杀，死于焚者，仅存其十之三四；今又死于旱矣。嗟哉！江土前此荒于兵，荒于贼，荒于水，荒于逃者，亦仅存其十之三四，今又荒于旱矣。"② 面对如此困局，为恢复社会元气，清廷在江西采取一些舒缓民困，恢复经济的措施，如招徕流民开垦荒地，蠲免历年逋欠钱粮，鼓励民众进入城市等等。

　　同时，为笼络汉族读书人，清廷迅速实行了科举考试。然而，清前期江西科举成绩与明代相比，明显下降，令世俗艳羡的进士、鼎甲人数大不及明代。虽然清代江西乡试举人名额仍居全国前列，只有顺天、浙江两省可与之比肩，但考中进士的人数与举人录取定额的比例不相符，清代江西进士为 1887 名，不仅人数少于明代；考中三鼎甲只有 18 名，而明代有 54 名，与明代相比大为减少；清代 114 名状元中，江西只有戴衢亨、汪鸣相和刘绎 3 位，清代江西位望隆

---

① 蔡士英:《抚江集》卷一《奏疏》，清顺治刻本，《四库未收书辑刊》七辑·第 21 册，北京出版社 2000 年版，第 248 页。
② 蔡士英:《抚江集》卷一《奏疏》，清顺治刻本，《四库未收书辑刊》七辑·第 21 册，北京出版社 2000 年版，第 249 页。

显，跻身殿阁的只有朱轼、裘曰修等寥寥数人，真可谓人物凋零，今非昔比。

明清之际，是理学由盛到衰的转折点，学界开始深刻反省明代灭亡的原因，普遍归咎为理学尤其是王学的空谈误国。认为是理学家们空谈心性义理，不务实事，才导致了明朝的灭亡，遂群起而批判之，理学在其冲击下日暮西山。"他们对于明朝之亡，认为是学者社会的大耻辱、大罪责，于是抛弃明心见性的空谈，专讲经世致用的实务。他们不是为学问而做学问，是为政治而做学问。"①

清代的学术演变可分为三个阶段：清初朱学与王学之争，朱子学占据上风，程朱理学在清朝第一次复兴，重新登上了正学宗主的地位。"今之论学者无他，亦宗朱子而已。宗朱子为正学，不宗朱子即非正学。"②乾、嘉时期汉学与宋学之争，汉学占据上风，清初文字狱的大兴则加速了这一学风的转变，使乾嘉考据学盛极一时。清末又有西学与中学之争，在咸、同之际，一度出现了理学回光返照的所谓"中兴"局面。

清代，鄱阳湖地区一直引以为傲的程朱理学，最终被考据学所取代而走向没落。当乾嘉学者们致力于经史考订，构造清代学术思想的主流之际，江西则逐渐失去了自北宋至明代中期以来，中国文化、思想创新高地的地位，逐渐被疏离和边缘化。清代是鄱阳湖地区理学的式微时期，在学术、思想、人才等诸领域呈现出逐渐边缘化的态势。虽然也有被誉为"帝师元老"的朱轼、"为朱子后一人无疑"的汪绂、"皖派经学的开宗者"江永、"陆王之学的殿军"李绂以及邵良杰、汤来贺、宋士宗、李尚珍等理学家群体，但影响力无法与宋、明时期比肩。

明、清鼎革之际，南丰程山谢文洊及程山"六君子"、星子髻山"七隐"等拒绝同清廷合作，避居山林，耕读授徒，反思学问，砥砺风节，企图中兴程朱理学，以挽救世道人心，形成了江右独具特色的遗民群体。

---

① 梁启超：《中国近三百年学术史》，上海古籍出版社 2014 年版，第 14 页。
② 唐鉴：《国朝学案小识》卷一《传道学案·平湖陆先生》，上海中华书局据《四部备要》本 1936 年刊印，第 1 页。

尽管婺源江永是清代理学向皖派经学转变的第一人，但后继无人，江西学者很少有人从心性义理转身于经史考订之学。正如梁启超所评述："江西与皖、浙错壤，而学风琼然殊撰。最可诧者，则清代考证学掩袭一世，而此邦殆无一人以此名其家也。……汉学家言，不为江右人所嗜，吾竟不能举其一人。而已，则南康谢蕴山，以著《西魏书》名，他尚有所撰述，斯界二、三流人物也。"①

晚清，随着汽车、火车等现代交通工具的出现，大大弱化了赣江—鄱阳湖昔日黄金水道的交通枢纽地位。"京汉、粤汉铁路修通后，南北运道改走两湖、河南，江西成了陆运和海运的盲区。……致使江西在观念的更新上，不仅落后于沿海，也落后于中原和南北交通线上的湖南、湖北、安徽等地。"②

第一节 清代鄱阳湖地区的行政区划

清代江西的行政区划，在继承明朝的基础上稍有变化。改明代的江西布政使司为江西省，巡抚为江西地方最高长官。清顺治元年（1644）设江西巡抚，驻南昌，辖11府，隶属两江总督，又设南赣巡抚，辖赣州、南安2府。康熙三年（1664）裁撤南赣巡抚后，江西巡抚才完全管辖江西全境，除婺源属安徽省属外，其管辖范围与现今江西省一致。

一、清代江西行政区划

清代，江西全省设13府、1个省辖直隶州，下辖75县、1州、4厅。其中：

1.南昌府：辖1州、7县、1厅，驻南昌。1州为义宁州（今修水县）；7县为南昌、新建、丰城、进贤、奉新、靖安、武宁；1厅为铜鼓厅。

---

① 梁启超：《梁启超全集》（第七册），北京出版社1999年版，第4272页。

② 方志远、孙莉莉：《地域文化与江西传统商业盛衰论》，《江西师范大学学报》（哲学社会科学版）2007年第2期。

2. 瑞州府：辖3县，驻高安。所辖3县为高安、上高、新昌（今宜丰县）。

3. 袁州府：辖4县，驻宜春。所辖4县为宜春、分宜、萍乡、万载。

4. 临江府：辖4县，驻清江（今樟树市）。所辖4县为清江、新淦、新喻、峡江。

5. 吉安府：辖9县、1厅，驻庐陵（今吉安）。所辖9县为庐陵、吉水、泰和、安福、龙泉、永新、永丰、万安、永宁；1厅为莲花厅。

6. 抚州府：辖6县，驻临川。所辖6县为临川、崇仁、金溪、宜黄、乐安、东乡。

7. 建昌府：辖5县，驻南城。所辖5县为南城、南丰、新城（今黎川县）、广昌、泸溪。

8. 广信府：辖7县，驻上饶。所辖7县为上饶、玉山、弋阳、贵溪、铅山、永丰（雍正十年因与吉安府的永丰县同名，而改为广丰）、兴安（今横峰县）。

9. 饶州府：辖7县，驻鄱阳县。所辖7县为鄱阳、余干、浮梁、乐平、德兴、安仁（今余江县）、万年。

10. 南康府：辖4县，驻星子。所辖4县为星子、都昌、建昌(今永修县)、安义。

11. 九江府：辖5县，驻德化。所辖5县为德化（今九江）、德安、瑞昌、湖口、彭泽。

12. 南安府：辖4县，驻大庾。所辖4县为大庾(今大余县)、南康、上犹、崇义。

13. 赣州府：辖8县、2厅，驻赣县。所辖8县为赣县、雩都（今于都）、信丰、兴国、会昌、安远、龙南、长宁（今寻乌县）。2厅为定南厅（乾隆三十八年改县为厅）、虔南厅（光绪二十九年由龙南的观音阁城设置）。

14. 宁都直隶州。乾隆十九年由宁都县升置宁都直隶州，辖瑞金、石城2县。主要是由于赣州府管辖区域过于辽阔，崇山峻岭，险僻奥区，易藏奸匪，于是升宁都县为直隶州，以加强该区域的管辖控制。

厅是清代特有的一级行政区，分与府级别相同的直隶厅和与县级别相同的散厅。直隶厅由省管辖，散厅归府管辖。江西所设4厅都属散厅，先后设置了莲花、虔南、铜鼓3厅，又将定南县改为定南厅。厅一般都由同知或通判坐镇，级别比知县要高，清代设厅，"不是以生产垦辟为动因，而是以加强镇压为目的，是增强封建镇压力量的特别措施"①。

清代江西省行政区划图

（采自大江论坛网·历代江西地图，https://www.360kuai.com/pc/971c10a2f1fd25a88?cota=4&kuai_so=1&tj_url=so_rec&sign=360_57c3bbd1&refer_scene=so_1.）

二、清代鄱阳湖地区府县概况

清代江西14府、州中，属于鄱阳湖地区的有南昌府、九江府、南康府、

①　郑克强总主编，袁礼华主编：《赣文化通典》之《地理及行政区划沿革卷》，江西人民出版社2013年版，第336页。

饶州府、广信府、抚州府、建昌府及临江府、瑞州府的部分县厅。

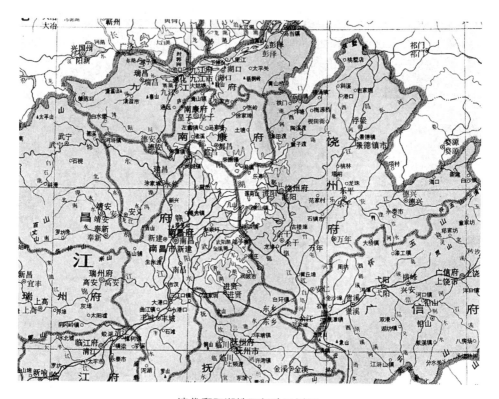

清代鄱阳湖地区行政区划图

(采自谭其骧主编:《中国历史地图集》(第8册)中国地图出版社1996年版,第33—34页)

清代的南昌府为巡抚所在地,理所当然成为全省的军事和政治中心。清代南昌府也是江西的文化和教育中心。"为培养科举人才,南昌城内的官绅还对书院进行了大规模的整修,并对考棚进行了重建,从而使南昌府的科举事业达到了一个新的高度,取代吉安府成为江西十三府中科举考试最为成功的府郡。"①

南昌还是全省粮食运销集散中心,每年江西各地的漕粮都在南昌完成集结

---

① 梁洪生、李平亮:《江西通史》(第9卷,清前期卷),江西出版集团、江西人民出版社2008年版,第152页。

并转运。雍正时，江西督粮道道台高锐，描述了当时南昌港出运漕粮时的壮观场面："每当起运之时，通省漕船七百余艘，先后至于章门，征书告集，刻日起行，笳号既发，钲号无停，棹夫奏功，帆力齐举，联樯接舻，按部列次，以整以暇，晨夕应时。盖自章门以入于湖。由湖口出大江，顺流东下，以达于淮，逶迤二千余里。"①七百多艘漕船组成浩浩荡荡的船队，由赣江进入鄱阳湖，转入长江，顺流而下，经淮扬入运河，抵达淮安，辗转2200余里。

清代九江府是扼控鄱阳湖入长江之咽喉要地，具有重要的战略地位，成为江西贸易中心，同时也是以上海、汉口为中心的长江流域市场网络组合的中介口岸。

南康府白鹿洞书院是理学传播的圣地，明、清朝代更替之际，白鹿洞书院庆幸地未遭破坏，入清之后，教学活动得以正常开展，特别是康熙年间，白鹿洞书院得到清廷官吏的重视，白鹿洞书院多次得到扩建、修葺，"顺治十年江西巡抚蔡士英、臬司李长春等人清查明代洞田、倡增新田、订立条规、聘用教师、招生课试之后，白鹿洞从人、财、物诸方面都得到了全面充实，书院迎来了清代第一个发展高峰"②。一批学者，以白鹿洞书院为阵地，推崇朱子，潜心著述，致力于讲学授徒，对朱子学说的传播、发展起了积极作用。

广信府是江西著名的纸张产地，其"郡中出产多而行远者莫如纸。上饶、广丰、弋阳、贵溪皆产纸，……向惟玉山玉版纸擅名。"③"铅山之纸，精洁逊闽中，然业之者众，小民籍以食其力十之三四焉。"④河口与石塘镇是最发达的造纸业市镇之一。铅山河口镇是清代纸张和茶叶的生产集散中心。"货聚八闽川广，语杂两浙淮扬，舟楫夜泊，绕岸尽是灯辉，炊烟晨炊遍布，疑同雾布，

① 曾国藩、刘坤一监修，刘绎、赵之谦等纂：（光绪七年）《江西通志》卷一《训典略》，台湾华文书局1967年版。

② 袁晓宏著：《朱熹庐山史迹考》，江西人民出版社2014年版，第292页。

③ 蒋继洙、李树藩等纂：同治十二年《广信府志》卷一之二《地理·物产》，《中国方志丛书》，华中地方·第一〇六号，成文出版有限公司1970年影印本，第115页。

④ 蒋继洙、李树藩等纂：同治十二年《广信府志》卷一之二《地理·物产》，《中国方志丛书》，华中地方·第一〇六号，成文出版有限公司1970年影印本，第117页。

斯镇胜事，实铅巨观。"①广信府还是重要的茶叶产地，境内上饶、玉山、广丰、铅山所产之茶，素以"河红玉绿"著称，所产茶叶大多先集中于河口镇。武夷山茶区和安徽茶区所产的茶叶，也大部分在河口分拣、转运、集散，然后顺信江而下，经瑞洪入鄱阳湖，再折入赣江，南下大庾岭，过梅关，由北江至广州出口海外。便利的水运交通条件，使河口茶市盛极一时，成为外销茶叶重要的中转站。据统计，每年浙江、安徽、江西、福建等地汇集河口，转运至广州、上海等通商口岸出口的茶叶达 10 万箱以上。

第二节　清前期朱子学的复兴

晚明学界，王阳明以致良知之说风行天下，为学者所推崇。正如高攀龙所说："姚江之学兴，而濂、洛之脉绝。"②王学兴盛而程朱理学几近终绝。但在清代前期出现了程朱理学的又一次复兴，重新登上了宗主地位，并在整个清代，始终居于官方哲学的地位，被视为"正学"，而不宗朱子者，则非正学。"今之论学者无他，亦宗朱子而已。宗朱子为正学，不宗朱子即非正学。"③尤其是康熙皇帝大力表彰朱熹，重用熊赐履、李光地、汤斌、张伯行等一批理学名臣，从而确立了程朱理学的正统地位。

一、清初统治者对程朱理学的推崇

康熙亲政后，"一变高压手段为怀柔手段"④，认识到"要统治好中国，就

---

① 郑之侨修，蒋垣等纂：乾隆《铅山县志》卷一《地舆志》，清乾隆八年（1743）刻本。
② 高攀龙：《高子遗书》卷八上《答张鸡山》，景印文渊阁《四库全书》第 1292 册，台湾商务印书馆 1986 年版，第 498 页。
③ 唐鉴：《国朝学案小识》卷一《传道学案·平湖陆先生》，上海中华书局据《四部备要》本 1936 年刊印，第 1 页。
④ 梁启超：《中国近三百年学术史》，上海古籍出版社 2014 年版，第 15 页。

要用儒家思想，而要用儒家思想，就必须用程朱理学……把程朱理学作为他们统治各族人民的思想工具"①。康熙实行了"崇儒重道"的基本国策，力倡儒学，特尊朱子，欲借朱子之名以统一人心，并在康熙十二年荐举山林隐逸，十七年荐举博学鸿儒，十八年又开《明史》馆，以网罗一批不愿与清廷合作的汉族学者、前明遗老。

康熙本人有厚实的儒学基础，毕生仰慕朱熹，在康熙五十二年《御制朱子全书序》中，自谓"朕读其书，察其理。非此不能知天人相与之奥，非此不能治万邦于衽席，非此不能仁心仁政施于天下，非此不能外内为一家。读书五十载，只认得朱子一生所作何事。"②认为"家齐于上而教成于下"的朱子学最为"醇正"，孔孟之后，有裨斯文者，朱子之功，最为弘巨。康熙高度评价朱熹道："朱夫子集大成而绪千百年绝传之学，开愚蒙而立亿万世一定之规。"③在康熙五十一年（1712），以"朱子有功圣道，特进木主于十哲之下"，以朱子配享孔庙，升于大成殿孔门十哲之列，并命熊赐履、李光地等摘录朱子语录及著作，编成《朱子全书》及《性理精义》，阐明性理，颁行全国，用朱子学说统一天下言论和思想。在康熙皇帝的大力提倡下，程朱理学被确立为清代的官方哲学，而一统天下。

康熙对朱子学的尊崇，很大程度上受到熊赐履、李光地等理学名臣的影响。

熊赐履（1635—1709），字敬修，号素九，湖北孝感人。康熙七年（1668），任侍读学士。康熙九年，任翰林院掌院学士的熊赐履向康熙皇帝建议恢复经筵日讲制度："举经筵，以赐履为讲官，日进讲弘德殿。赐履上陈道德，下达民隐，上每虚己以听。"④通过经筵讲学，向年轻的皇帝灌输程朱理学思想和治国

① 高令印、陈其芳：《福建朱子学》，福建人民出版社 1986 年版，第 363 页。
② 康熙：《御制朱子全书序》，《御纂朱子全书》卷首，景印文渊阁《四库全书》第 720 册，台湾商务印书馆 1986 年版，第 2 页。
③ 康熙：《御制朱子全书序》，《御纂朱子全书》卷首，景印文渊阁《四库全书》第 720 册，台湾商务印书馆 1986 年版，第 2 页。
④ 赵尔巽等：《清史稿》卷二六二《熊赐履传》，中华书局 1977 年版，第 9893 页。

方略，主张"王道必以正心为本"，以儒家《六经》为治国安邦之具，理学为清廷"敷政出治之本"，对康熙影响深远。康熙评价他道："夙学老臣，历任多年，朕初立讲官，熊赐履早夜惟谨，未尝不以内圣外王之道，正心修身之本，直言讲论，务得至理而后已。况品行清正，学问优长。"①

熊赐履作为清初理学名臣，以卫道为己任，专宗程朱。他说："程朱之学，孔孟之学也。程朱之道，孔孟之道也。学孔孟而不宗程朱，犹欲其出而不由其户，欲其入而闭其门也。"②将程朱之学视为进入孔孟圣贤之域的必经之路。"赐履论学，以默识笃行为旨"，他著《学统》，推崇朱熹，视周敦颐、二程、朱熹与孔孟一道为儒学正统；将李侗、胡居仁、罗钦顺等为翼统；批评阳明之学，霸、禅夹杂，陆、王引释乱儒，力主崇正黜邪，将陆九渊、陈亮、王阳明等不赞同朱子之学的人，排除在儒家学统之外；把荀子、杨子视为杂学，将老、庄、告子、墨子、释氏列为异学，竭力排斥攻击。两江总督王新命在所作《学统》序中，称誉该书"继正脉而扶大道，阐千圣之真谛，正万古之人心，直与日星河岳同垂不朽"③。

彭绍升曾就熊赐履对康熙皇帝的影响，作了如下评述："圣祖以春秋两讲为期阔疏，遂命公日进讲弘德殿。每诘旦进讲，圣祖有疑必问，公上陈道德，下道民隐，引申触类，竭尽表里。盖公自初应诏上疏，即力言圣学为第一要务，其后屡以为言。会圣祖日益勤学，既开经筵，益尽心于尧舜羲孔之道，暨周、程、张、朱五子之书，咨诹讨论，达于政事，仁浃而政炳，其端绪实自公发之。"④

李光地（1641—1718），字晋卿，号厚庵，别号榕村，福建安溪人，是李侗后人。他学术精深渊博，熟悉经义性理，旁及历算、图书。其学以朱子为依

---

① 章梫：《康熙政要》(1—2)，华文书局股份有限公司 1969 年版，第 280 页。

② 熊赐履：《下学堂札记》卷一，湖北省图书馆藏康熙刻本。

③ 熊赐履：《学统》卷首，《王新命序》，山东友谊书社 1990 年版，第 15 页。

④ 彭绍升：《故东阁大学士吏部尚书熊文端公事状》，见钱仪吉《碑传集》卷一一，中华书局 1993 年版，第 268 页。

归，且无门户之见："安溪学博而精，以朱子为依归，而不拘门户之见。"① 李光地是朱熹的崇拜者，视朱熹为当今之孔子，认为只有程颐、朱熹是"继绝学，承圣统"的圣人。自谓其学问"近不敢背于程朱，远不敢违于孔孟"②。唐鉴评价他道："先生心朱子之心，学朱子之学。""谈经讲学，一以朱子为宗。"③

李光地深得康熙的信任与赏识，其"渊博的学问使他成为能左右康熙皇帝学术思想者"④。他亦曾任"翰林院掌院学士，直经筵，兼充日讲起居注官，教习庶吉士"⑤。李光地去世后，康熙曾对阁臣说："李光地谨慎清勤，始终一节，学问渊博。朕知之最真，知朕亦无过光地者。"⑥ 表达了对李光地的充分信任。

乾隆皇帝也认为治统原于道统，将国家的兴衰治乱与程朱理学联系在一起。乾隆五年（1740），他上谕诸臣道："夫治统原于道统，学不正则道不明。有宋周、程、张、朱诸子，于天人性命、大本大原之所在，与夫用功节目之详，得孔孟之心传，而于理欲公私义理之界，辨之至明，循之则为君子，悖之则为小人。为国家者，由之则治，失之则乱，实有裨于化民成俗、修己治人之要，所谓入圣之阶梯，求道之涂辙也。学者精察而力行之，则蕴之为德行，学皆实学；行之为事业，治皆实功。此宋儒之书，所以有功后学，不可不讲明而切究之也。"⑦ 认为理学可以正人心厚风俗，关乎国家的治乱兴衰，"崇正学则可以得醇儒，正人心，厚风俗，培养国家之元气"⑧。

由于最高统治者的推崇，清初理学名家迭出。黄舒昺在《国朝先正学规汇钞识语》中，描述了清初理学名家辈出的状况："洪惟我朝，正学昌明，人文

① 徐世昌等编撰，沈芝盈、梁运华点校：《清儒学案》卷四〇《安溪学案上》，中华书局 2008 年版，第 1531 页。
② 李光地：《榕村全集》卷一〇《进读书笔录及论说序记杂文序》，景印文渊阁《四库全书》第 1324 册，台湾商务印书馆 1986 年版，第 669 页。
③ 唐鉴：《清学案小识》卷六《守道学案安溪李先生》，商务印书馆 1935 年版，第 168 页。
④ 高令印，高秀华：《朱子学通论》，厦门大学出版社 2007 年版，第 313 页。
⑤ 赵尔巽：《清史稿》卷二六二《李光地传》，中华书局 1977 年版，第 9897 页。
⑥ 赵尔巽：《清史稿》卷二六二《李光地传》，中华书局 1977 年版，第 9899 页。
⑦ 周敦颐：《周子全书》卷首《圣祖仁皇帝御撰性理精义》，商务印书馆 1937 年版，第 12 页。
⑧ 周敦颐：《周子全书》卷首《圣祖仁皇帝御撰性理精义》，商务印书馆 1937 年版，第 13 页。

蔚起。陆子（陆陇其）、汤子（汤斌）及桴亭（陆世仪）、杨园（张履祥）、仪封（张伯行）三子，实承斯道之正传。熊孝感（熊赐履）、李安溪（李光地）、朱高安（朱轼）诸元老，力为翼之。杨宾实（杨时）、蔡梁邨（蔡世远）、陈榕门（陈宏谋）诸君子，相与和之。故士有实学，学有成规。"① 出现了清代理学发展的第一个高峰。但随着乾嘉考据学的兴起，程朱理学遭遇厄运，跌入低谷，长达百年之久。

二、清初程朱理学的复兴，是对王学的反动

清初程朱理学的复兴，是对王学的反动。明代中晚期，王阳明良知之学，风行天下，大江南北翕然师之，"时天下言学者，不归王守仁，则归湛若水"②。而"嘉、隆而后，笃信程、朱，不迁异说者，无复几人矣"③，出现了高攀龙所描述的"姚江之学兴，而濂、洛之脉绝"④ 的现象。

"王学在万历、天启间，几已与禅宗打成一片。东林领袖顾泾阳宪成、高景逸攀龙提倡格物，以救空谈之弊，算是第一次修正。刘蕺山宗周晚出，提倡慎独，以救放纵之弊，算是第二次修正。"⑤

但随着明朝的灭亡，明末清初学者深刻反省明亡的原因，认为王学是导致"神州荡覆，宗社丘墟"的罪魁祸首。"论者谓明之亡，不亡于朋党，不亡于寇盗，而亡于学术。意以此归狱阳明。"⑥ 从而展开了对王学的批判与清算。他们对江右王学空谈心性道德，束书游谈，不务实际，崇尚玄虚，几近狂禅的恶劣

① 转引自史革新：《晚清理学研究》，商务印书馆 2007 年版，第 6 页。
② 张廷玉：《明史》卷二八二《儒林传一·吕柟传》，中华书局 1974 年版，第 7244 页。
③ 张廷玉：《明史》卷二八二《儒林传一》，中华书局 1974 年版，第 7222 页。
④ 高攀龙：《高子遗书》卷八上《答张鸡山》，景印文渊阁《四库全书》第 1292 册，台湾商务印书馆 1986 年版，第 498 页。
⑤ 梁启超：《中国近三百年学术史》，上海古籍出版社 2014 年版，第 44 页。
⑥ 李元度著，易孟醇点校：《国朝先正事略》卷三〇《彭南畇先生事略》，岳麓书社 2008 年版，第 870 页。

作风发起了猛烈的批判。在对王学的批判中，顾炎武、王夫之首当其冲，张履祥、吕留良等开其端，经陆陇其而渐入其堂，至熊赐履、李光地以朱学官至卿相而推波助澜，于是有康熙崇奖朱学之举，使朱学在清初最终压倒王学而居主导地位。

顾炎武认为王阳明的"良知"说是明代灭亡的罪魁祸首，造成了空谈良知心性的学风，其罪责"深于桀纣"。他说："刘石乱华，本于清谈之流祸，人人知之，孰知今日之清谈有甚于前代者。昔之清谈谈老、庄，今之清谈谈孔、孟，未得其精而已遗其粗，未究其本而先辞其末。"认为阳明心学，"以明心见性之空言，代修己治人之实学。股肱惰而万事荒，爪牙亡而四国乱，神州荡覆，宗社丘墟。"① 从而大力倡导经世致用之学，他强调："君子之为学，以明道也，以救世也。"②

王夫之认为"人心之坏，世道之否，莫不由之"③。吕留良批判王阳明的致良知学说，"陷人于禽兽非类"。他们在反省批判王学的同时，走向了"辟王尊朱"的道路。认为"救正之道，必从朱子。求朱子之学，必于《近思录》始"④。高攀龙"提出了'学反其本'的问题，主张由王学向朱学回归"⑤。认为"圣学正脉，只以穷理为先。不穷理便有破绽"⑥。

陆陇其是清初辟王尊朱的关键人物。

陆陇其（1630—1692），字稼书，浙江平湖人。为学专宗朱子，力辟王学。视尊朱为"起敝扶衰"之良方，把"尊朱子而黜阳明"作为学者的首要任务。

① 顾炎武著，周苏平、陈国庆点注：《日知录》卷七《夫子之言性与天道》，甘肃民族出版社1997年版，第339页。
② 顾炎武著，华忱之校注：《顾亭林文选》卷下《与人书二十五》，四川人民出版社1998年版，第484页。
③ 王夫之：《船山全书》（第四册）《礼记章句》卷三十一《中庸》，岳麓书社1988年版，第1246页。
④ 吕留良：《吕晚村先生文集》卷一《与张考夫书》，台湾商务印书馆1974年版，第20页。
⑤ 陈祖武：《清初学术思辨录》，中国社会科学出版社1992年版，第17页。
⑥ 高攀龙：《高子遗书》卷五《会语》，景印文渊阁《四库全书》第1292册，台湾商务印书馆1986年版，第411页。

他在《学术辩》中，批判王学败坏了学术与风俗："汉唐之儒，崇正学者，尊孔、孟而已。孔、孟之道尊，则百家之言熄。……程、朱出而崇正辟邪，然后孔、孟之道复明，而天下尊之。……王氏之学遍天下，几以为圣人复起，而古先圣贤下学上达之遗法，灭裂无余。学术坏而风俗随之。"认为明朝的灭亡就是亡于学术，亡于其空谈祸国。他说："故愚以为，明之天下，不亡于寇盗，不亡于朋党，而亡于学术。学术之坏，所以酿成寇盗朋党之祸也。"①主张像董仲舒"罢黜百家，独尊儒术"一样，独尊朱熹。他说："继孔子而明六艺者，朱子也。非孔子之道者当绝，则非朱子之道者皆当绝也。此今日挽回世道之要也。"②又说："夫朱子之学，孔、孟之门户也。学孔、孟而不由朱子，是入室而不由户也。"③认为朱学是步入孔、孟圣贤之域的门径，呼吁有志于圣学的士子，要将朱子之书熟读精思且笃行。陆陇其受到了清初学者的推崇，被誉为"千秋理学正宗"，雍正二年，被从祀孔庙之两庑。

可见，清初学界涌现出辟王尊朱之风，视朱学为"正学"，主张"学反其本"，使朱学压倒王学而居于主导地位。

三、书院成为清初鄱阳湖地区理学传播的主阵地

鄱阳湖地区曾盛极一时的书院，入清以后，大都得以保留，诸生在书院肄习经史义理，成为清代宣讲、传播程朱理学的主要阵地。康熙、乾隆等清廷最高统治者通过题额、赐匾对鄱阳湖地区书院进行嘉奖表彰，江西巡抚及各级官员致力于书院的修缮、扩建，并讲学其中，还通过为书院制定学规、教条，聘请知名学者主持书院讲席，使书院成为清代传承程朱学说的重要场所。

---

① 陆陇其：《陆稼书先生文集》卷一《学术辩》上，中华书局 1985 年版，第 11 页。
② 陆陇其：《三鱼堂文集》卷八《周云虬先生四书集义序》，景印文渊阁《四库全书》第 1325 册，台湾商务印书馆 1986 年版，第 126 页。
③ 陆陇其：《三鱼堂文集》卷五《答嘉善李子乔书》，景印文渊阁《四库全书》第 1325 册，台湾商务印书馆 1986 年版，第 61 页。

康熙二十六年（1687），康熙皇帝亲自书写"学达性天"匾额赐给白鹿洞书院，以表彰其传播理学的贡献，又赐《古文渊鉴》《朱子大全》《周易折中》《十三经注疏》《二十一史》等书籍给书院。乾隆九年（1744），乾隆又亲赐白鹿洞书院"洙泗心传"匾额，使白鹿洞书院地位日隆。对铅山鹅湖书院，康熙五十六年（1717），亲自为书院题写了"穷理居敬"匾额和"章岩月朗中天镜，石井波分太极泉"的楹联，并赏赐图书典籍，鹅湖书院因此兴建御书楼，以珍藏御赐之书。

除了最高统治者的扶持之外，一些地方大员，为书院制定学规，加强了对书院的管理。康熙二十一年（1682），江西学政高璜为白鹿洞书院制定了《白鹿洞书院经久规模议》，包括洞规、禁约、书籍、经费等众多条规。如洞规就规定以"宋朱子教条，明胡居仁规训，章潢为学次第"①为书院学规，使书院制度、管理更加完善细致，且聘请南丰汤来贺主持书院事务，一时学者云集。

康熙三十四年（1695），江西提学道王綖为白鹿洞书院订立了"八戒""八勉"的《白鹿洞书院戒勉》。"八戒"即戒游惰、戒戏狎、戒欺诈、戒矜傲、戒苟安、戒驰骛、戒忌嫉、戒纤刻。"八勉"即立志、敦本、主敬、致诚、明经、学古、专课、持重。②

康熙五十一年（1712），原敬又制定了《白鹿洞书院续规》，要求"居敬以立基、随事以穷理、黾勉以力行、严密以克己、循理以处事、推己以待人"③。

铅山鹅湖书院因朱、陆"鹅湖之会"和陈亮与辛弃疾"鹅湖之晤"的巨大影响，成为东南地区重要的学术文教圣地，与白鹿洞书院、白鹭洲书院并驾齐名，成为江西四大书院之一。历代众多知名学者，在书院讲学授徒，立规传教，尤其清代铅山知县郑之侨在乾隆五年至七年，制定了《鹅湖学规说》《辛酉戒诸生八则》和《壬戌示诸生十要》三个学规，构成了系统的鹅湖学规体系。

乾隆五年（1740）郑之侨制定了《鹅湖学规说》作为书院学规的总纲，他

---

① 邓洪波编著：《中国书院章程》，湖南大学出版社2000年版，第123页。

② 参见陈谷嘉、邓洪波主编：《中国书院史资料》（中册），浙江教育出版社1998年版，第1519页。

③ 邓洪波编著：《中国书院学规》，湖南大学出版社2000年版，第122—123页。

通过对《论语·述而》"志于道、据于德、依于仁、游于艺"的详细解读，来阐明鹅湖书院的办学宗旨和目标。"志于道"要求学生志存高远，有远大的抱负和志向，将"立志"视为德业成败的关键，是生徒的第一要务。他说："端其志向，学人第一紧要关键。"①要以立志为先，"学莫先乎立志，志道则心存于正而不他，据德则道得于心而不失，依仁则德性常用而物欲不行，游艺则小物不遗而动息有养"②。乾隆六年（1741），郑之侨提出了《辛酉戒诸生八则》，即："戒因循、戒嗜利、戒妒忌、戒钻营、戒期妄、戒赌博、戒好讼、戒肆谈。"③这是针对生徒容易犯的八种过错，反面戒饬学生，以矫正生徒陋习。乾隆七年（1742）又制定了第三个学规——《壬戌示诸生十要》，即："学以知本为要、学以体认为要、学以力行为要、学以省察为要、学以存诚为要、学以益友为要、学以程课为要、学以读史为要、学以仪度为要、学以体裁为要。"④

郑之侨制定的鹅湖书院三大学规，构成了完整系统的鹅湖学规体系。既有总纲，明确书院的办学宗旨和目标，又有开示为学之方的十大要旨，从正面引导生徒，还有反面的戒饬，用"八戒"来克服学子常犯之过错。《鹅湖学规说》阐明鹅湖书院办学的宗旨，就是要培养志存高远，品德高尚的有用之才，要把学生的品行修养放在首位。在此基础上，《辛酉戒诸生八则》，采用"戒""禁"这种禁止性的语言，要求生徒戒除因循之习、妒忌之心、嗜利之机、赌博之行、钻营之举、诉讼之好等等。这些都切合学子时弊，对其陋习加以矫正约束。《壬戌示诸生十要》则以"学以……为要"这种委婉的口吻，从正面教育引导生徒，指示为学要领和方法。郑之侨的鹅湖学规体系，一定程度上沿袭了朱熹《白鹿洞书院揭示》的基本内核，明确以明人伦为教育重心，以提高生徒道德修养为宗旨，强调了立志、敦本，将德育放在首位。但

---

① 郑之侨：《鹅湖讲学会编》卷一—《鹅湖学规说》，齐鲁书社 1996 年版，第 605 页。
② 郑之侨：《鹅湖讲学会编》卷一—《鹅湖学规说》，齐鲁书社 1996 年版，第 610 页。
③ 郑之桥：《鹅湖讲学会编》卷一—《辛酉戒诸生八则》，齐鲁书社 1996 年版，第 611 页。
④ 郑之侨：《鹅湖讲学会编》卷一—《壬戌示诸生十要》，齐鲁书社 1996 年版，第 613 页。

又重视经世致用，重视经史之学，主张实用之学。认为"六经皆经世之书也，而实治性之书"，还提出"学以读史为要"，"读史者，验古今治乱兴亡得失之故，以长一己之材识，以扩一己之心胸"①。这也是鹅湖学规的一个显著特色。

鹅湖书院作为朱陆论辩之所，在清代承担了培育人才、发明圣道、接续道统的重要使命。

康熙四十八年（1709），南康府学教授兼白鹿洞书院教事熊士伯请求建"紫阳祠"，专祀朱熹，并将朱熹弟子蔡沈、黄榦、林用中、胡泳、吕炎、吕焘、李燔、黄灏、周耜、彭方、彭蠡、张洽、冯椅、陈宓、陈潚等15人由宗儒祠迁入紫阳祠，修建紫阳祠，是白鹿洞书院为朱熹及其门人设立专祠的开始。

可以说，康熙时期是白鹿洞书院建设的又一高潮。"在这六十一年中，有赐书、赐额、科举之设，还有两次修志，有大批督抚、学政以及司道大员对书院的关怀等。这些官方的努力都与清圣祖玄烨本人对理学的推崇，对朱熹的崇敬有十分密切的联系。"②通过赐额赐书、修缮扩建、续订学规、讲学修志等举措，白鹿洞、鹅湖书院等成为了清代鄱阳湖地区传播程朱理学的重要阵地。

第三节　程山、髻山学派与程山会讲

明清鼎革，江西不少志士仁人拒绝和满清王朝合作，他们避居山林，耕读授徒，研究学问，砥砺风节，形成独特的江右遗民群体。南丰程山的谢文洊及"程山六君子"、星子宋之盛等"髻山七隐"是江右遗民群体的著名代表。他们志节和人格操持甚严，学术大略相近，均反思明亡教训，反省心学之失，主张以学术经世正人心，企图中兴程朱理学，以挽救世道人心。谢文洊其学以切己

---

① 郑之侨：《鹅湖讲学会编》卷一一《壬戌示诸生十要》，齐鲁书社1996年版，第615页。

② 周銮书、孙家骅等主编：《千年学府——白鹿洞书院》，江西人民出版社2003年版，第37页。

为要，以主敬为本，以济世为用，批驳阳明，力倡程朱，躬行实践为特色；宋之盛"以明道为宗，识仁为要"，强调"究之人心是本，有体然后用有所根"。"星子髻山七隐以节操闻名，而谢文洊与程山诸子潜心于个人道德修养和躬行实践。"①他们经常以文会友，相互砥砺，与宁都金精山翠微峰的易堂九子被称为江右"三山学派"。他们"各以'经济'、'理学'、'节概'有声于天下"②，他们的人格都很高洁。

谢文洊、宋之盛他们虽然都不愿从仕于清廷，都过着较长时间的隐居生活，"但没有忘记肩负的社会责任，未放弃对地方事务的热心，其中一些人交游颇广，甚至游幕当道，这不仅与当时盛行的实学之风完全吻合，实际上也有关心民瘼和稳定地方社会的意义"③。

江右三山中，谢文洊及其程山学派主要活动于抚州南丰县，"髻山七隐"则隐于南康星子县，都属于鄱阳湖地区。

一、谢文洊与程山学派

谢文洊是程山学派的代表人物，也是"程山六君子"的老师。

谢文洊（1615—1681），字秋水，号约斋，人称"明学先生"，抚州南丰县人。谢文洊在 21 岁时，其父谢天锡在广昌县香山建学舍，让谢文游兄弟在此读书，以应科考，但崇祯十二年（1639），科举失利后，他厌倦举业，而有出家之念，明亡之后，毅然尽弃举业，入广昌香山学禅，精研佛学理论。后读王畿之书，复好之，"求得阳明诸书，偏读之，信益笃"，于是潜心阳明心学。40 岁时在新城（今黎川县）神童峰大兴讲会，聚徒讲学，传播心学。当时王圣端也是其听众之一，但王圣端信服程朱理学，力攻阳明心学，谢文

---

① 胡迎建：《论清初江西三山学派》，《地方文化研究》2013 年第 1 期。

② 胡迎建：《论清初江西三山学派》，《地方文化研究》2013 年第 1 期。

③ 梁洪生、李平亮著：《江西通史》（第 9 卷，清前期卷），江西出版集团、江西人民出版社 2008 年版，第 11 页。

洊与王圣端辩论数日，最终被王圣端所说服，由阳明转向程朱，于是"取罗钦顺的《困知记》读之，始一意尊程朱"①，最终成为程朱学说的坚定信奉者。

谢文洊在南丰县城西郊的程山建立程山学舍，"讲学之堂名'尊洛堂'，表明对程朱理学的服膺"②。谢文洊俨然以江右理学正宗自居，以复兴程朱理学为己任。他对江右学术进行批评，认为陆象山心学过于凌厉，而阳明学说则多周旋，王门左派何心隐、罗汝芳之说眩荡，罗洪先虽苦心挽救却无能为力，唯有程朱学说"切直""谦和"，而无上述之弊。

谢文洊在学术上主张以诚为本，以切己为要，尤其崇奉程朱的主敬说。"其学大抵以畏天命为宗，以诚为本，以识仁为体，以切己为的，以主敬为功，以易为至精，以力行为急，以济世为用，至于儒禅辨析，必去其根。"③他编著《程门主敬录》，在《自序》中，要求"心一志定，行坐起居日用周旋于敬，不容暂离。"将程氏主敬之功视为步入圣学之域的门径，认为"苟循其途辙以入，其弗克有成者，鲜矣！而或舍之，则不沦于污俗，必迁于异端，漂泊汩没终身，胥溺以亡而已矣。又何学之可言乎？"④他著《大学中庸切己录》，以《君子有三畏讲义》为首卷，旁采诸学，参以己见，立义宏深，阐发"主敬"之说，认为"为学之本，'畏天命'一言尽之。学者当以此为心法"⑤。又订立《程山十则》，作为程山学舍的规条，要求做到"辨喻以定志，实践以立基，奋厉以去习，坚苦以砥操，经理以养心，读史以致用，勤讲以精义，简事以专功，自反以平谤，相规以有成"⑥。强调学者"人贵立志，志一则气从"，但立志之后，

① 徐世昌等编，沈芝盈、梁运华点校：《清儒学案》卷一八《程山学案》，中华书局2008年版，第741页。
② 胡迎建：《论清初江西三山学派》，《地方文化研究》2013年第1期。
③ 乔光烈：《南丰谢程山先生传》，《谢程山全书》卷首，清光绪十八年刻本。
④ 徐世昌等编，范芝盈、梁运华点校：《清儒学案》卷一八《程山学案》，中华书局2008年版，第743页。
⑤ 赵尔巽：《清史稿》卷四八〇《儒林传一·谢文洊传》，中华书局1977年版，第13112页。
⑥ 徐世昌等编，沈芝盈、梁运华点校：《清儒学案》卷一八《程山学案·程山十则》，中华书局2008年版，第754—758页。

要从日用处下手，"务以躬行实践为主"。①"故凡见地远大，志愿高迈者，须急求实践，以立基址，庶不堕罔念之狂。"② 谢文洊著述宏富，《除大学中庸切己录》二卷外，他又著有"《易学绪言》二卷、《风雅伦音》二卷、《左传济变录》二卷、《大臣法则》八卷、《程门主敬录》一卷、《初学先言》二卷、《养正篇》一卷、《兵法类案》十二卷、《谢程山集》十八卷"③。其中《大学中庸切己录》《谢程山集》为《四库全书》存目著录。

谢文洊开启了清初部分鄱阳湖地区学者由专讲阳明心学转向崇尚程朱理学之先河。在清代中期钱仪吉汇编的《碑传集》中，谢文洊被列为江西"理学"类第一人。《清儒学案》也专设《程山学案》，且对其称颂有加。谢文洊"力图唤醒士人对儒学的认同与复归。但宋明理学的辉煌时期已过去了，他虽身体力行，然被易堂诸子视为迂阔。"④

从学于谢文洊的弟子众多，著名弟子有甘京等"程山六君子"。甘京"与同邑封濬、曾日都、危龙光、汤其仁、黄熙师事文洊，粹然有儒者气象，时号'程山六君子'"⑤。他们都是抚州南丰人，服膺谢文洊的学术人品，皆折节称弟子，共同讲学于南丰程山。

在程山学舍，谢文洊与弟子们反己暗修，务求自得，敦行古礼，潜心于个人的道德修养，且躬行实践，在日常生活中以理学家的言行规范，严格要求自己，表现出大儒的气象。"昼之所为，宵必书之，考业记过，朔望相质订。"⑥ 每个人都在晚上记下自己白天的所作所为，进行反思内省，检讨有无过失，每

---

① 徐世昌等编，沈芝盈、梁运华点校：《清儒学案》卷一八《程山学案》，中华书局2008年版，第742页。

② 徐世昌等编，沈芝盈、梁运华点校：《清儒学案》卷一八《程山学案·程山十则》，中华书局2008年版，第755页。

③ 徐世昌等编，沈芝盈、梁运华点校：《清儒学案》卷一八《程山学案》，中华书局2008年版，第742页。

④ 胡迎建：《论清初江西三山学派》，《地方文化研究》2013年第1期。

⑤ 赵尔巽：《清史稿》卷四八〇《儒林传一·甘京传》，中华书局1977年版，第13112页。

⑥ 徐世昌等编，沈芝盈、梁运华点校：《清儒学案》卷一八《程山学案》，中华书局2008年版，第741页。

逢初一、十五，再将自己的笔记公开，让大家传阅，以互相检查，相互督促，以此约束规范大家的行为，提高道德修养。这种互相督促的修养方式，在程山之会上，得到"易堂九子"和"髻山七隐"的称赞，都推崇程山一派"笃躬行，识道体"的行为。

"程山六君子"中，以甘京最为著名。甘京，字健斋，南丰人。他好学，能诗文，取得诸生资格后随即放弃举业。甘京仅比谢文洊小 7 岁，初为谢氏之友，后服膺其学术人品，于是师事之。"甘京与文洊为友，后遂师之。"甘京"负气慷慨，期有济于世，慕陈同甫之为人，讲求有用之学"①。"尝区画田赋上下，上有司，行之。年饥，山贼起，先生请免荒税，均赋役，行赈恤。"②闽中令闻其高名，欲以重金聘其入幕，但被甘京拒绝。他通晓经术，著述颇丰，有《通鉴类事钞》一百二十卷、《轴园稿》十卷行世。

曾日都，字美公，自号"体斋"，取"务实体诸己"之意，为明诸生。"其学务求实体诸己，因自号体斋。以学行为乡行所袊式。"③40 岁时始中秀才，但不久就放弃了科举。尽管其家境贫寒，以酿酒卖豆腐为生，然而居家孝友，不苟求钱财，曾将百亩学田还给族人，其学行成为乡里效法的楷模。据乾隆三十年《南丰县志》所载，曾日都"既饩于庠，忽弃去，揭学田百亩还诸族，躬豆腐酿酒以自给"。著有《百用录》，将经史语录、古之人文行谊等有关风化者摘录成文，期以救世治人。彭任称其"赋有才能，壮年志学，勇弃诸生，读有用书，手录是程，日亲师友，卓然明诚，学优好修"④。

"程山六君子"中，黄熙为顺治十五年进士，封濬、汤其仁皆为顺治年间举人，危龙光为顺治丙子诸生，谈不上真正意义上的遗民。

封濬，字禹成，顺治年间中举，以讲学授徒为业，生徒多至百人。他 40

---

① 赵尔巽：《清史稿》卷四八〇《儒林传一·甘京传》，中华书局 1977 年版，第 13112 页。

② 徐世昌等编，沈芝盈、梁运华点校：《清儒学案》卷一八《程山学案·甘先生京》，中华书局 2008 年版，第 765 页。

③ 赵尔巽：《清史稿》卷四八〇《儒林传一·曾日都传》，中华书局 1977 年版，第 13113 页。

④ 彭任：《祭曾美公文》，转引自马将伟《易堂九子研究》，社会科学文献出版社 2013 年版，第 162 页。

岁时，还拜谢文洊为师，虽仅比谢文洊年少 5 岁，但依旧如未成人一样，恭敬地向谢文洊执师礼。他处事公平，不畏繁杂。"魏禧称其才'当为治繁剧之良有司'，而惜其才不用也"①。

黄熙，字维缉，顺治十五年（1658）进士，虽然仅比谢文洊年少 6 岁，但称谢文洊为师，恭敬地对其执弟子之礼，"朔望四拜，侍食起馈，唯诺步趋，进退维谨，不以为劳。彭士望比之朱子之事延平。"② 谢文洊也对他寄予厚望，引为入室弟子。他考中进士后，仍萧然若布衣，未任过任何官职，他处事公正，"闾里有不平事，皆平心平之，无不服。"③

危龙光，字二为，又字在园。善事后母，即使后母所言无理，仍委曲承顺，"久而爱之若亲子焉"④。他在家乡"以《吕氏乡约》法约其族人，旌别善恶，救恤患苦，宗长皆推敬焉"⑤。

汤其仁，字长人，著《四书切问》《省克堂集》。

魏禧曾对"程山六君子"分别进行了评价，他说："程山之门，禹成为最长，其德宇尤大醇，笃行有道君子也。"《清儒学案》评价他道："美公毅而介，长人和而有守，健斋、二为坦中而好义，维缉虚己而学。此五君子者，性情行己之不同也，而孝友于家，廉于财，不苟且于言行，学古贤者之学，而歉然以为若将弗及然者，则无所不同也。"⑥

① 徐世昌等编，沈芝盈、梁运华点校：《清儒学案》卷一八《程山学案·封先生濬》，中华书局 2008 年版，第 766 页。
② 赵尔巽：《清史稿》卷四八〇《儒林传一·黄熙传》，中华书局 1977 年版，第 13113 页。
③ 徐世昌等编，沈芝盈、梁运华点校：《清儒学案》卷一八《程山学案·黄先生熙》，中华书局 2008 年版，第 766 页。
④ 赵尔巽：《清史稿》卷四八〇《儒林传一·危龙光传》，中华书局 1977 年版，第 13113 页。
⑤ 徐世昌等编，沈芝盈、梁运华点校：《清儒学案》卷一八《程山学案·危先生龙光》，中华书局 2008 年版，第 766 页。
⑥ 徐世昌等编，沈芝盈、梁运华点校：《清儒学案》卷一八《程山学案·附录》，中华书局 2008 年版，第 767 页。

二、宋之盛与"髻山七隐"

宋之盛是"髻山七隐"的代表人物。

宋之盛（1612—1668），字未有，明亡后，更名惕，九江星子县人。世居庐山脚下白石村（今星子县华林乡境内），因山中多白色的石头，皎洁如玉，于是自号"白石野人"，世称白石先生。他 4 岁丧父，由兄长抚养长大，成人后他事两兄如父。宋之盛自幼聪明好学，读书"一目数行"，14 岁入南康郡庠，崇祯十二年（1639），27 岁时中举人，但两次进京，都未能中进士，于是在家乡开馆授徒为业。南昌世族李太虚听说他的学术声望，请他讲学家塾，宋之盛因此得与南昌学者交游，相互论学。明朝灭亡后，宋之盛痛心疾首，更名宋逸，又名惕，隐居丫髻山，授徒讲学为业。

丫髻山又名髻山，位于星子县中部，今星子县华林镇与横塘镇境内，属低山丘陵，丫髻山东南、东北和西北皆高山环布，山谷幽深，人迹罕至。他"结庐髻山，足不入城市，以讲学为己任"①。甘愿做明朝遗民，以讲学为业，誓不仕新朝，不拜谒清廷官吏，每逢国丧之日，身着明朝衣冠，闭门谢客，虽生活清苦，但安贫乐道，砥砺操行。顺治七年（1650），江西巡抚蔡士英欲礼聘其为白鹿洞山长，但被宋之盛谢绝。他的气节为后人所称道，"辟地入匡庐山中，罕与世接，而东南士之言气节者莫不皆以之为归"②。

宋之盛其学"以明道为宗，识仁为要。于二氏微言奥旨，皆能抉摘异同"。他精研《春秋》，对其微言大义，了然于心。又潜心理学，学宗程颢，以识仁为其学术要旨，以涵养本源为功夫要领。晚年攻读胡敬斋的《居业录》后，"持敬之功益密"③。宋之盛曾著《仁论》一书，以程颢、周敦颐为宗主，阐发朱子极高明道中庸之旨，而对阳明学说多有微词，他在《刻传习录序》中批驳王阳明"心即理也"之谬误，认为"夫心而即理，孟子不应曰：'理义之悦我心'，

---

① 赵尔巽：《清史稿》卷四八〇《儒林传一·宋之盛传》，中华书局 1977 年版，第 13113 页。
② 冷士嵋：《江泠阁诗集》卷八《东南六高士吟》，《四库全书存目丛书》集部第 236 册，第 405 页。
③ 赵尔巽：《清史稿》卷四八〇《儒林传一·宋之盛传》，中华书局 1977 年版，第 13113 页。

又不应曰：'仁义礼智根于心'，又不应曰：'君子以仁存心，以礼存心'。岂谓心之悦心，心根于心，以心存心乎？"①并指责王阳明以良知为天理之说存在重大错谬。他在《书义全提序》中，批评阳明后学，"而近世'致良'、'主静'诸家，以'居简'救之，其弊至拈只义片解，濛互到底。颇似一茎菟萝，缭施于长松老桧。"②认为阳明后学更失却了阳明的本义。

宋之盛屡屡斥责王门后学为狂禅，力辟禅佛之非，认为禅学盛行会亡种亡国，反对"援禅入儒"，视之为"疏粝掺入芝术"。他批驳佛教以知觉言心，不务格物穷理，佛教所谓之悟，所谓之得，就好比引镜照镜，只是以空印空而已。他批驳道："释氏只以空寂妙圆为究竟，而视理为障，岂得同科。"③

宋之盛文名为当世所重，其"文清挺，无宋末语录之弊"④。他著述繁富，著有《求仁篇》《乙巳岁余录》《丙午山间语录》《程山问答》《匡南所见录》《丧礼订误》《髻山语录》《太极归心图说》《大学咏》等，但大都失传，只有胡思敬编辑的《豫章丛书》收录其《髻山文钞》二卷。康熙七年（1668）去世后，门人私谥"文贞"，后奉旨入祀星子乡贤祠，又从祀白鹿洞书院。

宋之盛与彭士望、谢文洊屡有往来。其学说与谢文洊相近，"与文洊交最笃"。⑤谢文洊对他评价很高，认为江西理学继胡居仁之后，由宋之盛"继续其光明"。

宋之盛在明亡之后，结庐髻山，"与同里查辙、吴一圣、余晫、查世球、夏伟及门人周祥发讲学，时称'髻山七隐'"⑥。他们都是星子县人，明亡之后，

① 徐世昌等编，沈芝盈、梁运华点校：《清儒学案》卷一八《程山学案·刻传习录序》，中华书局 2008 年版，第 769 页。

② 宋惕撰，杨润根点校：《髻山文钞》卷下《书义全提序》，见陶福履、胡思敬原编《豫章丛书》第 200 册，江西教育出版社 2002 年版，第 811 页。

③ 宋惕撰，杨润根点校：《髻山文钞》卷下《复约斋书》，见陶福履、胡思敬原编《豫章丛书》第 200 册，江西教育出版社 2002 年版，第 805 页。

④ 徐世昌等编，沈芝盈、梁运华点校：《清儒学案》卷一八《程山学案·宋先生之盛》，中华书局 2008 年版，第 769 页。

⑤ 赵尔巽：《清史稿》卷四八〇《儒林传一·宋之盛传》，中华书局 1977 年版，第 13113 页。

⑥ 徐世昌等编，沈芝盈、梁运华点校：《清儒学案》卷一八《程山学案·宋先生之盛》，中华书局 2008 年版，第 768 页。

以气节相标榜，不仕清廷，聚集于髻山，以读书讲学为业。

吴一圣，字敬跻，明崇祯十二年（1639）举人。明亡之后，隐居髻山讲学四十余年，不肯与清朝合作，康熙九年（1670）被南康知府廖文英强聘为白鹿洞书院洞主。彭士望的《髻山八隐诗》中，称"吴君牛衣卧最酣，寒暑一衣纇无米。人欲言愁我未愁，但说王师即狂喜"。

余晫，字卓人，隐于髻山，以教学授徒为己任。"建宗祠，萃子弟读书其中。"他处事公道，族人之间如有争讼之事，往往不报官府而径找余晫，他都能秉公处理，平息争讼，在当地很有威望，以德义为乡里表率。

查世球，字天球，他天性好学，慷慨负气，弱冠为诸生，得到提督侯峒曾的赏识。明亡之际，查世球曾毁家纾难，招募勇士，谋求恢复。"明亡，募勇士图举义兵，顺治五年，逮赴江南，不屈死。"[1] 顺治五年（1648）事发，慷慨赴死。彭士望作《髻山八隐诗》，其中有云："大查怒骥气空郡，长爪欲透拳血啮。"时人称查世球为大查，称查辙为小查。

查辙，字小苏，自小聪颖，博览群书，熟知天文、律历，尤其精于岐黄之术。明亡后，隐居髻山，讲学为业，年九十岁而卒。

魏禧曾作《赤冈二查歌》："大查岌岌如匡山，小查溷溷如湖水。二查不知何者贤？但闻其人十九年。……前日扁舟下豫章，小查访我古南塘。其身不满五尺长，朴率有如田舍郎。今朝大查出揖客，匡云初开日正白。我见二查皆下拜，大阮小阮直奴辈。"[2] 查世球曾陷大难，魏礼特地远赴闽中，以求李世熊帮忙援解。

夏伟与周祥发二人生平事迹不可考。

三、程山会讲

谢文洊、宋之盛与易堂诸子交往密切。由于南丰地处赣东交通要道，易

---

① 徐世昌等编，沈芝盈、梁运华点校：《清儒学案》卷一八《程山学案·宋先生之盛》，中华书局 2008 年版，第 770 页。

② 转引自马将伟：《易堂九子研究》，社科文献出版社 2013 年版，第 165 页。

堂诸子每次路过，必往程山学舍，进行问学交流。谢文洊在自作的墓志铭中，也称道易堂之学："易堂诸友节行文章为海内所重，某不自量，亦欲学其诗文，才短终不能就而已，学亦遂旁浅。"① 同时，"髻山诸子与易堂诸子往来密切，切磋学问、行吟唱和、诗酒流连，如彭士望在顺治十七年（1660）曾诣髻山，居留长达四月之久，作《髻山秋日书怀》诗十二首。"②

"易堂九子"是以宁都魏禧为学术领袖，包括兄弟魏际瑞、魏礼，南昌彭士望、林时益，宁都李腾蛟、邱维屏、彭任、曾灿等九人组成的学术群体。他们在宁都金精山翠微峰上建"易堂"，效法伯夷叔齐，躬耕自食，不仕清廷，潜心读书讲学。其学以砥砺风节、讲求经世为核心。"易堂独以古人实学为归"③，梁启超认为"他们的学风，以砥砺廉节、讲求世务为主，人格都很高洁"④。方以智更赞叹道："易堂真气，天下罕二矣！"⑤ 在"易堂九子"中，又以宁都三魏，特别是魏禧最为著名，有"三魏之名遍海内"之说。魏禧束身砥行，才学尤高，"明亡，号哭不食，剪发为头陀，隐居翠微峰"⑥。他与侯方域齐名，有"北侯南魏"之称。在学术上倡导经世致用的实学，对晚明学者虚谈心性、空疏不实的学风进行批判，提出"积理练识""明理适用"的学术主张。他"喜读史，尤好《左氏传》及苏洵文"⑦。他在《左传经世叙》中说："读书所以明理也，明理所以适用也。故读书不足经世，则虽外极博综，内析秋毫，与未尝读书同。经世之务，莫备于史。"⑧ 特别重视史学的经世功用。

宋之盛是通过易堂彭士望的引荐，在顺治十年（1653）得与谢文洊最初

---

① 甘京：《谢程山文集序》，《谢程山文集》（道光三十年刻本）卷首，《四库全书存目丛书》集部第 209 册，第 8 页。

② 马将伟：《易堂九子研究》，社科文献出版社 2013 年版，第 165 页。

③ 赵尔巽：《清史稿》卷四八四《魏禧传》，中华书局 1977 年版，第 13316 页。

④ 梁启超：《清代学术概论》，东方出版社 1996 年版，第 165 页。

⑤ 赵尔巽：《清史稿》卷四八四《魏禧传》，中华书局 1977 年版，第 13316 页。

⑥ 赵尔巽：《清史稿》卷四八四《魏禧传》，中华书局 1977 年版，第 13315 页。

⑦ 赵尔巽：《清史稿》卷四八四《魏禧传》，中华书局 1977 年版，第 13316 页。

⑧ 魏禧著，周书文等编：《魏禧文论选注》，江西人民出版社 1984 年版，第 50 页。

相识的。宋之盛亦自言道："癸巳夏日，晤彭躬庵，知旴江有秋水先生者，倡明正学，手援陷溺，私心窃景慕之。"①之后，两人便经常往来论学。"当是时，南丰谢文洊讲学程山，星子宋之盛讲学髻山，弟子著录者皆数十百人，与易堂相应和。"②形成江右三山学派。三山之学各具特色，《清史稿》评论道："时宁都'易堂九子'，节行文章为海内所重；'髻山七子'，亦以节概名；而文洊独反己暗修，务求自得。"③"谢文洊的理学，魏禧的经术文章，宋之盛的气节被推为清初'江西三山学派'之祖"④。

　　三山之学各具特色，也各有异同，他们经常相互辩难，商榷学问。尤其是康熙四年（1665）四月，髻山宋之盛邀请易堂魏禧、彭任等一同前往南丰程山学舍，与谢文洊进行了著名的程山会讲。

　　魏禧认为"今之君子，不患无明体者，而最少适用。然在学道人，尤当练于物务，使圣贤之言见诸施行，历历有效，则豪杰之士争走向之"⑤。因此，他建议程山会讲应确立讲学、论古、议今三大主题。魏禧说："愚谓会讲日当分三事：一讲学，今所已行是也；一论古，将史鉴中大事或可疑者，举相质问，设身古人之地，辨其得失之故；一议今，或己身有难处事，举以质人，求其是而行之。或见闻他人难处事，为之代求其是……如是，讲学则是非之理明，论古则得失之故辨，议今则当事不眩，规过则后事可惩，庶内外兼致，体用互通。"⑥认为只有增加论古、议今这两主题，才能达到体用互通，才能有真正的实效。

---

①　宋犖撰，杨润根点校：《髻山文钞》卷下《与谢秋水先生书》，见陶福履、胡思敬原编：《豫章丛书》第 200 册，江西教育出版社 2002 年版，第 802 页。

②　赵尔巽：《清史稿》卷四八四《魏禧传》，中华书局 1977 年版，第 13316 页。

③　赵尔巽：《清史稿》卷四八〇《谢文洊传》，中华书局 1977 年版，第 13112 页。

④　杨忠民、段绍镒主编：《抚州人物》，方志出版社 2002 年版，第 81 页。

⑤　魏禧著，胡守仁、姚品文等校点：《魏叔子文集》卷六《与谢约斋手简》，中华书局 2003 年版，第 316 页。

⑥　魏禧著，胡守仁、姚品文等校点：《魏叔子文集》卷六《与谢约斋手简》，中华书局 2003 年版，第 316 页。

谢文洊与魏禧在"体""用"关系上，观点迥异。魏禧直言："程山、易堂大抵于体用中各有专致，彼此勤勤，皆欲出其所见以辅所不足，非苟求相尚也。"① 因此，程山之会中，二人就"仁术"即体用关系进行了激烈的论辩。魏禧云："予向喜仁术两字，初谓是理中当有此番委曲。"② 魏禧认为，与其空谈所谓"仁"，导致诈伪横生，不如重"术"，从日用常行做起，更来得实在。主张"日用常行"便是"仁"，认为"与学者论，不必便说到性命精微，但当日用常行说为是"③。

谢文洊以复兴程朱理学为己任，俨然以江右理学正宗自居，认为魏禧的仁术体用过于功用，对魏禧的功利论持批判态度。认为其"仁术"观有本末倒置之嫌，对其过分强调"术"的做法不以为然。他说："须是仁字十分深重，术则从中生出方妙；倘于术字上著喜，则仁字只是附和，久之，附和者去，而术为主矣。"④ 但"易堂诸子，或视其迂阔不达事情"，认为谢文洊迂阔而不实用。然而易堂诸子依旧钦佩谢文洊的操行，即使魏禧也说："向交程山先生，和平春容，能使燥气者当之而平，胜心者当之而伏。"⑤

宋之盛则试图调和魏、谢之争，他总结两家之异同道："易堂之学主于用，程山之学主于体。叔子欲以经世而正人心，先生欲以正人心而经世，二者均不可偏废。"但宋之盛更倾向于谢文洊的主张，认为"究之人心是本，有体然后有用有所根"⑥。

---

① 魏禧著，胡守仁、姚品文等校点：《魏叔子文集》卷五《复谢约斋书》，中华书局2003年版，第236页。
② 魏禧著，胡守仁、姚品文等校点：《魏叔子文集·日录》卷一《里言》，中华书局2003年版，第1079页。
③ 谢文洊：《谢程山集·附录》（道光三十年刻本），《四库全书存目丛书》集部第209册，齐鲁书社1997年版，第357页。
④ 魏禧著，胡守仁、姚品文等校点：《魏叔子文集·日录》卷一《里言》，中华书局2003年版，第1079页。
⑤ 谢鸣谦：《程山年谱》卷二。
⑥ 谢文洊：《谢程山集》卷一〇《丁未与魏冰叔书》，（道光三十年刻本），《四库全书存目丛书》集部第209册，齐鲁书社1997年版，第186页。

程山与易堂两家之学的根本差异在于程山主体，而易堂主用。魏禧本人也认为，"由躬庵之说长于济世，由先生之说长于持世，有持世者以操其本，有济世者以治其标，轻重缓急之间，因时而制其宜，固有非言说可尽者"①。

张潮对程山和易堂两家的学术特点，作了较为公允的评价，他说："豫章学者有二门庭然：一曰程山，一曰易堂。两先生者各有所主，程山主气节，易堂主经济，二者体用兼资，不可偏废也；使言经济而不本于气节，则其久也，或流于杂霸而不自知，是气节之学较之经济为尤重。"②

程山之会上，宋之盛还与谢文洊等就程子识仁、儒禅差别和程朱学脉等问题进行了深入讨论。

谢文洊和宋之盛都力辟狂禅之非，认为禅学空谈心性，将导致亡国灭种。谢文洊以为学术之坏，坏于禅学与俗学，因此，欲复兴儒学，就须深辟禅学之非。他说："大抵禅者以知觉为性，吾儒则以天为性。"批判禅学的色空观，"不知生死为天地之公理、造化之真机，何用趋之脱之空之为哉！至于身死，则公理、真机之尽耳。阴阳之气有凝聚，必有解散。"但魏禧却以为辟禅非今日之要务。

宋之盛与谢文洊观点相契合处甚多，诚如他所说："先生当存我说，我亦当存先生说，彼此体会。"宋之盛重在"识仁"，以"求放心为切"。谢文洊说他"仁有探得本领"，其"功夫专在涵养本源"。

三山诸子虽为布衣，但为挽救世道人心而孜孜以求，探讨济世救民的方略，且身体力行，付诸实践。其学术主张虽有歧异，但在明亡之际，江山易主的形势下，能声气相求，互相取长补短。他们在程山之会中，彼此评阅著述，质疑问难，虽未能解决各派学术的分歧，却没有党同伐异，在一些问题上，也达成了一致。如宋之盛与甘京论祭立尸丧复之礼不可废，魏禧就亟称之，同

---

① 魏禧著，胡守仁、姚品文等校点：《魏叔子文集》卷五《复谢约斋书》，中华书局 2003 年版，第 237 页。

② 张潮：《昭代丛书·凤兴语小引》，《丛书集成续编》第 42 册，台湾新文丰出版公司 1988 年版，第 31 页。

时又告诫甘京学道必工文章，使其言可法可传。宋之盛亦为魏禧所编《童鉴》作序，对其赞赏有加："魏凝叔之作《童鉴》也，可谓以学虑救良知能之穷者也。……吾愿凡为童子者，举以《童鉴》虑，举以《童鉴》学。《童鉴》具在，彼固皆不虑而知爱敬，而未尝虑俗虑，以求当于其亲与兄之私也。"[1]

在程山会讲中，他们广论学术，扩大了程朱理学的影响，"四方远近之游而过之者，殆无不知有程山谢子之学"。魏禧把这次会讲比作昔日的鹅湖、鹿洞之会。宋之盛亦感叹道："不到程山，几乎枉过一生矣!"认为"西江之学不入于岐趋者，乃程山之力"。

第四节　清代鄱阳湖地区的理学家群体

虽然清代是鄱阳湖地区理学的式微期，与宋、元、明时期相比，在全国的影响呈下行的态势，且逐渐被边缘化。但也出现了朱轼、汪绂、江永、李绂以及都昌邵良杰、南丰汤来贺、星子宋士宗，瑞昌李尚珍等众多理学家群体。他们致力讲学、潜心著述，对程朱理学在清代鄱阳湖地区的传承、发展起了积极作用。

一、帝师元老——朱轼的理学思想

在清代江西及鄱阳湖地区理学家中，影响最大的当属朱轼。朱轼是集理学家、史学家和重臣于一体的学者型官员，为清初程朱理学正统地位的取得和理学文化在鄱阳湖地区的普及、传承作出了积极贡献，被誉为"理学名臣"。洪亮吉在《卷施阁集·书刘文正公遗事》中认为，乾隆中期以前，"为大学士者，

---

[1]　宋惕撰，杨润根点校：《髻山文钞》卷下《童鉴序》，见陶福履、胡思敬原编《豫章丛书》第200册，江西教育出版社2002年版，第809页。

高安文端公朱轼最著，立朝大节，多人所不能及。"①

朱轼（1665—1736），字若瞻，号可亭，江西高安人。康熙三十二年（1693），28 岁的朱轼举乡试第一，次年中进士，选翰林院庶吉士，康熙三十九年任湖北潜江知县，开始其仕宦生涯。康熙四十八年（1709），任陕西学政。陕西是张载的故里，他在陕西，极力宣扬张载，以此变化学子气质，转变士风学风。康熙五十六年任浙江巡抚，在浙江清吏治、正风俗、修海塘，政绩卓著，朝廷上下盛传"轼持风谦，以身作则，境内之治，号通国第一"②。

雍正即位后，朱轼以礼部尚书、太子太保衔为弘历老师，他以"教则为尧舜，不教则为桀纣"的崇高使命感，严格要求弘历，向年轻的弘历灌输儒家治国之道和程朱理学思想，"轼以经训进讲，亟称贾、董、宋五子之学"③，培养出了乾隆这位杰出帝王。朱轼深得雍正的信任，在与张廷玉充会试正考官时，雍正曾面谕张廷玉："尔与朱轼朕深信，必能副委任，慰众望。"④雍正三年（1725），为文华殿大学士，雍正七年（1729），吕留良案发后，朱轼奉命撰写《驳吕留良四书讲义》，以程朱理学的观点，从学理上对吕留良的言论进行一一驳斥。雍正八年，朱轼兼兵部尚书，署翰林院掌院学士。

乾隆元年（1736），朱轼充任《世宗实录》总裁，第三次任会试正考官。当年九月，朱轼病逝于京师，乾隆亲往祭奠，赐谥"文端"。甘汝来亲题"帝师元老"墓匾。

朱轼是清初重臣，深受康熙、雍正、乾隆三朝皇帝的信任和器重，"轼朴诚事主，纯修清德，负一时重望"⑤，"恩宠极人臣之分"。雍正曾说："如朱轼、

① 任继愈主编：《中华传世文选》第 10 册《清朝文征》（下册），吉林人民出版社 1998 年版，第 1472 页。

② 徐光荣：《帝师元老朱轼》，江西人民出版社 2003 年版，第 169 页。

③ 赵尔巽：《清史稿》卷二八九《朱轼传》，中华书局 1977 年版，第 10247 页。

④ 朱瀚原编，朱龄补编：《朱文端公年谱》，《北京图书馆藏珍本年谱丛刊》第 89 册，北京图书馆出版社 1999 年版，第 152 页。

⑤ 赵尔巽：《清史稿》卷二八九《朱轼传》，中华书局 1977 年版，第 10247 页。

张廷玉、沈近思、魏方太，朕保其终无二心。"①

朱轼在学术上推崇程朱，学宗横渠，到任陕西学政后，"修横渠张子之教，以知礼成性、变化气质训士"②。率士子拜谒横渠先生祠，重新刊印了张载的《张氏全书》，使"关中正学大明"。又著《周易传义合订》，以将程、朱学说合为一体。

朱轼"为学主敬，倡致知力行"③。强调学术为现实政治服务，辅佐君王成太平之治。他说："惟格物明理以启其端，戒惧慎独以践其实，扩而充之，以化其气质之偏，由是出其所学，上而辅佐圣君，为万世开太平之治。即效一官分一职，亦必休养涵濡，登风俗于醇古，此一德泰交唐虞师济之盛也，汉唐以下乌足道哉！"在学术与事功的关系上，朱轼认为二者是相辅相成、殊途同归的，并不存在矛盾之处。他说："学术之与事功，孤卿之与庶尹，殊途而同归，百虑而一致者也。民受天地之中以生，五性粹然至善，用内直之功敬修而不息，方外之功集义而无歉，则元善之长充周而不可穷。先圣传心之学，于是乎，在上之为论道经邦之儒，次亦为一民一物之所恃赖，故曰同归而一致也。"④

朱轼强调理学的经世致用，认为《六经》就是圣人经世之书。他在《胡瑗传》中评论道："《六经》皆圣人经世之书也。舍经以言事，其弊也杂；离事以谈经，其弊也迂。圣人之教，德行道艺精粗具举，岂其时之士，尽为全材哉！教举其全而学犹或失则偏，苟徒以偏教，则士之有始有卒者益鲜矣。"⑤认为即使朱熹，也不局限于学术研究，而是致力于事功之实，具有良好的行政能力。他说："朱子在朝四十六日，进讲奏疏，名臣风烈，万代瞻仰。及观其浙东、

---

① 方苞：《礼部侍郎魏公墓志铭》，转引自朱骐《朱文端公年谱》，清同治十年（1871）刊本。

② 赵尔巽：《清史稿》卷二八九《朱轼传》，中华书局1977年版，第10243页。

③ 马子木：《清代大学士传稿》（1636—1795），山东教育出版社2013年版，第232页。

④ 朱轼：《史传三编》原序，景印文渊阁《四库全书》第459册，台湾商务印书馆1986年版，第4页。

⑤ 朱轼：《史传三编》卷三《胡瑗传》，景印文渊阁《四库全书》第459册，台湾商务印书馆1986年版，第50页。

南康、潭州诸治迹，岂两汉循吏所易及乎？"①

朱轼著述颇丰，他是《圣祖实录》《世宗实录》总裁之一，还著有《朱文端公文集》四卷、《史传三编》五十六卷、《春秋钞》十卷、《孝经注》三卷、《周礼注解》《周易注解》《仪礼节略》二十卷。朱轼"以经学名，尤长于礼，著《仪礼节略》"②。其《仪礼节略》"一以经传通解为宗，而删繁举要，博采众家，附以独见，所言皆明白洞达，可谓知本务矣"③。

朱轼还是著名的史学家，他重视史学的经世作用。他和蔡世远主编了《史传三编》，为《历代名儒传》《历代名臣传》《历代循吏传》之合集："《名儒传》为李清植所纂，《名臣传》为张江、蓝鼎元、李钟侨所纂，《循吏传》为张福昶所纂，世远商榷之而轼则裁定之。"在《史传三编》中，他以程朱理学为指导，用程朱理学的标准来取舍历史人物，歌颂忠孝节烈，提倡学术经世致用，有裨于世教，即"所附论断亦皆醇正，固不失为有裨世教之书矣"④。

二、"朱子后第一人"汪绂对程朱理学的推崇

汪绂（1692—1759），初名垣，字灿人，号双池，婺源县段莘人。其曾祖父汪应蛟曾官至尚书，但其父汪士极，常年交游在外，不治家人产业，家境衰败，生活艰辛，自幼由母亲江氏教其读书识字，他非常聪颖，"八岁，《四子书》《五经》皆成诵"⑤。母亲去世后，汪绂辗转流离至景德镇、乐平等地，以画碗佣工谋生，后漂泊至福建，为陈姓总兵收留，怜爱其才学广博，延其至家，教训诸子，生活才日渐安稳。后又授学于浦城，从游者日众。"他一生清苦，从

① 朱轼：《史传三编》原序，景印文渊阁《四库全书》第459册，台湾商务印书馆1986年版，第4页。

② 马子木：《清代大学士传稿》（1636—1795），山东教育出版社2013年版，第232页。

③ 徐世昌编纂，沈芝盈、梁运华点校：《清儒学案》卷四九《高安学案》，中华书局2008年版，第777页。

④ 永瑢等：《四库全书总目》卷五八《史传三编提要》，中华书局1965年版，第528页。

⑤ 赵尔巽：《清史稿》卷四八〇《儒林传一·汪绂传》，中华书局1977年版，第13152页。

未显达，却问学不倦，孜孜于理学探讨，且在当时汉学盛行的大氛围下，致力于维护程朱理学正统，实属不多见者。"①

汪绂一生博综古今诸儒之说，"自《六经》下逮乐律、天文、地舆、阵法、术数无不究畅，而一以宋五子之学为归"②。每有所得，必加以撰述，因此著述宏富，"著有《易经诠义》十五卷、《尚书诠义》十二卷、《诗经诠义》十五卷、《四书诠义》十五卷、《诗韵析》六卷、《春秋集传》十六卷、《礼记章句》十卷、《或问》四卷、《参读礼志疑》二卷、《乐经律吕通解》五卷、《乐经或问》三卷、《孝经章句》一卷"③。其《参读礼志疑》多得经意，可与陆陇其之书并存，由《四库全书》收录。

汪绂还历时二十余年，花费大量精力，著有《理学逢源》十二卷，是其理学思想的集中体现。《清儒学案》说："其深造自得者，则在《理学逢源》一书，内篇明体，外篇达用，盖为之二十余年而后成也。"④全书分内、外两篇，内篇"明体"，外篇"达用"。

汪绂一生谨守程、朱之道，其学"以宋五子之学"为旨归，以传承程朱学说为己任。"双池居贫守约，力任斯道之传。"⑤"其学涵泳《六经》，博通《礼》《乐》，亦恪守朱子家法。"⑥他认为千古圣贤所传，程朱理学的核心在于"理一而已"。他说："理一而已。自四子、《六经》，以至周、程、张、朱之所演绎，载籍虽繁，要不过欲人反求之于身心，而得其天性之本然。则以是见之事行，以实践而力行之，而于以措之民物，莫不皆准。此千圣所同符，古今无二致也。"但是由于"异端邪说，与乎记诵词章之学，又从而汩之，使高焉者惑于

① 龚书铎主编：《清代理学史》（中卷），广东教育出版社 2007 年版，第 69 页。
② 赵尔巽：《清史稿》卷四八〇《儒林传一·汪绂传》，中华书局 1977 年版，第 13152 页。
③ 赵尔巽：《清史稿》卷四八〇《儒林传一·汪绂传》，中华书局 1977 年版，第 13153 页。
④ 徐世昌等编，沈芝盈、梁运华点校：《清儒学案》卷六三《双池学案》，中华书局 2008 年版，第 2433 页。
⑤ 徐世昌等编，沈芝盈、梁运华点校：《清儒学案》卷六三《双池学案》，中华书局 2008 年版，第 2433 页。
⑥ 钱穆：《清儒学案序》，《中国学术思想史论丛》（八），安徽教育出版社 2004 年版，第 371 页。

虚无寂灭之说，而下焉者又役于功名富贵之途。以卒之无得于己"①。正因为程朱理学不明，是非真伪难辨，出于捍卫朱子学说的卫道之心，为正本清源，他著作此书，以窥圣学之旨，不使邪说诬民。其旨在使"学者亦惟是穷理致知，而于以徐探其源，则异学之偏辞又不能惑，反躬实践，而于以真知其味，则当世之荣禄有不足摇"②。

从《理学逢源》的体例安排及所阐发的主张来看，其"所引先儒之言，则多以先后为序，而先儒中惟以周、程、张、朱之说为主，间及程、朱门人及邵子及南轩、东莱"。

汪绂编著《理学逢源》，是为捍卫理学道统，扭转世道人心，通过搜罗排比以宋代理学家为主的先儒之言，引经据典，阐发理学精义。"他这样做，主要是有感于其时说经之风甚盛，有些说经者'旁搜穿凿，以诋排朱子为事'，这令他'深羞而切恶'之。"因此，他奋起卫道，用程朱等先儒之言，对诽谤先圣之说进行批判，对"力求通过倡导理学的'读书穷理'，对那种怀侥幸求进之心，企盼一举成名而著书诽谤先圣的学风，痛加鞭笞，从而起到扭转世道人心的作用"③。

汪绂极力推崇朱熹，对陆、王之学进行批判，认为"陆、王家因早闻性天，而未尝了悟，又果于自信，遗害后人也"④。他在《读困知记》中，批判陆、王之学道："陆氏言心即理也，则只要存得此心，而认此心之虚明为天理，是虽此中妙明，亦有所见。然只此自足，不复有穷理工夫。此正与佛氏之明性见性同归，与孟子之立大、求放心天地悬隔矣。"他指出："阳明认良知为天理，彼亦非全抹却爱敬，但彼将知爱、知敬只与知声、知色、知臭、知味之知作一例看。凡不虑而知者即为天理，则其所认天理，只是此心之神明而

---

① 汪绂：《双池文集》卷五《理学逢源序》，《续修四库全书》，第 1422 册，上海古籍出版社影印（道光十四年一经堂刻本）2001 年版，第 100 页。

② 汪绂：《双池文集》卷五《理学逢源序》，《续修四库全书》第 1422 册，上海古籍出版社影印（道光十四年一经堂刻本）2001 年版，第 101 页。

③ 龚书铎主编：《清代理学史》（中卷），广东教育出版社 2007 年版，第 71 页。

④ 赵尔巽：《清史稿》卷四八〇《儒林传一·汪绂传》，中华书局 1977 年版，第 13153 页。

已。"① 认为"陆王之学反疑其求之于外，过矣"。

汪绂学识广博，是清代中期著名的经学家，堪与江永齐名。其治经"平生博极两汉、六代诸儒疏义。而一以宋五子之学为归。""其为学涵泳《六经》，博通《礼》《乐》，不废考据，而要以义理为折衷。恪守朱子家法，与江氏慎修学派同中有异。"② 同治初年，余龙光在《双池先生年谱凡例》中，比较了汪绂与江永经学的异同。他认为汪绂的治经，一以朱子为折衷，做到明体达用，刚大直方。他说："若夫双池先生，明体达用，刚大直方。其治经也，博极两汉、六代诸儒疏义……一以朱子为折衷，其朱子所未及言者，则推广朱子之心以发明之。至于异端曲学，鼓煽其似是之非以惑世诬民者，则辨驳塞拒，不少假借。"③ 而江永虽以治汉学为长，但也同样尊信朱子，只是不如汪绂那样倡言保卫程朱之道。认为"江先生虽专治汉学，而亦未尝不尊信朱子，观其所著《近思录集注》《礼书纲目》《河洛精蕴》可见。但未如双池先生之昌言保卫，于孔子后特定一尊耳。"④ 因此，余龙光不由感叹道："窃谓自今日以前，求所谓朱子之后复有朱子者，舍双池先生，其谁归乎?"⑤ 视汪绂为朱子学的坚定捍卫者。"可见，江永是治汉学而兼及理学，并尊崇朱子；汪绂则以卫道面目出现，以朱子之是非为是非，考据不过为一达此目的之手段。"⑥

钱穆也认为汪绂"多尚义解，不主考订，与江氏异。而所治自《六经》下

---

① 徐世昌等编，沈芝盈、梁运华点校：《清儒学案》卷六三《双池学案·读困知记》，中华书局2008年版，第2455页。

② 徐世昌等编，沈芝盈、梁运华点校：《清儒学案》卷六三《双池学案》，中华书局2008年版，第2433页。

③ 徐世昌等编，沈芝盈、梁运华点校：《清儒学案》卷六三《双池学案·双池先生年谱凡例》，中华书局2008年版，第2480页。

④ 徐世昌等编，沈芝盈、梁运华点校：《清儒学案》卷六三《双池学案·双池先生年谱凡例》，中华书局2008年版，第2479页。

⑤ 徐世昌等编，沈芝盈、梁运华点校：《清儒学案》卷六三《双池学案·双池先生年谱凡例》，中华书局2008年版，第2480页。

⑥ 龚书铎主编：《清代理学史》（中卷），广东教育出版社2007年版，第77页。

逮乐律、天文、地舆、阵法、术数，无不究畅，则门路与江氏相似。"①王炳燮认为他可与陆陇其、张履祥一道，堪称"昭代醇儒"。他说："是以其学问详博，而无泛杂之虞，其义理精深，而无空疏之失。信乎学朱子之学，心朱子之心，足与当湖陆子、杨园张子并峙为昭代醇儒也。"②

汪绂直谅多闻，生于朱子故里，受紫阳遗泽之熏染，以捍卫程朱为己任，在清代中叶，由于考据学的兴起，理学越来越被边缘化，对此，"汪绂既不满又失望。于是，他希望通过讲求正统理学并以此经世，来挽救理学走下坡路的命运。"③"百余年来，仅汪氏一人，能尊朱子而任斯道"④，被称誉为"守朱学之干城"，曾国藩评价他"为朱子后一人无疑"，汪绂后被从祠徽州紫阳书院。

龚书铎先生认为，"汪绂一生之所为，都在维护理学正统。为了在其所生活的时代使纯正的程朱理学占据统治地位，他一方面力辟理学八股，一方面借汉学考据之功精研慎思。不过由于他致力卫道，述而不作，义理方面并无新的创见。这种情形，恰也反映了清代中期理学的一般特色。"⑤

三、以经学济理学之穷的江永

明清之际，宋明理学受到冲击，学者们开始反省理学的空疏学风，提倡经世致用的实学，"他们对于明朝之亡，认为是学者社会的大耻辱、大罪责，于是抛弃明心见性的空谈，专讲经世致用的实务"⑥。在治学方法上注重实证考据，而清代文字狱的盛行，则更加促使了这一学风的转变，考据学逐渐取代理学而风行一时。"雍、乾之际，风气已变，理学渐衰，经学渐

---

① 钱穆：《中国近三百年学术史》上册，商务印书馆 1997 年版，第 341 页。

② 王炳燮：《毋自欺室文集》卷四《汪双池先生遗书序》，《近代中国史料丛刊》本，文海出版社 1973 年版，第 185—186 页。

③ 龚书铎主编：《清代理学史》（中卷），广东教育出版社 2007 年版，第 73 页。

④ 夏炘：《夏仲子集》卷二《读汪双池遗书》，清咸丰五年（1855）刻本。

⑤ 龚书铎主编：《清代理学史》（中卷），广东教育出版社 2007 年版，第 77 页。

⑥ 梁启超：《中国近三百年学术史》，上海古籍出版社 2014 年版，第 14 页。

盛。"① 江永正是清初学风转变的第一人。"他以矫正宋明理学空疏之弊为任，而溯求于典章制度的研究，以经学济理学之穷，成为转移风气的关键人物。"②

江永（1681—1762），字慎修，号慎斋，江西婺源江湾人。康熙四十年（1701），21岁的江永中秀才，34岁补廪生，62岁为岁贡生，以"驰逐名场非素心"③的心态，一生鄙薄功名，蛰居乡里，潜心著述与授徒讲学，堪称是"为学问而学问"的纯正学者。

江永"博古通今，专心《十三经注疏》，而于《三礼》功尤深"④。对经学，特别是礼学研究精深，有独到的见解。"作为乾隆时期大儒，他熟读经典，对经学研究精深，尤擅长声律考据，著述甚多。他集注《近思录》，引据详洽，绝非那些空谈尊朱者可比。"⑤ 戴震在《江慎修先生事略状》中评价其师云："盖先生之学，自汉经师康成（即郑玄）后，罕其俦匹。"⑥ 视江永为郑玄之后第一人。

江永作为朱熹的同乡后学，生于紫阳阙里，受浓郁的尊朱氛围的熏染，是程朱理学的忠实追随者。他说："吾人幸生紫阳之乡，不能得其心传之万一，区区之心，惟愿读书穷理以破愚，省躬克己以寡过。"其前半生也致力于朱子学术的研究，"十八九岁，读《大学》，熟玩儒先之言，知入手工夫在格物"⑦。

江永信奉朱子，并不排斥理学，认为程、朱继承了圣人之道的精髓。"盖江先生虽专治汉学，而亦未尝不尊信朱子，观其所著《近思录集注》《礼书纲目》《河洛精蕴》可见。"⑧ 他在《近思录集注序》中，充分肯定了程、朱等

---

① 钱穆：《清儒学案序》，《中国学术思想史论丛》（八），安徽教育出版社2004年版，第371页。
② 徐道彬：《论朱子学背景下江永的学术抗衡》，《朱子学刊》2013年第1辑。
③ 戴震：《江慎修先生事略状》，《戴震全集》第五册，清华大学出版社1997年版，第2608页。
④ 赵尔巽：《清史稿》卷四八一《儒林传二·江永传》，中华书局1977年版，第13188页。
⑤ 程水龙：《江永〈近思录集注〉版本源流考》，《文献》2007年第1期。
⑥ 戴震：《江慎修先生事略状》，《戴震全集》第五册，清华大学出版社1997年版，第2608页。
⑦ 江永：《答汪绂书一》，见薛贞芳主编：《清代徽人年谱合刊·汪双池先生年谱》，黄山书社2006年版，第177页。
⑧ 余龙光编撰，刁忠明校点：《双池先生年谱·凡例》，见吴洪泽、尹波、舒大刚主编：《儒藏》史部《儒林年谱》三十八，四川大学出版社2007年版，第175页。

宋儒的学术贡献。他说："道在天下，亘古长存，自孟子后，一线弗坠。有宋诸大儒起而昌之，所谓'为天地立心，为生民立道，为去圣继绝学，为万世开太平'，其功伟矣。其书广大精微，学者所当博观而约取，玩索而服膺者也。"①

江永花费了大量的时间和精力，对朱熹《近思录》进行集注。《近思录》作为理学入门的基础读物，是"吾人最切要之书，案头不可离者"，在程朱理学传播和朱子学研究中，居于经典的地位。因此，宋代以后，对其注家甚多，江永的《近思录集注》则是众多注本中最佳的注本。他自己也非常重视该书，他说："窃谓此录既为《四子》之阶梯，则此注又当为此录之牡钥。开局发鑰，袪疑释蔽，于读者不无小补。"② 于是他集注诸子言行语录，考证其事实原委，订正后人附会之意，探讨宋代理学之渊源。在方法上，他"采取朱子之言，以注朱子之书。朱子说不备，乃取叶说补之。叶说有未安，乃附己意足之。"③四库馆臣对《近思录集注》给予了高度评价，认为该书"凡朱子《文集》《或问》《语类》中其言有相发明者，悉行采入分注，或朱子说有未备，始取叶采及他家之说以补之，间亦附以己意，引据颇为详洽。盖永邃于经学，究心古义，穿穴于典籍者深。虽以余力为此书，亦具有体例，与空谈尊朱者异也。"④

江永除了对朱熹《近思录》集注之外，又对朱熹的《仪礼经传通解》进行了补充和完善，撰著了《礼书纲目》一书，完成了朱子未竟之业。

江永治学自《礼》入，于《三礼》用功尤深，成书于康熙六十年的《礼书纲目》八十八卷，是对朱熹《仪礼经传通解》所作的补充、纠正和完善。"以朱子晚年治《礼》，为《仪礼经传通解》，书未就。黄氏、杨氏相继纂续，亦非完书，乃广摭博讨，大纲细目，一从吉、凶、军、嘉、宾五礼旧次，题曰《礼

---

① 江永：《近思录集注序》，见朱高正《近思录通解》，华东师范大学出版社 2010 年版，第 334 页。

② 江永：《近思录集注序》，见朱高正《近思录通解》，华东师范大学出版社 2010 年版，第 335 页。

③ 江永：《与汪绂书二》，参见余龙光《汪双池先生年谱》卷二"乾隆四年己未四十八岁"条，见薛贞芳主编：《清代徽人年谱合刊·汪双池先生年谱》，黄山书社 2006 年版。

④ 永瑢等：《四库全书总目》卷九二《近思录集注提要》，中华书局 1965 年版，第 781 页。

经纲目》，凡八十八卷。引据诸书，厘正发明，实足终朱子未竟之绪。"① 他广泛地收集散见于经、传和诸书之中，关涉古代礼乐制度的文献，加以编排和注释，以补朱熹《仪礼经传通解》"搜罗不备、疏密不伦之遗憾"，"更欲为之增损隐括，以卒朱子之志"。江永以实事求是的态度，"于前人之说，择善而从，无所徇，亦无所矫"。对于朱熹《仪礼经传通解》的一些错误，一一详细考证，加以驳正。江永的《礼书纲目》是"承朱子之学，而不苟同于朱子"，完成了朱子未竟之志，有着重要的学术贡献。"斯则先王之礼得朱子而不坠，朱子之志得先生而后成。"后来清廷开馆定《三礼义疏》时，曾专门派人录送该书以资参考，"值朝廷开馆定《三礼义疏》，纂修诸臣闻先生是书，檄文下郡县，录送以备参订"②。《四库全书总目》也高度评价该书："盖《通解》朱子未成之书，不免小有出入，其间分合移易之处，亦尚未一一考证，使之融会贯通。永引据诸书，厘正发明，实足终朱子未竟之绪，视胡炳文辈务博笃信朱子之名，不问其已定之说未定之说，无不曲为袒护者，识趣相去远矣。"③ 因此，"无论是《近思录集注》或是《礼书纲目》，都是对朱熹学术去其一非、成其百是的纠偏和正误，更是对朱子'道问学'的继承和发展"④，对程朱理学体系的完善作出了重要的学术贡献。

江永早年颇有经世之志，受汉学的影响，注重实用而反对空谈，"读书好深思，长于比勘"⑤，在宋学的范围内兼采汉学，把理学和考据学结合起来，认为宋明理学对于经典的诠释背离了孔孟经典的原意，因此要以经学济理学之穷。江永在治学方法上，主张回归原典，通过对儒家孔孟经典的挖掘和诠释，探寻、还原圣贤经典的原始本义，重新阐释圣贤之道。通过考订整理程朱著作，来阐发程朱学术的主旨。他主张"以六经、孔、孟之旨还之六经、孔、孟，

① 赵尔巽：《清史稿》卷四八一《儒林传二·江永传》，中华书局 1977 年版，第 13188 页。
② 戴震：《江慎修先生事略状》，《戴震全集》第五册，清华大学出版社 1997 年版，第 2605 页。
③ 永瑢等：《四库全书总目》卷二二《礼书纲目提要》，中华书局 1965 年版，第 179 页。
④ 徐道彬：《论朱子学背景下江永的学术抗衡》，《朱子学刊》2013 年第 1 辑。
⑤ 赵尔巽：《清史稿》卷四八一《儒林传二·江永传》，中华书局 1977 年版，第 13188 页。

以程、朱之旨还诸程、朱，以陆、王、佛氏之旨还诸陆、王、佛氏"。要求"凡立一义，必凭证据；无证据而以臆度者，在所必摈"①。将"六经注我"空谈心性的空疏之风，转变为"我注六经"的实学之路，立志"以经学济理学之穷"，抛弃主观的"尊德性"之臆想，而倾向于客观的"道问学"的考证。

姚鼐曾对江永的这种功夫转变，有过客观的评述。他说："婺源自宋笃生朱子，传至元、明，儒者继起，虽于朱子之学益远矣。然内行则崇根本而不为浮诞，讲论经义，精核贯通，犹有能守大儒之遗教，而出乎流俗者焉。近世若江慎修永，其尤也。"②钱穆也曾评述道："皖南则一遵旧统，以述朱为正。惟汪尚义解，其后少传人；江尚考核，而其学遂大。"③江永虽兼治经学与理学，但经学之比重大大超过理学。因此，"江永的'述朱'，重在'还原'，从'道问学'而'找出儒学中重要观念的原始意义'，却不轻言'尊德性'。他精通宋明理学，但反对空谈；用力于汉学研究，而又涉猎广博，既重考据，又尚推理，开创了徽州朴学的一代新风。"④

江永治学，注重考证训诂，并在治《礼》《易》、文字、音韵等方面取得重要的成就，成为皖派经学的开宗，尤其培养出了戴震这位著名的考据学大师。"江永及其追随学者以复兴汉学为职事，以实事求是为原则，由文字训诂和典章制度之学入手，……形成一股古朴而又清新的求实学风，并在紫阳书院附近的汪氏不疏园，汇合成一个别样的独立学术群体。"⑤

乾隆十七年（1752），72 岁的江永应歙县西溪不疏园主汪泰安之礼聘，讲学于不疏园，其弟子甚众，"而戴震、程瑶田、金榜尤得其传"⑥。时"郡人郑牧、汪肇龙、程瑶田、方矩、金榜六七君，日从江先生、方先生从容质疑问

---

① 梁启超：《清代学术概论》，上海古籍出版社 2005 年版，第 40 页。

② 姚鼐：《惜抱轩诗文集》卷五《吴石湖家传》，上海古籍出版社 1992 年版，第 313 页。

③ 钱穆：《中国近三百年学术史》，商务印书馆 1997 年版，第 341 页。

④ 徐道彬：《论朱子学背景下江永的学术抗衡》，《朱子学刊》2013 年第 1 辑。

⑤ 徐道彬：《论朱子学背景下江永的学术抗衡》，《朱子学刊》2013 年第 1 辑。

⑥ 赵尔巽：《清史稿》卷四八一《儒林传二·江永传》，中华书局 1977 年版，第 13189 页。

难。盖先生律历、声韵之学，亦江先生有以发之也"①。以戴震、程瑶田、金榜等为代表的"江门七子"，奠定了"皖派朴学"的基础。他们从音韵、训诂、典章制度等方面入手，阐明经典本身蕴涵的微言大义和哲理，梁启超称之为"考证学"或"科学的古典学派"。他评述道："但汉学派中也可以分出两个支派：……皖派以戴东原震为中心，以求是为标帜，我们叫他做'考证学'。""乾嘉间学者，实自成一种学风，和近世科学的研究法极相近，我们可以给他一个特别名称，叫做'科学的古典学派'。"②

江永学问精深，著述宏富，有著作二十余种传世，其中《周礼疑义举要》《仪礼释宫增注》《礼记训义择言》《深衣考误》《礼书纲目》《仪礼释例》《春秋地理考实》《群经补义》《乡党图考》《律吕新论》《律吕阐微》《古韵标准》《四声切韵表》《考订朱子世家》《近思录集注》和《算学》共16种166卷，被《四库全书》收录；有4种收录《四库全书珍本》，被《清经解》《续清经解》收录8种。张之洞所撰《书目答问》中，江永的16部著作又被作为治学必读之书收录其中，足见其学术贡献之巨大。

江永与汪绂并称清代婺源"二儒"。乾隆三十八年（1773），安徽学政朱筠曾评述道："婺源为我家文公之故里，宋元明以来，巨师魁儒，绳绳相续，流风未湮。于今见者，实惟段莘汪先生、江湾江先生尤著。"③为使"紫阳之志通于天下"，圣贤之旨"不为异端邪说所惑"，江永殚精竭虑，穷一生精力，致力于经典的注释考证。"江先生崇尚汉学，沉潜精密，参互理数，融会沿革。论者推为郑康成后一人，非过誉也。至其学及身而显世，每谓彼时士大夫竞相考据，又得其高第弟子戴庶常震东原，揄扬师说，以故海内家有其书。"④汪绂和江永的共同特点，"是不蔽于俗学、学贵有得、涵泳六经、博通礼乐诸学，而

---

① 洪榜：《戴先生行状》，《戴震全集》第六册，清华大学出版社1997年版，第3383页。
② 梁启超：《中国近三百年学术史》，上海古籍出版社2014年版，第22页。
③ 朱筠：《清故婺源县学生汪先生墓表并铭》，汪绂《双池文集》卷首，《续修四库全书》影印道光十四年一经堂刻本，上海古籍出版社2002年版，第4页。
④ 余龙光编撰，刁忠明校点：《双池先生年谱》凡例，见吴洪泽、尹波、舒大刚主编：《儒藏》史部《儒林年谱》三十八，四川大学出版社2007年版，第175页。

二先生之差异，则在于汪绂主义理、循朱子家法，江永则主考核、对朱子有所超越"①。

江永注重考据、训诂、无信不征、不务空谈的治学特点，开创了徽派朴学的一代新风。

四、清代陆王之学的殿军——李绂

明末清初，随着对明朝灭亡原因的反思，阳明心学受到了批判和清算，而走向低谷，尊程朱排陆王成为一大趋势。"康熙中叶以后，为程朱极盛之时，朝廷之意指，士大夫之趋向，皆定于一尊。"李绂在王学成为众矢之的的情势下，仍笃信阳明心学而不移，毅然以陆、王后学自任，"穆堂独寻陆、王之余绪，持论无所绌。虽其说较偏，信从者少，要亦申其所见，不害其为伟自喜也"②。他著《朱子晚年全论》，力辩朱、陆早异而晚同，以朱就陆，极力为陆、王学术争取正统地位，担负起中兴王学之重任，被视为雍、乾时期陆、王之学的殿军，"结江右王学之局"者，全祖望更坦言"公卒而东南之宿德尽矣！"③

李绂（1673—1750），字巨来，号穆堂，江西临川人。抚州是陆学的故乡，有深厚的崇陆土壤，李绂对心学亦"自早岁即知向往"。他在康熙四十八年（1709）考取进士后，步入仕途，历仕康、雍、乾三朝，内而卿贰，外而督抚，聚文人、理学家、朝官三重身份于一身。

李绂的仕宦生涯历经三个阶段，从康熙四十八年至康熙六十一年，是其仕途的第一阶段，李绂由庶吉士、翰林院编修累迁至侍讲学士，康熙五十九年（1720），"擢内阁大学士，寻迁左副都御史，仍兼学士"④，还有过祭告南海之

---

① 林存阳：《汪绂与江永之书信往还》，《徽学》2010年（内刊）版，第278页。
② 徐世昌编纂，沈芝盈、梁运华点校：《清儒学案》卷五五《穆堂学案》，中华书局2008年版，第2171页。
③ 全祖望原著，黄眉云选注：《鲒埼亭文集选注》，齐鲁书社1982年版，第165页。
④ 赵尔巽：《清史稿》卷二九三《李绂传》，中华书局1977年版，第10321页。

殊荣。康熙六十年（1721），充当会试副考官，因落第举子聚集李绂家门，投瓦石喧闹，被劾罢官，贬至永定河工效力。从雍正元年至雍正五年，是为第二阶段，雍正一登基，李绂即被召还入朝，署吏部侍郎。雍正元年（1723），李绂因山东催漕政绩卓著，获得雍正题匾"奉国馨心"之嘉奖，此后历任兵部侍郎、广西巡抚及直隶总督，是其仕途最风光的时期。第三阶段，从雍正五年至乾隆八年，多任编修之职，从事于学术研究。编有《八旗通志》《明史纲目》《临川县志》等。李绂一生著述繁富，"所著有《穆堂初稿》《续稿》《别稿》《春秋一是》《陆子学谱》《年谱》《朱子晚年全论》《朱子不惑录》《阳明学录》"[1] 等学术著作。但"在他去世后十八年，他的著述因为戴名世案而遭封禁"[2]。

李绂宦历三朝，政绩卓著，负重望者四十余年，但其气节甚傲，"绂伟岸自喜"[3]，特立独行，令人畏惮！

全祖望对李绂的学术人品顶礼膜拜，在《阁学临川李公绂神道碑铭》中，评价道："公以博闻强识之学，朝章国故，如肉贯串，抵掌而谈，如决溃堤而东注，不学之徒已望风不敢前席。"[4] 认为他集江西学人之优点于一身，"公之生平，尽得江西诸先正之裁冶。学术则文达、文安；经术则旴江；博物则道原、原父；好贤下士，则充公；文章高处逼南丰，下亦不失为道园；而尧舜君民之志不下荆公；刚肠劲气，大类杨文节。"[5]

对于由来已久的朱、陆异同之争，李绂认为朱、陆并无本质的差异，只是入门之方不同而已。"其论学大旨，谓朱子道问学，陆九渊尊德性，不可偏废。"[6] 后

① 徐世昌编纂，沈芝盈、梁运华点校：《清儒学案》卷五五《穆堂学案》，中华书局 2008 年版，第 2172 页。

② 梁洪生、李平亮：《江西通史》（第 9 卷，清前期卷），江西出版集团、江西人民出版社 2008 年版，第 323 页。

③ 赵尔巽：《清史稿》卷二九三《李绂传》，中华书局 1977 年版，第 10325 页。

④ 全祖望原著，黄眉云选注：《鲒埼亭文集选注》，齐鲁书社 1982 年版，第 165 页。

⑤ 徐世昌编纂，沈芝盈、梁运华点校：《清儒学案》卷五五《穆堂学案》附录，中华书局 2008 年版，第 2190 页。

⑥ 赵尔巽：《清史稿》卷二九三《李绂传》，中华书局 1977 年版，第 10325 页。

世之人指责陆、王之学，并非陆、王学术自身存在弊端；不指责程、朱，也并不意味着程、朱之学无瑕疵，而是由于统治者有意提倡，是"势"之所然。认为"盖世止有摘陆、王之疵者，未闻有摘朱子之疵者，非陆、王之多疵而朱子独无疵也，势也。"① 他历时 20 年，完成了《朱子晚年全论》，摘录朱子晚年与其门人、友人论学之文 357 篇，以此论证"朱子与陆子之学，早年异同参半，中年异者少同者多，至晚年则符节之相合也"。认为二人之所以起争论，是晚年"两先生不及再相见，始启争于无极、太极之辨，继附益以门人各守师说，趋一偏而甚之"②。

李绂在学术上尊陆诋朱，认为"陆子之学，自始至终确守孔子'义利之辨'与孟子'求放心'之旨"。但是"朱子早徘徊于佛、老，中钻研于章句，晚始求之一心"③。认为朱子生平之学凡四变：16 岁至 30 岁以前为佛、道之学；30 岁至 40 岁之间，接受延平先生教诲，专意于儒学。40 岁以后始弃延平之教，专意著述，偏重于语言训诂，此又一变也；53 岁，朱、陆南康之会，陆子讲义利之章，始有悔心，欲守陆子所讲，为入德之方，渐有向里切己之意。但 59 岁时与陆子论无极不合，因此力诋陆子之学；然 60 岁以后，至于终身，所以为学与所以教人者，悉依陆子尊德性求放心之说，因此，朱、陆之间是早异而晚同。

李绂著《朱子晚年全论》，是为尊陆诋朱，因此他在书中，"凡朱子称切实、近理用功者，一概归之心学；又著《陆象山年谱》，考陆氏学派源流，然牵朱学以就陆学"④。所以，四库馆臣批评李绂对朱熹的研究是牵朱入陆，有党同伐异的门户之见。

李绂极力为陆、王学术辩护，"先生论学主象山，谓'当先立乎其大者'，

①　李绂：《穆堂初稿》卷四三《答雷庶常阅〈传习录〉问目》，《续修四库全书》第 1422 册，第 82 页。
②　李绂著，段景莲点校：《朱子晚年全论·序》，中华书局 2000 年版，第 1 页。
③　李绂著，段景莲点校：《朱子晚年全论·序》，中华书局 2000 年版，第 1 页。
④　胡迎建：《赣文化中的传统学术思想之传承与研究》，见尹世洪主编：《追踪时代的轨迹——江西省首届社会科学学术大会论文集》，江西高校出版社 2009 年版，第 476 页。

并力申阳明致良知之说"①。认为陆、王心学始终遵循儒家孔、孟之道，是真正的圣人之学，力图建立起陆、王学统，与程、朱道统相抗衡。他说："圣人之学，心学也。道统肇始于唐虞，其授受之际，谆谆于人心道心。孔子作《大学》，其用功在正心诚意。至孟子言心益详，既曰仁人心也，又曰心之官则思，思则得之，先立乎其大，则小者不能夺。仁义礼智，皆就其发见之心言之，而莫切于求放心之说。明道程子谓圣人千言万语，止是欲人将已放之心约之，使反复入身来，自能寻向上去，下学而上达。至陆子则专以求放心为用功之本，屡见于文集语录。故《辨志》之后，即以《求放心》继焉。凡涵养操存省察，皆所以求放心也。"②将整个学术都归结为心学，而陆九渊就是孔孟之道的传人，是"直接孟子之传者也"。陆、王学说"自周程二子始为身心之学，陆子昌其说，阳明子益大昌之，然后人知学不为求富贵也，而学之名以正，而学之实可求矣"③。

他在为南康人干特撰写的《敕封文林郎恩贡生干先生墓表》中，不仅对朱、陆晚同之说加以叙述，且对入清以来王学传承作了简要的梳理："有宋象山陆子，盖直接孟子之传者也。鹿洞之讲，朱子固已率同志奉其说为入德之方，至于晚年，全用陆子所称尊德性求放心之法，遗书具在，可考也。自明初以科举取士，经书束以一家之训，士习益偷苟，时文讲章外懵无所识。其黠妄者偶闻朱、陆有异同之论，乃辑其异，去其同，排陆尊朱，籍以希世取宠。"④

李绂服膺王阳明的"知行合一"理念，提出了"圣人之学在于躬行而后心得"的学术主张。他说："学必躬行而后心得，得于心而后推之家国天下，无所施而不当。"⑤这既是对阳明知行合一论的丰富，也是对程朱知先行后的驳斥。他特别强调"行"的重要性，主张"学以行言"而"不以知言"，以躬行

① 徐世昌编纂，沈芝盈、梁运华点校：《清儒学案》卷五五《穆堂学案》，中华书局2008年版，第2172页。
② 李绂：《陆子学谱》卷一《求放心》，《四库全书存目丛书》本，齐鲁书社1995年版。
③ 李绂：《穆堂初稿》卷三六《来复堂集序》，《续修四库全书》第1421册，第655页。
④ 李绂：《穆堂别稿》卷二八《敕封文林郎恩贡生干先生墓表》，《续修四库全书》第1421册，第529页。
⑤ 李绂：《穆堂别稿》卷二四《学言稿序》，《续修四库全书》第1422册，第412页。

实践为论学之本，深诫空谈心性。他说："学者苟有志于圣贤之学，躬行实践可矣。何必言心性？"① 视心性之论为"无益之空言"。认为"天下无道外之事，即无事外之学。早间有事，即从早间事上做工夫；午间有事，即从午间事上做工夫"②。因此，"其经术皆足以经世务，指挥所至迎刃而解"③。钱穆先生也认为，"穆堂论学，极重人伦实务"。

梁启超对李绂的人品极为钦佩，认为"江右之李穆堂，则王学最后一健将也"④。对他"不能不崇拜到极地"。评价李绂是雍、乾之交的大师。梁启超说："清代朱学者流——所谓以名臣兼名儒者，从我们眼中看来，真是一文不值。据我个人的批评，敢说：清代理学家，陆王学派还有人物，程朱学派绝无人物。李穆堂却算是陆王派之最后一人了。"⑤ 钱穆先生也评价李绂道："以有清一代陆王学者第一重镇推之，当无愧也。"⑥

梁洪生先生评论道："李绂特立独行，终生以斗士姿态不畏逆境，在各种场所对陆、王之学加以倔强申论。他博闻多识，虽然喜好辩论朱、陆异同，但一向不以理学家自居，而且在讲论为学等问题上并不完全附和陆、王。他以躬行实践为行事准则，言必有据，是最将学识落实于日常行为的本色人，故而可以做到无畏无惧，被时人视为雍、乾时期陆王之学的殿军和最后一位代表人物。"⑦

五、鄱阳湖地区恪守程朱的其他理学家

此外，清代在江西鄱阳湖地区恪守程朱学说的学者还不乏其人，如都昌邵

---

① 李绂：《穆堂初稿》卷一八《心体无善恶说》，《续修四库全书》第 1421 册，第 415 页。

② 李绂：《穆堂初稿》卷四五《书朱子语类后》，《续修四库全书》第 1422 册，第 100 页。

③ 全祖望原著，黄眉云选注：《鲒埼亭文集选注》，齐鲁书社 1982 年版，第 168 页。

④ 梁启超：《中国近三百年学术史》，上海古籍出版社 2014 年版，第 44 页。

⑤ 梁启超：《中国近三百年学术史》，上海古籍出版社 2014 年版，第 55 页。

⑥ 钱穆：《中国近三百年学术史》（上），商务印书馆 1997 年版，第 312 页。

⑦ 梁洪生、李平亮：《江西通史》（第 9 卷，清前期卷），江西出版集团、江西人民出版社 2008 年版，第 13 页。

良杰、南丰汤来贺、瑞昌李尚珍、星子宋士宗等。

邵良杰（1646—1719），字万子，号六溪，南康府都昌县人，自幼好学，但大器晚成，康熙三十五年（1698）53 岁时，中江西乡试解元。次年，被江西巡抚马如龙聘为白鹿洞书院山长，五年后，因丁母忧辞归。康熙五十三年（1714），又应南康知府叶谦所聘，再任白鹿洞书院洞主，直至康熙五十八年，才以老归乡。他任白鹿洞书院山长前后长达 12 年之久，是白鹿洞书院任期最长的山长之一。邵良杰在白鹿洞讲授朱子理学，一切条规、讲义大都原本于朱子，经常告诫生徒，"以朱子学规乃积德之基，入道之门"。著有《六溪讲义》《古集钞》《杂著》《节录》等，后被辑为《绍衣堂文集》。① 邵良杰为人谦和，人皆称为"仁人长者"。乾隆十六年（1751），从祀白鹿洞书院康节祠。江西按察司副使、分巡江西广饶九南道和其衷所撰写的《邵解元从祀康节祠记》中，盛赞其"时而偕计薄于燕京，弥切望云之意；时而授心传于鹿洞，尝怀游子之吟。是真孝本性，生事而力竭者也。"时任白鹿洞书院山长的李金台作《邵解元从祀康节祠序》，称其"能学朱子所学，为江西名解元，康熙年两主讲席，湮湮以终"。

汤来贺（1607—1688），字佐平，号惕庵，世称南斗先生，江西南丰人。崇祯十三年（1640）进士，授扬州推官，时岁大荒，汤来贺以救荒为己任，多方赈济，史可法欣赏其才能，上疏举荐其"志欲廉顽立懦，才堪遗大投艰"②。后官至南明兵部侍郎兼广东巡抚。

他生平尚气节，明亡后隐居不仕。康熙二十四年（1685）才被江西巡抚安世鼎以"入山非出山"之言打动，出任白鹿洞书院山长。他秉承朱熹遗风，制定了《白鹿洞书院学规》七条："一曰专心立品，二曰潜心读书，三曰澄心烛理，四曰虚心求益，五曰实心任事，六曰平心论人，七曰公心共学。"③ 认为"君子

---

① 参见周清华：《邵良杰》，见《都昌文史资料》第 8 辑《都昌历史名人》2008 年（内部资料），第 112 页。

② 张连生编：《扬州名人传》，广陵书社 2013 年版，第 77 页。

③ 邓洪波编著：《中国书院学规》，湖南大学出版社 2000 年版，第 121 页。

小人之分，邪与正、义与利而已。夫人不入于正，即入于邪；不喻于义，即喻于利"①。读书要以《四书》《六经》为准，然必旁通遍览。又强调要"研理学而究经济"，以"济世而安民"。"平心论人"则要求严以律己，宽以待人。不能求全责备，以宽容仁恕之道，而敬业乐群。汤来贺的学规大抵继承宋明理学家的传统观点，变化不大。但学规中有"实心任事"一条，认为安定先生的苏湖教法，就有经义和治事两斋，要求在治民、治兵、屯田、水利等方面随己之所好，"各治一事"或"各兼一事"，"则天下苍生之事皆吾儒之责任也。有此实心，斯为有用之实学，他日出而为国，必有功效之可传矣。"②只有这样，才能济世安民。

汤来贺入主白鹿洞，在讲学方面成就不凡，湖北潜江进士莫大岸等名士慕名而来求学，去世后，门人私谥"文恪"。

汤来贺为文多砥砺激扬，警劝世俗。著有《内省斋文集》三十二卷、《广陵钦恤录》十二卷、《粤东乡约全书》二卷、《粤政荐草》六卷、《评点孟学》七卷、《评校吕公实政录》二卷等。《四库全书总目》在其《内省斋文集提要》中，称"其文多以砥砺薄俗，警劝愚蒙，故词多质朴，务求尽意而后止，江右之俗，无不尊其乡先生"③。

李尚珍，字犹石，九江府瑞昌县人，顺治间优贡生。他尊崇朱子之说，曾主讲铅山鹅湖书院，顺治后期由南康府学教授主讲白鹿洞书院，世称为有道长者。他经常以"仁""恕"二字训导学子，他说："惟'仁'、'恕'二字，内之持身，外之率物，皆不越是。"④

宋士宗，字司秩，号昆圃，南康星子县人。宋士宗为雍正四年（1726）举人，任南丰县教谕，乾隆十年（1745）中博学宏词科。其学尊程朱，著《学统

① 邓洪波编著：《中国书院学规》，湖南大学出版社2000年版，第119页。
② 邓洪波编著：《中国书院学规》，湖南大学出版社2000年版，第121页。
③ 永瑢等：《四库全书总目》卷一八一《内省斋文集提要》，中华书局1965年版，第1633页。
④ 达春布修，黄凤楼、欧阳春纂：同治《九江府志》卷三五《人物·儒林》，清同治十三年（1874）刻本。

存》二十四卷，攻陆、王之学。他还"著有《四书读》《经解辨疑》四卷、《四书求是》一卷、《史学逸乘》四卷、《廿一史赋》二十卷、《律赋》二卷、《史学秘笈》十二卷、《匡风诗集》六卷等"①。

邵良杰、汤来贺他们都推崇朱子，致力讲学，潜心著述，对程朱理学在清代鄱阳湖地区的传承、发展起了积极的作用。

六、清末鄱阳湖地区理学的终结

咸丰、同治以后，随着民族危机的空前加剧，以曾国藩为代表的理学家们打出了"卫道"的旗号，以复兴孔、孟、程、朱之学，恢复被破坏了的封建秩序。认为导致危机重重的原因是"道德废，人心坏，风俗漓"，其根源则在于乾、嘉汉学对程朱理学的排斥。提出"欲救人事，恃人才；欲救人才，恃人心；欲救人心，则必恃学术"的口号，企图用程朱理学来"正人心，厉风俗，兴教化"，视程朱理学为"正学"。嘉庆皇帝就训诫皇子"惟当讲明正学，以涵养德性，通达事理为务，至词章之学，本属末节"②。同治元年（1862）清廷颁发了"昌明正学""宗尚程朱"上谕，要求凡校阅试艺，"悉以程朱讲义为宗"，以期"士习既端，民风斯厚"③。并重用倭仁等理学名臣，将张履祥等从祀孔庙。

在这股程朱理学再兴的风潮下，江西出现了饶一夔、黄裳、石景芬、吴嘉宾、刘绎、杨希闵等一批理学人才。但随着甲午战后，戊戌维新运动兴起，科举的废除和学堂的设立无异于釜底抽薪，缩小了理学传播的阵地，程朱理学受到沉重打击，迅速衰败，丧失了在思想领域的统治地位，鄱阳湖地区的理学随之走向没落。

---

① 袁晓宏：《朱熹庐山史迹考》，江西人民出版社 2014 年版，第 298 页。
② 《大清仁宗睿皇帝实录》第 3 册，台湾文华书局影印本，第 1768 页。
③ 刘锦藻：《清朝续文献通考》卷九七，商务印书馆 1936 年版，第 8570 页。

第七章
鄱阳湖地区理学的交锋互益

虽然同宗孔孟，但由于学术观点的差异，理学也分为不同的门派，正如全祖望在《同谷三先生书院记》中所评述的："宋乾、淳以后，学派分而为三：朱学也，吕学也，陆学也。三家同时，皆不甚合。朱学以格物致知，陆学以明心，吕学则兼取其长，而复以中原文献之统润色之。门庭径路虽别，要其归宿于圣人，则一也。"①

学术只有争鸣才可臻繁荣，自由论辩是一切学术得以发展的基本条件。"朱熹天生有一副逞强好辩的性格，但这种性格恰正显示了他的理学家的不肯停息的自我反思与探索精神。"②朱熹作为理学的学派领袖，以儒学道统继承者自居，他说："宋德隆盛，治教休明。于是河南两夫子出，而有以接乎孟氏之传，实始尊信此篇而表章之，既又为之次其简编，发其归趣，然后古者大学教人之法、圣经贤传之指，粲然复明于世。虽以熹之不敏，亦幸私淑而与有闻焉。"③明确表示，他和二程，承担起了孟子以下道统承传的重任。

朱熹理学思想体系的最终形成，是他与不同学派的交锋、碰撞、交融、分合的结果。正是在与各学派学者的相互辩论，相互启发，争锋互益中，批判吸

---

① 黄宗羲原著，全祖望补修，陈金生、梁运华点校：《宋元学案》卷五一《东莱学案》，中华书局 1986 年版，第 1653 页。

② 束景南：《朱子大传》，商务印书馆 2003 年版，第 481 页。

③ 朱熹：《大学中庸章句》，中国社会出版社 2013 年版，第 3 页。

收其成果，使朱熹理学思想更臻完善成熟，更加扩展了自己学派的空间影响。

宋代以来，鄱阳湖地区群英荟萃，朱熹、吕祖谦、陆九渊南宋三大学术宗师同时在江西鄱阳湖地区论学问道，使鄱阳湖地区成为理学之殿堂和全国学术的中心。朱熹与鄱阳湖地区的汪应辰、赵汝愚、金溪三陆等众多学者的交游、交锋，使其理学体系日臻完善，扩大了程朱理学在鄱阳湖地区的影响，促进了理学在该地区的广泛传播。元代鄱阳湖地区的学者，特别是朱熹故里婺源的理学家群体，为了保持理学的纯洁，恪守门户，对其他学派群起攻之；明代醇儒胡居仁反对佛禅，指斥陈献章心学，固守程朱理学阵地；"宋学中坚"罗钦顺论辩阳明心学及江右王门，使江西特别是鄱阳湖地区成为程朱理学传播的重要区域。

第一节　朱熹同汪应辰的交游与交锋

汪应辰与朱熹是从表叔侄关系，二人亦亲亦师亦友，交往密切。据陈来先生《朱熹书信编年考》（增订本）所考，隆兴元年（1163）至乾道九年（1173），朱熹与汪应辰的往还书信有16通，而汪应辰《文定集》亦存有与朱熹书信15通。二人通过书信往返，论学辩难。隆兴元年（1163），朱熹、汪应辰开始了儒释邪正之辨；隆兴二年（1164）至乾道四年（1168），二人就苏学邪正问题进行了多次交锋，最终促成了朱熹《杂学辨》付梓流传；乾道七年（1171），围绕《东铭》《西铭》的"体—用源"，朱、汪再次展开了论战。正是在与汪应辰等人不断的交流交锋、反复论辩中，朱熹实现了逃禅归儒，形成了早期的理学思想，完成了理学体系的初步建构。汪应辰是朱熹仕途的领路人，思想的交锋者和人生中不可或缺的好友，朱熹早期思想的形成和仕途的进步，离不开汪应辰的影响和努力。

一、汪应辰的学术人品及与朱熹的交游

汪应辰（1119—1176），字圣锡，初名洋，江西玉山人，人称玉山先生。

他幼时聪颖，被时任玉山县尉的杨时弟子喻樗赏识，授之以理学，妻之以女儿，后又被宰相赵鼎罗致门下。绍兴五年（1135），年仅 18 岁就高中状元，并由宋高宗赐名"应辰"。当时御策以吏道、民力为问，其策论简洁却针砭时弊，提出"为治之要，以至诚为本，在人主反求而已。"① 认为治国的关键，在于皇帝正心诚意，以正纪纲，抑侥幸，汰冗兵，张国势。胡寅评议其廷试策论道："尔年未及冠，而能推明帝王躬行之本，无曲学阿世之态，遂冠时髦，名震中外。"② 汪应辰先后任秘书省正字、福建安抚使兼福州知府、四川制置使兼成都知府、吏部尚书、端明殿学士等职。淳熙三年（1176）二月卒，追谥文定，所著《文定集》二十四卷，被《四库全书》收录。

汪应辰以"多识前言往行以畜德"为立身宗旨，他学本于《六经》，又贯通释、老，主张兼容并蓄，博综百家，不能有门墙之隔，要广泛吸收不同学派的思想。他"日以亲师取友、多识前言往行为事"，遍访群师，少年师从于喻樗，及第后又师事张九成于钱塘，还以吕本中、胡安国为师，又与吕祖谦、张栻相善，还是朱熹的从表叔，"恒相与商榷往返"。在学术上他"合诸老之规摹，而融其异同；总一代之统纪，而揽其精粹"。"学则正统，文则正宗。乐易平扩，前辈之风。崇深简重，前辈之容。"③ 不论对同辈还是晚辈，都抱着不耻下问、虚心好学的态度，张栻赞誉他"苟片善之足取，必挽后而推前"④。全祖望评价他"骨鲠极似横浦，多识前言德行以畜德似紫微，而未尝佞佛，粹然为醇儒"⑤。

---

① 脱脱：《宋史》卷三八七《汪应辰传》，中华书局 1977 年版，第 11876 页。

② 胡寅撰，容肇祖点校：《崇正辩　斐然集》卷一四《汪应辰改官》，中华书局 1993 年版，第 296 页。

③ 吕祖谦：《吕祖谦全集》（第 1 册）《东莱吕太史文集》卷八《祭汪端明》，浙江古籍出版社 2008 年版，第 131 页。

④ 张栻：《南轩集》卷四三《祭汪端明》，景印文渊阁《四库全书》第 1167 册，台湾商务印书馆 1986 年版，第 769 页。

⑤ 黄宗羲原著，全祖望补修，陈金生、梁运华点校：《宋元学案》卷四六《玉山学案》，中华书局 1986 年版，第 1455 页。

　　汪应辰主张治道不在多言，要在力行，提出了"体究涵养，躬行日用"的治学原则，反对空谈。他说："学问之道，只是揆于心而安，稽于古而合，措于事而宜。所以体究涵养，躬行日用，要以尽此道而已。"① 对部分学子"以前言往行为糟粕刍狗，以治天下国家为绪馀土苴，迄之放弃典刑，阔略世务"② 的现象提出了批评，认为道"其实就在儒家之制礼作乐、天文地理、刑名度数之中，只要用心考究，道无所不在"。他说："窃所谓天文地理、刑名度数，在学者皆当考究，非特为举业也。"③ 强调为学不能尚空谈，要躬行践履，在百姓日用之中，体验圣贤之道。

　　汪应辰有良好的处世修养，从不怨天尤人。他说："君子不愿乎外，是以不怨天；尽其在我，是以不尤人。祸福得丧，在天而不在人，我何怨！是非毁誉，在人而不在我，又何尤！惟行法以俟命，推诚以待物。"④ 且"好贤乐善，出于天性，尤笃友爱"⑤，主张为人要公正至诚，宽恕待人，他教诲其子汪伯时说："惟公与正，乃万事之本。又须行之以恕，居之以宽，庶几久而无愧。接待上下，切宜尽敬，不可有一毫慢易之心。"⑥ 作为吕祖谦的恩师，他曾教导吕祖谦："告以造道之方，尝释克己之私，如用兵克敌，《易》惩忿窒欲，《书》刚制于酒，惩窒、刚制皆克胜义，不可常省察乎？"⑦

　　汪应辰温逊正直、刚正骨鲠，直言无隐的学术人品为时人所称道，《宋史》本传评价他"在隐约时，胸中浩然之气凛然不可屈"⑧。"应辰接物温逊，遇事

---

① 汪应辰：《文定集》卷一五《与方叔与》，中华书局 1985 年版，第 183 页。
② 汪应辰：《文定集》卷一〇《读吕荥阳公发明义理酬酢事变二书》，中华书局 1985 年版，第 119 页。
③ 汪应辰：《文定集》卷一六《与汪叔嘉》，中华书局 1985 年版，第 185 页。
④ 黄宗羲原著，全祖望补修，陈金生、梁运华点校：《宋元学案》卷四六《玉山学案》，中华书局 1986 年版，第 1455 页。
⑤ 脱脱：《宋史》卷三八七《汪应辰传》，中华书局 1977 年版，第 11882 页。
⑥ 黄宗羲原著，全祖望补修，陈金生、梁运华点校：《宋元学案》卷四六《玉山学案》，中华书局 1986 年版，第 1461 页。
⑦ 脱脱：《宋史》卷三八七《汪应辰传》，中华书局 1977 年版，第 11882 页。
⑧ 脱脱：《宋史》卷三八七《汪应辰传》，中华书局 1977 年版，第 11877 页。

特立不回。……刚方正直，敢言不避。"①周必大认为"玉山汪公，名重天下"②，楼钥更赞誉他"真有太山北斗之望"，为"一代真儒魁天下。"③

汪应辰比朱熹年长 11 岁，祖籍新安，"公先世自新安徙玉山，遂世为玉山人"④，是朱熹的从表叔。朱熹得以登上政治舞台，离不开汪应辰的提携与帮助，乾道、淳熙年间朱熹的召命多出于汪应辰等人的举荐，得益于与汪应辰的密切交往。

朱熹与汪应辰的相识，始于绍兴三十二年（1162）十月。汪应辰以权户部侍郎的身份任福州知州，路过福建建瓯时，与朱熹首次相识，对其"一见如故"，从此结下了长达 13 年的深厚友谊。他对朱熹的才华十分欣赏，在给吏部侍郎陈俊卿的书信中，称赞朱熹："其学材识足为远器，亦招其来此，帅司准备差遣……乞辟差元晦，敢望同凌丈见宰执言之。"⑤汪应辰除在信中恳请陈俊卿、凌景夏两位吏部侍郎帮忙举荐朱熹外，又直接写信给宰相陈康伯，向他力荐。在他们的举荐下，隆兴元年（1163），孝宗召朱熹入都奏事，但朱熹因对朝政不满辞召命不赴。隆兴元年七月，朝廷升他为敷文阁待制时，汪应辰又举朱熹自代，说："臣伏睹左迪功郎、监潭州南岳庙朱熹，志尚宏远，学识纯正。不守章句而以自得为本，不事华藻而以躬行为用，尊其所闻，充养益厚。举以代臣，实允公议。"⑥四库馆臣在《文定集提要》中评论汪应辰道："于朱子为从表叔，恒相与商榷往返。其授敷文阁待制也，举朱子以自代，契分尤深。"⑦

在汪应辰等人的努力下，隆兴元年（1163）八月，召命再下，十月，朱

① 脱脱：《宋史》卷三八七《汪应辰传》，中华书局 1977 年版，第 11882 页。
② 周必大：《益公题跋》卷一《跋汪圣锡与武义宰赵醇手书》，《丛书集成初编》本，中华书局 1985 年版，第 6 页。
③ 楼钥：《攻媿集》卷六九《恭题汪逵所藏高宗宸翰绍兴五年御书廷试策问》，《丛书集成初编》本，中华书局 1985 年版，第 931 页。
④ 夏浚：《汪文定公集序》，四川大学古籍所编《宋集珍本丛刊》第 46 册《汪文定公集》，线装书局影印清翁同龢抄本，2004 年，第 20 页。
⑤ 汪应辰：《文定集》卷一四《与吏部陈侍郎》，中华书局 1985 年版，第 158 页。
⑥ 汪应辰：《文定集》卷六《除敷文阁待制举朱熹自代状》，中华书局 1985 年版，第 53 页。
⑦ 永瑢等：《四库全书总目》卷一五八《文定集提要》，中华书局 1965 年版，第 1363 页。

熹在垂拱殿面对新君孝宗奏事，即《癸未奏札》。对朱熹此次的面君登对，汪应辰相当关切，也充满期望："窃计诚心正论，从容献纳，所以开悟上意者多矣。"①遗憾的是，由于当朝宰相汤思退等对道学之士深为不满，仅授朱熹这位理学大家"武学博士"一职，且还要待阙四年，朱熹再次对朝政失望而请祠。

虽然此次朱熹"得君行道"的愿望没有实现，但入都后得以同众多道学士大夫的相识，提升了朱熹的知名度，朱熹因此成为道学群体的一员。可见朱熹的进退同他与汪应辰等道学士大夫的交往紧密相关。

乾道元年（1165），在汪应辰、陈康伯等人的举荐下，朝廷督促朱熹提前就职武学博士。朱熹于四月再次入都，但还是受挫而归。

陈俊卿在乾道三年（1167），升任同知枢密院事兼权参知政事，步入执政之列，汪应辰又于正月和二月，两次写信举荐朱熹，希望能给朱熹"除都下一差遣"。在他的努力下，朱熹于十二月被任命为枢密院编修官。乾道四年（1168），汪应辰应召入都后，多次督促朱熹入朝为官。

朱熹也感激汪应辰的知遇之恩，积极为汪应辰的政务出谋划策。隆兴元年（1163），汪应辰知福州，即召朱熹讨论北伐用兵及闽中盐法等事宜，朱熹积极替他谋划，废除扰民苛政，主张更革盐法，利民行仁，宁做穷知州，也不能与百姓争利，认为海仓和下四州诸县的买纳是两大病民弊政。汪应辰虽然最终因财用窘迫而没有采纳朱熹的意见，但还是给朱熹去信解释："煮海之事，诚非获已。令益宽，所入益微，然更当思所以救之。"②在给宰相陈康伯的信中也提到了这件事："惟是卖盐一事，顷岁承乏，见帅司财用窘迫甚。尝谋于郑少嘉、朱元晦、陈季若，惟元晦以谓宁可作穷知州，不可与民争利；而少嘉、季若以为可。故于三人中从二人言。"③

朱熹与汪应辰的密切交往，有助于朱熹仕途的发展，提升了他在道学中的影响力，让朱熹的政治生涯受益匪浅。而二人在学术上的往复论辩交锋，更促

---

① 汪应辰：《文定集》卷一五《与朱元晦书》，中华书局1985年版，第170页。
② 汪应辰：《文定集》卷一五《与朱元晦书》，中华书局1985年版，第169页。
③ 汪应辰：《文定集》卷一六《上陈丞相》，中华书局1985年版，第197页。

进了朱熹早期理学思想的形成，使朱熹逐渐完成了对佛、道、对苏学等学派的清算批判，建构起了他早期的理学思想体系。

二、朱熹与汪应辰儒释邪正之辨

隆兴元年（1163），朱熹将罗从彦的《龟山语录》寄给汪应辰。四月，汪应辰在回信中以《龟山语录》中"可疑者"问难朱熹："罗丈《语录》，得之甚幸，尚有可疑者，谨具别纸……罗丈《语录》中，有可疑者。'不居其圣'与'得无所得，形色天性'，与'色即是空'，恐难作一类语看。"[①] 别纸所具"可疑"者，即语涉佛、老之处。朱熹在《答汪尚书一》和《答汪尚书二》两通回信中，论述儒释关系，明确表示"异学决不可与圣学同年而语"[②]。隆兴二年（1164）十月，又有《答汪尚书三》继续辩论儒释邪正问题，展开了对禅佛的批判。

在信中，朱熹结合自己早年出入佛禅的心路历程，认为学释氏"未能有得"。他说："熹于释氏之说，盖尝师其人，尊其道，求之亦切至矣，然未能有得。……然则前辈于释氏未能忘怀者，其心之所安盖亦必有如此者，而或甚焉，则岂易以口舌争哉？窃谓但当益进吾学，以求所安之是非，则彼之所以不安于吾儒之学，而必求诸释氏然后安者，必有可得而言者矣。"[③] 后来他师事李侗，是李侗将他从师事道谦，好个"昭昭灵灵的禅"之泥淖中解脱出来，实现了"逃禅归儒"。隆兴元年，李侗应汪应辰之请来到福州，却突发疾病离世。朱熹伴随失师之痛的，更有学问上无助的苦闷彷徨，反佛成为此时朱熹思想中最迫切的愿望。

朱熹认为儒学可以借佛禅来解说，但不等同于儒佛同道；佛禅中有儒学可

---

① 　汪应辰：《文定集》卷一五《与朱元晦书》，中华书局 1985 年版，第 152 页。

② 　朱熹：《晦庵先生朱文公文集》卷三〇《答汪尚书》，见朱杰人、严佐之、刘永翔主编：《朱子全书》（修订本）第 21 册，上海古籍出版社、安徽教育出版社 2010 年版，第 1292 页。

③ 　朱熹：《晦庵先生朱文公文集》卷三〇《与汪尚书》，见朱杰人、严佐之、刘永翔主编：《朱子全书》（修订本）第 21 册，上海古籍出版社、安徽教育出版社 2010 年版，第 1295 页。

汲取的养分，但不能说儒佛相成，以此来批评汪应辰等好佛士大夫的"儒、释、道三教同源说"。他在答汪应辰信中说："上蔡所云'止观'之说，恐亦是借彼修行之目，以明吾进学之事。若曰'彼之参请，犹吾所谓致知；彼之止观，犹吾所谓克己也'，以其《语录》考之，其不以止观与克己同途共辙明矣。胡文定所以取《楞严》《圆觉》，亦恐是谓于其术中犹有可取者，非以为吾儒当取之以资己学也。"[1] 他进而分析士大夫好佛的原因："大抵近世言道学者，失于太高，读书讲义，率常以径易超绝，不历阶梯为快，而于其间曲折精微正好玩索处，例皆忽略厌弃，以为卑近琐屑，不足留情。"[2] 论辩开始时，因顾及二人从叔侄情谊，朱熹只是旁敲侧击，还未直接对汪应辰进行批评，汪应辰也没有作出正面回应。

隆兴二年（1164）七月，汪、朱崇安相会时，朱熹一改以往的隐晦，对汪应辰的老师张九成、吕本中的顿悟说指名批判，并写《辨吕氏大学解》，揭露吕本中的佞佛本质："殊不知物必格而后明，伦必察而后尽。彼既自谓廓然而一悟者，其于此犹懵然也，则亦何以悟为哉！"[3] 认为只有格物才能致知，不可能有顿悟，且明言："道在《六经》，何必他求！"[4]

朱熹对汪应辰的好禅，也多次进行批评，他说："张无垢参杲老，汪玉山被他引去，后来亦好佛。"[5]"如杲佛之徒，自是气魄大。所以能鼓动一世，如张子韶、汪圣锡辈，皆北面之。"[6] 汪应辰是理学的正宗传人，早年师事杨时弟

---

① 朱熹：《晦庵先生朱文公文集》卷三〇《答汪应辰》，见朱杰人、严佐之、刘永翔主编：《朱子全书》（修订本）第21册，上海古籍出版社、安徽教育出版社2010年版，第1296页。

② 朱熹：《晦庵先生朱文公文集》卷三〇《答汪应辰》，见朱杰人、严佐之、刘永翔主编：《朱子全书》（修订本）第21册，上海古籍出版社、安徽教育出版社2010年版，第1297页。

③ 朱熹：《晦庵先生朱文公文集》卷三〇《答汪应辰》，见朱杰人、严佐之、刘永翔主编：《朱子全书》（修订本）第21册，上海古籍出版社、安徽教育出版社2010年版，第1297页。

④ 朱熹：《晦庵先生朱文公文集》卷三〇《答汪应辰》，见朱杰人、严佐之、刘永翔主编：《朱子全书》（修订本）第21册，上海古籍出版社、安徽教育出版社2010年版，第1299页。

⑤ 黎靖德编，王星贤点校：《朱子语类》卷一二六《释氏》，中华书局1986年版，第3037页。

⑥ 黎靖德编，王星贤点校：《朱子语类》卷一二六《释氏》，中华书局1986年版，第3029页。

子喻檍，"遂闻伊洛之学"。① 但又受张九成和吕本中的影响，醉心宗杲禅学，对宗杲评价颇高："卓绝之识，纵横之辩。乘锋投机，间不容晌。嘻笑怒骂，种种方便。"② 宗杲死时，他虽然远在福州，仍写文哭祭。汪应辰学佛于宗杲和张九成，成了推动朱熹清算宗杲——无垢禅学的最初导因。

朱熹之所以与汪应辰多次论辩儒释之异，是希望汪应辰能改变喜好佛禅之风。朱熹对他抱有极高的期望："盖亦以为今日非阁下，殆不能济东方之事。上天眷顾宗社，救败扶衰之期，非大贤孰能任之。"认为他和陈俊卿是能力挽狂澜，堪当大任的人才，是儒学复兴的希望所在："愚恐他日之事，常人所不能任者，阁下终不得而辞也。是以不胜拳拳，每以儒释邪正之辨为说，冀或有助万分。"③

束景南先生评价说："这场佛学论战，是他对十余年出入老佛的自我批判，是对师事道谦的痛苦忏悔，也是对影响最大的宗杲新派禅宗的思想清算，这场佛学论战终于推动了他在中和说上的演变，超越了李侗，进而在逃禅归儒的道路上又完成了由主静到主敬的第二个理学飞跃。"④

三、朱熹与汪应辰就苏学邪正的交锋

朱熹除了与汪应辰论辩佛学外，对苏学的看法上，二人也存在分歧。隆兴二年（1164），两人由"儒释邪正之辨"转向"苏学邪正之辨"，由对禅佛的批判转向了对苏学的辩难。通过隆兴二年至乾道四年的交锋互辩，最终促使朱熹《杂学辨》的正式付梓流传。

隆兴二年，汪应辰任四川制置使兼成都知府。四川是三苏的故乡，是苏

①　黄宗羲原著，全祖望补修，陈金生、梁运华点校：《宋元学案》卷四六《玉山学案》，中华书局 1986 年版，第 1453 页。
②　蓝吉富：《中国禅宗全书》（宗义部二），北京图书馆出版社 2004 年版，第 532 页。
③　朱熹：《晦庵先生朱文公文集》卷三〇《答汪尚书》，见朱杰人、严佐之、刘永翔主编：《朱子全书》（修订本）第 21 册，上海古籍出版社、安徽教育出版社 2010 年版，第 1297 页。
④　束景南：《朱子大传》，商务印书馆 2003 年版，第 235 页。

学横行的天下，"蜀士甚盛，大率以三苏为师"①。汪应辰也对苏轼充满敬意，认为："盖公于是非可否，惟理所在，惟心所安，不以言出于己而必欲遂其事也。……使谋人之国者，皆如公用心，岂复有偏蔽之患哉。"②对苏学颇为同情和神往。

九月，汪应辰在给朱熹的信中，论及苏轼初年力辟禅学："东坡初年，力辟禅学。……其后读释氏书，见其汗漫而无极。……始悔其少作，于是凡释氏之说，尽欲以智虑亿度，以文字解说"③。指出二苏好佛是气习之弊，虽不知道但并无邪心，与王学的穿凿附会有本质的不同，认为"欧阳、司马同于苏氏"，而不能与王安石同贬，"两苏之学不可与王氏同科"。朱熹给汪应辰连去两信，即《答汪尚书四》《答汪尚书五》，回应了汪应辰两苏之学不可与王氏同科的论调，展开了对苏学的批判。

针对汪应辰所说，苏氏好佛是出于"不知道而无邪心"的看法，朱熹反驳道："熹窃谓学以知道为本，知道则学纯而心正，见于行事，发于言语，亦无往而不得其正焉。……苏氏之学虽与王氏若有不同者，然其不知道而自以为是则均焉。"④认为"王氏、苏氏则皆以佛老为圣人，既不纯乎儒者之学矣。"⑤指出苏学在心邪道不正上与王学殊途同归："而其心之不正，至乃谓汤武篡弑，而盛称荀彧，以为圣人之徒。凡若此类，皆逞其私邪，无复忌惮，不在王氏之下。"⑥且苏学"语道学则迷大本，论事实则尚权谋，衒浮华，忘本实，贵通达，贱名检，此其害天理，乱人心，妨道术，败风教，亦岂尽出王氏之下也

---

① 汪应辰：《文定集》卷一五《与朱元晦书》，中华书局 1985 年版，第 155 页。

② 汪应辰：《文定集》卷一一《题东坡草〈赐文、吕二公免拜诏〉》，中华书局 1985 年版，第 115 页。

③ 汪应辰：《文定集》卷一五《与朱元晦书》，中华书局 1985 年版，第 155 页。

④ 朱熹：《晦庵先生朱文公文集》卷三〇《答汪尚书》，见朱杰人、严佐之、刘永翔主编：《朱子全书》（修订本）第 21 册，上海古籍出版社、安徽教育出版社 2010 年版，第 1304 页。

⑤ 朱熹：《晦庵先生朱文公文集》卷三〇《答汪尚书》，见朱杰人、严佐之、刘永翔主编：《朱子全书》（修订本）第 21 册，上海古籍出版社、安徽教育出版社 2010 年版，第 1301 页。

⑥ 朱熹：《晦庵先生朱文公文集》卷三〇《答汪尚书》，见朱杰人、严佐之、刘永翔主编：《朱子全书》（修订本）第 21 册，上海古籍出版社、安徽教育出版社 2010 年版，第 1304 页。

哉"①！

朱熹比较了苏学和王学，认为王学的急功近利，支离穿凿，其失人尽皆知，已不足以惑众，而苏学以智识才辩，使听者欣然而不知倦，具有很大的吸引力。他说："而王氏支离穿凿，尤无义味，至于甚者，几类俳优。……在今日则势穷祸极，故其失人人得见之。至若苏氏之言，高者出入有无而曲成义理，下者指陈利害而切近人情，其智识才辨、谋为气概，又足以震耀而张皇之，使听者欣然而不知倦，非王氏之比也。"②只是苏氏浮靡机变之术，穿凿附会之巧，"溺其良心而不自知"③，其危害还没有被意识到，"凡此患害，人未尽见，故诸老先生得以置而不论"④。苏学与王学的不同，只在于"天下未被其祸而已"⑤！如果"使其行于当世，亦如王氏之盛，则其为祸不但王氏而已"⑥。认为苏学之害不在王学之下："王氏仅足为申、韩、仪、衍，而苏氏学不正而言成理，又非杨、墨之比。"⑦其危害比王安石更甚！

朱熹不仅反驳了汪应辰两苏之学不可与王氏同科的论调，且认为当今"道术所以不明，异端所以益炽"的根源就是人们"今乃欲专贬王氏而曲贷二苏"⑧。

---

① 朱熹：《晦庵先生朱文公文集》卷三〇《答汪尚书》，见朱杰人、严佐之、刘永翔主编：《朱子全书》（修订本）第21册，上海古籍出版社、安徽教育出版社2010年版，第1301页。

② 朱熹：《晦庵先生朱文公文集》卷三〇《答汪尚书》，见朱杰人、严佐之、刘永翔主编：《朱子全书》（修订本）第21册，上海古籍出版社、安徽教育出版社2010年版，第1301页。

③ 朱熹：《晦庵先生朱文公文集》卷二四《与汪尚书》，见朱杰人、严佐之、刘永翔主编：《朱子全书》（修订本）第21册，上海古籍出版社、安徽教育出版社2010年版，第1097页。

④ 朱熹：《晦庵先生朱文公文集》卷三〇《答汪尚书》，见朱杰人、严佐之、刘永翔主编：《朱子全书》（修订本）第21册，上海古籍出版社、安徽教育出版社2010年版，第1301页。

⑤ 朱熹：《晦庵先生朱文公文集》卷三〇《答汪尚书》，见朱杰人、严佐之、刘永翔主编：《朱子全书》（修订本）第21册，上海古籍出版社、安徽教育出版社2010年版，第1303页。

⑥ 朱熹：《晦庵先生朱文公文集》卷三〇《答汪尚书》，见朱杰人、严佐之、刘永翔主编：《朱子全书》（修订本）第21册，上海古籍出版社、安徽教育出版社2010年版，第1301页。

⑦ 朱熹：《晦庵先生朱文公文集》卷三〇《答汪尚书》，见朱杰人、严佐之、刘永翔主编：《朱子全书》（修订本）第21册，上海古籍出版社、安徽教育出版社2010年版，第1304页。

⑧ 朱熹：《晦庵先生朱文公文集》卷三〇《答汪尚书》，见朱杰人、严佐之、刘永翔主编：《朱子全书》（修订本）第21册，上海古籍出版社、安徽教育出版社2010年版，第1301页。

在朱熹的持续批判下，汪应辰只好让步，承认"苏氏之学，疵病非一"①。但仍回信为苏学辩解，认为今人独学苏氏之文章，并不以之求道，学问之害并不严重。"然今世人诵习，但取其文章之妙而已，初不于此求道也，则其舛谬牴牾，似可置之。"②劝告朱熹对苏氏要"论法者必原其情"，而不必批判过甚。

朱熹并没有听从汪应辰的劝告，在回信中对汪应辰的观点给予反驳，从而开始了文道关系的论辩。对于文道关系，理学家们看法各异，周敦颐提出"文以载道"③，表达了重道轻文的倾向，二程更认为"作文害道"④，汪应辰主张文以叙事、文以明理，认为"文章之用，不过叙事与明理而已"。朱熹则认为"道外无物"，无道则无文，主张以道为本、以文为末。他说："道者，文之根本；文者，道之枝叶。"⑤强调文道不可分。朱熹在回信中反驳道："夫学者之求道，固不同于苏氏之文矣，然既取其文，则文之所述有邪有正，有是有非，是亦有道焉，固求道者之所以不可不讲也。……若曰惟其文之取，而不复议其理之是非，则是道自道，文自文也。道外有物，固不足以为道，且文而无理，又安足以为文乎？盖道无适而不存者也，故即文以讲道，则文与道两得而一以贯之，否则，亦将两失之矣。"⑥朱熹在与吕祖谦的信中，也同样表达了类似观点："示喻苏氏于吾道不能为杨、墨，乃唐、景之流耳。向见汪丈亦有此说，熹窃以为此最不察。夫理者，夫文与道果同耶？异耶？若道外有物，则为文者可以肆意妄言，而无害于道。惟夫道外无物，则言而一有不合于道者，则于道为有害，但其害有缓急深浅耳。"⑦同时，朱熹对汪应辰同情苏学的倾向深感忧

① 汪应辰：《文定集》卷一五《与朱元晦书》，中华书局1985年版，第155页。
② 汪应辰：《文定集》卷一五《与朱元晦书》，中华书局1985年版，第155页。
③ 周敦颐撰，梁绍辉等点校：《周敦颐集》卷四《通书·文辞》，岳麓书社2007年版，第78页。
④ 程颐、程颢：《二程遗书》卷一八，上海古籍出版社2000年版，第290页。
⑤ 黎靖德编，王星贤点校：《朱子语类》卷一三九《论文上》，中华书局1986年版，第3319页。
⑥ 朱熹：《晦庵先生朱文公文集》卷三〇《与汪尚书》，见朱杰人、严佐之、刘永翔主编：《朱子全书》（修订本）第21册，上海古籍出版社、安徽教育出版社2010年版，第1305页。
⑦ 朱熹：《晦庵先生朱文公文集》卷三三《答吕伯恭》，见朱杰人、严佐之、刘永翔主编：《朱子全书》（修订本）第21册，上海古籍出版社、安徽教育出版社2010年版，第1428页。

虑，希望他能"秉天理以格人欲，据正道以黜异端"。

在论辩中，朱熹年轻气盛，火药味十足，甚至吕祖谦都认为朱熹的论辩态度是"因激增怒"，而汪应辰则平易近人，以长者的度量和风度，对朱熹这种晚辈殷殷相劝，最后，以"道不同，不相知"，主动退让，中止了两人的论辩。

朱熹在同汪应辰的往返论辩中，对于儒释之异和苏学的许多看法日益成熟，产生了对佛老、苏学等"杂学"进行系统批判的想法。他把张九成《中庸解》、吕本中《大学解》、苏轼《易解》、苏辙《老子解》，一道视为以佛老说儒的"杂学"，"惧其流传久远，上累师门"，于是对上述四部书，皆摘录原文，逐条驳正，著为《杂学辨》，乾道二年（1166），正式由何镐刻版流传。

朱熹批判苏轼的《易解》是以佛说儒，以释氏"未有天地，已有此性"比附儒家"性命"之说；以释老"虚无寂灭"比附儒家"阴阳"之说；以释氏"妄见"比附儒家"仁智"之说。认为苏辙的《老子解》流于异端，"合吾儒于老子，以为未足，又并释氏而弥缝之，可谓舛矣"①。苏辙认为孔子说仁讲义，老子弃仁绝义，但一个是"示人以器而晦其道"，一个则"示人以道而薄于器"，认为老子道家的"至道"与孔子儒家的"世法"可结合起来，儒、老互补，各尽其妙。朱熹对苏辙的道器说进行了批判，认为"有至道、世法之殊，则是有二道矣"。而吕本中则是"吕氏之先与二程夫子游，故其家学最为近正。然未能不惑于浮屠、老子之说，故其末流不能无出入之弊。"②朱熹认为张九成"始学于龟山之门而逃儒以归于释"。其所论著"皆阳儒而阴释"，"务在愚一世之耳目，而使之恬不觉悟，以入乎释氏之门"③。朱熹的《杂学辨》"斥当代诸儒之杂于佛、老者也"，对张九成、吕本中、二苏等人以儒兼佛、援佛入儒的阳儒阴释进行了抨击，其锋芒主要指向当时影响最大的理学家、也是汪应辰的恩师张九

① 朱熹：《晦庵先生朱文公文集》卷七二《杂学辨》，见朱杰人、严佐之、刘永翔主编：《朱子全书》（修订本）第24册，上海古籍出版社、安徽教育出版社2010年版，第3469页。
② 朱熹：《晦庵先生朱文公文集》卷三三《杂学辨》，见朱杰人、严佐之、刘永翔主编：《朱子全书》（修订本）第24册，上海古籍出版社、安徽教育出版社2010年版，第3492页。
③ 朱熹：《晦庵先生朱文公文集》卷三三《杂学辨》，见朱杰人、严佐之、刘永翔主编：《朱子全书》（修订本）第24册，上海古籍出版社、安徽教育出版社2010年版，第3473页。

成，认为他的《中庸解》"乃释氏之绪余，非吾儒之本旨也"①。因此，该书一出，便遭"流俗之讥议"，也得罪了汪应辰这样的知己。

四、朱熹与汪应辰关于《西铭》的论辩

朱熹与汪应辰学术交锋的另一主题是围绕《西铭》展开的论辩。汪应辰在任职四川时，得到了张载失传多年的《语录》与《文集》等著作，"横渠先生之曾孙，流落在蜀，有《横渠语录》，前所未见。又《文集》，亦多于私家所传者，俟有的便纳去，幸为审订也。"②乾道元年（1165），寄给了朱熹，使这些著作再次得以流传，朱熹从而萌发了为《西铭》注解的念头。他对何镐说："近成都（汪应辰）寄得横渠书数种来，其间多可附人者，欲及注补也。"③乾道七年（1171），朱熹与汪应辰围绕《东铭》《西铭》的"体一用源"展开论辩后，乾道八年（1172）朱熹最终完成了《西铭解》。

汪应辰坚持杨时早年提出的《西铭》有体无用、有理一无分殊的主张。乾道七年（1171），汪应辰奉祠归家之后，致信朱熹，言及《东铭》《西铭》互为表里，体用一源："窃谓体用一源，显微无间，东、西二《铭》，所以相为表里，而顷来诸公，皆不及《东铭》，何也？……道无远近高卑之异，但见有不同尔。然方其未至也，虽欲便造平易，而其势有未能者。"④在他看来，《东铭》和《西铭》互为表里，体现了程颐"体用一源，显微无间"的论点。但以往学者都认为《西铭》不及《东铭》，打破了"显微无间"，从"体用一源"的角度对学者割裂《东》《西》二铭的偏颇作出批评。

朱熹反驳了汪应辰的观点。他说："《东铭》《西铭》虽同出于一时之作，

---

① 朱熹：《晦庵先生朱文公文集》卷三三《杂学辨》，见朱杰人、严佐之、刘永翔主编：《朱子全书》（修订本）第 24 册，上海古籍出版社、安徽教育出版社 2010 年版，第 3475 页。

② 汪应辰：《文定集》卷一五《与朱元晦书》，中华书局 1985 年版，第 155 页。

③ 朱熹：《晦庵先生朱文公文集》卷四〇《答何叔京》三，见朱杰人、严佐之、刘永翔主编：《朱子全书》（修订本）第 22 册，上海古籍出版社、安徽教育出版社 2010 年版，第 1803 页。

④ 汪应辰：《文定集》卷一五《与朱元晦书》，中华书局 1985 年版，第 156 页。

然其词义之所指，气象之所及，浅深广狭，迥然不同，是以程门专以《西铭》开示学者，而于《东铭》则未之尝言。"①认为二《铭》在词义、气象、深浅等方面都是"迥然不同"的，其地位与作用，也是不可同日而语的。他说："则即《西铭》之书，而所谓一原无间之实已了然心目之间矣，亦何俟于《东铭》而后足耶？若俟《东铭》而后足，则是体用显微判然二物，必各为一书，然后可以发明之也。"②针对汪应辰东、西二《铭》"互为表里"的说法，认为《西铭》本身就体现了"体用一源，显微无间"。如果一定要合二《铭》才能体现"体用显微"的话，那就会造成"体用显微判然二物"的后果。

乾道八年（1172），朱熹正式修定《西铭解》，并撰《西铭后记》，认为"《西铭》理一而分殊，知其理一，所以为仁；知其分殊，所以为义。所谓分殊，犹孟子言'亲亲而仁民，仁民而爱物。'其分不同，故所施不能无差等耳。"《西铭解》把"理一分殊"提到了哲学本体论的高度，所以，朱熹不仅否定了汪应辰对二《铭》"相为表里"的判断，否定了《西铭》不及《东铭》的质疑，也否定了他对程颐"体用显微"之说的理解，从而从根本上反驳了汪应辰的观点，使"程颐'《西铭》明理一分殊'的道统圣训经朱熹的解说成了千古定案"③。

除论辩之外，他们也有很多学术的合作，一起商讨编辑周子、二程等先贤的文集，在二程与周子的关系上，汪应辰认为直接说二程受学于周子不妥，如果改为"少年尝从学则无害矣"④。对此，朱熹欣然接受。

朱、汪论辩，从批判佛学开始，到批判苏学再到清算宗杲、张九成，最后论辩《西铭》，是朱熹对自己早年出入佛老的清算，是建构朱熹思想体系不可缺少的一个环节。通过与汪应辰等人的交锋互辩，朱熹应对了佛学与苏学的挑战，在建构早期的理学思想体系上迈出了关键的一步。

---

① 朱熹：《晦庵先生朱文公文集》卷三〇《答汪尚书》，见朱杰人、严佐之、刘永翔主编：《朱子全书》（修订本）第 21 册，上海古籍出版社、安徽教育出版社 2010 年版，第 1307 页。

② 朱熹：《晦庵先生朱文公文集》卷三〇《答汪尚书》，见朱杰人、严佐之、刘永翔主编：《朱子全书》（修订本）第 21 册，上海古籍出版社、安徽教育出版社 2010 年版，第 1307 页。

③ 束景南：《朱子大传》，商务印书馆 2003 年版，第 301 页。

④ 汪应辰：《文定集》卷一五《与朱元晦书》，中华书局 1985 年版，第 155 页。

朱熹与汪应辰虽然在学术上有着尖锐的交锋，进行过反复的论辩，但并没因此而影响两人深厚的情谊。汪应辰奉行"行之以恕，居之以宽"的原则，为人宽容，对不同的意见，主张"道不同，不相知"，反对互相攻击，对朱熹凌厉的批评，以长辈的姿态和长者的度量给予充分的宽容理解，对朱熹循循善诱，耐心开导。朱熹也感激汪应辰的知遇之恩，汪应辰去世后，朱熹专程到衢州常山哭奠。在祭文中高度评价汪应辰道："惟公学贯九流而不自以为足，才高一世而不自以为名，道高德备而不自以为德，位高势重而不自以为荣。盖玩心乎文、武之未坠，抗志乎先民之所程。巍乎其若嵩、岱之雄峙！浩乎其若沧海之涵渟！"[1]感激汪应辰的谆谆教诲，对汪应辰这位良师益友的离世，表达无限的悲痛："辱教诲之殊常，殆相期于国士。虽不见者十年，亦音书之相继。……跽陈词而侑奠，痛人师之难遭。"[2]

总之，汪应辰不仅是朱熹的长辈与益友，更是成就朱熹一生事业的恩师。二人政治上的密切交往为朱熹的仕途进步奠定了基础，铺设了朱熹政治舞台的道路；二人思想上的往复辩难，交锋互益，则直接推动了朱熹早期理学思想的建构。

第二节　朱熹理学与象山心学的交锋论辩

朱、陆并为理学一代宗师，在南宋双峰并峙。象山心学在鄱阳湖地区的抚州兴起，并迅速传播，象山心学是对朱熹理学的反动，也是儒家学说内部的异端公开向正统挑战的开始。朱熹与陆九渊鹅湖之会的交锋论战，晚年"无极""太极"之争，揭开了理学内部不同学派间论辩的序幕。"他们的分歧与争

---

① 黄宗羲原著，全祖望补修，陈金生、梁运华点校：《宋元学案》卷四六《玉山学案》，中华书局 1986 年版，第 1457 页。

② 朱熹：《晦庵先生朱文公文集》卷八七《祭汪尚书》，见朱杰人、严佐之、刘永翔主编：《朱子全书》（修订本）第 24 册，上海古籍出版社、安徽教育出版社 2010 年版，第 4069 页。

论深刻地影响了此后理学的发展。"①

一、"江西之学"的兴起与象山心学的特点

陆九渊与兄陆九韶、陆九龄并称"金溪三陆"。"三陆子之学，梭山启之，复斋昌之，象山成之。"②陆九渊与"复斋先生(陆九龄)齐名，称为江西二陆，以比河南二程"③。以陆九渊为代表的象山心学，被朱熹视之为"江西之学"。

陆九渊（1139—1193），字子静，号存斋，别号象山翁，学者称象山先生，江西抚州金溪人。陆九渊出生于金溪县延福乡青田里。这是一个大村落，环境优美，四周青山环绕，清澈的青田水在村旁流淌，村落西边就是自金溪至贵溪的金贵驿道，交通便捷。

陆九渊幼即不凡，静重如成人，三四岁时，即问"天地何所穷际？"13岁时，读书得解"宇宙"一词为"四方上下曰宇，往古来今曰宙"，豁然省悟，便道出了"宇宙内事乃己分内事，己分内事乃宇宙内事"。"宇宙便是吾心，吾心即是宇宙"④之语，并开始笃志圣贤之学。乾道八年（1172），34岁时参加乡试，以《易》卷和《天地之性人为贵论》得到考官吕祖谦的击节赞赏，吕祖谦对主考官尤袤说道："此卷超绝有学问者，必是江西陆子静之文，此人断不可失也。"⑤

陆九渊考中进士后，乾道九年（1173），在故里辟旧屋为"槐堂"书屋，招收四方学子，在此授徒讲学三年，傅梦泉、陈刚、邓约礼、朱亨道、朱济道、周伯熊、舒西美、颜子坚及金溪士子傅子云、朱泰卿、刘尧夫、彭兴宗、朱柕、黄叔丰等纷纷前来受教，形成了最早一批"槐堂"弟子，他们成为陆学

---

① 陈来：《宋明理学》，生活·读书·新知三联书店 2011 年版，第 206 页。

② 黄宗羲原著，全祖望补修，陈金生、梁运华点校：《宋元学案》卷五七《梭山复斋学案》，中华书局 1986 年版，第 1862 页。

③ 陆九渊著，钟哲点校：《陆九渊集》卷三六《年谱》，中华书局 1980 年版，第 480 页。

④ 陆九渊著，钟哲点校：《陆九渊集》卷三六《年谱》，中华书局 1980 年版，第 483 页。

⑤ 陆九渊著，钟哲点校：《陆九渊集》卷三六《年谱》，中华书局 1980 年版，第 487 页。

的中坚，奠定了陆学的基本规模。"陆九渊在家建立槐堂，授徒讲学，以'义利之辨'发明本心，开创江西心学。"①

陆九渊槐堂讲学，倡导发明本心，高举心学大旗，扩大了他的学术影响，其心学很快由江西传播到浙江，杨简、石崇昭、高宗商、胡拱、诸葛诚之、孙应时、徐谊、蔡幼学等一批浙江学子前来问学，成了陆九渊的虔诚弟子。

淳熙十三年(1186)，陆九渊归故里讲学，更是盛况空前。《象山先生行状》中描述了讲学的盛况："先生既归，学者辐辏愈盛，虽乡曲长老，亦俯首听诲，言称先生。……每诣城邑，环坐率一二百人，至不能容，徙观寺，县大夫为设讲座于学宫，听者贵贱老少，溢塞涂巷。从游之盛，未见有此。"②次年，陆九渊登贵溪应天山，见此地陵高谷邃，林茂泉清，于是改应天山为象山，创建象山精舍，讲学其中。他擅长辩说，言辞锋锐，"四方学徒大集，至数百人"③，"学者辐辏，每开讲席，户外履满，耆老扶杖视听"。象山在此讲学五年，形成了人数宠大的象山弟子群，"居山五年，来见者案籍逾数千人"④。

光宗绍熙二年（1191），时年 53 岁的陆九渊出知荆门军，颇有政绩，宰相周必大尝称"荆门之政，于己验躬行之效"⑤。但一年后，陆九渊卒于任上，时年 54 岁。学录黄岳在《祭文》中评价陆九渊道："先生之学，正大纯粹。先生之教，明白简易。其御民也，至诚之外无余术，其使人也，寸长片善，未始或弃。"⑥

陆九渊通过槐堂和象山讲学，其学术影响迅速扩大，名震一方，成为又一股扫过士林的强劲飓风。象山心学主要流行于江西和浙江等地。浙江有杨简、袁燮、舒璘、沈焕为代表的"甬上四先生"；江西则以"槐堂诸儒"为代表，

① 李江：《理学渊薮的形成：宋代江西理学的昌明》，《江西社会科学》2011 年第 10 期。
② 陆九渊著，钟哲点校：《陆九渊集》卷三三《象山先生行状》，中华书局 1980 年版，第 390 页。
③ 陆九渊著，钟哲点校：《陆九渊集》卷三三《象山先生行状》，中华书局 1980 年版，第 390 页。
④ 黄宗羲原著，全祖望补修，陈金生、梁运华点校：《宋元学案》卷五八《象山学案》，中华书局 1986 年版，第 1885 页。
⑤ 陆九渊著，钟哲点校：《陆九渊集》卷三三《象山先生行状》，中华书局 1980 年版，第 393 页。
⑥ 陆九渊著，钟哲点校：《陆九渊集》卷三三《象山先生行状》，中华书局 1980 年版，第 513 页。

傅梦泉、邓约礼、傅子云、黄叔丰是槐堂诸儒中最为知名的四大弟子。

傅梦泉字子渊，号若水，南城人，因曾讲学于曾潭，学者称曾潭先生。他师从陆九渊，"始尽知入德之方"。他对陈刚说："先生教人辨志，只在义利。"① 傅梦泉是《槐堂诸儒学案》的领衔学者，也是陆九渊最优秀的弟子，"象山论及门之士，以先生为第一"②。陆九渊称他"子渊人品甚高，非余子比也"③。他为人刚介有立，潜心于道德修养。淳熙二年（1175）中进士，任湖南衡阳教授，庆元二年（1196）知赣州宁都县，施行道义教化，政绩可观，"有西汉循吏之风"，周必大称他"仕学兼优，不崇空言"④。后迁临江军通判。陆九渊认为他的学术"疏节阔目，佳处在此，其病处亦在此"⑤。真德秀评价他"德誉蔼于州间，学问称于师友。"以傅梦泉为首的槐堂诸儒极力建构陆派门户，坚守师说，所到之处，大都创立书院，讲学授徒，寓教于政，传扬陆学，扩展了陆学的传播及影响空间。陆九渊去世后，槐堂诸儒又竭力为陆九渊争取正统地位。

陆九渊之学以明理、存心为主旨，被称为心学。其学术来源并无明确师承，而是"本乎孟子"。⑥ 陆九渊自己也说是"因读《孟子》而自得之"⑦，是接绪孟子而建立起来的心学思想体系，同时，也得益于陆氏兄弟三人互为师友，彼此切磋。

但是朱熹认为，象山心学来源于谢上蔡和张九成。他说："上蔡一变而为

① 黄宗羲原著，全祖望补修，陈金生、梁运华点校：《宋元学案》卷七七《槐堂诸儒学案》，中华书局1986年版，第2570页。
② 黄宗羲原著，全祖望补修，陈金生、梁运华点校：《宋元学案》卷七七《槐堂诸儒学案》，中华书局1986年版，第2571页。
③ 陆九渊著，钟哲点校：《陆九渊集》卷九《与陈君举书》，中华书局1980年版，第128页。
④ 周必大：《文忠集》卷五五《送曾明发序》，景印文渊阁《四库全书》第1147册，台湾商务印书馆1986年版，第584页。
⑤ 黄宗羲原著，全祖望补修，陈金生、梁运华点校：《宋元学案》卷七七《槐堂诸儒学案》，中华书局1986年版，第2571页。
⑥ 黄宗羲原著，全祖望补修，陈金生、梁运华点校：《宋元学案》卷五八《象山学案》，中华书局1986年版，第1884页。
⑦ 陆九渊著，钟哲点校：《陆九渊集》卷三五《象山语录》，中华书局1980年版，第471页。

张子韶。上蔡所不敢冲突者，张子韶出来，尽冲突了。近年陆子静又冲突张子韶之上。"① 全祖望也有类似的看法，他说："程门自谢上蔡以后，王信伯、林竹轩、张无垢至于林艾轩，皆其前茅，及象山而大成，而其宗传亦最广。"② 因此，"陆九渊则承续程颢心学。程颢心学思想由谢良佐继承，后经张九成等人之传播，到陆九渊而集大成，初步形成了心学思想体系。"③ 张九成曾蛰居江西南安 14 年，他主张以心为理，认为天下万事皆在心中，强调"学问之道无他，求其放心而已矣。非止于务博洽、工文章也。内自琢磨，外更切磋，以求此心。心通，则《六经》皆吾心中物也。学问之道无过于此。"④ 张九成的主张，成为陆九渊心学的前导和思想源泉。

象山学说最核心的命题就是心即理，提出了"吾心便是宇宙"的心学本体论。他说："人皆有是心，心皆具是理，心即理也。……所贵乎学者，为其欲穷此理，尽此心也。"⑤ 主张心即是理，心与理一，如果心与理二，则理不在此心之中，而外于此心，故此心为人心。学者的为学功夫就是要去除此心的种种杂糅，使此心纯然而天理流行。他的名言："东海有圣人出焉，此心同也，此理同也。西海有圣人出焉，此心同也，此理同也。南海北海有圣人出焉，此心同也，此理同也。千百世之上有圣人出焉，此心同也，此理同也。千百世之下有圣人出焉，此心同也，此理同也。"⑥ 认为圣人虽有东西南北之不同，但其心同，其理亦同。这实际上是"心即理"的另一种表述。

"心即理"既是象山学说的宗旨，也是功夫之大纲。其为学的工夫要领就是要发明本心，即"先立乎其大"。"先立乎其大"语出《孟子·告子上》："先

① 黎靖德编，王星贤点校：《朱子语类》卷二〇《论语二》，中华书局 1986 年版，第 478 页。

② 黄宗羲原著，全祖望补修，陈金生、梁运华点校：《宋元学案》卷五八《象山学案》，中华书局 1986 年版，第 1884 页。

③ 徐公喜：《宋代江西成为理学之源的历史成因》，《商丘师范学院学报》2006 年第 6 期。

④ 张九成：《横浦文集》卷一八《答李樗书》，景印文渊阁《四库全书》第 1138 册，台湾商务印书馆 1986 年版，第 416 页。

⑤ 陆九渊著，钟哲点校：《陆九渊集》卷一一《与李宰》，中华书局 1980 年版，第 149 页。

⑥ 陆九渊著，钟哲点校：《陆九渊集》卷三三《象山先生行状》，中华书局 1980 年版，第 388 页。

立乎其大者，则其小者不能夺也。"陆九渊说："先立乎其大，而后天之所以与我者，不为小者所夺。夫苟本体不明，而徒致功于外索，是无源之水也。"①大者，指心而言；小者，指耳目之官而言。先立乎其大，即是立心，关键在心上用功夫，而不必外求，这才是学问的根本。因为"此心此理，我固有之"，"人皆有是心，心皆具是理"，所以，学问之道，在于发明本心，而无需外求。

那么如何才能立心？关键是要"发明本心"。陆九渊论述"本心"之处甚多，而"发明本心"最明确的说法则见于《年谱》载朱亨道书："二陆之意，欲先发明人之本心，而后使之博览。"②陆九渊将孟子所说的四端视为"本心"。当杨简问如何是本心时，他回答道："恻隐，仁之端也；羞恶，义之端也；辞让，礼之端也；是非，智之端也。此即是本心。"③本心就是人与生俱来的恻隐、羞恶、是非、辞让这四端。四端的本心，"人皆有之"，而成圣之门、学问之要，就是发明人之本心，只要本心一明，则一切皆明。袁燮《象山先生文集序》亦云："学问之要，得其本心而已。心之本真，未尝不善。有不善，非其初然也。孟子尝言之矣。"④发明本心就是要让本心之善显现出来，让人们在日用常行中体现出善来。"而此种功夫之下手处则是明理，亦即格物。"那么如何做格物功夫呢？"朱子以'即物穷理'训格物，而象山的解释与之非常相似，即以明理或穷理为格物之义。"⑤

陆九渊高扬人的道德主体性，从性善论出发，认为道德先天就存在于人心之中，提出了"存心""养心""求放心"等一系列的修养方法，通过自我反省、自我认识、自我完善，最终完成自己的道德境界，实现"做人""成圣贤"的目标。

---

① 黄宗羲原著，全祖望补修，陈金生、梁运华点校：《宋元学案》卷五八《象山学案》，中华书局 1986 年版，第 1885 页。

② 陆九渊著，钟哲点校：《陆九渊集》卷三六《年谱》，中华书局 1980 年版，第 491 页。

③ 陆九渊著，钟哲点校：《陆九渊集》卷三六《年谱》，中华书局 1980 年版，第 487 页。

④ 陆九渊著，钟哲点校：《陆九渊集》附录一《袁燮序》，中华书局 1980 年版，第 536 页。

⑤ 曾亦、郭晓东：《宋明理学》，南京大学出版社 2009 年版，第 263 页。

二、朱、陆学术的分歧

朱、陆学术的分歧，是由于两家学术渊源的不同。对此，全祖望在《淳熙四先生祠堂碑文》中，分析朱、陆各自的学术渊源道："朱子之学，出于龟山。其教人以穷理为始事，积集义理，久当自然有得。至其'所闻所知，必能见诸施行，乃不为玩物丧志'，是即陆子践履之说也。陆子之学，出于上蔡。其教人以发明本心为始事，此心有主，然后可以应天地万物之变。至其戒'束书不观，游谈无根'，是即朱子讲明之说也。斯盖其从入之途，各有所重。至于圣学之全，则未尝得其一而遗其一也。"①

无论是朱熹还是陆九渊，都把理作为最高的哲学范畴，作为宇宙的本体。"陆九渊也把理作为最高的哲学范畴，把社会伦理纲常和自然万物之理视为普遍的理，且凌驾于自然和社会之上的精神实体，与朱熹有相同之处。"②陆九渊认为"心即理"，心与理为一，万物皆自心而生。他说："万物森然于方寸之间，满心而发，充塞宇宙，无非此理。"他认为宇宙间只有一理，学习的目的就在于明理："塞宇宙一理耳，学者之所以学，欲明此理耳。"③而天理与人欲是对立的，人欲多则天理少，朱、陆都主张去人欲而存天理。为学的目的就在于发明天理，去除人欲，而遵循天理。

正是由于对理的不同理解，朱、陆对如何认识天理、穷究天理，如何提高个人的道德修养，如何成圣成贤等方法途径产生了分歧。

朱熹主张理一分殊，认为一物有一理，物理无穷，那么穷理也无穷，只有经过"铢累而寸积"，日积月累，才能豁然贯通，认识全体。因此，朱熹讲格物致知，读书穷理，认为人的道德水准会随着知识的增长而提高，强调学习的重要性。"紫阳之学，则以道问学为主，谓'格物穷理，乃吾人入圣之阶梯。

---

① 黄宗羲原著，全祖望补修，陈金生、梁运华点校：《宋元学案》卷五八《象山学案》，中华书局1986年版，第1888页。

② 吴长庚主编：《朱熹与江西理学》，江西高校出版社2007年版，第136页。

③ 陆九渊著，钟哲点校：《陆九渊集》卷一二《与赵咏道》(四)，中华书局1980年版，第161页。

夫苟信心自是，而惟从事于覃思，是师心之用也’。"①

　　而陆九渊认为，穷理就是认识心中之理，讲究整体把握，不必物物而求，事事而穷。他说："石称丈量，径而寡失，铢铢而称，至石必谬，寸寸而度，至丈必差。"②陆九渊只讲理一而不讲分殊，主张"易简之道"。他说："易简而天下之理得矣。"最重要的是真心领悟，切己笃行。他认为格物就是发明本心，使四端之心显露出来，而存心则是保养此心，"苟此心之存，则此理自明，当恻隐处自恻隐，当羞恶，当辞逊、是非在前，自能辨之"③。因此，他在为学之方上，讲明心，尊德性，"先生之学，以尊德性为宗"④。主张发明本心与先立乎其大者，认为为学之目的并不仅仅在于增长知识，而是实现道德的至高境界，强调放心存心的内求功夫，强调本体与主体的合一，以心统贯主体与客体。他说："先立乎其大，而后天之所以与我者，不为小者所夺。夫苟本体不明，而徒致功于外索，是无源之水也。"⑤

　　穷理的目的，在于克尽人欲，去除心中人欲对天理的蒙蔽，达到去人欲而存天理的最终目标。

　　朱、陆都主张欲之寡与不寡，是存心的关键。人欲过多，则本心之存者必寡。去欲的办法在于"切己自反，改过迁善"。切己自反就要去除蒙蔽，收拾精神，提出了"充养此心"的去欲之方，而读书和亲师友就是充养此心的良法。陆九渊和朱熹一样，也重视读书、亲师友。陆九渊说："《中庸》言'博学、审问、慎思、明辨'，是格物之方。读书亲师友是学，思则在己，问与辨皆须即人。自古圣人，亦因往哲之言，师友之言，乃能有进，况非圣人，岂有自任

① 黄宗羲原著，全祖望补修，陈金生、梁运华点校：《宋元学案》卷五八《象山学案》，中华书局1986年版，第1885页。
② 陆九渊著，钟哲点校：《陆九渊集》卷一〇《与詹子南》，中华书局1980年版，第140页。
③ 陆九渊著，钟哲点校：《陆九渊集》卷三四《语录上》，中华书局1980年版，第396页。
④ 黄宗羲原著，全祖望补修，陈金生、梁运华点校：《宋元学案》卷五八《象山学案》，中华书局1986年版，第1885页。
⑤ 黄宗羲原著，全祖望补修，陈金生、梁运华点校：《宋元学案》卷五八《象山学案》，中华书局1986年版，第1885页。

私知而能进学者？"① 但是，陆九渊所说读书功夫与朱子寻章索句的工夫又有区别。陆九渊读书只看古注，无须看后人添枝加叶的传注。他说："某读书只看古注，圣人之言自明白。且如'弟子入则孝，出则弟'，是分明说与你入便孝，出便弟，何须得传注？学者疲精神于此，是以担子越重。至某这里，只是与他减担，只此便是格物。"② 主张采用"剥落"的手法，"减担"存心。剥落、减担这正是陆九渊易简工夫的途径。陆九渊认为人的本心被私欲蒙蔽，因此，必须不断地剥落。"人心有病，须是剥落。剥落得一番，即一番清明，后随起来，又剥落，又清明，须是剥落得净尽方是。"③ 减担是不断的剥落、去除物欲的方法，要减去物欲之担，以明其本心。

虽然读书和亲师友是充养此心的良法，但陆九渊认为对书中所载，师友之言，也不能迷信盲从，而要有所取舍选择，否则，只是泛观、泛从。他说："然往哲之言，因时乘理，其指不一。方册所载，又有正伪、纯疵，若不能择，则是泛观。欲取决于师友，师友之言亦不一，又有是非、当否，若不能择，则是泛从。泛观、泛从，何所至止？"④ 认为"尽信书不如无书"。陆九渊提出要"优游读书"，把读书作为陶冶情操、涵养德性的良法。他说："如今读书且平平读，未晓处且放过，不必太滞。"⑤ 不赞成皓首穷经，累于注解。

陆九渊自视其功夫"易简"，而朱子之法"支离"。但朱熹认为："子静不读书，不求义理，只静坐澄心，却似告子外义。"⑥ 因此，朱熹视陆九渊之学为禅学，他明言："江西之学只是禅，浙学却专是功利。"⑦ 他在《答张敬夫书》中也表达了类似的看法："子寿兄弟气象甚好，其病却是尽废讲学而专务践履，却于践履之中要人提撕省察，悟得本心，此为病之大者。要其操持谨质，表里

---

① 陆九渊著，钟哲点校：《陆九渊集》卷二一《学说》，中华书局 1980 年版，第 263 页。
② 陆九渊著，钟哲点校：《陆九渊集》卷三五《语录》下，中华书局 1980 年版，第 441 页。
③ 陆九渊著，钟哲点校：《陆九渊集》卷三五《语录》下，中华书局 1980 年版，第 458 页。
④ 陆九渊著，钟哲点校：《陆九渊集》卷二一《学说》，中华书局 1980 年版，第 263 页。
⑤ 陆九渊著，钟哲点校：《陆九渊集》卷三五《语录》下，中华书局 1980 年版，第 441 页。
⑥ 黎靖德编，王星贤点校：《朱子语类》卷五二《孟子二》，中华书局 1986 年版，第 1264 页。
⑦ 黎靖德编，王星贤点校：《朱子语类》卷一二三《陈君举》，中华书局 1986 年版，第 2967 页。

不二，实有以过人者。惜乎其自信太过，规模窄狭，不复取人之善，将流于异学而不自知耳。"① 朱熹弟子陈淳也批评江西之学道："江西之学，不读书，不穷理，只终日默坐澄心，正用佛家坐禅之说，非吾儒所宜言。""江西之学，则内专据禅家宗旨为主，而外复牵圣言皮肤枝叶以文之，别自创立一家。"②

尽管陆九渊和朱熹在为学方法上大相径庭，但"象山的格物跟朱子一样，都是在念虑上用功的下学功夫，而绝无上达本体的意味。因此，从已发功夫上，象山与朱子反而接近。"③

三、朱、陆鹅湖之会

乾道、淳熙年间，陆九渊通过槐堂、象山讲学，其学说影响迅速扩大，名震四方，象山心学成为继张九成禅学之后的又一股强劲飓风，扫过士林。"陆学由西到东横扫士林。其学术地域由抚州金溪，经由信州直捣两浙，浙中的士子如徐谊、蔡幼学、杨简、石崇昭、诸葛诚之、胡拱、孙应时、高宗商都尽入陆学彀中。"形成了与闽学、浙学、湖湘学鼎足而立的象山学派。与此同时，朱熹也在福建著书讲学，建立自己的学派，且学徒甚众，成为当时的学界领袖。"朱熹正在闽北的大山之中刚刚完成他初具规模的理学与经学大厦。朱、陆的冲突日益明显。"④ 面对象山心学的迅猛发展，朱熹、张栻、吕祖谦都感到不同程度的忧虑。"他和吕祖谦都面临着一个如何对待这些江西、两浙新出现的学派的尖锐问题。对朱熹来说，为建立自己学派同其他学派竞争，明晰阐述二程的理学体系已经成为必要。……吕祖谦在这种想法之外，更有一重折中众

---

① 朱熹：《晦庵先生朱文公文集》卷三一《答张敬夫书》，见朱杰人、严佐之、刘永翔主编：《朱子全书》第 21 册，上海古籍出版社、安徽教育出版社 2010 年版，第 1350 页。

② 陈淳：《北溪大全集》卷三三《答西蜀史杜诸友序文》，景印文渊阁《四库全书》第 1138 册，台湾商务印书馆 1986 年版，第 762 页。

③ 曾亦、郭晓东：《宋明理学》，南京大学出版社 2009 年版，第 270 页。

④ 程继红：《在理学与文学的交通线上——论南宋交通新"十"字构架在朱熹理学与稼轩词派传播中的意义》，《江西社会科学》2005 年 11 期。

家，会归众说归于一的打算。"①

鹅湖之会正是发生在这样的学术背景之下。

朱、陆之间的学术差异，也首先在鹅湖之会上凸显出来，且由此引发了数百年来的朱、陆学术异同之争，"历元、明、清数代，乃中国学术史、哲学史上的一桩公案"②。

陆九渊和朱熹在学术上和而不同，互有仰慕之心。朱熹通过江西学者刘清之，对陆学有了最初的了解，而吕祖谦则是朱、陆交往的重要中介人。乾道九年（1173），吕祖谦致信朱熹："抚州士人陆九龄子寿，笃实孝友，兄弟皆有立，旧所学稍偏。近过此相聚累日，亦甚有问道四方之意。"③朱子在《答吕伯恭书》中，表示"陆子寿闻其名甚久，恨未识之。子澄云，其议论颇宗无垢，不知今竟如何也？"④表达自己期待与二陆相识之意。同时，朱熹对陆学的禅学色彩非常警惕，欲面见深扣其说，他对吕祖俭说："近闻陆子静言论风旨之一二，全是禅学，但变其名号耳。竞相祖习，恐误后生。恨不识之，不得深扣其说，因献所疑也。"⑤

吕祖谦既与朱熹友善，又是陆九渊的乡试考官，与陆九渊相契甚深，他在给汪应辰的信中，称道陆九渊"淳笃敬直，辈流中少见其比"。同时，吕祖谦"盖虑陆与朱议论犹有异同，欲会归于一，而定其所适从，其意甚善"⑥。鉴于朱、陆均欲相识，于是在寒泉之会后，趁归途之便，谋为聚会，以调和朱、陆之分歧，而会归于一。因此，在吕祖谦的谋划、联络下，淳熙二年（1175），

① 束景南：《朱子大传》，商务印书馆 2003 年版，第 350 页。

② 张立文：《走向心学之路——陆象山思想的足迹》，中华书局 1992 年版，第 192 页。

③ 吕祖谦：《东莱别集》卷八《答朱元晦》，景印文渊阁《四库全书》第 1150 册，台湾商务印书馆 1986 年版，第 242 页。

④ 朱熹：《晦庵先生朱文公文集》卷三三《答吕伯恭书》，见朱杰人、严佐之、刘永翔主编：《朱子全书》第 21 册，上海古籍出版社、安徽教育出版社 2010 年版，第 1445 页。

⑤ 朱熹：《晦庵先生朱文公文集》卷四七（答吕子约），见朱杰人、严佐之、刘永翔主编：《朱子全书》第 22 册，上海古籍出版社、安徽教育出版社 2010 年版，第 2191 页。

⑥ 陆九渊著，钟哲点校：《陆九渊集》卷三六《年谱》，中华书局 1980 年版，第 490 页。

朱熹、吕祖谦、陆九渊、陆九龄等相聚于铅山鹅湖寺，从而有了历史上著名的朱、陆"鹅湖之会"。

朱、陆相会地点之所以选择在铅山鹅湖寺，是因为鹅湖寺距朱、陆和吕三人位置适中，又地处官道，交通方便。"朱子从他的故乡（婺源）去到考亭，或从考亭而到他故乡，必须经过铅山……未有公路时，赣闽两者的通衢，经过铅山，还必须经过鹅湖。陆子兄弟住在金溪与贵溪两县交界处。……由金溪或贵溪至上饶杭州的水道和陆道，虽不通过鹅湖，但必须经过石溪，而石溪则正在鹅湖山下之信江河边。距离鹅湖仁寿寺只有十华里。由陆象山家乡到鹅湖和由建阳考亭到鹅湖，路程差不多同样远近。吕祖谦是金华人，由上饶至杭州要经过金华。金华到上饶，也和建阳到铅山的路程差不多。"[1]同时，鹅湖寺还是一处历史名胜，据同治十年《铅山县志》卷三《鄱阳记》所载："山上有湖，为生荷，名荷湖。东晋时有龚氏蓄鹅于此，更名鹅湖。"唐大历年间，大义智孚禅师结庵于鹅湖峰顶，后移至山麓官道旁边，北宋真宗咸平年间，赐额"慈济禅院"，宋真宗景德四年（1007），更名为"鹅湖寺"。鹅湖寺四山环绕，前有狮山，后为虎山，左上为龙山，右下为象鼻山，顶尖为峰顶山，合称鹅湖山。

淳熙二年（1175）五月十六日，吕祖谦和朱熹及其弟子蔡元定、詹体仁、何镐、连崧、范念德、徐宋臣一行从福建建阳寒泉出发，前往铅山鹅湖寺。"大约在五月二十八、九日，他们到达鹅湖寺。陆九渊、陆九龄兄弟也带领朱桴、朱泰卿、邹斌、傅一飞等弟子，临川守赵景明邀约刘清之、赵景昭，一起来会。"[2]

参加鹅湖之会的人员除了朱熹、陆九渊、吕祖谦之外，还有陆九龄、赵景明等人。

陆九龄（1131—1180），字子寿，学者称为复斋先生。幼颖悟端重，后入

① 程兆熊：《忆鹅湖》，转引自陈荣捷《朱学论集》，华东师范大学出版社2007年版，第154页。
② 束景南：《朱子大传》，商务印书馆2003年版，第356页。

太学，汪应辰举荐他为太学学录。乾道五年（1169）登进士第，任兴国军教授，不以职闲自逸，每天必整肃衣冠，端坐讲堂，劝诱士子，使学风大振。后调全州教授，未到任而病卒。吕祖谦为其撰写墓志，评价他："先生勇于求道之时，愤悱直前，盖有不由阶序者。然其所志者大，所据者实。"① 淳熙二年（1175），陆九龄陪同陆九渊参加了鹅湖之会。

赵景明，名焯，号拙斋，河南开封人，时任知临川。朱熹在未与赵景明相识交游之前，就已闻其直谅之操，多闻之美。"方是之时，予盖未始得游于赵侯也，其直谅之操，多闻之美，则闻有日矣。"鹅湖之会后，淳熙三年（1176），朱熹应其所请，为之作《拙斋记》，称道他"及其为政于此邦也，奉法遵职，不作聪明而吏畏民安，境内称治，则又闻之而加向往焉"②。吕祖谦曾将赵景明引见给汪应辰，说："新太平州司户赵焯，旧与从游，有志于正学。练达世故，于辈流中不易得。"③ 赵景明于是师事汪应辰。

《象山语录》较详细地记载和描述了朱、陆鹅湖之会的情景。二陆兄弟抵达鹅湖寺后，吕祖谦首问九龄别后新功，陆九龄于是举诗为答："孩提知爱长知钦，古圣相传只此心。大抵有基方筑室，未闻无址忽成岑。留情传注翻蓁塞，著意精微转陆沉。珍重友朋相切磋，须知至乐在于今。"④ 举诗至前四句，朱熹就对吕祖谦说："子寿早已上子静舡了也。"陆九渊亦举其途中和陆九龄诗云："墟墓兴哀宗庙钦，斯人千古不磨心。涓流积至沧溟水，拳石崇成泰华岑。易简功夫终久大，支离事业竟浮沉……举诗至此，朱子失色。至'欲知自下升高处，真伪先须辨只今。'元晦大不怿。于是各休息。"⑤ 第一天的论辩中，陆

① 黄宗羲原著，全祖望补修，陈金生、梁运华点校：《宋元学案》卷五七《梭山复斋学案》，中华书局1986年版，第1870页。

② 朱熹：《晦庵先生朱文公文集》卷七八《拙斋记》，见朱杰人、严佐之、刘永翔主编：《朱子全书》第24册，上海古籍出版社、安徽教育出版社2010年版，第3737页。

③ 黄宗羲原著，全祖望补修，陈金生、梁运华点校：《宋元学案》卷四六《玉山学案》，中华书局1986年版，第1463页。

④ 陆九渊著，钟哲点校：《陆九渊集》卷三四《语录上》，中华书局1980年版，第427页。

⑤ 陆九渊著，钟哲点校：《陆九渊集》卷三四《语录上》，中华书局1980年版，第427页。

氏兄弟的诗都是从"心即理""理在吾心"出发，主张易简的发明本心，而反对朱熹的格物致知、读书穷理工夫。对朱熹的读书注经的求理方法，陆九龄用"留情传注翻蓁塞"，微讽朱熹好作经注传疏，反使本心芜塞，而以"著意精微转陆沉"，慨叹圣贤发明本心的精微之学，千百年来被沉沦埋没，不为人知，隐然有以陆九渊上接尧、舜、孔、孟心学道统的用意。在第一天的论辩中，陆氏兄弟，有备而来，其盛气凌人的态度，令朱熹大不怿，第一天的论辩也不欢而散，只能各自休息。

翌日，"二公商量数十折。议论来，莫不悉破其说。继日凡致辩，其说随屈。伯恭甚有虚心相听之意，竟为元晦所尼。"①第二天以后，两人主要就诗中提出的问题展开激烈的论辩。根据参会的朱亨道所载："鹅湖之会，论及教人，元晦之意，欲令人泛观博览，而后归之约。二陆之意，先发明人之本心，而后使之博览。朱以陆之教人为太简，陆以朱子教人为支离，此颇不合。先生更欲与元晦辩，以为尧、舜之前，何书可读？复斋止之。赵、刘诸公拱听而已。先发明之说，未可厚诬，元晦见二诗不平，似不能无我。"②

"鹅湖之会围绕认识理的方法而进行论争，朱熹主张先泛观博览而后归之简约，二陆则主张先发明人之本心，而后博览群书。"③

鹅湖之会论辩的中心是"易简工夫"与"支离事业"之辨，双方争辩非常激烈，陆九渊生性负气自傲，目空一切，而朱熹也逞强好辩，碰到同样心高气傲的陆九渊正是棋逢对手。朱、陆都认识到读书可以明理，朱熹主张以"道问学"为先，要"即物穷理，泛观博览，然后归之于约"。方法就是通过读圣贤经典，理解圣贤本意，这才是成圣成贤的有效途径。而陆九渊却不赞成朱熹的观点，认为圣贤经典汗牛充栋，无法穷极，且不少经典本身就是支离破碎，甚至相互矛盾的，还有个人理解的不同，实际上是"六经注我"。又有小人借圣人之言，行小人之实，所以不能迷信盲从圣贤之

① 陆九渊著，钟哲点校：《陆九渊集》卷三四《语录上》，中华书局1980年版，第427页。
② 陆九渊著，钟哲点校：《陆九渊集》卷三六《年谱》，中华书局1980年版，第491页。
③ 解光宇：《鹅湖之会：心学与理学分野》，《孔子研究》1999年第2期。

书。格物致知的关键就是"发明本心",在于"尊德性"。陆九渊认为发明本心的为学之方是博大悠久的"易简"工夫,而朱熹读书穷理则是终将沉沦的支离事业!总体而言,陆氏兄弟在朱、陆之间的辩论中占据了主动和上风。

鹅湖之会上,朱、陆还谈到八卦之序,吕祖谦的《尚书注》,象山之兄的新著,以及《易经》中"易"字之阐释等,这些讨论相对比较平和。

鹅湖之会并没有达到吕祖谦"会归于一"的目的,"反暴露了朱熹理学与陆九渊心学从本体论到方法论横亘的一条难以弥缝的鸿沟"①,从而揭开了朱、陆学术异同之争的序幕。

虽然鹅湖之会在当时未能使朱、陆学术观点合归于一,但也引发了朱、陆对各自学术的自我反省。朱熹也感到很受启发,他在给陆氏兄弟的信中,表示"警切之诲,佩服不敢忘也"②。朱熹在给王遇信中也承认"讲论之间,深觉有益"③。并反省自己的学说,朱熹认为儒家经典,乃天下后世用于治人救世之书,有明学术、正人心之功用。尽废讲学,直悟本心是陆学之病,而注重涵养,收敛本心则为陆学之长。当十月张栻来信问及鹅湖之会情况,朱熹在复信中,第一次反躬自责,承认确有屋下架屋的"支离"之病,他说:"至于文字之间,亦觉向来病痛不少,盖平日解经,最为守章句者,然亦多是推衍文义,自做一片文字,非惟屋下架屋。说得意味淡薄,且是使人看者将注与经作两项工夫做了,下稍看得支离,至于本旨,全不相照,以此方知汉儒可谓善说经者。"④后来,他在给陆九渊的信中,亦表达了类似的看法:"熹衰病日侵,去年灾患亦不少。……所幸迩来日用工夫,颇觉有力,无复向来支离

① 束景南:《朱子大传》,商务印书馆2003年版,第365页。
② 陆九渊著,钟哲点校:《陆九渊集》卷三六《年谱》,中华书局1980年版,第491页。但朱熹文集中不见此书。
③ 朱熹:《晦庵先生朱文公文集》卷四九《答王子合》,见朱杰人、严佐之、刘永翔主编:《朱子全书》第22册,上海古籍出版社、安徽教育出版社2010年版,第2246页。
④ 朱熹:《晦庵先生朱文公文集》卷三一《答张敬夫》,见朱杰人、严佐之、刘永翔主编:《朱子全书》第21册,上海古籍出版社、安徽教育出版社2010年版,第1349页。

之病。"①

二陆在鹅湖之会上，虽然论辩占了上风，但会后，也开始反省自己的学说，淳熙五年（1178）春夏，陆九龄两次给朱熹去信，对自己在鹅湖之会上盛气凌人的态度表示"忏悔"，朱熹在给吕祖谦的信中也提到陆九龄的这种态度变化，说："两得子寿兄弟书，却自讼前日偏见之说，不知果如何。"② 到淳熙六年（1179）夏，陆九龄专程到铅山观音寺同朱熹相见以后，开始转向了朱熹。淳熙十年（1183），吕祖谦又与朱子云："子寿前日经过，留此二十余日。幡然以鹅湖所见为非，甚欲着实看书讨论，心平气下，相识中甚难得也。"③ 但"陆九渊却始终心口不一，同朱熹保持若即若离的关系，不肯放弃他在鹅湖之会上的立场"④。

鹅湖之会是一次学人之间的自由集会，引发了不同学派之间平等的交流与争鸣，打破了思想界的沉闷保守状态，增进了相互了解，催生出学术的繁荣。陆氏兄弟正是在鹅湖辩论中，扩大了心学的影响力。曹聚仁先生在《风雨鹅湖》中感叹道："宋明理学家朱、陆两氏论道于此，鹅湖之会乃是近代文化思想史上最重要的一页。"⑤

朱、陆相会之后，据《陆子年谱》载："后信州守杨汝砺建四先生祠堂于鹅湖寺，勒陆子诗石。"⑥ 淳祐十年（1250），江西提刑蔡抗请于朝，将四贤祠赐名为"文宗书院"，后称鹅湖书院。江东提刑袁甫作《四贤堂赞》，称颂吕、朱、二陆四贤。他称赞象山道："即心是道，勿助勿忘。爱亲敬长，易简平常。

---

① 朱熹：《晦庵先生朱文公文集》卷三六《答陆子静》，见朱杰人、严佐之、刘永翔主编：《朱子全书》第 21 册，上海古籍出版社、安徽教育出版社 2010 年版，第 1564 页。

② 朱熹：《晦庵先生朱文公文集》卷三四《答吕伯恭》，见朱杰人、严佐之、刘永翔主编：《朱子全书》第 21 册，上海古籍出版社、安徽教育出版社 2010 年版，第 1476 页。

③ 吕祖谦：《东莱集·别集》卷八《与朱侍讲元晦》，景印文渊阁《四库全书》第 1150 册，台湾商务印书馆 1986 年版，第 254 页。

④ 束景南：《朱子大传》，商务印书馆 2003 年版，第 368 页。

⑤ 袁甫：《蒙斋集》卷一六《四贤堂赞》，景印文渊阁《四库全书》第 1175 册，台湾商务印书馆 1986 年版，第 306 页。

⑥ 陆九渊著，钟哲点校：《陆九渊集》卷三六《年谱》，中华书局 1980 年版，第 490 页。

煌煌昭揭，神用无方。再拜象山，万古芬芳。"称赞朱熹："道若大路，曲折万端。辨析毫厘，用力甚难。上续伊洛，昭哉可观。考亭遗规，世世不刊。"对吕祖谦则赞道："伟欤东莱！气象春融。相门事业，元祐申公。益闳以大，问学磨砻。其学伊何，万折必东。"称赞陆九龄："复斋之德，硕大以宽。其仪如凤，其臭如兰。弟兄琢磨，惟义所安。此意寂寥，令我心酸。"对鹅湖之会时，朱、陆学术的差异，表示不应"妄加揣摩"，认为那是符合"君子和而不同"之道的。"世谓鹅湖之集，诸老先生论议未能悉同，以是妄加揣摩，其失远矣。夫子尝云'君子和而不同'，不同乃所以为和，不薪于合，乃所以为一致也。"①

四、朱熹与陆九龄铅山观音寺之会

淳熙六年（1179）二月，朱熹赴任南康途中，在铅山崇寿观音寺候命一个多月。据明代《铅书》卷四载，崇寿院在铅山县南 35 里的旌孝乡（今铅山县紫溪乡境内）。唐代大义禅师最早在此开山结庵，唐昭宗大顺年间（890—891），改为上感保寿观音寺。崇寿院由大义禅师开创，位于铅山县紫溪镇。紫溪是位于武夷山分水关下面的一个大集镇，也是朱熹翻越武夷山出闽抵赣的必经之路。三月，陆九龄携刘淳叟来铅山观音寺拜访朱熹。陆九龄此次到访的原因，是在淳熙四年（1177）陆氏遭母丧，在丧礼礼仪方面遇到疑惑，陆九龄、陆九渊二人为此专门写信向朱熹求教，陆九龄在信中提出要"负荆请罪"。于是，陆九龄获悉朱熹候命于观音寺后，专程来到铅山拜会朱熹。

朱熹弟子余大雅记录了当时朱熹与陆九龄二人观音寺讨论的情景："子寿每谈事，必以《论语》为证，如曰：'圣人教人居处恭、执事敬。'……此等皆教人就实处行，何尝高也？先生曰：'某旧间持论亦好高，近来渐渐移近下，渐渐觉实也。'如孟子，却是将他到底已教人。如言'存心养性，知性知天'，

---

① 袁甫：《蒙斋集》卷一六《四贤堂赞》，景印文渊阁《四库全书》第 1175 册，台湾商务印书馆 1986 年版，第 528 页。

有其说矣，是他自知得。"①

　　观音寺之会较鹅湖之会，气氛要融洽得多，朱熹与陆九龄二人心平气和地进行了交流，都对自己的学问主张作了让步。据余大雅所记："子寿言：孔子答群弟子所问，随其材答之，不使闻其不能行之说，故所成就多。如'克己复礼为仁'，唯以分付与颜子，其余弟子不得与闻也。今教学者，说着便令'克己复礼'，几乎以颜子望之矣。今释子接人，犹能分上、中、下三根，云：'我则随其根器接之。'吾辈却无这个。先生曰：此说固是。如'克己'之说，却缘众人皆有此病，须克之乃可进；使肯相从，却不误他错行了路。今若教他释子辈来相问，吾人使之'克己复礼'，他还相从否？子寿云：'他不从矣。'曰：'然则彼所谓根器接人者，又如何见得是与不是？解后却错了，不可知。'②陆九龄认为人同此心，皆可成圣，但随每个人"根器"不同，可以走不同的成圣道路，但朱熹对此并未认同。

　　朱熹与陆九龄在观音寺相谈三天，讨论了《论语》《中庸》等学问，并各自都做了一些自我反省与批评，陆九龄已经抛弃了不必读书讲学的偏见，而在经典上下功夫，"每谈事必以《论语》为证"，同意"就实"做工夫。朱熹也对自己以往的"持论亦好高"进行了反省，承认自己确有舍近求远，好高支离之病，赞同陆九龄的简易工夫，有了"渐渐移近下，渐渐觉实也"的转变。"但显然主要是陆九龄受到了朱熹的影响，相见之后，陆九龄基本上倾向了朱熹。"③

　　朱熹后来在《祭陆子寿教授文》中，也讲到了陆九龄在鹅湖之会和观音寺之会前后明显的变化，他说："念昔鹅湖之下，实云识面之初。兄命驾而鼎来，载季氏而与俱。出新篇以示我，意恳恳而无余。厌世学之支离，新易简之规模。顾予闻之浅陋，中独疑而未安。"④ 在鹅湖之会上，陆九龄坚持"古圣相

① 黎靖德编，王星贤点校：《朱子语类》卷一二四《陆氏》，中华书局 1986 年版，第 2968 页。

② 黎靖德编，王星贤点校：《朱子语类》卷四一《论语》，中华书局 1986 年版，第 1056 页。

③ 束景南：《朱子大传》，商务印书馆 2003 年版，第 453 页。

④ 朱熹：《晦庵先生朱文公文集》卷八七《祭陆子寿教授文》，见朱杰人、严佐之、刘永翔主编：《朱子全书》第 24 册，上海古籍出版社、安徽教育出版社 2010 年版，第 4077 页。

传只此心"的心学观点，认为朱熹的道问学是"留情传注翻蓁塞"。但是观音寺相会后，两人由对立到趋于一致，开始与朱熹"道合志同"："逮予辞官而未获，停骖道左之僧斋，兄乃枉车而来教，相与极论而无猜。自是以还，道合志同……至其降心以从善，又岂有一毫骄吝之私耶!"①

同时，从朱熹在观音寺对余大雅的临别赠言中，建议余大雅"就简约上做工夫"，也可看出朱熹学术观点的转变。《朱子语类》载："大雅谒先生于铅山观音寺……临别请教，以为服膺之计。曰：'老兄已自历练，但目下且须省闲事，就简约上做工夫。'"②并且为三年前的鹅湖之会追和诗一首："德义风流夙所钦，别离三载更关心。偶扶黎杖出寒谷，又枉篮舆度远岑。旧学商量加邃密，新知培养转深沉。却愁说到无言处，不信人间有古今。"③在观音寺之会后，朱熹虽对陆九渊多有微词，但对陆九龄却转为认可。

可见，"观音院之会虽然规模较小，但却是一次心平气和的学术交流会，对论辩的双方都产生了良好的效果。经过这次的交流，陆九龄的学术观念明显地转向了朱熹"④。

五、朱、陆南康之会

鹅湖之会后，朱、陆二人都对自己的学说各自进行了反省，既看到了对方的长处，也发现了自身的不足，朱熹希望能够去短集长，取其所长，而去其所短。陆氏兄弟也两次致书朱熹，"自讼前日偏见之说"。淳熙八年（1181）二月，朱熹和陆九渊的白鹿之会，就是在这种双方都在反思靠拢，陆九龄"转身"而陆九渊"转步"的背景下发生的。致使朱、陆南康相会的另一原因，是淳熙七

---

① 朱熹：《晦庵先生朱文公文集》卷八七《祭陆子寿教授文》，见朱杰人、严佐之、刘永翔主编：《朱子全书》第24册，上海古籍出版社、安徽教育出版社2010年版，第4078页。

② 黎靖德编，王星贤点校：《朱子语类》卷一一三《训门人十》，中华书局1986年版，第2749页。

③ 朱熹：《晦庵先生朱文公文集》卷四《鹅湖寺和陆子寿》，见朱杰人、严佐之、刘永翔主编：《朱子全书》第20册，上海古籍出版社、安徽教育出版社2010年版，第365页。

④ 吴长庚主编：《朱熹与江西理学》，江西高校出版社2007年版，第67页。

年（1180）陆九龄去世后，陆九渊要请朱熹为陆九龄书写墓志铭。这是朱熹与陆九渊生平的第二次会面。

淳熙八年（1181）二月，陆九渊带领周清叟、朱克家、路谦亨、陆麟之等一班弟子由抚州金溪来到南康军，与时任南康军知军的朱熹相会于南康。

南康之会，是在愉快融洽的氛围中进行的，他们携弟子泛舟落星湖，畅游了庐山名胜佳景，朱熹如逢知己般的感慨道："自有宇宙以来，已有此溪山，还有此佳客否？"①

二月二十日，朱熹率同僚诸友与众生徒来到白鹿洞书院，请陆九渊为诸生登堂开讲，"得一言以警学者"。陆九渊以"君子喻于义，小人喻于利"为题，慷慨激昂，大谈义利之辨。他说："人之所喻由其所习，所习由其所志。志乎义，则所习者必在于义；所习在义，斯喻于义矣。志乎利，则所习者必在于利，所习在利，斯喻于利矣。故学者之志不可不辨也。科举取士久矣，名儒钜公皆由此出。今为士者固不能免此。然场屋之得失，顾其技与有司好恶如何耳，非所以为君子小人之辨也。而今世以此相尚，使汩没于此而不能自拔，则终日从事者，虽曰圣贤之书，而要其志之所向，则有与圣贤背而驰者矣。……诚能深思是身，不可使之为小人之归，其于利欲之习，怛焉为之痛心疾首，专志乎义而日勉焉，博学、审问、慎思、明辨而笃行之。由是而进于场屋，其文必皆道其平日之学、胸中之蕴，而不诡于圣人。"②陆九渊将义与利、公与私，作为区分君子与小人的标准，主张以道制利，以义制欲，反对违背仁义道德牟取非分之利，比程朱理学家们简单地讲"去人欲"的说教更容易被学子们接受。

同时，陆九渊又针对朱熹制定的《白鹿洞书院揭示》，阐发义利之说，目的是使生徒学子明晓义利、公私之别。同时又借义利之辨来阐述尊德性、道问学的关系。陆九渊要求学子读圣贤之书，认可学、问、思、辨、行的"为学之要"，等于承认了读书讲学的不可废，但其根本的主张还是要发明本心。"所以

---

① 陆九渊著，钟哲点校：《陆九渊集》卷三六《年谱》，中华书局 1980 年版，第 492 页。

② 陆九渊著，钟哲点校：《陆九渊集》卷二三《白鹿洞书院论语讲义》，中华书局 1980 年版，第 276 页。

《讲义》与其说是显示了陆九渊的巨大成功，不如说恰是证实了他的思想的'转步'。"①

陆九渊充满激情的演说，真切恳至之言语，打动、感染了在座的听众，士子莫不竦然心动，至有流涕者。陆九渊自己也颇为得意地说："当时说得来痛快，至有流涕者。元晦深感动，天气微冷，而汗出挥扇。"②朱熹也当场起身离席，表示"熹当与诸生共守，以无忘陆先生之训"③。并请陆九渊书写《白鹿洞书院〈论语〉讲义》，刻碑于白鹿洞书院，还亲自为讲义写了一跋，称赞："其所以发明敷畅，则又恳到明白，而皆有以切中学者隐微深痼之病，盖听者莫不悚然动心焉。……凡我同志，于此反省而深察之，则庶乎其可不迷于入德之方矣。"④

南康之会上，陆九渊虽然承认了读书讲学的不可废，但并没有改变他"发明本心"的基本观点。发明本心与读书讲学这是朱、陆矛盾的焦点，南康之会也暴露了两人的分歧无法调和。当陆九渊还在南康时，朱熹就在写给吕祖谦的信中说："子静近日讲论比旧亦不同，但终有未尽合处。"⑤认为"子静之病，恐未必是看人不看理，自是渠合下有些禅底意思"⑥。朱熹视陆学为禅学的看法，并没有改变。

在义利之辨上，朱熹、陆九渊也存在着不同的看法。陆九渊主张以义利公私判别儒、释。他在与王顺伯论儒、释之辨时，就说："某尝以义、利二字判儒释，又曰公私，其实即义利也。"主张"惟义惟公，故经世；惟利惟私，故出世"。认为儒者皆主于经世，释氏皆主于出世。因此，"儒释之辨，公私义利

<hr />

① 束景南：《朱子大传》，商务印书馆 2003 年版，第 462 页。
② 陆九渊著，钟哲点校：《陆九渊集》卷三六《年谱》，中华书局 1980 年版，第 493 页。
③ 陆九渊著，钟哲点校：《陆九渊集》卷三六《年谱》，中华书局 1980 年版，第 492 页。
④ 陆九渊著，钟哲点校：《陆九渊集》卷三六《年谱》，中华书局 1980 年版，第 276 页。
⑤ 朱熹：《晦庵先生朱文公文集》卷三四《答吕伯恭》，见朱杰人、严佐之、刘永翔主编：《朱子全书》第 21 册，上海古籍出版社、安徽教育出版社 2010 年版，第 1514 页。
⑥ 朱熹：《晦庵先生朱文公文集》卷三四《答吕伯恭》，见朱杰人、严佐之、刘永翔主编：《朱子全书》第 21 册，上海古籍出版社、安徽教育出版社 2010 年版，第 1515 页。

之别，判然截然"①。但朱熹认为陆九渊以义利判儒、释只是"第二义"，并没有抓住本质和要害。"第一义"应该以道判儒、释，儒家之道是实理，佛家之道是空理，"吾儒万理皆实，释氏万理皆空"②。这才是区分儒、释二家的根本。

南康之会虽然两人在论辩态度上显得温和客气，气氛也更加祥和融洽，但并没有消除两人学术的分歧。南康之会后，陆九渊停止了"转步"，朱熹对陆九渊的期望也开始冷却，结束了两人的"蜜月"期。

南康之会后，当项安世把陆九渊批评朱熹"有泛滥驳杂之病"的话转告给朱熹时，朱熹却认可了陆九渊的批评，希望能兼取两家之长，他在给项安世的回信中，分析了朱、陆两家的长短得失。他说："大抵子思以来教人之法，尊德性、道问学两事为用力之要。今子静所说，专是尊德性事，而熹平日所论，却是道问学上多了。所以为彼学者，多持守可观；而看得义理全不仔细，又别说一种杜撰道理，遮盖不肯放下。而熹自觉虽于义理上不敢乱说，却于紧要为己为人上，多不得力。今当反身用力，去短集长，庶几不堕一边耳。"③这是朱熹从结识陆九渊以来，首次对朱、陆二家学说作出的中肯持平之论。但是陆九渊却断然拒绝了朱熹去短集长的建议，他对弟子们说："朱元晦曾作书与学者云，'陆子静专以尊德性诲人，故游其门者多践履之士，然于道问学处欠了。某教人岂不是道问学处多了些子？故游某之门者践履多不及之。'观此，则是元晦欲去两短，合两长。然吾以为不可。既不知尊德性，焉有所谓道问学？"④认为不知尊德性，则大本不立，就谈不上道问学，朱熹去两家之短合两家之长是行不通的，只有存吾心，尊德性，才是根本。

朱熹到晚年，在《玉山讲义》里，对尊德性和道问学进行了一次全面的反思总结，认为尊德性、道问学虽有主次，但不可偏废，二者要交相互益。他说："故君子之学，既能尊德性以全其大，便须道问学以尽其小。……学者于

---

① 陆九渊著，钟哲点校：《陆九渊集》卷二《与王顺伯》书一，中华书局 1980 年版，第 17 页。
② 黎靖德编，王星贤点校：《朱子语类》卷一二四《陆氏》，中华书局 1986 年版，第 2976 页。
③ 陆九渊著，钟哲点校：《陆九渊集》卷三六《年谱》，中华书局 1980 年版，第 494 页。
④ 陆九渊著，钟哲点校：《陆九渊集》卷三四《语录上》，中华书局 1980 年版，第 400 页。

此固当以尊德性为主，然于道问学，亦不可不尽其力。要当使之有以交相滋益，互相发明，则自然该贯通达，而于道体之全无欠缺处矣。"①

朱熹与陆九渊、陆九龄的三次相会，"是朱子学与江西学交流、冲突、吸收、分裂的三过程或三阶段"②。朱熹与二陆的相聚论辩，是在同一道德的文化价值走向一致的矛盾，朱熹主张通过格物致知的"知"达到自我的道德完善与心理建构，把道德修养与认识过程统一起来；陆九渊却主张通过发明本心的"悟"，以道德修养消融认识过程。这就决定了朱、陆在"尊德性"上的一致与"道问学"上的对立。

在朱陆鹅湖之会前，陆九渊主张发明本心的易简工夫，反对读书讲学。鹅湖之会后，他一方面承认要读书讲学，但同时又认为读书讲学易产生邪意见、闲议论，反而蒙蔽本心。观音寺之会，陆九龄的学术观点明显地转向了朱熹。南康之会后，陆九渊继续他的心学之路，但是与以前相比，他认为读书讲学可以去除邪意见、去除心中之蔽，与发明本心的易简工夫，可以内外一致，珠联璧合。而朱熹也在论辩中，反省自己的学术，主张要集两家之长而去两家之短，达到尊德性与道问学的统一。但几次的朱、陆相会，两人学术的矛盾并没有消除，分歧依旧。淳熙十年（1183）以后，"两人矛盾终于不可避免地激化，开始了一场由弟子参战相斗的朱攻陆为禅学、陆攻朱为老学的论战"③。

六、朱、陆《曹立之墓表》及《荆国王文公祠堂记》之争

朱熹与陆九渊的第一次正式冲突发生在淳熙十年(1183)，由《曹立之墓表》而引发了朱、陆《曹表》之争。

---

① 朱熹：《晦庵先生朱文公文集》卷七四《玉山讲义》，见朱杰人、严佐之、刘永翔主编：《朱子全书》第24册，上海古籍出版社、安徽教育出版社2010年版，第3592页。
② 吴长庚主编：《朱熹与江西理学》，江西高校出版社2007年版，第73页。
③ 束景南：《朱子大传》，商务印书馆2003年版，第468页。

曹建（1147—1183），字立之，学者称无妄先生，江西余干县人。他"幼颖悟，日诵数千言。少长，知自刻厉。"曹建好学多问，不专一师，"历访当世儒先有能明其道者，将就学焉"①。"初从沙随程氏（程迥），继从陆氏兄弟，最后乃从朱子于南康。其所欲见而不得者，南轩张氏而已。"②

曹建曾师事二陆，是陆九渊门下的高足弟子，深得二陆的器重，陆九渊称许他"天资甚高"，"可以不为利害所动"，曾作为陆九渊的高足，随从二陆兄弟参加了鹅湖之会，在这次集会上，得以与朱熹相识。朱熹曾回忆道，鹅湖相会时"子寿昆弟于学者少所称许，间独为予道余干曹立之之为人。且曰：'立之多得君所为书，甚欲一见君与张敬夫也'。"③

因对二陆之学持有疑议，淳熙六年（1179）九月，他带着陆九渊的荐书来到南康向朱熹问学，转而归依朱门，是陆九渊弟子反出陆门而宗朱学的第一人。对于曹建的另投师门，陆九渊始初并不为意，认为曹建的性格是"闻有谈道义者，必屈己纳交，降心叩问"，另投朱熹也无可厚非。朱熹也认为曹建"与人交，敬而忠。苟心所未安，虽师说不曲从，必反复以归于是而后已。"④对其改换师门作出性格的解释。

曹建年仅37岁就早死，淳熙十年（1183）五月，朱熹为他作《曹立之墓表》，详细叙述了曹建的好学多师，肯定了他弃陆学转朱门的行为，并借曹建之口批评陆学："盖其书有曰：'学必贵于知道，而道非一闻可悟，一超可入也。循下学之则，加穷理之工，由浅而深，由近而远，则庶乎其可矣。今必先期于一悟，而遂至于弃百事以趋之，则吾恐未悟之间，狼狈也已甚。

① 朱熹：《晦庵先生朱文公文集》卷九〇《曹立之墓表》，见朱杰人、严佐之、刘永翔主编：《朱子全书》第24册，上海古籍出版社、安徽教育出版社2010年版，第4176页。
② 黄宗羲：《宋元学案》卷六九《沧洲诸儒学案·曹无妄先生建》，中华书局1986年版，第2322页。
③ 朱熹：《晦庵先生朱文公文集》卷九〇《曹立之墓表》，见朱杰人、严佐之、刘永翔主编：《朱子全书》第24册，上海古籍出版社、安徽教育出版社2010年版，第4175页。
④ 朱熹：《晦庵先生朱文公文集》卷九〇《曹立之墓表》，见朱杰人、严佐之、刘永翔主编：《朱子全书》第24册，上海古籍出版社、安徽教育出版社2010年版，第4177页。

又况忽下趋高，未有幸而得之者耶.'此其晚岁用力之标的程度也。"① 批评陆学之弊在于不循下学而图超悟，认为曹建弃陆从朱是舍弃旧学之误而返回正道的正确决策，实际上则暗含着将陆学排除出道统之外的意思。朱熹进而在《曹立之墓表》中，赞扬曹建的学说是"博而不杂，约而不陋，使天假之年，以尽其力，则斯道之传，其庶几乎"②！因此，此文一出，引发了一场大的风波，引发了朱、陆两派的论战。陆九渊对朱熹《曹立之墓表》的评价是"亦好"，"但叙履历，亦有未得实处。某往时与立之一书，其间叙述立之平生甚详，自谓真实录。"③ 认为曹建心中有"昏蔽"，只有自己来替他"荡涤"才行，将曹建之死归咎于"心下昏蔽不得其正"。"象山言其天资甚高，因读书用心之过成疾。其后疾与学相为消长。某与荡涤，则胸中快活明白，病亦随减。一闻他人言语，又复昏蔽，病亦随发。如此者不一。有告之以某乃释氏之学，渠平生恶释、老如仇雠，于是尽叛某之说，凑合元晦说话，不相见，以至于死。"④ 把曹建说成是被朱熹所诱惑的陆门叛徒，并最终早死。

朱熹的《曹立之墓表》更引起了陆门弟子的极大不满，包扬、包显道等"陆学者以为病己，颇不能平"⑤，甚至"厉声忿词，如对仇敌"。包显道就怀疑《曹立之墓表》中"先期一悟"等语是在讥讽陆学为禅，而"弃百事以趋之"，更不符合陆氏教人的实际。朱、陆学术之争进而扩展到了陆氏门人。

淳熙十二年（1185）七月九日，朱熹在给刘清之的信中，气愤地指斥陆

① 朱熹：《晦庵先生朱文公文集》卷九〇《曹立之墓表》，见朱杰人、严佐之、刘永翔主编：《朱子全书》第 24 册，上海古籍出版社、安徽教育出版社 2010 年版，第 4176 页。

② 朱熹：《晦庵先生朱文公文集》卷九〇《曹立之墓表》，见朱杰人、严佐之、刘永翔主编：《朱子全书》第 24 册，上海古籍出版社、安徽教育出版社 2010 年版，第 4177 页。

③ 陆九渊著，钟哲点校：《陆九渊集》卷七《与朱元晦》，中华书局 1980 年版，第 94 页。

④ 黄宗羲原著，全祖望补修，陈金生、梁运华点校：《宋元学案》卷六九《沧洲诸儒学案·曹无妄先生建》，中华书局 1986 年版，第 2322 页。

⑤ 朱熹：《晦庵先生朱文公续集》卷四上《答刘晦伯》，见朱杰人、严佐之、刘永翔主编：《朱子全书》第 25 册，上海古籍出版社、安徽教育出版社 2010 年版，第 4721 页。

门弟子道："近日建昌说得动地，撑眉努眼，百怪俱出，甚可忧惧。"① 将陆学列为危害道学的两个学说之一。"近年道学外面被俗人攻击，里面被吾党作坏。……子静一味是禅，虽无许多功利术数。目下收敛得学者身心，不为无力。然其下稍无所据依，恐亦未免害事也。"② 由于陆学弟子颜子坚忽然削发为僧，这更为朱熹攻击陆学为禅学异端提供了口实。他在给刘清之的信中说："子静寄得对语来，语意圆转浑浩……但不免有些禅底意思。昨答书戏之云：'这些子恐是葱岭带来'。"③ 戏谑陆九渊的奏议"恐是葱岭带来耳"，直接批评陆九渊的学说是禅气十足的佛禅之学，就是异端。

朱熹在给刘孟容的信中更明确表示，陆学就是异端。他说："建昌士子过此者多，方究得彼中道理，端的是异端，误人不少！"④

《曹立之墓表》之争是陆九渊及陆门学子为了维持门户而进行的一次重要的学派之争。王梓材案："先生早卒，朱子为表其墓。表中言先生于陆子异同之处，陆子门人见而不喜。朱、陆异同之衅，盖亦其一事云。"⑤ 李绂认为："朱陆异同之衅，《立之墓表》亦其一事，然皆门人之见耳，两先生未尝异也。朱子与陆子书，谓《立之墓表》，包显道不以为然，而陆子答书，直以为好。"⑥ 主张朱、陆论争只是由两家门人引发的。

淳熙十三年（1186），陆九渊被劾敇令所删定官，回到家乡。次年，筑精舍于贵溪应天山，讲学其中。因不满于应天山之名为僧人所取，改名为"象

① 朱熹：《晦庵先生朱文公文集》卷三五《与刘子澄》，见朱杰人、严佐之、刘永翔主编：《朱子全书》第 21 册，上海古籍出版社、安徽教育出版社 2010 年版，第 1549 页。

② 朱熹：《晦庵先生朱文公文集》卷三五《与刘子澄》，见朱杰人、严佐之、刘永翔主编：《朱子全书》第 21 册，上海古籍出版社、安徽教育出版社 2010 年版，第 1546 页。

③ 朱熹：《晦庵先生朱文公文集》卷三五《与刘子澄》，见朱杰人、严佐之、刘永翔主编：《朱子全书》第 21 册，上海古籍出版社、安徽教育出版社 2010 年版，第 1549 页。

④ 朱熹：《晦庵先生朱文公文集》卷五三《答刘公度》，见朱杰人、严佐之、刘永翔主编：《朱子全书》第 22 册，上海古籍出版社、安徽教育出版社 2010 年版，第 2486 页。

⑤ 黄宗羲原著，全祖望补修，陈金生、梁运华点校：《宋元学案》卷六九《沧洲诸儒学案·曹无妄先生建》，中华书局 1986 年版，第 2322 页。

⑥ 李绂著，段景莲点校：《朱子晚年全论》卷八《曹立之墓表》，中华书局 2000 年版，第 344 页。

山",自号象山翁。陆九渊在象山讲学影响很大,四方来学者甚众,成为陆九渊心学的重要传播基地,甚至远传到浙东。象山讲学使陆学学派最终形成,成为了与朱学学派相抗衡的力量。象山精舍和武夷精舍分别成为四方学子求学朝拜的圣地,象山与武夷山形成壁垒对峙。为此,两派弟子意气相攻,甚至打上门来,"狂妄凶狠,手足尽露",摆出了朱、陆两家门户相攻的阵势,于是有了后来朱、陆的"太极"之辨。

淳熙十四年(1187),朱熹对陆门弟子的不满终于扩展到对陆学的全面批判,开始鸣鼓攻陆了!他在给程端蒙的信中说:"去冬因其徒来此,狂妄凶狠,手足尽露,自此乃始显然鸣鼓攻之,不复为前日之唯阿矣。"[1]

淳熙十五年(1188)正月,陆九渊作《荆国王文公祠堂记》,高度肯定王安石的人品,他说:"英特迈往,不屑于流俗,声色利达之习,介然无毫毛得以入于其心,洁白之操,寒于冰霜,公之质也。扫俗学之凡陋,振弊法之因循,道术必为孔、孟,勋绩必为伊、周,公之志也。不蕲人之知,而声光烨奕,一时钜公名贤为之左次,公之得此,岂偶然哉?用逢其时,君不世出,学焉而后臣之,无愧成汤、高宗。"[2]认为王安石洁白之操,寒于冰霜,对其高洁的人品表达了推崇之意。

而程、朱等理学家一直对王安石的人品学术表示不满,进行批判。二程就批判王安石的学术为天下之大患,王学危害比禅学更甚!他说:"然在今日,释氏却未消理会,大患者却是介甫之学。……如今日,却要先整顿介甫之学,坏了后生学者。"[3]但陆九渊对二程视王学为禅学异端的说法不以为然。他说:"荆公英才盖世,平日所学,未尝不以尧、舜为标的,及遭逢神庙,君臣议论,未尝不以尧、舜相期。独其学不造本原,而悉精毕力于其末,故至于败。"[4]认

---

① 朱熹:《晦庵先生朱文公文集》卷五〇《答程正思》,见朱杰人、严佐之、刘永翔主编:《朱子全书》第22册,上海古籍出版社、安徽教育出版社2010年版,第2327页。

② 陆九渊著,钟哲点校,《陆九渊集》卷一九《荆国王文公祠堂记》,中华书局1980年版,第232页。

③ 程颢、程颐著,王孝鱼点校:《二程集》,中华书局1981年版,第38页。

④ 陆九渊著,钟哲点校,《陆九渊集》卷九《与钱伯同》,中华书局1980年版,第121页。

为王学绝对不是佛、老异端。王安石"学术之误"在于本末倒置，只知"任法"而不知"明理"，舍本逐末，未能发明本心而专讲法度。陆九渊曾明确表示："读介甫书，见其凡事归之法度，此是介甫败坏天下处。"① 他认为，"为政在人，取人以身，修身以道，修道以仁。仁，人心也。人者，政之本也。身者，人之本也。心者，身之本也。不造其本而从事其末，末不可得而治矣。"② 陆九渊认为王安石的过错，"正在于理论上的错误，不懂得'为政在人，取人以身，修身以道，修道以仁'"③。只有直探"本心"，才能行易简之政，实现"法"与"理"合。这更加引发了朱熹的不满，他写信给刘公度，直斥陆九渊之说。他说："临川近说愈肆，《荆舒祠记》曾见之否？此等议论，皆学问偏枯、见识昏昧之故，而私意又从而激之"④。

朱熹一直评价王安石，"然其为人，质虽清介而器本偏狭；志虽高远而学实凡近。其所论说，盖特见闻亿度之近似耳。顾乃挟以为高，足已自圣，不复知以格物致知、克己复礼为事，而勉求其所未至以增益其所不能。"⑤ 根源在于"其学本出于刑名度数而不足于性命道德也"，视王安石"为一世祸败之源"，"安石信无所逃其罪矣。"⑥

《荆国王文公祠堂记》构成了朱、陆之争的重要一环。陆九渊作此记并非仅仅为了评论王安石的是非功过，而是借此以"明道"。《荆国王文公祠堂记》是陆九渊心学全面完成的标志。表面上看来，朱熹的不满是由陆九渊对王安石的评价引发的，但实际上，朱熹真正的不满，恐怕是因为陆九渊在《荆国王文

---

① 陆九渊著，钟哲点校，《陆九渊集》卷三五《语录下》，中华书局 1980 年版，第 441 页。

② 陆九渊著，钟哲点校，《陆九渊集》卷一九《荆国王文公祠堂记》，中华书局 1980 年版，第 233 页。

③ 何俊：《南宋儒学建构》，上海人民出版社 2013 年版，第 229 页。

④ 朱熹：《晦庵先生朱文公文集》卷五三《答刘公度》，见朱杰人、严佐之、刘永翔主编：《朱子全书》第 22 册，上海古籍出版社、安徽教育出版社 2010 年版，第 2486 页。

⑤ 朱熹：《晦庵先生朱文公文集》卷七〇《读两陈谏议遗墨》，见朱杰人、严佐之、刘永翔主编：《朱子全书》第 23 册，上海古籍出版社、安徽教育出版社 2010 年版，第 3380 页。

⑥ 朱熹：《晦庵先生朱文公文集》卷七〇《读两陈谏议遗墨》，见朱杰人、严佐之、刘永翔主编：《朱子全书》第 23 册，上海古籍出版社、安徽教育出版社 2010 年版，第 3379 页。

公祠堂记》中认为儒家之道自孔子之后，不绝如线："孟子言必称尧舜，听者
为之藐然。不绝如线，未足以喻斯道之微也。陵夷数千百载，而卓然复见斯
义，顾不伟哉?"[1]言下之意，把王安石视为孔、孟道统的继承人之一，暗含着
以陆九渊之学直承孟子之意，建构起另一种道统传承的谱系，将朱学排斥在
外。因此，对《荆国王文公祠堂记》之争，实际上是双方对道统之争。

七、朱、陆太极无极之辨

淳熙十五年（1188）起，朱熹和陆九渊围绕周敦颐《太极图说》中"无极
而太极"这一论题，再次展开了激烈的论辩，朱、陆之间的矛盾也在无极太极
之辨中集中爆发。

太极无极之辨，源于周敦颐的《太极图说》"无极而太极"一语。"无极"
本道家的概念，而周敦颐援道入儒，以创建其学说体系。朱熹非常推尊周敦
颐，他任南康军知军时，建濂溪祠，印《太极通书》，讲授《太极图说解》，刻
印《爱莲说》等，积极传播周敦颐的思想。在淳熙八年（1181）闰三月，离南
康任时，还率领弟子们在庐山进行了一场声势浩大的膜拜周敦颐的"朝圣"活
动，"使自己的朱学借着周学一起在江西得到了发扬光大"[2]。朱熹尤其看重周
敦颐的《太极图说》。因为《太极图说》关系"理一分殊"这一道学非常重要
的理论。朱熹以"无极"解"太极"，认为二者其实为同一概念，力图消除周
敦颐学说的道家色彩。而陆九渊并不太尊崇周敦颐，认为"无极"一词得自老
氏，是道家之说，且否认《太极图说》为周敦颐所作。

陆氏兄弟对《太极图说》的怀疑，对朱熹构成了重要的挑战。因为朱熹在
建构自己无极——太极的宇宙论架构时，是通过解说周敦颐的《太极图说》，
援引周敦颐《太极图说》作为文本依据，强借周敦颐来建立自己的太极理本论。

---

[1] 陆九渊著，钟哲点校:《陆九渊集》卷一九《荆国王文公祠堂记》，中华书局 1980 年版，第
231 页。

[2] 束景南:《朱子大传》，商务印书馆 2003 年版，第 487 页。

如果周敦颐"无极而太极"之说的合法性不成立，那么朱熹以其为基础建立起来的理——气——万物的宇宙论也就没有合法依据了。而宇宙论又是朱熹心性论和工夫论的基础，怀疑其文本依据，等于怀疑朱熹的宇宙论，且涉及是否从异端那里汲取思想营养这一关乎道统地位的重大问题，所以朱熹极力论辩。

朱、陆无极太极之辨实际开始于淳熙十二年（1185），首先是在朱熹与陆九韶之间展开的。

陆九韶，字子美，曾讲学于青田村前的梭山，号梭山居士。梭山学问渊粹而布衣终生。黄宗羲认为，"梭山之学，以切于日用者为要"①。他致力于家族生活治理，制定了《居家正本》和《居家制用》两部家规。淳熙十二年（1185），陆九韶应诏入都，路经崇安，专门与朱熹讨论了《太极图说》。"尝谓晦翁《太极图说》与《通书》不类，疑非周子所为。不然，则或是其学未成时所作。不然，则或是传他人之文，后人不辨也。"②陆九韶认为儒家只言"太极"不言"无极"，周敦颐《太极图说》与《通书》不相符，在《通书》的《理性命》《动静》两章中，都没有"无极"二字，从而怀疑《太极图说》不是周敦颐创作的，至少不全部是，或者是周敦颐早年不成熟的观点。因此，他后来写《通书》不言"无极"，可能已经知道"无极"之说不对了。梭山谓"不当加无极二字于太极之前，此明背孔子，且并非周子之言"。但"晦翁不以为然"③。认为"孔子不言无极，而周子言之。盖实有见太极之真体，不言者不为少，言之者不为多。"④朱熹辩解道："只如《太极》篇首一句，最是长者所深排。然殊不知不言无极，则太极同于一物，而不足为万化之根；不言太极，则无极沦于空寂，而不能为万化

① 黄宗羲原著，全祖望补修，陈金生、梁运华点校：《宋元学案》卷五七《梭山复斋学案》，中华书局1986年版，第1862页。

② 黄宗羲原著，全祖望补修，陈金生、梁运华点校：《宋元学案》卷五七《梭山复斋学案》，中华书局1986年版，第1863页。

③ 黄宗羲原著，全祖望补修，陈金生、梁运华点校：《宋元学案》卷五七《梭山复斋学案》，中华书局1986年版，第1863页。

④ 黄宗羲原著，全祖望补修，陈金生、梁运华点校：《宋元学案》卷五八《象山学案》，中华书局1986年版，第1886页。

之根。只此一句，便见其下语精密，微妙无穷。"①对于朱熹的辩解，陆九韶深为不满，认为朱熹是固执己见，求胜而不求益，辞费而理不明。淳熙十四年（1187），便不再与之论辩。"先生以其求胜不求益，不复致辩。"②"朱子主要从义理上认为当作'无极而太极'，且认为无极并非一概念，只是说明太极或理之无形而已，而梭山则据当时治《易》名家朱子发所说，认定无极一词得自道家，出于老子《知其雄章》，且在濂溪其他撰述中找不到旁证。"③

关于朱熹与陆九韶的论辩，陆九渊在与陶赞仲的信中，也有论述："《太极图说》，乃梭山兄辩其非是，大抵言无极而太极是老氏之学，与周子《通书》不类。《通书》言太极不言无极，《易大传》亦只言太极不言无极。若于太极上加无极二字，乃是蔽于老氏之学。又其《图说》本见于朱子发（朱震）附录。朱子发明言陈希夷《太极图》传在周茂叔，遂以传二程，则其来历为老氏之学明矣。周子《通书》与二程言论，绝不见无极二字，以此知三公盖已皆知无极之说为非矣。"④但朱熹认为，在《太极图》的传授上，周敦颐得自穆修，穆修得自陈抟，而并非陆九渊所讲的传授路径。

淳熙十五年（1188），陆九渊主动去信，继续就此问题与朱熹展开书信论辩："梭山兄谓《太极图说》与《通书》不类，疑非周子所为。不然，则或是其学未成时所作。不然，则或是传他人之文，后人不辨也。"认为"《通书》《理性命章》曰'中，即太极也。'未尝在其上加'无极'字。《动静章》言五行、阴阳，太极，亦无'无极'之文。"⑤且"自有《大传》至今几年？未闻有错认太极别为一物者"。"何足上烦老先生，特地于'太极'上加'无极'二字以晓

① 朱熹：《晦庵先生朱文公文集》卷三六《答陆子美书》，见朱杰人、严佐之、刘永翔主编：《朱子全书》第 21 册，上海古籍出版社、安徽教育出版社 2010 年版，第 1560 页。

② 黄宗羲原著，全祖望补修，陈金生、梁运华点校：《宋元学案》卷五七《梭山复斋学案》，中华书局 1986 年版，第 1863 页。

③ 曾亦、郭晓东：《宋明理学》，南京大学出版社 2009 年版，第 197 页。

④ 陆九渊著，钟哲点校：《陆九渊集》卷一五《与陶赞仲》，中华书局 1980 年版，第 192 页。

⑤ 陆九渊著，钟哲点校：《陆九渊集》卷二《与朱元晦第一书》，中华书局 1980 年版，第 22 页。

之乎？……《通书》终篇未尝一及'无极'字。二程言论至多，亦未尝一及'无极'字。"① 陆九渊指出《通书》不言"无极"，且二程那里亦无"无极"二字，针对其"无极即是无形，太极即是有理"之说，认为不言"无极"，并不会产生"太极同于一物"的误解。

于是这一论辩就转变成为朱熹和陆九渊之间的论辩。

朱熹在回信中，全面回答了陆九渊的问难。首先，"伏羲作《易》，自一画以下，文王演《易》，自'乾元'以下。皆未尝言太极也，而孔子言之。孔子赞《易》，自太极以下，未尝言无极也，而周子言之。夫先圣后圣，岂不同条而共贯哉？"② 朱熹以"先圣后圣，岂不同条而共贯哉"的论调，回驳了陆九渊兄弟《通书》、二程不言"无极"的问难。

其次，对陆九渊在前信中援引《易传》"一阴一阳之谓道"之说，以此表明不言"无极"二字，亦不会使人误解"太极"为形而下者的观点。朱熹反驳道："正所以见一阴一阳虽属形器，然其所以一阴而一阳者，是乃道体之所为也。故语道体之至极，则谓之太极；语太极之流行，则谓之道。虽有二名，初无两体。……直以阴阳为形而上者，则又昧于道器之分矣。又于'形而上者'之上复有'况太极乎'之语，则是又以道上别有一物为太极矣。"③ 同时，朱熹认为"若论无极二字，乃是周子灼见道体，迥出常情，不顾旁人是非，不计自己得失，勇往直前，说出人不敢说出的道理。令后之学者，晓然见得太极之妙。"并认为"无极"即"太极"，二者是同一的，都是宇宙本体。"无极"是其为无形不可见的一面，"太极"是其客观实在的一面。把"无极"解释为无形，把"太极"解释为理，阐述"无形而有理"的观点。朱熹还赋予"太极"理的内涵，是天地万物之理的总称。"若于此看得破，方见得此老真得千圣以来不

---

① 陆九渊著，钟哲点校：《陆九渊集》卷二《与朱元晦第一书》，中华书局 1980 年版，第 24 页。
② 朱熹：《晦庵先生朱文公文集》卷三六《答陆子静》，见朱杰人、严佐之、刘永翔主编：《朱子全书》第 21 册，上海古籍出版社、安徽教育出版社 2010 年版，第 1567 页。
③ 朱熹：《晦庵先生朱文公文集》卷三六《答陆子静》，见朱杰人、严佐之、刘永翔主编：《朱子全书》第 21 册，上海古籍出版社、安徽教育出版社 2010 年版，第 1569 页。

传之秘。"且以调侃的口吻道："彼俗儒胶固，随语生解，不足深怪。老兄平日自视为如何，而亦为此言耶？"①

陆九渊在十二月十四日回复朱熹，对朱熹的回信，总体感觉是"但见文辞缴绕，气象褊迫，其致辩处，类皆迁就牵合，甚费分疏，终不明白"。且调侃他"无乃为'无极'所累，反困其才耶？"认为朱熹未曾实见太极，"若实见太极，上面必不更加'无极'字，下面必不更著'真体'字。上面加'无极'字，正是叠床上之床。下面著'真体'字，正是架屋下之屋。虚见之与实见，其言固自不同也。"②认为"太极"上加"无极"，如同床上叠床，是多此一举："若谓欲言其无方所，无形状，则前书固言，宜如《诗》言'上天之载'，而于其下赞之曰'无声无臭'可也。岂宜以'无极'字加之'太极'之上？……老氏以无为天地之始，以有为万物之母，以常无观妙，以常有观窍，直将无字搭在上面，正是老氏之学。岂可讳也？"③陆九渊在信中列举了大量的事实，以此论证朱熹以"无形"释"无极"，是强词夺理。认为只言"太极"即可，"无极"是多余的。以"无极"加在"太极"之上，就是老氏之学，就是异端无疑！同时，还对朱熹将"阴阳"作为"形器"之说极力反驳，认为朱熹此论是"道""器"不分。陆九渊说道："至如直以阴阳为形器而不得为道，此尤不敢闻命。……今顾以阴阳为非道而直谓之形器，其孰为昧于道器之分哉？"甚至以禅学对朱熹进行人身攻击："不属有无，不落方体，迥出常情，超出方外等语，莫是曾学禅宗，所得如此？平时既私其说以自高妙，及教学者，则又往往秘此……不知系绊多少好气质的学者，既以病己，又以病人。"④对朱熹学说进行严厉的批评，使论辩充满了火药味。

淳熙十六年（1189）正月，朱熹给陆九渊回了一封数千字的长信，对陆九

---

① 朱熹：《晦庵先生朱文公文集》卷三六《答陆子静》，见朱杰人、严佐之、刘永翔主编：《朱子全书》第 21 册，上海古籍出版社、安徽教育出版社 2010 年版，第 1568 页。

② 陆九渊著，钟哲点校：《陆九渊集》卷二《与朱元晦二》，中华书局 1980 年版，第 27 页。

③ 陆九渊著，钟哲点校：《陆九渊集》卷二《与朱元晦二》，中华书局 1980 年版，第 28 页。

④ 陆九渊著，钟哲点校：《陆九渊集》卷二《与朱元晦二》，中华书局 1980 年版，第 29 页。

渊的问难，分别辩驳。首先对陆九渊咄咄逼人、盛气凌人的态度表示不满。朱熹说："然凡辩论者，亦须平心和气，子细消详，反复商量，务求实是"，而不能"以逞其忿怼不平之气。"① 并对陆九渊的来信逐段进行反驳。"'极'是名此理之至极，'中'是状此理之不偏。虽然同是此理，然其名义各有攸当。……《大传》《洪范》《诗》《礼》皆言极而已，未尝谓极为中也。先儒以此极处常在物之中央而为四方之所面内而取正，故因以中释之。……无极而太极，犹曰'莫之为而为，莫之致而至'，又如曰'无为之为'，皆语势之当然，非谓别有一物也。"② 朱熹并在信末表示："各尊所闻，各行所知，亦可矣。无复可望于必同也。"③ 认为双方分歧无法调和，没有必要再继续下去，遂结束了这场论辩。

"这场论辩的焦点是在'太极'能不能加以'无极'之名，而不是在'太极'之前有没有'无极'。"陆氏兄弟认为，"无极"出自于老子而非圣人之言，朱熹在"太极"之上加"无极"完全是多此一举，是床上叠床，屋下架屋。"想用'太极'不能加以'无极'之名来证明'无极而太极'是老氏之说，从而否定《太极图说》为周敦颐著作。"④ 而朱熹则认为，"太极"便是理，是"理之极至"，"无极"只是"太极"的一种解释，"无极而太极"就是无形而有理。

自朱熹、二陆鹅湖之会，朱熹与陆九龄的观音寺之会，朱熹、陆九渊南康之会，两派交锋不断，而后，又经历了《曹立之墓表》风波、《荆国王文公祠堂记》之争，太极无极之辨，最后鸣鼓攻陆，直至绍熙三年（1192）陆九渊卒于荆门，朱、陆之间的交锋论辩才宣告结束。陆九渊荆门去世后，朱熹率领门

① 朱熹：《晦庵先生朱文公文集》卷三六《答陆子静》，见朱杰人、严佐之、刘永翔主编：《朱子全书》第 21 册，上海古籍出版社、安徽教育出版社 2010 年版，第 1570 页。

② 朱熹：《晦庵先生朱文公文集》卷三六《答陆子静》，见朱杰人、严佐之、刘永翔主编：《朱子全书》第 21 册，上海古籍出版社、安徽教育出版社 2010 年版，第 1574 页。

③ 朱熹：《晦庵先生朱文公文集》卷三六《答陆子静》，见朱杰人、严佐之、刘永翔主编：《朱子全书》第 21 册，上海古籍出版社、安徽教育出版社 2010 年版，第 1577 页。

④ 束景南：《朱子大传》，商务印书馆 2003 年版，第 745 页。

人往萧寺哭吊，"朱元晦闻讣，帅门人往寺中，为位哭"①。"既罢，良久，曰：
'可惜死了告子！'"② 一个"告子"的恶谥，包含着朱熹对陆九渊心学的完全否
定。自此之后，朱、陆两派，分歧明显，"于是尊朱者诋陆为狂禅，宗陆者以
朱为俗学。两家之学各成门户，几如冰炭矣"③。

吴澄认为朱、陆之教是同一的，只是后来的门人夸大了他们学术的差异。
他在《送陈洪范序》中说道："朱子之教人也，必先之读书讲学；陆子之教人也，
必使之真知实践。读书讲学者，固以为真知实践之地；真知实践者，亦必自读
书讲学而入。二师之为教一也。而二家庸劣之门人，各立标榜，互相诋訾，至
于今学者犹惑。"④

对于朱、陆学术的不同，元末郑玉在《送葛子熙之武昌学录序》中，从朱
熹和陆九渊两人性格差异的角度进行了分析，他评析道："陆子之质高明，故
好简易；朱子之质笃实，故好邃密。盖各因其质之所近而为学，故所入之途有
不同尔。及其至也，三纲五常、仁义道德岂有不同者哉？况同是尧、舜，同非
桀、纣，同尊周、孔，同排释、老，同以天理为公，同以人欲为私，大本达
道，无有不同者乎！后之学者，不求其所以同，惟求其所以异。……朱子之说，
教人为学之常也；陆子之说，高才独得之妙也。"⑤ 但二人"相望而起也，以倡
明道学为己任"这些都是相同的。

黄宗羲也认为鹅湖之会上朱、陆论辩，是君子和而不同。他说："朱子之
学，出于龟山。其教人以穷理为始事，积集义理，久当自然有得。……陆子之
学，近于上蔡。其教人以发明本心为始事，此心有主，然后可以应天地万物之

---

① 陆九渊著，钟哲点校：《陆九渊集》卷三三《象山先生行状》，中华书局1980年版，第514页。
② 黎靖德编，王星贤点校：《朱子语类》卷一二四《陆氏》，中华书局1986年版，第2979页。
③ 黄宗羲原著，全祖望补修，陈金生、梁运华点校：《宋元学案》卷五八《象山学案》，中华书
   局1986年版，第1886页。
④ 吴澄：《吴文正集》卷二七《送陈洪范序》，景印文渊阁《四库全书》第1197册，台湾商务
   印书馆1986年版，第290页。
⑤ 郑玉：《师山集》卷三《送葛子熙之武昌学录序》，景印文渊阁《四库全书》第1217册，台
   湾商务印书馆1986年版，第25页。

变。……斯盖其从入之途各有所重，至于圣学之全，则未尝得其一而遗其一也。"① 认为朱、陆的异同，只是开示学者有所偏重而已。"况考二先生之生平自治，先生之尊德性，何尝不加功于学古笃行，紫阳之道问学，何尝不致力于反身修德，特以示学者之入门各有先后。"② 他特别强调朱、陆二先生的相同之处，在于"二先生同植纲常，同扶名教，同宗孔、孟，即使意见终于不合，亦不过仁者见仁，智者见智"③。

第三节　朱熹、洪迈之争及四老南岩之会

一、朱熹与洪迈的太极无极之争

朱熹不仅与二陆兄弟有太极无极之辨，而且与洪迈也进行了太极无极之争，但两次论争的性质迥异。

朱熹校定的周敦颐《太极图说》首句为"无极而太极"，当时流行的各种版本也大致如此。而九年后，由洪迈在淳熙十三年（1186）主修完成的《四朝国史》，其中《太极图说》却改作"自无极而为太极"。

淳熙十五年（1188）六月中旬，朱熹临安奏事归闽，在信州玉山遇到了翰林学士洪迈。洪迈给朱熹看了由其主修完成的《四朝国史》，令朱熹无比惊讶的是，在《四朝国史·周敦颐传》中，竟把周敦颐《太极图说》的首句"无极而太极"改成了"自无极而为太极"，且没有任何版本校勘考异的说明文字。朱熹当即要洪迈拿出版本依据，但洪迈却始终都不能出示。朱熹认为这是洪迈

---

① 黄宗羲原著，全祖望补修，陈金生、梁运华点校：《宋元学案》卷五八《象山学案》，中华书局 1986 年版，第 1888 页。

② 黄宗羲原著，全祖望补修，陈金生、梁运华点校：《宋元学案》卷五八《象山学案》，中华书局 1986 年版，第 1886 页。

③ 黄宗羲原著，全祖望补修，陈金生、梁运华点校：《宋元学案》卷五八《象山学案》，中华书局 1986 年版，第 1887 页。

等修撰《四朝国史》的御用文人的蓄意窜改，怀有险恶的政治用心，于是一回到武夷，他就写了《记濂溪传》，将这一事件的真相告诸世人，要求予以修改。

他写道："戊申六月，在玉山邂逅洪景庐内翰，借得所修《国史》中有濂溪、程、张等传，尽载《太极图说》。盖濂溪于是始得有立传。作史者于此为有功矣。"朱熹一方面肯定了洪迈修《四朝国史》为周敦颐等人立传的行为，认为他"于此有功"。但是《太极图说》"然此说本语首句但云'无极而太极'，今传所载乃云'自无极而为太极'，不知其何所据而增此'自'、'为'二字也？"质问洪迈窜改的理由和依据是什么，要求洪迈拿出版本依据。并且认为本来文意亲切而明白，"夫以本文之意，亲切浑全，明白如此，而浅见之士，犹或妄有讥议"。而"若增此字，其为前贤之累，启后学之疑，益以甚矣"。认为此事，关系重大，是百世道术渊源所在，"况此乃百世道术渊源之所系耶"①。要求洪迈"当请而改之"，加以修正。

洪迈（1123—1202），字景卢，号容斋，又号野处，饶州鄱阳人，是洪皓第三子，与兄洪适、洪遵并称"鄱阳三洪"。洪迈当过主和派宰相汤思退的门客，又是王淮党中反道学的中坚力量，虽颇具文史才华，但一向以反道学、主和反战与勾结近习被清议所鄙视。他与朱熹等道学家的矛盾由来已久，朱熹在为陈俊卿所作的《陈公行状》中，直斥洪迈为奸佞小人，"奸险谗佞，不宜在人主左右，罢斥之"②。绍兴三十二年(1162)，洪迈使金贪生求和，下跪乞怜，辱国命而归，太学生作《南乡子》讥讽他，当洪迈使金乞和归来被罢官，朱熹显得非常兴奋，在给魏掞之的信中说："近日逐去洪迈，稍快公论。"③

周敦颐吸收《易传》的理论精华，建构起了无极而太极，太极而阴阳，阴阳而五行，五行而万物的宇宙万物生成的基本模式。认为"太极"是宇宙万事

---

① 朱熹：《晦庵先生朱文公文集》卷七一《记濂溪传》，见朱杰人、严佐之、刘永翔主编：《朱子全书》第24册，上海古籍出版社、安徽教育出版社2010年版，第3410页。

② 朱熹：《晦庵先生朱文公文集》卷九六《陈公行状》，见朱杰人、严佐之、刘永翔主编：《朱子全书》第25册，上海古籍出版社、安徽教育出版社2010年版，第4464页。

③ 朱熹：《晦庵先生朱文公别集》卷一《答魏元履》，见朱杰人、严佐之、刘永翔主编：《朱子全书》第25册，上海古籍出版社、安徽教育出版社2010年版，第4837页。

万物的起源，太极动而生阳，静而生阴，产生阴阳。由阴阳的变合，生出水、火、木、金、土五行，再由五行产生万事万物。

朱熹作《太极图说解》，认为"无极"即是"太极"，"太极"即是"无极"，它们是同一本体，都是本体之"理"，并不是先后生成的关系。"太极只是天地万物之理"①，"太极只是一个理字"②，"无极而太极"是说太极"无形而有理"。朱熹说："圣人谓之'太极'者，所以指夫天地万物之根也，周子因之而又谓之'无极'者，所以著夫无声无臭之妙也。然曰无极而太极、太极本无极，则非无极之后别生太极，而太极之上先的无极也。"③就其性质而言，太极就是一个实理，"无极而太极"不是无生有的关系。

而洪迈在《四朝国史》改为"自无极而为太极"，则把"无极"和"太极"一分为二，"无极"与"太极"成了先后生成的关系，这就同道家"无"生"有"的本体论是一致的，从而论证周敦颐剽窃了道家"无"生"有"的本体论。如果此说成立，那么周敦颐道学宗主的地位就会受到动摇，更会从根本上动摇朱熹借周敦颐的宇宙本体论建立起来的整个理学体系。"朱熹马上怀疑到这是官方修史者别有用心的伪窜，是反道学王淮党又在用文字狱的惯用伎俩诬杀人。"④淳熙十六年（1189），朱熹与陆九渊的太极无极之辨正处于白热化阶段，朱熹在给陆九渊的回信中，又一次提到了洪迈修改《太极图说》一事，他在信中说道："近见《国史·濂溪传》载此《图说》，乃云'自无极而为太极'。若使濂溪本书实有'自'、'为'两字，则信如老兄所言，不敢辩矣。然渠添此二字，却见得本无此字之意愈益分明。"⑤陆九渊也提不出依据，这也从一个侧面说明是洪迈的窜改。

---

①　黎靖德编，王星贤点校：《朱子语类》卷一《理气上》，中华书局 1986 年版，第 1 页。

②　黎靖德编，王星贤点校：《朱子语类》卷一《理气上》，中华书局 1986 年版，第 2 页。

③　朱熹：《晦庵先生朱文公别集》卷四五《答杨子直》，见朱杰人、严佐之、刘永翔主编：《朱子全书》第 22 册，上海古籍出版社、安徽教育出版社 2010 年版，第 2071 页。

④　束景南：《朱子大传》，商务印书馆 2003 年版，第 705 页。

⑤　朱熹：《晦庵先生朱文公文集》卷三六《答陆子静》，见朱杰人、严佐之、刘永翔主编：《朱子全书》第 21 册，上海古籍出版社、安徽教育出版社 2010 年版，第 1577 页。

束景南先生认为，朱熹与洪迈的太极无极之辨绝对不仅仅是一个学术问题，其中颇有政治含义。洪迈窜改《太极图易说》首句"自无极而为太极"，完全是出于王淮等反道学的需要。"洪迈之流是想用'无极'生'太极'，即'无生有'来证明朱熹的整个理学体系是道家异端（伪学），从而从政治上打击道学。"①"'自无极而为太极'的版本纯属子虚无有，周敦颐不是鼓吹'无生有'的理学家，《太极图易说》的真正作伪者是王淮、洪迈之流。"②"《国史》的说法其实并无确实证据，其用意在于，朝中反道学一党通过将道学源流追溯至作为异端的老氏，从而达到贬斥道学一党的目的。"③这与朱熹同二陆兄弟的太极无极之辨有着本质的区别。

二、朱熹与韩元吉、辛弃疾等四老南岩之会

南宋时期的信州是福建出闽之门户，具有交通上的独特优势，因其"最密迩畿辅"的缘故，成为朱熹出入都城临安的候命之地。因此，朱熹与信州的文人学者交往交游密切，尤其是淳熙九年（1182），朱熹与韩元吉、辛弃疾、徐安国四老的信州上饶南岩之会，成为南宋文坛的一段佳话。

淳熙九年（1182）九月，朱熹辞任提举两浙东路常平茶盐公事之职，从浙江归闽，途经上饶，拜访了家居南涧的著名诗人韩元吉。韩元吉于是约徐安国与朱熹共游名闻遐迩的上饶南岩胜境。辛弃疾得到消息后，载酒具肴，倏然而至，一起为朱熹饯行，从而有了这次辛、朱、韩、徐四老的南岩之会。

徐安国，字衡仲，号西窗，上饶人。乾道二年（1166）进士，曾任知华亭县、提举广东常平等职，他受业于吕祖谦，又学吕本中和曾几诗风，著有《西窗集》。徐安国被《上饶县志》列入"孝友传"，据《上饶县志》所载："徐安国，字衡仲，号西窗。绍兴壬子进士，幼育于龚氏，后事龚氏父母，养生送死，克

---

① 束景南：《朱子大传》，商务印书馆 2003 年版，第 745 页。
② 束景南：《周敦颐〈太极图说〉新考》，《中国社会科学》1988 年第 2 期。
③ 曾亦、郭晓东：《宋明理学》，南京大学出版社 2009 年版，第 195 页。

供子职。年逾五十，为岳州学官，迁连山令。有感于正本明宗之义，言于朝，愿归徐姓，诏可。遂别为龚氏立后而身归于徐。……名所居之堂曰'一乐堂'，张南轩为之记。"① 张栻所作《一乐堂记》有云："上饶徐衡仲幼育于龚氏，为龚氏后，长读书取科第，事龚氏父母，养生送终，克共其子事。年逾五十矣，游宦四方，求友访道。"②

徐安国是吕祖谦的弟子，而吕祖谦又是韩元吉的女婿，所以他同韩元吉常有往来。徐安国与朱熹也有交往，《玉山县志》卷九有刘允迪《与徐安国书》："余资朱元晦、张南轩、徐西窗，友谊日深。然西窗笃而纯，每会怀玉，考道论德，而西窗真有无愧于心者。时晦庵、南轩嘉之。余慕之。"③ 朱熹、张栻"嘉之"，表明他们之间应有交往。《全宋词》载徐安国词《满江红·晦庵席上作》，其中有："争献交酬，消受取、真山真水。供不尽、杯螺浮碧，鬌鬟拥翠。莫便等闲嗟去国，固因特地经仙里。奉周旋、唯有老先生，门堪倚。　追往驾，烟宵里。终旧学，今无计。叹白头犹记，壮年标致。一乐堂深文益著，风雩亭在词难继。问有谁、熟识晦庵心，南轩意。"④ 词中有"晦庵心，南轩意"，也表明他与朱熹有过交游和深厚的交谊。

朱熹同辛弃疾更是倾心相交、志同道合的好友，两人情谊深厚。陈亮曾对朱熹与辛弃疾二人进行过评价，认为朱熹是"人中之龙"，是身备阳刚正气的一代儒宗，进退于兼济天下与独善其身之间；辛弃疾是"文中之虎"，是压倒一世英豪的奇杰，壮声英概，有纵横驰骋于天地之间气势。他们惺惺相惜，互相仰慕，交往密切。

---

① 王恩溥、邢德裕等修，李树藩等纂：同治《上饶县志》卷二二《孝友传》，清同治十二年（1873）刻本。

② 张栻：《南轩集》卷一三《一乐堂记》，景印文渊阁《四库全书》第1167册，台湾商务印书馆1986年版，第530页。

③ 黄寿祺主修：同治十二年《玉山县志》卷九《与徐安国书》，《中国方志丛书》（华中地方第274号），成文出版有限公司印行，第1348页。

④ 徐安国：《满江红　晦庵席上作》，见唐圭璋编：《全宋词》第6册，中华书局1965年版，第5583页。

辛弃疾擒张安国南归后，大半生都居住在上饶带湖、铅山瓢泉。淳熙八年（1181），辛弃疾任知隆兴府兼江南西路安抚使，在上饶县城北门外的带湖，构建屋宇，"筑室百楹"，名为稼轩。洪迈为其作《稼轩记》，曰："国家行在武林，广信最密迩畿辅。东舟西车，蜂午错出，处势便近，士大夫乐寄焉。……郡治之北可里所，故有旷土存，三面傅城，前枕澄湖如宝带，其从千有二百三十尺，其衡八百有三十尺，截然砥平，可庐以居。……济南辛侯幼安最后至，一旦独得之。既筑室百楹，度财占地什四，乃荒左偏以立圃，稻田泱泱，居然衍十弓，意它日释位而归，必躬耕于是，故凭高作屋下临之，是为稼轩。"[1] 淳熙九年（1182），王蔺弹劾他"用钱如泥沙，杀人如草芥"，辛弃疾罢任落职，遂居上饶带湖家中。淳熙十二年（1185），辛弃疾开始在铅山期思村卜筑瓢泉，淳熙十五年（1188）初具规模，绍熙三年（1192）春，赴任福建提点刑狱。绍熙五年（1195），继续营建瓢泉新居。庆元元年（1195）十月，他再次被劾落职，回上饶家居。庆元二年（1196）夏，带湖稼轩失火被焚毁，于是迁居铅山瓢泉，并终老于此，葬于铅山瓢泉之西七都（今陈家寨）虎头门阳原山中。

淳熙五年（1178），朱熹与辛弃疾初次相识。这年八月，朱熹前往弋阳，迎哭刘子羽长子刘珙之灵柩，辛弃疾这年七月也在上饶，有可能是在往迎刘珙灵柩时两人初次相见。

淳熙七年末至八年闰三月，朱熹任知南康军，辛弃疾任江西安抚使兼知隆兴府，两人在赈灾上相互支持，共修荒政。朱熹从辛弃疾在湖南"劫禾者斩，闭粜者配"的八字荒政中受到启发，提出了"闭粜者配，强粜者斩"的赈荒方针，也因救荒得力，而同时转官。

绍熙二年（1191）冬天，辛弃疾任福建提刑，朱熹得到消息后，尤为激动，作了一道贺启《答辛幼安启》："伏惟某官，卓荦奇材，疏通远识。经纶事业，

---

[1] 洪景庐：《稼轩记》，见祝穆《古今事文类聚》前集卷三六，景印文渊阁《四库全书》第 925 册，台湾商务印书馆 1986 年版，第 601 页。

有股肱王室之心。"① 从此，"卓荦奇才，疏通远识"便成了辛弃疾最贴切的评价。辛弃疾到达福建后，问政于朱熹，朱熹给了他"临民以宽，待士以礼，驭吏以严"②的12字忠告。在朱熹的忠告下，一向以政严闻名的辛弃疾，这次却博得了一个宽仁爱民的政誉。

绍熙四年（1193）九月，辛弃疾途经建阳考亭，与朱熹又一次相会。两人同游武夷，泛舟九曲，辛弃疾作《游武夷，作棹歌呈晦翁十首》相赠，其中有云："山中有客帝王师，日日吟诗坐钓矶。费尽烟霞供不足，几时西伯载将归？"③ 把朱熹视为一个隐居山林的"帝王师"，希望有朝一日，有"西伯"来把这个怀才不遇的"帝王师"带载入朝。朱熹也为辛弃疾的两斋室手书了"克己复礼""夙兴夜寐"二匾，期望他多做克己复礼的修身工夫。

朱熹对辛弃疾的才华非常欣赏。淳熙九年（1182），辛弃疾被弹劾落职罢官，赋闲于上饶，朱熹为他大打不平，对弟子说道："辛幼安亦是个人才，岂有使不得之理？"④ 辛弃疾对朱熹也敬佩有加，淳熙十六年（1189），朱熹60大寿，辛弃疾写了《寿朱晦翁》，推崇朱熹为"先心坐使鬼神伏，一笑能回宇宙春。历数唐尧千载下，如公仅有两三人。"⑤ 朱熹病逝后，辛弃疾不顾党禁森严，作文往哭，祭奠朱熹，《宋史·辛弃疾传》有载："熹殁，伪学禁方严，门生故旧至无送葬者。弃疾为文往哭之曰：'所不朽者，垂万世名。孰谓公死，凛凛犹生！'"⑥

南岩之会的主持者是韩元吉。

韩元吉（1118—1187），字无咎，号南涧，河南开封人。他出身中原文献

① 朱熹：《晦庵先生朱文公文集》卷八五《答辛幼安启》，见朱杰人、严佐之、刘永翔主编：《朱子全书》第24册，上海古籍出版社、安徽教育出版社2010年版，第4025页。

② 黎靖德编，王星贤点校：《朱子语类》卷一三二《本朝六·中兴至今日人物下》，中华书局1986年版，第3180页。

③ 徐汉明校注：《辛弃疾全集校注》（下册），华中科技大学出版社2012年版，第711页。

④ 黎靖德编，王星贤点校：《朱子语类》卷一三二《本朝六·中兴至今日人物下》，中华书局1986年版，第3179页。

⑤ 邓广铭辑校：《辛稼轩诗文钞存》，古典文学出版社1957年版，第79页。

⑥ 脱脱：《宋史》卷四〇一《辛弃疾传》，中华书局1977年版，第12166页。

世家，绍兴二十三年（1153）秋，应信州知州黄任荣之辟，到信州充任其幕僚，第一次来到上饶。他任职信州幕僚四年之久，对信州的山水、风土情有独钟。乾道五年（1169），韩元吉母亲去世，他在上饶丁忧三年，潜心学问，与上饶湖潭学者王时敏等多有交往。丁忧结束后，乾道八年（1172），韩元吉任代理吏部侍郎，继任吏部尚书、龙图阁学士等职。淳熙七年（1180）致仕，归老于上饶南涧，自号南涧翁，开始了晚年的闲居生活。

韩元吉是政坛和文坛的老前辈，以其德高望重而成为信州文人群体的实际领袖，是当时上饶文坛的盟主。陆游在《祭韩无咎尚书文》中评价其诗文是"诵书鼓琴，志操益坚。落笔天成，不事雕镂。如先秦书，气充力全。"① 黄升称赞他："文献、政事、文学，为一代冠冕。"② 姜特立在听闻韩元吉去世后，作《闻常伯韩公下世感赋》，评价韩元吉："逸轨高标不可扳，风流人物晋唐还。胸襟磊落尘埃外，尊酒淋漓笔砚间。"又说："后生不遇东坡老，前辈今无南涧翁。"③ 将韩元吉与苏轼相提并论。《四库全书总目》称其"诗体文格，均有欧、苏之遗，不在南宋诸人下"。认为"元吉本文献世家，据其《跋尹焞手迹》，自称门人，则距程子仅再传。又与朱子最善，尝举以自代，其状今载集中，故其学问渊源，颇为醇正。"④

朱熹与韩元吉初次相识，当在绍兴二十九年（1159），韩元吉时任建州建安县令，朱熹则居五夫里，奉亲讲学，两人奉诏同赴临安。韩元吉是吕祖谦的岳父，吕祖谦又是朱熹的好友，朱熹与韩元吉关系密切，韩元吉曾举荐朱熹以自代。乾道六年（1170）朱熹甚至写信向韩元吉借贷。淳熙十一年（1184）朱熹的武夷精舍落成，韩元吉为之作记。朱熹评价韩元吉的诗词："无咎诗做著者尽和平，有中原之旧，无南方啁哳之音。"⑤

① 张春林编：《陆游全集》（下），中国文史出版社1999年版，第1419页。
② 黄升：《中兴以来绝妙词选》卷三，《四部丛刊》初编集部。
③ 杨俊才：《南宋诗人姜特立研究》，延边大学出版社2009年版，第294页。
④ 永瑢等：《四库全书总目》卷一六〇《南涧甲乙稿提要》，中华书局1965年版，第1383页。
⑤ 永瑢等：《四库全书总目》卷一六〇《南涧甲乙稿提要》，中华书局1965年版，第1383页。

韩元吉退居上饶后，与辛弃疾、徐安国往来密切，经常主持信州的文人聚会。淳熙九年（1182）九月，朱熹从浙江归福建，途经上饶时，就住在韩元吉家。第二天，韩元吉约了上饶诗人徐安国陪朱熹一道游南岩一滴泉，辛弃疾得到消息后，载酒具肴，倏然而至，赶来相会，一起诗酒娱乐，这便是文化史上著名的四老南岩之会，也是信州文坛的一桩盛事。

南岩在上饶至铅山鹅湖、武夷山分水关的驿道旁，离上饶县城约十余里，是当时的名胜。"南岩一名卢家岩，在县治西南十里，朱子读书处。谽然空嵌，可容数百人……有一滴泉、千人室、五级峰、百丈壁、开鉴塘、濯缨井八景。"① 南岩高耸百仞，东有一滴泉涓涓流出，西有五级峰森然西峙，北边是道教第三十三福地的灵山，如同睡美人蜿蜒而卧，南距鹅湖。四周山苍林茂，是一个清净宴尘之地，唐代草衣禅师兴建的南岩禅院就坐落在南岩之下，宋宣和间改名为广福禅院。

四位诗翁在余大雅、汤钤等后生学子的陪同下，游览南岩胜景，一路笑谈吟唱，把酒言欢，诗酒助兴。朱熹即兴留下了《咏南岩》诗："南岩兜率境，形胜自天成。崖雨楹前下，山云殿后生。泉堪清病目，井可濯尘缨。五级峰头立，何须步玉京。"② 诗中描绘了一滴泉、五级峰、濯缨井等南岩胜景。观赏完一滴泉后，朱熹又留下了《咏一滴泉》："遥望南岩百尺岗，青山叠叠树苍苍。题诗壁上云生石，入定岩前石作房。一窍有灵通地脉，半空无雨滴天浆。鹅湖此去无多路，肯借山间结草堂？"③

关于南岩之会的盛况，韩元吉之子韩淲作《访南岩一滴泉》，追忆了当时其父与众诗翁的欢聚场景："僧逃寺已摧，唯余旧堂殿。颠倒但土木，仿佛昔所见。山寒少阳焰，崖冷尽冰线。曾无五六年，骤觉荒凉变。遗基尚可登，一滴泉自溅。忆昨淳熙秋，诸老所闲燕。晦庵持节归，行李白畿甸。来访吾翁

① 王恩溥、邢德裕等修，李树藩等纂：《上饶县志》卷五《山川志》清同治十三年（1873年）刊本。
② 王恩溥、邢德裕等修，李树藩等纂：《上饶县志》卷五《山川志》清同治十三年（1873年）刊本。
③ 蒋继洙、李树藩等：同治十二年《广信府志》卷二之二《建置·寺观》，《中国方志丛书》，华中地方·第一〇六号，成文出版有限公司1970年影印本，第162页。

庐，翁出成饮饯。因约徐衡仲，西风过游衍。辛帅倏然至，载酒具肴膳。四人语笑处，识者知叹羡。摩挲题字在，苔藓忽侵徧。壬寅到庚申，风景过如箭。惊心半存没，历览步徐转，回思劝耕地，尝着郡侯宴，今亦不能来，草木漫葱蒨。人间之废坏，物力费营缮。不如姑付之，猿鸟自啼啭。"①四诗翁把酒言欢的场景，令人羡慕不已，但如今，"僧逃寺已摧"，昔日胜景已是废墟一片，"猿鸟啼啭"之声，代替了往昔的笑语欢声。

韩淲（1159—1224）字仲止，号涧泉，是韩元吉中子，以荫补京官，清苦自持，雅志不同俗。刘克庄评价他："其人皆唾涕荣利，老死闲退，槁而不可荣，贫而不可贿，有陶长官、刘遗民之风。"②他亮节高风，隐居上饶，以诗闻名，是江西诗派后期的主要人物，与赵蕃称为"上饶二泉"。"淲诗稍不逮其父，而渊源家学，故非徒作。同时赵蕃号章泉，有诗名，与淲并称曰二泉。……方回《瀛奎律髓》绝推重之，有'世言韩涧泉名下固无虚士之语'。"③

他与朱熹也相识，绍熙五年（1194）朱熹从知潭州任上赴临安经筵，成为帝王之师，在上饶待命，韩淲有《送潭帅朱晦翁先生赴经筵》诗，其中云："度江今几时？恐同元祐初。中间一报复，河路已丘墟。先生讲金华，此意将何如？君子与小人，似难动诛锄。要使各当位，正论常有余。幸哉边陲静，群蛮亦安居。大是民力穷，郡邑困军储。又且士气弱，虚言多阔疏。先生其扶持，行顾平日书。西风动召节，帅闉来徐徐。经行得古台，逸揽志愈摅。孺子守穷巷，敢负师训欤？殷勤拜席间，别语不暇舒。斐然忽成章，先生其念诸。"④对朱熹的这次为帝王师充满期待。

朱熹与辛弃疾、韩元吉、徐安国四诗翁的南岩之会，是当时各领风骚的著

---

① 韩淲：《涧泉集》卷二《访南岩一滴泉》，景印文渊阁《四库全书》第 1180 册，台湾商务印书馆 1986 年版，第 577 页。

② 刘克庄：《后村先生大全集》卷九七《赵庭原诗序》，见辛更儒主编：《宋才子传笺证》（南宋前期卷），辽海出版社 2011 年版，第 682 页。

③ 永瑢等：《四库全书总目》卷一六三《涧泉集提要》，中华书局 1965 年版，第 1401 页。

④ 韩淲：《涧泉集》卷三《送潭帅朱晦翁先生赴经筵》，景印文渊阁《四库全书》第 1180 册，台湾商务印书馆 1986 年版，第 589 页。

名诗人与理学大师友谊的见证，也是他们在文化、思想的一次交锋和交流。在南岩胜会之后，辛弃疾、韩元吉、徐安国等信州学者对朱熹理学表现出了更大的认可与接受，扩大了朱熹理学在信州士子文人中的影响。

第四节　胡居仁对陈献章学术的批评

胡居仁与陈献章虽然都师承吴与弼，为同门学友，但二人在个性上差异很大，胡居仁严毅自律，是独善其身的典型，学问气象与陈献章迥然不同。陈献章本性洒脱，不拘泥于矩规绳墨。"盖先生近于狷，而白沙近于狂，不必以此而疑彼也。"① 由于二人个性迥异，导致其治学理路、学问宗旨大相径庭。"与弼之学，实能兼采朱、陆之长，而刻苦自立。其及门弟子陈献章得其静观涵养，遂开白沙之宗；胡居仁得其笃志力行，遂启余干之学。"②

一、陈献章的学术特色

陈献章（1428—1500），字公甫，号石斋，广东新会白沙里人，学者称为"白沙先生"。

陈献章 27 岁师从崇仁吴与弼，受其教诲，绝意科举，立志圣贤之学，清苦自立。他接受了吴与弼"须求静中意思"，从"静中思绎其理"为学的主张。在吴与弼处半年，"于古圣贤垂训之书，盖无所不讲"，但是"然未知入处"，于是回归新会白沙老家，"即绝意科举，筑春阳台，静坐其中，不出阈外者数年"③。通过舍繁就约，进修陆九渊的易简功夫，由读书穷理而转向求之本心，久之大有收获。他说："静坐久之，然后见吾心之体隐然呈露，日用应酬随吾

---

① 黄宗羲著，沈芝盈点校：《明儒学案》卷二《崇仁学案二》，中华书局 1985 年版，第 30 页。
② 永瑢等：《四库全书总目》卷一七〇《康斋集提要》，中华书局 1965 年版，第 1491 页。
③ 黄宗羲著，沈芝盈点校：《明儒学案》卷五《白沙学案上》，中华书局 1985 年版，第 79 页。

所欲，如马之卸勒也。"①

《明史》本传云："献章之学，以静为主。其教学者，但令端坐澄心，于静中养出端倪。"② 从"静中坐养出个端倪"是陈献章为学、修养的基本方法，也是陈献章学术的一个重要特征。他提出了"惟在静坐，久之然后见吾心之体"的为学主张，强调养心，主张静坐，不为外物所扰，于"静中坐养出个端倪来"。因此，《明儒学案》总结陈献章的学术特征道："先生之学，以虚为基本，以静为门户，以四方上下，往古来今穿纽凑合为匡郭，以日用常行、分殊为功用，以勿忘、勿助之间为体认之则，以未尝致力而应用不遗为实得。"③

陈献章学术的第二个特点，就是提出了"宇宙在我"的本体论。他在给其弟子林郡博的信中写道："终日乾乾，只是收拾此（理）而已。此理干涉至大，无内外，无终始，无一处不到，无一息不运。会此则天地我立，万化我出，而宇宙在我矣。"④ 从而标立了"天地我立，万化我出，而宇宙在我矣"的心学宇宙观。认为"我"与宇宙同体，这与陆九渊"宇宙便是吾心，吾心即是宇宙"有异曲同工之妙。

他强调心的作用，认为"心"是宇宙之本原，天地万物及其演化都是由"我""心"所创造，是"我""心"的产物。他这里的"我"是精神的我，即人的主观意识。他认为心、理、道名异实同，相通为一，都是宇宙的本体。他把"为学当求诸心"归结为"心学法门"。主张求道于心，求理于心，且认为"此理包罗上下，贯彻始终"。⑤ 要在日用常行之中、于时事处体现"本心"。而"静坐"是求"心"的基本方法，要以静坐保持心"虚明静一"的状态。陈献章提出"求之吾心"的为学之道，明显具有把将为学工夫心学化的倾向。

---

① 张廷玉：《明史》卷二八三《陈献章传》，中华书局 1974 年版，第 7262 页。

② 张廷玉：《明史》卷二八三《陈献章传》，中华书局 1974 年版，第 7262 页。

③ 黄宗羲著，沈芝盈点校：《明儒学案》卷五《白沙学案上》，中华书局 1985 年版，第 80 页。

④ 陈献章著，孙通海点校：《陈献章集》卷二《与林郡博七则》（七），中华书局 1987 年版，第 217 页。

⑤ 陈献章著，孙通海点校：《陈献章集》卷二《与林郡博七则》（七），中华书局 1987 年版，第 217 页。

　　陈献章学术特点之三，是提出了"以自然为宗"的学术主旨。他说："人与天地同体，四时以行，百物以生，若滞在一处，安能为造化之主耶？古之善为学者，常令此心在无物处，便运用得转耳。学者以自然为宗，不可不着意理会。"① 他这里所谓的"自然"，"是指人的心灵无滞于任何物累的、本然的潇洒自如、自得自乐的精神状态或精神境界"②。因此，《明史》本传评价他："其学洒然独得，论者谓有鸢飞鱼跃之乐。"③

　　陈献章把"以自然为宗"的境界称为"自得""浩然自得"，求学就要符合自然之道，而心就是自然，要超脱物累，遗世独立。他提倡"学贵自得"，使主观与自然吻合、使心与理凑泊吻合，求得"逍遥自得"，主张求学要放身心于山水之中，与自然合而为一。他作《寻乐斋记》，主张"心乐"之说。他说："周子、程子，大贤也，其授受之旨，曰：'求仲尼、颜子乐处，所乐何事。'弟子不问，师亦不言。"认为仲尼、颜子所乐，就是心乐。"仲尼、颜子之乐，此心也；周子、程子，此心也；吾子亦此心也。得其心，乐不远矣。"而对读书与求心，认为读书要得其道才有益有助，否则非但无益，还会有病。他说："圣贤垂世立教之所寓者，书也。用而不用者，心也。心不可用，书不可废，其为之有道乎，得其道则交助，失其道则交病。"④反对一味死读书。陈献章甚至提出了"还我自由身"的口号，追求天地万物与我浑然成一体的境界。

　　陈献章的学术以自然为宗，以自得为旨归，以虚为本体，以静为门户，独树一帜，形成了极盛一时的"江门学派"。"故出其门者多清苦自立，不以富贵为意，其高风之所激，远矣。"⑤其门生众多，身兼礼、吏、兵三部尚书的重臣湛若水就是他的知名弟子。

　　陈献章是明代学术史上承前启后的学者，他尊崇朱学，尊奉朱熹为"吾道

① 陈献章著、孙通海点校：《陈献章集》卷二《与湛民泽十一则》（七），中华书局1987年版，第192页。
② 方国根：《论陈献章心学思想的理论意蕴和特色》，《孔子研究》2000年第2期。
③ 张廷玉：《明史》卷二八三《陈献章传》，中华书局1974年版，第7262页。
④ 陈献章著，孙通海点校：《陈献章集》卷一《寻乐斋记》，中华书局1987年版，第48页。
⑤ 黄宗羲著，沈芝盈点校：《明儒学案》卷五《白沙学案上》，中华书局1985年版，第79页。

宗主"，同时，他又是明代复兴象山心学的第一人，是明代心学尤其是阳明心学的先导者，开启了明代心学思潮之先河。黄宗羲在《白沙学案》序中评论道："有明之学，至白沙始入精微，……至阳明而后大。两先生之学，最为相近。"①"而作圣之功，至先生而始明，至文成而始大。"②认为明代"学术之分，则自陈献章、王守仁始"③。罗一峰评价陈献章道："白沙观天人之微，究圣贤之蕴，充道以富，崇德以贵，天下之物，可爱可求，漠然无动于其中。"④容肇祖先生也指出，陈献章"反对朱熹以来理学派的'戒慎恐惧'的繁琐的操存，而归于简易的'致虚以立本'。这是理学上的解放，即是由程朱的谨严，而解放到陆九渊的简易"⑤。

二、胡居仁对陈献章的批评

胡居仁、陈献章、娄谅是吴与弼的三大弟子，最能谨守师业的是胡居仁，他不能容忍陈献章的"邪见异说"，认定陈献章的学说分明是禅，分明是异端，将危害儒家学术道统，多次对陈献章进行严厉的批评。胡居仁对陈献章的批评，较之宋代朱熹批评象山心学有过之而无不及。但朱陆之辨多在本体论，胡居仁对陈献章的批评则多在工夫论。

胡居仁对其"物有尽而我无尽"的主张进行了批判。认为其说就是"释氏见性之说"，"是认精魂为性"，有违儒家宗旨，陷于异端。对陈献章"物有尽而我无尽"的说法，认为分明是异端释氏语，即释氏见性之说。胡居仁认为万事万物皆由理气构成，气有聚散，有虚实，有生死，因此，万物都有生死始终。陈献章"物有尽而我无尽"之说，是在万物之外，别立个不生不灭，不死

① 黄宗羲著，沈芝盈点校：《明儒学案》卷五《白沙学案上》，中华书局 1985 年版，第 79 页。
② 黄宗羲著，沈芝盈点校：《明儒学案》卷五《白沙学案上》，中华书局 1985 年版，第 80 页。
③ 张廷玉：《明史》卷二八二《儒林传一》，中华书局 1974 年版，第 7222 页。
④ 黄宗羲著，沈芝盈点校：《明儒学案》卷五《白沙学案上》，中华书局 1985 年版，第 79 页。
⑤ 容肇祖：《明代思想史》，见莞城图书馆编：《容肇祖全集》二《哲学思想史卷》，齐鲁书社 2013 年版，第 973 页。

不生的"性"，而以此性言"我"，胡居仁认为这便是佛家主张超脱生死轮回之所谓"真身""真性"，以此认定陈献章之学为禅学。

陈献章在《送李世卿还嘉鱼序》中，坦诚自己的平生志向："凌迈高远则有之，优游自足无外慕，嗒乎若忘，在身忘身，在事忘事，在家忘家，在天下忘天下。"① 他所追求的忘身、忘事、忘家、忘天下的"忘我"出世境界，与儒家一贯提倡的修、齐、治、平积极入世的人生理想，有天壤之别，这又为胡居仁指责其为禅学提供了依据。

胡居仁认为陈献章之所以流入禅佛，是由于天资太高，不愿被俗物所累，不愿意致力于烦琐复杂的格物致知的下学工夫，而流入禅佛的顿悟速成之中。他说："夫公甫资性英明，才气高迈，抱负宏大，居仁所以深为公甫喜也。"② 同样，他在与张廷祥的信中，也分析了陈献章流入佛禅的原因："夫公甫天资太高，清虚脱洒，所见超然，不为物累，而不屑为下学，故不觉流于黄老。反以圣贤礼法为太严，先儒传义为烦赘，而欲一切虚无以求道真，虽曰至无而动，如以手捉风，无所持获，不若日用间，且从事下学，外则整衣冠，正容体，蹈规矩，谨进退；内则主一无适，使无杂扰，庶乎内外交养，静则可以操存，使大本自此而立。动则可以省察，使达道自此而行。夫道本人所同有，公甫曰至无而动，莫实于理，公甫曰：'致虚所以立本'，此皆不可晓也。"③ 正是由于陈献章的天资聪颖，才气高迈，天分过高，却不能仔细体验圣贤切实的致知工夫，为了速成，而步入虚妙之域，与圣学背道而驰，辜负了海内学人对他的期望。认为"自家大本不立，见得道理不分明，未有不入异教者。如陈公甫、娄克贞皆是儒者陷入去。"④ 这是因为读书人好高妙，厌卑近的通病所致！"大抵人之为学易偏，苟无真儒为之依归，则高者入于空虚，卑者流于词章功利，

---

① 陈献章著，孙通海点校：《陈献章集》卷一《送李世卿还嘉鱼序》，中华书局 1987 年版，第 16 页。

② 胡居仁撰，冯会明点校：《胡居仁文集》，江西人民出版社 2013 年版，第 155 页。

③ 胡居仁撰，冯会明点校：《胡居仁文集》，江西人民出版社 2013 年版，第 157 页。

④ 胡居仁撰，冯会明点校：《胡居仁文集》，江西人民出版社 2013 年版，第 89 页。

是以依乎中庸为难。且好高妙，厌卑近；好奇异，厌平实；喜宽纵，惮绳检，此学者之通病。"①

他在与罗一峰、张廷祥的往来书信中，对陈献章背离圣学，流入禅佛，表示深深的惋惜。他对罗一峰说："公甫陈先生名重海内，与先生所交最深，居仁与四方士子亦以斯道望于公甫，不意天资过高，入于虚妙，遂与正道背驰。不知先生曾疑之否？若曰不知其非，则思修身事亲不可以不知人，思知人不可以不知天。"②

胡居仁批判陈献章的第二个焦点即是陈献章"端坐澄心，于静中养出端倪"的"静坐"主张。

胡居仁对陈献章静坐体证心体的工夫，视之为禅学空寂之法而加以批判。陈献章认为万物万理具于一心，生于一心，为摆脱世俗万物的负累，识得心之本体，就必须求心，而静坐是求心的基本方法。以静坐来排除纷扰，去除驳杂支离之病，找到心与理的"凑泊吻合处"，在静坐中养出生生活泼的宇宙本意。"静中坐养出个端倪"，成为陈献章的学术特点和为学的基本功夫。

陈献章在《与贺克恭黄门》中也说："为学须从静坐中养出端倪方有商量处。"③认为学问之道在于求心，只有心静若水，才能达到内外合一的境界。他说："学劳扰则无由见道，故观书博识，不如静坐。"④ 他的静坐主张与道家、佛禅之说有很大的相似性。

胡居仁反对陈献章的静坐求心，认为持敬才是真正的存心工夫。要以戒慎戒恐的主敬取代屏绝思虑的静坐，主敬才能心有所主。他说："此敬之所以贯乎动静，为操存要法"，既使在"静坐"时，仍然要有个"敬"字来把持，否则便流于禅学之空寂，而沦为异端。他批评陈献章的静坐工夫道："陈公甫云：'静中养出端倪。'又云：'藏而后发。'是将此道理来安排作弄，都不是顺其自

① 胡居仁撰，冯会明点校：《胡居仁文集》，江西人民出版社 2013 年版，第 144 页。
② 胡居仁撰，冯会明点校：《胡居仁文集》，江西人民出版社 2013 年版，第 160 页。
③ 陈献章著，孙通海点校：《陈献章集》卷二《与贺克恭黄门》二，中华书局 1987 年版，第 16 页。
④ 陈献章著，孙通海点校：《陈献章集》卷三《与林友》三，中华书局 1987 年版，第 269 页。

然。"①

　　胡居仁认为陈献章之所以主张静坐，因其工夫未至，导致内心纷扰无主，于是求虚静以屏除思虑。这种忽视精思熟虑格物致知的穷理工夫，是流于禅的明证，明显背离了圣贤之道。

　　但也有学者认为胡居仁对陈献章静坐的批评，是只看到陈献章静坐之手段，静坐的表面，却没有理解陈献章静坐之目的，更忽视了陈献章于静坐之外的其他工夫。黄宗羲就认为，视陈献章为禅，是庸人之论。他说："或者谓其近禅，盖亦有二，圣学久湮，共趋事为之末，有动察而无静存，一及人生而静以上，便邻于外氏，此庸人之论，不足辨也。"②

　　胡居仁对陈献章批判的第三个焦点是陈献章的不读书。

　　陈献章主张读书要"以我观书"，而不是"以书博我"，反对读死书，徒记诵，否则《六经》就是一团糟粕。他说："《六经》，夫子书也，学者徒诵其言而忘其味，《六经》一糟粕耳，犹未免于玩物丧志。"③陈献章主张以我观书，不但求之书，且要求诸于心。他说："学者苟不但求之书而求诸吾心，察于动静有无之机，致养其在我者，而勿以闻见乱之，去耳目支离之用，全虚圆不测之神，一开卷尽得之矣。非得之书也，得自我者也。盖以我而观书，随处得益；以书博我，则释卷而茫然。"④认为读书在于明其精神实质，使我心与《六经》契合，而不是为了博闻强记，增加心的负担，因此不主张多读书。他说："此心自太古，何必生唐虞？此道苟能明，何必多读书？"⑤

　　陈献章以自己的为学经历和心得体会，反对一味死读书。他也曾"杜门不出，专求所以用力之方。既无师友指引，惟日靠书册寻之，忘寝忘食，如是者亦累年，而卒未得焉。"他虽然长年累月埋头苦读，但并没有到达心与理凑泊

① 胡居仁撰，冯会明点校：《胡居仁文集》，江西人民出版社 2013 年版，第 89 页。
② 黄宗羲著，沈芝盈点校：《明儒学案》卷五《白沙学案上》，中华书局 1985 年版，第 80 页。
③ 陈献章著，孙通海点校：《陈献章集》卷一《道学传序》，中华书局 1987 年版，第 20 页。
④ 陈献章著，孙通海点校：《陈献章集》卷一《道学传序》，中华书局 1987 年版，第 20 页。
⑤ 陈献章著，孙通海点校：《陈献章集》卷四《和陶一十二道》之《赠羊长史，寄贺黄门钦》，中华书局 1987 年版，第 294 页。

吻合的境界，并无所得。于是放下书籍，舍繁就约，唯在静坐，"然后见吾此心之体隐然呈露，常若有物"①，从而幡然醒悟，"作圣之功，其在兹乎"！认为"夫养善端于静坐，而求义理于书册，则书册有时可废"②。将静坐视为作圣之功，而不必整天读书，甚至激进地认为《六经》一糟粕耳。

陈献章认为读书只能让人"累于外"，使人之心为书册所累。他教导弟子在"诗、文章、末习、著述等路头，一齐塞断，一齐扫去，毋令半点芥蒂于我胸中，夫然后善端可养，静可能也"③。而以静坐悟心取代读书。"这种静坐以体悟本心的方法同样带有明显的禅学痕迹。"④ 陈献章的这一主张遭到了胡居仁的强烈批判。胡居仁认为读圣贤书是格物致知、博闻穷理的重要工夫途径，"今学者诚能读圣贤之书，反复寻究，以求其理，亦可以得到致知之大端矣"⑤。当然，读书的最终目的还是为了从书中得到圣贤之道，并躬行践履，用以指导自己的日用常行。

对陈献章的求乐主张，胡居仁也提出批评，认为先要主敬，做克己求仁的笃实功夫，有得之后，才能求乐，而不能舍弃刻苦的克己功夫去追求放任的感性之乐，否则就会流入异端。他说："今人未得前先放开，故流于庄、佛。又有未能克己求仁，先要求颜子之乐，所以卒至狂妄。周子令二程寻颜子乐处，是要见得孔、颜因甚有此乐，所乐何事，要做颜子工夫，求至乎其地，岂有便来自己身上寻乐乎？放开太早，求乐太早，皆流于异端。"⑥

胡居仁对陈献章以大量文字"三致其意"，多次进行规劝批评，甚至进行

① 陈献章著，孙通海点校：《陈献章集》卷二《复赵提学金宪三则》一，中华书局1987年版，第294页。
② 陈献章著，孙通海点校：《陈献章集》，《陈献章诗文续补遗·与林缉熙》，中华书局1987年版，第975页。
③ 陈献章著，孙通海点校：《陈献章集》，《陈献章诗文续补遗·与林缉熙》，中华书局1987年版，第975页。
④ 陈代湘、黄丽娅：《浅析胡居仁对陈献章之批评》，《五邑大学学报》2009年第2期。
⑤ 胡居仁撰，冯会明点校：《胡居仁文集》，江西人民出版社2013年版，第211页。
⑥ 胡居仁撰，冯会明点校：《胡居仁文集》，江西人民出版社2013年版，第42页。

人身的攻击，多次指斥陈献章之学为"佛意""异端""危害甚大"。面对胡居仁的批评，陈献章的基本态度是"不与之强辩"，对其批评未做回应，既没有为自己辩明，也没有对批评者提出反驳。胡居仁与陈献章的论辩是单向的而非互动的。

胡居仁对陈献章的批评，黄宗羲颇不以为然，认为是同门冥契，并没有实质意义。他说："其以有主言静中之涵养，尤为学者津梁。然斯言也，即白沙所谓'静中养出端倪，日用应酬，随吾所欲，如马之御衔勒也'，宜其同门冥契。而先生必欲议白沙为禅，一编之中，三致意焉，盖先生近于狷，而白沙近于狂，不必以此而疑彼也。"①

侯外庐先生在《宋明理学史》中，对胡居仁与陈献章的争论，认为"白沙与余干一派，虽各有其特点，但都是传承和发挥吴与弼的理学思想。即使陈在发挥吴静观涵养的思想中，有'超悟'、'通禅'的地方，但这不过是对吴理学的进一步发展而已。"②

第五节　罗钦顺同王阳明的论战

明中叶以后，程朱理学官学化的流弊日显，学术开始分野，出现了程朱理学、心学、考据学、经世实学等学术派别，打破了程朱理学一统天下的局面。

正如《明史·儒林传》序所述，自从王阳明"以心学立教，才知之士翕然师之"③，出现了门徒遍天下的盛况，而阳明"别立宗旨，显与朱子背驰，门徒遍天下，流传逾百年，其教大行，其弊滋甚。嘉、隆而后，笃信程、朱，不迁异说者，无复几人矣。"④在这为数不多的坚守朱学阵地的学者中，罗钦顺就是

① 黄宗羲著，沈芝盈点校：《明儒学案》卷二《崇仁学案二》，中华书局1985年版，第30页。
② 侯外庐、邱汉生、张岂之主编：《宋明理学史》下，人民出版社1997年第2版，第147页。
③ 张廷玉：《明史》卷二八二《儒林传一》，中华书局1974年版，第7237页。
④ 张廷玉：《明史》卷二八二《儒林传一》，中华书局1974年版，第7222页。

其中之一,《明史》载:"时天下言学者不归王守仁,则归湛若水,独守程朱不变者,惟柟与罗钦顺云。"①

一、阳明一生精神,俱在江右

王阳明被称为明代气节、文章、功业第一人,他虽是浙江余姚人,但他一生的事功学术,都与江西有很深的缘分。王阳明早年受学于江西,中年任职于江西,在江西度过了一生最辉煌的时光,晚年老死于江西。因此,黄宗羲说:"盖阳明一生精神,俱在江右。"②

弘治二年(1489),17岁的王阳明携妻从南昌返回余姚途中,专程到上饶拜谒著名理学家娄谅。"文成年17,亲迎过信,从先生问学,相深契也。则姚江之学,先生为发端也。"③王阳明在上饶接受了娄谅"圣人可学而至"的思想,初步接触了程朱理学,指引了学术的方向。

正德五年(1510)三月,龙场悟道后的王阳明任吉安府庐陵县知县。在任上,他"为政不事威刑,惟以开导人心为本",对积习已久的庐陵讼风,发布了《告谕庐陵父老子弟》,期望息争兴让。他说:"庐陵文献之地,而以健讼称,甚为吾民羞之。县令不明,不能听断,且气弱多疾。今与吾民约,自今非有迫于躯命,大不得已事,不得辄兴词。兴词但诉一事,不得牵连,不得过两行,每行不得过三十字。过是者不听,故违者有罚。县中父老谨厚知礼法者,其以吾言归告子弟,务在息争兴让。呜呼!一朝之忿忘其身,以及其亲,破败其家,遗祸于其子孙。孰与和巽自处,以良善称于乡族,为人之所敬爱者乎?吾民其思之。"④

---

① 张廷玉:《明史》卷二八二《儒林传一·吕柟传》,中华书局1974年版,第7244页。

② 黄宗羲著,沈芝盈点校:《明儒学案》卷一六《江右王门学案一》,中华书局1985年版,第331页。

③ 黄宗羲著,沈芝盈点校:《明儒学案》卷二《崇仁学案二》,中华书局1985年版,第44页。

④ 王守仁撰,吴光、钱明等编校:《王阳明全集》(三)卷二八《告谕庐陵父老子弟》,上海古籍出版社2014年版,第231页。

正德十一年（1516），王阳明升都察院右佥都御史，巡抚南赣，在江西赣南首创"十家牌法"，实行乡约，荡平了为患数十年的盗贼。在南赣，他意识到"破山中贼易，破心中贼难"，提出了他最得意的"致良知"和"知行合一"思想。他说："吾平生讲学，只是'致良知'三字。"① 正德十四年（1519），王阳明以其奇智大勇，仅用35天就平定了宸濠之乱，立下盖世之功。嘉靖七年（1528），病逝于江西南安府大庾县。

王阳明一生学术经历多次转变，江右以后"专提致良知三字"。② 王阳明称"致良知"为"圣门正法眼藏"，也是阳明晚年教学之大旨，在其思想体系中占有重要地位。王阳明认为良知是人天生就具有的，无须外求。他说："知是心之本体。心自然会知：见父自然知孝，见兄自然知弟，见孺子入井，自然知恻隐，此便是良知，不假外求。"③

王阳明继承了陆九渊"心即理"的心学思想，认为"圣人之学，心学也"。他以"拯救人心"相号召，如同一剂强心针，让士子耳目一新，加上他平定宸濠之乱的事功伟业，使人们认为阳明学说果有益于家国，临事尚有用，"不如陆、王精神不损，临事尚有用也。"④

王阳明以其文章事功，人格魅力及著书讲学，使其学说在江西迅速流传，拥有众多服膺其学的弟子，培植起了声势颇大的江右王学集团。"江右王学是王守仁在江西作官时培植起来的。笃守王学传统，以'慎独''戒惧'为'致良知'的主要修养方法，并认为良知并非现成的，应当通过'动静无心，内外两忘'的涵养工夫去实现，以主静的方法达到无欲的境界。"⑤ 黄宗羲《明儒学案》所列王学七派中，以江右人数最多，达27人。知名者有邹守益、欧阳德、

① 王守仁撰，吴光、钱明等编校：《王阳明全集》（三）卷二六《寄正宪男手墨二卷》，上海古籍出版社2014年版，第1091页。

② 曾亦、郭晓东：《宋明理学》，南京大学出版社2009年版，第280页。

③ 王守仁撰，吴光、钱明等编校：《王阳明全集》（一）卷一《传习录上》，上海古籍出版社2014年版，第7页。

④ 戴望：《颜氏学记》卷一《习斋一·四存编》，中华书局1958年版，第35页。

⑤ 冯天瑜：《明代理学流变考》，《社会科学战线》1984年第2期。

聂豹、罗洪先、刘文敏、黄弘纲、何庭仁、陈九川等。所以黄宗羲感慨道："姚江之学，唯江右为得其传。……而江右独能破之，阳明之道赖以不坠。"①

二、"宋学中坚"罗钦顺的理学思想

在明代中叶阳明心学风行天下，大江南北翕然从之的形势下，泰和人罗钦顺却如中流砥柱，矢志固守理学正统，与阳明心学进行批驳论争，且"痛排释老，力扶正学"，被时人视为"宋学中坚"。张伯行评价道："前代硕儒巍然在西江者，余干则胡敬斋，泰和则先生。"②被誉为"江右硕儒""紫阳功臣"。

罗钦顺（1465—1547），字允升，号整庵，吉安泰和人。弘治六年（1493）进士，授翰林院编修。十年后，任南京国子监司业，与章枫山一起整肃太学。他操守高尚，行己有耻，因不肯阿附刘瑾，被削职为民，直到刘瑾被诛后才复职，后除南京礼部尚书、吏部尚书等职，"时张璁、桂萼以议礼骤贵，秉政树党，屏逐正人。钦顺耻于同列，故屡诏不起。"③嘉靖六年（1527），以父丧辞官归乡，从此，"里居二十余年，足不入城市，潜心格物致知之学"④。去世后，赠太子太保，谥"文庄"。

罗钦顺之学，"专力于穷理、存心、知性"，"明乎心性之辨"。其早年出入佛禅，悟心之灵妙。中年以后，才意识到从前所参所悟，并不是真知实理，"乃此心虚灵之妙，而非性之理"，转而研究儒家性理之旨，"年几四十，始慨然有志于道"。他62岁辞官归乡里居后，潜心学问，孜孜求道，致力于性命义理之学。"年垂六十，始了然有见乎心性之真。"四库馆臣评价他："钦顺潜心理学，深有得于性命理气之微旨。"⑤著有《困知记》《整庵存稿》等。

---

① 黄宗羲著，沈芝盈点校：《明儒学案》卷一六《江右王门学案一》，中华书局1985年版，第331页。

② 罗钦顺著，阎韬点校：《困知记》卷首《张伯行原序》，中华书局1985年版，第1页。

③ 张廷玉：《明史》卷二八二《儒林传一·罗钦顺传》，中华书局1974年版，第7236页。

④ 张廷玉：《明史》卷二八二《儒林传一·罗钦顺传》，中华书局1974年版，第7237页。

⑤ 永瑢等：《四库全书总目》卷九三《困知记提要》，中华书局1965年版，第792页。

罗钦顺是一位有着重要理论建树的思想家。他笃信程朱，对其学说崇信不疑，他说："孔、曾、思、孟之书，周、程、张、朱之说，是崇是信。"[①] 且以捍卫程朱道统为己任，"卫道身微每自珍"，被视为"朱学后劲"和"紫阳功臣"，成为朱学的正宗传人。

罗钦顺的学说在承袭程朱的基础上，对于理气、心性、理一分殊、道心人心等命题也有他自己独到的见解，他是明代第一个以气本论修正程朱理学，批判陆王心学及禅学的气一元论者。尊程朱、辨陆王、辟佛禅、倡实学是罗钦顺的学术四个维度，其学术贡献"主要体现在对阳明心学禅学化的揭露、对程朱理学的改造、对气论的引申与深化、对佛学的批判等四个方面"[②]。他成为明代理学牵一发而动全身的关键人物。

1. 万物"本同一气"——罗钦顺对程朱理学的修正

罗顺钦处于儒风少替的明代中叶，程朱理学步入停滞与衰颓，而阳明心学崛起且日渐流行，程朱学说失却了显学的地位，难以与之分庭抗礼，在这样学术氛围中，罗钦顺如中流砥柱，依然坚守程朱理学。

罗钦顺崇信程朱，认为它"克绍孔孟之学"，得孔孟之正传。"求其克绍孔、孟相传之学，粹然一出于正，其惟濂、洛、关、闽。"[③]认为程朱学说也是通往圣贤之域的必由之路和唯一的桥梁，"舍程朱之说而欲求至于孔孟，与希升堂而闭之门者，有以异乎"[④]？

罗钦顺在对程朱学说尊崇的同时，也对它进行了修正和改造，在理气心性等问题上，提出了自己的主张和见解。他对程朱的理气论进行了基于气学思想的修正和改造，提出了天地万物"本同一气"的气本论，完成了从理本论到气本论的转变。

---

① 罗钦顺著，阎韬点校：《困知记》卷下，中华书局 1990 年版，第 25 页。

② 胡发贵：《江右大儒　宋学中坚——试论罗钦顺的学术思想》，《南昌大学学报》2002 年第 2 期。

③ 罗钦顺：《整庵存稿》卷八《月湖文集序》，景印文渊阁《四库全书》第 1261 册，台湾商务印书馆 1986 年版，第 110 页。

④ 罗钦顺：《整庵存稿》卷一《万安县重修儒学记》，景印文渊阁《四库全书》第 1261 册，台湾商务印书馆 1986 年版，第 9 页。

罗钦顺对理气关系独具只眼，黄宗羲也称他"论理气，最为精确"①。他首先肯定气为天地万物之唯一本原，提出了天地万物"本同一气"的气本论主张。

他认为"人物之生，本同一气"，"万物之生，无非二气之所为"，强调世界一本于气，气是天地万物之根本，气是客观存在且不生不灭的。他说："盖通天地，亘古今，无非一气而已。气本一也，而一动一静，一往一来，一阖一辟，一升一降，循环无已。"②

在气本论的基础上，罗钦顺提出了理气一元论。他认为气是理赖以存在的前提，理只是气之理，并非超然于气之上的抽象实体，而是气本身的条理和规则。气在永恒的运动之中，理是气运动变化之法则，是气运动变化的条理和规律。他说："理果何物也哉？……初非别有一物，依于气而立，附于气以行也。"③"理须就气上认取，然认气为理便不是。"④他的理气一元论，销理入气，理含于气中，附于气身，在气中体现理，就气上认理，消解了程朱理学中理本气末、理先气后等理气二元论的矛盾，呈现出唯物论的理气一元论特色。孙叔平先生评价道："在中国哲学唯物主义的历史上，罗钦顺第一次明确地、周到地解决了理与气的关系问题。"⑤

罗钦顺在理欲问题上也对程朱的理欲观作出了某些修正。

程朱理学认为理、欲不能并存，将天理与人欲对立起来。正如朱熹所说："天理存，则人欲亡；人欲胜，则天理灭，未有天理人欲夹杂者。"⑥因此，"存天理，去人欲"成为理学家们内修身心，外治天下的基本路径。

罗钦顺则认为先儒多言"去人欲"，"遏人欲"，语意"偏重"，提出了"人之有欲，固出于天"的著名论断，肯定了人欲的自然性、当然性和合理性。他

---

① 黄宗羲著，沈芝盈点校：《明儒学案》卷四七《诸儒学案中·文庄罗整庵先生钦顺》，中华书局 1985 年版，第 1109 页。

② 罗钦顺著，阎韬点校：《困知记》卷下，中华书局 1990 年版，第 4 页。

③ 罗钦顺著，阎韬点校：《困知记》卷下，中华书局 1990 年版，第 4 页。

④ 罗钦顺著，阎韬点校：《困知记》卷下，中华书局 1990 年版，第 68 页。

⑤ 孙叔平：《中国哲学史稿》下，上海人民出版社 1982 年版，第 236 页。

⑥ 黎靖德编，王星贤点校：《朱子语类》卷一三《学七》，中华书局 1986 年版，第 224 页。

说:"夫人之有欲,固出于天,盖有必然而不容已,且有当然而不可易者。于其所不容已者而皆合乎当然之则,夫安往而非善乎?惟其恣情纵欲而不知反,斯为恶耳。先儒多以去人欲、遏人欲为言,盖所以防其流者而不得不严,但语言似乎偏重。"①他认为人有欲望是正当的天性,人的欲望并非全是恶的,判断人欲是善是恶,取决于中节与否。在承认理欲存在矛盾的同时,又主张理欲统一,认为"理在气中,理在欲中",人的合理欲望也是天理,只有纵欲才是恶,才与天理对立,故要节欲。他说:"夫性必有欲,非人也,天也。既曰天,其可去乎?欲之有节无节,非天也,人也。既曰人矣,其可纵乎?"②

2. 学贵践履,实学经世——开明清实学之风

罗钦顺还是一位充满入世情怀和济世抱负的学者,他为惩阳明心学"以明心见性之空言代修己治人之实学"的空疏之弊,从气本论出发,首次提出了"经世实学"的主张,反对空谈心性的学风,提倡"学贵践履"的"实学",开创了明清之际的实学思潮,"开辟了重实际,尚实践的一代学风"③。

罗钦顺强调为学要经世致用,他说:"士惟笃行可以振化矣,士惟实学可以经世矣。"④主张要学习"明道、稽政、志在天下"的经世实学,研究学问应服务现实,解决现实问题,要关注人伦日用,使学术做到经世致用。

他提出了政失妖兴、虐政召灾的著名论断。认为造成天灾频发的原因是统治者自身的过错,既是天灾,更是人祸,提出了"凡妖孽之兴,皆由政教不明"的著名论断⑤。而要消除灾祸、救百姓于水火的关键,在于施行善政。而行经界,平赋税,宽征裕民就是善政的重要举措。他主张推行经界之法,解决百姓的土地问题,实现赋役公平。他说:"经界之法,古以均田,后世则以之

① 罗钦顺著,阎韬点校:《困知记》卷下,中华书局 1990 年版,第 28 页。
② 罗钦顺著,阎韬点校:《困知记》三续,中华书局 1990 年版,第 90 页。
③ 刘蔚华等:《中国儒家学术思想史》,山东教育出版社 1996 年版,第 1366 页。
④ 王廷相:《王廷相集》(二)卷二二《送泾野吕先生尚宝考绩序》,中华书局 1989 年版,第 419 页。
⑤ 罗钦顺著,阎韬点校:《困知记》卷上,中华书局 1990 年版,第 12 页。

均赋。中间曲折亦不尽同，然行之得人，为利诚亦不少。"① 他反对对老百姓的横征暴敛，主张宽征裕民，藏富于民。他说："夫爱民莫切于宽征，此理之不易者。……昔人有言，宽之一分，民受一分之赐，况积以岁计，其为赐也不亦多乎。"② 宽征裕民关键在于"平赋"。他说："催科之政，惟平乃善。夫所谓平者，豪强不得以苟免，贫弱不至于见侵。惟正之供，取必以其时，非其时之调发，必不得已，则审其轻重缓急而通融之。"③ 此外，他还提出了足民裕民的主张，把藏富于民看成是培壅国家根本的手段。

3. 大有功于圣门——罗钦顺对佛禅的批判

罗钦顺还对禅学进行了深刻的批判，认为禅佛是危及孔门圣学的一大异端。他说："异端之说，自古有之，考其为害，莫有过于佛氏者。"④ 因为"释氏至于废弃人伦，灭绝天理，其贻祸之酷，可胜道哉"⑤！佛禅抛弃了人伦之道，只求一己之圆满，忽视社会的责任，是自私自利的。

罗钦顺对佛禅以心为性，以性为觉，觉外无余事，抛却格物致知功夫等进行了学理上的批判，认为儒、佛最根本的区别在于"圣人本天，佛氏本心"⑥。他对佛禅的批判，使他成为从学理上深刻批判禅佛的著名学者。黄宗羲在《明儒学案》中引用高攀龙对罗钦顺的评价道："先生于禅学尤极探讨，发其所以不同之故，自唐以来，排斥佛氏，未有若是之明且悉者。"⑦ 认为罗钦顺的辟佛，有大功于圣门，"把罗钦顺作为明代儒、释之辨的最杰出的代表"⑧。

---

① 罗钦顺著，阎韬点校：《困知记》附录《答林正郎贞孚》，中华书局 1990 年版，第 143 页。

② 罗钦顺：《整庵存稿》卷四《送太守曹君之任临江序》，景印文渊阁《四库全书》第 1261 册，台湾商务印书馆 1986 年版，第 57 页。

③ 罗钦顺：《整庵存稿》卷五《送太守程君之任衢州序》，景印文渊阁《四库全书》第 1261 册，台湾商务印书馆 1986 年版，第 67 页。

④ 罗钦顺著，阎韬点校：《困知记》续卷上，中华书局 1990 年版，第 46 页。

⑤ 罗钦顺著，阎韬点校：《困知记》卷上，中华书局 1990 年版，第 2 页。

⑥ 罗钦顺著，阎韬点校：《困知记》续卷下，中华书局 1990 年版，第 80 页。

⑦ 黄宗羲著，沈芝盈点校：《明儒学案》卷四七《诸儒学案中一·文庄罗整庵先生钦顺》，中华书局 1985 年版，第 1110 页。

⑧ 李存山：《罗钦顺的儒释之辨——兼论其与关学和洛学的关系》，《中州学刊》1993 年第 3 期。

　　罗钦顺早年也曾喜欢佛禅，一度沉溺其中。他在《困知记》中讲述了其出入佛禅的心路历程："愚自受学以来，知有圣贤之训而已，初不知所谓禅者何也。及官京师，偶逢一老僧，漫问何由成佛，渠亦漫举禅语为答云：'佛在庭前柏树子。'愚意其必有所谓，为之精思达旦。揽衣将起，则恍然而悟，不觉流汗通体。既而得禅家《证道歌》一编，读之，如合符节，自以为至奇至妙，天下之理莫或加焉。"直到任南京国子监司业后，"则圣贤之书，未尝一日去手，潜玩久之，渐觉就实"，才知以前参佛所悟"乃此心虚灵之妙，而非性之理也"①。于是摒弃佛学，归本孔孟，"始慨然有志于道"。"年垂六十，始了然有见乎心性之真，而确乎有以自信。"②正是由于他有出入禅佛的经历，因此批判禅佛更为彻底，也更为深刻。《明史》本传也认为罗钦顺"初由释氏入，既悟其非，乃力排之"③。

　　罗钦顺对佛禅以心为性，以性为觉，觉外无余事，抛却格物致知功夫等方面进行了集中的批判。他说："释氏之明心见性，与吾儒之尽心知性相似，而实不同。释氏之学，大抵有见于心，无见于性。今人明心之说，混于禅学，而不知有千里毫厘之谬。道之不明，将由于此。钦顺有忧焉。"④佛教崇尚虚无，只认得心的虚灵妙用，不了解世界实有，只以知觉为性，将主观的意识世界误认为客观世界的本质与真谛，故"释氏不知天命，而以心法起灭天地"，强调儒、释的根本区别在于程颐所谓的"圣人本天，佛氏本心"。

　　罗钦顺还对禅佛以性为觉进行了批判，认为儒释对性的理解有本质的不同。他说："夫佛氏之所谓性者，觉；吾儒之所谓性者，理。得失之际，无待言矣。然人物之生，莫不有此理，亦莫不有此觉。"⑤认为禅佛所主之佛性，也即所谓人人皆可成佛的内在依据，其实质是觉，只是悟见的一个虚空境界。而儒

---

①　罗钦顺著，阎韬点校：《困知记》卷下，中华书局1990年版，第34页。

②　罗钦顺著，阎韬点校：《困知记》卷下，中华书局1990年版，第35页。

③　张廷玉等：《明史》卷二八二《儒林传一·罗钦顺传》，中华书局1974年版，第7237页。

④　张廷玉等：《明史》卷二八二《儒林传一·罗钦顺传》，中华书局1974年版，第7238页。

⑤　罗钦顺著，阎韬点校：《困知记》卷下，中华书局1990年版，第33页。

家所谓性，是指人先天禀赋的伦理准则。他说："夫心者，人之神明；性者，人之生理。理之所在谓之心，心之所有谓之性，不可混而为一也。"①同时，禅佛所谓的"顿悟"，"终其所见，不过灵觉之光景而已，性命之理，实未尝有见也，安得举此以乱吾儒穷理尽性之学哉"②！

罗钦顺视佛禅为危及孔门圣学的一大异端。他说："异端之说，自古有之，考其为害，莫有过于佛氏者矣。"③批判佛禅违背人伦，逆天背理。他批判释氏，"至于废弃人伦，灭绝天理，其贻祸之酷，可胜道哉"④！佛禅抛弃了穷理尽性和天地之化育，只求一己之圆满而忽视应承担的社会责任，是自私自利的。但自私自利只是表面，真正的"病根"是"以灵觉为至道"。他说："释氏之自私自利，固与吾儒不同，然此只是就形迹上断，他病根所在，不曾说的。盖以灵觉为至道，乃其病根，所以异于吾儒者，实在于此。"⑤佛禅在本体论上以"心识"为本，"佛氏初不识阴阳为何物，固无由知所谓道，所谓神，但见得此心有一点之灵，求其体而不可得，则以为空寂，推其用而偏于阴界人，则以为神通"⑥。其之所以"害道之甚"，是因为"且其以本体为真，末流为妄，既分本末为两截，谓迷则真成妄，悟则妄即真，又混真妄为一途。故其言七颠八倒，更无是处。"⑦

罗钦顺还论证了陆九渊之学与禅学的关系，认为"象山之学，吾见得分明是禅。……佛氏有见于心，无见于性，象山亦然。其所谓至道，皆不出乎灵觉之妙，初不见其有少异也。岂直仿佛云乎！据象山所见，自不合攻禅，缘当时多以禅学目之，不容不自解尔。"⑧他尤其对陆象山"六经皆我注脚"的说法，

① 罗钦顺著，阎韬点校：《困知记》卷上，中华书局1990年版，第1页。
② 罗钦顺著，阎韬点校：《困知记》续卷下，中华书局1990年版，第81页。
③ 罗钦顺著，阎韬点校：《困知记》续卷上，中华书局1990年版，第46页。
④ 罗钦顺著，阎韬点校：《困知记》卷上，中华书局1990年版，第2页。
⑤ 罗钦顺著，阎韬点校：《困知记》附录《答允恕弟》，中华书局1990年版，第114页。
⑥ 黄宗羲著，沈芝盈点校：《明儒学案》卷四七《诸儒学案中》，中华书局1985年版，第1134页。
⑦ 罗钦顺著，阎韬点校：《困知记》续卷上，中华书局1990年版，第53页。
⑧ 罗钦顺著，阎韬点校：《困知记》附录《答允恕弟》，中华书局1990年版，第114页。

给予了批判，认为"自陆象山有'六经皆我注脚'之言，流及近世，士之好高欲速者，将圣贤经书都作没有紧要看了，以为道理但当求之于心，书可不必读，……一言而贻后学无穷之祸，象山其罪首哉。"①

罗钦顺对陆氏后学弟子的批判就更加尖锐。如对杨简，认为杨简所论虽多，但其核心是"心之精神之谓圣"，其实质是"以心法起灭天地"，此"即释迦所谓'自觉圣智境界'也。书中千言万语，彻头彻尾，无非此个见解。而意气之横逸，辞说之猖狂，比之象山尤甚。"认为杨简为害大于陆学，可谓圣门罪人！"其敢于侮圣言，叛圣经，疑误后学如此，不谓之圣门之罪人不可也。世之君子，曾未闻有能鸣鼓而攻之者，反从而为之役，果何见哉。"②

同样，他认为阳明心学亦为禅学，因为他是"局于内遗其外"的。心学、禅学的兴起，把人们的致思方向进一步引向凌空驾虚之中，也造成了学风的空疏和不振，使时人"空谈心性""束书不观、游谈无根"，导致"自文成而后，学者盛谈玄虚，遍天下皆禅学"③。

黄宗羲认为罗钦顺对禅佛的批判，"大有功于圣门"。他说："考先生最得力处，乃在以道心为性，指未发而言，人心为情，指已发而言……吾儒本天，释氏本心，自是古人铁案，先生娓娓言之，可谓大有功于圣门。"④四库馆臣也认为罗钦顺其学初从禅入，久而尽知利弊，更能切中窾要，剖析尤精。"盖其学初从禅入，久而尽知其利弊，故于疑似之介，剖析尤精，非泛相诃斥，不中窾要者比。高攀龙尝称自来排斥佛氏未有若是之明且悉者，可谓知言矣。"⑤张君劢认为罗钦顺是"详细讨论佛学的第一个中国学者"。

4.宋学中坚，朱学后劲——罗钦顺的学术地位

罗钦顺人品高尚，立身行世可钦可典，即"钦顺之学，以穷理格物为

① 罗钦顺著，阎韬点校：《困知记》续卷上，中华书局1990年版，第72页。
② 罗钦顺著，阎韬点校：《困知记》续卷下，中华书局1990年版，第78页。
③ 刘宗周：《刘子全书》卷四〇《年谱·万历四十年条》，清道光十五年（1835）刻本。
④ 黄宗羲著，沈芝盈点校：《明儒学案·师说·罗整庵钦顺》，中华书局1985年版，第10页。
⑤ 永瑢等：《四库全书总目》卷九三《困知记提要》，中华书局1965年版，第792页。

宗"①。其严谨的治学态度和卓然独立的学术人品，令人肃然起敬。四库馆臣认为："盖由其学问纯粹，心胸高旷，故能说理明透，无往不流露性情，在讲学诸人中，固可称卓然质有其文者也。"② 高攀龙称赞他"行己居官，如金精美玉"。黄宗羲也赞叹他："若先生庄一静正，德行如浑金璞玉，不愧圣人之徒，自是生质之美，非关学力。"③ 发出了"呜呼，先生之功伟矣"的由衷赞叹！

罗钦顺在阳明心学大兴，几呈席卷天下之势的情形下，如中流砥柱，毅然奋起，论辩、批驳阳明，显示了他特立独行的品性，被誉为"宋学中坚""朱学后劲"。"在此理学几乎被消解的紧急情势下，钦顺的固守宋学，一方面顽强表现了程朱理学的存在，另一方面也为程朱理学的赓续相传，起到了一个重要的承上启下的学术桥梁的作用"④。顾炎武在《日知录》中，将《困知记》称为"今日之中流砥柱"。

罗钦顺是明代理学承上启下的重要学者，"从学术思潮的演变大势来看，罗钦顺推崇实学的思想，实为明清之际实学思潮的滥觞。从气本论和哲学发展来看，罗钦顺的理气一元论既上承张载，又下启王夫之、戴震，有着承前启下的意义。"⑤ 他以程朱理学为旨归，对理、气、心、性等命题都有所探讨和深化。"考先生所最得力处，乃在以道心为性，指未发而言；人心为情，指已发而言。自谓独异于宋儒之见。"⑥ 他是一位介于理学与气学之间的思想家，站在理学和气学的分水岭上。冯友兰先生认为罗钦顺使"前期道学的高峰向后期道学的高峰转化了"⑦。同时，他提倡的"经世实学"，开启了明末清初经世致用之风气。

---

① 永瑢等：《四库全书总目》卷一七一《整庵存稿提要》，中华书局1965年版，第1497页。
② 罗钦顺：《整庵存稿》卷首，景印文渊阁《四库全书》第1261册，台湾商务印书馆1986年版，第3页。
③ 黄宗羲著，沈芝盈点校：《明儒学案·师说·罗整庵钦顺》，中华书局1985年版，第10页。
④ 胡发贵：《江右大儒 宋学中坚——试论罗钦顺的学术思想》，《南昌大学学报》2002年第2期。
⑤ 方志远：《江西通史》（第8卷，明代卷），江西出版集团、江西人民出版社2008年版，第359页。
⑥ 黄宗羲著，沈芝盈点校：《明儒学案·师说·罗整庵钦顺》，中华书局1985年版，第10页。
⑦ 冯友兰：《中国哲学史新编》（第五册），人民出版社1995年版，第259页。

三、罗钦顺对王阳明"心外无理"的批判

在阳明心学风行江西及大江南北的情形下，罗钦顺出于对程朱学说的无限崇信，不能容忍王阳明"泰然自处于程、朱之上"。为捍卫理学道统，对阳明心学进行了不遗余力的论战，"余惟恐攻之不力，而无以塞其源"①。蒙培元先生评价罗钦顺是驳斥心学的第一人。

罗钦顺对王阳明的批判，集中在心性论、致良知以及《朱子晚年全论》等三大方面。

王阳明主张"心即理"，强调心外无物，心外无理，认为心是身之主宰。他说："身之主宰便是心，心之所发便是意，意之本体便是知，意之所在便是物……所以某说无心外之理，无心外之物。"②罗钦顺指出王阳明所谓"心之所发便是意"，"意之所在便是物"有两大误处：一是意不能代替客观事物；二是不能以主观意念为标准，来检验意念是否正确。罗钦顺认为心只是认识事物的一种器官和能力，"心"虽涵"理"，但绝不是"心即理"，批评王阳明把"性即理"与"心即理"混而为一。他说："夫心者，人之神明；性者，人之生理。理之所在谓之心，心之所有谓之性，不可混而为一也。"③

罗钦顺对格物问题十分关注，"考先生于格物一节，几用却二三十年工夫"④。罗钦顺致书王阳明，认为"圣门设教，文行兼资，博学于文，厥有明训。如谓学不资于外求，但当反观内省，则'正心诚意'四字亦何所不尽，必于入门之际，加以格物工夫哉！"对王阳明的格物说进行质疑批评。王阳明在回信中辩解道："理无内外，性无内外，故学无内外。讲习讨论，未尝非内也。反观内省，未尝遗外也。"⑤

---

① 罗钦顺：《罗整庵先生存稿》卷一《答允恕弟》，中华书局 1985 年版，第 10 页。
② 王守仁撰，吴光、钱明等编校：《王阳明全集》（一）卷一《传习录上》，上海古籍出版社 2014 年版，第 6 页。
③ 罗钦顺著，阎韬点校：《困知记》卷一，中华书局 1990 年版，第 1 页。
④ 黄宗羲著，沈芝盈点校：《明儒学案·师说》，中华书局 1985 年版，第 10 页。
⑤ 张廷玉：《明史》卷二八二《儒林传一》，中华书局 1974 年版，第 7237 页。

正德十五年（1520），王阳明赴任江西，路过泰和时，与罗钦顺就"致知在格物，物格而后知至"与"心即理""心外无物"进行了论辩。王阳明说："正心诚意，致知格物，皆所以修身。而格物者，格其心之物也，格其意之物也，格其知之物也。正心者，正其物之心也；诚意者，诚其物之意也；致知者，致其物之知也。此岂有内外之分、彼此之分哉？"①将格物之功完全集中到身心体认之上。

罗钦顺给予反驳，认为王阳明所言："格物者，格其心之物也，格其意之物也，格其知之物也。正心者，正其物之心也。诚意者，诚其物之意也。致知者，致其物之知也。"②但自有《大学》以来，从未有如此之论述，如果按其所言，"夫谓格其心之物，格其意之物，格其知之物，凡为物三也。谓正其物之心，诚其物之意，致其物之知，其为物也一而已矣。就三而论，以程子格物之训推之，犹可通也。以执事格物之训推之，不可通也。就一物而论，则所谓物，果何物耶？如必以为意之用，虽极安排之巧，终无可通之日也。"③面对罗钦顺的这番言论，王阳明无言以对。

四、罗钦顺与王阳明关于致良知的论辩

罗钦顺对王阳明学术思想的核心——致良知进行了集中的批判。王阳明曾说："吾平生讲学，只是'致良知'三字。"④"故致良知是学问大头脑，是圣人教人第一义"⑤。认为良知是人心中所固有的知觉能力，这是他从百死千难中才悟得的。他在给弟子邹守益的信中说道："近来信得'致良知'三字，真圣门

---

① 张廷玉：《明史》卷二八二《儒林传一》，中华书局1974年版，第7237页。
② 张廷玉：《明史》卷二八二《儒林传一》，中华书局1974年版，第7237页。
③ 张廷玉：《明史》卷二八二《儒林传一》，中华书局1974年版，第7237页。
④ 王守仁撰，吴光、钱明等编校：《王阳明全集》（三）卷二六《寄正宪男手墨二卷》，上海古籍出版社2014年版，第1091页。
⑤ 王守仁撰，吴光、钱明等编校：《王阳明全集》（一）卷二《传习录》中《答欧阳崇一》，上海古籍出版社2014年版，第80页。

正法眼藏。……某于此良知之说，从百死千难中得来。"认为"良知与天理同体异名，是圣人教人第一义。"王阳明用"良知"取代了"知"，把"格物、致知、诚意、正心"简化为"致良知"，认为格物致知，只是格其心中之良知。

针对王阳明所谓"吾心之良知，即所谓天理。致吾心良知之天理于事物，则事事物物皆得其理矣。致吾心之良知者，致知也。事事物物各得其理者，格物也"的论调①，罗钦顺批驳道："今以良知为天理，乃欲'致吾心之良知于事事物物'，则是道理全在人安排出，事物无复本然之则矣。"②认为良知并非是一种本体，只是人主体性的作用和表现。以良知为天理其实质就是佛禅"以知为性"的谬论！如果王阳明此理成立，"则《大学》当云'格物在致知'，不当云'致知在格物'与'物格而后知至矣'"。但王阳明还没有收到此信，就已经去世，"书未及达，守仁已殁"③。辩论只得到此结束。

五、罗钦顺对王阳明《朱子晚年定论》的批判

王学虽然流行，但朱学依旧居于官方哲学的地位，王阳明也不敢与朱学公然对立而被视为异端，于是对朱学退避三舍，暗度陈仓，认为朱子晚年已改变其说。他从《朱子文集》中，选取 34 书，各录一段，著为《朱子晚年定论》，表明朱熹晚年已大悟从前学说之非，证明自己与朱熹学说是一脉相承的。他说："复取朱子之书而检求之，然后知其晚年固已大悟旧说之非，痛悔极艾，至以为自诳诳人之罪，不可胜赎。世之所传《集注》《或问》之类，乃其中年未定之说。自咎以为旧本之误，思改正而未及，而其诸《语类》之属，又其门人挟胜心以附己见。故于朱子平日之说犹有大相谬戾者，而世之学者局于见闻，不过持循讲习于此。其于悟后之论，概乎其未有闻，则亦何怪乎予言之不信，而朱子之心无以自暴于后世者乎？……且概乎夫世之学者徒守朱子中年未

① 张廷玉：《明史》卷二八二《儒林传一》，中华书局 1974 年版，第 7237 页。
② 罗钦顺：《困知记》附录《答欧阳少司成崇一》，中华书局 1990 年版，第 120 页。
③ 张廷玉：《明史》卷二八二《儒林传一》，中华书局 1974 年版，第 7237 页。

定之说，而不复知求其晚岁既定之论。竞相咬咬，以乱正学，不自知其忆已入于异端。辄采录而衷集之，私以示夫同志。庶几无疑于吾说，而圣学之明可冀矣。"①

此书一出，立即引起了强烈的反响，被王学反对者抓住把柄，招来阵阵批评之声，最有力的批评者就是罗钦顺。正德十五年（1520）罗钦顺读了王阳明寄送的《朱子晚年定论》后，随即致信王阳明，与之进行了论辩，以确凿的证据，揭露该书荒诞之处有三：一是颠倒早晚，误以中年之书为晚年所作，如何叔京卒时，朱熹年方46岁，却"今有取于答何书者四通，以为晚年定论"，而成书晚两年的《四书集注》《四书或问》则以为中年未定之说。认为"窃恐考之欠详，而立论之太果也"。二是断章取义，以偏概全，只取其厌烦就约之语与其己见符合者。"乃于其论学书尺三数十卷内，摘此三十余条，其意皆主于向里者，以为得于既悟之余，而断其为定论"。三是误解"定本"，且改为"旧本"。他说："而序中又变'定'字为'旧'字，却未详本字同所指否？"② 罗钦顺认为朱子晚年与中年学说是一以贯之的，并且与王学之间存在着"牴牾之大隙哉"！在确凿的证据面前，王阳明只能在《答罗整庵少宰书》中自我辩解道："某为《朱子晚年定论》，盖亦不得已而然。中间年岁早晚，诚有所未考。虽不必尽出于晚年，固多出于晚年者矣。然大意在委曲调停，以明此学为重。平生于朱子之说，如神明蓍龟。一旦与之背驰，心诚有所未忍，盖不得已而为此。"③

尽管罗钦顺与王阳明在学术上是针锋相对的论敌，进行过多次激烈的论辩，但并没有影响两人真挚的友谊，两人"道义之交深，文字之会密"，虽有学术的分歧，却没有个人的恩怨，且彼此相互尊重，打破了文人相轻的陋习。

---

① 王守仁撰，吴光、钱明等编校：《王阳明全集》（一）卷三《传习录下·朱子晚年定论序》，上海古籍出版社2014年版，第145页。

② 罗钦顺著，阎韬点校：《困知记》附录《与王阳明书》，中华书局1990年版，第110页。

③ 王守仁撰，吴光、钱明等编校：《王阳明全集》（一）卷二《传习录中·答罗整庵少宰书》，中华书局2014年版，第88页。

罗钦顺曾赞赏王阳明"才雄而学邃,志高而识远",认为"执事天资绝出"①。敬佩之情,溢于言表。王阳明死后,罗钦顺作《祭大司马王阳明先生文》,评价道:"惟公才周万务,学本一心,气盖古今,量包湖海。绍斯文之坠绪,跻斯世于平康。岂惟众所同期,诚亦公之自任。……愚也弟兄,夙钦风义,交游以世,气味攸同。宦邸论文,不在盈尊之酒;归途讲学,犹存隔岁之书。"②尽管王阳明受到了罗钦顺的批判,但王阳明认为这是君子和而不同,对罗钦顺充满感激。他曾在回信中说道:"而数年以来,闻其说而非笑之者有矣,诟訾之者有矣,置之不足较量辨议者有矣,其肯遂以教我乎?其肯遂以教我,而反复晓谕,恻然惟恐不及救正之乎?然则天下之爱我者,固莫有如执事之心深且至矣。感激当何如哉!"③

四库馆臣在《困知记提要》中,对罗钦顺论辩阳明之功给予充分肯定:"盖其学由积渐体验而得,故专以躬行实践为务,而深斥姚江良知之非。尝与王守仁书,辨《朱子晚年定论》,于守仁颠倒年月之处,考证极详。此书明白笃实,亦深有裨于后学。"④张伯行也称赞罗钦顺批驳王学的贡献:"推先生之心,欲邪正不并存,是非不两立,有尽心知性之辨,而后明心见性之说,不得乱于儒宗;有格物致知之功,而后凌虚架空之弊,不至贻误后学。"⑤

罗钦顺恪守程朱理学,以道统卫士自居,为学术道义,对王阳明学术进行批驳论争,被视为"宋学中坚",客观上阻止了心学的一统天下,有利于学术的多元和繁荣。

---

① 罗钦顺著,阎韬点校:《困知记》附录《与王阳明书》,中华书局1990年版,第110页。

② 罗钦顺:《整庵存稿》卷一五《祭大司马王阳明先生文》,景印文渊阁《四库全书》第1261册,台湾商务印书馆1986年版,第197页。

③ 王守仁撰,吴光、钱明等编校:《王阳明全集》(一)卷二《答罗整庵少宰书》,中华书局2014年版,第85页。

④ 永瑢等:《四库全书总目》卷九三《困知记提要》,中华书局1965年版,第792页。

⑤ 罗钦顺著,阎韬点校:《困知记·张伯行原序》,中华书局1990年版,第1页。

第八章
鄱阳湖地区理学的学术特征与贡献

　　江西尤其是鄱阳湖地区是理学开源之地，素有"理学渊薮"之称。"理学发源于江西，主要的学术研究在江西，最后定型于江西，又以江西为起点，传播于全国。中国儒家思想的哲学化、体系化，在江西这块土地上最后完成，这是江西对儒家思想丰富和发展所作的贡献。"[①] 如果说江西是理学的"故乡"，那么鄱阳湖地区可称为理学的"摇篮"，是宋、元、明时代理学发展的核心区域之一。正如陈来先生在《朱熹与江西理学》序中评价的："江西理学不仅宋代突出，元代、明代也都很发达；而又与浙江不同，元明以来江西理学、心学皆并行发展。……若说江西是宋、元、明时代理学发展的最重要的地区，当亦不为过。"[②]

　　鄱阳湖地区的理学家们立志理学传承，热衷于书院教育，以书院作为传播其理学思想的学术平台和授徒讲学的基地，不仅自己是寻梦人，更是他人的圆梦者，他们培养了大批的人才，促使了理学思想的普及与文化的下移，促进了鄱阳湖地区文教的发展。同时，理学家化俗乡里，维系了社会伦理秩序，有助于该地区公序良俗的形成，对鄱阳湖地区的社会风气和百姓生活产生了深远的影响，也使鄱阳湖地域文化打上了鲜明的理学烙印。

---

① 吴长庚主编：《朱熹与江西理学》，江西高校出版社 2007 年版，第 124 页。

② 吴长庚主编：《朱熹与江西理学》，江西高校出版社 2007 年版，第 3 页。

鄱阳湖地区理学在理学的发展史上，应有一席之地。

第一节　鄱阳湖地区理学的学术特征

理学文化是鄱阳湖地域文化的基本内核。理学在鄱阳湖地区兴起、传衍的过程中，形成了独特的个性，呈现出鲜明的特征：鄱阳湖理学文化的个性表现在于尊信程朱，捍卫道统，排斥异端的执着性；兼容并蓄，海纳百川的融合性；慕道安贫，砥砺节操，追求成圣成贤的理想性；学贵践履，实学经世的务实性和文节俱高，服膺正统的忠诚性。鄱阳湖地区的理学家们尊信程朱，捍卫道统，以求道、卫道为己任；批判佛禅，驳斥老庄，论辩阳明，竭力维护程朱理学的正统地位；在学术上又和会朱、陆，兼采朱、陆之长，强调主敬存心；在修养上慕道安贫、砥砺节操，重视为己之学；在学风上倡导学贵践履，实学经世，为理学增添了务实的学风；在为人处世中，刚正义烈，讲究忠义，追求文节俱高，忠顺朝廷，服膺正统，具有强烈的向心意识。

一、捍卫道统，排斥异端的执着性

鄱阳湖地区的理学，历经宋、元、明、清时期，发展一脉相承。从周敦颐到朱熹，从朱熹到饶鲁，从饶鲁到吴澄，从吴澄到吴与弼，从吴与弼到胡居仁，此伏彼起，脉络清晰。他们对程朱理学从接受到传承，从传承到转向，继而从转向到改造，并从改造到创新，但都尊信程朱，捍卫道统，从未背离程朱理学的根本立场，只是承续并发展了其学说，进一步充实完善程朱等建构的理学体系。

鄱阳湖地区的理学家们恪守师训，笃信朱学，以求道卫道为己任，处处维护着朱子理学的权威与纯洁。

宋、元时期的介轩学派，尤其是以朱子故里婺源为代表的理学家们，他们以生活在朱子故里为荣，从心理上服膺朱子，尊崇朱子，强调"读朱子之书，服朱子之教，秉朱子之礼"①，是程朱理学的忠诚卫道者，崇仰朱子的人格，对朱子顶礼膜拜；在学术上笃信朱子之学，坚执师说，唯朱是崇，视朱学为圣学，不容也不敢越雷池一步，致力于维护朱学的权威和纯洁性，固守朱学本旨，捍卫师门成说，对于有违朱子学说的"异端邪说"群起而攻之，打上了深深的尊朱烙印。他们以研习、传播朱子理学为己任，致力于朱子理学的普及，通过创办书院，讲学授徒，编写理学普及读物，扩大了朱子学的传播范围，促进了朱子理学文化下移，对程朱理学的传播和普及起了重要的作用；他们致力于朱子理学思想的解释、热衷于对朱子学术的注疏，注重对朱子《四书》学的诠释，但在学理上很少超越和突破，逐渐"流为训诂之学"。

元代以程钜夫、吴澄等为代表的理学家们，不遗余力地推崇程朱理学，使程朱理学最终获得了元朝最高统治者的认可，登上了"国是"的宝座，朱熹的《四书集注》成为士子应考的必读书目和科举考试的标准答案，程朱理学成为官方哲学，居于正统的地位。吴澄自小以圣贤之道自任，立志接武朱熹，继承道统，跻身于圣贤之列，自我标榜为朱子传人，在学术上以朱子为宗，奉朱子学说为圭臬，致力于探寻朱学本旨，阐扬朱学未尽之蕴。

明初程朱理学一统天下，"使天下之士，一尊朱氏……非朱氏之言不尊"②，进入了理学的述朱期。有如黄宗羲所谓："有明学术，从前习熟先儒之成说，未尝反身理会，推见至隐，所谓'此亦一述朱，彼亦一述朱'耳。"③在这种学术氛围下，江西鄱阳湖地区的理学家们笃信孔孟，崇信程朱，奋志圣贤之学，对彰显孔孟之道和程朱学说不遗余力，表现出强烈的求道与卫道热情。

吴与弼在读完《伊洛渊源录》后，不由感慨道："睹道统一脉之传，不觉心醉……于是思自奋励，窃慕向焉，而尽焚当时举子文字，誓必至乎圣贤而后

---

① 转引自周晓光：《新安理学》，安徽人民出版社2005年版，第10页。

② 何乔远：《名山藏》（第七册）《儒林记上》，广陵书社1993年版，第5194页。

③ 黄宗羲著，沈芝盈点校：《明儒学案》卷一〇《姚江学案叙录》，中华书局1985年版，第179页。

已"①。于是立志圣贤之道，"尽圣贤之道，乃学问之大本也"，放弃科举功名，立志以传承程朱理学为己任。

胡居仁一生"奋志圣贤之学"，在明代"正道显晦，异学争鸣之日……毅然以斯道自任"②，成为明初诸儒中恪守朱学最醇者。娄谅也是"明正学，迪正道，为世鸿儒"③。罗伦"其学专守宋学，精研经学、义理"，他敬佩圣贤豪杰，学成圣贤成为他一生的追求，并在言行上规行矩步，效法前贤，以求"无不合乎圣贤已行之成法而已"④。张元祯也卓然以斯道自任，笃好濂、洛、关、闽之书。被称为"紫阳功臣"的罗钦顺，从小立志"为圣人之徒"，一生以求道、卫道为己任，"卫道身微每自珍"。即便在阳明心学流行天下，大江南北翕然从之的形势下，他依旧如中流砥柱，对程朱其学说崇信不疑，"孔曾思孟之书，周程张朱之说，是崇是信"⑤。

清代婺源汪绂，一生谨守程、朱之道，其学"以宋五子之学"为旨归，以传承程朱学说为己任。"双池居贫守约，力任斯道之传。"⑥"其学涵泳《六经》，博通《礼》《乐》，亦恪守朱子家法。"⑦他认为千古圣贤所传，程朱理学的核心在于"理一而已"。为捍卫朱子理学道统，扭转世道人心。他著《理学逢源》一书，以窥圣学之旨，不使邪说诬民，以正本清源。"他一生清苦，从未显达，但却问学不倦，孜孜于理学探讨，且在当时汉学盛行的大氛围下，致力于维护程朱理学正统，实属不多见者。"⑧他被誉为"守朱学之干城"，曾国藩评价他

① 吴与弼：《康斋集》卷一二《跋伊洛渊源录》，景印文渊阁《四库全书》第1251册，台湾商务印书馆1986年版，第587页。

② 胡居仁撰，冯会明点校：《胡居仁文集》，江西人民出版社2013年版，第10页。

③ 夏尚朴：《东岩集》卷五《娄一斋先生行实》，景印文渊阁《四库全书》第1271册，台湾商务印书馆1986年版，第42页。

④ 黄宗羲著，沈芝盈点校：《明儒学案》卷首《师说·罗一峰伦》，中华书局1985年版，第6页。

⑤ 罗钦顺著，阎韬点校：《困知记》卷下，中华书局1990年版，第25页。

⑥ 徐世昌等编，沈芝盈、梁运华点校：《清儒学案》卷六三《双池学案》，中华书局2008年版，第2433页。

⑦ 钱穆：《〈清儒学案〉序》，《中国学术思想史论丛》（八），安徽教育出版社2004年版，第371页。

⑧ 龚书铎主编：《清代理学史》（中卷），广东教育出版社2007年版，第69页。

"为朱子后一人无疑"。

鄱阳湖地区素来禅风鼎盛，是佛、道重要的传播基地。佛、道二教在鄱阳湖地区有深厚的土壤，对社会文化影响深远。理学在鄱阳湖地区的兴起，在一定程度上吸收了佛、道文化的营养，但理学与佛、道二教有本质的区别。

鄱阳湖地区的理学家们，为捍卫程朱理学，致力于对佛、道的批判，认为它们是危及孔门之道、程朱理学的异端，对其痛加批判和驳斥，以捍卫程朱理学的正统地位。

朱熹在隆兴元年（1163），就与汪应辰反复进行儒释邪正之辨，展开了对禅佛的批判。朱熹认为儒学虽然可借佛禅来解说，但不等同于儒、佛同道；佛禅中虽有可汲取的养分，但不能说儒、佛相成，并结合自己早年曾出入佛禅的心路历程，认为释氏"未能有得"，并著《杂学辨》，将张九成《中庸解》、吕本中《大学解》、苏轼《易解》、苏辙《老子解》，一道视为以佛老说儒的"杂学"，进行系统批判，以免它们"流传久远，上累师门"。

吴与弼曾叹息道："宦官、释氏不除，而欲天下治，难矣！"① 把宦官、佛教的泛滥，看成是明代政治的两大毒瘤，唯有割之而后快。

胡居仁更是一位批判佛、道异端的勇猛斗士，"先生之辨释氏尤力"。他以"明王道""辟异端"为己任，对佛、道二教进行了猛烈的批判。认定禅佛有损圣人之道，他说："杨、墨、老、佛、庄、列，皆名异端，皆能害圣人之道。为害尤甚者，禅也。"因为"禅家害道最甚，是他做功夫与儒家最相似"②。佛禅顿悟速成的易简工夫，使学者为求捷径，而陷于其中。胡居仁认为禅佛不仅害人心，且对社会国家毫无用处。究其根源就在于一个"私"字，他说："释氏以自私之心，强包括天地万物，故背逆天地，绝灭人物。"③

胡居仁认为"老氏谈道德，然以虚无玄妙为道德，适足灭其道德"。"老、

① 张廷玉：《明史》卷二八二《儒林传一》，中华书局 1974 年版，第 7240 页。
② 胡居仁撰，冯会明点校：《胡居仁文集》卷七《老佛》，江西人民出版社 2013 年版，第 85 页。
③ 胡居仁撰，冯会明点校：《胡居仁文集》卷一《心性》，江西人民出版社 2013 年版，第 18 页。

庄之说最妄，老氏虽背圣人之道，未敢侮圣人，庄子则侮圣人矣。"①夏尚朴评价其学道："敬斋之学，笃信程朱，攘斥异教，有功于吾道甚大。"②

　　罗钦顺更是"详细讨论佛学的第一个中国学者"。他认为禅佛是危及孔门圣学的一大异端。他说："异端之说，自古有之，考其为害，莫有过于佛氏者。"③认为"释氏至于废弃人伦，灭绝天理，其贻祸之酷，可胜道哉"④！并对佛禅"明心见性""虚无唯灵"及"顿悟说"进行了学理上的剖析。强调儒、佛最根本的区别在于"圣人本天，佛氏本心"。高攀龙认为"自唐以来，排斥佛氏，未有若是之明且悉者"⑤。黄宗羲评价罗钦顺的辟佛，有大功于圣门，"吾儒本天，释氏本心，自是古人铁案，先生娓娓言之，有大功于圣门"⑥。

　　清代宋之盛等人也屡屡斥责王门后学为狂禅，力辟禅佛之非，认为禅学盛行会亡种亡国，反对"援禅入儒"，视之为"疏粝掺入芝术"。他批驳佛教以知觉言心，不务格物穷理，有如引镜照镜，不过是以空印空而已。他说："释氏只以空寂妙圆为究竟，而视理为障，岂得同科。"⑦谢文洊以为学术之坏，坏于禅学与俗学。因此，欲复兴儒学，就须深辟禅学之非。

　　由此可见，尊信程朱，推崇朱子，恪守师训，对其顶礼膜拜，同时，批判佛禅，指斥老庄等异端，以捍卫道统为己任，竭力维护理学的统治地位，成为鄱阳湖地区理学家的共同特征。

① 胡居仁撰，冯会明点校：《胡居仁文集》卷七《老佛》，江西人民出版社 2013 年版，第 86 页。

② 夏尚朴：《东岩集》卷四《答余子积书》，景印文渊阁《四库全书》第 1271 册，台湾商务印书馆 1986 年版，第 30 页。

③ 罗钦顺著，阎韬点校：《困知记》续卷上，中华书局 1990 年版，第 46 页。

④ 罗钦顺著，阎韬点校：《困知记》卷上，中华书局 1990 年版，第 2 页。

⑤ 黄宗羲著，沈芝盈点校：《明儒学案》卷四七《诸儒学案中一·文庄罗整庵先生钦顺》，中华书局 1985 年版，第 1110 页。

⑥ 黄宗羲著，沈芝盈点校：《明儒学案》卷首《师说·罗整庵钦顺》，中华书局 1985 年版，第 10 页。

⑦ 宋犥撰，杨润根点校：《髻山文钞》卷下《复约斋书》，见陶福履、胡思敬原编：《豫章丛书》第 200 册，江西教育出版社 2002 年版，第 805 页。

二、和会朱陆，兼容并蓄的融合性

鄱阳湖地区历来具有兼容并蓄、海纳百川的文化融合性。其"襟三江而带五湖，控蛮荆而引瓯越"的自然区位，具有汇通南北，沟通东西的优势，不仅带来了东西南北的名优特产，更方便了南来北往的学者们的交流。吴头楚尾的地缘政治格局，使其成为中原文化正统儒学的边缘之地，既吸收了吴文化的柔美，也蕴涵着楚文化的悍辣。浩瀚的鄱阳湖不但汇聚百川之水，且可容纳、扩散八方文化。鄱阳湖地区的理学家们不断和外界，特别是福建、安徽、浙江等周边省份保持着密切的学术联系与交流，使各地文化在此碰撞与交融，成为各种思潮激烈交锋的地区，呈现出海纳百川、兼收并蓄的文化特性。

鄱阳湖的理学家们在尊崇朱学的同时，又不恪守门户，对其他学派持宽容、接纳态度，显示出兼收并蓄的文化融合性。鄱阳湖地区是朱学、陆学交互影响的地区，位于鄱阳湖地区的抚州金溪是陆九渊的故乡，信州贵溪象山又是陆九渊讲学的场所，是陆学的大本营，具有"和会朱、陆"的传统土壤。程朱理学思想自形成之日起，便与陆九渊心学论争不已，并在论辩交锋中，互相接近，相互吸收，相互交融。饶鲁双峰学派、鄱阳三汤之学、吴澄草庐学派，都以和会朱、陆为学术特色，呈现出集朱、陆之长的学术特点。

尤其以吴澄为代表，通过和会朱、陆，打破了朱、陆的学术藩篱，不墨守一家，取长避短，博采诸家之长，兼取朱、陆为己所用，促进了理学的发展。吴澄学术渊源于朱熹和陆九渊，既得朱熹理学之真传，又熟谙陆九渊心学之真瑞，在理气关系上，在继承朱熹理气论的同时，又提出"理在气中""理气未始相离"的命题；同时吸收了陆九渊的"心本论"观点，提出了"道具于心"的主张。在工夫论上也兼取朱、陆两家之长，对朱、陆"道问学"与"尊德性"之争，吴澄主张尊德性与道问学二者并重，要以"尊德性"为体，"道问学"为用，提出了"内以主敬以尊德性""外以格物而致知"的修养方法，认为"朱子于道问学之功居多，而陆子以尊德性为主。问学不本于德性，则其弊必偏于言语训释之末，故学必以德性为本。"①力求将陆学的"高明简易"与朱学的"笃实邃密"相结合，弃两家之短，以集两家之长。陆学要兼取朱学格物致知的笃实工夫，以免谈空说虚而流入禅佛之门；朱门弟子也要兼取陆学的"易简"工夫，避免"支离"之病。可见，吴澄力主和会朱、陆，致力于建构兼容朱、陆之长的理学新体系。

明代鄱阳湖地区的理学家们，很少致力于宇宙本体的探讨，而主张"尊而行之"。在学术上"一禀前人成法"，"守宋人之途辙"，"皆朱子门人之支流余裔，师承有自，矩矱秩然"②。在理气心性等命题上恪守、承袭程朱学说。

但在"一禀前人成法"的同时，也有所创新发展。他们在朱学的基础上，吸收了陆九渊心学的因素，兼采朱、陆之长，融为一体，在坚持理主体地位的同时，重视心的作用，尤其强调主敬存心。

在心性论上，吴与弼对朱熹的心性论进行改造，在朱学中杂入了陆学思想，将"心"提升为核心概念。认为"寸心含宇宙，不乐复如何"，确立了心的本体地位，成为明代心学第一人。

在修养方法上，吴与弼提出了"反求吾心"的修养方法。认为"理"是"吾心固有"，只是被气禀所拘而蒙有尘垢，要通过"洗心""磨镜"等"反求吾心"的浣洗功夫，去除尘垢，达到"心性纯然"的境界。在存心方法上，吴与弼提出了"主敬存心"和"静中存心"的涵养方法，把"敬义夹持"当作"洗心之要法"，尤其注重"平旦之气"的静观和"枕上"的夜思冥悟。可见，吴与弼主静穷理的涵养方法已经偏离了朱熹用读书"摄管此心"的轨道，接近于陆九渊的本心说。

被称为明代醇儒的胡居仁提出了"心与理本一"的心性观。他说："盖心具众理，众理悉具于心，心与理一也。"③认为心与理都是宇宙的本体，把理本论

---

① 黄宗羲原著，全祖望补修，陈金生、梁运华点校：《宋元学案》卷九二《草庐学案》，中华书局 1986 年版，第 3037 页。

② 张廷玉：《明史》卷二八二《儒林传一》，中华书局 1974 年版，第 7222 页。

③ 胡居仁撰，冯会明点校：《胡居仁文集》卷一《心性》，江西人民出版社 2013 年版，第 15 页。

与心本论融合起来，主张"存心穷理，交致其功"。胡居仁把"主敬存心"作为工夫本原，"一生得力于敬"①，将程朱的主敬学说从内涵和外延上都得以丰富。

同样，娄谅之学"以主敬躬理为主"②，将吴与弼的"洗心""涵养此心"学说，进一步阐发为"以收放心为居敬之门，以何思何虑，勿忘勿助为居敬要旨"。娄谅还是阳明心学的启蒙者，黄宗羲评价道："姚江之学，先生（娄谅）为发端也。"③ 张元祯则有"是心也，即天理也"的著名论断，黄宗羲谓其已先发阳明"未发时惊天动地，已发时寂天寞地"之蕴。

由于鄱阳湖地区既是朱学传播的重要阵地，又是陆学的大本营，因此，鄱阳湖地区的理学家们有明显的兼综朱、陆趋向，具有"和会朱、陆"的学术传统。宋元之际，"鄱阳三汤"之一的汤汉，"补两家之未备，是会同朱、陆之最先者"④。而元代吴澄更是集和会朱、陆之大成。明代江西理学家们，在继承、恪守朱学的同时，也吸收了陆学的本心论，以治心养性、主敬存心作为工夫本原，避免朱学的"支离"之弊。

这种海纳百川、兼容并蓄的文化融合性，表现为能容纳各方，取长补短，兼综朱、陆，"就像接纳赣江等五河来洪、容下大江倒灌之水，鄱阳湖文化是兼容并蓄八方文化成分，经久远的调蓄、融合、积淀而成"⑤。正是有了海纳百川的胸襟，使鄱阳湖地区成为江西最具文化底蕴的单元。

三、慕道安贫、成圣成贤的理想性

鄱阳湖地区的理学家们熟读圣贤之书，以圣贤为榜样，重视为己之学，历

① 黄宗羲著，沈芝盈点校：《明儒学案》卷二《崇仁学案二》，中华书局 1985 年版，第 29 页

② 夏尚朴：《东岩集》卷五《娄一斋先生行实》，景印文渊阁《四库全书》第 1271 册，台湾商务印书馆 1986 年版，第 41 页。

③ 黄宗羲著，沈芝盈点校：《明儒学案》卷二《崇仁学案二》，中华书局 1985 年版，第 44 页。

④ 黄宗羲原著，全祖望补修，陈金生、梁运华点校：《宋元学案》卷八四《存斋晦静息庵学案》，中华书局 1986 年版，第 2843 页。

⑤ 许怀林：《生态文明视野中鄱阳湖文化的个性与发展优势》，《鄱阳湖学刊》2009 年第 1 期。

行品德修养，崇尚道德人格，将人格修养，视为人生的第一要义，追求心灵的净化，践行程朱的圣贤理论，以圣贤之道，指导自己的日常修行。他们笃行仁义，安贫乐道，甘受寂寞，以克己安贫为实地，不醉心于科场的成败，不汲汲于功名的追求，往往隐居不仕，致力于修身讲学，保持了理学家的风骨气节，成为时代的脊梁和社会良知的担当者，他们慕道安贫，砥砺节操，自觉追求"文节俱高"的理想。

这种慕道安贫的人生态度，在明代鄱阳湖地区理学家的身上表现得尤为突出。吴与弼、胡居仁忧道不忧贫，对道的精神追求使他们忘却物质的贫乏，认为要求道、行道就必须安于贫贱，不贪慕富贵，奉行君子固穷，陋巷箪瓢，穷中自乐的达儒精神，做到穷不改节。强调"为己"之学，重视涵养德性，严责自守，经受艰苦的磨炼。吴与弼说："至于学之之道，大要在涵养性情，而以克己安贫为实地。"① 他生活贫困，躬耕自食，但淡泊自乐，严守操行，"非其义，一介不取"，② 做到贫不移志。一生"随分、节用、安贫"，"盖七十年如一日，愤乐相生，可谓独得圣贤之心精者。"③ 在贫病交加之中守节依旧，表示"誓虽寒饥死，不敢易初心。"④ 李贽称赞其人品"有孔门陋巷风雩之意。"⑤

胡居仁也是"慕道安贫，日寻孔颜之乐"⑥，虽然"家贫甚，鹑衣箪食，尚不继，或为之虑"。但他却说："身已闻义，屋已闻书，大处足矣，不必琐求。"⑦ 看淡了物质的贫富，追求的是道德的完美和心灵的愉悦。他绝意仕进，

① 黄宗羲著，沈芝盈点校：《明儒学案》卷首《师说·吴康斋与弼》，中华书局 1985 年版，第 3 页。
② 张廷玉：《明史》卷二八二《儒林传一》，中华书局 1974 年版，第 7240 页。
③ 黄宗羲著，沈芝盈点校：《明儒学案》卷首《师说·吴康斋与弼》，中华书局 1985 年版，第 3 页。
④ 黄宗羲著，沈芝盈点校：《明儒学案》卷一《崇仁学案一》，中华书局 1985 年版，第 25 页。
⑤ 李贽：《续藏书》卷二一《聘君吴公》，中华书局 1974 年版，第 1391 页。
⑥ 杨希闵编：《胡文敬公年谱》，北京图书出版社 1999 年版。
⑦ 区作霖、冯兰森修，曾福善纂：同治《余干县志》卷一二《人物志二理学》，清同治十一年（1872）刻本。

淡泊名利，"与人语，终日不及利禄。"①"一切势利纷华，举不足以动其心。"②时刻以圣贤标准要求自己，用苦行僧式的修炼，期望成为凡间的圣人。

罗伦也在言行上效法前贤，规行矩步，以求"无不合乎圣贤已行之成法。"③他淡泊富贵名利，"于富贵名利泊如也"④。时人赞叹其品行可以"正君善俗"。罗钦顺更不愧圣人之徒，立身行世可钦可典，其德行如浑金美玉。他说："有志于道者，必透得富贵功名两关，然后可得而入。"⑤认为要摒弃有我之私，摆脱富贵功名的缠扰，才可步入圣贤之域。

明清鼎革之际，谢文洊及"程山六君子"、星子宋之盛等"髻山七隐"不仕清廷，避居山林，耕读授徒，研究学问，砥砺风节，企图中兴程朱理学，以挽救世道人心。宋之盛"以明道为宗，识仁为要"，强调"究之人心是本，有体然后用有所根"；谢文洊其学以切己为要，以主敬为本，以济世为用，与弟子们反己暗修，务求自得，敦行古礼，潜心于个人的道德修养，且躬行实践，在日常生活中以圣贤的言行规范、要求自己，他们以高尚的志节和人格操守为世人所称道。

鄱阳湖地区的理学家们明道重义，重义轻利，"凡事须断以义，计较利害，便非"，淡化了对功名的追求，不再视科举为生命的唯一。他们把程朱理学之说向着专讲心性修养、追求道德人格的方向发展，以程朱成圣成贤的理论指导自己的道德实践且"尊而行之"。他们笃志力行，淡泊名利，独善其身，以高尚的品德赢得世人的尊重。侯外庐先生评价他们"是封建社会的'正人君子'，安于贫贱，刻苦自励，授徒著书，以此终身。他们不同于口谈仁义，行同狗彘的那些假道学"⑥。这也正是鄱阳湖地区理学家的写照。

---

① 张廷玉：《明史》卷二八二《儒林传一》，中华书局 1974 年版，第 7232 页。
② 张吉：《居业录要语序》，见胡居仁撰，冯会明点校《胡居仁文集》，江西人民出版社 2013 年版，第 6 页。
③ 黄宗羲著，沈芝盈点校：《明儒学案》《师说·罗一峰伦》，中华书局 1985 年版，第 6 页。
④ 张廷玉：《明史》卷一七九《罗伦传》，中华书局 1974 年版，第 4750 页。
⑤ 罗钦顺著，阎韬点校：《困知记》卷上，中华书局 1990 年版，第 12 页。
⑥ 侯外庐：《宋明理学史》（下），人民出版社 1997 年版，第 50 页。

四、学贵践履，实学经世的务实性

鄱阳湖地区的理学家们，提倡"学贵践履"的经世实学，主张以修己治人之实学，代替明心见性之空言，努力避免空谈义理，将道德性命与经世致用分离开来的理学流弊。

元代理学家程钜夫制定科举程式，使程朱理学成为科举考试的官方标准，从体制层面，确立了程朱理学的统治地位，且为理学注入了务实的风气。他力纠理学家高言空谈、疏于实政的流弊，提倡事功之实。程钜夫对宋末朱学士大夫谨守朱子矩镬，拱手高谈性命，热衷章句训诂的风气提出了尖锐的批评："士大夫以标致自高，以文雅相尚，无意于事功之实，文儒轻介胄，高科厌州县，清流耻钱谷，滔滔晋清谈之风，颓靡坏烂，至于宋之季极矣。"①主张学术要关注百姓日用，而不能拱手空谈，认为"议论多而事功少，儒者之通患也"。要求无论为官为吏还是讲学著述，都要重视政事治绩，务求切近，反对好高骛远，把"躬行"务实看成重中之重，从而使"元代理学具有务实的特征"②。

明代鄱阳湖地区的理学家们虽然不沉迷于科举，不热衷于求仕做官，但位卑不忘忧国，仍然关心社会现实，关注百姓民生。吴与弼为答谢英宗的知遇之恩，作《陈言十事》谢表，提出了"崇圣志、广圣学、隆圣德、子庶民、谨命令、敦教化、清百僚、齐庶政、广言路、君相一德同心"等十项建议，希望皇帝提高道德修养，刷新政治，实现王道德治。

胡居仁尽管布衣终身，但对现实政治依然给予了极大的关注，并不是两耳不闻窗外事，一心只读圣贤书的迂腐之人。他认为学问要和事功、践履结合起来，否则就是"谈而无用之空言"，提出了"为政者，以修身为本，爱民为重，求贤为急"等不少实用的政治主张。

罗伦在家乡，倡行乡约，制定《戒族人书》，教诫宗族子弟与乡邻，要求

---

① 程钜夫：《雪楼集》卷一四《送黄济川序》，景印文渊阁《四库全书》第1202册，台湾商务印书馆1986年版，第179页。

② 朱汉民：《中国学术史·宋元卷》，江西教育出版社2001年版，第713页。

"不争田地，不占山林，不尚争斗，不四强梁，不败乡里，不凌宗族，不扰官府，不尚奢侈"①，对当地社风民俗和教化大有裨益。

张元祯多次担任朝廷要职，晓达国家政治，且主讲经筵，成为帝王之师。因此章懋说："今日士大夫晓达天下国家事，惟张廷祥。"② 他不仅是一个理学家，更是一位能臣干吏。

罗钦顺更是一位满怀入世热情和济世抱负的学者，他提出了"经世实学"的主张，要求一切言谈、学说，都应有益于国计民生，要留意百姓疾苦，反对空谈心性、谈玄弄虚的学风，提倡"学贵践履"的"实学"，从而开创了明清之际的实学思潮。

明清之际，学界反省明朝灭亡的原因，普遍归咎于理学特别是王学的"空谈误国"，认为是其空谈心性，不务实事才导致了明朝的灭亡，要求抛弃明心见性的空谈，专讲经世致用的实务。江永"以矫正宋明理学空疏之弊为任"③，将"六经注我"的空言心性之风，扭转为"我注六经"的实学之路，立志"以经学济理学之穷"，他注重考据训诂、不务空谈的学术特点，开创了清代徽派朴学的一代新风。

被誉为清代"帝师元老"的朱轼是集理学家、史学家和重臣于一体的理学名臣，培养出了乾隆这位杰出帝王，且为清初程朱理学正统地位的取得和理学在鄱阳湖地区的普及、传承作出了积极贡献。朱轼强调理学的经世致用，认为"六经皆圣人经世之书也"④，主张学术就在于经世。

"江右三山"诸子虽然不愿从仕于清廷，"但没有忘记肩负的社会责任，未放弃对地方事务的热心，其中一些人交游颇广，甚至游幕当道，这不仅与当时

---

① 罗伦：《戒族人书》，见王竞成主编：《中国历代名人家书》，国际文化出版公司 2009 年版，第 315 页。

② 章懋：《枫山章先生语录》，商务印书馆 1939 年版，第 22 页。

③ 徐道彬：《论朱子学背景下江永的学术抗衡》，《朱子学刊》2013 年第 1 辑。

④ 朱轼：《史传三编》卷三《胡瑗传》，景印文渊阁《四库全书》第 459 册，台湾商务印书馆 1986 年版，第 50 页。

盛行的实学之风完全吻合，实际上也有关心民瘼和稳定地方社会的意义"①。他们虽为布衣，但为挽救世道人心而孜孜以求，探讨济世救民的方略，且身体力行。

五、文节俱高，刚正义烈的忠诚性

受程朱理学精神的熏陶，鄱阳湖地区理学家们注重气节，"文章、道德、气节"成为他们人生的三大追求，不断涌现出文节俱高的刚介之士。所谓"豫章理学节义，为海内师表"，文节俱高成为鄱阳湖地区理学家的基本品格。

理学家将名节忠义视为立身为人之本。罗从彦就曾说："士之立身，要以名节忠义为本。有名节，则不枉道以求进；有忠义，则不固宠以欺君矣。"②

南宋嘉定年间，李道传在评议杨万里谥号时，将"文节俱高"视为江西士人的独特品格。他在《谥文节公告议》中说道："窃观国朝文章之士，特盛于江西，如欧阳文忠公、王文公、集贤学士刘公兄弟……然尝论之，此八九公所以光明隽伟、著于时而垂于后者，非以其文，以其节也。盖文不高则不传，文高矣而节不能与之俱高，则虽传而不久。是故君子惟其节之为贵也。此八九公者，出处不同，用舍各异，而皆挺然自立，不肯少贬以求合。有如王公，学术政事虽负天下之责，而高风特操，固有一时诸贤所不敢以及者。以如是之节，有如是之文，此其所以著于时而垂于后也。南渡以来，世不乏人，求之近岁，若宝谟阁学士杨公者，其真所谓有是文而有是节者乎。"③杨万里被谥"文节"。此后，"文节俱高""不肯少贬以求合"成为江西学人的文化符号。

鄱阳湖地区的理学家们注重名节，有杀身成仁、为道殉情的书生意气，有

① 梁洪生、李平亮著：《江西通史》（第9卷，清前期卷），江西出版集团、江西人民出版社2008年版，第11页。
② 罗从彦：《罗豫章集》卷九《议论要语》，中华书局1985年版，第103页。
③ 杨万里：《诚斋集》卷一三三《附录·谥文节公告议》，景印文渊阁《四库全书》第1161册，台湾商务印书馆1986年版，第711页。

贫贱不移、威武不屈的凛然正气。

注重名节，廉介恬退，这些品德在介轩学者身上有充分的体现。如介轩弟子许月卿、马端临就是以气节闻名的学者。他们在宋亡之后，安贫乐道，甘受寂寞，隐居不仕，以风节相砥砺，抵抗元朝的征召，不屑于科举和功名，致力于治学讲学，保持了理学家的风骨气节。

疾风知劲草，患难见真情。鄱阳湖地区理学家的"文节俱高"，在关键时刻表现得尤为突出。在庆元党禁森严，朱子理学饱受打击之际，尽管朱熹以"祸福之来，命也"的心态泰然处之。但是他的部分门生弟子却畏祸回避，托辞归去。黄榦在朱子《行状》中描述道："从游之士，特立不顾者，屏伏丘壑。依阿巽懦者，更名他师，过门不入。甚至变易衣冠，狎游市肆，以自别其非党。"① 黄榦不禁感叹："向来从学之士，今凋零殆尽。……江西则甘吉父（节）、黄去私（义勇）、张元德（洽），江东则李敬子（燔）、胡伯量（泳）、蔡元思（念诚），浙中则叶味道、潘子善、黄子洪，大约不过此数人而已。"② 一时间，朱门冷落，更有甚者，朱子去世，竟不往吊。

但鄱阳湖地区的朱门学子却奋勇向前，对朱子的尊崇，对理学的信奉，不因时局的变化而改变，依然孜孜以求，不舍不弃。在"伪学之禁方严"时，对那些"为远害思归者"，董铢正色责之，喻以理义，使"诸生翕然以定"。程珙则始终自持，"遇有辩难，寓书晦翁，务求真是。晦翁卒，为位哭，朔望必奠居之"。③ 滕璘宁绝于仕途，也不屈于韩侂胄等权势。时"韩侂胄当国，或劝先生一见，可得掌政。先生曰：'彼以伪学诬一世儒宗，以邪党锢天下善士，顾可干进乎？'"④ 时任崇政院说书的柴中行，移檄令自言非伪学。但柴中行却

---

① 脱脱：《宋史》卷四二九《道学三·朱熹传》，中华书局1977年版，第12768页。

② 黄榦：《黄勉斋先生文集》卷四《复李贯之兵部书》，中华书局1985年版，第72页。

③ 孟庆云修，杨重雅纂：《德兴县志》卷八《人物志·理学》，《中国方志丛书》，成文出版社有限公司1970年版，第960—961页。

④ 黄宗羲原著，全祖望补修，陈金生、梁运华点校：《宋元学案》卷六九《沧洲诸儒学案》，中华书局1986年版，第2292页。

明确表示："自幼习读程氏《易传》，如以为伪，不愿考校。"①

朱熹去世后，尽管朝廷严禁门徒会葬，但周谟、李燔、林得遇、黄灏等人均戴星徒步，不远千里前往会葬朱熹，表现出威武不屈的节义精神。

在宋元鼎革、存亡绝续之际，鄱阳湖地区的理学家们，注重国家大义，高标民族气节，以风节相砥砺，做到临大节而不可夺，表现出凛凛正气、铮铮铁骨和忠义之心。如许月卿、谢叠山，他们抵抗元朝政府的征召，宁做南宋的遗民，也决不做蒙元的高官，或是慷慨赴死，或是绝食殉国，展现了鄱阳湖地区理学文化刚正义烈的内核。明初，在朱棣的靖难之役中，分宜黄子澄等江西士子"忠愤激发，视刀锯鼎镬甘之如饴，百世而下，凛凛犹有生气。"②

明、清交替之际，南丰谢文洊及"程山六君子"、星子"髻山七隐"、宁都翠微峰"易堂九子"等"三山学派"不仕清廷，避居山林，反思学问，砥砺风节，中兴理学，以挽救世道人心。

清帝退位后，甚至还有江西人张勋的复辟，表现出强烈的忠君情结。胡思敬不禁在《国闻备乘》中感慨道："清待赣人薄，赣人报独厚。"③

可以说，刚正义烈是鄱阳湖地区文化的基本内核。"尤其是在朝代交替之际，江西的义烈之士特别众多，为国捐躯者难以数计。"④

康熙二十二年（1683），江西学政高璩在康熙《江西通志》序中，纵论江西的文与人，他说："（江西）故大不如吴，强不如楚。然有吴之文而去其靡，有楚之质而去其犷，吾必以江国为巨擘焉！议者常少江人，谓其立异而难服。夫立异者，矜之疾；难服者，愚之疾。诚有之，不知立异，则无工言语、识形势之习；难服，则不顾利害、去就，与天下争是非。可杀，可去，而不可使为不义。此人君乐得之以为臣，人父乐得之以为子，人士乐得之以为友，祷祠以

---

① 黄宗羲原著，全祖望补修，陈金生、梁运华点校：《宋元学案》卷七九《丘刘诸儒学案》，中华书局 1986 年版，第 2638 页。

② 张廷玉：《明史》卷一四一《黄子澄传》，中华书局 1974 年版，第 4030 页。

③ 孙献韬著：《张勋传》，光明日报出版社 2008 年版，第 154 页。

④ 周銮书：《江西历史文化的遗存和弘扬》，《江西方志》2005 年第 3 期。

求而不副者也。"① 认为忠义节气是江西文人重要特征，"可杀，可去，而不可使为不义"成为江西士人学子的生动写照。

"江西素有文章节义之邦的美誉，赣鄱文化的精髓所在，核心奥义为：文、章、节、义。可以说自古以来文章与节义并重，不仅是对赣鄱文化主体精神的评判之一，而且是江西人士遵循的人生信条和追求目标。"②

受政治地理环境等因素的影响，造就了江西及鄱阳湖地区学者强烈的向心意识。历史上，江西一向与中央王朝关系密切，从来没有形成过独立的政治力量，具有很强的向心力，一直是全国最稳定的地区之一。

江西士子善于读书，大量的平民子弟通过科举考试，步入仕途，获得了参政的机会，更增强了对朝廷的向心力。"绝大多数江西士人宁愿按正常的途径进入仕途，也不愿铤而走险以求无妄之福。"③ 步入政坛的江西士大夫，大都出身寒微，他们对朝廷感恩戴德，知足因循，养成了明哲保身、忠顺朝廷的处世原则。

第二节　鄱阳湖地区理学的主要贡献

鄱阳湖地区的理学家们热衷于创办书院，授徒讲学，立志文化传承，以书院作为传播其理学的学术平台，在培养大批人才的同时，促使了理学思想的普及与文化的下移，促进了鄱阳湖地区文教的发展。同时，理学家们热衷于社会教化，致力于"一道德，同风俗"，化俗乡里，维系了儒家的伦理纲常和社会秩序，有助于鄱阳湖地区公序良俗的形成，对该地区社会风气和百姓生活产生了深远的影响。理学家们致力于理学的传承发展，使理学文化成为鄱阳湖地域

---

① 高璜：康熙《江西通志·序》，见谢军总纂：《江西省方志编纂志·附录》，方志出版社2001年版，第272页。
② 方进进：《守望鄱阳湖》，江西教育出版社2013年版，第128页。
③ 方志远：《江西通史》(8卷，明代卷)，江西出版集团、江西人民出版社2008年版，第45页。

文化的基本内核，为鄱阳湖文化打上了鲜明的理学烙印。

一、创办书院，促使了理学的普及与文化的下移

理学家们为了阐明自己的学派主旨，宣传学术主张，热衷于创办书院，教化子弟，书院既是教化子弟，备战科考的地方，也是研讨论辩理学的场所。理学家们以书院为阵地，广纳门徒，聚徒讲学，培养学派的继承人和传播者。因此，鄱阳湖地区的理学家，纷纷创立书院，留下了庞大的书院群体。

周敦颐在任洪州分宁县主簿时，就延四方游学之士，创书院讲学，后人称为"景濂书院"。在他监税袁州萍乡芦溪镇时，又"立书院以教授"，后人建为"宗濂书院"，在南安军司理参军任上，又讲学于万安镇云冈书堂，后来又在江州建濂溪书堂。

朱熹也热衷于创设书院以讲学授徒，著书立说。"朱子是南宋书院教育的中坚与旗帜，终其一生，以极大的热情投入到书院建设之中。在南宋167所书院中，与朱子直接有关的书院就有67所，占据40%以上。"[1]除了众所周知的复兴白鹿洞书院之外，朱熹曾亲临丰城龙光书院、九江濂溪书院、余干东山书院、德兴银峰书院、玉山怀玉书院、草堂书院等鄱阳湖地区的书院讲学，宣扬其学说。据雍正《江西通志》所载，除了为世人所熟知的白鹿洞书院及鹅湖书院外，与朱熹有直接关联的书院还有丰城的盛家洲书院、安福的竹园书院、新城的武彝讲堂、玉山的刘氏义学、余干的忠定书院、德兴的双桂书院、婺源的晦庵书院等，其中婺源晦庵书院就是朱熹回故里省亲时，在此讲学，后人因而兴建书院加以纪念，晦庵书院使德兴、婺源等地，"享朱子遗泽百年而未艾"。可以说，"朱子思想形成于书院，成熟于书院，书院既是朱子学术思想的'孵化器'，也是他毕生经营的精神家园"[2]。陆九渊也曾讲学于金溪槐堂书屋和贵

---

① 朱人求：《朱子"全体大用"观及其发展演变》，《哲学研究》2015年第11期。

② 朱人求：《南宋书院教化与道学社会化适应——以朱熹为中心的分析》，《孔子研究》2010年第2期。

溪象山书院。

朱熹的门人弟子，纷纷效法朱熹，致力于创办书院讲学授徒。冯去疾在临川创办临汝书院，聘请程若庸为山长，书院学子云集，培养了程钜夫、吴澄等大批学者。彭蠡"筑室梅坡，授徒肄业，江淮之士来者云集"①。江万里创办了白鹭洲书院、宗濂书院、周程书院等三所著名的书院，成为培育人才的重要基地。周谟不负朱熹厚望，学成回乡后，与余铸、吕焘等在星子县城共创修江书院，讲学授徒，传播朱熹理学，并发起季集讲会活动。程端蒙在德兴十都开创了"求放心斋"，在十二都创办"蒙斋书院"，董铢在九都开设"盘涧书院"，对朱子学说在德兴传播与普及，起了积极作用。胡一桂在婺源建湖山书院，培育后学。胡炳文任信州道一书院、婺源明经书院山长。"柳湖先生"程珙创柳湖书院，建来阳宾馆，礼请胡炳文等主讲，培养了一批后起之秀，使婺源"虽十室之村，不废诵读"。余干柴元裕建松冈书舍，培养了柴中行、柴中立、柴中守"余干三柴"等理学人才。柴中行讲学南溪书院，从游者有汤汉、饶鲁等数百人。饶鲁在余干箸源建"朋来馆"，又在双峰建"石洞书院"，又先后主持了白鹿洞书院、九江濂溪书堂、南昌东湖书院、高安西涧书院、临川临汝书院讲席。陈文蔚先后讲学于双溪、南轩、龙山、鹅湖等书院。胡居仁创办了南谷、礼吾书院，又两次任白鹿洞书院山长，制定了著名的《续白鹿洞书院学规》。

理学家们兴办书院，旨在传播学说，培育人才，将学术研究、人格健全和文化传递融为一体。书院注重把德育放在教育的中心，以明人伦作为教学基本理念，以立志成圣成贤，学会做人作为根本目标。通过祭祀先贤等仪式，让学生感知先贤的人格魅力，以起见贤思齐之效，立下成圣成贤之志。朱熹就强调"盖学莫先于立志"，教导学生要志于道，据于德，依于仁，游于艺，以入于圣贤之域。

鄱阳湖地区的理学家们注重程朱理学的通俗化、平民化和普及化，特别重

---

① 曹彦约：《昌谷集》，卷二〇《梅坡先生彭公墓志铭》，景印文渊阁《四库全书》第 1167 册，台湾商务印书馆 1986 年版，第 247 页。

视童蒙教育，重视理学启蒙教材的编写，制定了一套繁密的小学教育程式与教学方法，尤其以《小学》《训蒙绝句》《童蒙须知》《性理字训》和《程董二先生学则》最具代表性，共同构成了完整的童蒙教育体系。朱熹的《小学》主张蒙以养正，从具体生活细节入手，教之以洒扫、应对、进退之节，进行道德行为规范的养成教育，培养合乎"孝悌诚敬"的良好习惯，将小学教育礼教化与理学化。

鄱阳湖地区的理学家们通过创办书院，编写理学普及读物，讲学授徒，传播、普及了程朱理学，扩大了理学的传播范围，对程朱理学的普及起了重要的作用。

理学家们的书院讲学活动，让书声透过书院讲堂，使鄱阳湖地区到处弥漫着崇文重教的氛围，促使了当地社会的儒教化，形成了重教尊师的风俗，耕读传家的观念得到了普遍的认同。一些家族纷纷创办私塾，置买学田，延请名师，训导子弟，使鄱阳湖地区名儒辈出，大大扩大了教育的普及面。一批书院学子通过科举成为进士、举人，成为乡民效法的标杆，更激发了人们的读书热忱，这批进士、举人们又热衷于用理学伦常影响约束乡民，使儒家伦理、理学文化深入民间，起到了文化下移的作用："使一人之行修移之于一家，一家之行修移之于乡邻族党，则一县之风俗成，人材出矣。"① 可以说，"书院努力传授圣贤文化，教学经史而使乡民熟悉儒家伦理纲常，产生了'邻里化其德'的社会影响，因此，忠孝节义，耕读传家的信念深入民心"②。理学家们通过创办书院，在传播儒家道德伦理的同时，促使了理学文化的下移和普及。

二、化民成俗，对社会风气产生了深远影响

一方水土养一方人，人才关乎山川。一个地方的民情风俗、人物性格与他

---

① 曾巩著，陈杏珍点校：《曾巩集》卷一七《宜黄县县学记》，中华书局1984年版，第283页。
② 许怀林：《江西通史》（第5卷，北宋卷），江西出版集团、江西人民出版社2008年版，第263页。

成长的山川环境密切相关。吴澄曾分析了江西各地山水与人物性格的关系。认为豫章武宁、分宁等地，"山峭而水清，人生其间者，大率任侠尚气，虽士亦然，盖其土风然也"①。山陵峻峭的地方，人多任侠刚毅，崇尚义气。抚州临川"山水清远，不以险固为恃。田畴之力完厚，岁之出者敏博，其风俗尚文雅。昔多大儒先生以为之仪则，而又涵煦国家德泽之盛者数十年。居是郡者，宜必有名胜之士。"②认为山清水远的地方，人儒雅尚文，多产才子。建昌新城（今抚州南城县）"近郭多石山，岩险粗粝，故其民俗刚毅。土生其间，其行往往峭峻介特，盖其形势然也。"所以吴澄肯定道："谓人物之无关于山川形势，不可也。"③

除了受到山川地理环境等客观因素影响外，更不可忽视后天的教育教化。理学家们致力于教化天下，实现"一道德，同风俗""化其心，成其俗"的化俗理想，是理学家们的不懈追求。正如唐君毅所说："宋明理学家之精神，则几全用于教化。"④理学自诞生之日起，就是为拯救唐宋以来道德式微，纲常废弛的社会现状，以重建社会伦理纲常。

理学家们认为王道教化是国家长治久安的根本，是建立淳美风气的前提和保证。正如罗从彦所说："教化者，朝廷之先务。廉耻者，士人之美节；风俗者，天下之大事。朝廷有教化，则士人有廉耻；士人有廉耻，则天下有风俗。或朝廷不务教化而责士人之廉耻，士人不尚廉耻而望风俗之美，其可得乎?"⑤将教化视为朝廷之先务，视风俗为天下之大事，只有君主重视教化，士人才有知廉知耻的美好节操，才能形成淳美的民风民俗。

① 吴澄：《吴文正集》卷二四《赠教谕荣应瑞序》，景印文渊阁《四库全书》第1197册，台湾商务印书馆1986年版，第255页。
② 吴澄：《吴文正集》卷四五《西园记》，景印文渊阁《四库全书》第1197册，台湾商务印书馆1986年版，第472页。
③ 吴澄：《吴文正集》卷三一《送左县尹序》，景印文渊阁《四库全书》第1197册，台湾商务印书馆1986年版，第328页。
④ 黄克剑、钟小霖编：《唐君毅集》，群言出版社1993年版，第284页。
⑤ 罗从彦：《罗豫章集》卷九《议论要语》，中华书局1985年版，第101页。

　　士为"四民"之首，"得士者昌，失士者亡"。文风士习很大程度上决定着社会风气的好坏。士人是否有廉耻，关乎社会的公信良俗，士人无耻，将导致天下风俗浇薄。北宋末年，游酢在《论士风疏》中，就认为天下之大患，莫大于士大夫无耻。他说："天下之患，莫大于士大夫至于无耻，则见利而已，不复知有他。"① 宋度宗咸淳二年（1266），史馆检阅黄震曾尖锐地指出，士大夫无耻是当今四大弊病之一。他说："当时之大弊：曰民穷，曰兵弱，曰财匮，曰士大夫无耻。"② 因此，必须要拯救士风。朱熹就说："士人先要识个廉退之节。礼义廉耻，是谓四维。若寡廉鲜耻，虽能文要何用！"③ 士大夫要知廉识耻，恪守名节忠义。因此，理学家们强调学以为己，注重士人品德修养和人格完善，崇尚名节，弘扬道义，不仅独善其身，还要成为社会道德的楷模，推己及人，感化周围的百姓。

　　实现"化其心，成其俗"的化俗理想，正是朱熹等理学家们不懈的追求。

　　"化俗"即"化民成俗"。语出《礼记·学记》："就贤体远，足以动众，不足以化民。君子如欲化民成俗，其必由学乎。"④ 意为通过兴办学校，教化民众，移风易俗，形成良好的社会风气。让民众"个人的心灵情感受到了某些有伦理关切的道德规范和价值理念的引导和塑造，渐滋浸渍，潜移默化，性与习成，即获得了教化"⑤。要实现伦理道德风俗化和习惯化，且内化于民众的心灵深处，使之成为一种自觉行为，形成一种民风民俗。

　　"一道德，同风俗"，也是理学士大夫治国安邦的理想途径，理学家们秉承着"儒者在本朝，则美政；在下位，则美俗"⑥ 的传统，对敦伦化俗表现出极大的关注和热情。

　　朱熹主张建立道德教化体系，重整伦理纲常，端正社会风气，形成醇美

---

① 　游酢：《游酢文集》卷六《论士风疏》，延边大学出版社 1998 年版，第 167 页。
② 　脱脱：《宋史》卷四三八《黄震传》，中华书局 1977 年版，第 12992 页。
③ 　黎靖德编，王星贤点校：《朱子语类》卷一〇五《朱子二》，中华书局 1986 年版，第 2643 页。
④ 　陈戍国：《礼记校注》，岳麓书社 2004 年版，第 264 页。
⑤ 　詹世友：《道德教化与经济技术时代》，江西人民出版社 2002 年版，第 5 页。
⑥ 　杨柳桥：《荀子诂译》，齐鲁书社 1985 年版，第 153 页。

风俗。认为风俗关乎国家的长治久安，所谓"礼教衰，则风俗坏；风俗坏，则人心邪；人心邪，则世道乱，自古而然"①。他说："教化之行，挽中人而进于君子之域；教化之废，推中人而堕于小人之涂。"②良好的教化，淳美的民风，可以使人见贤思齐，迁善改过，"故礼之教化也微……使人日徙善远恶而不自知也"③。因此，"治理人民的最佳状态是'化其心'，推行道德教化则是达于这一理想的必然途径"④。

理学家认为，家庭是化俗之本，德教之基，要重点进行孝道等五伦教育。在家庭教育中要贯彻"父义、母慈、兄友、弟恭、子孝"等"五教"之目。朱熹在《朱子家训》中就强调："君之所贵者，仁也。臣之所贵者，忠也。父之所贵者，慈也。子之所贵者，孝也。兄之所贵者，友也。弟之所贵者，恭也。"⑤又编成《朱子家礼》一书，通过订立一套宗法礼仪制度，来导引、整齐宗族成员的行为，以"谨名分、崇爱敬"，强化族人"慎终追远之心"，达到"敦化导民"的效果。由于《朱子家礼》通俗易懂，简便易行，可以"仪其乡而化其俗"。因此，长期以来被奉为古代家庭礼仪的圭臬。此外，陆九韶制定的《陆氏家规》有大纲四条，家规十八条，非常详尽地规定了家族的各项事务，"本末俱举，大小无遗"，因为治家有方，而获得朝廷褒奖。清江刘清之制定的《戒子通录》，江州德安义门陈制定的《义门陈氏家法》，都是著名的家礼族规，对家庭教化影响深远。

理学家们还重视乡约建设，重视乡约的化俗功用，期望通过建立乡约组织，制定乡规民约，施行乡村礼教，对乡民进行道德约束，促进民风民俗的转变，使乡约成为化俗乡里的"善俗之方"。

---

① 余治平：《乡规民约与美政美俗——儒家乡村社会治理中以礼化俗的维度》，《江南大学学报》（人文社会科学版）2014年第6期。
② 黎靖德编，王星贤点校：《朱子语类》卷一〇八《论治道》，中华书局1986年版，第2685页。
③ 陈戍国：《礼记校注》，岳麓书社2004年版，第387页。
④ 周永健：《论朱熹的社会教化思想》，《重庆师范大学学报》2013年第4期。
⑤ 朱熹：《紫阳朱氏宗谱·朱子家训》，见朱杰人、严佐之、刘永翔主编：《朱子全书》（第26册），上海古籍出版社、安徽教育出版社2002年版，第742—743页。

淳熙二年（1175），朱熹在《吕氏乡约》的基础上，修订为《增损吕氏乡约》。它承袭了《吕氏乡约》"凡同约者，德业相劝，过失相规，礼俗相交，患难相恤"①的宗旨。凡入约之民，要做到德业相劝，过失相规，有无相通，患难相恤，使乡约成为教民化俗的重要手段。

罗伦也在家乡，倡行乡约，以圣贤之道，约束家人弟子。《明史》罗伦本传载："里居倡行乡约，相率无敢犯。"②他制定《戒族人书》，要求"不争田地，不占山林，不尚争斗，不四强梁，不败乡里，不凌宗族，不扰官府，不尚奢侈。弟让其兄，侄让其叔，妇敬其夫，奴恭其主"③，成为明代著名的族规乡约之一。

乡约以社会教化、道德劝善为目的，让乡民在社会舆论的制约之下，通过潜移默化的熏陶，使道德伦理深入人心，并为民众所内化，成为"良善之民"，形成"仁厚之俗"。因此，"乡约之行，于民间风俗甚有益"，乡约使儒家伦理道德世俗化，实现风移俗易，营造公序良俗。张栻就认为朱熹的《增损吕氏乡约》有益于教化，诚善俗之方，并对完善乡约提出了建议。他说："甚有益于风教，但乡约细思之，若在乡里，愿入约者只得纳之，难于拣择，若不拣择或有甚败度者，则又害事，择之便生议论，难于持久，兼所谓罚者可行否，更须详论精处。若闲居行得，诚善俗之方也。"④

作为风俗教化的一个重要手段，朱熹等理学家们还通过对地方先贤的褒崇，对忠臣义士的宣扬，为其建祠立庙，设碑立坊，供民众朝拜，使地方先贤偶像化，用这种方式对下层民众进行隐性教化，以起见贤思齐、淳化风俗之功用。1179 年，朱熹在知南康军任上，发布了《知南康榜文》和《知南康牒文》，提出了宽恤民力、敦尚风俗和砥砺士风的治郡三大方略，并修刘凝之墓，建壮节亭，在军学建濂溪祠堂，立五贤祠，供奉陶侃、刘涣等当地前贤，"几乎调

①　脱脱：《宋史》卷三四〇《吕大防传》，中华书局 1977 年版，第 10844 页。

②　张廷玉：《明史》卷一七九《罗伦传》，中华书局 1974 年版，第 4750 页。

③　王竞成主编：《中国历代名人家书》，国际文化出版公司 2009 年版，第 315 页。

④　张栻：《南轩集》卷二二《答朱元晦》，景印文渊阁《四库全书》第 1167 册，台湾商务印书馆 1986 年版，第 606 页。

动了南康一地全部前代有名的忠臣孝子、义夫节妇，来力挽这衰世的颓风"①，以宣扬教化，引导士风，敦厉风俗。

理学家们期望通过以礼化民，以礼化俗，整顿世风日下的社会，实现"教化行而习俗美"的良好愿望，养成良好的公序良俗，实现国家的长治久安。

同时，鄱阳湖地区的理学家们以自身良好的道德修养，为当地民众作出了道德的表率。蔡元培先生说："宋之有晦庵，犹周之有孔子，皆吾族道德之集成者也。"②尤袤曾概括了理学家的廉介、恬退、践履、名节等优秀品德，他说："临财不苟得，所谓廉介；安贫守道，所谓恬退；择言顾行，所谓践履；行己有耻，所谓名节。"③理学家们往往把"文章、道德、气节"作为其人生的三大追求，以社会清流的士绅形象和人格魅力维系着世道人心，在维护社会正义、淳厚社风民俗等方面起了重要的作用。

理学的价值观念和行为准则渗透于鄱阳湖地区民众的日用常行，理学精神浸润在鄱阳湖民众的血液之中，积淀于民众的心理之上，为鄱阳湖地区打下了深深的理学文化烙印，对鄱阳湖地区社会风气产生了深远的影响，也有利于该地区公序良俗的形成。

鄱阳湖地区的理学家们重视文化教育，使平民士子接受文化的熏陶，在科举考试的助推下，读书做官，学而优则仕，成为鄱阳湖地区民众普遍的价值追求，培养了鄱阳湖地区浓郁的读书风气，形成了崇学重教的社风民俗。

在众多的地方志书中，都描绘了鄱阳湖地区崇学重教的风气。南昌府"礼义之俗不因时变，学者率以重吏轻儒为耻"；"不尚浮靡，不作商贾，多好学"④。饶州士子"忠慎继出"，其学子"多茂美好学，有邹鲁遗风……士如东汉诸君子，多俊秀喜儒，以名节相高。"鄱阳县"其习以礼信相敦。农务稼穑，

<del>---</del>

① 束景南：《朱子大传》，商务印书馆 2003 年版，第 431 页。
② 蔡元培：《中国伦理学史》，湖南大学出版社 2014 年版，第 110 页。
③ 陈邦瞻：《宋史纪事本末》，上海古籍出版社 1994 年版，第 869 页。
④ 谢旻：(雍正十年)《江西通志》卷二六《风俗》，景印文渊阁《四库全书》第 513 册，台湾商务印书馆 1986 年版，第 832 页。

市务居积，诵读之声络绎巷陌。"① 信州之地，则"弦诵之声，昼夜不绝。"② 作为朱子故里的婺源，"至朱子得河洛之传，以居敬穷理启迪乡人，由是学士争自濯磨以冀闻道，风之所渐，田野小民亦皆知耻畏义"③。"文公桑梓之乡，素习诗礼，不尚浮华。"④ 江州"自朱文公讲学白鹿洞，环匡庐山之麓，士君子闻风而起者多矣"⑤。德化县则"近日士夫悉依朱子家礼，乡民化之"。袁州等地"士力学知廉耻，民乐耕好俭啬"。宜春县"儒风之盛甲于江右。……山高水清，好尚儒雅，有豪杰之士"⑥。南康军在朱熹的教化下，圣贤遗风，传衍不绝，"民业耕桑，士习诗礼，好勤谨尚俭素，称为周朱过化之地"⑦。抚州"山川壮丽，风气敦庞，民乐田畴，士尚文雅，弦诵之声，无间于井社，衣冠之家，退让谦抑，习而成风，可为善邑"⑧。

　　理学不仅影响到鄱阳湖地区士习民风，还影响到该地的行商坐贾。在理学精神的熏陶下，鄱阳湖地区的商人养成了贾而好儒，衣食足而知荣辱的儒商风范。由于地窄人稠，尽管受程朱理学观念影响，有着重文崇政而轻商的传统，但是在生存的压力下，鄱阳湖地区的不少民众，不得不放弃耕读传家之路，而步入贩卖经营的行列，形成了颇具影响的"江右商帮"。在明清十大商帮中，

① 谢旻：(雍正十年)《江西通志》卷二六《风俗》，景印文渊阁《四库全书》第 513 册，台湾商务印书馆 1986 年版，第 843 页。

② 谢旻：(雍正十年)《江西通志》卷二六《风俗》，景印文渊阁《四库全书》第 513 册，台湾商务印书馆 1986 年版，第 841 页。

③ 吴鹗修，汪正元、李昭炜等纂：光绪《婺源县志》卷三《风俗》，清光绪九年（1883）刻本。

④ 彭泽、汪舜民纂修：弘治《徽州府志》卷一《地理志·风俗》，《天一阁藏明代方志选刊》本，上海古籍书店影印 1964 年版。

⑤ 虞集：《道园学古录》卷三六《瑞昌蔡氏义学记》，景印文渊阁《四库全书》第 1207 册，台湾商务印书馆 1986 年版，第 512 页。

⑥ 谢旻：(雍正十年)《江西通志》卷二六《风俗》，景印文渊阁《四库全书》第 513 册，台湾商务印书馆 1986 年版，第 835 页。

⑦ 谢旻：(雍正十年)《江西通志》卷二六《风俗》，景印文渊阁《四库全书》第 513 册，台湾商务印书馆 1986 年版，第 844 页。

⑧ 谢旻：(雍正十年)《江西通志》卷二六《风俗》，景印文渊阁《四库全书》第 513 册，台湾商务印书馆 1986 年版，第 839 页。

"江右帮"形成较早，影响较大，与晋商、徽商一道，成为全国三大商帮之一。江右商帮大多数是因家境穷困而被迫选择经商之路，大都以贩卖本地土特产为主的小本经营，集腋成裘、聚沙成塔，克勤克俭，吃苦耐劳，有着顽强的社会适应力和渗透力。他们受理学精神的熏陶，以诚信为经商之本，和气生财，以诚待人，以义为先，重利也重义，给世人以保守正统的印象。

江右商人并不以经商为荣，耕读传家的观念根深蒂固，因此，经商发家致富之后，往往热衷于在家乡建书院，办社学，重视子弟的教育，鼓励后人走读书做官之路。

但也有部分江右商人，攀援政治势力，凭借政治特权谋取厚利，有的好争喜讼，有好讼告讦之风，导致当地民众对江右商人的抵触。如明代，河南新科进士李贤就把河南百姓的贫困，归咎于江右商人的盘剥。他说："吾乡地广土肥，民亦竭力其中，而卒无千石之富者何也？岂上之人侵渔，或下之俗侈靡邪？已而觇之，盖非二者之弊，乃贾人敛之耳。吾乡之民朴钝少虑，善农而不善贾。惟不善贾，而四方之贾人归焉，西江来者尤众。岂徒善贾，谲而且智，于是吾人为其劳力而不知也。"①对江右商人充满成见，甚至拒见江西泰和籍大学士杨士奇。

理学家们追求文节俱高，涌现出不少刚正义烈的忠贞之士。"十室之邑，必有忠信。"在鄱阳湖地区，忠臣崇拜之风盛行，忠臣庙随处可见。如余干县、鄱阳县、南昌县、九江县都建有忠臣庙。位于余干县瑞洪镇鄱阳湖畔的康郎山忠臣庙，专祀在元末朱元璋与陈友谅鄱阳湖大战中，忠心护主而战死的韩成、丁普郎等36位忠臣，历经六百余年风雨，如今忠臣庙仍然屹立于康郎山，岁岁香火不断。建在鄱阳县莲华山乡朱家村窑背咀的鄱阳县忠臣庙，祭祀的也是丁普郎等忠臣；南昌县现存五桂坊西和五十八都两处忠臣庙。九江县忠臣庙位于仁贵乡南湖嘴，祭祀的是韩成。"由此可见，忠臣崇拜在鄱阳湖地区经年不

---

① 李贤：《古穰集》卷九《吾乡说》，景印文渊阁《四库全书》第1244册，台湾商务印书馆1986年版，第572页。

竭，源久流长，深入民间。"①

三、鄱阳湖地域文化打上了鲜明的理学烙印

鄱阳湖地域文化，即鄱阳湖周边和邻近地区的文化，可以简称为"鄱文化"。鄱阳湖地区的先民，"在这里创造出令人惊叹的稻作文化、陶瓷文化、青铜文化、纺织文化、宗教文化、茶文化、戏曲文化和候鸟文化，形成了与'金木水火土'等资源相对应的若干产业集聚中心"②。鄱文化正是以鄱阳湖为依托，汇聚、吸纳各种文化因素，而形成自己独特的文化品质。而理学文化是鄱文化的基本内核，鄱阳湖地域文化打上了鲜明的理学烙印。

江西特别是鄱阳湖地区是理学思想的发源地，又是理学思想的集大成之地和重要的传播地，堪称"理学渊薮"。濂、洛、关、闽各学派，都与鄱阳湖地区有着直接的关联，由于独特的地理位置与历史机缘，鄱阳湖文化受理学的影响非常深，在鄱阳湖众多的文化符号中，理学文化是鄱阳湖地域文化的精神特质，鄱阳湖文化的基本内核就是理学文化。"如果要给鄱阳湖一个文化定位，理学文化最为适合。换言之，环鄱阳湖的主流文化意象，以鲜明的理学特征为表里。"③

鄱阳湖文化不仅在江西具有重要位置，在全国也举足轻重。正如曹聚仁先生所说："原来，一部近代中国思想史，正是一部鄱阳盆地文化发展史。"④

四、鄱阳湖地区理学的当代价值

当代社会，物质的丰富与精神的匮乏并存。物质生活的丰富，并没有带给

---

① 程宇昌：《明清时期鄱阳湖地区民间信仰与社会变迁》，江西人民出版社 2014 年版，第 46 页。
② 傅修延：《生态文明与地域文化视域中的鄱文化》，见尹世洪主编：《追踪时代的轨迹——江西省首届社会科学学术大会论文集》，江西高校出版社 2009 年版，第 463 页。
③ 吴长庚主编：《朱熹与江西理学》，江西高校出版社 2007 年版，第 129 页。
④ 曹聚仁：《万里行记》，福建人民出版社 1983 年版，第 304 页。

人们精神的充实，反而深深地感觉到心灵的空虚，迫使人们努力寻找精神的家园，寻求灵魂的慰藉。

理学是立己立人之学，其核心是探讨人生的意义与价值，重建人们的信仰体系。理学家所倡导的仁义诚信，存理去欲，所强调的德性、人格，所追求的"立人极"的理想，在一定程度上可以解决当代人们精神缺失、价值迷惘等问题，解决当代社会的困惑与烦恼。

1. 鄱阳湖地区理学有着强烈的使命与担当意识，主张积极入世

鄱阳湖地区的理学家们强调士大夫的社会责任和担当。张立文先生评价道："宋明理学家以'为天地立心，为生民立命，为往圣继绝学，为万世开太平'为职志；以建构伦理价值本体，给出安身立命、精神家园为标的；以格物致知、修养心性、自立自律、存理去欲为工夫，他们是当时的社会脊梁和社会良知的担当者，是时代精神和价值理想的创造者。"① 理学家们承载先天下之忧而忧，以天下为己任的社会责任，倡导"铁肩担道义，妙手著文章"的社会担当，有着强烈的使命意识与担当情怀。

理学家们主张积极入世。理学的精神在于学术以经世，在于以斯道觉斯民。程颐在给其兄程颢所作的《明道先生墓表》中，将这种学术经世、传道意识表述得非常清晰："周公没，圣人之道不行；孟轲死，圣人之学不传。道不行，百世无善治；学不传，千载无真儒。无善治，士犹得以明夫善治之道，以淑诸人，以传诸后；无真儒，天下贸贸焉莫知所之，人欲肆而天理灭矣。先生生千四百年之后，得不传之学于遗经，志将以斯道觉斯民。"② 程颐强调理学家有传道和行道两大使命，一是"得不传之学于遗经"，发明圣人所传"道"；二是要"以斯道觉斯民"，把"道"推行到家、国、天下之中去，以觉悟君主及天下百姓。因此，可以说，理学的兴起标志着士大夫的真正觉醒。"这种觉醒可上溯自中唐时韩愈的'道统'论，强调中国人固有的精神生命，不过其本意

---

① 张立文：《宋明理学研究》，人民出版社 2002 年版，第 3 页。
② 程颐、程颢：《二程集·河南程氏文集》卷一一《明道先生墓表》，中华书局 1981 年版，第 640 页。

尚只在于对抗佛家'以心传心'的'法统'。然而，从北宋中期开始兴起的道学运动绝不满足于道仅仅在少数人那里心心相传的道统，而是致力于把他们在圣人遗经中体会出来的道去觉悟君王，乃至天下百姓。"① 他们并非都是空谈心性，漠视现实政治的腐儒，相反，不少理学家即是政绩卓著的能臣干吏。

2. 理学家主张由内圣而外王，注重品性修养与道德自觉

理学家的主旨在于由内圣而外王，认为王道德政的关键系于人心。因此理学家对道德心性问题无比关切，形成了系统详尽的内圣之学，以正人心。认为欲治天下者先正人心，欲正人心则先正君心。由于君主的一言一行，都关乎百姓之安危，天下之治乱。而君主一身之中，又以心最为根本。正如朱熹所说："天下事有大根本，有小根本，正君心是大本。"② 主张正心诚意，格君心之非，以正君心。认为只有君心正，天下人心才能正。故"人主之心正，则天下之事无一不出于正；人主之心不正，则天下之事无一得由于正"③。那么，如何才能正君心？方法就是"存天理，灭人欲"，君主必须节制自己的欲望。就要以格物致知、正心诚意之学来控制无限膨胀的欲望，通过格致工夫，明晓何为天理，何为人欲。"格物致知的工夫就是要人本其已有的善恶是非观念，细加推寻追究，至于行事之每一个极微细的环节都不放过，使此时心念之发皆合乎天理。这就是古人所说的'大学之道'，也正是朱子所说的'为学'工夫。"④

以朱熹为代表的理学家们，其"社会政治思想的真实灵魂，是一个由安民—治官—正君三大环节构成的更革弊政体系，施仁政宽民力、打击贪官近习和要帝王正心诚意便成了道学清议的三大政治主张。在安民治官正君中，正君心又是根本，他的政治理学首先表现在帝王正心诚意之学。"⑤

① 曾亦、郭晓东：《宋明理学》，南京大学出版社 2009 年版，第 198—199 页。
② 黎靖德编，王星贤点校：《朱子语类》卷一〇八《朱子五·论治道》，中华书局 1986 年版，第 2678 页。
③ 朱熹：《晦庵先生朱文公文集》卷一一《戊申封事》，见朱杰人、严佐之、刘永翔主编：《朱子全书》（修订本），第 20 册，上海古籍出版社、安徽教育出版社 2010 年版，第 591 页。
④ 曾亦、郭晓东：《宋明理学》，南京大学出版社 2009 年版，第 210 页。
⑤ 束景南：《朱子大传》，商务印书馆 2003 年版，第 441 页。

理学家们十分注重内圣的修己功夫，期望通过个人心灵的净化与人性的自我完善，达到整个社会素质的提高，实现社会的清平大治。"在内忧外患的时代，一些有道学良心的理学家们找不到救世强国拯民的物质力量，只有乞灵于'心'的精神力量，于是他们从客观走向主观……从炽热的功名外求走向静穆的道德自敛。"① 试图用道德价值的维度，去解决社会存在的一切问题。

他们把正心诚意作为人生的第一追求，作为实现完美人格与天下大治的根本途径，作为最高的道德原则和治国准则。认为整个社会的沉沦，是由于一己之心的堕落，要从灵魂自我净化，从自我洗涤做起，才能消除社会罪恶，提高社会的道德水准。

理学家们强调"讲明义理以修其身"的道德至上教育，突出一个德字，要以德义为路，仁礼为门。面对人欲横流、人性戕害的社会现实，提出了"明天理，灭人欲"的主张。他们所谓的灭人欲，并不是禁欲或无欲，也并不是要取消人的一切欲望，而是要去除超过社会生活实际的过分要求和非理性的欲望。朱熹说："饮食者，天理也；要求美味，人欲也。"认为天理与人欲是对立的，此消则彼长。他说："人只有个天理人欲，此胜则彼退，彼胜则此退，无中立不进退之理。凡人不进便退也。"又说："人之一心，天理存则人欲亡，人欲胜则天理灭，未有天理人欲夹杂者。"② 那么，如何克去人欲，尽复天理？就是要做克己复礼的功夫。他说："克，胜也；己，谓身之私欲也；复，反也；礼，天理之节文也。为仁者，所以全其心之德也。"③ 就是要用礼来约束、克胜私欲，从而复归天理，回归人本性之善。

理学家们呼吁存天理、灭人欲，反对欲望的过度膨胀，按伦理道德要求规范自己的言行，具有一定的合理性。面对当今市场经济浪潮的冲击之下，个人欲望的过度泛滥，拜金主义、享乐主义甚嚣尘上，诚信缺失、人际冷漠，道德

---

① 束景南：《朱子大传》，商务印书馆 2003 年版，第 820 页。

② 黎靖德编，王星贤点校：《朱子语类》卷一三《学七·力行》，中华书局 1986 年版，第 224 页。

③ 朱熹：《论语集注》卷六《颜渊第十二》，见朱杰人、严佐之、刘永翔主编：《朱子全书》（修订本），第 1 册，上海古籍出版社、安徽教育出版社 2010 年版，第 167 页。

失范等现实问题，理学家们的存理去欲思想可以发挥历史的镜鉴功效。

　　3.鄱阳湖地区理学有着强烈的忧患意识

　　鄱阳湖地区的理学家们有着强烈的忧患意识，这是其人生哲学的显著特点。忧患意识"是现代新儒家文化哲学中一个极其重要的概念，它首先由徐复观提出"①。"所谓忧患意识是对世道人心、国家兴亡、人类前途的一种关怀。"②儒家知识分子似乎天生就有忧患情结。孔子说："德之不修，学之不讲，闻义不能徙，不善不能改，吾所忧也。"③孟子更明言："生于忧患而死于安乐。"④先秦儒家的忧患集中体现为忧国忧民，表现出对国家社会和民生的忧虑，这种忧患意识成为君子修身和实现安人治国理想的持久动力。

　　在民族危难之际，理学家的忧患意识更加彰显。宋代是一个充满忧患的朝代，面对内忧与外患并存，积贫且又积弱的现状，以及佛、道二教对传统儒学的冲击与挑战，宋代理学家、知识分子特别关注国家的命运、关注百姓疾苦，具有深广的忧患情愫。被视为"宋学开山"的范仲淹在《岳阳楼记》所言："居庙堂之高，则忧其民；处江湖之远，则忧其君。是进亦忧，退亦忧。"这种上忧其国下忧其民，进退穷达并忧天下的忧患情怀，正是宋代理学家们忧患意识的写照。李觏在其所作《易论》中亦指出："作《易》者既有忧患矣！读《易》者其无忧患乎？苟安而不忘危，存而不忘亡，治而不忘乱，以忧患之心，思忧患之故，通其变，使民不倦，神而化之，使民宜之，则自天佑之，吉无不利矣。"⑤

　　理学家的忧患意识，不仅表现为于忧国忧民，更表现于既忧道又忧人，表现在对大道不行、人性堕落的忧心，表现在对民族盛衰、国家兴亡和人民命运的终极关怀，表现在一种以身效国、忧国至上的牺牲精神，以及为改变现状而

①　庞世烨：《新儒家论先哲忧患意识与中国人文精神》，《天津师大学报》1994年第3期。
②　张瑞君：《杨万里评传》，南京大学出版社2002年版，第273页。
③　孔子著，杨伯峻、杨逢彬注释：《论语·述而》，岳麓书社2000年版，第58页。
④　孟轲著，万丽华、蓝旭译注：《孟子》卷一二《告子下》，中华书局2010年版，第210页。
⑤　李觏：《李觏集》卷三《易论第十三》，中华书局1981年版，第51页。

积极努力的入世情怀。

理学家们忧道不忧贫，认为要知道、行道就必须安于贫贱，对道的精神追求可以让理学家们忘却物质生活的贫乏，而做到贫不改节，穷中自乐。理学家们对道的崇高追求，往往升华为一种悲剧性的道学人格，这种道学人格，就是张载所谓"为天地立心，为生民立命，为去圣继绝学，为万世开太平"的崇高理想与追求。因此，"对'道'的失落感与对'人性'的失落感以及对二者的复归的汲汲追求，构成了道学忧患意识的主要内蕴，他们普遍都具有一种为道受苦、为道献身的迂阔的悲剧热情"①。胡居仁、吴与弼等就是安贫守道的典范。理学家们对道汲汲追求，具有以道自任、为道献身的勇气，"天下有道，以道殉身；天下无道，以身殉道"②，成为他们人生的追求。

正是由于理学家强烈的责任感和使命意识及深深的忧患情怀，从而产生了无限的爱人及物、推己及人的仁爱精神和悲天悯人的悲悯情结。统治愈无道，则忧患愈深，悲悯愈切。这种深沉博大且自觉的忧患意识，促使他们积极入世，努力改变现状，以减轻生灵之疾苦，努力重建道德之秩序。

"只有高度忧患的人，才能踏踏实实地敬德修业，消除杂念，以必胜的信念、乐观的心态和顽强的斗志去实践君子修己安人之道，所以'仁者不忧'。"③

鄱阳湖地区理学家们这种强烈的忧患意识，"就是以对国家、民族及社会发展前途的极端关注为根本内容，高扬以天下为己任的爱国主义情感。是中国传统思想文化中极其优秀的部分。"④这种忧患意识是民族精神的重要组成部分，是我们宝贵的财富。"忧患意识推动了儒家思想的形成和发展、进而推动了中华民族精神的产生。厚德载物、自强不息、爱好和平、与时俱进的民族精

---

① 束景南：《朱子大传》，商务印书馆 2003 年版，第 1104 页。

② 孟轲著，万丽华、蓝旭译注：《孟子》卷一三《尽心上》，中华书局 2010 年版，第 232 页。

③ 傅永聚、孔德立：《先秦儒家忧患意识探源——兼论忧患意识与民族精神之关系》，《孔子研究》2007 年第 5 期。

④ 许凌云：《儒家文化与忧患意识》，《齐鲁学刊》2000 年第 2 期。

神皆与先秦儒家的忧患意识密不可分。"①

总之，鄱阳湖地区是理学之渊薮，理学在这里萌生、传承、发展、繁衍，给鄱阳湖地域文化打上了鲜明的理学烙印。可以说，浩瀚的鄱阳湖，不仅滋养了江西的"身体"，还安顿了江西的"灵魂"。"鄱阳湖鲜明特色的文化就这样一直以来渲染和熏陶着江西。鄱阳湖的文化，让江西的生活充满阳光，让江西的路途有了方向。鄱阳湖文化的玉液琼浆，是江西永远的精彩和芳香。"②

---

① 傅永聚、孔德立：《先秦儒家忧患意识探源——兼论忧患意识与民族精神之关系》，《孔子研究》2007 年第 5 期。
② 方进进：《守望鄱阳湖》，江西教育出版社 2013 年版，第 163 页。

参考文献

一、文献资料

黄宗羲原著，全祖望补修，陈金生、梁运华点校：《宋元学案》，中华书局 1985 年版。

朱杰人、严佐之、刘永翔主编：《朱子全书》（修订本），上海古籍出版社、安徽教育出版社 2010 年版。

周敦颐撰，陈克明点校：《周敦颐集》，中华书局 1990 年版。

永瑢等：《四库全书总目》，中华书局 1965 年版。

王守仁撰，吴光、钱明等编校：《王阳明全集》，上海古籍出版社 2014 年版。

陆九渊著，钟哲点校：《陆九渊集》，中华书局 1980 年版。

程颢、程颐：《二程集》，中华书局 1981 年版。

黄榦：《勉斋集》，景印文渊阁《四库全书》本，台湾商务印书馆 1986 年版。

欧阳修著，李逸安点校：《欧阳修全集》，中华书局 2001 年版。

陆佃：《陶山集》，景印文渊阁《四库全书》本，台湾商务印书馆 1986 年版。

王辟之：《渑水燕谈录》，中华书局 1985 年版。

晁公武：《昭德先生郡斋读书后志》，上海书店 1985 年版。

赵秉文：《闲闲老人滏水文集》，中华书局 1985 年版。

陆游撰，李剑雄、刘德权点校：《老学庵笔记》，中华书局 1979 年版。

顾祖禹撰，贺次君、施和金点校：《读史方舆纪要》，中华书局 2005 年版。

乐史撰，王文楚点校：《太平寰宇记》，中华书局 2007 年版。

脱脱：《宋史》，中华书局 1977 年版。

刘琳、刁忠民、舒大刚、尹波等校点：《宋会要辑稿》，上海古籍出版社 2014 年版。

周敦颐：《周濂溪集》，中华书局 1985 年版。

周文英：《周敦颐全书》，江西教育出版社 1993 年版。

黄榦：《黄勉斋先生文集》，中华书局 1985 年版。

陈邦瞻：《宋史纪事本末》，中华书局 1977 年版。

黎靖德编，王星贤点校：《朱子语类》，中华书局 1986 年版。

韩愈著，马其昶校注，马茂元整理：《韩昌黎文集校注》，上海古籍出版社 2014 年版。

张栻著，邓洪波点校：《张栻集》，岳麓书社 2010 年版。

吴任臣：《十国春秋》，中华书局 1983 年版。

李梦阳等编：《白鹿洞书院古志五种》（下），中华书局 1995 年版。

王锡祺辑：《小方壶斋舆地丛钞》第 4 册，杭州古籍书店 1985 年版。

董诰等编：《全唐文》，中华书局 1983 年版。

王阮著，朱瑞熙校注：《义丰文集校注》，华东师范大学出版社 2006 年版。

虞集著，王颋点校：《虞集全集》，天津古籍出版社 2007 年版。

苏轼著，王文诰辑注：《苏轼诗集》，中华书局 1982 年版。

李修生主编：《全元文》，江苏古籍出版社 1999 年版。

冯椅：《厚斋易学》，景印文渊阁《四库全书》本，台湾商务印书馆 1986 年版。

曹彦约：《昌谷集》，景印文渊阁《四库全书》本，台湾商务印书馆 1986 年版。

魏了翁：《鹤山集》，景印文渊阁《四库全书》本，台湾商务印书馆 1986 年版。

刘辰翁：《须溪集》，景印文渊阁《四库全书》本，台湾商务印书馆 1986 年版。

欧阳守道：《巽斋文集》，景印文渊阁《四库全书》本，台湾商务印书馆 1986 年版。

司马迁：《史记》，中华书局 1959 年版。

张世南：《游宦纪闻》，中华书局 1985 年版。

祝穆撰，祝洙增订，施和金点校：《方舆胜览》，中华书局 2003 年版。

洪迈著，穆公校点：《容斋随笔》，上海古籍出版社 2014 年版。

叶梦得：《避暑录话》，中华书局 1985 年版。

叶绍翁撰，沈锡麟、冯惠民点校：《四朝闻见录》丁集，中华书局 1989 年版。

张伯行：《学规类编》，中华书局 1959 年版。

宋濂：《元史》，中华书局 1976 年版。

许月卿：《先天集》，《四部丛刊续编》本，商务印书馆 1934 年版。

王祎：《王忠文集》，景印文渊阁《四库全书》本，台湾商务印书馆 1986 年版。

戴铣：《朱子实纪》，明正德八年（1513）刻本。

王懋竑：《朱子年谱》，景印文渊阁《四库全书》本，台湾商务印书馆 1986 年版。

程敏政：《新安文献志》，景印文渊阁《四库全书》本，台湾商务印书馆 1986 年版。

王梓材、冯云濠撰，沈芝盈、梁运华点校：《宋元学案补遗》，中华书局 2012 年版。

胡炳文：《云峰集》，景印文渊阁《四库全书》本，台湾商务印书馆 1986 年版。

陆心源辑撰：《宋史翼》，中华书局 1991 年版。

真德秀：《西山文集》，景印文渊阁《四库全书》本，台湾商务印书馆 1986 年版。

谢枋得：《叠山集》，景印文渊阁《四库全书》本，台湾商务印书馆 1986 年版。

罗大经撰，王瑞来点校：《鹤林玉露》，中华书局 1983 年版。

周密撰，高心露、高虎子校点：《齐东野语》，齐鲁书社 2007 年版。

袁甫：《蒙斋集》，景印文渊阁《四库全书》本，台湾商务印书馆 1986 年版。

李绂著、段景莲点校：《朱子晚年全论》，中华书局 2000 年版。

王朝璩辑：《饶双峰讲义》，《四库未收书辑刊》，北京出版社 2000 年版。

程端礼：《程氏家塾读书分年日程》，黄山书社 1992 年版。

全祖望：《全祖望集汇校集注·鲒埼亭集》，上海古籍出版社 2000 年版。

杜范：《清献集》，景印文渊阁《四库全书》本，台湾商务印书馆 1986 年版。

徐元杰：《梅野集》，景印文渊阁《四库全书》本，台湾商务印书馆 1986 年版。

袁桷：《清容居士集》，景印文渊阁《四库全书》本，台湾商务印书馆 1986 年版。

韩元吉：《南涧甲乙稿》，景印文渊阁《四库全书》本，台湾商务印书馆 1986 年版。

叶适：《水心集》，景印文渊阁《四库全书》本，台湾商务印书馆 1986 年版。

李光地：《榕村集》，景印文渊阁《四库全书》本，台湾商务印书馆 1986 年版。

陈文蔚：《陈克斋集》，中华书局 1985 年版。

傅璇琮等主编：《全宋诗》，北京大学出版社 1998 年版。

黄升：《中兴以来绝妙词选》，《四部丛刊》本。

姜特立：《梅山续稿》，景印文渊阁《四库全书》本，台湾商务印书馆 1986 年版。

方回选评，纪昀刊误，诸伟奇、胡益民点校：《瀛奎律髓》，黄山书社 1994 年版。

赵蕃：《淳熙稿》，中华书局 1985 年版。

刘宰：《漫塘文集》，景印文渊阁《四库全书》本，台湾商务印书馆 1986 年版。

陈思编，陈世隆补：《两宋名贤小集》，景印文渊阁《四库全书》本，台湾商务印书馆 1986 年版。

戴表元：《剡源戴先生文集》，《四部丛刊》影印明万历间刻木。

岳珂编，吴敏校注：《桯史》，三秦出版社 2004 年版。

吴澄：《吴文正集》，景印文渊阁《四库全书》本，台湾商务印书馆 1986 年版。

陈傅良：《陈傅良先生文集》，浙江大学出版社 1999 年版。

文天祥著，熊飞等点校：《文天祥全集》，江西人民出版社 1987 年版。

刘辰翁撰，段大林校点：《刘辰翁集》，江西人民出版社 1987 年版。

王象之：《舆地纪胜》（惧盈斋刻本），江苏广陵古籍刻印社 1991 年版。

谢薖：《竹友集》，景印文渊阁《四库全书》本，台湾商务印书馆 1986 年版。

金锋主编：《唐宋八大家集》第 4 册《曾巩集》，九州出版社 2003 年版。

周必大：《文忠集》，景印文渊阁《四库全书》本，台湾商务印书馆 1986 年版。

黄震：《黄氏日抄》，景印文渊阁《四库全书》本，台湾商务印书馆 1986 年版。

宋端仪、薛应旂：《考亭渊源录》，《四库全书存目丛书》，齐鲁书社 1997 年版。

柯劭忞等撰，余大钧标点：《新元史》，吉林人民出版社 1995 年版。

陈邦瞻：《元史纪事本末》，中华书局 1955 年版。

陈得芝：《元代奏议集录》，浙江古籍出版社 1998 年版。

黄时鉴点校：《通制条格》，浙江古籍出版社 1986 年版。

虞集：《道园学古录》，景印文渊阁《四库全书》本，台湾商务印书馆 1986 年版。

姚燧：《牧庵集》，景印文渊阁《四库全书》本，台湾商务印书馆 1986 年版。

赵翼著，栾保群、吕宗力点校：《陔余丛考》，河北人民出版社 1990 年版。

叶子奇：《草木子》，中华书局 2006 年版。

王颋点校：《庙学典礼》，浙江古籍出版社 1992 年版。

吴澄：《临川吴文正公外集》，明成化二十年（1484）刻本。

揭傒斯撰，李梦生点校：《揭傒斯全集》，上海古籍出版社 1985 年版。

欧阳玄撰：《欧阳玄集》，岳麓书社 2010 年版。

徐一夔：《始丰稿》，景印文渊阁《四库全书》本，台湾商务印书馆 1986 年版。

赵汸：《春秋师说》，景印文渊阁《四库全书》本，台湾商务印书馆 1986 年版。

黄泽：《易学滥觞》，景印文渊阁《四库全书》本，台湾商务印书馆 1986 年版。

宋濂：《文宪集》，景印文渊阁《四库全书》本，台湾商务印书馆 1986 年版。

陈澧：《东塾读书记》，上海古籍出版社 2008 年版。

钱谦益：《钱牧斋全集》，上海古籍出版社 2003 年版。

陈澔：《礼记集说》，景印文渊阁《四库全书》本，台湾商务印书馆 1986 年版。

梁寅：《诗演义》，景印文渊阁《四库全书》本，台湾商务印书馆 1986 年版。

胡炳文：《周易本义通释》，景印文渊阁《四库全书》本，台湾商务印书馆 1986 年版。

胡炳文：《纯正蒙求》，景印文渊阁《四库全书》本，台湾商务印书馆 1986 年版。

程曈辑撰，王国良、张健点校：《新安学系录》，黄山书社 2006 年版。

胡一桂：《周易启蒙翼传》，景印文渊阁《四库全书》本，台湾商务印书馆 1986 年版。

杨士奇：《东里续集》，景印文渊阁《四库全书》本，台湾商务印书馆 1986 年版。

李存：《俟庵集》，景印文渊阁《四库全书》本，台湾商务印书馆 1986 年版。

刘壎：《水云村稿》，景印文渊阁《四库全书》本，台湾商务印书馆 1986 年版。

陈鼎：《东林列传》，景印文渊阁《四库全书》本，台湾商务印书馆 1986 年版。

何乔远：《名山藏》（第七册），广陵书社 1993 年版。

袁袠：《世纬》，景印文渊阁《四库全书》本，台湾商务印书馆 1986 年版。

朱彝尊：《曝书亭集》，景印文渊阁《四库全书》本，台湾商务印书馆 1986 年版。

蓝鼎元撰：《鹿洲全集》，厦门大学出版社 1995 年版。

吴与弼：《康斋集》，景印文渊阁《四库全书》本，台湾商务印书馆 1986 年版。

李贽：《续藏书》，中华书局 1974 年版。

陈献章著，孙通海点校：《陈献章集》，中华书局 1987 年版。

胡居仁撰，冯会明点校：《胡居仁文集》，江西人民出版社 2013 年版。

杨希闵编:《胡文敬公年谱》,北京图书出版社 1999 年版。

焦竑:《国朝献征录》,台湾学生书局 1965 年版。

夏尚朴:《东岩集》,景印文渊阁《四库全书》本,台湾商务印书馆 1986 年版。

王阳明著,陈恕编校:《王阳明全集》,中国书店 2014 年版。

罗伦:《一峰文集》,景印文渊阁《四库全书》本,台湾商务印书馆 1986 年版。

庄昶:《定山集》,景印文渊阁《四库全书》本,台湾商务印书馆 1986 年版。

章懋:《枫山章先生语录》,商务印书馆 1939 年版。

罗钦顺著,阎韬点校:《困知记》,中华书局 1985 年版。

罗钦顺:《整庵存稿》,景印文渊阁《四库全书》本,台湾商务印书馆 1986 年版。

王廷相:《王廷相集》,中华书局 1989 年版。

蔡士英:《抚江集》(清顺治刻本),《四库未收书辑刊》,北京出版社 2000 年版。

唐鉴:《国朝学案小识》,上海中华书局据《四部备要》本刊印,1936 年。

高攀龙:《高子遗书》,景印文渊阁《四库全书》本,台湾商务印书馆 1986 年版。

康熙:《御纂朱子全书》,景印文渊阁《四库全书》本,台湾商务印书馆 1986 年版。

赵尔巽等:《清史稿》,中华书局 1977 年版。

熊赐履:《下学堂札记》,湖北省图书馆藏康熙刻本。

熊赐履:《学统》,山东友谊书社 1990 年版。

钱仪吉:《碑传集》,中华书局 1993 年版。

徐世昌等编撰,沈芝盈、梁运华点校:《清儒学案》,中华书局 2008 年版。

李光地:《榕村全集》,景印文渊阁《四库全书》本,台湾商务印书馆 1986 年版。

李元度著,易孟醇点校:《国朝先正事略》,岳麓书社 2008 年版。

顾炎武,周苏平、陈国庆点注:《日知录》,甘肃民族出版社 1997 年版。

顾炎武著,华忱之校注:《顾亭林文选》,四川人民出版社 1998 年版。

王夫之:《船山全书》,岳麓书社 1988 年版。

吕留良:《吕晚村先生文集》,台湾商务印书馆 1974 年版。

陆陇其:《陆稼书先生文集》,中华书局 1985 年版。

陆陇其:《三鱼堂文集》,景印文渊阁《四库全书》本,台湾商务印书馆 1986 年版。

郑之侨:《鹅湖讲学会编》,齐鲁书社 1996 年版。

冷士嵋:《江泠阁诗集》,《四库全书存目丛书》本,上海图书馆藏康熙刻本影印。

宋犖撰,杨润根点校:《髻山文钞》,江西教育出版社 2002 年版。

魏禧著,周书文等编:《魏禧文论选注》,江西人民出版社 1984 年版。

魏禧著,胡守仁、姚品文等校点:《魏叔子文集》,中华书局 2003 年版。

谢文洊:《谢程山集》(道光三十年刻本),《四库全书存目丛书》,齐鲁书社 1997 年版。

张潮:《昭代丛书》,《丛书集成续编》本,台湾新文丰出版公司 1988 年版。

朱瀚原编、朱龄补编:《朱文端公年谱》,《北京图书馆藏珍本年谱丛刊》本。

朱轼：《史传三编》，景印文渊阁《四库全书》本，台湾商务印书馆 1986 年版。

徐世昌、周骏富编纂：《清儒学案小传》，明文书局 1985 年版。

汪绂：《双池文集》，《续修四库全书》本，上海古籍出版社影印道光十四年一经堂刻本，2001 年。

夏炯：《夏仲子集》，清咸丰五年（1855）刻本。

戴震：《戴震全集》（第五册），清华大学出版社 1997 年版。

姚鼐：《惜抱轩诗文集》，上海古籍出版社 1992 年版。

全祖望原著，黄眉云选注：《鲒埼亭文集选注》，齐鲁书社 1982 年版。

李绂：《穆堂初稿》，《续修四库全书》本。

李绂著，段景莲点校：《朱子晚年全论》，中华书局 2000 年版。

李绂：《陆子学谱》，《四库全书存目丛书》本，齐鲁书社 1995 年版。

张舜徽：《张舜徽集·清人文集别录》，华中师范大学出版社 2004 年版。

刘锦藻：《清朝续文献通考》，商务印书馆 1936 年版。

朱熹：《大学中庸章句》，中国社会出版社 2013 年版。

胡寅撰，容肇祖点校：《崇正辩　斐然集》，中华书局 1993 年版。

吕祖谦：《吕祖谦全集》，浙江古籍出版社 2008 年版。

张栻：《南轩集》，景印文渊阁《四库全书》本，台湾商务印书馆 1986 年版。

汪应辰：《文定集》，中华书局 1985 年版。

周必大：《益公题跋》，《丛书集成初编》本，中华书局 1985 年版。

楼钥：《攻媿集》，《丛书集成初编》本，中华书局 1985 年版。

张九成：《横浦文集》，景印文渊阁《四库全书》本，台湾商务印书馆 1986 年版。

陈淳：《北溪大全集》，景印文渊阁《四库全书》本，台湾商务印书馆 1986 年版。

吕祖谦：《东莱集·别集》，景印文渊阁《四库全书》本，台湾商务印书馆 1986 年版。

袁甫：《蒙斋集》，景印文渊阁《四库全书》本，台湾商务印书馆 1986 年版。

郑玉：《师山集》，景印文渊阁《四库全书》本，台湾商务印书馆 1986 年版。

唐圭璋编：《全宋词》（第 6 册），中华书局 1965 年版。

祝穆：《古今事文类聚》，景印文渊阁《四库全书》本，台湾商务印书馆 1986 年版。

韩淲：《涧泉集》，景印文渊阁《四库全书》本，台湾商务印书馆 1986 年版。

戴望：《颜氏学记》，中华书局 1958 年版。

陈戍国点校：《四书五经》，岳麓书社 1991 年版。

李昉等：《文苑英华》，中华书局 1996 年版。

李心传：《建炎以来系年要录》，中华书局 1985 年版。

欧阳修、宋祁：《新唐书》，中华书局 1975 年版。

白居易：《白居易集》，中华书局 1979 年版。

曾巩著、陈杏珍等点校：《曾巩集》，中华书局 1984 年版。

吴曾：《能改斋漫录》，中华书局 1985 年版。

李吉甫：《元和郡县志》，景印文渊阁《四库全书》本，台湾商务印书馆 1986 年版。

申时行等：《大明会典》，《续修四库全书》本，上海古籍出版社 2002 年版。

王士性撰，吕景琳点校：《广志绎》，中华书局 1981 年版。

张九龄：《曲江集》，景印文渊阁《四库全书》本，台湾商务印书馆 1986 年版。

余靖：《武溪集》，景印文渊阁《四库全书》本，台湾商务印书馆 1986 年版。

丁复：《桧亭集》，景印文渊阁《四库全书》本，台湾商务印书馆 1986 年版。

章楶：《康熙政要》（1—2），台湾华文书局股份有限公司 1969 年版。

吕祖谦：《宋文鉴》，景印文渊阁《四库全书》本，台湾商务印书馆 1986 年版。

释文莹：《湘山野录》，景印文渊阁《四库全书》本，台湾商务印书馆 1986 年版。

杨亿：《武夷新集》，景印文渊阁《四库全书》本，台湾商务印书馆 1986 年版。

张瀚著，盛冬铃点校：《松窗梦语》，中华书局 1985 年版。

袁采：《袁氏世范》，中华书局 1985 年版。

韩愈著，马其昶校注：《韩昌黎文集校注》，上海古籍出版社 2014 年版。

李焘：《续资治通鉴长编》，中华书局 1979 年版。

道元著，顾宏义译注：《景德传灯录译注（一）》，上海书店出版社 2010 年版。

李一氓：《道藏》（第 5 册），文物出版社、上海书店、天津古籍出版社 1988 年版。

何乔远：《名山藏》（第 7 册），广陵书社 1993 年版。

杨万里：《诚斋集》，景印文渊阁《四库全书》本，台湾商务印书馆 1986 年版。

游酢：《游酢文集》，延边大学出版社 1998 年版。

李贤：《古穰集》，景印文渊阁《四库全书》本，台湾商务印书馆 1986 年版。

孟轲著，万丽华、蓝旭译注：《孟子》，中华书局 2010 年版。

孔子著，杨伯峻、杨逢彬注释：《论语》，岳麓书社 2000 年版。

李觏：《李觏集》，中华书局 1981 年版。

孙奇逢：《理学宗传》，清光绪六年（1880）浙江书局刊本。

尧祖韶著：《江西理学编》，清乾隆二十年（1755）刻本。

张舜徽：《清儒学记》，华中师范大学 2005 年版。

薛贞芳主编：《清代徽人年谱合刊·汪双池先生年谱》，黄山书社 2006 年版。

徐汉明校注：《辛弃疾全集校注》（下册），华中科技大学出版社 2012 年版。

邓广铭辑校：《辛稼轩诗文钞存》，古典文学出版社 1957 年版。

张春林编：《陆游全集》（下），中国文史出版社 1999 年版。

黄克剑、钟小霖编：《唐君毅集》，群言出版社 1993 年版。

二、研究著作

束景南：《朱子大传》，商务印书馆 2003 年版。

陈来：《朱子哲学研究》，华东师范大学出版社 2000 年版。

蔡方鹿：《中国经学与宋明理学研究》，人民出版社 2011 年版。

蒋维乔、杨大膺：《宋明理学纲要》，吉林人民出版社 2013 年版。

蒙培元：《理学的演变——从朱熹到王夫子戴震》，福建人民出版社 1998 年第 2 版。

曾亦、郭晓东：《宋明理学》，南京大学出版社 2009 年版。

陈荣捷：《朱学论集》，华东师范大学出版社 2007 年版。

张立文：《宋明理学研究》，人民出版社 2002 年版。

杨向奎：《清儒学案新编》，齐鲁书社 1985 年版。

梁绍辉：《周敦颐评传》，南京大学出版社 1994 年版。

杨柱才：《道学宗主：周敦颐哲学思想研究》，人民出版社 2004 年版。

钱穆：《朱子新学案》（第 1 册），九州出版社 2011 年版。

周晓光：《新安理学》，安徽人民出版社 2005 年版。

解光宇：《新安理学论纲》，安徽大学出版社 2014 年版。

侯外庐、邱汉生、张岂之主编：《宋明理学史》，人民出版社 1997 年第 2 版。

朱汉民：《中国学术史》（宋元卷），江西教育出版社 2001 年版。

石训、姚瀛艇、刘象彬等：《北宋哲学史》（上卷），河南人民出版社 1987 年版。

钱穆：《中国近三百年学术史》（上册），商务印书馆 1997 年版。

徐远和：《理学与元代社会》，人民出版社 1992 年版。

陈来：《诠释与重建：王船山的哲学精神》，北京大学出版社 2013 年第 2 版。

张立文：《道》，中国人民大学出版社 1989 年版。

方旭东：《尊德性与道问学：吴澄哲学思想研究》，广西师范大学出版社 2015 年版。

陈来：《宋明理学》，生活·读书·新知三联书店 2011 年版。

张立文：《走向心学之路——陆象山思想的足迹》，中华书局 1992 年版。

何俊：《南宋儒学建构》，上海人民出版社 2013 年版。

王素美：《吴澄的理学思想与文学》，人民出版社 2005 年版。

张立文、祁润兴：《中国学术通史》（宋元明卷），人民出版社 2004 年版。

林克敏编：《朱熹》，福建人民出版社 2005 年版。

高令印、高秀华：《朱子学通论》，厦门大学出版社 2007 年版。

翦伯赞：《中国史纲要》（增订本），北京大学出版社 2006 年版。

任继愈主编：《中华传世文选》，吉林人民出版社 1998 年版。

王铁：《宋代易学》，上海古籍出版社 2005 年版。

解光宇：《朱子学与徽学》，岳麓书社 2010 年版。

吕思勉：《理学纲要》，东方出版社 2012 年版。

高令印、陈其芳：《福建朱子学》，福建人民出版社 1986 年版。

张学智：《明代哲学史》，北京大学出版社 2000 年版。

孙叔平：《中国哲学史稿》（下），上海人民出版社 1982 年版。

刘蔚华等：《中国儒家学术思想史》，山东教育出版社 1996 年版。

冯友兰：《中国哲学史新编》（第五册），人民出版社 1995 年版。

梁启超：《中国近三百年学术史》，上海古籍出版社 2014 年版。

梁启超：《梁启超全集》（第七册），北京出版社 1999 年版。

梁启超：《清代学术概论》，东方出版社 1996 年版。

龚书铎主编：《清代理学史》（中卷），广东教育出版社 2007 年版。

容肇祖：《明代思想史》，齐鲁书社 2013 年版。

史革新：《晚清理学研究》，商务印书馆 2007 年版。

陈祖武：《清初学术思辨录》，中国社会科学出版社 1992 年版。

马宗霍：《中国经学史》，台湾商务印书馆 1986 年版。

蔡元培：《中国伦理学史》，湖南大学出版社 2014 年版。

许怀林：《江西通史》（第 5 卷，北宋卷），江西出版集团、江西人民出版社 2008 年版。

方志远、谢宏维：《江西通史》（第 8 卷，明代卷），江西出版集团、江西人民出版社 2008 年版。

吴永明主编：《人文兴赣：传承·创新·发展》，社会科学文献出版社 2013 年版。

郑晓江，杨柱才：《宋明时期江西儒学研究》，中国社会科学出版社 2014 年版。

吴长庚主编：《朱熹与江西理学》，江西高校出版社 2007 年版。

张小谷、高平：《鄱阳湖地区古城镇的历史变迁》，江西人民出版社 2011 年版。

程宇昌：《明清时期鄱阳地区民间信仰与社会变迁》，江西人民出版社 2014 年版。

麻智辉：《鄱阳湖生态经济区研究》，江西人民出版社 2010 年版。

袁晓宏：《朱熹庐山史迹考》，江西人民出版社 2014 年版。

李国强、傅伯言主编：《赣文化通志》，江西教育出版社 2004 年版。

许怀林：《江西通史》（第 6 卷，南宋卷），江西出版集团、江西人民出版社 2008 年版。

黄志繁、杨福林等主编：《赣文化通典》（宋明经济卷），江西人民出版社 2013 年版。

詹世友：《道德教化与经济技术时代》，江西人民出版社 2002 年版。

吴小红：《江西通史》（第 7 卷，元代卷），江西出版集团、江西人民出版社,2008 年版。

陈荣华、余伯流、施由民等：《江西经济史》，江西人民出版社 2004 年版。

许怀林主编：《江西文化》，安徽教育出版社 2004 年版。

卢星、许智范、温乐平：《江西通史》（第 2 卷，秦汉卷），江西出版集团、江西人民出版社 2008 年版。

周兆望：《江西通史》（第 3 卷，魏晋南北朝卷），江西出版集团、江西人民出版社 2008 年版。

陈金凤：《江西通史》（第 4 卷，隋唐五代卷），江西出版集团、江西人民出版社 2008 年版。

方志远：《明清湘鄂赣地区的人口流动与城乡商品经济》，人民出版社 2001 年版。

陈文华：《江西通史》，江西人民出版社 1999 年版。

郑克强总主编，袁礼华主编：《赣文化通典》（地理及行政区划沿革卷），江西人民出版社 2013 年版。

梁洪生、李平亮：《江西通史》（第 9 卷，清前期卷），江西出版集团、江西人民出版社，2008 年版。

黎清：《宋代江西文学家族研究》，中山大学出版社 2013 年版。

方进进：《守望鄱阳湖》，江西教育出版社 2013 年版。

周茶仙、胡荣明：《宋元明江西朱子后学群体研究》，江西人民出版社 2013 年版。

程继红：《带湖与瓢泉——辛弃疾在信州日常生活研究》，齐鲁书社 2006 年版。

张岱年主编：《孔子百科辞典》，上海辞书出版社 2010 年版。

王启兴主编：《校编全唐诗》，湖北人民出版社 2001 年版。

邓洪波编著：《中国书院章程》，湖南大学出版社 2000 年版。

陈谷嘉、邓洪波主编：《中国书院史资料》，浙江教育出版社 1998 年版。

周銮书、孙家骅等主编：《千年学府——白鹿洞书院》，江西人民出版社 2003 年版。

吴国富、黎华：《白鹿洞书院》，湖南大学出版社 2013 年版。

季啸风：《中国书院辞典》，浙江教育出版社 1996 年版。

方彦寿：《朱熹书院门人考》，华东师范大学出版社 2000 年版。

王炳照：《中国古代书院》，商务印书馆出版 1998 年版。

王立斌、刘东昌：《鹅湖书院》，湖南大学出版社 2013 年版。

胡焕庸、张善余：《中国人口地理》，华东师大出版社 1984 年版。

[日] 中岛乐章著，郭万平、高飞译：《明代乡村纠纷与秩序——以徽州文书为中心》，江苏人民出版社 2012 年版。

邓洪波、龚抗云编著：《中国状元殿试卷大全》（上册），上海教育出版社 2006 年版。

于北山：《杨万里年谱》，上海古籍出版社 2006 年版。

张金铣：《元代地方行政制度研究》，安徽大学出版社 2001 年版。

史卫民：《都市中的游牧民：元代城市生活长卷》，湖南出版社 2006 年第 2 版。

张高评：《春秋书法与左传学史》，上海古籍出版社 2005 年版。

王达津主编：《清代经部序跋选》，天津古籍出版社 1991 年版。

黄宗会：《缩斋诗文集》，华东师范大学出版社 2009 年版。

林忠军：《象数易学发展史》（第二卷），齐鲁书社 1998 年版。

朱保炯、谢沛霖编著：《明清进士题名碑录索引》，上海古籍出版社 1980 年版。

韩复智编著：《钱穆先生学术年谱》（卷六），中央编译出版社 2012 年版。

马将伟：《易堂九子研究》，社会科学文献出版社 2013 年版。

徐光荣：《帝师元老朱轼》，江西人民出版社 2003 年版。

马子木：《清代大学士传稿》（1636—1795），山东教育出版社 2013 年版。

王炳燮：《毋自欺室文集》，《近代中国史料丛刊》本，文海出版社 1973 年版。

朱高正：《近思录通解》，华东师范大学出版社 2010 年版。

张连生编：《扬州名人传》，广陵书社 2013 年版。

蓝吉富主编：《中国禅宗全书》（宗义部二），北京图书馆出版社 2004 年版。

杨俊才：《南宋诗人姜特立研究》，延边大学出版社 2009 年版。

辛更儒主编：《宋才子传笺证》（南宋前期卷），辽海出版社 2011 年版。

曹聚仁：《万里行记》，福建人民出版社 1983 年版。

胡兆量主编：《中国文化地理概述》（第 3 版），北京大学出版社 2009 年版。

曾枣庄、刘琳主编：《全宋文》（第 236 册），上海辞书出版社、安徽教育出版社 2006 年版。

冯兆平等：《庐山历代诗选》，江西人民出版社 1980 年版。

曹国庆：《文化探步》，文物出版社 2010 年版。

孙献韬：《张勋传》，光明日报出版社 2008 年版。

陈戍国：《礼记校注》，岳麓书社 2004 年版。

杨柳桥：《荀子诂译》，齐鲁书社 1985 年版。

张瑞君：《杨万里评传》，南京大学出版社 2002 年版。

江西省社会科学院情报资料研究所编：《江西地方文献索引》，1985 年（未刊本）。

三、研究论文

杨柱才：《胡敬斋思想研究》，《中国哲学史》2008 年第 3 期。

胡发贵：《江右大儒　宋学中坚——试论罗钦顺的学术思想》，《南昌大学学报》2002 年第 2 期。

李存山：《罗钦顺的儒释之辨——兼论其与关学和洛学的关系》，《中州学刊》1993 年第 3 期。

方志远、孙莉莉：《地域文化与江西传统商业盛衰论》，《江西师范大学学报》（哲学社会科学版）2007 年第 2 期。

朱人求：《南宋书院教化与道学社会化适应——以朱熹为中心的分析》，《孔子研究》2010 年第 2 期。

冯天瑜：《明代理学流变考》，《社会科学战线》1984 年第 2 期。

李江：《理学渊薮的形成：宋代江西理学的昌明》，《江西社会科学》2011 年第 10 期。

张泽兵：《赣鄱水系与赣鄱文化的历史演进》，《鄱阳湖学刊》2011 年第 6 期。

周建华：《宋明理学在赣南创始发展和推向新阶段》，《赣南师范学院学报》2002 年第 5 期。

刘锡涛：《宋代江西文化地理研究》，陕西师范大学 2001 年博士学位论文。

杨雪骋、郑晓江：《周敦颐在江西若干史迹考》，《江西教育学院学报》2002 年第 1 期。

徐公喜：《宋代江西成为理学之源的历史成因》，《商丘师范学院学报》2006 年第 6 期。

邓庆平：《朱子门人群体特征概述》，《中国哲学史》2012 年第 1 期。

朱人求：《朱子"全体大用"观及其发展演变》，《哲学研究》2015 年第 11 期。

冯瑞、贺兴：《王韶〈平戎策〉及其经略熙河》，《兰州大学学报》2002 年第 1 期。

周茶仙、胡荣明：《试论宋元明初江西朱子学发展的若干特性》，《上饶师范学院学报》2012 年第 2 期。

冯青：《朱熹门人冯椅小传辑补》，《古籍整理研究学刊》2011 年第 2 期。

彭国忠：《朱熹佚书二通考》，《古籍整理研究学刊》2006 年第 2 期。

刘成群：《元代新安理学从"唯朱是宗"到"和会朱陆"的转向》，《学术探索》2010 年第 3 期。

解光宇：《朱子徽州弟子及其思想研究》，《朱子学刊》2009 年第 1 辑。

徐永文：《南宋赣东北朱子后学初探》，《上饶师范学院学报》2007 年第 4 期。

傅蓉蓉：《论北宋前期鄱阳湖经济圈的形成及其文化影响》，《江汉论坛》2009 年第 9 期。

宋三平、张涛：《论两宋江西地区的交通及其影响》，《南昌大学学报》2009 年第 6 期。

王伟民：《陈文蔚、徐元杰和会朱陆的倾向》，《江西社会科学》1994 年第 10 期。

许怀林：《刘靖之兄弟的教育与理学思想》，见北京大学中国古代史研究中心编：《邓广铭教授百年诞辰纪念论文集（1907—2007)》，中华书局 2008 年版。

王明荪：《人杰地灵——历代学风的地理分布》，见林庆彰主编：《中国人的思想历程》，黄山书社 2012 年版。

方国根：《论陈献章心学思想的理论意蕴和特色》，《孔子研究》2000 年第 2 期。

刘锡涛：《宋代江西农业经济发展概述》，《井冈山师范学院学报》2002 年第 3 期。

王树林：《程钜夫江南求贤所荐文人考》，《信阳师范学院学报》(哲社版)1996 年第 2 期。

姚大力：《元朝科举制度的行废及其社会背景》，南京大学历史系元史研究室：《元史及北方民族史研究集刊》(《南京大学学报》专辑）1982 年第 6 期。

胡迎建：《赣文化中传统学术思想之传承与研究》，见杨柱才主编：《赣文化研究》（第 15 期），江西人民出版社 2010 年版。

金生杨：《黄泽易学探微》，《地方文化研究辑刊》（第 5 辑）2012 年。

杨泽：《胡炳文"心外无理"思想初探》，《中国哲学史》2014 年第 4 期。

郭振香：《论胡炳文对朱熹〈周易本义〉的推明与发挥》，《安徽大学学报》（哲学社会科学版），2010 年第 2 期。

谷建：《胡方平生平及著作考订》，见北京大学《儒藏》编纂与研究中心编：《儒家典籍与思想研究》（第 5 辑），北京大学出版社 2013 年版。

李秋丽：《胡一桂"四圣易象说"探研》，《周易研究》2010 年第 5 期。

邹建锋：《中国历代吴康斋研究综述（1460—2010)》，《深圳大学学报》（人文社会科学版）2011 年第 4 期。

周銮书：《江西历史文化的遗存和弘扬》，《江西方志》2005年第3期。

张运华：《吴与弼的理学思想》，《五邑大学学报》（社会科学版）2013年第2期。

胡迎建：《论清初江西三山学派》，《地方文化研究》2013年第1期。

徐道彬：《论朱子学背景下江永的学术抗衡》，《朱子学刊》2013年第1辑。

程水龙：《江永〈近思录集注〉版本源流考》，《文献》2007年第1期。

林存阳：《汪绂与江永之书信往还》，《徽学》2010年。

胡迎建：《赣文化中的传统学术思想之传承与研究》，见尹世洪主编：《追踪时代的轨迹——江西省首届社会科学学术大会论文集》，江西高校出版社2009年版。

程继红：《在理学与文学的交通线上——论南宋交通新"十"字构架在朱熹理学与稼轩词派传播中的意义》，《江西社会科学》2005年11期。

解光宇：《鹅湖之会：心学与理学分野》，《孔子研究》1999年第2期。

孙美贞：《吴澄理学思想研究》，中国社会科学院研究生院2000年博士学位论文。

陈代湘、黄丽娅：《浅析胡居仁对陈献章之批评》，《五邑大学学报》2009年第2期。

傅修延：《生态文明与地域文化视阈中的鄱文化》，《江西社会科学》2008年第8期。

许怀林：《生态文明视野中鄱阳湖文化的个性与发展优势》，《鄱阳湖学刊》2009年第1期。

孙以楷：《朱熹与道家》，《文史哲》1992年第1期。

卿希泰：《天心正法派初探》，《世界宗教研究》1999年第3期。

孔令宏：《宋明理学的纳道入儒与儒学的新发展》，《河北学刊》2008年第1期。

余治平：《乡规民约与美政美俗——儒家乡村社会治理中以礼化俗的维度》，《江南大学学报》（人文社会科学版）2014年第6期。

周永健：《论朱熹的社会教化思想》，《重庆师范大学学报》2013年第4期。

许凌云：《儒家文化与忧患意识》，《齐鲁学刊》2000年第2期。

傅永聚、孔德立：《先秦儒家忧患意识探源——兼论忧患意识与民族精神之关系》，《孔子研究》2007年第5期。

四、地方志书

谢旻等监修：（雍正十年）《江西通志》，景印文渊阁《四库全书》本，台湾商务印书馆1986年版。

冯曾修，李汛纂：（嘉靖六年）《九江府志》，上海古籍书店1962年版。

蒋继洙、李树藩等纂：（同治十二年）《广信府志》，《中国方志丛书》本，成文出版社有限公司1987年版。

盛元等：（同治十一年）《南康府志》，《中国方志丛书》本，成文出版社有限公司1970年版。

孟庆云修，杨重雅纂：《德兴县志》，《中国方志丛书》本，成文出版社有限公司，1970年版。

黄寿祺主修：(同治)《玉山县志》,《中国方志丛书》本,成文出版有限公司 1987 年版。

曾国藩、刘坤一监修,刘绎、赵之谦等纂：(光绪)《江西通志》,台湾华文书局 1967 年版。

彭泽、汪舜民纂修：(弘治)《徽州府志》,《天一阁藏明代方志选刊》本,上海古籍书店 1964 年版。

江峰青撰：《婺源县志》(民国十四年刊本),《中国方志丛书》本,台湾成文出版社 1987 年版。

郝玉麟监修、谢道全等编撰：《福建通志》,景印文渊阁《四库全书》本,台湾商务印书馆 1986 年版。

李贤：《大明一统志》,三秦出版社 1990 年版。

袁桷：《延祐四明志》,《宋元方志丛刊》本,中华书局 1990 年版。

项珂修,刘馥桂等纂：(同治)《万年县志》,清同治十年(1871)刻本。

区作霖、冯兰森修,曾福善纂：(同治)《余干县志》,清同治十一年(1872)刻本。

达春布修,黄凤楼、欧阳春纂：(同治)《九江府志》,清同治十三年(1874)刻本。

冉棠修,沈澜纂：(乾隆)《泰和县志》,清乾隆十八年(1753)刻本。

平观澜修,钱时雍、黄有恒纂：(乾隆)《庐陵县志》,清乾隆四十六年(1781)刻本。

许应鑅、朱登澜修,谢煌纂等：(光绪)《抚州府志》,清光绪二年(1876)刊本。

王克生修,王用佐等纂：(康熙)《鄱阳县志》,清康熙二十三年(1684)刻本。

承霈修,杜友棠、杨兆崧纂：(同治)《新建县志》,清同治十年(1871)刻本。

魏瀛修,鲁琪光、钟音鸿等纂：(同治)《赣州府志》,清同治十二年(1873)刻本。

王恩溥、邢德裕等修,李树藩等纂：(同治)《上饶县志》,清同治十二年(1873)刻本。

余之桢修,王时槐等纂：(万历)《吉安府志》,明万历十三年(1585)刻本。

郑之侨修,蒋垣等纂：(乾隆)《铅山县志》,清乾隆八年(1743)刻本。

吴鹗修,汪正元、李昭炜等纂：(光绪)《婺源县志》,清光绪九年(1883)刻本。

吴宗慈著,胡迎建等校注：《庐山志》,江西人民出版社 1996 年版。

娄近垣：《龙虎山志》,见《道教文献》第 1 册,台湾丹青图书有限公司 1983 年版。

谢军总纂：《江西省方志编纂志》,方志出版社 2001 年版。

九江市地方志编纂委员会编：《九江市志》,凤凰出版社 2003 年版。

江西省社会科学志编纂委员会编：《江西省志》85《江西省社会科学志》,黄山书社 1998 年版。

何逵东主编：《德兴县志》,光明日报出版社 1993 年版。

杨忠民、段绍镒主编：《抚州人物》,方志出版社 2002 年版。

后　记

　　《鄱阳湖地区理学传衍研究》是我主持的国家社科基金课题的最终成果，课题自 2012 年获批立项，历时 5 年最终完成，2017 年以"良好"结题，略感欣慰。

　　上饶师范学院位于鄱阳湖畔的江西省上饶市，所辖婺源县是朱熹的故里，为此，学校成立了朱子学研究所，开展朱子学的研究。真诚感谢上饶师范学院原副院长吴长庚教授，他出众的才华和为师之范令我敬佩，是他指引我步入朱子学研究的大门；感谢华东师范大学古籍所所长顾宏义教授、武夷学院宋明理学中心主任张品端研究员及上饶师院朱子学研究所所长徐公喜教授等大家及同仁的指教、解惑，让我受益良多；感谢青年才俊李豪博士，用他文献学的专长，帮助进行了文献资料的收集；感谢人民出版社哲学编辑室主任、二级编审方国根先生细致、专业的工作……感谢上饶师院党政领导的大力支持，为课题的完成提供了方便。

　　在书稿付梓之际，对帮助我的良师益友们表示真挚的谢意！

　　鄱阳湖地区是宋明理学重要的传播地，堪称"理学渊薮"，本书企图从时间和空间的角度入手，对鄱阳湖地区理学的传衍进行全方位展示，勾画出该地区理学传播的直观图和理学思想流动的空间轨迹。但由于学识水平有限，书中有不妥或错误之处，敬祈方家惠览辨误，批评指正。

冯会明

2020 年 5 月 8 日

责任编辑：方国根

图书在版编目（CIP）数据

鄱阳湖地区理学传衍研究 / 冯会明 著 . — 北京：人民出版社，2021.4

ISBN 978 - 7 - 01 - 022485 - 5

I. ①鄱…　II. ①冯…　III. ①鄱阳湖－流域－理学－研究　IV. ① B244.05

中国版本图书馆 CIP 数据核字（2020）第 176159 号

鄱阳湖地区理学传衍研究

POYANGHU DIQU LIXUE CHUANYAN YANJIU

冯会明　著

人民出版社 出版发行

（100706　北京市东城区隆福寺街 99 号）

环球东方（北京）印务有限公司印刷　新华书店经销

2021 年 4 月第 1 版　2021 年 4 月北京第 1 次印刷

开本：710 毫米 ×1000 毫米 1/16　印张：32.75

字数：477 千字

ISBN 978 - 7 - 01 - 022485 - 5　定价：98.00 元

邮购地址 100706　北京市东城区隆福寺街 99 号

人民东方图书销售中心　电话（010）65250042　65289539